Fair Play

für den Ethikunterricht
in den Jahrgangsstufen 9 und 10

Herausgegeben von: Volker Pfeifer

Erarbeitet von: Ulrike Hanraths, Volker Pfeifer, Helmut Wamsler und Andrea Welz

Schöningh

www.schoeningh-schulbuch.de
Schöningh Verlag, Jühenplatz 1–3, 33098 Paderborn

Druck 7 6 5 / Jahr 2014 13 12
Die letzte Zahl bezeichnet das Jahr dieses Druckes.

Illustrationen: Reinhild Kassing, Kassel
Umschlaggestaltung: Nora Krull, Bielefeld; Foto: © Vera Berger/zefa/Corbis
Druck und Bindung: westermann druck GmbH, Braunschweig

ISBN 978-3-14-025014-6

Inhalt

Thomas Hobbes – Staat und Moral per Vertrag

David Hume (1711–1776) – Gefühle als Fundament der Moral?

Freiheit in Verantwortung

Natur – Mensch – Leben

Altern, Sterben, Tod

Religionen: Christentum und Islam

Anhang

Vorwort

Liebe Schülerinnen, liebe Schüler,

die für unser Fach grundlegenden Fragen werden in dem vorliegenden Band eurem Alter entsprechend weiter vertieft und auf einem anspruchsvolleren Niveau behandelt. Fragen also wie „Wer bin ich, wer will ich sein?“ oder „Wie gestalten wir vernünftigerweise unser Zusammenleben und versuchen, die wichtigsten Probleme gemeinsam zu lösen?“ werden uns auch in diesem Band intensiv beschäftigen.
In den ersten Kapiteln geht es um eure Identitäts- und Ichbildung. Wie und wodurch findet das Ich zu sich selbst – allein, zu zweit oder zu mehreren?
Das Phänomen Gewalt steht im Zentrum des folgenden Kapitels. Wir fragen uns: Was ist Gewalt? – wie entsteht sie? Was können wir konstruktiv dazu tun, um Gewaltprobleme zu lösen?
Um die rechtliche Einbindung von Gewalt und um die Grundsätze eines gerechten Miteinanders geht es im nächsten Kapitel.
Die folgenden Kapitel befassen sich mit drei großen Philosophen, die für die Entwicklung der Ethik und insbesondere des ethischen Argumentierens grundlegend sind.
Sokrates gilt allgemein als der Begründer ethischen Fragens und Reflektierens. Thomas Hobbes hat wichtige Thesen über die Entstehung von Staaten ebenso wie über das Zustandekommen von moralischen Spielregeln aufgestellt, die für alle verbindlich sind. Mit ihnen könnt ihr euch kritisch auseinandersetzen. David Hume hat intensiv über das Verhältnis von Verstand und Gefühl nachgedacht. Wer hat das Sagen in der Moral: unser Verstand oder unsere Gefühle?
Das Freiheitsproblem ist Gegenstand des nächsten Kapitels. Jeder von euch kann sich die Frage stellen und mithilfe der angebotenen Materialien versuchen zu beantworten: Bin ich in meinen Entscheidungen überhaupt frei? – Auch dann, wenn ich für andere verantwortlich bin?
Unser problematisches Verhältnis zur Umwelt, zur Natur steht im Zentrum des folgenden Kapitels.
Schließlich könnt ihr über eure Einstellung zum Altern, Sterben und Tod und damit zusammenhängende gesellschaftliche Probleme kritisch nachdenken.
Die beiden Weltreligionen Christentum und Islam und deren Möglichkeiten zum Dialog werden im Abschlusskapitel behandelt.
Die einzelnen Kapitel sind in Doppelseiten aufgeteilt. Zwei aufgeschlagene Seiten gehören immer zusammen. Sie behandeln eine wichtige Fragestellung oder ein zentrales Problem.
Die Doppelseiten geben euch zu Beginn die Möglichkeit, das, was ihr schon wisst, oder eure Meinungen und Einstellungen zu dem betreffenden Problem zu äußern. Dann geht es in einem zweiten Schritt darum, dieses Wissen zu vertiefen, möglicherweise auch zu korrigieren. Dabei helfen euch Gesprächspartner – einmal eure Mitschüler, zum anderen auch Texte oder Bilder. Diese vertiefende Arbeit kann in ganz unterschiedlicher Form ablaufen: als Stillarbeit, als Partner- und Gruppenarbeit oder als Projektarbeit. Die Materialen – Bilder, vor allem aber Texte – die euch zur Lösung bestimmter Problemfragen angeboten werden, sind jetzt eurem Alter entsprechend anspruchsvoller.

Wenn ihr mit dem Buch arbeitet, werdet ihr allmählich drei grundlegende Fähigkeiten entwickeln:

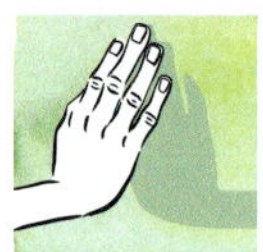

Einmal lernt ihr, über euch selbst nachzudenken, über eure Wünsche, Motive und Gründe eures Handelns (Fähigkeit zur Selbstreflexion).

Dann lernt ihr dabei auch, andere mit ihren eigenen Gefühlen und Meinungen besser zu verstehen. Ihr lernt, euch in sie hineinzuversetzen, die Welt durch ihre Augen zu sehen (Fähigkeit zur Empathie).

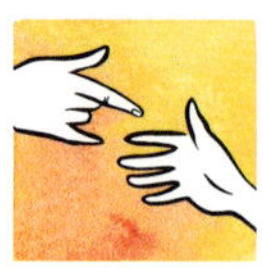

Schließlich könnt ihr auch durch die Gespräche und Diskussionen allmählich besser argumentieren, eure Meinungen besser und überzeugender begründen (Fähigkeit zum rationalen Argumentieren).

In jedem Kapitel findet ihr auf gewissen Doppelseiten entsprechende Piktogramme. Sie zeigen euch, dass ihr auf diesen Doppelseiten besonders gut über euch nachdenken, andere verstehen oder argumentieren könnt. Damit das Erlernte nicht so schnell wieder verfliegt, findet ihr am Ende eines jeden Kapitels eine Doppelseite zum Wiederholen.

Dort wird nicht nur Wissen abgefragt, sondern anhand von zusätzlichen Texten, Spielen oder Fallbeispielen könnt ihr selbstständig prüfen, ob ihr grundlegende Begriffe und Sachverhalte verstanden habt und mit wichtigen Methoden – z. B. Metaplan-Technik, Rollenspielen, Dilemmadiskussion – schon umgehen könnt.

Im Anhang befindet sich neben Kurzbiografien und Register ein Glossar, in dem ihr grundlegende Begriffe, die auch für den Ethikunterricht in der Oberstufe hilfreich sind, zusammengestellt und kurz definiert findet. Die Glossarbegriffe sind im Text mit einem * gekennzeichnet.

Viel Spaß beim Denken, Diskutieren und Arbeiten mit Projekten!

Euer Autorenteam

Menschen in der Höhle – ein philosophisches Gleichnis

Leben in der Höhle ...

Stell dir Menschen vor, die in einer unterirdischen Höhle wohnen. Sie kehren dem Eingang den Rücken zu und sind am Hals und an den Füßen festgebunden, deshalb können sie nur die Höhlenwand ansehen. Hinter ihnen erhebt sich eine hohe Mauer, und hinter dieser Mauer gehen wiederum menschenähnliche Gestalten vorbei, die verschiedene Figuren über den Mauerrand halten. Da hinter diesen Figuren ein Feuer brennt, werfen sie auf die Höhlenwand zitternde Schatten. Das Einzige, was die Menschen in der Höhle sehen können, ist also dieses „Schattentheater“. Sie sitzen seit ihrer Geburt hier und halten die Schatten folglich für das Einzige, was es gibt. Stell Dir nun vor, einer von diesen Höhlenbewohnern kann sich aus der Gefangenschaft befreien. Zuerst fragt er sich, woher die Schattenbilder an der Höhlenwand kommen. Schließlich kann er sich freikämpfen. Was glaubst du, passiert, wenn er sich zu den Figuren umdreht, die über die Mauer gehalten werden? Er ist natürlich zuerst vom scharfen Licht geblendet. Auch der Anblick der scharf umrissenen Figuren blendet ihn – er hat bisher ja nur ihre Schattenbilder gesehen. Wenn er über die Mauer steigen und am Feuer vorbei ins Freie klettern könnte, dann würde er noch mehr geblendet werden. Aber nachdem er sich die Augen gerieben hätte, würde er auch sehen, wie schön alles ist. Zum ersten Mal würde er Farben und scharfe Konturen sehen. Er würde wirkliche Tiere und Blumen sehen – deren schlechte Nachahmung die Figuren in der Höhle waren. Aber auch jetzt fragt er sich, woher die Tiere und Blumen kommen. Er sieht die Sonne am Himmel und begreift, dass die Sonne den Blumen und Tieren in der Natur Leben gibt, wie das Feuer in der Höhle dafür gesorgt hat, dass er die Schattenbilder sehen konnte. Jetzt könnte der glückliche Höhlenbewohner in die Natur hinauslaufen und sich über die frisch gewonnene Freiheit freuen. Aber er denkt an alle, die noch unten in der Höhle sitzen. Deshalb geht er zurück. Sowie er unten angekommen ist, versucht er, den anderen Höhlenbewohnern klarzumachen, dass die Schattenbilder an der Höhlenwand nur zitternde Nachahmungen des Wirklichen sind. Aber niemand glaubt ihm. Sie zeigen auf die Höhlenwand und sagen, das, was sie sähen, sei alles, was es gibt. Am Ende schlagen sie ihn tot.

(Jostein Gaarder: Sofies Welt, München, Hanser 1991, S. 110f.)

1. *Lest das Gleichnis und tauscht euch darüber aus, was es bedeuten könnte.*

2. *Gliedert den Text in zusammenhängende Sinneinheiten oder Szenen und findet jeweils passende Überschriften.*

3. *Ihr habt nun die Wahl, die einzelnen Szenen mithilfe*
- *eines Dialogs (z. B. zwei Höhlenbewohner unterhalten sich ...),*
- *eines inneren Monologs (z. B. der Befreite erinnert sich, oben angekommen, an sein früheres Leben ...) oder*
- *eines Standbildes zu gestalten.*

Methode: Standbild

Standbilder sind ein Versuch, bestimmte Situationen mit den Mitteln Körperhaltung, Gestik und Mimik darzustellen. Gesprochen wird dabei nicht. Das Standbild ist also ein wortloses Rollenspiel, das sich in einem Bild ausdrückt. Eine oder mehrere Gruppen fühlen sich in die gewählte konkrete Situation (Szene) ein und bauen so ein Standbild. Dabei können sie einen Regisseur wählen, der (die) die Diskussion um eine besonders überzeugende Darstellung koordiniert. Bei der Präsentation der einzelnen Standbilder können die zuschauenden Schülerinnen und Schüler sich um die Standbilder herum bewegen und die einzelnen „Schauspieler" mit einem leichten Antippen befragen, z. B. was sie gerade sehen, hören, denken oder fühlen. In der abschließenden Besprechung der einzelnen Standbilder sollte erörtert werden, welches Standbild den Text und seine Bedeutung besonders eindrücklich umgesetzt hat.

4. *Vergleicht Standbilder, Monologe und Dialoge miteinander und untersucht, welche Aspekte des Gleichnisses jeweils besonders gut zum Ausdruck kommen.*

Reflexivität macht frei?

Bildung erfordert Reflexivität (Nachdenklichkeit) und Befreiung aus der gefesselten Sitzposition des alltäglich Normalen. Wir sitzen gleichsam in der „Höhle" unserer Medienwelten und bekommen pausenlos Beobachtungen oder Meinungen „aus zweiter Hand" frei Haus geliefert. Wenn wir von den Schatten zum Licht, zur wahren Wirklichkeit vordringen wollen, müssen wir wohl versuchen, einen Blick hinter die Kulissen zu werfen. Wir müssen uns auch von den eingefahrenen und lieb gewonnenen alltäglichen Selbstverständlichkeiten lösen, um so Platz zu machen für besser begründete Einsichten und Urteile. Dieser Weg ist nicht selten unangenehm, ja er kann sogar wehtun. Am Anfang sind wir möglicherweise verwirrt, desorientiert. Wir haben die vertraute Normalität verlassen. Im Ganzen jedoch gewinnen wir dabei, dadurch dass wir uns von Halbwahrheiten und unüberlegtem Tun befreien. Am Ende dieser Denk- und Bildungsbewegung zu mehr Freiheit und Wissen versuchen wir – soweit wir eben können –, das als richtig Eingesehene in die Praxis umzusetzen.

5. *Vergleicht die hier skizzierte Deutung des Höhlengleichnisses mit eurer eigenen. Was überzeugt euch daran, was nicht?*

6. *Untersucht, ob der dem Höhlengleichnis zugrunde liegende Gedankengang für die Fragestellungen und Problemlösungen im Ethikunterricht wichtig ist.*

Selbst werden – selbst sein

Ödipus und die Sphinx (römisches Relief, 3. Jh. n. Chr.)

Rätselhaft und doch einfach

Die Sphinx* stellte den Menschen ein Rätsel. Wer dieses Rätsel nicht lösen konnte, wurde von ihr getötet. Erst Ödipus* vermochte es zu lösen:

Es ist am Morgen vierfüßig, am Mittag zweifüßig, am Abend dreifüßig. Von allen Geschöpfen wechselt es allein in der Zahl seiner Füße; aber eben, wenn es die meisten Füße bewegt, sind Kraft und Schnelligkeit bei ihm am geringsten.

1. *Kennt ihr die Antwort?*

„Das Auge ist das Fenster zur Seele."
(Franz Kafka)

2. *Was könnte Kafka mit diesem Satz gemeint haben?*

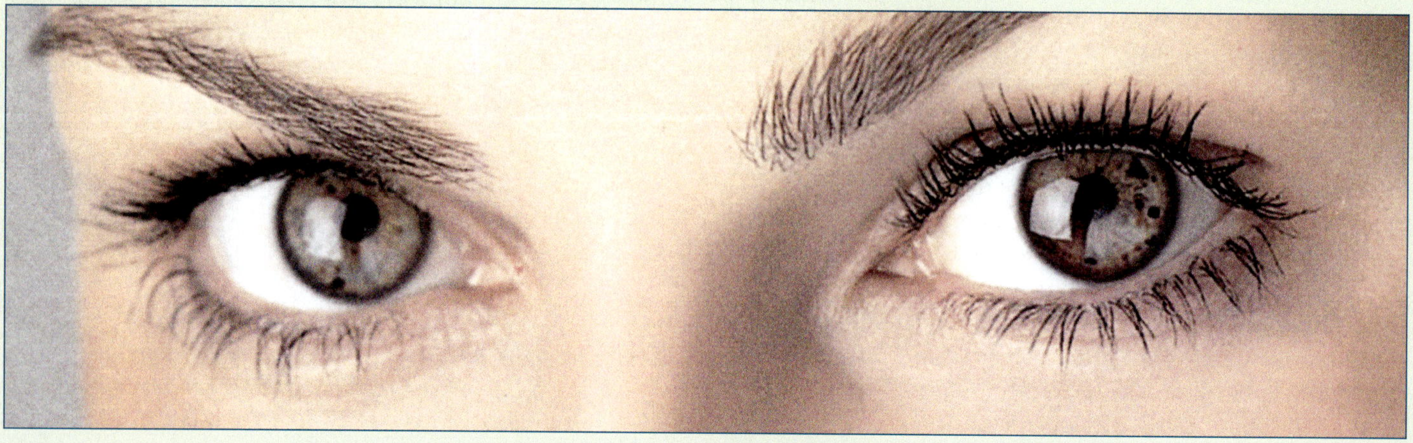

3. *Beschreibe Lucys Verhalten. Welche Schlussfolgerungen kannst du daraus ziehen?*

4. *Füge zum vorletzten oder letzten Bild eine Denkblase für Charly Brown hinzu. Vergleicht hinterher eure Ergebnisse.*

Und hier die Antwort, die Ödipus der Sphinx gab:

Du meinst den Menschen, der am Morgen seines Lebens, solange er ein Kind ist, auf zwei Füßen und zwei Händen kriecht. Ist er stark geworden, geht er am Mittag seines Lebens auf zwei Füßen, am Lebensabend, als Greis, bedarf er der Stütze und nimmt den Stab als dritten Fuß zu Hilfe.

Der französische Literaturnobelpreisträger André Gide sagte:

Egal, was mich die Sphinx gefragt hätte, ich hätte immer gesagt: der Mensch! Denn es ist doch der Mensch, um den alle Rätsel sich ranken! Und was gibt es Interessanteres als den Menschen? Er ist es, der ein Bewusstsein seiner selbst und seiner Lebensstadien hat.

(NZZ Folio, 12/07)

5. *Diskutiert die These Gides, warum der Mensch das Rätselhafte ist.*

6. *Worin besteht für euch das Rätselhafte am Menschen?*

1. Das Ich – eine feste Größe?

1. *Setzt euch in Dreier- oder Vierergruppen zusammen und führt ein Schreibgespräch zu diesem Bild unter dem Titel „Selbst“.*

Das bin ich nicht, das kann ich nicht, das will ich nicht!

Amelie schrie ihre Mutter völlig genervt an: „Du hast überhaupt keine Ahnung! Du kennst mich gar nicht. Du weißt nicht, was zu mir gehört und was mir wichtig ist. Was du da von mir verlangst, das will und kann ich nicht! Das bin ich nicht, und das will ich auch nicht sein.“
„Aber ich habe dich doch nur gefragt, ob du zu Annabelles Hochzeit nicht einen Rock oder ein Kleid tragen könntest. Es geht doch nur um ein Kleidungsstück. Sonst sag ich doch nichts zu deiner Gruftie-Kluft.“
„Aber das bin ich eben nicht. Wenn ich nicht meine schwarzen Klamotten anziehen kann, dann geh ich eher nicht mit!“
Amelies Mutter schaute betreten und nachdenklich zugleich: „Ich wünsche mir doch nur, dass du für den Anlass einigermaßen passend gekleidet bist und nicht auftrittst wie ein böses Omen* in deinem langen schwarzen Mantel.“
Amelie streckte sich auf dem Sofa aus: „Na und, ist mir doch egal, was die anderen denken. Davon darf ich doch nicht abhängig sein, oder? Jeder soll doch tragen können, was er möchte und worin er sich wohlfühlt, oder? Außerdem hast du mir beigebracht, dass ich ehrlich sein soll mit anderen Menschen und sie nicht täuschen und belügen soll. Und jetzt erwartest du von mir, dass ich auf der Hochzeit als nettes Mädchen von nebenan im fliederfarbenen Rüschenkleid auftauche? So was Heuchlerisches! Nie im Leben werde ich das tun, da bleib ich gleich zu Hause.“
Amelie fühlte sich schon ganz siegessicher in dieser Auseinandersetzung, da sie so klug die Argumente ihrer Mutter eingesetzt hatte.
Aber so leicht gab ihre Mutter auch nicht auf: „Dass du immer gleich so übertreiben musst. Niemand verlangt von dir, ein Rüschenkleid zu tragen, aber es gibt doch auch Situationen, in denen ein wenig Anpassung angebracht ist, oder nicht? Du wirst doch auch nicht auf einer Beerdigung ganz in Weiß auftreten, du würdest doch auch nicht im Bikini zu einem Bewerbungsgespräch für eine Banklehre gehen, und du spielst doch auch nicht im Abendkleid Frauenfußball. Und wir sind nun mal zu einer Hochzeit eingeladen und nicht zu einer deiner Partys.“
„Blablabla.“ Amelie hatte keine Lust mehr zu reden. Blöder Think Tank von Mutter, irgendwie musste sie doch immer das letzte Wort behalten, jedenfalls konnte man sich nicht mal einfach so an ihr abreagieren. Aber einen Trumpf hatte sie noch: „Na ja, über ein Kleid zur Hochzeit können wir ja noch mal reden. Übrigens, ist es okay, wenn Tom mit zur Hochzeit kommt?“

2. *Besprecht, worum es in diesem Mutter-Tochter-Gespräch geht: Welche Argumente stehen einander gegenüber? Könnt ihr weitere Argumente ergänzen?*

3. *Wie sollte sich Amelie eurer Meinung nach zur Hochzeit kleiden? Begründet eure Entscheidung.*

4. *Überlege, wie wichtig Kleidung und Aussehen für dich sind. Nehmt in der Klasse ausführlich Stellung.*

5. *Erörtert den Zusammenhang zwischen Aussehen, Selbstverständnis und Situationsabhängigkeit anhand eigener Beispiele.*

Das Selbst: Puzzle, Labyrinth oder einfach Chaos?

6. *Stelle dir aus den folgenden Kärtchen dein „Selbst“ zusammen, z. B. in Form einer Mind Map: Wähle aus, was deiner Meinung nach zu dir passt und zu dir gehört. Könnten andere dich aufgrund deiner Eigenschaften erkennen?*

freundlich	nett	sympathisch	herzlich	offen
optimistisch	pessimistisch	deprimiert	melancholisch	extrovertiert
introvertiert	launisch	temperamentvoll	lebhaft	hektisch
chaotisch	verständnisvoll	gesprächig	schüchtern	redegewandt
gehemmt	unbeholfen	elegant	stilvoll	selbstbewusst
selbstsicher	unsicher	verunsichert	ängstlich	überheblich
arrogant	oberflächlich	tiefsinnig	hilfsbereit	vergnügungs-süchtig
gefühlvoll	kopfgesteuert	unabhängig	stolz	faul
lethargisch	ehrlich	selbstzufrieden	wissbegierig	verlässlich
wechselhaft	berechenbar	neugierig	fröhlich	unberechenbar
geheimnisvoll	offenherzig	verschlossen	schwermütig	kaltblütig

7. *Ergänze weitere Eigenschaften und Charakteristika, die deiner Meinung nach für dein Selbstgefühl von Bedeutung sind, die du aber nicht aufgelistet findest. Diskutiert gemeinsam, welche Aspekte für euch besonders wichtig sind.*

8. *Erstellt gemeinsam eine vorläufige Definition vom Selbst.*

9. *Beschreibt, wie Kant das Bewusstsein des Ich als Ich charakterisiert.*

10. *Welchen Zusammenhang kannst du zwischen dem Kant-Text und dem Spiegelbild erkennen?*

Ich bin mir *meiner selbst* bewusst, ist ein Gedanke, der schon ein zweifaches Ich enthält, das ich als Subjekt, und das Ich als Objekt. Wie es möglich sei, dass ich, der ich denke, mir selbst ein Gegenstand (der Anschauung) sein, und so mich von mir selbst unterscheiden könne, ist schlechterdings unmöglich zu erklären, obwohl es ein unbezweifeltes Faktum ist. [...] Es wird dadurch aber nicht eine doppelte Persönlichkeit gemeint, sondern nur Ich, der ich denke und anschaue, ist die Person, das Ich aber des Objektes, was von mir angeschauet wird, ist, gleich andern Gegenständen außer mir, die Sache.

(Immanuel Kant, Theorie-Werkausgabe, VI, Suhrkamp Verlag, Frankfurt/M. 1968, S. 60)

Information: Das Selbst

Das Selbst kann man unterteilen in ein *materielles Ich*, dem das körperliche Selbst entspricht, ein *soziales Ich* als Ausdruck unseres Bewusstseins darüber, wie andere uns wahrnehmen, und ein geistiges Ich, das seine eigenen Gedanken und Gefühle überwacht. Unser Selbstkonzept macht unsere Identität aus und schließt ein: Erinnerungen, unsere Einschätzung von Eigenschaften, Motiven, Werten, Fähigkeiten, unserem Ideal-Ich, Selbstwert und Überzeugungen darüber, wie andere uns sehen.

11. *Stellt euch vor, wie ein Mensch ohne Selbst sein könnte: Wie würde er/sie sich in der Schule, in einem Verein, allein, in einem Geschäft verhalten? Schreibt dazu einen Tagebucheintrag.*

2. Wer und was uns prägt

1. *Geschwisterspiel: Wie wächst du auf? Als Einzelkind, mit einem Bruder, einer Schwester oder mit mehreren Geschwistern?*
Die vier Ecken des Klassenraumes werden aufgeteilt: eine für die Einzelkinder, die mittleren, die jüngsten und die ältesten Kinder in der Familie. Nach einem Erfahrungsaustausch in eurer Ecke notiert ihr auf Karten oder direkt an der Tafel die besonderen Vorteile und Probleme der verschiedenen Familienkonstellationen und bewertet das Gesamtergebnis gemeinsam.

2. *Diskutiert miteinander, welchen Unterschied es machen könnte, ob ein Kind als Einzelkind oder mit Geschwistern aufwächst. Benennt individuelle wie gesellschaftliche Auswirkungen.*

Erfahrungsraum Familie

Alice Schwarzer im Gespräch mit der Psychoanalytikerin Margarete Mitscherlich über ihre Identifikation mit der Mutter in ihrer Kindheit:

Schwarzer: War [Ihre Mutter] auch die Intellektuellere?
Mitscherlich: Die Sache ist nicht ganz so einfach. Ich habe sie als die Intellektuellere empfunden. Sie las sehr viel, sie war literarisch sehr bewandert. Wenn ich mit ihr durch die Wälder und die Gärten ging, wusste sie jede Blume mit deutschem und lateinischem Namen zu nennen. Sie half meinem Vater in der Praxis, sie half in der Schule aus, sie schmiss ihren Haushalt wie nix, es gab immer sehr gut zu essen, sie konnte fabelhaft kochen. Sie war für mich eigentlich eine allmächtige Frau, das gebe ich gerne zu. [...]
Schwarzer: Und sie ist ja bis über 90 noch nach Afrika gereist ... Hast du dich von ihr eigentlich anerkannt gefühlt?
Mitscherlich: Ich fühlte mich sehr geliebt von ihr, das ist keine Frage. Ich war aber auch unendlich abhängig von ihr. Sie hat mich ja selbst in den ersten schulpflichtigen Jahren unterrichtet. Ich ging erst ab neun Jahren überhaupt zur Schule.
Schwarzer: Wieso?

Mitscherlich: Ich entschied mich, da ich mich natürlich total mit meiner Mutter identifizierte, für die deutsche Schule. Mein Bruder, der sich viel mehr mit meinem Vater eins fühlte und mit mir in Dauerkonkurrenz lag, ging auf die dänische Schule. Na ja, aber mich schickte sie erstmal auf gar keine. Das war sehr angenehm, da ich sehr viel Freiheit hatte. Ich war gewohnt, aufzustehen und rauszugehen, wann es mir in den Sinn kam. Ich konnte mich auch später nur sehr schwer an den Zwang gewöhnen, das habe ich vielleicht mein Lebtag nicht mehr richtig gelernt. Und ich hatte auch immer irgendwie Krach mit den Lehrern, hatte immer sehr schlechte Betragensnoten. Aber Schwierigkeiten in der Schule hatte ich eigentlich nicht. Ich hatte eigentlich immer gute Zensuren, vor allem in Mathematik galt ich zeitweilig als Leuchte.

(Alice Schwarzer porträtiert Vorbilder und Idole, Kiepenheuer & Witsch, Köln 2003, S. 203 f.)

3. *Untersucht, wie Margarete Mitscherlichs Kindheit geprägt wurde, und diskutiert die Bedeutung der von euch genannten Einflüsse.*

4. *Entwickelt gemeinsam Interviewfragen (für Gleichaltrige und Erwachsene), anhand derer ihr versucht herauszufinden, wodurch diese Menschen in ihrer Entwicklung besonders geprägt wurden. Führt mehrere Interviews durch.*

5. *Stellt eure Interviewergebnisse zusammen und überlegt, ob es für euch auch besonders prägende Ereignisse gibt.*

Wie will ich werden?

Unsere Eltern suchen wir uns nicht aus, unsere Geschwister ebenfalls nicht. Nicht nur sie prägen uns, sondern noch andere Personen, Gruppen, Gedanken und Einstellungen.

6. *Stellt in Gruppen mögliche andere Einflüsse zusammen. Erfragt und untersucht, was euch daran jeweils erstrebenswert und wichtig erscheint.*

Geschwisterverhältnis

Die Schwestern waren, gleich den Eltern, zu schonen und zu achten, und wenn man mit ihnen Streit gehabt hatte, war man nachher vor dem eigenen Gewissen immer der Schlechte, der Anstifter, der, der um Verzeihung bitten musste. Denn in den Schwestern beleidigte man die Eltern, das Gute und Gebietende. Es gab Geheimnisse, die ich mit den verworfensten Gassenbuben weit eher teilen konnte als mit meinen Schwestern. An guten Tagen, wenn es licht war und das Gewissen in Ordnung, da war es oft köstlich, mit den Schwestern zu spielen, gut und artig mit ihnen zu sein und sich selbst in einem braven, edlen Schein zu sehen. So musste es sein, wenn man ein Engel war! [...] Oft war ich beim Spiel, bei guten, harmlosen, erlaubten Spielen, von einer Leidenschaft und Heftigkeit, die den Schwestern zu viel wurde, die zu Streit und Unglück führte, und wenn dann der Zorn über mich kam, war ich schrecklich und tat und sagte Dinge, deren Verworfenheit ich, noch während ich sie tat und sagte, tief und brennend empfand. Dann kamen arge, finstere Stunden der Reue und Zerknirschung und dann der wehe Augenblick, wo ich um Verzeihung bat, und dann wieder ein Strahl der helle, ein stilles, dankbares Glück ohne Zwiespalt, für Stunden oder Augenblicke.

(Hermann Hesse: Demian. Die Geschichte von Emil Sinclairs Jugend, Suhrkamp Taschenbuch Verlag, Frankfurt/M. 2007, S. 11 f.)

7. *Erarbeitet in Gruppen ein Standbild zum Verhältnis der Geschwister untereinander. Stellt hinterher eure Ergebnisse vor und besprecht, was in den verschiedenen Bildern deutlich wird.*

8. *Diskutiert und bewertet das Verhältnis von Emil zu seinen Schwestern und zu den Eltern.*

Begriffsreflexion

Selbst-findung, -bewusstsein, -sicherheit, -verwirklichung, -verantwortung, -ständigkeit, -verleugnung, -gewissheit, -zerstörung, -wertgefühl, -erkenntnis

9. *Versuche, drei der Komposita zu erklären. Wählt einen Begriff aus und schreibt einen sokratischen Dialog dazu (s. S. 136 f.).*

3. Identitäts- und Ichbildung

Sigmund Freud (1856–1939), der Begründer der Psychoanalyse, entwickelte ein dreigliedriges Modell, mit dem er menschliches Handeln, dessen Motive und Gründe, zu erklären suchte.

Freud unterscheidet zwischen ES, ICH und ÜBER-ICH:

- Das **Es** (Id) wird als primitiver unbewusster Teil der Persönlichkeit betrachtet, als Sitz der primären Triebe.

Das Es arbeitet irrational, impulsgetrieben und drängt auf unmittelbare Befriedigung, „ganz egal, was passiert“. Es zieht nicht in Betracht, ob das, was begehrt wird, auch im Bereich des Möglichen liegt und sozial erwünscht oder moralisch akzeptabel ist. Das Es wird vom Lustprinzip bestimmt, dem ungesteuerten Streben nach Befriedigung, besonders nach sexueller, körperlicher und emotionaler Lust.

- Das **Über-Ich** ist der Sitz der in der Gesellschaft geltenden moralischen Regeln und Normen.

Das Über-Ich entspricht in etwa dem Gewissen. Es entwickelt sich dadurch, dass das Kind die Verbote, mit denen die Eltern und andere Erwachsene sozial unerwünschte Handlungen belegen, verinnerlicht, sich zu eigen macht. Es ist die innere Stimme des „Du sollst“ und „Du sollst nicht“. Das Über-Ich enthält auch das Ich-Ideal, das Bild eines Menschen von dem, was er anstreben sollte. Folglich liegt das Über-Ich, der Repräsentant der Gesellschaft im Individuum, oft im Konflikt mit dem Es, dem Repräsentanten individueller Bedürfnisse.

- Das **Ich** verkörpert den realitätsorientierten Aspekt der Persönlichkeit, der im Konflikt zwischen den Impulsen des Es und den Anforderungen des Über-Ich abwägt und vermittelt.

Das Ich hat die Aufgabe, Handlungen auszuwählen, die die Impulse des Es befriedigen, ohne unerwünschte Konsequenzen des Über-Ichs nach sich zu ziehen. Das Ich wird vom Realitätsprinzip beherrscht, das vernünftige Entscheidungen über lustbetonte Wünsche stellt.

(nach: Philip G. Zimbardo, Richard J. Gerrig: Psychologie, Springer Verlag, Berlin/Heidelberg 1999, S. 533)

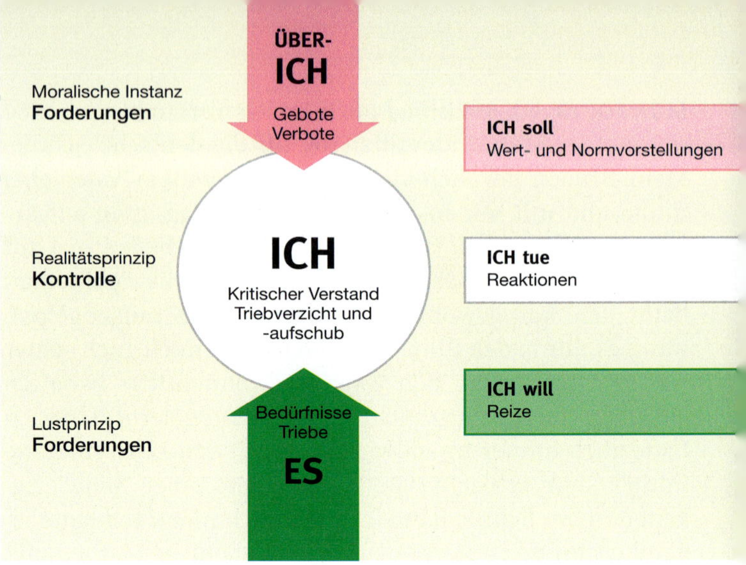

1. *Wie beschreibt Freud das Zusammenwirken der verschiedenen Anteile der Persönlichkeitsstruktur?*

2. *Beschreibe mit eigenen Worten, was nach Freud zur Ich-Bildung führt. Was bedeutet diese Theorie für das Erfahren von Identität?*

3. *Ergänze für die nachfolgenden Sätze Entsprechungen auf den beiden anderen Ebenen der Ich-Identität nach dem folgenden Muster:*

Über-Ich: *Ich soll meine Eltern nicht anlügen.*
Ich: *Ich rede mit meinen Eltern und versuche, sie dazu zu bringen, dass ich heute Abend weggehen kann.*
Es: *Ich will meinen neuen Freund heute Abend treffen.*
1. Es: Ich will mir ein Piercing machen lassen.
2. Über-Ich: Ich soll Respekt vor älteren Menschen haben.
3. Es: Ich will um jeden Preis gute Noten haben.
4. Über-Ich: Ich soll anderen nichts wegnehmen.

4. *Besprecht und diskutiert, was euch an Freuds Theorie überzeugt und was ihr weniger plausibel findet.*

Information: Identität

Identität bezeichnet allgemein die Summe aller Merkmale, die einen Menschen ausmachen und durch die er sich von anderen unterscheidet.

Wie ein Mensch sich und die Welt erfährt

Die eine Welt war das Vaterhaus, aber sie war sogar noch enger, sie umfasste eigentlich nur meine Eltern. Diese Welt war mir größtenteils wohlbekannt, sie hieß Mutter und Vater, sie hieß Liebe und Strenge, Vorbild und Schule. Zu dieser Welt gehörte milder Glanz, Klarheit und Sauberkeit, hier waren sanfte, freundliche Reden, gewaschene Hände, reine Kleider, gute Sitten daheim. Hier wurde der Morgenchoral gesungen, hier wurde Weihnacht gefeiert. In dieser Welt gab es gerade Linien und Wege, die in die Zukunft führten, es gab Pflicht und Schuld, schlechtes Gewissen und Beichte, Verzeihung und gute Vorsätze, Liebe und Verehrung, Bibelwort und Weisheit. Zu dieser Welt musste man sich halten, damit das Leben klar und reinlich, schön und geordnet sei.

Die andere Welt indessen begann schon mitten in unserem eigenen Hause und war völlig anders. In dieser zweiten Welt gab es Dienstmägde und Handwerksburschen, Geistergeschichten und Skandalgerüchte, es gab da eine bunte Flut von ungeheuren, lockenden, furchtbaren, rätselhaften Dingen, Sachen wie Schlachthaus und Gefängnis, Betrunkene und keifende Weiber, gebärende Kühe, gestürzte Pferde, Erzählungen von Einbrüchen, Totschlägen, Selbstmorden. Alle diese schönen und grauenhaften, wilden und grausamen Sachen gab es ringsum, in der nächsten Gasse, im nächsten Haus, Polizei und Landstreicher liefen herum. Betrunkene schlugen ihre Weiber, Knäuel von jungen Mädchen quollen abends aus den Fabriken [...] – überall quoll und duftete diese zweite, heftige Welt, überall, nur nicht in unseren Zimmern, wo Mutter und Vater waren. Und das war sehr gut. Es war wunderbar, dass es hier bei uns Frieden, Ordnung und Ruhe gab, Pflicht und gutes Gewissen, Verzeihung und Liebe – und wunderbar, dass es auch alles das andere gab, alles das Laute und Grelle, Düstere und Gewaltsame, dem man doch mit einem Sprung zur Mutter entfliehen konnte.

(Hermann Hesse: Demian. Die Geschichte von Emil Sinclairs Jugend, Suhrkamp Taschenbuch Verlag, Frankfurt/M. 2007, S. 9 f.)

5. *Analysiert die verschiedenen „Welten", wie der Ich-Erzähler sie umschreibt, im Hinblick auf Es, Über-Ich und Ich. Was symbolisieren diese Welten jeweils?*

6. *Diskutiert die folgende Frage: Kann sich die Persönlichkeit eines Menschen im Laufe seines Lebens ändern? Bezieht kurz- und langfristige Konsequenzen, die sich aus euren Standpunkten ergeben, mit ein.*

Kritik an Freud

Freuds Theorie zur Persönlichkeitsstruktur hat seit ihrer Entwicklung Ende des 19., Anfang des 20. Jahrhunderts großen Einfluss auf die Sichtweise der Persönlichkeit des Menschen gehabt, aber sie wurde auch oft kritisiert, so wie etwa von Max Planck:

Zwar spielen sich sicherlich viele Vorgänge, vielleicht sogar die ausschlaggebenden, in unserem Unterbewusstsein ab. Aber diese sind einer wissenschaftlichen Behandlung nicht fähig. Denn eine Wissenschaft des Unbewussten oder Unterbewussten gibt es nicht. Sie wäre eine contradictio in adjecto[1], ein Widerspruch in sich. Was unterbewusst ist, weiß man nicht. Daher sind alle Probleme, die sich auf das Unterbewusstsein beziehen, Scheinprobleme.

(Max Planck: Scheinprobleme der Wissenschaft, Johann Ambrosius Barth Verlag, Leipzig 1947, S. 17; Vortrag gehalten in Göttingen am 17. Juni 1946)

[1] Widerspruch im Attribut, z. B. hölzernes Eisen

7. *Besprecht, wie überzeugend euch dieser Einwand Plancks gegen den Begriff des Unbewussten erscheint. Formuliert weitere mögliche Kritikpunkte an Freud.*

8. *Bildet Gruppen, wählt einen provokativen Satz zur Identitätsbildung (z. B. „Identität eines Menschen ist das Ergebnis der unbewussten Wünsche und Erwartungen seiner Eltern" oder „Identität ist alles, was wir waren, sind und sein wollen"), der nicht unbedingt eure Meinung wiedergeben muss. Besorgt euch ein Aufnahmegerät und führt Interviews durch, in denen andere zu diesem Satz Stellung beziehen. Wertet hinterher die verschiedenen Stellungnahmen aus.*

9. *Du sollst in einem Radiofeature zum Thema „Wie Menschen zu dem werden, was sie sind" ausführlich deine Meinung darlegen. Bereite dieses Statement schriftlich vor.*

4. Sich selbst neu erfinden

1. *Überlege, was dir an dir selbst gut gefällt, und schreibe es auf. Wenn ihr wollt, könnt ihr euch in der Klasse darüber austauschen.*

2. *Immer mehr junge Menschen, besonders Mädchen, sind so unzufrieden mit ihrem Aussehen, dass sie alles dafür tun würden, um sich besser zu gefallen. Was denkst du darüber? Wie weit würdest du bei dir selbst gehen?*

Die handgemachte Frau

Sie hat sich selbst zur Welt gebracht. 38 Mal hat sie das Messer gegen sich richten lassen und verlangt, dass es ihr Fleisch durchschneidet, Knorpel abtrennt und Blutbahnen über ihren Körper zieht. Sie hat unter Schmerzen gekämpft, bis ihre alte Haut weggeätzt und ihre Knochen abgemeißelt waren, bis sie endlich das Gefühl hatte, sie selbst zu sein.

Cindy Jackson, geboren in Fremont, Ohio, ging mit 21 Jahren nach London. Sie beendete ihr erstes Leben als Verkäuferin in der amerikanischen Provinz und begann ihr zweites. Ein Leben, ganz der eigenen Schönheit gewidmet und der Vermarktung ihrer ungewöhnlichen Veränderung.

Sie hält sich einen Spiegel vors Gesicht und lässt den Blick an ihren Rehaugen, der leicht nach oben geschwungenen Nase und den porzellanenen Wangen entlanggleiten. Sie wirke zeitlos, sagen Leute immer wieder zu ihr, manchmal wie 28, manchmal wie 42. Sie sei makellos. [...]

Vorteile der Schönheit

Auf einem Foto von 1961 posiert die sechsjährige Cindy mit ihrem Dackel. Sie ist zart. Sie ist goldblond. Sie ist niedlich. Dennoch blickte sie damals stets voller Neid zu ihrer älteren Schwester Gloria auf, die mit ihrer filigranen Figur, den hohen Wangenknochen und den mandelförmigen Augen mehr der Mutter ähnelte. „Sie ist graziös wie eine Prinzessin, und ich bin ein Klotz“, dachte Cindy. Wieder und wieder schob sie einen Stuhl zum Spiegel im Badezimmer, kletterte darauf und betrachtete sich. Sie versuchte zu ergründen, warum ihre Schwester schön und sie hässlich war. Kamen Verwandte zu Besuch in das abgelegene Farmhaus, begrüßten sie von den beiden herausstürzenden Mädchen immer zuerst ihre schöne Schwester. Die ausgestreckten Hände der Tanten und die warmherzigen Blicke der Onkel, die Duftfahnen von Parfüm und Rasierwasser, die gezwitscherten Komplimente – alles strich an ihr vorbei zu Gloria. [...]

Wie Barbie sein wollen

In Tagträumen flüchtete sie sich in den Plastikkörper ihrer Barbiepuppe, hatte deren schlanke Beine, Stupsnase, geschwungene Wimpern und herzförmigen Mund. Sie war dann so hinreißend, dass alle Welt sich auf sie stürzte, um sie zu begrüßen, sie zu bedienen, ihr Nettigkeiten zu sagen. [...] Heute ist Cindy Jackson selbst Barbie. Sie hat sich die Puppe einverleibt. [...] Sie weiß [...], dass sie nicht das babyhafte Blondinchen ist: Mit einem Intelligenzquotienten von 164 ist sie Mitglied im Verein der Eierköpfe, dem Mensa Club. Nein, eher ergötzt sich Cindy Jackson daran, wenn die Männer, im Glauben, „ein Bambi stehe zitternd vor ihnen“, auf sie zusteuern und dann mächtig überrascht werden. [...]

Schönheit als soziale Macht

Schönheit ist soziale Macht, das spürt Cindy Jackson. Sie darf es nur nicht laut sagen, weil es wie eine Beleidigung des Intellekts klingt. Arbeitgeber entscheiden bei Neueinstellungen häufig auch nach dem Äußeren der Kandidaten, mögen es aber ungern zugeben. Und kaum einer wird eingestehen, dass er jemanden vor allem wegen seines Aussehens und nicht wegen seiner inneren Eigenschaften mag. Doch hat nicht jüngst eine US-Studie gezeigt, dass attraktive Menschen auch in den banalsten Alltagssituationen, von der Aufschnitttheke im Supermarkt bis zum Schalter einer Behörde, bevorzugt werden? [...]

Selfmadewoman

Wie die Missionarin einer schönen neuen Welt hat Cindy Jackson auf Talkshows und in Expertenrunden ihr Gegencredo propagiert: Das Skalpell kann wirkliche Schönheit schaffen – eine, die nicht künstlich, sondern natürlich ist und mit der Persönlichkeit verschmilzt. Niemand würde doch eine Frau mit gefärbten und dauergewellten Haaren, Make-up, getönten Kontaktlinsen und lackierten Fingernägeln als unecht abtun. Und niemand würde das von Narben entstellte Gesicht eines Unfallopfers artifiziell nennen, obwohl an ihm geschnitten und genäht wurde. Es bleibt organisches Teil der Person und deren Geschichte. Und nicht anders sei es bei ihr. Kein Fetzen fremden Gewebes wurde auf ihren Körper übertragen. Sie ist immer in ihrer Haut geblieben. Einziger Unterschied zum Unfallopfer: Ihre Züge wurden willentlich gewandelt, während bei ihm das Schicksal die Veränderung verursachte. Verübelt man ihr das neue, makellose Aussehen etwa, weil es durch einen Eingriff in die Schöpfung entstanden ist? [...] „I am a self-made woman." [...]

(DIE ZEIT, 2/2002; Carmen Butta)

3. *Erarbeitet in Gruppen die folgenden Aspekte in diesem Bericht über Cindy Jackson:*
- *Gründe für die Vielzahl an Schönheitsoperationen*
- *Welche Vorteile bringt Schönheit? Womit wird sich Cindy Jackson in den nächsten Jahren auseinandersetzen müssen?*
- *Gibt es für euch eine Grenze zwischen medizinisch und ethisch akzeptablen Eingriffen und einer nicht mehr legitimierbaren Selbstinszenierung?*

Tragt eure Ergebnisse in Form einer kleinen Präsentation vor. Schließt jeweils mit einem eigenen Kommentar ab.

4. *Recherchiert, was Fettsucht und Magersucht mit den Schönheitsidealen unserer Gesellschaft zu tun haben, und stellt euch eure Ergebnisse gegenseitig vor.*

5. *Sammelt Argumente für und gegen solche Körpermanipulation, führt dann mit verteilten Positionen einen Dialog zwischen einem Befürworter und einem Gegner von Schönheitsoperationen.*

Manipulation der Erinnerung?

6. *Nennt reihum eine eurer deutlichsten Kindheitserinnerungen. Überlegt gemeinsam, woher die Information der Erinnerung kommt.*

Nicht nur unseren Körper modellieren und schaffen wir, Vergleichbares geschieht auch mit unserem Gedächtnis. Aus verschiedenen Quellen wie Medien, Erzählungen, Bildern schafft sich unser Gedächtnis das, was unser Ich als Erinnerungen abruft.
Es ist eine irritierende These, schließlich bestimmen unsere Erinnerungen unsere Identität: Man ist zu einem großen Teil derjenige, der man glaubt, gewesen zu sein. Oft wird das Menschengehirn mit einer Festplatte verglichen, die dumpf-digital die Daten des Lebens speichert. Dieser Vergleich hinkt. Das Hirn ist ein höchst aktives Organ, das Erinnerungen filtert, redigiert, manchmal sogar erfindet und [...] sich leicht manipulieren lässt. Unser Gedächtnis gleicht einem Haus, in dem mäßig beaufsichtigte Bauarbeiter ständig Wände einreißen und Erker anbauen, Tapeten wechseln und neue Bilder aufhängen – und gelegentlich etwas unter den Teppich kehren. Deshalb werden Urlaubstage mit jedem Diaabend schöner, erscheinen selbst fragwürdige Lebensentscheidungen im Rückblick sinnvoll und ist Zeugen vor Gericht nur bedingt zu trauen. [...]
Das Gedächtnis formt unser Ich, zugleich aber ist es ein Produkt der Familie und der Erwartungen der Gesellschaft. Und vor allem muss es sich überhaupt einmal entwickeln. [...] Biologische und soziale Faktoren wirken je nach Alter und Situation in unterschiedlicher Stärke. Einige Lebensabschnitte sind besonders kritisch für die Gedächtnisentwicklung, etwa die Pubertät: In dieser Phase lernen die Jugendlichen, so von ihren Erinnerungen zu erzählen, dass sie in ihrer Clique akzeptiert werden. Mithilfe frisierter Erlebnisse schärfen sie das Bild ihrer Persönlichkeit. So entstehen die tollen Hechte, von denen sie noch als Alte in fester Überzeugung erzählen.

(Andrea Schumacher: Das betrogene Ich; in: ZEITWISSEN, Nr. 5/2005, S. 24–29)

7. *Fasst die Grundaussagen des Textes zusammen.*

8. *Überlegt gemeinsam, ob ihr euren eigenen Erinnerungen noch trauen könnt, wenn euer Gedächtnis mit einem Haus im Umbau vergleichbar ist. Denkt darüber nach, weshalb wir solche Veränderungen und Modellierungen vornehmen.*

9. *Bewertet kritisch mögliche Gemeinsamkeiten und Unterschiede zwischen der Körper- und Gedächtnismodellierung.*

5. Gewalt gleich männlich?

1. *Klischee oder Wirklichkeit? Mädchen spielen mit Puppen und Jungen raufen sich?*

2. *Diskutiert, ob sich die folgenden Begriffe nach männlich und weiblich zuordnen lassen:*

kneifen, weinen, schreien, schlagen, weglaufen, unterwerfen, prügeln, triumphieren, sich beschweren, brüllen, jammern, bedrohen, sich aufbauen, zicken, argumentieren, anpöbeln, schweigen, unterbrechen

3. *Vergleicht eure Ergebnisse und problematisiert die Zulässigkeit derartiger Festschreibungen.*

4. *Fasst zusammen, wie die Autoren der beiden folgenden Texte Gewalttätigkeit und Aggressivität bei Männern und Frauen erklären und differenzieren. Diskutiert, ob und inwiefern diese Ansichten mit euren eigenen Erfahrungen übereinstimmen.*

Gehirnforschung: Untersuchungen zur Gewalttätigkeit

Tatsächlich ist das männliche Geschlecht der wichtigste Risikofaktor für Gewalttätigkeit. Wie Kriminalstatistiken belegen, verüben weltweit Jungen und junge Männer die Mehrzahl aller körperlichen Übergriffe. So geht der enorme Anstieg der Jugendgewalt in Deutschland zwischen 1984 und 1997 zu 85 Prozent auf das Konto von männlichen Jugendlichen. Schwerwiegende Gewalttaten wie Mord, Totschlag, schwere Körperverletzung oder Vergewaltigung begehen nahezu ausschließlich Männer.

Dies bedeutet umgekehrt nicht, dass Mädchen und Frauen weniger aggressiv sind, wie man noch bis in die 1990er-Jahre hinein annahm. Männer neigen jedoch eher zu direkter, nach außen gerichteter, körperlicher Gewalt, während das weibliche Geschlecht indirekte, verdeckte Aggressionen bevorzugt. Im Spinnen von Intrigen und „psychologischer Kriegsführung" übertreffen Mädchen die Jungen bei Weitem. Störungen des Sozialverhaltens treten bei ihnen typischerweise in einer bestimmten Phase der Pubertät auf, nämlich im 14. und 15. Lebensjahr. Mit 17 und 18 Jahren klingen sie meist bereits wieder ab.

Die Ursachen für diese Unterschiede zwischen Männern und Frauen sind vielfältig. Gelernte Geschlechterrollen spielen eine Rolle („Mädchen schlagen sich nicht!", aber: „Ein Junge muss sich wehren können!"). Außerdem erfordern indirekte Aggressionsstrategien ein relativ hohes Maß an „sozialer Intelligenz", die sich bei Mädchen früher und schneller entwickelt. Mit Sicherheit haben aber auch neurophysiologische Unterschiede einen Einfluss, wie wir noch sehen werden.

(Daniel Strüber, Monika Lück und Gerhard Roth: Tatort Gehirn; in: Gehirn & Geist, Nr. 9/2006, S. 44–52)

Auch Mädchen schlagen häufiger zu

In Karlsruhe ersticht eine 16-Jährige eine Mitschülerin, in Pfullendorf (Kreis Sigmaringen) quälen zwei Mädchen im Alter von 11 bis 15 Jahren eine 14-Jährige [...].

Nach Beobachtungen der Kriminalpolizei zeigen sich immer mehr Frauen unter 21 Jahren gewaltbereit. [...] Dass sich Mädchen und junge Frauen im Umgang mit Gewalt ihren männlichen Altersgenossen annähern, belegen die Zahlen der Polizei. Im Bericht zur Jugendkriminalität des LKA für 2006 ist von „steigender Gewaltbereitschaft bei minderjährigen Mädchen" die Rede: „Bei diesen scheint sich eine tendenzielle Angleichung an männliche Verhaltensmuster abzuzeichnen." Seit 1997 ist beim Delikt Körperverletzung der Anteil der weiblichen Tatverdächtigen unter 21 Jahren um 5,6 Prozent auf 18,2 Prozent gestiegen

– wobei der Großteil dieser Straftaten immer noch auf das Konto männlicher Täter geht.
Zu ähnlichen Ergebnissen kommt eine Studie der Universitäten Münster und Bielefeld. Deren Autoren, ein Kriminalwissenschaftler und ein Soziologe, warnen aber davor, aufsehenerregende Einzelfälle überzubewerten. „Insgesamt sind Mädchen um ein Mehrfaches weniger gewalttätig als Jungen.“ […]
Dass manche Mädchen nun auch körperliche Gewalt ausübten, erklärt Ruml unter anderem mit dem Vorbild männlicher Gewalttäter. „Diese Mädchen wollen den Jungen nicht nachstehen.“ Gewalt unter Jugendlichen ist aber meist ein Gruppenphänomen. „Die Gruppendynamik spielt auch bei Mädchen klar eine Rolle.“

(Badische Zeitung, 4.10.2007)

Medien und Gewalt

Professor Christian Pfeiffer, ein Kriminologe, führt neben einer gewissen Tendenz zur Gewalttätigkeit auch den verstärkten Konsum an gewalttätigen Computerspielen bei Jungen als wichtigen Aspekt der zunehmenden Gewaltbereitschaft, aber auch der sich immer deutlicher abzeichnenden Verschlechterung der Schulleistungen an.

Wir haben gerade dazu bundesweit 23 000 Kinder und Jugendliche befragt, wie viel Zeit sie täglich mit Computerspielen und Fernsehen verbringen und natürlich auch, welches die Inhalte sind, die sie dabei bevorzugen. Was sich deutlich zeigt, ist ein extremer Unterschied zwischen Jungen und Mädchen. Jungen sind zu zwei Dritteln mit Spielen zugange, die eigentlich erst ab 18 freigegeben sind und als indizierte Spiele qualifiziert werden. Bei Mädchen ist das nur zu 14 % der Fall und auch hier nur dann, wenn sie einen Bruder haben, der das Zeug in die Familie reingeführt hat. […] Das Gesamtergebnis wird erst im Herbst vorliegen, aber schon jetzt ist dieser geschlechtsspezifische Unterschied deutlich erkennbar. Klar ist auch, dass die Jungen an den Schulen leistungsmäßig auf dem Abstieg sind, während die Mädchen deutlich die Führung übernommen haben. […]
Ausgangspunkt der Untersuchung ist die seit Jahren bekannte Tatsache, dass die Jungen in den Schulen immer mehr einbrechen. Als Beispiel: Vor 15 Jahren hatten wir noch etwa fifty-fifty bei denen, die die Schule einfach ohne Zeugnis abgebrochen haben. Heute sind das fast zwei Drittel Jungen gegen ein Drittel Mädchen; oder nehmen Sie das Gegenteil: dass Kinder wechseln dürfen von der Hauptschule zur Realschule oder von der Realschule zum Gymnasium. Hier haben wir heute eine Dominanz der Mädchen von 62 % zu 38 %. Früher war das 50:50. Daher stellt sich heute die Frage, was hat sich im Leben der Jungen so dramatisch verändert, dass sie auf einmal in den Schulleistungen so viel schlechter geworden sind? Eine der zentralen Faktoren ist die Playstation im Kinderzimmer. Vor 15 Jahren hatten wir das kaum. Neuerdings haben in der Altersgruppe von 12–16 fast zwei Drittel der Jungen so ein Gerät im Zimmer, sodass das Spielen von Computer- und Videospielen für viele zum dominierenden Freizeitinhalt geworden ist. Da liegt die Frage nahe: Ist das der Faktor, der den Unterschied ausmacht? Pro Tag kommen Jungen auf 1 1/2 Stunden mehr Computerspielen als Mädchen und vor allem auf solche Inhalte, die, nach Auskunft der Neurobiologen, für das im Kurzzeitgedächtnis gespeicherte Schulwissen gefährlich sind. […]
Die Hirnforschung hat herausgefunden, dass stundenlanges Computerspielen von Spielen, die als Ego-Shooter beschrieben werden und als äußerst gewalthaltige Spiele dann ihre Käufer finden, deutliche Konzentrationsmängel auslöst und dass Kinder, wenn sie vorher etwas gelernt haben und dann so etwas spielen, anschließend größere Probleme haben, sich an das Gelernte zu erinnern; mehr als solche Kinder, die nach dem Lernen zum Fußballspielen gegangen sind. Das wird jetzt systematisch im Rahmen unseres Projekts untersucht durch Neurobiologen einerseits, aber auch durch gedächtnispsychologische Untersuchungen, die andererseits wir durchführen. Die bisher vorliegenden Erkenntnisse zeigen aber eins klar auf: die Vielspieler unter den Kindern und Jugendlichen haben schlechtere Noten als die Wenigspieler. Die Vielseher haben schlechtere Noten als die Wenigseher.

(Aus einem Gespräch zwischen Christian Pfeiffer und einem Redakteur der Zeitschrift Gameface, 2007)

5. *Welche kurz- und langfristigen Folgen von Gewaltpräsenz werden von Pfeiffer beschrieben?*

6. *Erarbeitet eine Umfrage unter Schülern/Schülerinnen, Eltern und Lehrern/Lehrerinnen zum Thema: Was brauchen Jungs, um gesellschaftlich den Anschluss nicht zu verpassen? Führt diese Umfrage durch und wertet hinterher eure Ergebnisse aus.*

6. Über sich selbst hinauswachsen

1. *Blitzlicht: Was ist ein guter Mensch?*

Es gibt immer wieder Menschen, die, so sagt man zumindest, in bestimmten Situationen über sich selbst hinauswachsen, sich in einer Art und Weise verhalten, die nicht nur das soziale Umfeld, sondern auch die Person selbst erstaunen. Unser Verhalten ist zwar untrennbar mit unserer Identität verknüpft, jedoch nicht unveränderbar, sondern oft wandlungsfähiger, als wir selbst glauben.

Vom Unternehmer zum Menschenretter

[Der Geschäftsmann] Oskar Schindler war [...] Volksdeutscher und stammte aus Mähren in der Tschechoslowakei. Zunächst unterstützte er begeistert die Nationalsozialisten und den Anschluss der tschechischen Randgebiete an Deutschland; nach der Invasion deutscher Truppen in Polen ging er nach Krakau und übernahm dort eine ehemals jüdische Fabrik für Emaillewaren. Als die Nationalsozialisten begannen, die Krakauer Juden in die Vernichtungslager zu schicken, schützte Schindler seine jüdischen Arbeitskräfte, indem er sich darauf berief, dass seine Fabrik kriegswichtige Güter herstellte. Wenn die Juden auf den Bahnsteigen zusammengetrieben wurden, um in Güterwagen in die Vernichtungslager transportiert zu werden, bestach oder bedrohte er SS-Offiziere, damit sie einige entließen, von denen er behauptete, dass sie zu seiner Fabrik gehörten oder dort wegen ihrer Fähigkeiten gebraucht würden. Mit seinem Geld kaufte er auf dem Schwarzmarkt Lebensmittel, um die ungenügenden Rationen seiner Arbeiter und Arbeiterinnen aufzubessern. Er fuhr sogar heimlich nach Budapest, um sich mit Untergrundleuten zu treffen, die Nachrichten über den Völkermord der Nationalsozialisten an die Außenwelt gelangen lassen konnten. Gegen Ende des Krieges, als die russische Armee durch Polen vorrückte, zog er mit seiner Fabrik und der ganzen Belegschaft in ein neues „Arbeitslager“ um, das er in Brinnlitz in Mähren errichtete. Es war das einzige Arbeitslager im nationalsozialistischen Europa, wo Juden nicht geschlagen oder erschossen wurden, sich zu Tode arbeiteten oder verhungerten. [...] Am Ende des Krieges hatten mindestens 1200 seiner jüdischen Arbeitskräfte überlebt; ohne Schindler wären sie ziemlich sicher umgekommen.

(Peter Singer: Wie sollen wir leben? Ethik in einer egoistischen Zeit, Deutscher Taschenbuch Verlag, München 1999, S. 177)

2. *Diskutiert, in welchem Sinne Oskar Schindler als ein guter Mensch bezeichnet werden kann.*

Widerstand als Zivilcourage*

Die Weiße Rose* ist heute wohl die bekannteste Widerstandsgruppe des Dritten Reiches. Kern der Gruppe waren die Geschwister Sophie und Hans Scholl, Christoph Probst, Willi Graf, Alexander Schmorell und Professor Kurt Huber. Zwischen 1942 und 1943 verbreitete die Gruppe sechs Flugblätter, in denen sie zum Widerstand gegen das NS-Regime aufrief. Ihren Mut und ihre Entschlossenheit, sich gegen die Nazidiktatur zur Wehr zu setzen, bezahlten die sechs mit dem Leben. Ab Februar 1943 tritt die Gruppe auch durch nächtliche Aktionen an die Öffentlichkeit. Sie malen auf Münchner Hausfassaden Anti-Nazi-Parolen wie „Nieder mit Hitler“, „Hitler Massenmörder“ oder „Freiheit“. Das sechste Flugblatt wird der Gruppe zum Verhängnis. Geschrieben von ihrem Mentor Kurt Huber, einem Professor für Philosophie und Musikwissenschaften, geißelt es die Kriegspolitik Hitlers, welcher in Stalingrad allein auf deutscher Seite 300 000 Soldaten zum Opfer gefallen sind. Ein Hausmeister erwischt die Geschwister Scholl, als sie die Flugblätter im Lichthof der Universität verteilen, hält sie fest und übergibt sie der Gestapo. Vier Tage später, am 22. Februar, werden sie vom Volksgerichtshof zum Tode verurteilt und noch am selben Tag mit dem Fallbeil hingerichtet. [...] Im April wird 14 weiteren Mitgliedern der Weißen Rose der Prozess gemacht. Alexander

Hans und Sophie Scholl, Christoph Probst (v. l. nach r.)

Schmorell, Professor Kurt Huber und Willi Graf werden ebenfalls zum Tode verurteilt, die anderen zu Haftstrafen. In den folgenden Monaten verhaftet die Gestapo weiterhin Freunde und Unterstützer der Weißen Rose, und der Volksgerichtshof verhängt Todes- und hohe Freiheitsstrafen.
Noch zwei Tage vor ihrer Verhaftung sagte Sophie Scholl: „Es fallen so viele Menschen für dieses Regime. Es wird Zeit, dass jemand dagegen fällt." Während ihres Verhörs wollte der Gestapobeamte ihr eine „goldene Brücke" bauen, mit der sie die Todesstrafe hätte umgehen können: Sie sollte sich von ihrem Bruder distanzieren und erklären, dass seine und ihre Handlungen und Überzeugungen verurteilenswert seien. Darauf antwortete Sophie Scholl laut Vernehmungsprotokoll: „Ich bin nach wie vor der Meinung, das Beste getan zu haben, was ich gerade jetzt für mein Volk tun konnte. Ich bereue deshalb meine Handlungsweise nicht und will die Folgen, die mir aus meiner Handlungsweise erwachsen, auf mich nehmen."

(Sabine Kaufmann/Meike Meyer; http://www.planet-wissen.de; 10.3.2006)

3. *Überlegt, was Menschen wie die Mitglieder der Weißen Rose dazu bewegt hat, ihr eigenes Leben aufs Spiel zu setzen. Stellt euch vor, welche Ängste und Befürchtungen sie aushalten mussten und wie sie damit umgegangen sind.*

4. *Nehmt an, es ist der Geburtstag von Sophie Scholl oder Oskar Schindler. Schreibe allein oder in Partnerarbeit einen Artikel für die Schülerzeitung zum Gedenken mit einem persönlichen Kommentar.*

Mut zur eigenen Freiheit

Lange Zeit dachte man, die Ethik sei eine Ansammlung von Verboten: Tu dies nicht, sag das nicht, denk jenes nicht – ganz so, als würde die Ethik unsere Freiheit beschneiden. Das ist aber ein Zerrbild der Ethik; denn die Ethik verneint nicht die eigene Persönlichkeit, sondern will sie entwickeln und zur Entfaltung bringen. Ethisch leben bedeutet nicht, blind irgendwelche Gebote und Verbote zu befolgen. Ethisch leben ist ein Abenteuer, das tägliche Erreichen von Zielen, das Erwerben und Verfestigen von Tugenden. Ethisch leben, das ist nicht der Verzicht auf unsere Freiheit, sondern ihre Stärkung und Entfaltung. Ziele erreichen, uns selbst neue menschliche Qualitäten erarbeiten, in unserem Menschsein wachsen – das hat nichts damit zu tun, den Kopf einzuziehen oder stur ein erdrückendes Gesetz zu befolgen.
Ein ethisches Leben führen wir nicht, indem wir die Lebensfreude in uns abtöten und eine verbitterte Miene aufsetzen, so als ob ein tugendhaftes Leben Freude und Genuss ausschließen müsste. Ganz im Gegenteil: Die Ethik ist der tägliche Kampf ums Glücklichsein.

(Héctor Zagal/José Galindo: Ethik für junge Menschen, Stuttgart 2000, S. 67 f.)

Ethisch leben heißt auch, sich für andere einzusetzen, beispielsweise eine Patenschaft für ein hilfsbedürftiges Kind zu übernehmen, gegen Unrecht einzuschreiten, auch in der eigenen Schule, in der eigenen Klasse, bei Ausländer-, Homo- oder Blondinenwitzen nicht einfach mitzulachen, weil es alle tun. Eines der Hauptmerkmale aller Menschen ist unsere Fähigkeit zur *Nachahmung*. Unser Verhalten und unseren Geschmack kopieren wir zum größten Teil von den anderen. Daher sind wir so bildungsfähig und eignen uns weiterhin unaufhörlich die Erfolge an, die andere Personen in vergangenen Zeiten oder weit entfernten Gegenden erzielt haben. In allem, was wir „Zivilisation", „Kultur" und so weiter nennen, steckt ein bisschen Erfindung und sehr viel Imitation. Wären wir nicht solche Nachahmer, müssten alle Menschen immer wieder bei null anfangen. Deshalb ist das Beispiel so wichtig, das wir unseren Artgenossen geben.

(Fernando Savater: Tu, was du willst. Ethik für die Erwachsenen von morgen, Beltz & Gelberg, Weinheim/Basel, Berlin 2001)

5. *Beantwortet in Kleingruppen mithilfe der vorangegangenen Texte die folgenden Fragen und diskutiert eure Ansichten:*
- *Inwiefern hat ethisches Verhalten mit Freiheit zu tun?*
- *Weshalb brauchen wir Menschen, an denen wir uns orientieren können?*
- *Weshalb ist es von Bedeutung, dass Menschen Zivilcourage beweisen?*

6. *In verschiedenen Städten, Gemeinden und auch Schulen wird zu mehr Zivilcourage aufgefordert (Aktionen wie beispielsweise „Schau hin!"). Sammelt und diskutiert Vorschläge für eure Schule, mit denen ihr zu mehr Zivilcourage (die eigene und die anderer) aufrufen möchtet. Entscheidet euch für einen Vorschlag, entwerft ein Logo dafür und setzt eure Ideen um.*

7. Frauenrollen – Männerrollen?

1. *Entwerft einen kurzen Dialog zwischen diesem Paar.*

Rollenzwänge?

Unser Verhalten, unsere Zukunftsperspektiven sind immer auch gesellschaftlich geprägt und kommen in Rollenerwartungen und -vorstellungen zum Ausdruck. Oft genug finden Menschen nicht die Erfüllung der mit diesen Rollen einhergehenden Glücksversprechen, ihre Unzufriedenheit löst dann in ihrem sozialen Umfeld Unverständnis aus, da alle Aspekte, die Glück und Zufriedenheit herbeiführen sollen, erfüllt sind. In dem Interviewband der Regisseurin und Schriftstellerin Doris Dörrie mit verschiedenen Paaren wie dem Ehepaar K. wird diese Problematik angesprochen:

Frau K.: Direkt nach dem Abitur habe ich angefangen, Pädagogik zu studieren, und dieses Studium aufzugeben ist mir nicht besonders schwergefallen. Hätte ich also angefangen, Medizin zu studieren, hätte ich wohl um den Beruf mehr gekämpft. Medizin war mein Traumberuf. Einen Beruf zu haben war mir eigentlich schon mit 14 oder 16 immer sehr wichtig. Ich war – wie gesagt – sehr jung, sehr optimistisch, ich hab gedacht, ich kann das alles unter einen Hut bringen. Ich hab auch nicht gewusst, wie viel Zuwendung ein Kind braucht. Und dann hab ich natürlich eingesehen, dass es nicht zu machen ist; erstmal wegen der vielen Ortswechsel, und dann ist ja irgendwann auch das zweite Kind gekommen.
Herr K.: Ich hab versucht, 'ne kleine Kleinstkarriere zu machen. Ja, ich möchte sagen, wir waren dann nicht mehr ganz so optimistisch, d. h., ich hatte 'ne Phase – man kann das besser, wenn man von sich selbst spricht. Ich hab eigentlich gar nicht darüber nachgedacht über die Ehe oder ihre Befindlichkeit –, ich bin da ganz offen. Ich war mit mir selber mehr beschäftigt, also mich z. B. in so einer Großfirma erstmal zu etablieren, zu verstehen, was da läuft – seriös zu werden – in einem gewissen Sinn, also aus dem Hemdenstil in den Anzug- und Krawattenstil überzuwechseln. Ist wirklich so. Und dann hab ich das natürlich auch genossen – ich fand das wunderschön, es war für mich sehr romantisch, eine Frau zu haben und kleine Kinder, mit denen ein bisschen rumzuziehen, aber irgendwie auch von ihnen gar nicht so belastet zu sein.
Frau K.: Ja, eben eine klassische Rolle.
Herr K.: Ich hab nicht auf die Familie zugelebt, sondern ich hab eigentlich für mich gelebt, und die Familie war eine schöne Sache, gut, also eine wunderschöne Angelegenheit, aber sie war nicht der Kern meiner Überlegungen.
Doris: Fanden Sie das auch so romantisch?
Frau K.: Nein, ich dann nicht mehr. Ich bin also älter geworden, hab mich dann eben entwickelt und fand das dann nicht mehr so romantisch. Ich kam mir dann sehr eingemauert vor. Ich hatte nur Kontakte mit Müttern. [...] Ich hab gesehen, dass Kinder unwahrscheinlich viel Kraft fordern, vor allen Dingen von mir viel Kraft, weil ich das nicht erlebt habe, als Einzelkind in einer großen Familie aufzuwachsen. Ich hab mich also überfordert. Aber das habe ich natürlich erst erkannt, als diese Kinder schon da waren – dass es mir nicht so liegt. Dass ich also nicht im Muttersein aufgehe. Dass es nicht mein Traum ist, vier Sprösslinge rumrennen zu sehen und Kuchen zu backen und Nasen zu putzen und – und sonst also nur Hausfrau zu sein und – und dann also irgendwann zu wissen, als Perspektive, dass mal Enkelkinder da sind.

(Doris Dörrie: Love in Germany. Deutsche Paare im Gespräch mit Doris Dörrie, Diogenes, Zürich 1992, S. 28 f.)

2. *Beschreibt die Einstellung von Frau und Herrn K. Wie bewertet ihr das, was sie über ihre Rolle in ihrer Beziehung und der Familie sagen?*

3. *Wenn du dich mit Frau K. unterhalten könntest, was würdest du ihr sagen oder sie fragen wollen?*

Projekt: Das Frauenbild in den letzten 50 Jahren

Was hat sich geändert für die Frauen in den letzten 50 Jahren? Recherchiert in der Literatur, befragt eure Mütter und Großmütter zu folgenden Aspekten: Ausbildung, Beruf, Karriere, Ehe, Familie, Gleichberechtigung, Lebensformen. Findet heraus, was heute anders oder noch gleich ist. Stellt eure Informationen zusammen, bewertet sie und stellt sie in der Schule oder auf der Homepage eurer Schule aus.

Von Hausfrauen, australischen Ureinwohnern und Käfighühnern

Als Zeitschriftenautorin interviewte Betty Friedan im Amerika der 1950er-Jahre viele junge Frauen, die den klassischen amerikanischen Traum erlebten: Sie waren jung und gesund, wohnten in schönen Vorstadthäusern, ihre Männer hatten eine gut bezahlte Arbeit, ihre Kinder gingen zur Schule, ihre Hausarbeit wurde durch viele arbeitsparende Geräte erleichtert, und (so können wir heute hinzufügen) niemand machte sich Sorgen wegen Drogen oder AIDS. Das war das gute Leben schlechthin, im reichsten Land der Welt, und diese Frauen mussten sicherlich von allen beneidet werden, die jemals Mangel an Bequemlichkeit, Freizeit und finanzieller Sicherheit erlebt hatten. Doch als Friedan mit ihnen sprach, fand sie heraus, dass sie ein Problem hatten. Die Frauen hatten keinen Namen dafür, und Friedan ebenfalls nicht, und so nannte sie es „das Problem ohne Namen". Es stand im Mittelpunkt ihres Buches *Der Weiblichkeitswahn oder die Selbstbefreiung der Frau*, das für die moderne feministische Bewegung mehr als jedes andere Einzelwerk ausschlaggebend war. In diesem Buch beschreiben die Frauen das Problem mit ihren eigenen Worten. Hier eine 23-jährige Mutter:
„Ich frage mich, warum ich so unzufrieden bin. Ich bin gesund, habe meine Kinder, ein schönes neues Haus, genug Geld. Es ist, als hätte es, seit du ein kleines Mädchen warst, immer jemanden oder etwas gegeben, das dein Leben bestimmt: die Eltern, das College, die Liebe, ein Kind bekommen, der Umzug in ein neues Haus. Und dann wachst du eines Morgens auf, und es gibt nichts, worauf du dich freuen könntest."
Die damaligen Zeitschriften und Fernsehserien versuchten, den Frauen zu erzählen, dass ihre erfüllendste Rolle die der Ehefrau und Mutter sei. Schließlich hatten es die amerikanischen Hausfrauen der 50er-Jahre im Vergleich mit den Frauen früherer Zeiten oder in anderen Ländern doch leicht. Aber dass sie es so leicht hatten, war wenig tröstlich; in Wirklichkeit war es gerade das Problem. Diese Art Leben wurde für das gehalten, was eine Frau zur Erfüllung brauchte, doch wenn sie alles erreicht hatte, was sie sich angeblich wünschte, kam ihr Lebensplan zum Stillstand. [...]
Die moderne Hausfrau in ihrem ordentlichen Haushalt und der australische Ureinwohner, der vor dem Laden auf dem staubigen Boden sitzt, leiden an der gleichen Krankheit: dass ihrem Leben jedes Ziel genommen ist. Das Bedürfnis nach einem Ziel ist tief in unserer Natur verankert. [...] Auch die in einen Käfig gesperrte Henne in der Tierfabrik hat ihr tägliches Futter in ein paar Minuten aufgepickt, und dann bleibt ihr überhaupt nichts mehr zu tun.

(Peter Singer: Wie sollen wir leben? Ethik in einer egoistischen Zeit, Deutscher Taschenbuch Verlag, München 1999, S. 221 ff.)

4. *Analysiert und diskutiert die von Singer genannten Gründe für die Unzufriedenheit der amerikanischen Hausfrauen in den 50er-Jahren des 20. Jahrhunderts und ihre Berechtigung.*

5. *Verfasse ein Statement zu Singers Vergleich zwischen den amerikanischen Hausfrauen, den australischen Ureinwohnern und den Legehennen. Tauscht eure Texte hinterher aus, vergleicht und diskutiert eure Haltung dazu.*

8. Vom Gleichsein und der Veränderung

1. *Wer und wie warst du mit vier, mit acht, mit zwölf Jahren? Denk darüber nach.*

Peter Handke

Lied Vom Kindsein

[...]
Als das Kind Kind war,
war das die Zeit der
folgenden Fragen:
Warum bin ich Ich und
warum nicht Du?
Warum bin ich hier und
warum nicht dort?
Wann begann die Zeit
und wo endet der Raum?
Ist das Leben unter der Sonne
nicht bloß ein Traum?
Ist, was ich sehe und höre und rieche,
nicht bloß der Schein
einer Welt vor der Welt?
Gibt es tatsächlich das Böse
und Leute, die wirklich
die Bösen sind?
Wie kann es sein, dass ich, der ich bin,
bevor ich wurde, nicht war
und dass einmal ich,
der Ich bin, nicht mehr der, der Ich bin, sein werde?

(Peter Handke/Wim Wenders: Der Himmel über Berlin. Ein Filmbuch, Frankfurt/M. 1987, S. 14 ff.)

2. *Lest das Gedicht von Peter Handke laut vor und überlegt dann gemeinsam, was in diesem Gedicht thematisiert wird.*

3. *Beantwortet in Gruppen fünf der Fragen, die in Handkes Gedicht gestellt werden. Überlegt, welche weiteren Fragen ihr noch ergänzen könnt.*

Franco Biondi

Sprachfelder 1 (1982)

In meinem Kopf
haben sich die Grenzen zweier Sprachen
verwischt
doch
zwischen mir
und mir
verläuft noch
der Trennzaun
der Wunden zurücklässt
jedesmal
wenn ich ihn
öffne.

(Franco Biondi: Ode an die Fremde, Avlos Verlag, Sankt Augustin 1995, S. 121)

4. *Beschreibe mit eigenen Worten die Gefühle und Erfahrung, die Franco Biondi in seinem Gedicht thematisiert.*

5. *Überlegt gemeinsam in der Klasse oder in kleineren Gruppen, ob ihr Berührungspunkte zwischen den beiden Gedichten erkennen könnt. Beschreibt sie mit eigenen Worten.*

Doppelt, verschieden oder eins in zwei?

Eineiige Zwillinge sind Menschen mit identischem genetischen Code. Sie sehen sich zum Verwechseln ähnlich und werden von ihrer Umgebung oft wie ein doppeltes Ich behandelt. Glaubst du, dass es so etwas wie ein zweifaches oder dreifaches Ich geben kann? Überlege dir Argumente dafür und dagegen.

6. *Stell dir vor, du könntest dir für dein nächstes Leben aussuchen, ob du allein oder als Zwilling auf die Welt kommen kannst. Begründe deine Entscheidung.*

Information: Klonen

Klonen bedeutet allgemein die Erzeugung einer identischen Kopie. In der Biologie beschreibt man damit den Prozess der Herstellung von identischen Kopien einer DNA, einer Zelle oder eines Organismus.

7. *Stell dir vor, du findest heraus, dass du ein Klon deines Großvaters oder deiner Großmutter bist. Schreibe einen Dialog zwischen dem Ich und dem Klon.*

Szenenfoto aus der Verfilmung „Blueprint" mit Franka Potente

Blueprint*

In dem Jugendroman „Blueprint" geht es um die berühmte Pianistin Iris Sellin, die erfährt, dass sie an Multipler Sklerose erkrankt ist. Damit ihr Talent nicht dahinschwindet, lässt sie sich von einem kanadischen Arzt klonen. Ihre Tochter Siri soll nun das musikalische Erbe ihrer Mutter fortführen, doch stattdessen stürzt die junge Frau, nachdem sie die Wahrheit über ihre Herkunft erfahren hat, in eine tiefe Krise:

Ihr Einlinge könnt ja so schrecklich spitzfindig sein, wenn es um uns Klone geht. Lange vor meiner Geburt sprach sich ein Jurist mit folgenden schlauen Überlegungen gegen unser Verbot, also für uns, aus: „Man frage dereinst einen der zukünftigen Klon-Menschen, ob er lieber nicht geklont worden wäre. Er wird die Frage als Zumutung zurückweisen ... Denn die Alternative für einen so produzierten Menschen lautet nicht ‚geklont oder nicht geklont', sondern ‚geklont oder nicht existent'."
Woher nur habt ihr diese verdammte Sicherheit genommen, wir seien lieber geklont als tot?
Seid bitte nicht so blauäugig und schließt von euch auf uns *Blueprints*. Denn ihr habt etwas, was wir verdoppelte Wesen nie haben werden: diese absolute Sicherheit, ein „Ich" zu sein. Und dieses sichere Wissen von euch Einlingen gründet sich nicht auf Überlegungen, es ist einfach da. Tief in euch drin und von Anfang an ist es da, ohne dass ihr darüber nachdenken müsst. Ihr seht und spürt dieses „Ich", sobald ihr die Welt und euch wahrnehmt. Ihr atmet die Sicherheit, einzigartig zu sein, in jeder Sekunde eures Lebens ein. Der Klon hat kein Ich. Ich war immer nur sie: Iris rückwärts gelesen, ein Geschöpf von ihren Gnaden.

(Charlotte Kerner: Blueprint Blaupause, Beltz und Gelberg, Weinheim/Basel 2001, S. 137)

8. *Welche Problematik wird in diesem Textauszug für die Identitätsfindung von Siri deutlich?*

9. *Diskutiert, welche ethischen Werte durch das Klonen verletzt werden.*

Doch nicht nur Klon?

Ich bin jetzt einunddreißig Jahre alt. Genau so alt war Iris im Jahr null, als sie mich gezeugt hat. Und wie sie damals, lebe auch ich allein und nur für meine Kunst. Ich habe es geschafft, berühmt zu sein, wie Iris es damals war. Und zwar nicht, weil ich ihr Blueprint bin, sondern weil ich endlich ICH werden konnte. [...]
Meine erste Einzelausstellung [mit Skulpturen] in Hamburg, die gerade zu Ende gegangen ist, war ein Riesenerfolg und darauf bin ich sehr stolz. Allein ICH zähle, und zwar mit meinem Künstlerinnen-Namen *Double-Jou*.

(Charlotte Kerner, a. a. O., S. 165)

10. *Denkt darüber nach, welche Faktoren dazu beigetragen haben können, dass Siri Sellin sich nun doch als ICH erfahren kann und nicht nur als Abbild ihrer Mutter.*

Überprüfe dein Wissen und Können

Aussehen und Identität

1. *Äußert, was diese jungen Menschen durch ihr Aussehen zum Ausdruck bringen. Notiert eure Gedanken dazu.*

Ich und Selbst

2. *a) Ergänze die fehlenden Begriffe und erkläre sie dann im Zusammenhang mit dem Selbst.*

s ...
Selbst m ...
sp ...

b) Übertrage das Schaubild in dein Heft. Vervollständige es in der richtigen Anordnung mit den folgenden Begriffen: Es, Ich, Über-Ich. Füge weitere erläuternde Begriffe hinzu.

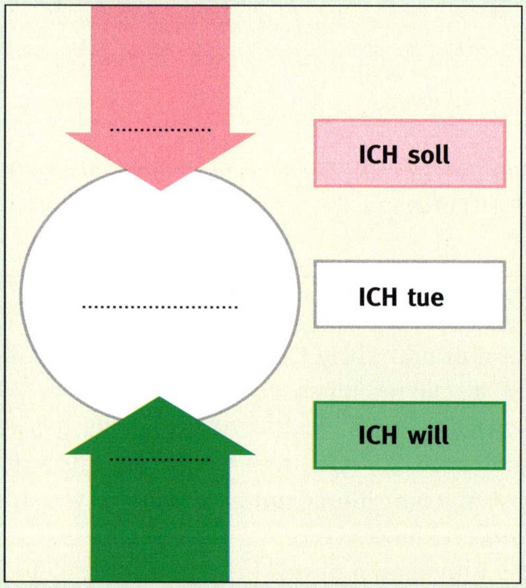

Gewalt und Geschlecht

3. *Du hast einen Freund, der seit Kurzem so viel Zeit wie möglich mit gewalttätigen Computerspielen verschiedener Art verbringt. Du findest das nicht gut, weil er nun auch für seine Freunde keine Zeit mehr hat und seine Schulleistungen deutlich nachlassen. Da ihr euch kaum noch seht, schreibst du ihm dazu eine längere E-Mail.*

Ist das Zivilcourage?

4. *Grenze die folgenden Beispiele unter dieser Fragestellung voneinander ab, bei welchen handelt es sich um Zivilcourage, bei welchen nicht und aus welchem Grund?*
- *ein ertrinkendes Kind retten*
- *einem Farbigen helfen, der von einigen Skinheads angegriffen wird*
- *einer älteren Person über die Straße helfen*
- *beim Mobbing eines Mitschülers eingreifen*
- *Blondinenwitze blöd finden und es auch sagen*
- *sich gegen Beschimpfungen wie Nigger, Ausländer, Loser aussprechen*
- *eine gefundene Geldtasche zurückgeben*

Rollenzuweisungen

5. *Was sich bisher niemand vorstellen konnte: Barbie und Ken können denken und sich äußern. Bisher haben kleine Mädchen immer wie Barbie sein wollen, Jungen wie Ken, aber nun wird bekannt, dass auch Barbie und Ken Träume und Wünsche haben: zu ihrem Aussehen, ihren Berufsmöglichkeiten, zu den Vorurteilen, denen sie ausgesetzt sind, und zu ihrer Zukunft. Schreibe aus der Sicht von Barbie oder Ken einen inneren Monolog darüber.*

J. B. Descamps, Die Frau aus Caux mit Kindern (1764)

Rollen- und Verhaltenserwartungen

6. *Das Gemälde von J. B. Descamps, „Die Frau aus Caux mit Kindern", stammt aus dem 18. Jahrhundert.*

Stell dir vor, wie diese beiden Kinder, ein Mädchen und ein Junge, aufwachsen werden und wie ihr Leben als Mann und als Frau jeweils verlaufen könnte.
Stell dir dann Kinder, einen Jungen und ein Mädchen, in der heutigen Zeit vor und versuche, ihre Lebensperspektiven aufzuzeigen.

Modellierung des Körpers und der Erinnerung

7. *Schminken, Haare färben, Enthaarung, künstliche Bräune, Push-up-BHs, Schönheitsoperationen – weshalb geben sich immer mehr junge Menschen so viel Mühe, ihren Körper zu verändern? Können sie sich nicht so akzeptieren, wie sie sind?*

8. *Schreibe einen Kommentar zu folgendem Zitat:*

„Das selbstmanipulierende Gedächtnis kann uns verwirren, oft stärkt es aber auch das Ich und das Kollektiv."

(Andrea Schumacher: Das betrogene Ich, in: ZEITWISSEN, Nr. 5/2005, S. 28)

Klonen und Identität

9. *Lies das folgende Zitat aus „Blueprint" und stell dir vor, du kannst ein Gespräch mit Siri Sellin über ihre Individualität führen. Was würdest du ihr, auch als Klon, dazu sagen?*

Immer zwiespältiger wurden auch meine Gefühle. Je stärker ich dir glich, umso fremder fühlte ich mich in meinem Körper, den ich misstrauisch beäugte. Er gehörte nicht mir, sondern dir. Ich wollte aber nicht länger wie du sein, hatte als Klon jedoch keine Wahl und entwickelte mich nach meinem/deinem/unserem festgelegten Gen-Programm.

(Charlotte Kerner: Blueprint Blaupause, Beltz und Gelberg, Weinheim/Basel 2001, S. 94)

Allein, zu zweit, zu mehreren

J. Brueghel d. Ä.: Besuch auf dem Prachthof (1597)

Pablo Picasso: Schlafende Frau (1927)

e. o. plauen: „Vater und Sohn"

Bildassoziation: Betrachte die Bilder und wähle das Bild aus, das dich am meisten anspricht. Redet darüber, was die Bilder mit der Überschrift zu tun haben können. Tauscht euch über eure Entscheidungen und Gründe aus. Formuliert Fragen, die euch im Zusammenhang mit dem Thema „Allein, zu zweit, zu mehreren" interessieren.

Methode: Bildassoziation

Verschiedene Bilder dienen als Anregung, damit ihr zu einem Thema oder einer Situation assoziieren[1] und danach eure Gedanken austauschen könnt. Die Bildassoziation besteht aus den folgenden vier Schritten:

- Bilder ansehen,
- ein Bild auswählen,
- Assoziationen sammeln,
- in Gruppen Gedanken austauschen.

[1] verschiedene Gedanken verbinden, zusammenschließen

1. Lebensform Familie

1. *Was bedeutet dir Familie? Formuliere zehn verschiedene Sätze nach der Methode der assoziativen Satzergänzung (vgl. S. 228):*

Familie bedeutet für mich Sicherheit.
Familie bedeutet für mich ...

Setzt euch danach in Gruppen zu 4–5 Schülern/Schülerinnen zusammen, tauscht eure Ergebnisse aus, diskutiert sie und einigt euch dann gemeinsam auf insgesamt zehn Sätze, die für euch die Bedeutung von Familie zum Ausdruck bringen. Schreibt dann eure zehn Sätze auf Karten und befestigt sie an der Tafel. Vergleicht anschließend die verschiedenen Gruppenergebnisse.

Grundgesetz Artikel 6 Absatz 1:

Ehe und Familie stehen unter dem besonderen Schutz der staatlichen Ordnung.

2. *Beschreibt, was ihr unter diesem Schutz versteht.*

3. *Recherchiert zum Familienbild der verschiedenen Parteiprogramme in der Bundesrepublik Deutschland. Vergleicht und diskutiert eure Resultate.*

Familie = Familie?

Was macht eine moderne Familie aus? Darauf gibt es viele Antworten. Nur in einer Sache besteht große Einigkeit: Knapp 90% der deutschen Eltern geben an, dass für sie die Familie das Wichtigste im Leben ist. Unabhängig von Elternschaft glauben über zwei Drittel der Deutschen, der Mensch brauche eine Familie, um glücklich zu sein. Moderne Familie, das heißt ständiger Wandel. Zwar wächst die große Mehrheit der Kinder bei seinen Eltern auf, aber 20% davon sind nicht verheiratet.
Die Kernfamilie lebt, aber immer häufiger trennen sich die Partner und manchmal misslingt der Versuch, neue Familien zu bilden. Etwa zwei Millionen Frauen und fast vierhunderttausend Männer erziehen hierzulande ihre Kinder allein. Die sogenannten „Patchworkfamilien“, in denen zerbrochene Beziehungen sich neu zusammensetzen, werden immer selbstverständlicher. Moderne Familie, das heißt, Paare suchen ein Zuhause, die persönliche Glückserwartung ist das Hauptmotiv, sich zusammenzutun. Dabei werden Kinder mehrheitlich eingeplant, sind aber nicht zwingend. Inzwischen sagt jeder Fünfte, ohne Kinder könne man mindestens genauso glücklich sein.
Auch immer mehr homosexuelle Paare wünschen sich eine Familie mit Kindern. Viele bringen das Kind ohnehin aus einer vorherigen Partnerschaft mit, andere möchten sie adoptieren. Und die Forschung gibt ihnen Recht: Studien belegen, dass homosexuelle Paare genauso kompetente Eltern sind wie heterosexuelle Väter und Mütter. Offiziell werden in unserer Gesellschaft alle Formen moderner Familie akzeptiert. In Wirklichkeit hinkt jedoch die Politik hinterher. Fördermaßnahmen für die Familie sind überwiegend finanzielle Anreize, die um die klassische Mutter-Kind-Beziehung kreisen. Wie Kindergeld, Erziehungsgeld oder das Ehegattensplitting. Beruflich ambitionierte Väter, und das ist die Mehrheit, sehen den Erziehungsurlaub als Karriereknick. Und gut ausgebildete Frauen schreckt die miserable Betreuungssituation für kleine Kinder ab. Sie wollen überhaupt keine mehr in die Welt setzen. Wer dennoch Kinder kriegt, steht vor großen Herausforderungen. 40% aller Ehen werden geschieden. Wenn die Partner sich noch einmal binden, dann entstehen daraus nicht nur neue Familien, sondern allerhand Probleme. Meist werden die nicht behandelten Konflikte aus der ersten Beziehung ungelöst mit in die nächste übernommen. Patchworkfamilien haben eine höhere Scheidungsquote als Erstfamilien. Die Kinder sind die stabilsten Bindeglieder. Vielleicht fordert die instabile Familie die Gesellschaft einfach nur dazu auf, flexibler zu werden, wandlungsfähiger. Die Familie ist die Gesellschaft, und das war eigentlich schon immer so.

(http://www.3sat.de; September 2004)

4. *Arbeitet heraus, welche unterschiedlichen Familienformen in diesem Text deutlich werden, welche Probleme sie jeweils zu bewältigen haben und wie sie gesellschaftlich bewertet werden. Nehmt kritisch Stellung dazu.*

5. *Stell dir vor, im Bundestag gibt es eine Debatte zur Frage, wie Familien in Zukunft gestärkt, unterstützt und gefordert werden können. Wie sehen eure Vorschläge aus?*
Bereitet in Gruppen eine Rede vor, die eine/r stellvertretend für eure Gruppe in Form eines Statements der Klasse vorträgt. Erörtert und bewertet hinterher gemeinsam die verschiedenen Vorschläge.

Sozialform Familie

In dem Moment, in dem ein Kind geboren wird, entsteht eine Familie: eine Kern-, Patchwork-, Stief-, Ein-Elternteilfamilie. Und genau in diesem Moment entsteht eine neue Rollenverteilung, die aus einem Single eine Mutter, aus einem Paar Eltern macht. Thomas Gordon sieht diese Rollenzuweisung nicht nur positiv, sondern auch als Grund für viele Konflikte innerhalb von Familien:
„Wenn aus Menschen Eltern werden, geschieht etwas Seltsames und Bedauerliches. Sie übernehmen eine Funktion oder spielen eine Rolle und vergessen, dass sie Menschen sind. Jetzt, da sie das heilige Recht der Elternschaft betreten haben, glauben sie, sich den ‚Elternmantel' umlegen zu müssen. Sie versuchen nun angelegentlich, sich auf bestimmte Weise zu verhalten, weil sie glauben, ‚dass sich Eltern so verhalten sollen'. […] Diese Transformation – das Übernehmen einer Rolle – ist schwerwiegend und bedauerlich, denn sie geschieht so oft bei Eltern, die vergessen, dass sie noch Menschen mit menschlichen Fehlern, Personen mit persönlichen Unzulänglichkeiten, wirkliche Menschen mit wirklichen Empfindungen sind."

(Thomas Gordon: Familienkonferenz. Die Lösung von Konflikten zwischen Eltern und Kind, Wilhelm Heyne Verlag, München 1989, S. 24)

6. *Überlegt gemeinsam, was Gordon damit meint, dass Menschen, wenn sie Eltern werden, manchmal vergessen, dass sie Menschen sind. Welche Konflikte und Probleme können daraus für die Eltern selbst, aber auch für die Kinder entstehen?*

7. *Thomas Gordon führt aus, dass Eltern Menschen und keine Gottheiten sind. Überlegt euch in Gruppen fünf Ratschläge, die Eltern helfen können, sich trotz Elternschaft noch für normale Menschen im Sinne Gordons zu halten.*

2. Familien im Vergleich

Wie leben Familien heutzutage in Ländern wie China, Brasilien, Frankreich und Deutschland? Wo gibt es Unterschiede, was scheint ähnlich? Die folgenden Beispiele sind nicht unbedingt repräsentativ, aber sie geben einen ersten Einblick in verschiedene Kulturen.
Die folgenden Texte und Bilder auf zwei Doppelseiten eignen sich für eigenverantwortliche Arbeitsformen wie das Gruppenpuzzle.

1. *Die Expertengruppen bearbeiten je einen Text, können ihre Informationen unter Umständen noch durch Internetrecherche ergänzen. Über Familien in Deutschland informiert sich jede Gruppe selbstständig. Zu den Aspekten, die bei der Bearbeitung berücksichtigt werden sollten, gehören: Kinderzahl, Kinderbetreuung, Berufstätigkeit, staatliche Familienpolitik, Lebensstandard, Entwicklungstendenzen, Zukunftsaussichten und Probleme. Alle Gruppen sollten ihre Ergebnisse mit den Verhältnissen in Deutschland vergleichen und einen Kommentar dazu verfassen.*

2. *Die Stammgruppen informieren sich gegenseitig über die Ergebnisse der Expertengruppe. Die Gruppenergebnisse werden in Plakatform festgehalten, im Plenum vorgestellt und ihre Inhalte gemeinsam diskutiert und bewertet.*

3. *Überlege einmal für dich, wie du dir später einmal dein Leben vorstellen könntest, und schreibe es auf. Vergleicht und diskutiert eure verschiedenen Lebensmodelle.*

Methode: Gruppenpuzzle

Grundlegendes Prinzip beim Gruppenpuzzle ist der Wechsel zwischen der Wissenserarbeitung in Expertengruppen, die das gleiche Thema bearbeiten, und der nachfolgenden Wissensvermittlung in den Stammgruppen. Voraussetzung ist dabei, dass das zu bearbeitende Thema in Unterthemen aufgeteilt werden kann. Nach der Bearbeitung von Textmaterial sollte dieses wieder eingesammelt werden, um sicherzustellen, dass die Schüler/innen das Ergebnis der Expertenrunde weitergeben.

Bei drei Teilthemen kann die Gruppe beispielsweise folgendermaßen aufgeteilt werden:

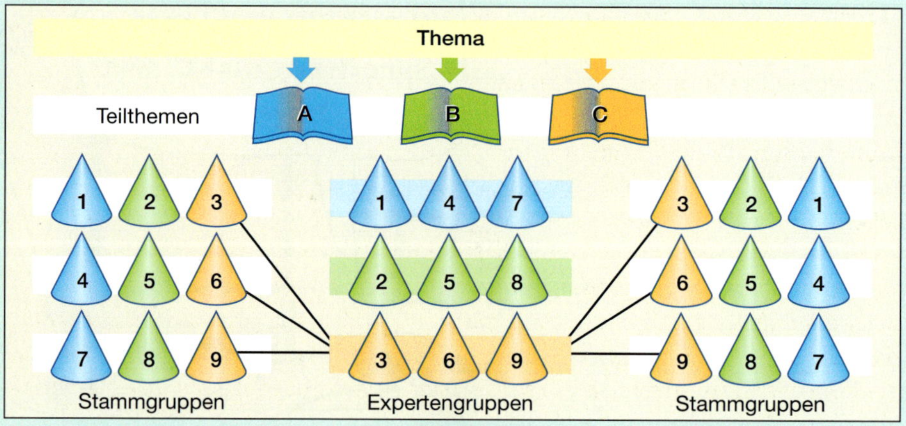

Hinterher sollten die verschiedenen Stammgruppen ihr Ergebnis schriftlich in Form eines Plakats festhalten, präsentieren und mit den Ergebnissen der anderen Gruppen vergleichen.

Familienpolitik in China

Zwei Jobs, zwei Autos, ein Kind

Die neue Mittelklasse in China kann sich einiges leisten – aber nicht zwei Kinder. Yuxuan etwa ist ein Einzelkind. Er wird es voraussichtlich bleiben. Denn die Pekinger Regierung verbietet es seinen Eltern bei hoher Geldstrafe, ein Geschwisterchen in die Welt zu setzen.

Peking – Yuxuan ist sieben Jahre alt und ein cleveres Bürschchen. Er kann schon ein paar Brocken Englisch, lernt fröhlich ein Mal in der Woche Stepptanz und nimmt außerdem noch an einem Mathematikkurs teil, der sein logisches Denken schulen soll. [...]
Seine Eltern fördern Yuxuan, frei übersetzt „Regenpavillon", mit viel Liebe und Geduld. Denn er wird ihr einziges Kind bleiben: Die Ein-Kind-Politik der Pekinger Regierung verbietet ihnen bei hoher Geldstrafe, weiteren Nachwuchs in die Welt zu setzen.

Familienleben in China: Im Zentrum steht das Einzelkind

Schulbildung kann in China sehr teuer sein. Wer sein Kind in ein privates Institut schickt, muss monatlich viele Tausend Yuan Gebühren zahlen. So viel können Yuxuans Eltern nicht aufbringen. Sie schicken ihn auf eine normale, staatliche Grundschule, die nur 300 Yuan – das entspricht rund 30 Euro – im halben Jahr kostet.

Raus in die Vorstadt, rein in den Stau

An und Cui sind ein typisches chinesisches Großstadtpaar. Um die dreißig, ehrgeizig, selbstbewusst. Im Gegensatz zu ihren europäischen Zeitgenossen heiraten junge Chinesen gern. Über acht Millionen Paare marschierten im vorigen Jahr zum Büro für Zivilangelegenheiten, wie Standesämter in China heißen. Wilde Ehen sind im prüden China noch selten. Für die Familien ist die Hochzeit das wichtigste Fest im Leben, für das sie viel Geld ausgeben.
Auch bei An und Cui hängt noch das bunte Foto des Hochzeitsfotografen an der Wand. Wie gewonnen, so zerronnen, heißt es aber auch in China immer häufiger. Die Scheidungsrate steigt. Knapp 1,8 Millionen Ehen zerbrachen 2005. Gibt es keinen Streit um Geld und Sorgerecht, endet die Ehe, wo sie bei der Hochzeit begann: beim Amt für Zivilangelegenheiten.

Bis abends in der Schule aufgehoben

„Unser Lebensstandard ist ziemlich normal", sagen beide, was allerdings ein wenig untertrieben klingt. Das Paar hat zwei Autos für den Weg zur Arbeit: einen kleinen Buick und einen chinesischen Xiali. Um zehn vor sieben machen sie sich jeden Morgen auf den Weg, Cui liefert Erstklässler Yuxuan in der Schule ab. [...] Beide lernten sich beim Studium an der Pekinger Bau- und Ingenieurshochschule kennen. Cui hat eine Stelle als Bauleiter bei einer privaten Immobilienfirma. Rund 5 000 Yuan (484 Euro) verdient er im Monat, sie kommt ungefähr auf die gleiche Summe. Damit liegen sie im Vergleich nicht schlecht – die neue Mittelklasse Chinas.
Neuerdings leisten sie sich sogar kleine Urlaubsreisen. Im letzten Winter fuhren die Drei für ein paar Tage nach Harbin zum Skifahren, zuvor waren sie in der südlichen Provinz Yunnan bei den ethnischen[1] Minderheiten.
Jeden Tag nach Feierabend, gegen fünf Uhr abends, holt An ihren Sohn von der Schule ab. Der Staat macht es berufstätigen Eltern leicht: Die Schulen kümmern sich auch nachmittags um die Kinder. „Sogar bis 19 Uhr können wir ihn in der Schule lassen", sagt An.
Gleichwohl findet sie es „nicht sehr einfach", Beruf und Familie unter einen Hut zu bringen. In vielen Familien nehmen sich die Großeltern der Kinder an – nicht so bei An und Cui: Beide Eltern leben weit entfernt, außerdem sind sie gesundheitlich angeschlagen, sodass sie Yuxuan nicht hüten können.

(Andreas Lorenz, Peking; www.spiegel.de; 4.6.2006)

[1] ethnisch: einer Volksgruppe mit gleichen kulturellen und sprachlichen Eigenschaften und Merkmalen angehörend

Familienpolitik in Brasilien

Die tägliche Familiensamba

Einfach ist es nicht, in Brasilien eine intakte Mittelschichtfamilie zu finden. Wer noch nicht getrennt ist, steht kurz davor: Der Anwalt hat ein Techtelmechtel mit der Sekretärin, die Bankangestellte mit dem Werbetypen. So wachsen viele Kinder bei Mutter oder Großmutter auf.
[...] Luiz Claudio und Iracema leben in einem geräumigen Apartment im Mittelschicht-Stadtteil Flamengo. Beide verdienen gut: Luiz Claudio betreibt mit zwei Kollegen ein Architekturbüro und entwirft Projekte für gewerbliche Bauten wie Fast-Food-Restaurants und Bürogebäu-

de. Iracema hat in der Abteilung für Stadtplanung im Gouverneurspalast gearbeitet und bezieht jetzt eine Rente vom Staat.

Luiz Claudio und Iracema zählen zur „Sandwich-Generation“, wie der Familienvater das spöttisch nennt. Von ihrem Einkommen hängen acht Existenzen ab: Neben den Eltern die beiden Söhne Lucas, 25, und Pedro, 27, außerdem die Großeltern und ein Bruder. „Unsere Eltern können sich die Krankenversicherung nicht leisten, wir unterstützen sie deshalb“, sagt Luiz Claudio.

Seine erwachsenen Söhne sind finanziell auf die Eltern angewiesen. Der ältere arbeitet zwar als Industriedesigner, aber sein Einkommen reicht nicht, um eine eigene Wohnung zu finanzieren. Lucas, der jüngere, studiert Architektur und wohnt noch zu Hause.

Die Sandwich-Generation

So geht es vielen brasilianischen Mittelschicht-Familien: Die Jungen und die Alten hängen von der „Sandwich-Generation“ der Luiz Claudios und Iracemas ab. Alte Menschen können vom Staat kaum Hilfe erwarten, die Renten sind kümmerlich. Die 20- bis 30-Jährigen wiederum schaffen es nicht, sich abzunabeln, weil sie nicht genug verdienen oder den Komfort im Elternhaus nicht missen wollen. [...] So wächst in Brasilien eine Generation von Muttersöhnchen heran. Zwei Drittel aller 20- bis 30-Jährigen und knapp ein Drittel aller 30- bis 34-Jährigen wohnen noch bei ihren Eltern. Kinder haben sie frühestens mit 30 und selten mehr als zwei.

„Ich will erst Nachwuchs, wenn meine Freundin und ich uns das finanziell leisten können“, sagt Lucas Franco. Das sei „frühestens in fünf oder sechs Jahren“ der Fall, fürchtet sein Vater: „Die Kaufkraft der Einkommen ist in den vergangenen 20 Jahren brutal geschrumpft.“ Er misst den Niedergang in „Lamas“: „Mit dem Geld, was ich als junger Mann verdient habe, konnte ich mir täglich ein Steak im ‚Lamas‘ leisten, meiner Stammkneipe. Der Verdienst meiner Söhne reicht nicht einmal für die Pommes frites.

Luiz Claudio und Iracema gehören einer Generation an, die mit halbwegs funktionierenden staatlichen Institutionen aufgewachsen ist. Sie haben öffentliche Schulen besucht und auf staatlichen Universitäten studiert. „Damals waren die Lehrer gut ausgebildet, auch die Professoren auf den Unis waren kompetent“, erinnert sich Iracema.

Heute schicken nur die Armen ihre Kinder auf öffentliche Schulen. Die meisten Mittelschicht-Eltern bezahlen Privatschulen, weil das öffentliche Bildungssystem kaputt ist: Staatliche Lehrer verdienen einen Hungerlohn und sind daher wenig motiviert, Streiks sind an der Tagesordnung. Schulen und Universitäten verfallen, das Bildungsniveau ist dramatisch abgesackt. „Vom Staat können wir absolut nichts erwarten“, sagt Luiz Claudio.

(Jens Glüsing, Rio de Janeiro; www.spiegel.de; 29.5.2006)

Familie Arras

Familie in Frankreich

Wo man sich Hausfrauen nicht leisten kann

Für Französinnen ist es einfacher, sich für Kinder zu entscheiden, glaubt man in Deutschland: Bessere Absicherung, ein gutes Netz an Kindergärten und eine erleichterte Rückkehr in den Beruf. Doch in Paris würden Familien mit nur einem Gehalt gar nicht auskommen.

Paris – Jeden Montagmorgen um 5 Uhr verflucht Jérôme Arras seinen Wecker. Der reißt den Pariser Finanzexperten so früh aus dem Schlaf, weil der 40-Jährige am Wochenanfang mit dem Hochgeschwindigkeitszug TGV ins knapp 400 Kilometer entfernte Nantes im Westen des Landes zur Arbeit fährt. „Vier Tage jede Woche arbeite ich dort, zum

Glück sorgt die Firma für meine Unterkunft", sagt Jérôme. [...]

Familie Arras: „Man muss sich immer auf sich selbst verlassen."

Vor sechs Jahren, als die Immobilienpreise in der Pariser Innenstadt noch nicht völlig ins Kraut geschossen waren, hatte das Ehepaar eine 120-Quadratmeter-Wohnung in der Rue Pigalle im 9. Arrondissement gekauft. [...] In der Metropole Paris, wo der mickrigste Quadratmeter unterm Dach für Tausende Euro verhökert werden kann, ist das eine gehörige Portion Luxus, die mit viel Geduld abbezahlt werden muss.

Kein Wunder also, dass auch Béatrice Arras voll berufstätig ist. Wenn ihr Baby in diesen Tagen zur Welt kommt, wird sie drei Monate zu Hause bleiben und dann zu ihrem Arbeitsplatz zurückkehren. „Länger könnte ich nicht wegbleiben, dann hätte ich viel zu große Sorge um meinen Posten", sagt die Personalberaterin, deren Gehalt am Ende des Monats von leistungsabhängigen Prämien bestimmt wird. „Aber für mich war von Anfang an klar, dass ich zwar Kinder haben will, aber niemals aufhören werde zu arbeiten", sagt die 33-Jährige: „Das hat mir schon meine Mutter eingebläut, man muss sich im Leben immer auf sich selbst verlassen können."

Was in Deutschland noch heute vielerorts auf Unverständnis stößt, ist in Frankreich völlig normal. Rund 80 Prozent der Frauen im Alter zwischen 30 und 54 sind berufstätig – zugleich hat das Land die zweithöchste Geburtenrate der Europäischen Union. Mit 1,9 Kindern pro Frau im gebärfähigen Alter werden die Französinnen nur noch von den irischen Frauen mit zwei Kindern übertroffen. Deutschland liegt statistisch gesehen bei 1,3 Kindern, der EU-Durchschnitt bei 1,4. [...]

Das zweite Kind kommt erst richtig teuer

Mit dem zweiten Kind wird es dann für die Familie Arras erst richtig teuer: Erst im Juni erfahren sie, ob es ab September einen Krippenplatz für die Kleine gibt. Wenn es sich glücklich fügt und ein Platz frei ist, müssen die Doppelverdiener dort allerdings den Höchstsatz von 570 Euro monatlich bezahlen. „Wenn man dann noch bedenkt, dass wir durch das zweite Gehalt in eine andere Steuerklasse kommen – das werden wir wohl besser nie ausrechnen", grinst Jérôme. Ein paar Hundert Euro werden es wohl sein, die unterm Strich übrig bleiben. Ein paar Hundert Euro, die die Familie bitter nötig hat. [...]

Hier liegt vielleicht einer der bedeutendsten Unterschiede zwischen dem französischen und dem deutschen System: Der französische Staat fordert mit finanziellen Anreizen ganz gezielt die Betreuung der Kinder außerhalb der Familie – und versucht nicht, die Mütter zum Zuhausebleiben zu ermutigen. Die Hälfte der Betreuungskosten durch eine qualifizierte Kinderfrau oder auch die Kosten für eine Haushaltshilfe können die Franzosen von der Steuer absetzen. Erziehungsgeld von gerade mal 520 Euro monatlich gibt es dagegen beim ersten Kind nur für sechs Monate, bei jedem weiteren bis zum dritten Geburtstag. [...]

Familienpolitik bleibt wirkungslos

Dass die Französinnen im Vergleich zu ihren deutschen Nachbarinnen weiterhin bereit sind, so viele Kinder in die Welt zu setzen, führen manche Beobachter auf die staatliche Familienpolitik zurück, die die Rückkehr in den Beruf ermutigt. Doch viele Experten glauben mittlerweile nicht mehr an die Wirksamkeit von Familienpolitik. So ergab eine im Januar erschienene Studie der Organisation für Wirtschaftliche Zusammenarbeit und Entwicklung (OECD) unter dem Titel „Können Eltern es sich leisten, arbeiten zu gehen?" ausgerechnet für Frankreich mit seiner kostenlosen staatlichen Vorschule, dass vom zweiten Gehalt einer Familie angesichts der vielen Ausgaben für die Versorgung und Betreuung der Kinder relativ wenig übrig bleibt.

In ganz Europa konnte die Studie keinen direkten Zusammenhang zwischen der Familienpolitik und der Geburtenrate nachweisen. Und so glaubt die französische Demografie-Expertin France Prioux, dass die Gründe eher im Klima einer Gesellschaft zu suchen seien. Und das ist in Frankreich für berufstätige Mütter offenbar erheblich besser als in anderen Ländern.

Béatrice Arras jedenfalls ist zufrieden mit ihrem Familienleben: „Was die Zeit mit meiner Tochter betrifft, so bin ich nie frustriert. Wir sehen uns abends und am Wochenende, und das ist wunderbar."

(Kim Rahir, Paris; www.spiegel.de; 9.5.2006)

3. Für immer Freunde?

1. *Brainstorming zu „Freundschaft“: Notiert einzeln auf Karten, was euch spontan zu „Freundschaft“ einfällt. Hängt dann eure Karten so auf, dass sie zueinander passen. Sucht Oberbegriffe zu euren verschiedenen Gruppierungen und diskutiert die Bedeutung der von euch genannten Aspekte.*

2. *Formuliert und erörtert Motive und Aufgaben von Freundschaft sowie mögliche, damit zusammenhängende Probleme, wie sie auch in der Karikatur angedeutet sind.*

3. *Lest den folgenden Text über Freundschaft und beantwortet die Fragen:*
- *Was gehört nach den Ausführungen des Entwicklungspsychologen Peter Titzmann zu einer gelungenen Freundschaft?*
- *Welche positiven und welche negativen Aspekte von Freundschaft werden genannt? Nennt eigene Beispiele für den guten oder schlechten Einfluss von Freunden.*

Bitte recht freundschaftlich

Als wir klein waren, war die Sache mit der Freundschaft einfach. Da war derjenige unser bester Kumpel, der die coolsten Sandkastenförmchen oder das schönste Baumhaus hatte. Zu ihm gingen wir spielen, und zwar so lange, bis ein anderer mit dem neuen Playmobil-Gespensterschloss auftrumpfen konnte.

Neue Spielregeln

So läuft das schon längst nicht mehr. Heute brauchen wir jemanden, mit dem wir reden können. Über alles. Einen besten Freund oder eine beste Freundin eben. „Ein guter Freund oder eine gute Freundin ist jemand, mit dem ich mich wohlfühle, dem ich vertraue, mit dem ich gerne etwas unternehme, der mir hilft, wenn ich ihn brauche, und mit dem ich über alles reden kann“, sagt der Entwicklungspsychologe Peter Titzmann von der Universität Jena. Mag ja sein, dass es uns als Kind reichte, wenn wir jemanden zum Spielen hatten. Heute ist es uns wichtiger, dass wir uns bei jemandem geborgen fühlen. Die emotionale Nähe spielt eine größere Rolle. „Jugendfreundschaften sind viel intensiver und halten in der Regel wesentlich länger“, so Peter Titzmann. Entscheidend ist dabei nicht, ob man pausenlos aufeinanderklebt, sondern vielmehr, dass man immer füreinander da ist. Wenn es sein muss, auch Sonntagmorgen um sieben oder Dienstagnacht um drei.

Pssst – das ist geheim

Klar ist, dass alles, was unter vier Augen besprochen wird, Geheimhaltungsstufe 1 genießt. Schließlich geht es niemanden sonst etwas an, wenn der beste Freund Probleme zu Hause hat oder unglücklich verliebt ist. Dieses Vertrauen sollte idealerweise auf Gegenseitigkeit beruhen: Wer sich seine eigenen Probleme von der Seele reden will, muss auch bereit sein, dem anderen Halt zu bieten. „Vielleicht ist es überraschend, aber gute Jugendfreundschaften sind auch eine Übung für spätere Partnerschaften“, sagt Peter Titzmann. „Man lernt einerseits, wie sich Nähe und Vertrautheit anfühlen, und andererseits, wie man Konflikte vermeidet oder erfolgreich löst, ohne gleich die Beziehung zu beenden. Diese sozialen Fähigkeiten helfen einem das ganze Leben lang.“ [...]

Dazwischengefunkt

Wahrscheinlich genießt es die Freundin durchaus, im Mittelpunkt zu stehen. Vielleicht ist es ihr gar nicht bewusst, dass man sich wie ein hässliches Entlein neben ihr vorkommt. Dann hilft nur eines: darüber reden – und zwar,

ohne zickig zu werden! Natürlich liegt es auch an der umturtelten Freundin, den Jungs klarzumachen, dass ihr zusammengehört.
Auch wenn eine Freundschaft manchmal Arbeit bedeutet, tut sie uns doch gut. Peter Titzmann erklärt: „Wer gute Freunde hat, ist emotional stabiler, weil er besser mit Stress umgehen kann, Hilfe bei Problemen bekommt oder auch mal vom besten Freund vor einer Fehlentscheidung bewahrt wird." Und Letzteres gilt sicher nicht nur beim Klamottenkaufen. Fakt ist: Wer Stress besser bewältigen kann, ist meist auch weniger anfällig für Krankheiten.
Aber nicht alle Freunde tun einem gut. „So wird die erste Zigarette in der Regel mit dem besten Freund geraucht. Andere Drogen werden in der Clique ausprobiert", so Peter Titzmann. Ob Freunde echte Freunde sind, erkennt man nicht zuletzt daran, ob sie ein Nein akzeptieren können. „Wenn nicht, muss man sich fragen, ob ihnen die Kippe oder der Joint wichtiger ist als die Freundschaft."

Dann eben nicht

Falls dem so ist, muss man wohl oder übel nach anderen, besseren Freunden Ausschau halten. Nach jemandem, der so gut zu einem passt wie Ernie zu Bert. Oder Asterix zu Obelix ...

(Susanne Baus; in: JO, AOK Jugendmagazin, 6/2006, S. 4)

4. *Mädchen und Junge, Mann und Frau – hat da Freundschaft eine Chance? Diskutiert, ob Mädchen und Jungen, Männer und Frauen „nur" befreundet sein können. Tauscht eure eigenen Erfahrungen aus und diskutiert, was dafür, was dagegen spricht.*

Freundschaft und Tugend

Aristoteles, für den Freundschaft ein Verhalten ist, das in den Tugendhaften seine Vollkommenheit findet, betont die Bedeutung der Freundschaft sowie ihren Nutzen in verschiedenen Lebenslagen:

Danach werden wir wohl von der Freundschaft reden müssen. Denn sie ist eine Tugend oder doch mit der Tugend verbunden, außerdem gehört sie zum Notwendigsten im Leben. Denn keiner möchte ohne Freunde leben, auch wenn er alle übrigen Güter besäße. Auch der Reiche, der Regierende und der Fürst scheinen der Freunde ganz besonders zu bedürfen. Denn was nützt ihnen ein solcher Segen, wenn ihnen das Wohltun unmöglich ist, das am ehesten und am lobenswertesten Freunden gegenüber ausgeübt wird? Oder wie ließe sich ein solcher Segen ohne Freunde bewahren und verteidigen? Je größer er ist, desto gefährdeter ist er. In der Armut wiederum und im sonstigen Unglück hält man die Freunde für seine einzige Zuflucht.
Dem jungen Menschen ist die Freundschaft eine Hilfe, damit er keine Fehler begeht, dem Greis verhilft sie zur Pflege und ergänzt, wo er aus Schwäche nicht zu handeln vermag, den Erwachsenen unterstützt sie zu edlen Taten; denn „zwei miteinander" sind tauglicher zu denken und zu handeln.
[...] Vollkommen ist die Freundschaft der Tugendhaften und an Tugend Ähnlichen. Diese wünschen einander gleichmäßig das Gute, sofern sie gut sind, und sie sind gut an sich selbst. Jene aber, die den Freunden das Gute wünschen um der Freunde willen, sind im eigentlichen Sinne Freunde, denn sie verhalten sich an sich so, und nicht zufällig. Ihre Freundschaft dauert, solange sie tugendhaft sind. Die Tugend ist aber beständig, und jeder von beiden ist an sich gut und gut für den Freund. Denn die Tugendhaften sind schlechthin gut und einander gegenseitig nützlich und ebenso auch angenehm.

(Aristoteles: Nikomachische Ethik, Buch 8, Reclam, Stuttgart 2003, S. 213)

5. *Erarbeitet in Partnerarbeit, welcher Wert der Freundschaft nach Aristoteles zukommt.*

6. *Welche dieser Werte erscheinen euch besonders wichtig? Erstellt in Kleingruppen eine Prioritätenliste und begründet sie.*

7. *Findet heraus, was Menschen heute besonders an Freunden schätzen. Befragt Mitschüler/innen, Freunde, Bekannte und vergleicht eure Ergebnisse mit Aristoteles' Vorstellungen von Freundschaft.*

4. Einzel-Schicksal?

1. *Partnergespräch: Tauscht euch über die folgenden Fragen aus:*
- *Du kennst gewiss das Bedürfnis, dich manchmal ganz zurückzuziehen, allein sein zu wollen. Was bewegt dich dann, wofür brauchst du das Alleinsein?*
- *Weshalb leben Menschen allein, ohne Partner?*
- *Bedeutet Alleinsein einsam sein?*

Rainer Maria Rilke

Du meine heilige Einsamkeit

Du meine heilige Einsamkeit,
du bist reich und rein und weit
wie ein erwachender Garten.
Meine heilige Einsamkeit du –
Halte die goldenen Türen zu,
vor denen die Wünsche warten.

(Rainer Maria Rilke: Vom Alleinsein. Gedichte, Gedanken, Gedichte. Insel Verlag, Frankfurt am Main und Leipzig 1992, S. 16)

Die Einsamkeit ernst nehmen

(An Reinhold Walter, 21. Oktober 1907)

Vielleicht noch den Rat, die Einsamkeit ernst zu nehmen, wenn immer sie kommt, als Gutes zu empfinden. Dass andere sie nicht erleichtern, liegt weniger an ihrer Teilnahmslosigkeit und Verschlossenheit als vielmehr daran: dass wir wirklich unendlich allein sind, jeder, und unerreichbar bis auf sehr seltene Ausnahmen. Damit muss man sich einrichten.

(Rainer Maria Rilke, a. a. O., S. 19)

2. *Beschreibt, welche Vorstellung von Alleinsein und Einsamkeit in Rilkes Gedicht und in seinem Briefauszug deutlich wird. Diskutiert, welche Bedeutung Alleinsein für Menschen haben kann.*

3. *Beschreibt und diskutiert, wie Singles in dieser Werbung dargestellt werden.*

4. *Untersucht, wie Singles in Medien (Zeitung, Zeitschrift, Fernsehen, Internet) dargestellt und angesprochen werden. Vergleicht und bewertet euer Material.*

Individualist oder „Defizitäre[1] Sozialfigur"?

Single, ein unbekanntes Wesen

Single – das Wort kann vieles bedeuten. Als es vor fast vierzig Jahren aufkam, stand es für eine Sozialutopie*: die Hoffnung, man könne glücklicher leben, indem man in der Liebe keine Verpflichtung eingeht. Die Pille und eine freiere Moral machten es möglich, aber für die meisten nicht erstrebenswert. Die Singles aus Prinzip sind eine Minderheit geblieben. In Befragungen sagen die meisten Alleinlebenden, sie hätten nur noch nicht den Richtigen gefunden.
Und so bezeichnete das Wort Single schon bald auch das Gegenteil seiner ursprünglichen Bedeutung. Es wurde zur Beschönigungsformel für Lebensphasen der Einsamkeit und verzweifelten Partnersuche. Und während die Wissenschaft noch stritt, ob sie es nun mit der „Speerspitze der Individualisierung" oder „defizitären Sozialfiguren" zu tun

[1] defizitär: fehlerhaft, beschädigt, mit Mängeln behaftet

habe, machten sich die Singles ganz unideologisch in der Mitte der Gesellschaft breit.

Wer heute von Singles spricht, meint damit meist keine Gesinnung mehr, sondern eine Lebensweise. Der weiteste Begriff versteht unter Singles einfach alle, die allein wohnen. Er liefert die exaktesten Daten; Haushalte sind leicht zu zählen. Demnach leben in Deutschland zurzeit etwa 15 Millionen Singles. Das heißt: jeder Fünfte hierzulande. Vor einem Vierteljahrhundert war es nur jeder Zehnte. Mitgezählt sind dabei freilich viele Menschen, die wir kaum als Singles anreden würden, vom Studentenheimbewohner bis zur betagten Witwe. Schaut man nur auf die Altersgruppe von 25 bis 55, sieht es so aus: Jeder fünfte Mann und jede achte Frau lebt allein. Darunter sind allerdings noch Wochenendheimfahrer und getrennt wohnende Paare, die sich nicht so leicht herausrechnen lassen. Umgekehrt fehlen bei dieser Zählart alleinerziehende Eltern und Wohngemeinschaftsbewohner.

Das ist der Haken, wenn man Singles im alltäglichsten Sinne verstehen will, also als Partnerlose mittleren Alters: Es mangelt an verlässlichen Zahlen. In Deutschland dürfte es um die 5 Millionen dieser Art Single geben. Vieles deutet darauf hin, dass ihre Zahl auch weiter ansteigen wird. Von einer Vereinzelung der Gesellschaft sind wir aber noch weit entfernt. Die Singlequote verändert sich weniger drastisch als die Weise, sie zu berechnen.

(DIE ZEIT, Nr. 48, 22.11.2007, S. 23; AL)

5. *Beschreibt die Entwicklung, die sich am Begriff „Single“ nachzeichnen lässt. Diskutiert darüber, was eine Zunahme an Singles über eine Gesellschaft aussagen kann.*

Allein unter anderen

Jean-Paul Sartre lässt in seinem Roman „Der Ekel“ den Einzelgänger und Außenseiter Antoine Roquentin seinem immer weiter wachsenden Ekel vor Dingen und Menschen auf den Grund gehen.

Ich aber lebe allein, vollständig allein. Ich spreche mit niemandem, niemals; ich bekomme nichts, ich gebe nichts. [...]

Wenn man allein lebt, weiß man nicht einmal mehr, was das ist, erzählen: das Wahrscheinliche verschwindet zur gleichen Zeit wie die Freunde. Auch die Ereignisse lässt man vorbeifließen; man sieht plötzlich Leute auftauchen, die reden und wieder weggehen, man gerät mitten in Geschichten ohne Hand und Fuß; man würde einen miserablen Zeugen abgeben. Aber alles Unwahrscheinliche dagegen, alles, was in den Cafés nicht geglaubt werden könnte, entgeht einem nicht. [...]

Ich bin allein mitten unter diesen fröhlichen und vernünftigen Stimmen. Alle diese Typen verbringen ihre Zeit damit, sich zu erklären, voller Glück festzustellen, dass sie derselben Meinung sind. Wie wichtig sie es nehmen, mein Gott, alle zusammen dasselbe zu denken. Man braucht nur zu sehen, was für ein Gesicht sie machen, wenn in ihrer Mitte einer dieser Menschen mit Fischaugen auftaucht, die nach innen zu sehen scheinen und mit denen man sich ganz und gar nicht mehr einigen kann.

(Jean-Paul Sartre: Der Ekel, Rowohlt Taschenbuch Verlag, Reinbek bei Hamburg 2005, S. 17, 18, 20)

6. *Beschreibt die Erfahrungen, die Antoine Roquentin aus seiner Perspektive als Einzelgänger wiedergibt, und welche Wirkung die anderen auf ihn haben.*

7. *Schreibe einen Brief an eine Freundin, einen Freund, in dem du deine Gedanken zum Allein- und Zusammensein in positiver wie negativer Hinsicht darlegst.*

Information: Existenzialismus

Unter Existenzialismus versteht man allgemein die französische Strömung der Existenzphilosophie. Jean-Paul Sartre, einem der wichtigsten Vertreter dieser Philosophie, zufolge ist der Mensch ein Sein, das sich über das Gegenwärtige hinaus auf die Zukunft hin entwirft; er ist wesentlich durch seine Möglichkeiten bestimmt. Demnach ist die Seinsverfassung des Menschen Freiheit, da er nicht nur ist, was er ist, sondern ist, wozu er sich macht, und damit die volle Verantwortung für sich trägt. In Sartres Denken nimmt der Bezug zum Anderen/zum Gegenüber einen bedeutenden Stellenwert ein; das Sein des Einzelnen existiert dabei durch das Erblickt-Werden, durch die Gegenwart des Anderen.

5. All we need is love?

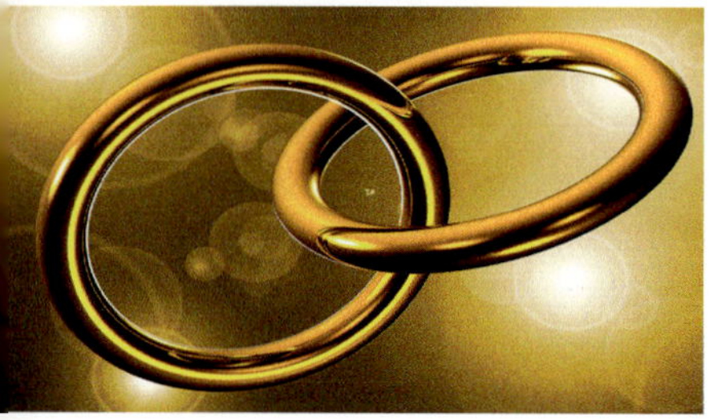

1. *Zwei „Symbole“ der Liebe: Welches der beiden würdest du gerne als Zeichen der Liebe bekommen oder verschenken? Diskutiert eure Entscheidungen.*

Liebe ist die Quelle unserer größten Glückseligkeit, Liebe verursacht unser schmerzlichstes Unglück.
Wie die Liebe beides sein kann, führt Hector, der Psychiater in François Lelords Geschichte von „Hector und die Geheimnisse der Liebe“ weiter aus:

Wir verlieben uns in jemanden, der nicht zu uns passt oder der uns nicht liebt, und umgekehrt verspüren wir manchmal keine heiße Liebe für jemanden, der sehr gut zu uns passen würde. Liebe ist unfreiwillig, darin liegt das ganze Problem. Unsere persönliche Biografie bereitet uns darauf vor, von Menschen angerührt zu sein, bei deren Anblick wir uns unbewusst an die Gefühle unserer Kindheit oder Jugend erinnern. Ich liebe dich, weil du, ohne dass du es weißt, in mir dieselben Emotionen wachrufst wie einst Papa oder Mama, Bruder oder Schwester, oder ... manchmal gerade die umgekehrten Emotionen. [...] Wir alle verlieben uns wie die arme Phädra, aber nicht in den Menschen, den wir zu lieben beschließen, sondern in jemanden, der uns im Innersten anrührt, und manchmal ist es genau die Person, in die wir uns auf keinen Fall verlieben sollten. Die unwillkürliche Wahl der Liebe ist nicht immer die richtige, manchmal sogar die allerschlechteste, woraus dann Kummer und Leid entspringen ... Bei Ehepaaren gibt es auch die umgekehrte Situation: Mit den Jahren verschwindet nämlich manchmal die Liebe zwischen zwei Personen, die sich einst geliebt haben und nun nicht wissen, wie sie dieses Gefühl wiederbeleben sollen ...

(François Lelord: Hector und die Geheimnisse der Liebe, Piper Verlag, München 2005, S. 29 f.)

2. *Liebe ist unfreiwillig, darin liegt scheinbar das ganze Problem. Interpretiert die Ausführungen von Lelord bezogen auf diese These.*

3. *Tauscht eure Ergebnisse aus und vergleicht sie mit euren eigenen Erfahrungen und Beobachtungen.*

Information: Phädra

Phädra oder Phaidra ist in der griechischen Mythologie die Frau des Theseus. Ihre Eltern waren Minos und Pasiphae, ihre Schwester war Ariadne. Phaidra wurde von Aphrodite verzaubert, wodurch sie sich in ihren Stiefsohn Hippolytos verliebte. Dieser wies ihre Liebe zurück. Phaidra beging daraufhin Selbstmord, hinterließ vorher jedoch auf einem Täfelchen die falsche Beschuldigung, Hippolytos habe ihr nachgestellt.

Flirt und Liebe als Spiel der Spiegelneurone?

Die Liebe ist eine besonders heftige, zauberhafte Form von neurobiologischer und psychologischer Resonanz. Wer sich nicht intuitiv auf andere einlassen, deren Empfindungen in sich selbst nicht zum Schwingen bringen, Gefühle nicht spiegeln kann, der hat es in der Liebe schwer.

[...] Flirtende zeigen eine besonders ausgeprägte Form des sogenannten Chamäleon-Phänomens. So wird die unbewusste, intuitive Tendenz bezeichnet, die Körperbewegungen der anderen Person zu spiegeln, sich durchs Haar zu fahren, die Beine übereinanderzuschlagen etc., wenn sie dies gerade getan hat. Entscheidend ist nicht, was gemacht wird, sondern dass es sich gemeinsam einstellt, dass Resonanz entsteht. [...] Die Funktion der Spiegelneurone in Sachen Liebe endet nicht beim Flirt. Ein wesentliches Moment der Liebe besteht darin, dass wir die Befindlichkeit, die emotionale Gestimmtheit und die Wünsche des geliebten Menschen wahrnehmen, dass wir dies spiegeln und dann durch eine Geste oder Handlung darauf reagieren, sodass die oder der andere Resonanz und Zuneigung spürt. Dabei handelt es sich um einen ganz überwiegend intuitiven, ohne das Gefühl der Mühe, auch ohne gedankliche Turnübungen und Willensakte ablaufenden Vorgang. [...] Das Geheimnis der Liebe scheint in der spontanen und mühelos ausgeübten Kunst zu liegen, sich auf den anderen einzustimmen. [...] Dies gilt sowohl in Situationen der Freude als auch für das Erleben von Leid. [...] Eine länger dauernde Entwicklung der Liebe zuzulassen heißt Spannungen und Enttäuschungen hinnehmen können, damit neue beglückende Erfahrungen möglich werden. Doch die Leidensfähigkeit sollte ihre Grenzen haben. Es gibt Paare, die das Glück, sich in wechselseitiger Spiegelung zu erleben, immer wieder neu erschaffen und die Liebe manchmal ein Leben lang lebendig erhalten. Doch auch das Gegenteil kommt vor: Paare, die sich, nachdem die Begeisterung nachgelassen hat, über Jahre langweilen oder sich gar das Leben zur Qual machen. Wenn die Freude verflogen ist, sich auf den Partner spiegelnd einzuschwingen, ist es um die Liebe nicht mehr gut bestellt. Interessant ist, was sich in Beziehungen, die an diesem Punkt angekommen sind, beobachten lässt.

Paare, deren Liebe zerronnen ist, fallen durch ein Fehlen spiegelnder Verhaltensweisen auf. [...] Ein klassisches Zeichen dafür ist das Ausbleiben der gemeinsamen Aufmerksamkeit: Das Interesse des einen Partners wurde spontan auf einen Fokus gelenkt, beim anwesenden anderen Partner herrscht Funkstille. [...] Paare, deren Liebe in Not geraten ist, weichen der Blickbegegnung – auch dies ein spontanes, intuitives Geschehen – systematisch aus. Am Ende der Liebe zeigt sich die Körpersprache des Kontaktabbruchs.

(Joachim Bauer: Warum ich fühle, was du fühlst. Intuitive Kommunikation und das Geheimnis der Spiegelneurone, Heyne Verlag, München 2006, S. 95 – 104)

Information: Spiegelneurone

Spiegelneurone bezeichnen Nervenzellen, die bereits bei der optischen oder akustischen Wahrnehmung von Bewegungen eines anderen Menschen aktiv werden. Vermutlich spielen Spiegelneurone eine wichtige Rolle beim Erlernen von Fähigkeiten von Artgenossen sowie beim Entstehen und Festigen sozialer Bindungen. Die Entdeckung der Spiegelneurone hat in den letzten Jahren viel Aufsehen erregt, da sie die Diskussion darüber auslöste, ob mit den Spiegelzellen auch der Schlüssel für das Verständnis von Empathie, Sprache und Kultur überhaupt gefunden worden sei.

4. *Beschreibe mit eigenen Worten, wie der Internist und Psychiater Joachim Bauer die Phänomene „Flirt“ und „Liebe“ erklärt. Bezieht kritisch Stellung dazu.*

5. *Vergleicht die Textauszüge von Lelord und Bauer im Hinblick auf die Frage, wie Liebe entsteht, was sie ausmacht und wen sie trifft.*
Überlegt, inwiefern Lelords und Bauers Ausführungen übereinstimmen, sich ergänzen oder widersprechen.

6. Von Liebe, Schmerz, Moral

- Ich liebe dich, weil ich geliebt werde.
- Ich liebe dich, weil ich dich brauche.
- Ich brauche dich, weil ich dich liebe.

1. *Beschreibe und beurteile diese Liebeserklärungen. Ergänze sie durch eigene Formulierungen.*

Wer zärtlich ist, verlangt nichts vom anderen.
(Erich Fromm (1900–1980), Psychoanalytiker)

2. *Diskutiert, was Fromm mit seinem Satz meinen könnte. Nehmt Stellung zu dieser Aussage.*

3. *Untersucht und vergleicht verschiedene Liebeslieder und Liebesgedichte danach, welcher Aspekt von Liebe darin besonders zum Ausdruck gebracht wird. Außer den drei Liebesgedichten könnt ihr natürlich auch selbst noch weitere Gedichte oder Lieder zum Thema Liebe untersuchen. Begründet bitte bei der Vorstellung eure Auswahl.*

Dû bist mîn, ich bin dîn:
des solt dû gewis sîn;
dû bist beslozzen in mînem herzen,
verlorn ist daz slüzzelîn:
dû muost och immer
darinne sîn.

(Echtermeyer/von Wiese (Hg.): Deutsche Gedichte, 18. Aufl., Cornelsen, Düsseldorf 1991, S. 30)

Suleika

Nimmer will ich dich verlieren!
Liebe gibt der Liebe Kraft.
Magst du meine Jugend zieren
Mit gewaltiger Leidenschaft.
Ach! Wie schmeichelt's meinem Triebe,
Wenn man meinen Dichter preist:
Denn das Leben ist die Liebe,
und des Lebens Leben Geist.

(Johann Wolfgang von Goethe: Hatem; in: Ders.: West-östlicher Divan, Tübingen, Niemeyer, 1965 (Bd. 1), S. 153)

An Anna Blume

O du, Geliebte meiner siebenundzwanzig Sinne, ich
liebe dir! – Du deiner dich dir, ich dir, du mir.
– Wir?
Das gehört (beiläufig) nicht hierher.
Wer bist du, ungezähltes Frauenzimmer? Du bist
– – bist du? – Die Leute sagen, du wärest, – lass
sie sagen, sie wissen nicht, wie der Kirchturm steht.
Du trägst den Hut auf deinen Füßen und wanderst
auf
die Hände, auf den Händen wanderst du.
Hallo, deine roten Kleider, in weiße Falten zersägt.
Rot liebe ich Anna Blume, rot liebe ich dir! – Du
deiner dich dir, ich dir, du mir. – Wir?
Das gehört (beiläufig) in die kalte Glut.
Rote Blume, rote Anna Blume, sie sagen die Leute?

Preisfrage: 1. Anna Blume hat ein Vogel.
2. Anna Blume ist rot.
3. Welche Farbe hat der Vogel?

Blau ist die Farbe deines gelben Haares.
Rot ist das Girren deines grünen Vogels.
Du schlichtes Mädchen im Alltagskleid, du liebes
grünes
Tier, ich liebe dir! – Du deiner dich dir, ich dir, du
mir, – Wir?

(Kurt Schwitters: Anna Blume; in: Ders.: „Eile ist des Witzes Weile“, Reclam, Stuttgart 1987, S. 27 f.)

Moralisch – unmoralisch

Muss man seinem Partner einen Seitensprung beichten? Svenja und David sind seit drei Monaten ein Paar. Während eines Schüleraustauschs in Spanien geht David mit einer Spanierin fremd. Er überlegt, ob er Svenja diesen Seitensprung beichten soll. Für ihn hat diese kurze Affäre keine Bedeutung mehr, er weiß aber, dass Svenja sehr eifersüchtig ist und möglicherweise die Beziehung beenden wird, wenn er ihr von seinem Seitensprung erzählt.

4. *Wie lautet deine Antwort, deine Erklärung? Für wie groß hältst du die Verpflichtung, in einer Beziehung ehrlich zu sein? Schreibt eure Antworten mit Begründung anonym auf Karten, schreibt die Ausgangsfrage an die Tafel und hängt die Antworten dazu auf. Diskutiert darüber.*

Was ich nicht weiß, macht mich nicht heiß?

Der Journalist Rainer Erlinger wählt in seinem Buch „Lügen haben rote Ohren“ ein Mädchen namens Pia, die sich mit verschiedenen moralischen Fragen und Problemen auseinandersetzt. In einem Gespräch zwischen Pia und ihrem Onkel legen beide dar, wie sie sich in einer Seitensprung-Situation zu ihrem Partner verhalten würden, und erläutern ihre grundsätzlichen Vorstellungen von einer Beziehung.

„[...] Der Grundsatz muss natürlich sein, dass man innerhalb einer Beziehung ehrlich zueinander ist. Und diese Ehrlichkeit verlangt dann, dass man einen Seitensprung beichtet.“
„Wieso denn? Ich würde ja nur dann lügen, wenn Marc mich fragt und ich antworten muss“, sagte Pia.
„Und was machst du dann, wenn er dich irgendwann einmal fragt, ob du ihn mal betrogen hast? Antwortest du dann: ‚Eigentlich wollte ich es ja nicht erzählen, aber jetzt, wo du mich fragst: Ja.‘? In einer Beziehung sollte man nicht speziell fragen müssen. Wenn es etwas Entscheidendes ist, hat man dort auch die Pflicht, es zu sagen. Das Ganze ist auch eine Frage des Vertrauens. Jede Beziehung baut auf Vertrauen auf.“
„Ja, aber gerade das kann doch dahin sein, wenn der Partner vom Seitensprung erfährt. Und wenn er nichts weiß, ist alles in Ordnung.“
„Aber was ist, wenn es der Partner dann anders herausbekommt?“, erwiderte der Onkel. „Dann ist das Vertrauen ziemlich sicher völlig dahin.“
„Das würde ja bedeuten, man muss nur dann was erzählen, wenn die Gefahr besteht, dass es rauskommen könnte“, überlegte Pia. „Eigentlich ist das ja so ähnlich wie damals, als ich lieber mit Marc in Urlaub fahren wollte und Anne einen anderen Grund für die Absage nennen (wollte).“
„Das mit einer guten Freundin ist wirklich ein bisschen ähnlich wie mit einem Partner. Und was du sagst, ist eine gute Überlegung. So auf den ersten Blick liegt das auf der Hand. Aber wenn man weiter nachdenkt, merkt man, dass sich auf dieser Grundlage natürlich nie so etwas wie Vertrauen entwickeln kann und damit auch keine echte Partnerschaft. Im Übrigen finde ich, dass es viel wichtiger ist, warum man überhaupt mit jemand anderem was angefangen hat. Ob das aus einer Laune heraus war, ob du unzufrieden mit deiner Beziehung bist, ob du es bereust, oder ob du dir vorstellen kannst, dass es wieder passiert.“ „Was hat das denn damit zu tun, ob man es sagen soll? „Nicht, dass ich jetzt einen Seitensprung schönreden will, aber schlimmer als das Körperliche finde ich den Betrug im Kopf [...].
Es sollte nicht und es darf eigentlich auch nicht. Aber der Fehler ist dann zunächst einmal geschehen. Und vielleicht war das ein Ausrutscher, hinterher fühlt man sich entsetzlich und erkennt womöglich sogar erst, wie sehr man seinen Partner eigentlich liebt. Dann finde ich das weniger schlimm, als wenn man fremdgeht, weil man in der Beziehung unzufrieden ist. Weil man dann den Betrug im Kopf fortsetzt. Und das halte ich eben für schlimmer.“ „Da ist was dran“, Pia war nachdenklich.

(Rainer Erlinger: Lügen haben rote Ohren. Gewissensfragen für große und kleine Menschen, Ullstein, Berlin 2004, S. 96 ff.)

5. *Fasse die wichtigsten Aussagen in diesem Gespräch mit eigenen Worten zusammen.*

6. *Welche Gründe und Gegengründe für absolute Ehrlichkeit in einer Beziehung werden im Text angeführt? Welche überzeugen dich, und weshalb?*

7. *Ehrlichkeit in der Partnerschaft soll in der nächsten Schülerzeitschrift zur Diskussion gestellt werden. Verfasse einen schriftlichen Kommentar mit deiner eigenen Position.*

7. Lieben und verstehen

Szenenbild aus „Lola rennt“ (Regie: Tom Tykwer, 1998)

Drehbuchauszug aus „Lola rennt“

In dem Film „Lola rennt“ von Tom Tykwer (1998) durchläuft Lola drei verschiedene Handlungsentwürfe, um ihrem Freund Manni, der sich im halbkriminellen Milieu bewegt, das Leben zu retten. Eingeschoben zwischen diesen Handlungsvarianten gibt es zwei Dialoge zwischen Manni und Lola über ihre Beziehung, von denen der erste hier abgedruckt ist:

Lolas Augen wandern zur Seite. Manni liegt neben ihr. Beide rauchen. Sie sprechen ganz, ganz leise.

„Manni?“
„Mhm.“
„Liebst du mich?“
„Na sicher.“
„Wie kannst du sicher sein?“
„Weiß nicht. Bin's halt.“
„Aber ich könnte auch irgendeine andere sein.“
„Nee.“
„Wieso nicht?“
„Weil du die Beste bist.“
„Die beste was?“
„Na, die beste Frau.“
„Von allen, allen Frauen?“
„Klar.“
„Woher willst du das wissen?“
„Ich weiß es halt.“
„Du glaubst es.“
„Na gut, ich glaub's.“
„Siehste.“
„Was?“
„Du bist dir nicht sicher?“
„Sag mal, spinnst du, oder was?“
„Und wenn du mich nie getroffen hättest?“
„Was wär dann?“
„Dann würdest du jetzt dasselbe 'ner anderen erzählen.“
„Was erzähl ich denn?“
„Dass ich die Beste bin und so.“
„Ich brauch's ja nicht zu sagen, wenn du's nicht hören willst.“
„Ich will überhaupt nichts hören. Ich will wissen, was du fühlst.“
„Okay, ich fühle, dass du die Beste bist.“
„Dein Gefühl. (*Pause*) Wer ist das, dein Gefühl?“
„Wie meinst du das?“
„Na, wer ist das, der da zu dir spricht?“
„Na ich. (*Überlegt*) Mein Herz.“
„Dein Herz sagt: ‚Guten Tag, Manni, die da, die ist es?‘“
„Genau.“
„Und du machst alles, was dein Herz dir sagt?“
„Na ja, das sagt ja nichts ... es fühlt halt.“
„Und was fühlt es jetzt?“
„Es fühlt, dass da gerade jemand zu viel blöde Fragen stellt.“
„Ach Manni, du nimmst mich überhaupt nicht ernst.“
„Ey. Lola, was ist los?“
„Ich weiß nicht.“
„Was ist denn?“
„Ich weiß nicht.“
„Willst du ... weg von mir?“
„Ich weiß nicht. Ich muss mich grad entscheiden ... glaub ich.“

1. *Beantwortet zunächst die folgenden Fragen zu dem Dialog zwischen Lola und Manni:*
- *Worum geht es für Lola in diesem Gespräch? Wie verhält sie sich?*
- *Was erfahren wir in diesem Gespräch über Lola?*
- *Was wird das Verhältnis zwischen Manni und Lola deutlich?*
- *Wie verstehen sich deinem Eindruck nach Lola und Manni? Sind sie ein glückliches Paar?*

Um das Gespräch zwischen Lola und Manni genau analysieren zu können, ist es hilfreich, ein Kommunikationsmodell wie das von Friedemann Schulz von Thun zu Hilfe zu nehmen, da es uns ermöglicht, Missverständnisse und unausgesprochene Erwartungen und Haltungen aufzuspüren.
Nach Friedemann Schulz von Thun gehört die Kommunikation zu den wesentlichen Ausdrucksmitteln des Menschen. Allerdings, so Schulz von Thun, gelingt Kommunikation oft nicht und wird dann zum Konfliktstoff zwischen Menschen. Davor schützt offensichtlich auch die Liebe nicht. Einen Grund dafür sieht Schulz von Thun in den verschiedenen Ebenen, die uns bei der Kommunikation zur Verfügung stehen und die von verschiedenen Menschen auch unterschiedlich wichtig genommen werden.

Das „Vier-Ohren-Modell"

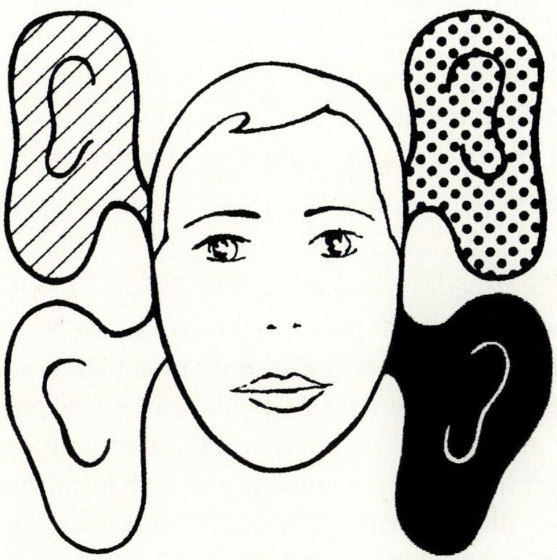

(aus: Friedemann Schulz von Thun: Miteinander reden. 1. Störungen und Klärungen. Allgemeine Psychologie der Kommunikation, Copyright © 1981 by Rowohlt Taschenbuch Verlag GmbH, Reinbek bei Hamburg)

Friedemann Schulz von Thun unterscheidet bei seinem Kommunikationsmodell die **folgenden vier Ebenen der Kommunikation:**

die Sachebene, damit ist der rein sachliche Gehalt einer Aussage gemeint;

die Selbstoffenbarungsebene, durch die das Selbstbild des/der Kommunizierenden zum Ausdruck kommt;

die Beziehungsebene, die etwas über die Art des Verhältnisses zwischen den beiden Kommunizierenden, mögliche Dominanz, Unterordnung, Gleichwertigkeit zum Ausdruck bringt;

die Appellebene, die sich auf das angestrebte Ziel der Aussage, ein bestimmtes Verhalten des anderen, ein Gefühl oder eine Reaktion, beziehen können.

Diese verschiedenen Ebenen spielen nach Schulz von Thun bei jeder auch noch so belanglosen Äußerung eine Rolle. So zum Beispiel auch in einem einfachen Satz wie:
Morgen kommt die Müllabfuhr.
Ein konfliktgeladener, problematischer Satz? Wohl kaum, oder doch?

2. *Erarbeitet an diesem Satz die verschiedenen Seiten der Kommunikation.*

3. *Nehmt das Kommunikationsmodell von Friedemann Schulz von Thun zu Hilfe und analysiert ein oder zwei der folgenden Sätze aus dem Dialog zwischen Lola und Manni sowohl aus der Perspektive des Senders wie auch des Empfängers, wie es oben im Beispiel vorgeführt wird:*

- *Liebst du mich?*
- *Weil du die Beste bist.*
- *Ich weiß nicht.*
- *Ich muss mich gerade entscheiden ... glaub ich.*

4. *Formuliert Regeln für eine gelingende Kommunikation.*

5. *Wählt zum Abschluss einen der unten stehenden Sätze und untersucht, welche Konflikte oder Probleme sie unter Umständen signalisieren könnten. Entwerft, nachdem ihr den Satz auf die verschiedenen Aspekte der Kommunikation hin analysiert habt, kleine Dialogteile, in denen ihr die möglichen Probleme im Sinne einer offenen Kommunikation löst.*

- Liebst du mich noch?
- Du verstehst mich nicht.
- Du hast dich verändert.
- Früher haben wir so viel Spaß miteinander gehabt.
- Ich liebe dich mit Haut und Haaren.
- Du bist mein Leben.

8. Ausdrucksformen der Liebe: Intimität, Sex, Zärtlichkeit

1. *Betrachtet die Skulptur von Auguste Rodin und gebt ihr einen Titel.*

2. *Was bringt das Kunstwerk für dich zum Ausdruck?*

3. *Was verstehen wir gemeinhin unter Zärtlichkeit, was drückt sie aus und für wie wichtig haltet ihr sie?*

Von Sex und anderen Sorgen

Lieber Dr. Frühling,

seit einem halben Jahr habe ich einen Freund (17). Ich bin 15 Jahre alt. Wir verstehen uns wirklich gut, unternehmen 'ne Menge miteinander und haben viel Spaß. Er ist meine große Liebe. Nur eins macht mir zu schaffen. Wir kuscheln und schmusen viel, aber nun will mein Freund mehr. Ich fühle mich unsicher und würde gerne noch ein wenig warten, aber mein Freund bedrängt mich schon manchmal, nun endlich zum Frauenarzt zu gehen und mir die Pille verschreiben zu lassen. Was soll ich tun? Ich liebe ihn wirklich, aber er drängt mich auch und sagt, dass Geschlechtsverkehr zu unserer Liebe dazugehören muss. (Annika)

Lieber Dr. Winter,

meine Freundin (16) und ich (18) sind seit zwei Jahren zusammen. Am Anfang war alles wunderbar, wir haben viel zusammen gemacht, obwohl ich aktiv Fußball spiele und sie sich gerne auch mal mit ihren Freundinnen trifft. In der letzten Zeit geht es aber nicht mehr so gut mit uns. Wir verbringen immer weniger Zeit miteinander, im Bett ist auch nicht mehr viel los und ständig nörgelt sie an mir herum, dass ich meine Haare anders tragen, doch mal meine Kumpels lassen, mehr mit ihr reden soll und so. Hat unsere Beziehung noch eine Zukunft? (Jens)

Lieber Dr. Herbst,

seit einem halben Jahr habe ich (14) einen Freund (16). Er ist total süß und knuffig. Seit etwa drei Monaten schlafen wir auch miteinander. Aber vor einiger Zeit habe ich mitbekommen, dass er mir untreu geworden ist. Er hat auf einer Party mit einem anderen Mädchen geknutscht und sich hinterher auch ihre Telefonnummer geben lassen. Damals habe ich ihm vergeben, weil ich mich gar nicht von ihm trennen wollte, aber nun ist es wieder passiert. Ich war mit meinen Eltern für eine Woche in Urlaub und als ich zurückkam, habe ich erfahren, dass er mich schon wieder betrogen hat. Er hat mir zwar gesagt, dass es nicht wieder vorkommen wird, aber so richtig glauben kann ich ihm nicht. Was soll ich tun? Soll ich ihm noch einmal verzeihen oder soll ich mich von ihm trennen? (Jessica)

4. *Wählt einen der Briefe aus und schreibt eine ausführliche Erwiderung aus der Sicht von Dr. Frühling, Herbst oder Winter. Vergleicht hinterher eure Ergebnisse.*

5. *Überlegt gemeinsam, weshalb diese Jugendlichen sich mit ihren Fragen und Problemen zur Sexualität an eine Zeitschrift wenden.*

Körperliche Intimität schafft noch lange keine seelische Intimität.

(Erich Fromm (1900 – 1980), Psychoanalytiker)

6. *Kommentiert dieses Zitat von Fromm. Bezieht auch das Bild mit ein.*

Auf der Suche nach …

Name: Viktoria – Alter: 23 – Größe 1,73 – Wohnort: Berlin – Beruf: Psychologiestudentin – Das sagt der Ex: chaotisch, deprimierend, besitzergreifend und über alles liebenswert; der Sex war genial – Wenn ich verliebt bin, putze ich meine Wohnung – Geht gut: Treue, Pasta, Fotos, schöner Rücken, Hund – Geht gar nicht: Herpes, trockene Lippen, Hornhaut an Händen/Füßen – Ich kann gut: Lieben ;–) Kann nicht: loslassen, ihn mit anderen Frauen sehen – Und wie meine Mädels jedes Mal kreischen, wenn ich ihnen von meiner neuesten Trennung erzähle. Sie meinen, die verlassen mich alle aus einem einzigen Grund: Wenn ich mit einem Mann zusammen bin, muss er voll und ganz für mich da sein und zu jeder Zeit verfügbar sein. Wenn ich mitten in der Nacht Lust auf ihn bekomme, fahre ich auch gerne mal eine Stunde durch die Stadt, bis ich vor seiner Haustür bin und frage ihn, ob ich bei ihm schlafen kann. Mein Problem ist, glaube ich, dass ich selbst es nicht als Problem sehe. Also suche ich jetzt darauf, dass mir einer über den Weg läuft, der genau mein Problem braucht.

Name: Gordian – Alter: 27 – Wohnort: Stuttgart – Größe: 1,92 – Beruf: Event-Manager und Gitarrist bei den Rollenden Steinen – Das sagen die Freunde: sportsüchtig, kontaktfreudig, echt guter Kumpel – Ich kann: gut shoppen, kochen, alle Simpson-Folgen mitsprechen – Ich kann nicht: Frauendiskussionen über OC California ausstehen – Ich werde schwach: bei jeder Frau mit Hüften – Für mich gilt seit ungefähr zehn Jahren das Beuteschema „Wer sucht, der findet“, jedoch bin ich bisher immer eher kurzfristig fündig geworden. Ich liebe es zu suchen. Also mich in eine Bar zu setzen, Frauen zu beobachten, auf sie zuzugehen, mit ihnen zuerst den Abend, dann die Nacht zu verbringen, wenn die Stimmung und die Chemie stimmen. Aber seit einiger Zeit habe ich das Gefühl, einsam zu sein – trotz vieler Bekanntschaften. Dabei hätte ich im Prinzip schon längst heiraten können, wäre Jenny nicht so eifersüchtig gewesen, hätte Alice sich nicht so viele Sorgen um ihr Aussehen gemacht, hätte Valeria mehr Spaß am Sex gehabt, Nina ohne die Entfernung Stuttgart – Hamburg, Cassandra ohne ihre Untreue.

Ich brauche eine Frau (die Betonung liegt auf Frau!), die mich anmacht, verwöhnt und mich dennoch zum Lachen bringt. Außerdem darf sie es mit meinen Ex-Freundinnen nicht so eng sehen, denn mit vielen bin ich immer noch gut befreundet. Sorgen braucht sie sich keine zu machen. Sie wäre für mich immer die Nummer eins.

7. *Teilt eure Gruppe nach Mädchen und Jungen und überlegt nach Geschlecht getrennt: Was gefällt euch an diesen beiden Kontaktanzeigen, was gefällt euch daran nicht? Sammelt eure Meinungen in Form einer Mind Map, stellt euch dann jeweils das Ergebnis vor und diskutiert gemeinsam, was Viktoria und Gordian eigentlich wollen.*

8. *Kontaktanzeigen per Internet; Treffen im Chatroom: Was bedeutet es für das Selbstwertgefühl und die Kontaktbereitschaft junger Menschen?*

9. Nah, näher, und dann?

Wie wünschen sich junge Menschen ihr erstes Mal? Romantisch, leidenschaftlich, wild, beherrschend, mitreißend oder sanft und vorsichtig? Oder verschwenden sie keinen Gedanken mehr darauf?

Teenager von heute wollen früh reif sein, weil sie mitspielen möchten in der Welt der Großen. Und was ist die Eintrittskarte, wenn nicht das erste Mal? Sex macht erwachsen, und Sex ist überall: im Fernsehen, im Kino, in der Werbung, in Magazinen, im Internet und in der Mode. Kein Wunder, dass Teenager diesem reizvollen Sperrfeuer nicht entkommen. „Jugendliche waren noch nie so aufgeklärt wie heute", sagt Marita Völker-Albert von der Bundeszentrale für gesundheitliche Aufklärung (BZgA). „Über die groben Fakten weiß jeder 13-Jährige Bescheid."
Und sie tun es: Jeder zweite 16-Jährige hatte schon Geschlechtsverkehr, wie eine Forsa-Umfrage im Auftrag des stern unter 1 000 Jugendlichen zwischen 14 und 19 ergab. Vor drei Jahren waren es nach einer BZgA-Befragung in diesem Alter erst 40 Prozent der Mädchen und 37 Prozent der Jungs. Heute haben es mit 19 Jahren dann fast alle mal erlebt, wie die stern-Umfrage ergab.

(Martin Knobbe, Isadora Tast; in: www.stern.de, 4.2.2004; Extra: Jugend, Liebe und Sex)

1. *Erarbeitet, welche Bedürfnisse Sex für Jugendliche erfüllen kann und was sich nach den Angaben der BZgA in den letzten Jahren an der Einstellung der jungen Menschen geändert hat.*

2. *Stimmt der beschriebene Trend mit eurer persönlichen Einstellung überein?*

3. *Diskutiert, inwieweit solche Statistiken das Verhalten von jungen Menschen beeinflussen.*

Ab- und aufgeklärt?

Für die Teenager von heute ist Sex so selbstverständlich wie früher das Knutschen. Sie tun's einfach. Spaß haben sie nicht immer dabei: Denn die Reizflut aus Werbung und Medien setzt sie mächtig unter Druck.

Sie taucht rosa bemalte Lippen in den Milchschaum, streicht blondierte Strähnen von geschminkten Wangen und erzählt, wie es so war, als sie mit der Kindheit Schluss machte. Vor zwei Jahren, als sie an die neue Schule kam, dem Reiz des Nikotins verfiel und auch der Lust, über Sex nicht nur zu reden. Wie sie begann, sich bei H&M G-Strings zu kaufen und in der Drogerie zu stöbern, dort, wo die Kondome liegen. Wie sie mal ihren besten Freund fragte, was man beim Blasen machen muss und welche Stellung für die Jungs am schönsten ist. Wie sie ihn nach Monaten dann endlich fand, den Jungen, mit dem es passieren sollte. Sie war ja schon 14, und er sah gut aus. Wie sie es dann taten, nachmittags bei ihm zu Hause, ganz locker und, klar, mit Verhütung, und danach immer wieder, ein ganzes Jahr lang, „er war halt meine große Liebe". Bis sie sich stritten und erkannten, es mache wohl keinen Sinn mehr. „Ach ja, die Männer“, seufzt Nadine und inhaliert mit großer Geste einen Zug aus der Marlboro, „ich weiß gar nicht, ob ich das noch mal will, den ganzen Stress.“ Sie ist heute 15 und sagt, sie fühle sich schon richtig reif.

(Martin Knobbe, Isadora Tast, a. a. O.)

Der Traum von der heilen Familie?

Dabei schlummern hinter der aufreizenden Fassade der Teenager oft ganz bodenständige Träume: ein Häuschen im Grünen, mehrere Kinder und ein Porsche vor der Tür. Seit dreieinhalb Jahren sind Peggy, 16, und Daniel, 19, aus

Hamburg zusammen und träumen von der gemeinsamen Zukunft. Peggy war gerade mal zwölf, als sie ihn kennenlernte. Beim Spaghetti-Essen folgte die Erkenntnis, dass Peggy Daniel liebt („Ich konnte mit ihm über alles reden“) und Daniel Peggy („Peggy kam mir reifer vor als Lina, also habe ich mich für sie entschieden“). Heute streiten sie sich manchmal, weil Daniel keine Liebesbriefe schreibt oder Peggy einem anderen Jungen hinterherguckt, aber – schlafen trotzdem fünfmal in der Woche miteinander. „Sex ist halt wichtig.“ Irgendwann wollen sie zusammenziehen. „Wir sind superglücklich“, sagt Peggy. Auch Dominik, 14, aus Planegg träumt von der ewigen Liebe: „Mit 26 oder so eine Frau fürs Leben, Kinder und ein Haus hier in der Gemeinde“, sagt er. Und Nadine, das blonde Mädchen aus Wertingen, schwärmt von einer Kleinfamilie, „irgendwo auf einem Bauernhof, bloß nicht in der Stadt“.

(Martin Knobbe, Isadora Tast, a. a. O.)

4. *Wie passt das Verhalten vieler Jugendlicher zusammen mit dem, was sie sich für die Zukunft vorstellen? Was ist dir wichtig, wenn du an deine Zukunft denkst?*

Wie wichtig ist die erste Nacht?

Die erste Nacht kann in einer späteren Beziehung noch lange nachwirken. Vor allem, weil wir gern zu viel von ihr erwarten. Und daran ist nicht nur das Fernsehen schuld. Wir machen uns selbst Druck, dass guter Sex auch unbedingt zu Liebe führen muss. Wir wissen eigentlich, dass es nicht so ist, und hoffen doch inständig, dass es anders kommen möge. Dass Sex und Liebe Hand in Hand gehen, die erste Nacht ein die eigene Welt veränderndes Ereignis ist. Wir wünschen deshalb nichts sehnlicher, als dass Liebe oder Verliebtheit zwangsläufig zu alles erschütterndem und alles übertreffendem Sex führt. Das ist einfach zu viel der Last. „Denn so kann eine unbefriedigende erste Nacht uns später immer wieder an der Partnerschaft zweifeln lassen“, sagt Wolf. Vor allem die Angst, nicht attraktiv genug zu sein, bleibt keine einmalige Lustbremse. Ist also der Start nicht gut gelaufen, fühlen sich vor allem Frauen bestärkt in dem Gefühl, nicht schön, nicht begehrenswert, nicht gut genug zu sein. Klammern, Eifersucht und Verlustangst sind oft die Folge, weiß Paartherapeutin Wolf.

(Eva Meschede; in: Brigitte Balance, 2/2006)

5. *Sex bedeutet: Selbstachtung, Hingabe, Festhalten, Befreiung, ...*
Setzt die Reihe mit weiteren Begriffen fort und diskutiert die Bedeutung, die sie eurer Meinung nach haben.

6. *Fasse die Meinung der Paartherapeutin zum ersten Mal mit einem neuen Partner/einer neuen Partnerin mit eigenen Worten zusammen.*

7. *Nehmt Stellung zu den Aussagen der Paartherapeutin. Äußert auch eure eigenen Ansichten.*

10. Sex macht cool?

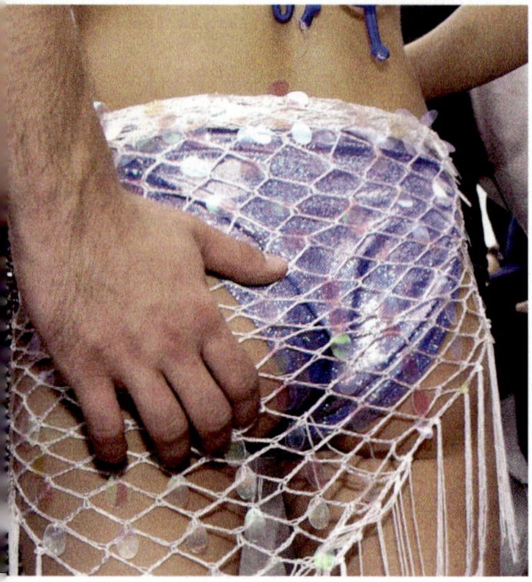

Die sexuelle Begierde kann durch die Angst des Alleinseins, durch den Wunsch zu erobern oder sich erobern zu lassen, durch Eitelkeit, durch den Wunsch zu verletzen oder sogar zu zerstören ebenso stimuliert werden wie durch Liebe.

(Erich Fromm: Die Kraft der Liebe, Diogenes, Zürich 2005)

1. *Nennt und erläutert anhand von Beispielen die von Fromm genannten Motive.*

2. *Welche Einstellung zum Sexpartner/zur Sexpartnerin kommt in den verschiedenen Vorstellungen zum Ausdruck?*

Verführung, Täuschung und mögliche Folgen

Auf Plakaten von H&M und Palmers posieren schlanke Mädchen in Unterwäsche. Ein Autohersteller zeigt ein Paar, das auf dem Fahrersitz loslegt. In der „Bravo" (Zielgruppe ab zehn) gesteht die Punk-Sängerin Pink: „Ich lecke gerne Körperteile ab." Und im Musikvideo auf MTV schwänzeln leichte Bikinigirls um den Hip-Hopper Jay-Z herum. „Big Pimpin" (große Zuhälterei) heißt der Titel, und der schwarze Sänger rappt: „Du weißt, ich schlage sie, ficke sie, liebe sie, verlasse sie, weil ich sie verdammt noch mal nicht brauche." Zwar sagte jeder Zweite der 14- bis 19-Jährigen in der stern-Umfrage, er halte solche Sexszenen in Filmen oder Musikvideos für „unrealistisch" – doch gerade viele Jungs finden sie auch „ansprechend" (54 Prozent) und „anregend" (45 Prozent). Es überrascht dann nicht, wenn nach Angaben des Frankfurter Sexualforschers Volkmar Sigusch zwei Drittel der Mädchen im Alter zwischen 16 und 17 Jahren bei einer Befragung aussagten, schon mindestens einmal sexuell attackiert worden zu sein.
Details über sexuelle Techniken und Anregungen für das eigene Liebesleben suchen sich Minderjährige vermehrt in Filmen oder Magazinen, die für sie eigentlich noch gar nicht gedacht sind: Knapp 60 Prozent aller vom stern befragten Jugendlichen haben schon mindestens einmal einen Sexfilm gesehen. Teenager suchen in pornografischen Darstellungen eine „Gebrauchsanleitung, die erogene Zonen, Lustpunkte und Stellungen erklärt", vermuten Forscher der Österreichischen Gesellschaft für Familienplanung in Wien. Technisches Wissen statt echter Freundin. Umfassender Wortschatz statt echtem Freund. Gefühlte Reife statt echter Erfahrung: Möge bloß niemand hinter die pickelige Fassade schauen. Also, sagt Forscher Sigusch, „inszenieren die Jugendlichen ihr Selbst auf geradezu schrille Art und Weise, sobald sie aus der Haustür auf die Bühne treten". Die Bühne: Schule, Straße, Disco. Der Fundus: die Wäscheabteilung bei H&M.

(Martin Knobbe, Isadora Tast; in: www.stern.de, 4.2.2004)

3. *Welche zentralen Aussagen werden im Text zu dem zunehmenden Pornokonsum junger Heranwachsender gemacht?*

JENS: „Was ist denn schon dabei? Wer es nicht sehen oder machen will, kann es ja lassen."

PATRICIA: „Unmöglich. Ich will mit keinem befreundet sein, der sich so etwas anschaut."

SOZIALARBEITER: „Dauerberieselung mit Pornos und Gewaltvideos stumpft ab, nachher halten sie die Sex- und Gewaltfantasien für ihr Leben."

4. *Erörtert die verschiedenen Positionen. Berücksichtigt, welche Werte den verschiedenen Meinungen zugrunde liegen.*

Fiktion wird zur Realität

Nacktes Fleisch, entblößte Körper – Porno trifft uns heute multimedial und überall, auf DVDs, in den Videoclips von Rappern und besonders im Internet.
Hardcore ist nur einen Mausklick entfernt – sekundenschnell auf PC oder Handy für jedermann zu jeder Zeit.

Auch für Jugendliche. „Das fängt, glaube ich, mit zehn Jahren an. Wenn die ihr erstes Handy haben, haben die auch gleich Pornos drauf", erzählt Melanie. Die heute 18-Jährige hat es selbst erlebt: Hardcorepornos erobern die Schulhöfe – gerade in Großstädten wie Hamburg. [...]

„Was wir heute erleben, in dieser geballten Darstellung pornografischer Art, ist: kaum noch Raum für Zärtlichkeit, kaum noch Raum, sich kennenzulernen", stellt Pastor Hagge fest. Die Pornos werden härter und härter – und die Jugendlichen setzen die Pornobilder in die Tat um. „Ich hatte einen konkreten Fall, der mir von dem Opfer erzählt wurde. Ein damals achtjähriges Mädchen, das erzählte mir, dass sich ihre beiden Brüder, 10 und 11 Jahre, zusammen einen Pornofilm angeguckt hatten, der ihrem Vater gehörte, und da wurde dargestellt, wie eine Frau vergewaltigt wurde, und die haben das nachgemacht und haben ihre Schwester dazu als Opfer heranzitiert und dann nachgespielt und ihre Schwester vergewaltigt."

(http://daserste.ndr.de/titelthesentemperamente/archiv/2006/t_cid-3855034_.html)

5. *Erarbeitet ausgehend vom Text die Problematik von sexuellen Darstellungen und Fantasien in Werbung, Liedern und Filmen für Jugendliche und diskutiert ihre Gefahren.*

6. *„Die Würde des Menschen ist unantastbar", lautet der Artikel 1 des Grundgesetzes der Bundesrepublik Deutschland: Erörtert, inwieweit dieser Grundgesetzartikel dem Bild der Frau und des Mannes in Pornofilmen ent- oder widerspricht.*

Information: Pornografie

(aus dem Griechischen): ursprünglich die Beschreibung von Leben und Sitten der Prostituierten und ihren Kindern. Im Lauf der Jahrhunderte wurde der Begriff für die Darstellung sexueller Akte überhaupt verallgemeinert, wobei die gewollte sexuelle Reizwirkung im Vordergrund steht und Betrachter wie Gegenstand zu bloßen Objekten sexueller Begierde degradiert werden.

(DIE ZEIT Lexikon, Bd. 11, Hamburg 2005, S. 465)

In den letzten Jahren haben sexuelle Übergriffe unter Jugendlichen, das Filmen und Zeigen von Vergewaltigungen und anderen Gewalttaten zugenommen.

7. *Überlegt und diskutiert miteinander, welche Folgen diese Tendenzen für den Einzelnen wie für die Gesellschaft, in der wir leben, haben und was wir dagegen tun können.*

Es wurde gesagt, die menschliche Sexualität werde entmenschlicht, wenn sie als bloßes Mittel zum Zweck des Lustgewinns missbraucht werde. Nicht weniger liegt aber Missbrauch vor, wenn sie als bloßes Mittel zum Zweck der Fortpflanzung betrachtet wird anstatt zu bleiben, was sie ist: Ausdruck der Liebe.

(Viktor E. Frankl: Der Mensch vor der Frage nach dem Sinn, München 2006, S. 94)

8. *Stellt dar, welche Haltung zur menschlichen Sexualität der Autor als „menschengerecht" bezeichnet.*

11. Paar oder Partner?

„Wir sind zusammen.“ **„Wir sind ein Paar.“**

„Wir gehen miteinander.“ **Wir gehen zusammen aus.“**

1. *Was bedeuten diese Sätze? Welche Art von Beziehung verbindet ihr mit den verschiedenen Aussagen?*

Und waren glücklich bis an ihr Lebensende?

Mit Liebe, Hochzeit und Glücklichsein bis ans Lebensende, so enden viele Märchen. Handelt es sich angesichts der Scheidungsstatistiken, der zunehmenden Zahl der Singles nicht um eine Illusion, wenn wir an Monogamie* glauben und gesellschaftlich ein Lebensmuster von *verliebt-verlobt-verheiratet-verwitwet* propagieren? Sollten wir nicht besser Partnerschaft neu definieren als Lebensabschnittsvereinbarung, die dann, wenn der Höhenflug der Gefühle abebbt, problemlos aufgelöst werden kann? Warum immer diese Trennungsdramen, die den Betroffenen zeitweise als das Ende jeden Glücks erscheinen, den Lebenswillen unterwandern und uns oft genug in Depression und Verzweiflung stürzen lassen?

2. *Organisiert in eurer Klasse eine Podiumsdiskussion zum Thema: Ehe – ein Auslaufmodell? Verteilt Rollen wie Verliebte, Politiker, Ehepartner, Psychologen, überzeugte Singles. Lasst die Diskussion von einem Teil eurer Gruppe beobachten und wertet eure Diskussionsergebnisse hinterher gemeinsam aus.*

Wenn Liebe fesselt

Die Filmregisseurin und Buchautorin Doris Dörrie hat Paare in Deutschland interviewt und sie danach befragt, wie sie sich kennengelernt haben und wie sich dann ihre Beziehung entwickelt hat: Hier ein Gespräch mit Frau und Herrn K.

HERR K.: Und dann gab's irgendwo romantische Szenen, wie sie halt zu der Liebe gehören. Ein langer Schal, langer grauer Schal, in den wir uns eingewickelt haben; und da sind wir nächtens durch den Schnee gesaust, durch den Schnee getanzt und so, oder irgend so was.

FRAU K.: Doch. Jaja, es wurde dann also sehr stark; es war dann plötzlich etwas ganz Wildes, und von meiner Seite aus kann ich das schon sagen, dass das dann wirklich die große Liebe war; und ich hab dann also ganz schön abgehoben und hatte Mühe und Not, dass ich dann mein Abitur noch hingekriegt hab: ich hab nämlich nur noch an ihn gedacht. [...] Nach dem Abitur haben wir dann noch nicht geheiratet, da haben wir uns dann verlobt, wir wollten eigentlich nicht heiraten. Also, was heißt heiraten? Ich war sowieso der Meinung, dass man nicht unbedingt heiraten muss – und vor allen Dingen nicht so früh –, aber ich wollte halt sehr intensiv mit ihm zusammen sein, und das war damals noch nicht möglich. Ich war noch minderjährig, und man hätte nie eine Wohnung bekommen – unverheiratet.

HERR K.: Also von Heiraten war überhaupt nicht die Rede.

FRAU K.: Aber dann sind wir über ein Jahr verlobt gewesen, und dann haben wir geheiratet.

DORIS: Wie waren Ihre Eltern dazu eingestellt?

FRAU K.: Ich bin sehr liberal großgeworden. Manche sagen, ich bin nicht erzogen worden, böse Zungen, aber da haben sie sich dann schon quergelegt. „Das kannst du nicht“ und „du wolltest doch nicht heiraten“, und es hatte sich doch ein bisschen sehr zugespitzt bei deinen Eltern und auch bei meinen Eltern. Und dann haben wir einfach heiraten müssen.

HERR K.: Richtig. Und wir waren sehr dickköpfig; sind wir heute eigentlich auch noch, manchmal auch gegeneinander, wir wollten gegen die Welt angehen, wir wollten das machen, was wir wollten. Wir wollten zusammen sein, wir wollten uns lieben – und das Umfeld war dagegen. Da gab's Verbote. Ich wohnte ja als Referendar bei meinen Eltern, war finanziell noch nicht sehr unabhängig, da gab's noch 'ne Daumenschraube. [...]

(Doris Dörrie: Love in Germany. Deutsche Paare im Gespräch mit Doris Dörrie, Diogenes, Zürich 1992, S. 25 – 27)

3. *Umreißt die erste Zeit in der Liebesbeziehung zwischen Herrn und Frau K. mit eigenen Worten. Was empfanden sie? Wie wollten sie leben?*

DORIS: Und gab's dann ein großes Fest, bei der Hochzeit?

FRAU K.: Ich wollte ja schon mit ihm zusammen sein, nur es hat dann nicht ein so großes Fest gegeben. [...] Ich war wahrscheinlich zu jung, um mir das Zusammenleben zu überlegen.

HERR K.: Also ich hab mir das nicht so genau vorgestellt. [...] Ich wollte ja eigentlich mich entwickeln, und nun hatten wir aus dieser Trotzhaltung heraus und aufgrund dieser starken Gefühle, hatten wir diesen Entschluss gefasst. Und da hatten wir uns zunächst ganz konventionell verhalten. Konventionell verhalten heißt: es musste eine Wohnung gesucht werden, die war einzurichten, es waren Kompromisse zu schließen mit den Eltern – wir konnten das ja nicht alles finanzieren –, paar Möbel, wir hatten ja nichts. Und dann haben wir versucht, irgendwie zu leben, d. h.: plötzlich war einer Ehemann und die andere war Ehefrau, und es musste gekocht werden. Tja, das war so 'ne gewisse Spannung und 'n Problem. Die Liebe bzw. – und plötzlich gab's 'n Ehepaar Krüger. Soziale Pflichten. Z. B. es müssen ja die Eltern besucht werden. Es gab Verwandtschaft, die musste besucht werden; d. h., es gab etwas zu tun, was uns nicht lag. Und das hat uns große Probleme gemacht. [...]

FRAU K.: Essen musste gekocht werden – von der Frau, und die war ja nun nicht sehr talentiert.

HERR K.: Es sind Rollen. Wir sind in die Rollen reinmarschiert, als wären sie richtig. Ich sag jetzt vielleicht mal nicht wir, sondern ich, also ich habe das zunächst nicht durchdacht. Ich bin aus der Haltung des Studenten und Referendars reingerutscht in die soziale Rolle eines Ehemannes und hab erst nachher gemerkt, was das ist: dass man eine Frau hat, und die hat üblicherweise Mahlzeiten herzurichten; da ist 'ne Küche, und da sind Betten und so – das war ein richtiges Hemmnis.

(Doris Dörrie, a. a. O., S. 25 – 27)

4. *Beschreibt, was mit den beiden jungen Menschen, die ihre Liebe leben wollten, geschehen ist. Wodurch wurden sie eurer Meinung nach in ihrem Verhalten am stärksten beeinflusst?*

5. *Rollenspiel: Wählt verschiedene Szenen aus dem Leben dieses Paares aus, in denen deutlich wird, dass ihre Vorstellungen vom Zusammensein sich nicht so einfach umsetzen lassen, und setzt sie in ein Rollenspiel um.*

Methode: Rollenspiel

Ihr nehmt für Situationen, die ihr vorher ausgewählt habt, die Rolle und Perspektive der daran beteiligten Personen ein und spielt die Szene innerhalb eines vorgegebenen Zeitrahmens.
Die verschiedenen Rollenspiele werden meist im Plenum vorgespielt, in ihren Verhaltensmöglichkeiten und Beweggründen diskutiert und ausgewertet. Die Auswertung beginnt immer mit einer Äußerungsmöglichkeit der Spieler(innen). „Wie ist es mir in meiner Rolle ergangen?" Erst dann folgen die Eindrücke des Publikums. „Was haben wir gesehen? Was hat es in uns ausgelöst?"

Zwingen uns Situationen durch Rollen, Verfahren, Prozeduren ihren Willen auf? Wir dürfen gewiss unsere Entscheidungsspielräume nicht überschätzen. Es ist allerdings nicht zu übersehen, dass sich Menschen oft mit funktionalen Begründungen aus ungeliebten Entscheidungssituationen herausmogeln.

(Herbert Schweizer: Familie im Wandel. Eine Einführung in die gesellschaftlichen Bedingungen des heutigen Familienlebens, Verlag Herder, Freiburg im Breisgau 1982, S. 89)

6. *Herr K. äußert in diesem Gespräch, dass er aus der Haltung des Studenten und Referendars in die soziale Rolle des Ehemanns gerutscht ist. Erörtert, was die Aussagen von Herbert Schweizer für die Lebensgestaltung und Rollenverteilung des Ehepaares K. bedeuten.*

7. *Setzt euch in Gruppen zusammen und entwerft eine Gesellschaft mit neuen und interessanten Lebensformen.*

12. Wenn Lebensentwürfe in die Brüche gehen

Kind in Not

1. *Welche Nöte werden in diesem Bild angesprochen?*

2. *Kommentiert die Statistik zu den Unterschieden zwischen Scheidungs- und Nicht-Scheidungskindern. Welche Schlussfolgerungen lassen sich daraus ziehen?*

3. *Analysiert die folgende Grafik zu Ehescheidungen in Deutschland.*

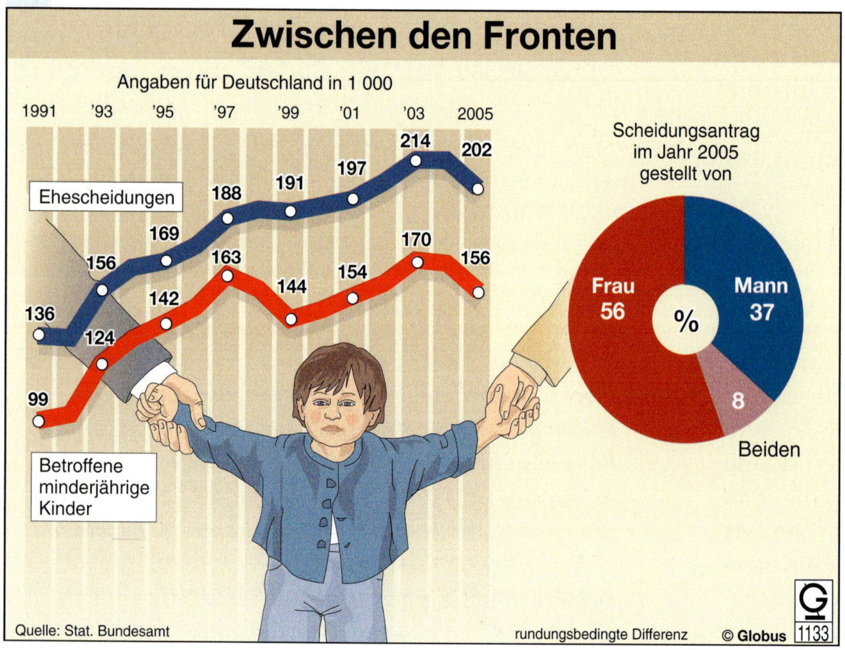

Scheiden tut weh

Ehe in der Krise: In Deutschland scheitert jede dritte Partnerschaft – in Großstädten [...] fast jede zweite. Am härtesten davon betroffen sind die, die am wenigsten dafür können: Rund 2 Millionen Kinder wachsen derzeit in „Ein-Eltern-Familien“ auf. Damit ist jedes 7. Kind in Deutschland ein Scheidungskind. Was können nun Eltern tun, um ihren Kindern zu helfen? [...]

Kinder bis zu drei Jahren bewältigen die Trennung ihrer Eltern am leichtesten

Die Fachliteratur ist sich einig: Kinder bis zu drei Jahren bewältigen die Trennung ihrer Eltern am leichtesten, weil die Bindung an den hauptsächlich betreuenden Elternteil – meist ist es die Mutter – noch stark dominiert. Aber die 4- bis 12-Jährigen – und das ist die Mehrzahl der Kids, die eine Scheidung verdauen muss –

haben es schwer, weil sie beide Elternteile brauchen, um soziales Verhalten zu lernen. Leichter wird es dann wieder in der Pubertät, weil der Nachwuchs sich in dieser Zeit ohnehin allmählich vom Elternhaus löst und sein eigenes Lebensumfeld aufbaut. Fest steht: Kaum ein Kind will die Scheidung der Eltern, die meisten sehnen sich noch viele Jahre nach den früheren Familienzeiten zurück, auch wenn diese objektiv alles andere als rosig waren. [...]

Scheidungskinder

Im statistischen Vergleich zeigen Scheidungskinder gegenüber Kindern aus mehr oder weniger intakten Familien einige Auffälligkeiten: Ihre Selbstsicherheit scheint beeinträchtigt, sie sind anfälliger für seelische Störungen wie Depressionen und neigen weit stärker als andere später selbst dazu, sich scheiden zu lassen. Beziehungsprobleme, Angst vor einer Heirat, Angst vor der Elternschaft können die Folgen der Trennung ihrer Eltern sein. [...]

Finanzielle Auswirkungen

Scheidung bedeutet für die meisten Familien auch materielle Probleme. Es müssen von nun an zwei Wohnsitze finanziert werden [...]. Deshalb ist die Wahrscheinlichkeit groß, dass von nun an beide Elternteile (Vollzeit) arbeiten (müssen). Die Folge: Das Kind sieht beide Elternteile weniger oft, es hat weniger Taschengeld zur Verfügung, es kommt nach Hause und niemand ist da, es muss mehr im Haushalt mithelfen.

Zu früh erwachsen?

Viele heranwachsende Scheidungskinder neigen deshalb dazu, mehr Verantwortung zu übernehmen, als ihrem Alter angemessen ist. Sie sind nachweislich oft selbstständiger und entscheidungsfreudiger als ihre Altersgenossen. Das hat aber auch seine Schattenseiten: Später beklagen sie oft den frühen Verlust ihrer Kindheit, weil z. B. besonders Söhne sich dazu aufgerufen fühlen, den fehlenden „Mann im Haus“ zu ersetzen. [...]

Identität als Junge oder Mädchen

Psychologen haben festgestellt, dass manche Scheidungskinder Probleme mit ihrer Geschlechtsidentität haben. Jungen, weil ihnen das männliche Vorbild fehlt, Mädchen, weil ihr Selbstwert nicht genug von einem liebevollen Vater bestätigt wurde.

(Ruth Eder; in: mobile.familienmagazin.de; 13.11.2006)

4. *Umreißt mit eigenen Worten die gesellschaftlichen und individuellen Folgen von Scheidungen.*

5. *Überlegt, wie die negativen Folgen der Scheidung für Kinder und Jugendliche verhindert oder ausgeglichen werden könnten. Bezieht individuelle Möglichkeiten ebenso wie staatliche Maßnahmen mit ein.*

Alles besser als Scheidung?

Wenn mein Vater auf Dienstreise war, habe ich lesen dürfen, so viel ich wollte, ich habe auch länger als eine Stunde Klavier üben dürfen, sogar weniger, ich durfte Klavier üben, wie ich wollte. Was es sonst nie gegeben hat, und schon deswegen bin ich traurig gewesen, wenn er dann wieder nach Hause kam. Und meine Mutter ist traurig gewesen, weil mein Bruder dann schnell noch den Müll runtertragen hat müssen mit all den Blumen und Zweigen und Gräsern darin, damit mein Vater sie nicht bei ihrer unausrottbaren Ländlichkeit erwischt; [...] aber wenn mein Vater auf Dienstreise war, sind kaum mehr Heimlichkeiten zwischen uns vorgekommen, wir haben natürlich nicht alles gemeinsam gemacht wie in einer richtige Familie, nur das Einkaufen, Abwaschen, Aufräumen [...], was sonst nur meine Mutter alleine gemacht hat, wenn mein Vater daheim war, weil er niedere Arbeit verachtet hat, und mein Bruder und ich haben uns große Mühe gegeben, dass mein Vater uns nicht verachtet hat [...]

(Birgit Vanderbeke: Das Muschelessen, Fischer Taschenbuch Verlag, Frankfurt/M. 1997, S. 63)

6. *Beschreibt, was an diesem Familienleben problematisch ist, und welches Bild von Mann und Frau den beiden Kindern vermittelt wird.*

7. *Wählt jeweils Szenen aus einer Familie, in der sich die Eltern längst nicht mehr verstehen, aber nur noch wegen der Kinder und vielleicht aus Bequemlichkeit zusammen sind, und einer getrennt lebenden Familie. Bereitet jeweils eine Szene als Rollenspiel vor. Diskutiert und bewertet hinterher die verschiedenen Arten des Familienlebens auch im Hinblick auf die Entwicklung der Kinder.*

8. *Ladet Mitarbeiter der Sozialen Dienste und/oder des Kinderschutzbundes zu einer Expertenrunde zum Thema „Scheidungskinder gleich Problemkinder?“ ein.*

13. Für oder gegen die Ehe?

1. *Stellt mithilfe des folgenden Textes Gründe für und gegen eine Eheschließung zusammen und diskutiert ihre Bedeutung auch für euch persönlich.*

Sehnsucht oder Sicherheit?

In einer unsicheren Welt wächst die Sehnsucht nach einem privaten Schutzraum – Gespräch mit einer Pastorin, einem Ehetherapeuten und einer Scheidungsanwältin:

DIE ZEIT: Frau Gidion, Frau Klein, Herr Marry, Sie alle haben mit Ehepaaren in verschiedenen Stadien zu tun – bei der Hochzeit, in der Krise, vor der Scheidung. Raten Sie zur Ehe?

Anne Gidion: Ja, wenn Menschen so weit sind, dass sie sich mehr oder weniger exklusiv füreinander entschieden haben. Dann sage ich: Traut es euch doch! Vor allem, wenn ohnehin eine standesamtliche Trauung geplant ist.

Anne Klein: Bei mir ist das sehr zwiegespalten. Noch vor wenigen Monaten hätte ich zumindest jungen Frauen mit Kinderwunsch zugeraten, weil der Ehevertrag des Familienrechtsgesetzbuchs doch einige Sicherheiten für Mütter und Ehefrauen geboten hat. Inzwischen, nach der Reform des Unterhaltsrechts ...

ZEIT: ... die finanzielle Ansprüche von geschiedenen Ehepartnern begrenzt ...

Klein: ... bin ich eher skeptisch und denke, dass die Ehe, zumindest materiell betrachtet, fast keinerlei Vorzüge für Frauen mehr hat. Eher im Gegenteil. Dank ihrer Gebärfähigkeit sind die Frauen Kern der Familie, was sie zu einer neuen Doppelrolle verdammt: grundsätzliche Eigenverantwortung plus Verantwortung für die von ihnen gewünschten Kinder. Die Verantwortung des Mannes tritt in den Hintergrund.

Edouard Marry: [...] Fakt ist: Trotz der sehr hohen Scheidungsraten heiraten die Leute. Es gibt eine Zeit, in der die Ehe sehr schön ist, und es gibt eine Zeit, in der sie fürchterlich ist. Die Frage ist, ob man durch diese Zeit zusammen hindurchgeht. Ich mache die Erfahrung: Man kann aufhören und neu anfangen, aber dann sitzt man vier Jahre später wieder bei mir in der Therapie, mit einem anderen Partner und demselben Problem.

Gidion: Zeigt die Erfahrung nicht, dass die Ehe ambivalent ist? Nicht nur Konflikt oder Glück, sondern ein bisschen schön und ein bisschen schrecklich. Als Pfarrerin erlebe ich Menschen, bevor sie sich entscheiden oder wenn sie entschieden sind und nun über die Gestaltung der Hochzeit nachdenken. Und da hat sich etwas verändert: Kein Mensch muss heute mehr heiraten, weder aus rechtlichen noch aus moralischen oder religiösen Gründen. Mein Eindruck ist, dass die Menschen sich mit der Ehe eine Art von magischem Schutz geben wollen. Und viele Paare wollen noch einmal blühen; die meisten heiraten nicht zu Beginn ihrer Beziehung, es ist kein Initiations-, sondern mehr ein Vergewisserungsritual. Es geht auch nicht unbedingt um Kinder, eher um die Frage: Wer sind wir voreinander? Wer sind wir vor der Welt, vor Gott?

Klein: Einspruch! Wir können die Ehe nicht als Selbstzweck sehen oder nur als Regulativ eines Binnenverhältnisses. Die meisten Beziehungskonflikte sind Ausdruck gesellschaftlicher Verhältnisse. Sie entstehen etwa durch Arbeitslosigkeit oder wenn Frauen Beruf und Kinder haben wollen, dann aber feststellen, dass sie mit diesem Wunsch allein gelassen werden.

Marry: Natürlich sind unsere Erwartungen an die Ehe Ausdruck unserer Kultur, entsprechend groß sind die internationalen Unterschiede. Bei Paaren aus Ghana beispielsweise rechnen die Frauen damit, verlassen zu werden, weil es üblich ist, dass der Mann sich nach spätestens zehn Jahren eine andere, oft jüngere Frau sucht. Also bereitet die Frau das vor, sammelt Gold. Die islamische Familie ist das genaue Gegenteil. [...]

ZEIT: Welche Rolle spielen überhaupt ökonomische Motive bei der Eheschließung?

Klein: Ich würde sagen: In 95 Prozent der Fälle entscheidet der Faktor wirtschaftliche Sicherheit.

[...]

Gidion: Ich glaube auch, dass die meisten Menschen sich freier fühlen, wenn man ihnen Ängste vor materieller Abhängigkeit nimmt. Trotzdem geht das, was Ehe ausmacht, über das Materielle weit hinaus. Im Vordergrund steht meiner Erfahrung nach die Sehnsucht nach einem Schutzraum, gerade, wenn die Welt immer unsicherer wird und das subjektive Gefühl von Bedrohung wächst.

(Tina Hildebrandt und Elisabeth Niejahr; in: DIE ZEIT, Nr. 39, 20.09.2007)

Von Liebe und Ehearrangements

Liebesheirat ist ein Konzept, das es auch in Westeuropa erst seit einigen Jahrhunderten gibt und das keineswegs die einzige Form des Zusammenkommens von Mann und Frau darstellt. In höheren Gesellschaftsschichten waren arrangierte Ehen lange Zeit gang und gäbe, in Japan waren bis in die 70er-Jahre des 20. Jahrhunderts arrangierte Ehen normal, und auch heute gibt es in Japan noch viele Eheschließungen, bei denen sich die Ehepartner in Eigeninitiative oder vermittelt von der Firmenleitung oder den Eltern durch das sogenannte Omiai kennenlernen. Dafür gibt es konkrete historische und gesellschaftliche Gründe.

Arrangierte Ehen

Japan blickt auf eine lange Tradition der arrangierten Ehen zurück. Begründet durch den Konfuzianismus, der in der Edo Zeit (1603–1868) den Buddhismus mehr und mehr ablöste, hatte der Hausvorstand (Mann) ein hohes Interesse an dem Fortbestand seines Hauses (Familie). So übernahmen die Eltern die Auswahl der Ehepartner ihrer Kinder, damit möglichst vorteilhafte Verbindungen für „das Haus“ getroffen wurden. [...] Gerade in traditionellen Familien wird nach wie vor großer Wert darauf gelegt, das „Haus“ weiterzuführen. Sei es nun, dass ein Nachfolger für die Führung einer Firma für die Tochter gesucht wird oder eine Frau für den Sohn aus gutem Haus, die der Familie Ansehen verschafft.
So hat das Omiai, wo andere einen möglichen Ehepartner aussuchen und vorstellen, aus dieser Zeit auch heute noch Bestand, mit dem einen Unterschied, dass heute der Faktor Liebe auch eine Rolle spielen soll.

Wie wird ein Omiai abgehalten?

Der Mann oder die Frau schreiben eine Kurzbiografie auf und lassen ein möglichst vorteilhaftes Bild von sich machen. Dann wird eine Person des Vertrauens gebeten, einen passenden Partner zu suchen.
Im Falle des Mannes kann es sogar der Chef sein, diese Auswahl zu treffen, da der ein persönliches Interesse hat, dass sein Mitarbeiter sich der Arbeit widmet und nicht durch das Ordnen seiner familiären Beziehungen von seiner eigentlichen Aufgabe abgelenkt wird.
Manchmal unternehmen aber auch besorgte Eltern, die befürchten, dass ihre Kinder sonst nie heiraten, den ersten Schritt und nehmen an sogenannten Elternabenden teil, wo gleich gesinnte Eltern durch eine Vermittlungsagentur zusammengeführt werden.
Die Biografien werden ausgetauscht, und befand sich unter den Interessenten eine geeignete Person, so wird das eigentliche Omiai abgehalten. Wozu man sich zu einem gemeinsamen Essen mit den jeweiligen Eltern der auserwählten Person und des Vermittlers trifft.
Sollte sich während dieses ersten Treffens herausstellen, dass die gegenseitigen Vorstellungen doch weit auseinandergehen und ein weiteres Kennenlernen nicht erwünscht wird, so kann man dies ohne Gesichtsverlust über den Vermittler dem jeweiligen Partner mitteilen.
Wird aber ein weiteres Treffen gewünscht, so findet dies dann ohne Begleitung Dritter statt.
Bis zur eigentlichen Hochzeit lässt man aber klugerweise noch einige Zeit ins Land streichen, in der man sich besser kennenlernen kann und gegebenenfalls die Verbindung wieder lösen kann.

(www.embjapan.de, Die Japan Community, 30.11.2006)

2. *Erstellt eine Spinnwebanalyse zum Thema arrangierte Ehen in Japan und nehmt persönlich Stellung dazu.*

3. *Es gibt auch Länder, in denen die Frauen – abhängig vom kulturellen Umfeld – bei der Eheschließung wenig oder gar kein Mitspracherecht haben. In den letzten Jahren sind auch in Deutschland Fälle von Zwangsverheiratung bekannt geworden. Erarbeitet in einer Recherche die Gründe und Problematik von Zwangsehen.*

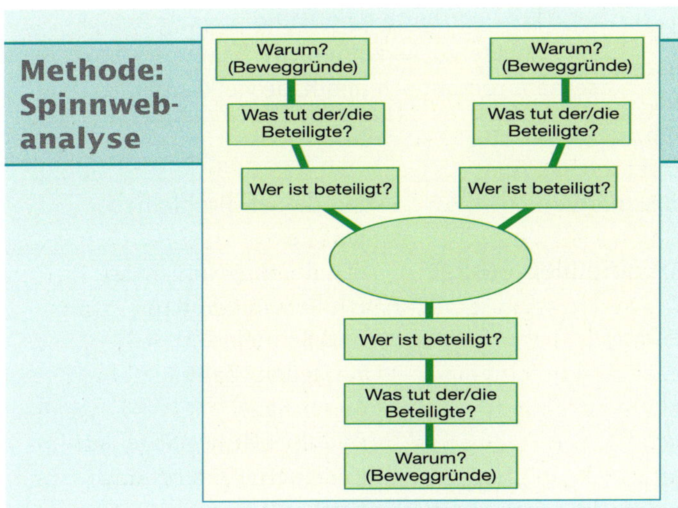

14. Wenn Beziehungen gelingen sollen

Und der Prinz führte seine Prinzessin heim auf das Schloss, und dort lebten sie glücklich und zufrieden bis an ihr Lebensende.
Was geschah sonst noch?

(Wolf Wondratschek: Lied von der Liebe, Deutscher Taschenbuch Verlag, München 2008)

1. *Beantwortet die Frage am Ende des Textes.*

Ein Leben lang: Ex-Bundeskanzler Helmut Schmidt und Frau Loki (beide 85) kennen sich seit der Schulzeit. Sie sind seit 1942 verheiratet. Das Paar hatte eine Reihe privater Schicksalsschläge zu verkraften. Ihr Mann, so Loki, sei sehr romantisch und habe viel Gefühl.

Zweiter Anlauf: In den Achtzigerjahren änderte Popstar Sting (53) sein Leben. Seine erste Ehe scheiterte, er verließ die Band „The Police“ und ist nun seit über 20 Jahren mit der Schauspielerin Trudie Styler (49) zusammen. Sie haben vier Kinder, leben zurückgezogen und engagieren sich unter anderem für Umweltschutz.

Erich Fried

An eine Nervensäge

Mit deinen Problemen
heißt es
bist du eine Nervensäge
Ich liebe die Spitze
und Schneide
von jedem Zahn
dieser Säge
und ihr blankes Sägeblatt
und auch ihren runden
Griff.

(Erich Fried: Liebesgedichte, Wagenbach Verlag, Berlin 1995)

2. *Stellt zusammen, welche Anhaltspunkte die Bilder und das Gedicht für dauerhafte und geglückte Beziehungen geben.*

3. *Diskutiert und bewertet die folgenden Zitate zur Ehe:*

Nicht der Mangel der Liebe, sondern der Mangel an Freundschaft macht unglückliche Ehen.
(Friedrich Nietzsche (1844–1900), dt. Philosoph)

Die Ehe funktioniert am besten, wenn beide Partner ein bisschen unverheiratet bleiben.
(Claudia Cardinale (geb. 1939), ital. Filmschauspielerin)

Man soll nicht glauben, dass die Ehe einfacher ist als das Zölibat.
(Joseph Ratzinger (geb. 1927), Papst)

Im Ehestand muss man sich hin und wieder streiten, sonst erfährt man ja nichts voneinander!
(Johann Wolfgang von Goethe (1749–1832), dt. Dichter)

Es ist das Geheimnis einer guten Ehe, dass einer Serienaufführung immer wieder Premierenstimmung gegeben wird.
(Max Ophüls (1902–1957), eigtl. Max Oppenheimer, frz. Regisseur dt. Herkunft)

Die Ehe ist kein Fertighaus, sondern ein Gebäude, an dem ständig konstruiert und repariert werden muss.
(Jean Gabin (1904–1976), frz. Schauspieler)

Reif für das dauerhafte Beziehungsglück?

Über das Scheitern einer Beziehung wissen wir besser Bescheid als über das Gelingen einer harmonischen Dauerbeziehung.
Wer den Partner oder die Partnerin ständig kritisiert, egal wie und in welcher Situation, wer den anderen ständig unter Rechtfertigungszwang setzt, was er warum und wie tut, wer dann in Auseinandersetzungen jeden Respekt vor dem Partner, der Partnerin verliert, sich verächtlich zeigt, seine oder ihre Macht über den anderen deutlich zeigen muss (Komm, ich zeig dir mal, wie das geht) und ansonsten dem anderen wenig zu sagen hat, der ist auf dem besten Weg, jedes positive Gefühl in einer Beziehung zu ersticken.
Ein wirkliches Erfolgsrezept für dauerhaftes Beziehungsglück lässt sich dabei nicht ausmachen, langjährige Ehepartner betonen in Befragungen lediglich einige Grundeinstellungen und Verhaltensweisen, so etwa offen miteinander umzugehen, ehrlich zu sein, sich zu vertrauen, Probleme gemeinsam zu lösen versuchen und den anderen – so wie er ist – zu akzeptieren.

Keine Beziehung funktioniert von allein
Damit haben die Eheprofis dieselben Punkte als wesentlich erkannt, die auch Wissenschaftler und Therapeuten immer wieder herausstellen. Toleranz, Akzeptanz, gegenseitige Achtung sowie verbindende Elemente – seien es Wertvorstellungen oder Hobbys – gelten ihnen als Nährboden, auf dem Nähe und Geborgenheit gedeihen. Zusätzlich betonen sie die Notwendigkeit einer hohen Kompetenz in den Bereichen Kommunikation und Konfliktlösung bei beiden Partnern. Es sei ein Trugschluss, dass eine Beziehung von alleine funktioniert, sobald einem erst einmal der oder die Richtige begegnet ist. Entscheidend seien vielmehr „gemeinsame Arbeit an der Partnerschaft", sagt die Berliner Psychotherapeutin Professor Dr. Anna Auckenthaler, „und das Finden von Kompromissen". Das gelingt fast nur dann, wenn es ein Paar über Jahre hinweg versteht, miteinander zu sprechen und zu streiten, ohne sich unheilbare Wunden zu schlagen. Sonst schwindet das Vertrauen in die Wertschätzung durch den Partner – und damit die Verbundenheit.

Beziehungskiller Alltagsstress
„In wichtigen Studien", erklärt Claudia Thomas, Psychologin am Institut für Forschung und Ausbildung in Kommunikationstherapie in München, „hat sich die Kommunikationsfähigkeit als der Faktor mit der höchsten Vorhersagekraft für Qualität und Dauerhaftigkeit einer Beziehung herausgestellt." Das Problem: Ohne entsprechende Übung fehlt vielen Frischverliebten das Gespür für einen förderlichen Umgangston. Mehr noch: Selbst harmonische Paare laufen Gefahr, sich zu zerrütten, wenn Stress das Privatleben überschattet. Der Psychologe Professor Dr. Guy Bodenmann, Leiter des Instituts für Familienforschung und -beratung im schweizerischen Freiburg, hat beobachtet, dass der Austausch zwischen an sich glücklichen Paaren unter Stress plötzlich stark dem von unzufriedenen Duos gleicht. Die Partner reagieren zurückweisender. Sie reden seltener miteinander, und wenn, klingt schnell Gereiztheit durch. Von dort ist es nur noch ein kleiner Schritt zu Vorwürfen, Gehässigkeiten, Abwertung.

(Alexandra von Knobloch: Reif für das dauerhafte Erziehungsglück; in: Gesundheit, Nov. 2004)

4. *Ermittelt aus dem Text, welche Faktoren zu einer glücklichen Beziehung beitragen und welche als „Beziehungskiller" gelten können. Diskutiert ihre Relevanz und erstellt eine Rangfolge.*

5. *Verfasst einen Beitrag für die Schülerzeitschrift, in dem ihr einen kleinen Ratgeber für Gleichaltrige zum Thema „Wie's möglichst lange heiß bleibt" in angemessener Jugendsprache zusammenstellt.*

Überprüfe dein Wissen und Können

Freundschaft

1. *Beschreibt, was ihr auf dem Bild seht, und erläutert, welcher Aspekt von Freundschaft mit diesem Bild deutlich werden kann.*

Allein sein

2. *„Ich bin nicht für die Ehe geschaffen." Überlegt, was mit diesem Satz gemeint sein kann und was die/der Betreffende damit zum Ausdruck bringen will.*

Liebe und Sex

Erich Fried

Nachtgedicht

Dich bedecken
nicht mit Küssen
nur einfach mit Deiner Decke
(die Dir
von der Schulter
geglitten ist)
dass Du
im Schlaf nicht frierst
Später
wenn Du
erwacht bist
das Fenster zumachen
und Dich umarmen
und Dich bedecken
mit Küssen
und Dich entdecken.

(Erich Fried: Liebesgedichte, Wagenbach Verlag, Berlin 1995)

3. *In diesem sehr körperbetonten Gedicht von Erich Fried geht es um mehr als Sexualität. Versuche zu beschreiben, was das lyrische Ich für die Geliebte empfindet und wie es sich zu ihr verhält.*

4. *„Kritik an Pornografie zielt immer darauf, dass Menschen, vor allem Frauen, bloßes Objekt der Begierde sind." Nimm Stellung zu dieser Aussage.*

Liebe

5. *Bildet Metaphern zu eurer Vorstellung von Liebe und notiert sie. Hier einige Beispiele:*

„Liebe ist eine Achterbahn."

„Liebe ist ein Labyrinth."

Lest sie vor und lasst sie von der Klasse deuten und kommentieren.

6. *Eine Zeitbudgeterhebung des Bundesministeriums für Familie (1996) ergab, dass deutsche Paare heute kaum mehr als zwei Minuten pro Tag miteinander über persönliche Dinge sprechen. Verfasst einen kurzen Kommentar zu dieser Nachricht. Vielleicht könnt ihr einige Tipps in euren Kommentar einflechten.*

Partnerschaft

7. *Verfasse einen kleinen Dialog, in dem ein Paar sich im Sinne der gelingenden Kommunikation unterhält. Anstoß des Gesprächs kann sein: Der eine fährt dem anderen zu rasant mit dem Auto, oder es geht um ständiges Zuspätkommen.*

Zwangsehe

Der Mord an Hatun Sürücü in Berlin ist kein Einzelfall. Weltweit sterben Tausende Frauen, weil sie angeblich die Ehre der Familie verletzt haben.

Hatun Sürücü war 23 Jahre alt. Geboren wurde sie in Berlin als Kind türkischer Einwanderer. Mit 16 zwangen ihre Eltern sie, ihren Cousin in Istanbul zu heiraten. Hatun bekam ein Kind von ihm, doch in der Türkei leben wollte sie nicht. Nach einem Jahr kehrte sie mit ihrem Sohn nach Deutschland zurück, um ein selbstbestimmtes Leben zu führen. In Berlin holte sie ihren Schulabschluss nach und begann eine Ausbildung. Die Familie missbilligte ihren Lebenswandel und fällte das Todesurteil für Hatun.
[...] Zwar griffen die Medien den Tod der jungen Frau sofort auf, doch erst Tage später wurde die Tat als Ehrenmord bezeichnet. Drei Brüder des Opfers sitzen inzwischen unter dringendem Verdacht in Untersuchungshaft. Mutmaßlicher Grund ihrer Tat: Sie sahen durch das Verhalten ihrer Schwester die Ehre der Familie verletzt. Die Scheidung und ihr „westlicher Lebensstil" könnten der jungen Frau zum Verhängnis geworden sein. Ein Lebensstil, der für Frauen in Berlin selbstverständlich ist. Freiheiten einer Gesellschaft, in der Hatun Sürücü aufwuchs, die aber nie ihre waren.
Der Mord an Hatun Sürücü ist bei Weitem kein Einzelfall. Nach Schätzungen der UNO fallen weltweit 5000 Frauen pro Jahr in 14 Ländern sogenannten Ehrenmorden zum Opfer. Die Dunkelziffer ist viel höher, denn die wenigsten Fälle werden strafrechtlich verfolgt. Ehrenmorde gelten in vielen Ländern als ein zivilrechtliches Delikt. [...]
Der Ehrbegriff spielte bei dem Mord eine zentrale Rolle. Im Wertesystem vieler streng patriarchalischer Länder hängt die Ehre eines Mannes zu einem großen Teil vom normgerechten Verhalten seiner weiblichen Familienangehörigen ab. Wenn eine Frau die ihr auferlegten Regeln und Normen verletzt, „entehrt" ihr Verhalten die gesamte Familie. Die Ehre kann nur durch eine Bestrafung der Frau wiederhergestellt werden. Diese Bestrafungen reichen von körperlichen Misshandlungen bis hin zum Mord. [...]

(Tatjana Schütz; in: amnesty journal; 1.4.2005)

8. *Erarbeitet, was der jungen Frau von ihrer Familie zur Last gelegt wurde.*

9. *Analysiert die Vorstellungen von Ehe und Familie, die in diesem Textauszug deutlich werden, und bewertet sie.*

10. *Vergleicht sie mit euren eigenen Erfahrungen und Vorstellungen, was Familie und Ehe bedeuten.*

Gelingende Beziehungen

Eine glückliche Beziehung hat man nicht einfach, weil man sich liebt und begehrt; wenn sie von Dauer sein soll, dann schafft man sie. So wie es geradezu „Beziehungskiller" im Verhalten der Partner gibt, so gibt es auch Verhaltensweisen, die zur dauerhaften Zufriedenheit eines Paares beitragen. Dazu gehören unter anderem:

- positive Affekte (Wärme, Zärtlichkeit, Aufmerksamkeit)
- soziale Verstärkung (Übereinstimmung, Zustimmung, Stärkung)
- Verhaltensweisen, die die Kommunikation erleichtern (Humor, grundsätzliche Akzeptanz)

11. *Nennt noch mindestens drei weitere Faktoren, die zur Dauerhaftigkeit einer Beziehung beitragen.*

12. *Diskutiert eure Einschätzung der verschiedenen Bedingungen für gelingende Beziehungen. Worauf bauen sie auf?*

Gewalt und Gewaltfreiheit

Pablo Picasso: Welt ohne Waffen (1962)

Im Waffenlärm schweigen die Gesetze.
(Cicero (106–43 v. Chr.), römischer Staatsmann und Philosoph)

Dort, wo man Bücher verbrennt, verbrennt man am Ende auch Menschen.
(Heinrich Heine (1797–1856), deutscher Dichter)

Das Recht des Stärkeren ist das größte Unrecht.
(Marie von Ebner-Eschenbach (1830–1916), deutsche Dichterin)

Mit gefletschten Zähnen kann man nicht lächeln, mit geballten Fäusten keine Hände schütteln.
(Bertha von Suttner (1843–1914), deutsche Schriftstellerin und Friedensnobelpreisträgerin)

„Auge um Auge" führt nur dazu, dass die ganze Welt erblindet.
(Mahatma Gandhi (1869–1948), Führer der indischen Unabhängigkeitsbewegung)

Manche Leute drücken nur deshalb ein Auge zu, damit sie besser zielen können.
(Billy Wilder (1906–2002), amerikanischer Regisseur und Drehbuchautor)

Wer sagt, hier herrscht Freiheit, der lügt, denn Freiheit herrscht nicht.
(Erich Fried (1921–1988), deutscher Dichter)

Die Dinosaurier sind ausgestorben, weil sie sich in die falsche Richtung entwickelt haben: zu viel Panzer, zu wenig Hirn.
(Franz Kamphaus (geb. 1932), deutscher Bischof)

Weiß einer, was das für Menschen sind, die kein Blut sehen können, aber Tränen?
(Nikolaus Cybinski (geb. 1936), deutscher Schriftsteller)

Wähle eines der Zitate aus und finde dich mit den anderen, die dasselbe Zitat gewählt haben, zu einer Gruppe zusammen.
Interpretiert in eurer Gruppe das Zitat: Welche Formen von Gewalt/Gewaltfreiheit werden darin angesprochen? Welche Problemstellungen interessieren euch in diesem Zusammenhang? Sammelt Stichworte.

Tragt dann im Plenum alle Stichworte zum Thema zusammen und haltet sie auf einem Plakat fest.

1. Das Fremde und das Eigene

1. *Interpretiert das Bild von Edward Hopper.*

2. *Stelle die Gedanken der Personen als „Denkblasen“ dar.*

Edward Hopper: Soir Bleu (1914)

Franz Kafka

Gemeinschaft

Wir sind fünf Freunde, wir sind einmal hintereinander aus einem Haus gekommen, zuerst kam der Eine und stellte sich neben das Tor, dann kam oder vielmehr glitt so leicht, wie ein Quecksilberkügelchen gleitet, der Zweite aus dem Tor und stellte sich unweit vom Ersten auf, dann der Dritte, dann der Vierte, dann der Fünfte. Schließlich standen wir alle in einer Reihe. Die Leute wurden auf uns aufmerksam, zeigten auf uns und sagten: Die fünf sind jetzt aus diesem Haus gekommen. Seitdem leben wir zusammen, es wäre ein friedliches Leben, wenn sich nicht immerfort ein Sechster einmischen würde. Er tut uns nichts, aber er ist uns lästig, das ist genug getan; warum drängt er sich ein, wo man ihn nicht haben will. Wir kennen ihn nicht und wollen ihn nicht bei uns aufnehmen. Wir fünf haben zwar früher einander auch nicht gekannt, und wenn man will, kennen wir einander auch jetzt nicht, aber was bei uns fünf möglich ist und geduldet wird, ist bei jenem Sechsten nicht möglich und wird nicht geduldet. Außerdem sind wir fünf und wir wollen nicht sechs sein. Und was soll überhaupt dieses fortwährende Beisammensein für einen Sinn haben, auch bei uns fünf hat es keinen Sinn, aber nun sind wir schon beisammen und bleiben es, aber eine neue Vereinigung wollen wir nicht, eben aufgrund unserer Erfahrungen. Wie soll man aber das alles dem Sechsten beibringen, lange Erklärungen würden schon fast eine Aufnahme in unsern Kreis bedeuten, wir erklären lieber nichts und nehmen ihn nicht auf. Mag er noch so sehr die Lippen aufwerfen, wir stoßen ihn mit dem Ellenbogen weg, aber mögen wir ihn noch so sehr wegstoßen, er kommt wieder.

(Franz Kafka: Sämtliche Erzählungen, Fischer Taschenbuch Verlag, Frankfurt/M. 1975, S. 308 f.)

3. *Nenne die Gründe, warum die fünf den Sechsten nicht in ihren Kreis aufnehmen wollen. Prüfe und bewerte diese Gründe.*

4. *Schreibe die Geschichte aus der Perspektive des Sechsten.*

Methode: Bildinterpretation

1. Schau dir das Bild genau an und beantworte zunächst folgende Fragen: Was sehe ich? Was fühle/denke ich dabei? Woran erinnert es mich? Was gefällt mir an dem Bild? Was interessiert mich daran? Was würde ich noch gerne dazu wissen?
2. Beschreibe das Bild in seinen Elementen (Form, Farbe, Lichtverteilung oder Raumaufteilung).
3. Formuliert eure Interpretation des Bildes in Still-, Partner- oder Gruppenarbeit. Vergleicht eure Ergebnisse und diskutiert darüber.
4. Bewertet schließlich das Bild: Welche Werte werden vermittelt (insgesamt und durch die einzelnen Elemente)? Was will das Bild mir sagen? Wie wirkt es auf mich? Wie haben sich meine Gefühle und Ideen durch die Interpretation verändert?

Ahnenreihe

HARRAS: Und jetzt stellen Sie sich doch mal Ihre Ahnenreihe vor – seit Christi Geburt. Da war ein römischer Feldhauptmann, ein schwarzer Kerl, braun wie 'ne reife Olive, der hat einem blonden Mädchen Latein beigebracht. Und dann kam ein jüdischer Gewürzhändler in die Familie, das war ein ernster Mensch, der ist noch vor der Heirat Christ geworden und hat die katholische Haustradition begründet. – Und dann kam ein griechischer Arzt dazu, oder ein keltischer Legionär, ein Graubündner Landsknecht, ein schwedischer Reiter, ein Soldat Napoleons, ein desertierter Kosak, ein Schwarzwälder Flözer, ein wandernder Müllerbursch vom Elsass, ein dicker Schiffer aus Holland, ein Magyar, ein Pandur, ein Offizier aus Wien, ein französischer Schauspieler, ein böhmischer Musikant – das alles hat am Rhein gelebt, gerauft, gesoffen und gesungen und Kinder gezeugt – und – und der Goethe, der kam aus demselben Topf, und der Beethoven, und der Gutenberg, und der Matthias Grünewald, und ach was, schau im Lexikon nach. Es waren die Besten, mein Lieber! Die Besten der Welt! Und warum? Weil sich die Völker dort vermischt haben. Vermischt – wie die Wasser aus Quellen und Bächen und Flüssen, damit sie zu einem großen, lebendigen Strom zusammenrinnen.

(Carl Zuckmayer: Des Teufels General, Fischer Taschenbuch Verlag, Frankfurt/M. 2006, S. 65)

5. *Welche Bedeutung schreibt Zuckmayers Protagonist fremden Einflüssen zu?*

6. *Was weißt du über deine eigenen Vorfahren? Tauscht euch darüber im Partnergespräch aus.*

7. *Erfinde einen Stammbaum, in dem du selbst deine Vorfahren bestimmen kannst.*

Plurale Identität*

Im normalen Leben begreifen wir uns als Mitglieder einer Vielzahl von Gruppen – ihnen allen gehören wir an. Eine Person kann gänzlich widerspruchsfrei amerikanische Bürgerin, von karibischer Herkunft, mit afrikanischen Vorfahren, Christin, Liberale, Frau, Vegetarierin, Langstreckenläuferin, Historikerin, Lehrerin, Romanautorin, Feministin, Heterosexuelle, Verfechterin der Rechte von Schwulen und Lesben, Theaterliebhaberin, Umweltschützerin, Tennisfan, Jazzmusikerin und der tiefen Überzeugung sein, dass es im All intelligente Wesen gibt, mit denen man sich ganz dringend verständigen muss (vorzugsweise auf Englisch). Jede dieser Gruppen, denen allen diese Person gleichzeitig angehört, vermittelt ihr eine bestimmte Identität. Keine von ihnen kann als die einzige Identitäts- oder Zugehörigkeits-Kategorie dieser Person aufgefasst werden. Angesichts unserer unausweichlich pluralen Identität müssen wir im jeweils gegebenen Kontext entscheiden, welche Bedeutung wir unseren einzelnen Bindungen und Zugehörigkeiten zumessen. Um ein menschliches Leben zu führen, muss man also nachdenken und eine Wahl treffen. Der Gewalt wird dagegen Vorschub geleistet, wenn wir die Ansicht hegen, wir müssten unausweichlich eine angeblich einzigartige – oft streitbare – Identität haben, die augenscheinlich weitreichende (und zuweilen höchst unangenehme) Forderungen an uns stellt. Das Auferlegen einer angeblich einzigartigen Identität gehört oft als entscheidender Bestandteil zu der „Kampfkunst", sektiererische Auseinandersetzungen zu schüren.

(Amartya Sen: Die Identitätsfalle, Verlag C. H. Beck, München 2007, S. 8 f.)

8. *Beschreibe, was Sen unter „pluraler Identität" versteht, und nimm dazu Stellung.*

9. *Schreibe auf eine Karte die verschiedenen Merkmale, die zu deiner Identität gehören. Welche sind dir am wichtigsten? Wo gibt es manchmal Konflikte? Tausche dich nach der Kugellager-Methode mit anderen aus. Beobachte dabei, ob deine Darstellung sich je nach dem Gegenüber verändert. Sprecht anschließend darüber.*

Methode: Kugellager

Die Teilnehmer/innen verteilen sich auf einen Innen- und einen Außenkreis, sodass jeweils zwei Personen einander gegenübersitzen und in Blickkontakt treten können. Beide führen während einer vereinbarten Zeit (z. B. fünf Minuten) ein Gespräch über ein bestimmtes Thema. Danach rücken alle Teilnehmer/innen des Außenkreises im Uhrzeigersinn um eine Position weiter, sodass neue Zweiergruppen entstehen. Ein Wechsel der Gesprächspartner/innen kann mehrfach (beispielsweise viermal) stattfinden.

2. Fremd unter uns?

Sinti und Roma

1. *Sammelt, was euch zum Wort „Zigeuner" einfällt. Woher kommen wohl solche Vorstellungen?*

Zoli

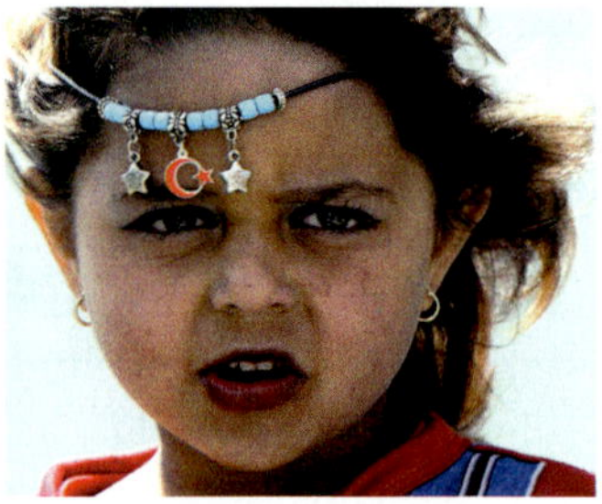

Zoli ist eine Roma. Geboren vor dem Zweiten Weltkrieg in der Gegend von Bratislava, groß geworden mit besonderen Regeln:

Wasch deine Kleider in fließendem Wasser. Trockne sie auf der Südseite der Felsen. Lass die Menschen vier verschiedene Meinungen über dich haben und alle falsch sein. Nimm eine Handvoll Schnee mit in die Sommerhitze. Mach Haluski mit warmer, gesüßter Butter. Trink kalte Milch, damit du innerlich rein bleibst. Gib acht, wenn du aufwachst – die Art, wie du atmest, verrät, wie du geschlafen hast. Häng deine Jacke nicht an einen Haken an der Tür. Halte dich nicht an die Ausgangssperre. Erinnere dich an das Wetter anhand der Geräusche, die die Räder gemacht haben. Werde nicht der Dummkopf, zu dem sie dich machen wollen. Ändere deinen Namen. Verliere deine Schuhe. Übe dich im Zweifeln. In Gegenwart von Kranken lege ein Wachstuch um. Verehre die Dunkelheit. Dreh dich seitwärts zum Wind. Es macht Spaß, Geschichten zu verändern. Erwecke den Eindruck, als hättest du nichts gewusst. Hüte dich vor den Hlinka-Garden[1] – die Massaker geschehen immer nachts. Heute, lange danach, kann man vieles hören, vieles sehen: wie die Gräben ausgehoben wurden, wie der Boden erbebte, dass über Belsen keine Vögel mehr fliegen. Was mit unseren tschechischen Brüdern, unseren polnischen Schwestern, unseren ungarischen Vettern und Cousinen geschehen ist, dass wir in der Slowakei verschont wurden, auch wenn sie uns schlugen und folterten, einsperrten und uns unsere Musik nahmen, dass sie uns in Arbeitslager brachten, nach Hodonin, Ledy und Petic, dass sie eine strikte Ausgangssperre verhängten und diese mit einer zweiten, gesonderten Ausgangssperre verschärften, dass sie uns auf der Straße anspuckten. Man kann Geschichten über die Abzeichen hören, die auf Ärmel genäht wurden, über das Z, das die Arme unserer Leute zerschnitt, über die rot-weißen Armbinden und dass es in der Nähe der Lager keine mageren Hunde gab, dass das Zyklon B die Haare der Toten braun färbte, dass am Stacheldraht kleine Hautwimpel flatterten und aus unseren Haaren Stoffe gewebt wurden. Das alles und mehr kann man hören.

(Column McCann: Zoli, Rowohlt Verlag, Reinbek 2007, S. 60 f.)

[1] Paramilitärische, terroristische Kampftruppen der Slowakischen Volkspartei

2. *Beschreibt das Fremdartige an den Regeln, mit denen Zoli aufwächst.*

3. *Tragt zusammen, was ihr über die Situation der Sinti und Roma unter der nationalsozialistischen Diktatur erfahrt.*

Information: Sinti und Roma

Roma ist der Oberbegriff für eine Reihe ethnisch verwandter, aus Indien stammender Bevölkerungsgruppen, die vom 14. Jahrhundert an nach Europa gelangten und in vielen Ländern eine ethnische Minderheit darstellen. Die Bezeichnung Sinti für die mitteleuropäische Gruppe leitet sich möglicherweise von der Herkunft ihrer Vorfahren aus der nordwestindischen Provinz Sindh ab. Ihre gemeinsame in Dialekte aufgespaltene Sprache ist das Romanes/Romani. „Sinti und Roma" ist der vom Zentralrat Deutscher Sinti und Roma vorgeschlagene Sammelausdruck für die genannten Gruppen. „Zigeuner" wird ebenfalls als Überbegriff verwendet, jedoch zumeist als abwertend empfunden. Stets waren die Roma Diskriminierungen und Verfolgungen ausgesetzt. In der NS-Zeit waren sie zusammen mit anderen Gruppen Opfer des Holocaust. Man schätzt, dass die Sinti und Roma zwölf Millionen Menschen umfassen, davon acht Millionen in Europa.

(nach: Badische Zeitung, 3.2.2007, Magazin, S. III)

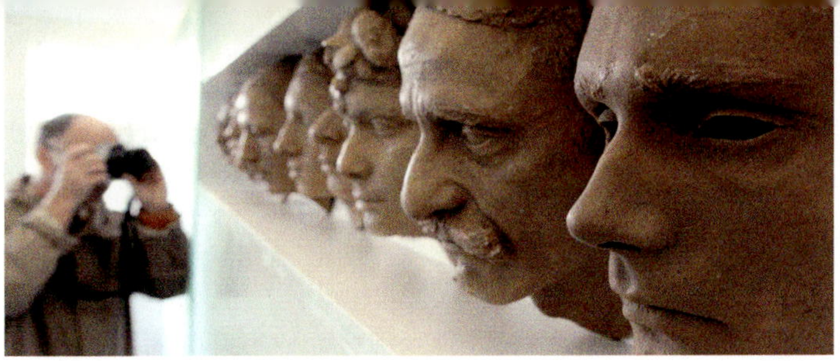

Bilder aus der Hölle

Die Bilder lassen einen nicht mehr los. Auf den Fotografien sind junge Männer mit schwarzen glänzenden Haaren zu sehen. Knaben in adretten Matrosenanzügen, kleine Mädchen im Dirndl, in den Haaren haben sie mächtige Schleifen, auf die sie ganz besonders stolz sind. Die Mütter tragen steife Satin- und Seidenkleider, fast ist das Knistern und Rascheln des teuren Stoffs zu hören. Die Männer haben ihren guten Anzug angezogen, manche tragen stolz die Uniform des Kaiserreichs. Familienbilder aus Deutschland, Familienbilder aus dem Beginn des 20. Jahrhunderts. „Seit Jahrhunderten leben Sinti und Roma in Europa", steht auf der Wandtafel im Dokumentations- und Kulturzentrum deutscher Sinti und Roma in der Heidelberger Altstadt. „Auch die deutschen Sinti und Roma sind seit über 600 Jahren hier beheimatet. Vor ihrer Ausrottung durch die Nationalsozialisten waren sie integriert und dienten in der Kaiserlichen Armee." Daneben ganz andere Bilder: Schädel werden vermessen, Augenfarben bestimmt, Ohren und Nasenlöcher fotografiert, ein Schaubild zur Rassenlehre. Menschen, einen schnell gepackten Koffer in der Hand, werden durch die Stadt getrieben. Bilder von der Deportation, von der Zwangsarbeit, von medizinischen Versuchen, von der Ermordung. Nur wenige überlebten. [...] Für die Sinti und Roma war der Weg zur Anerkennung als Holocaust-Opfer beschämend lang. Erst 1982 war die Bundesregierung bereit, den Völkermord an den Sinti und Roma als solchen anzuerkennen. [...] Roma müssten sich noch heute häufig rassistischer Übergriffe durch Neonazis oder staatliche Ordnungskräfte erwehren, vor allem in den neuen EU-Beitrittsstaaten. Sie würden in gettoähnliche Wohnviertel ohne Infrastruktur abgeschoben, hätten unter extrem hohen Raten von Säuglingssterblichkeit zu leiden und hätten weitaus schlechtere Schulen als der Rest der Bevölkerung.

(Petra Kistler: Bilder aus der Hölle; in: Badische Zeitung, 3.2.2007, Magazin, S. II)

4. *Informiert euch über die Dokumentations- und Kulturzentren deutscher Sinti und Roma in Berlin und Heidelberg (www.sintiundroma.de) und besucht nach Möglichkeit eines.*

5. *Nennt Gründe, warum Sinti und Roma zu Opfern der nationalsozialistischen Verbrechen wurden und heute noch Diskriminierungen ausgesetzt sind.*

Die ewig Zugereisten

Mit dem Jahresbeginn sind der Europäischen Union mit Bulgarien und Rumänien auch drei bis vier Millionen Roma beigetreten, wie der Minderheiten-Kommissar der OSZE einmal geschätzt hat. Zusammen mit den schon rund anderthalb Millionen in Ungarn, der Slowakei und Tschechien sind sie damit so zahlreich wie die Finnen oder die Dänen. Aber vergleichen lassen sie sich mit nichts und niemandem. [...]

Florica zum Beispiel [...] hat 28 Jahre als Verkäuferin gearbeitet. Dann starb der Mann. Die Witwe musste das Haus verkaufen, wurde krank und verlor ihre Arbeit. So beginnen viele Erzählungen in vielen Elendsvierteln Europas. Aber Florica wäre vielleicht nicht in Zabrauti [Armensiedlung in Rumänien] gelandet, wenn sie eine hellere Hautfarbe hätte. Mit ihrem dunklen Teint, meint sie, war sie dem sozialen Absturz immer auch dann nahe, wenn es ihr gut ging. Nur gut eine halbe Million rumänischer Staatsbürger bekennt sich bei Volkszählungen freiwillig als Roma – wobei Freund und Feind einhellig versichern, dass es in Wirklichkeit viel mehr sind. Wenn Roma eine Identität ist, dann eine verhasste, eine, die einem am Bein klebt. Cezara, die junge Mitarbeiterin einer Hilfsorganisation, erzählt die ergreifende Geschichte eines Mädchens, das verzweifelt versucht hat, sich mit der Wurzelbürste die Farbe aus dem Gesicht zu schrubben. Aber auch einfach als „Unterschicht" oder „Menschen in der Armutsfalle" wären die Roma ebenfalls schlecht beschrieben.

(Norbert Mappes-Niediek; in: Badische Zeitung, 3.2.2007, Magazin, S. I f.)

6. *Was erfahrt ihr über die aktuelle Situation der Sinti und Roma in Europa?*

7. *Informiert euch weiter über die aktuelle Situation der Sinti und Roma auf den Internetseiten von amnesty international (www.amnesty.org).*

Gleichgeschlechtlich – gleichberechtigt?

Die Paraden für die Rechte von Schwulen und Lesben zum Christopher Street Day (CSD), die den Sommer über durch deutsche Großstädte ziehen, sind in den vergangenen Jahren den Love Parades immer ähnlicher geworden – schrille, lärmende Spektakel ohne politischen Anspruch, als seien alle Ziele erreicht. Mit dem CSD erinnern Homosexuelle weltweit jedes Jahr an die Polizeirazzia am 28. Juni 1969 im New Yorker Schwulenlokal Stonewall Inn in der Christopher Street. Berlin macht nächstes Wochenende den Anfang – diesmal wieder mit einem klar politischen Thema: Diskriminierung in der Arbeitswelt. Auch in den anderen Städten versprechen die Umzüge wieder politischer zu werden. Denn der Wind hat sich gedreht. War die ganze Liberalisierung nur ein Medienspuk?

[...] Ein Ort, an dem es die Mehrheit der Minderheit besonders schwer macht, ist die Schule. „Schwul" steht auf der Hitliste der beliebtesten Schimpfwörter unter Schülern ganz oben. Jugendliche, die sich dazu bekennen, müssen regelrecht Spießruten laufen. „Die Schule ist ein homophober[1] Ort", konstatiert lapidar die Studie *Schwule Jugendliche* des Niedersächsischen Sozialministeriums. Zwei Drittel der Befragten (67 Prozent) glauben, dass sie wegen ihres Schwulseins mit größeren Belastungen fertig werden müssten als heterosexuelle Jungen. Die meiste Kraft koste das Bekenntnis dazu: 56 Prozent der befragten Jugendlichen gaben an, Gleichaltrige machten sich lustig oder redeten schlecht über sie; 38 Prozent seien beschimpft worden. Dabei sind die Jungen weitgehend auf sich allein gestellt. „Von wem am wenigsten Hilfe kommt, sind die Lehrerinnen und Lehrer", stellt die Studie fest. Wie Frauen- oder Ausländerfeindlichkeit zu begegnen sei, werde in den pädagogischen Seminaren inzwischen gelehrt; schwule Schüler seien jedoch „darauf angewiesen, dass ihr Lehrkörper ganz persönliche Zivilcourage aufbringt". Oft erleben die Jugendlichen das Gegenteil. 27 Prozent gaben an, Lehrer hätten bei Schwulenwitzen mitgelacht. [...] Heterosexuelle Jungen in der Pubertät lehnten schwule Altersgenossen heute aggressiver ab als früher, weil sie auf keinen Fall selbst für schwul gehalten werden wollten, sagt der Berliner Jugendtherapeut und Buchautor Joachim Braun [...].

(Roland Kirbach: Schwulsein heute – ganz normal?; in: DIE ZEIT, Nr. 26, 21.6.2007, S. 17 ff.)

[1] Homophobie: starke Abneigung gegen und krankhafte Angst vor Homosexualität

1. *Wie wird im Text die Einstellung gegenüber Homosexualität beurteilt? Nehmt Stellung dazu sowie zu den Problemen Homosexueller, die der Text anspricht.*

2. *Sucht Erklärungen dafür, warum gerade in der Schule lesbischen und schwulen Jugendlichen das Leben schwer gemacht wird.*

Eingetragene Lebenspartnerschaft

Gleichgeschlechtliche Partner können keine Ehe eingehen. Allerdings hat der Gesetzgeber Ende 2000 mit dem Gesetz zur eingetragenen Partnerschaft die sogenannte „Homo-Ehe" ermöglicht. [...] Die eingetragene Lebenspartnerschaft ist in vielen Bereichen der Ehe angeglichen. Zu nennen sind insbesondere folgende Punkte:

Allgemeine Pflichten: Lebenspartner sind wie Eheleute einander zur Fürsorge und Unterstützung sowie zur gemeinsamen Lebensgestaltung verpflichtet. [...]

Gemeinsamer Name: Lebenspartner können einen gemeinsamen Namen bestimmen oder den Geburtsnamen eines Lebenspartners wählen. Jeder Lebenspartner kann seinen Namen dem gemeinsamen Namen voranstellen oder anfügen.

Unterhalt: Nach den gleichen Vorschriften sind Lebenspartner wie Eheleute einander zum gemeinsamen Lebensunterhalt verpflichtet. [...]

Sorgerecht: Bringt ein Lebenspartner ein Kind in die Lebenspartnerschaft mit ein, für das er das alleinige Sorgerecht besitzt, soll der Lebenspartner im Einvernehmen mit dem Elternteil auch in Angelegenheiten des täglichen Lebens (Schulbesuch, Betreuung, medizinische Versorgung) mitentscheiden dürfen.

(http://www.Internetratgeberrecht.de; 19.2.2007)

3. *Überlegt im Partnergespräch, mit welchen Problemen eine solche Lebensgemeinschaft konfrontiert sein könnte.*

„Ungleiches ist nicht gleich"

Aus der Stellungnahme der Deutschen Bischofskonferenz zu einigen Behauptungen in der Kontroverse um die „Homo-Ehe":

- *„Eine gleichgeschlechtliche Partnerschaft unterscheidet sich in nichts von der Ehe zwischen Mann und Frau."*

Dieser Unterschied besteht durchaus: Bei einer Ehe handelt es sich um zwei Menschen unterschiedlichen Geschlechts. Das Geschlecht ist nicht nur etwas am Menschen, sondern bestimmt ihn durch und durch. Mann und Frau ergänzen und bereichern sich in ihrer Liebe gegenseitig in besonderer Weise – geistig, psychisch und körperlich. In der Fruchtbarkeit ihrer Liebe wird die Verwiesenheit von Mann und Frau in besonderer Weise sichtbar und für die Zukunftsfähigkeit der Gesellschaft wichtig. Der Zusammenhang von Ehe und Familie ist ein wesentlicher Grund des besonderen Schutzes der Ehe, zu dem unsere Verfassung den Staat verpflichtet. [...]

- *„Die Kirche behauptet, vor Gott sei jeder Mensch gleich und mit der gleichen Würde ausgestattet. Deswegen ist es nicht vertretbar, Lesben und Schwule zu diskriminieren. Es ist jedoch eine Diskriminierung, wenn gleichgeschlechtliche Paare nicht heiraten dürfen oder wenigstens in einer der Ehe vergleichbaren Form lebenslange Verlässlichkeit und gegenseitige Verantwortung in rechtsverbindlicher Form vor der Öffentlichkeit bekunden können."*

Jeder Mensch ist vor Gott mit der gleichen Würde ausgestattet. Deswegen verbietet es sich, homosexuell veranlagte Männer und Frauen zu diskriminieren oder ihnen wegen ihrer Veranlagung mit Missachtung zu begegnen.
Jedoch sind nicht alle Handlungen von Menschen in gleicher Weise richtig und nicht alle Lebensformen gleich gut. Homosexuelle Beziehungen lehnt die Kirche ab, da die Geschlechtlichkeit nach der Schöpfungsordnung auf die eheliche Liebe von Mann und Frau hingeordnet ist.
Aber selbst wenn die sittliche Lehre der Kirche nicht geteilt wird, ist es in rechtlicher Hinsicht keine Diskriminierung, wenn gleichgeschlechtliche Paare nicht heiraten dürfen. Wegen der Verschiedenheit von Ehe und gleichgeschlechtlicher Partnerschaft und der besonderen gesellschaftlichen Bedeutung der Ehe will das Grundgesetz bewusst eine Bevorzugung der Ehe vor allen anderen Lebensformen. Dies ist keine willkürliche Ungleichbehandlung vergleichbarer Sachverhalte und insofern keine Diskriminierung.

(http://www.dbk.de; 9.4.2007)

4. *Untersucht und bewertet die Begründungen der Deutschen Bischofskonferenz. Findet in der Argumentation Beispiele für naturalistische Fehlschlüsse* *(s. S. 181)**.*

5. *Stellt im Rollenspiel das Gespräch zwischen einem Priester und einem gleichgeschlechtlichen Paar dar, das für seine Lebensgemeinschaft den Segen der Kirche will.*

Judith Butler: Feministische Kritik am Zwang zur Heterosexualität

Was aber ist überhaupt das Besondere, das Neue, das manche Verstörende, das bei Judith Butler zu finden ist und das oft so leidenschaftliche Diskussionen auslöst? Zunächst wohl, dass Butler die Unterscheidung „sex" und „gender", also von natürlichem, biologischem, körperlichem Geschlecht einerseits und kulturellem, sozialem, sprachlichem Geschlecht andererseits, nachdrücklich infrage stellt. [...] Für Butler ist Identität – auch und gerade die als Mann und Frau, hetero- und homosexuell – nicht etwas, das man einfach hat, sondern etwas, das man durch wiederholtes Tun verwirklicht. [...] Butler selbst sagt: „Es geht um die Frage, wie eine Welt zu schaffen ist, in der diejenigen, die ihr Geschlecht und ihr Begehren als von der Norm abweichend verstehen, ohne die Bedrohung von außen leben, sich erfolgreich entwickeln können. Und dies, ohne das dauernde Gefühl ihrer eigenen Unwirklichkeit zu haben, das zu Selbstmord führen kann und geführt hat, sowohl einem selbstmörderischen Leben als auch zu Selbstmord in einem ganz wörtlichen Sinn."

(Stefan Broniowski: Butler, Judith: Ethik ohne Gewalt; http://www.wienerzeitung.at; 9.4.2007, S. 1 ff.)

6. *Männer sind ..., Frauen sind ...*
Sammelt in Gruppenarbeit einige Thesen dazu, was in unserer Gesellschaft als „normal" bezeichnet wird.

7. *Bewertet diese Thesen: Wo wirken solche Festschreibungen als Zwang? Stellt eure Ergebnisse vor und diskutiert darüber.*

Der Kopftuchstreit

Der Roman „Schnee“ des türkischen Autors Orhan Pamuk schildert eine Reihe von Selbstmorden junger Mädchen in Kars, einer abgelegenen türkischen Provinzstadt, die von den Behörden gezwungen werden sollen, ihr Kopftuch abzulegen. Der Ich-Erzähler wird bei seinen Recherchen in Kars mit einer sehr widersprüchlichen Haltung der westlichen Kultur gegenüber konfrontiert: einer Mischung aus Bewunderung und heftiger Abwehr.

Als die Zahl der Mädchen, die sich verhüllen, zugenommen hat, hat man in Ankara eine Frau hierhergeschickt, die uns dazu bringen sollte, unser Haupt zu entblößen. Diese Frau hat mit jeder Einzelnen von uns in einem Zimmer stundenlange Gespräche geführt. Sie hat uns Hunderte von Fragen gestellt, zum Beispiel: „Schlägt dein Vater deine Mutter? Wie viel Geschwister seid ihr? Wie viel Geld verdient dein Vater im Monat? Was hast du vor der Zeit mit dem Turban getragen? Bist du von Atatürk begeistert? Was für Bilder hängen bei euch zu Hause an der Wand? Wie oft im Monat gehst du ins Kino? Glaubst du, dass Männer und Frauen gleich sind? Ist Allah größer oder der Staat? Wie viele Kinder möchtest du haben? Bist du in der Familie sexuell belästigt worden?“ Sie hat unsere Antworten auf Zettel notiert und Formulare über uns ausgefüllt. Ihre Lippen waren geschminkt, ihre Haare getönt, ihr Haupt unbedeckt; sie war schick wie Frauen in Modezeitschriften, aber, wie soll ich es sagen, eigentlich doch ganz schlicht. Und auch wenn ihre Fragen einige von uns zum Weinen gebracht haben, haben wir sie im Grunde gern gehabt ... Manche von uns haben gedacht: Hoffentlich haben der Schmutz und der Schlamm in Kars ihr nichts anhaben können. Später habe ich begonnen, sie in meinen Träumen zu sehen, aber zunächst habe ich das nicht ernst genommen. Aber jetzt sehe ich mich selbst als diese Frau, die andere überreden soll, wann immer ich mir versuche vorzustellen, wie ich mein Haupt entblöße, meine Haare zeige und so unter die Leute gehe. Ich bin dann so elegant geworden wie sie, trage Schuhe mit kleinen Absätzen und Kleider, die noch offenherziger sind als die ihren. Die Männer interessieren sich für mich. Das gefällt mir einerseits, andererseits schäme ich mich.

(Orhan Pamuk: Schnee, Carl Hanser Verlag, München/Wien 2005, S. 146 f.)

1. *Untersuche die Fragen, die die Frau aus Ankara an die Mädchen stellt: Was soll dadurch ermittelt werden?*

2. *Welche Vorstellungen und Träume löst die Begegnung bei dem Mädchen aus?*

3. *Stelle die widersprüchliche Bedeutung dar, die das Kopftuch/der Turban für sie hat.*

Symbol der Minderwertigkeit?

Die in Paris lebende Franco-Iranerin und Schriftstellerin Chahdortt Djavann kämpft gegen die Verschleierung islamischer Frauen.

BZ: Wann kamen Sie zum ersten Mal mit dem Kopftuch in Berührung?

DJAVANN: Mit 13 musste ich mich verschleiern. Wie jede Frau im Iran.

BZ: Was haben Sie damals empfunden?

DJAVANN: Ich habe mich geschändet und erniedrigt gefühlt. Und ich hatte viele Fragen: Warum muss ich meine Haare vor dem Blick der Männer verstecken? Warum müssen Männer ihre Haare nicht verstecken?

BZ: Wie erklären Sie, dass immer mehr junge Musliminnen in Europa ein Kopftuch tragen?

DJAVANN: Seit 20 Jahren findet im Westen eine islamistische Offensive statt. Ganz besonders in Europa. In den 60er- und 70er-Jahren haben die muslimischen Mädchen kein Kopftuch getragen.

BZ: Ist die soziale Ausgrenzung der Einwanderer verantwortlich dafür?

DJAVANN: Natürlich gibt es soziale Ungerechtigkeiten. Wenn jemand Mustafa heißt und arbeitslos ist, hat er schwere Probleme. Aber die werden nicht leichter dadurch, dass seine Frau verschleiert ist. Man muss jene unterstützen, die gegen den Islamismus kämpfen. Gerade weil Deutschland und Frankreich die Einwanderer im Stich gelassen haben, sind sie von den Islamisten angesprochen worden, die ihnen sagten, ihr werdet nie Chancengleichheit bekommen. Kehrt besser zu einem religiösen Leben zurück, schließt euch ein, grenzt euch ab.

BZ: Ist so viel Aufregung über ein religiöses Symbol gerechtfertigt?

DJAVANN: Das Kopftuch ist eben nicht das Symbol des muslimischen Glaubens. Wer die religiösen Texte anschaut, stellt fest, dass auch im Alten Testament den Frauen zum Kopftuch geraten wird, genau wie im Neuen Testament und im Koran. Bei der Frauenunterdrückung ist der Islam den beiden vorausgegangenen monotheistischen Religionen treu geblieben. In den westlichen Ländern gibt es heute eine Demokratie, die auf der Geschlechtergleichheit basiert. Das Kopftuch aber ist das Symbol der Unterordnung der Frauen unter die Männer. Es geht nicht um die Unterordnung unter Gott. Wenn die Frauen unter sich sind, nehmen sie das Kopftuch ab. Sie tragen es nur vor Männern. Es ist das Symbol der Minderwertigkeit der Frauen. Das müssen alle wissen, die sich für die Gleichheit geschlagen haben.

(Das Symbol der Minderwertigkeit; in: Badische Zeitung, 9.2.2004, S. 31)

4. *Betrachtet das Bild, auf dem Frauen für das Recht auf Bildung und das Kopftuch demonstrieren. Welche Deutung des Kopftuchstreits legt es nahe?*

5. *Verdeutliche die Unterscheidung zwischen Islam und Islamismus (s. dazu den Info-Kasten auf S. 75).*

6. *Djavann nennt Ursachen für das Erstarken islamistischer Kräfte. Erläutere diese.*

7. *Diskutiert über Möglichkeiten, den Respekt vor dem Islam mit der Abwehr fundamentalistischer Strömungen zu vereinbaren.*

Kopftuch und Schulgesetz

Der Kopftuchstreit in Deutschland nahm 1998 seinen Anfang in Baden-Württemberg. Weil die angehende Lehrerin Fereshta Ludin nicht auf die muslimische Kopfbedeckung verzichten wollte, verweigerte die damalige Kultusministerin Annette Schavan (CDU) die Übernahme in den Schuldienst. [...]

Nach den Verwaltungsgerichten kam im September 2003 das Bundesverfassungsgericht zu Wort. Die Karlsruher Richter hoben das Verbot zur Übernahme von Ludin auf, weil es dafür keine gesetzliche Grundlage gegeben habe. Genaue Vorgaben für die Ausgestaltung derartiger Regelungen machte das Gericht jedoch nicht.

Als erstes Land verabschiedete Baden-Württemberg Anfang Juni 2004 ein neues Schulgesetz, das muslimischen Lehrerinnen verbietet, an öffentlichen Schulen mit Kopftuch zu unterrichten. Als bislang letztes Land beschloss Nordrhein-Westfalen im Mai 2006 ein Kopftuchverbot. Sehr weit geht die Berliner Regelung vom Januar 2005. Sie verbietet nicht nur muslimischen Lehrerinnen, sondern allen Staatsdienern demonstrativ-religiöse Symbole – nicht nur das Kopftuch, sondern auch das christliche Kreuz und die jüdische Kippa.

(http://www.zeit.de; 7.7.2006)

Persönliche Stellungnahme von Fereshta Ludin

Schule ist für mich ein Ort der gelebten Toleranz, ohne Ausgrenzung und Vorverurteilung. Auf das Tragen meines religiös motivierten Kopftuches am Arbeitsplatz Schule zu verzichten bedeutet für mich, einen Teil der eigenen Identität verleugnen zu müssen. Toleranzerziehung kann in der Schule nicht authentisch erfolgen, wenn eine Lehrkraft zumindest Teile ihrer Identität verleugnen muss. Das Kopftuch trage ich ausschließlich aus religiösen und keineswegs aus politischen oder anderen Gründen. [...] Die Gleichberechtigung der Geschlechter, ob im Familien- oder Berufsleben, gehört zu meinen persönlichen wichtigen Grundsätzen. Diese kann man an der Kleidungsweise einer Frau nicht festmachen. Vielmehr muss es um die Einstellung des jeweiligen Menschen gehen.

(http://www.muslimat-berlin.de; 19.2.2007)

8. *Bewertet die Regelungen der Länder sowie die Haltung von Fereshta Ludin.*

9. *Führt in Gruppen eine Fallanalyse durch (s. S. 128).*

10. *Inszeniert eine Podiumsdiskussion, z. B. mit folgenden Teilnehmer(innen): Fereshta Ludin, Chahdortt Djavann, Kultusminister(in), Schulleiter(in), Schüler(in) ...*

Der Karikaturenstreit

Am 30. September 2005 veröffentlichte die dänische Tageszeitung Jyllands-Posten eine Reihe von Karikaturen, die den Propheten Mohammed in beleidigender Weise darstellten, beispielsweise mit einem Turban in Form einer Bombe. Daraufhin kam es weltweit zu Protesten von Muslimen, die vom Boykott dänischer Produkte über das Verbrennen dänischer Flaggen bis hin zu Brandanschlägen auf europäische Botschaften und zu gewaltsamen Auseinandersetzungen reichten, die mehr als 140 Menschenleben kosteten.

Information: Samuel Huntington: „Der wichtigste Grund für Konflikte wird kulturell bestimmt sein“

Der Titel des 1996 veröffentlichten viel beachteten Buches „Clash of Civilizations“ wurde bezeichnenderweise häufig falsch mit „Kampf (statt Zusammenprall) der Kulturen“ übersetzt, was eine sachliche Auseinandersetzung mit seiner Thematik noch erschwerte. Samuel Huntington, 1927 geboren, Politikwissenschaftler in Harvard und Berater des Pentagon, vertritt darin die These, dass die „grundlegende Ursache von Konflikten in dieser neuen Welt in erster Linie nicht ideologischer oder wirtschaftlicher Natur sein wird. Der wichtigste Grund für Konflikte wird kulturell bestimmt sein.“ Er benennt sieben bzw. acht unterschiedliche Kulturen, darunter die abendländisch-christliche und die islamische. Das Buch löste eine heftige Kontroverse aus und wurde häufig als Argumentationsgrundlage in stark ideologisch geführten Debatten (z. B. im Afghanistan- und Irakkonflikt) verwendet.

Kampf der Kulturen?

Mit scharfer Kritik haben Vertreter aus Politik und Religion auf die weiter eskalierende Gewalt in der arabischen Welt reagiert. Gleichzeitig riefen viele zu einer Fortsetzung des Dialogs mit den Muslimen auf.

Interkulturelle Begegnung 2006

Es müsse zum Ausdruck gebracht werden, „dass wir Respekt haben, aber Gewalt und Zerstörung nicht akzeptieren“, sagte Bundespräsident Horst Köhler am Sonntag (5.2.2006) in Dresden bei einem Treffen mit sechs weiteren europäischen Präsidenten. Auch Bundeskanzlerin Angela Merkel verurteilte die Ausschreitungen scharf: Sie verstehe zwar, dass die Mohammed-Karikaturen in einigen Zeitungen die religiösen Gefühle von Muslimen verletzt hätten. Die antidänischen Gewalttaten als Reaktion auf die Karikaturen seien aber inakzeptabel. Außenminister Frank-Walter Steinmeier beobachtete die Entwicklungen nach eigenen Worten mit großer Sorge und appellierte an „alle Kräfte der Vernunft, falschen Propheten des Kulturkampfes entgegenzutreten“. Einen „Kampf der Kulturen“ sehe er noch nicht. Die Organisation der Islamischen Konferenz (OIC) kritisierte die Angriffe auf die Botschaften Dänemarks und Norwegens in Damaskus. Er missbillige die „bedauernswerten“ Zwischenfälle, erklärte OIC-Generalsekretär Ekmeleddin Ihsanoglu am Sonntag im saudiarabischen

Dschiddah. Diese „Überreaktionen" von Demonstranten seien „gefährlich und den Bemühungen abträglich, das berechtigte Anliegen der muslimischen Welt zu verteidigen".
(http://www.dw-world.de; 20.2.2007, S. 1)

1. *Stelle die verschiedenen Reaktionen auf die Gewalttaten dar und bewerte sie.*

2. *Inszeniert eine Debatte zwischen den Verantwortlichen der dänischen Zeitung und Vertretern muslimischer Organisationen. Bestimmt dabei die Werte, die hinter den Argumenten beider Seiten stehen, stellt sie einander gegenüber und diskutiert darüber.*

„Doppelbödigkeit der westlichen Politik"

Interview mit dem Theologen Hans Küng:

DW-World: In vielen arabischen Ländern halten die gewalttätigen Proteste gegen die Mohammed-Karikaturen an. In diesem Zusammenhang ist wieder verstärkt von Samuel Huntingtons Konzept vom „Kampf der Kulturen" die Rede. Hat sich seine These nun bestätigt?

Küng: Nein, diese These ist und bleibt falsch. Die Kulturen an sich führen keine Kriege. Aber eine falsche Politik kann die These wirklich werden lassen, kann sie zu einer sich selbst erfüllenden Prophezeiung machen. Wenn der Westen weiter eine Politik verfolgt, die die muslimischen Ressentiments fördert, dann kommt es zu einer gefährlichen Eskalation.

DW-World: Was hat man falsch gemacht?

Küng: Statt auf Polizeiaktionen zu setzen, führt man in Afghanistan einen vermeidbaren Krieg. Im Irak haben wir es mit einem völkerrechtswidrigen und moralisch unhaltbaren Krieg zu tun, in Tschetschenien baut man weiter auf ein Unterdrückungsregime und seit Jahrzehnten zögert man die Gründung eines lebensfähigen zusammenhängenden Palästinenserstaates hinaus. Wenn man das alles sieht, dann darf man sich doch nicht wundern, dass sich heute in der muslimischen Welt unendlich viel Frustration, Zorn und Wut aufgestaut haben und dass das jederzeit explodieren kann.

DW-World: Die Auslöser der aktuellen Gewaltausbrüche waren verschiedene Karikaturen vom Propheten Mohammed. Sind die Zeichner zu weit gegangen?

Küng: Ich will hier keine Pauschalkritik an den Medien äußern. Es gibt sehr gute Kommentare zum Thema, viele sind auch selbstkritisch. Aber ich muss schon darauf aufmerksam machen, dass die Pressefreiheit auch Presseverantwortung einschließt. Ich habe für den InterActionCouncil früherer Staats- und Regierungschefs unter der Führung des ehemaligen Bundeskanzlers Helmut Schmidt eine Erklärung der Pflichten für die Presse ausgearbeitet. Und da steht in Paragraf 14: „Die Freiheit der Medien bringt eine besondere Verantwortung für genaue und wahrheitsgemäße Berichterstattung mit sich. Sensationsberichte, welche die menschliche Person oder die Würde erniedrigen, müssen stets vermieden werden."

(„Die Doppelbödigkeit der westlichen Politik muss ein Ende finden", http://www.dw-world.de; 7.2.2006)

3. *Stellt die Vorwürfe dar, die Hans Küng der westlichen Politik macht, und nehmt Stellung. Nehmt auch Stellung zu Küngs Aussagen über die Verantwortung der Medien.*

4. *Schreibe einen Leserbrief an eine Zeitung deiner Wahl zum Karikaturenstreit.*

Information: Religiöser Fundamentalismus

(lat. fundamentum: Grund, Grundlage): kompromissloses Festhalten an bestimmten, als grundlegend verstandenen Glaubenssätzen. Als Grundlage des Glaubens werden die heiligen Schriften der jeweiligen Religion (z. B. Bibel, Koran) angenommen, die als authentisches Wort Gottes gelten. Diese haben nach fundamentalistischer Auffassung allgemeine Gültigkeit für alle Zeiten und Kulturen: Sie müssen von allen Menschen buchstabengetreu geglaubt und befolgt werden.
Da nach einer solchen Auffassung die einzelne Religion im Alleinbesitz der Wahrheit ist, sind Angehörige anderer Religionen nicht nur im Irrtum, sondern auf der Seite des Bösen. Fundamentalisten neigen daher zu radikalen Feindbildern und eindeutigen Schwarz-Weiß-Schemata.

3. Was ist Gewalt?

Ist es Gewalt, wenn ...

• jemand wegen seiner Hautfarbe beschimpft wird? • ein Mädchen keinen Ausbildungsplatz bekommt, weil es ein Mädchen ist? • eine ältere Frau mit dem Fahrrad stürzt und keiner hilft? • jemand seinen alten Kühlschrank im Wald entsorgt? • jeden Tag 30000 Kinder an den Folgen der Armut sterben?

1. *Diskutiert darüber und stellt eine vorläufige Definition von Gewalt auf.*

Was ist Aggression?

Als Basis sind die beiden Grundformen menschlicher Aggressionen, Selbsterhaltungsaggression und destruktive Aggression, zu thematisieren:
Die Selbsterhaltungsaggression betrifft angeborene Verhaltensweisen, wie sie sich durch Selektion und Mutation in der Evolution herausgebildet haben. Sie dienen der Selbst- und Revierverteidigung, der Fortpflanzung, der Nahrungsaufnahme, der Lust-Freude-Beschaffung, der Ermittlung der Rangposition und der eigenen Grenzen sowie dem Erreichen und Erhalten von Sicherheit, Selbstwertgefühl und des Selbststolzes (sog. gesunder Narzissmus). Diese Form der Aggression dient im evolutiven Prozess dazu, die Lebensressourcen zu erhalten und zu verteidigen.
Die destruktive Aggression dagegen betrifft schädigendes Verhalten mit dem Zweck, durch Leidzufügung materiellen Gewinn, soziale Anerkennung und Macht, innere Befriedigung oder Stimulation zu erzielen. Dabei wird langfristig ein evolutiver Sinn nicht erkennbar, im Gegenteil: Erhaltenswerte und lebenswichtige Ressourcen werden vernichtet, soziale Probleme werden nicht nur nicht gelöst, vielmehr werden Gewalt, Gegengewalt, Zirkelprozesse ausgelöst. Solchen destruktiven Prozessen stehen normalerweise innerartliche Tötungshemmungen, evolutiv herausgebildete Altruismusmechanismen*, Empathie*, kulturelle Mechanismen (wie Moral und Gewissensbildung) sowie günstige Sozialisationsbedingungen* entgegen, die allerdings unter definierten Bedingungen außer Kraft gesetzt werden können.

(Peter Boppel: Woher kommen die Monster?; in: Report Psychologie, 2/2004)

2. *Unterscheide Selbsterhaltungsaggression und destruktive Aggression und stelle ihre Merkmale und Funktionen dar.*

3. *„Wir haben verloren, weil wir nicht aggressiv genug gespielt haben." Bewertet diesen Satz.*

Aggression und Gewalt

Mit dem Begriff „Gewalt" wurde in der früheren Fachliteratur ausschließlich die physische Aggression bezeichnet: Demnach verstand man unter „Gewalt" einen körperlichen Akt, der mit der Absicht ausgeführt wird, einen anderen zu verletzen [...]. Mittlerweile werden die Begriffe „Gewalt" und „Aggression" vielfach synonym verwendet. Dagegen ist einzuwenden, dass nicht jede Form der Aggression mit Gewalt gleichgesetzt werden kann: Neben der feindseligen und destruktiven Aggression gibt es Formen der angeborenen, nicht destruktiven Aggression, die sich nicht mit dem Gewaltbegriff beschreiben lassen. Andererseits lässt sich der Gewaltbegriff differenzieren in gesellschaftliche und institutionelle Formen von Gewalt (strukturelle Gewalt), Gewalt gegen Sachen (Vandalismus) und verschiedene personenbezogene Formen von Gewalt, die sich in zwischenmenschlichen Beziehungen manifestieren. In Anlehnung an Schiprowski (1993) können folgende Formen der personenbezogenen Gewalt unterschieden werden:

1. Die physische Gewalt, die Schläge, Stöße, Stiche, Verbrennungen und Vergiftungen umfasst, die zu körperlichen Verletzungen führen.
2. Die psychische Gewalt, die z. B. durch Abwertung und durch den Entzug von Vertrauen und Zuwendung andere ängstigt, demütigt, der Lächerlichkeit preisgibt oder überfordert.
3. Die verbale Gewalt, die durch beleidigende, erniedrigende und entwürdigende Äußerungen andere verletzt bzw. ihnen Schaden zufügt.
4. Die Vernachlässigung, die sich in einer mangelhaften Ernährung, Pflege und medizinischen Versorgung sowie in fehlenden Anregungen für die körperliche und seelische Entwicklung ausdrückt.
5. Die sexuelle Gewalt, unter der die Beteiligung von Kindern und Jugendlichen an sexuellen Aktivitäten verstanden wird, in denen diese nicht verantwortlich zustimmen können, da sie deren Tragweite noch nicht erfassen können.
6. Die frauenfeindliche und
7. die fremdenfeindliche Gewalt, durch die Mädchen und Frauen bzw. Angehörige einer anderen ethnischen Gruppe durch physische, psychische und verbale bzw. sexuelle Übergriffe verletzt werden.

(Manfred Cierpka u. a.: Über Aggression und Gewalt bei Kindern in unterschiedlichen Kontexten; in: Praxis der Kinderpsychologie und Kinderpsychiatrie 46/1997, S. 153 ff.)

4. *Findet jeweils Beispiele für die einzelnen Formen direkter (personenbezogener) Gewalt.*

Strukturelle und kulturelle Gewalt

In der Friedenspädagogik wird seit Mitte der Sechzigerjahre auf den Friedens- und Gewaltbegriff von Johan Galtung zurückgegriffen. Der norwegische Friedensforscher schlägt vor, immer dann von Gewalt zu sprechen, wenn eines der folgenden Grundbedürfnisse des Menschen verletzt sei: das Überleben, das allgemeine körperliche Wohlbefinden, die persönliche Identität oder die Freiheit, zwischen verschiedenen Möglichkeiten auswählen zu können, wie dies eigentlich möglich wäre (strukturelle Gewalt). Er nennt ein Beispiel: „Eine Lebenserwartung von nur dreißig Jahren war in der Steinzeit kein Ausdruck von Gewalt, aber dieselbe Lebenserwartung heute (ob aufgrund von Kriegen, sozialen Ungerechtigkeiten oder beidem) wäre nach unserer Definition als Gewalt zu bezeichnen."

Nachdem Galtung Ende der Sechzigerjahre zwischen der personalen oder direkten Gewalt einerseits und der strukturellen Gewalt andererseits unterschieden hatte, geht er heute einen Schritt weiter: „Heute arbeite ich meist mit einem Dreieck: direkte Gewalt, strukturelle Gewalt, kulturelle Gewalt. Die strukturelle Gewalt verletzt Bedürfnisse, aber niemand ist direkt Täter und in diesem Sinne verantwortlich. Die kulturelle Gewalt ist die Legitimierung von struktureller oder direkter Gewalt durch die Kultur."

(Günther Gugel, Uli Jäger: Gewalt muss nicht sein, 3. Aufl., Verein für Friedenspädagogik, Tübingen 1997)

5. *Stelle strukturelle und kulturelle Gewalt mit eigenen Worten dar.*

„Unterentwicklung ist Krieg"

Für den brasilianischen Bischof Dom Helder Camara war Entwicklung gleich Frieden und Unterentwicklung gleich Krieg. Während aber die weltweiten Militärausgaben innerhalb der letzten fünf Jahre um 25 Prozent auf über eine Billion Dollar pro Jahr gestiegen sind – circa 700 Milliarden Dollar verbuchen die G8-Staaten –, stagniert die weltweite Entwicklungshilfe. Die reichsten Industrieländer – darunter auch Deutschland – halten nicht einmal ihre Entwicklungshilfezusagen ein. Der Direktor des *Internationalen Zentrums für Konversion* (BICC), Peter Croll, stellte kürzlich in Bonn fest: „Das Verhältnis von Militärausgaben in den Industrieländern zu den Gesamtausgaben für die globale Entwicklungszusammenarbeit lag 2005 bei erschreckenden sieben zu eins."

(Bettina Rödel, Siegfried Pater: Frieden schaffen, statt Gewalt säen; in: Publik Forum Nr. 11, 8.6.2007, S. 13)

6. *Beschreibe die strukturelle und kulturelle Gewalt, die von Dom Helder Camara aufgezeigt wird.*

7. *Ordnet die Beispiele am Anfang der Doppelseite den Formen von Gewalt zu.*

4. Sind Diskriminierung und Rassismus „natürlich“?

Darwins Evolutionstheorie

Die Evolutionstheorie, von dem britischen Naturforscher Charles Darwin (1809 – 1882) entwickelt, sieht als Hauptursache für die stammesgeschichtliche Entwicklung aller Arten von Lebewesen die *natürliche Auslese (Selektion)* der für die betreffenden Umweltbedingungen Geeignetsten: *„survival of the fittest“*. Die Evolutionstheorie war vor allem zu Beginn heftig umstritten, weil sie im Gegensatz zur biblischen Schöpfungslehre die Sonderstellung des Menschen unter den Lebewesen ablehnt. Obwohl die Gedanken Darwins bis heute die Grundlage für moderne Theorien der Evolution bilden, dauert die Kontroverse um sie noch immer an: zum einen in sehr bibeltreuen Kreisen, die den Primat der Schöpfungslehre betonen (*Kreationisten*), zum anderen, weil einige Anhänger Darwins seine Theorie unkritisch auf die menschliche Gesellschaft übertragen (*Soziobiologie*). Als Sozialdarwinismus hat diese Ideologie im Nationalsozialismus eine fatale Überspitzung erfahren, beispielsweise in der Propaganda von der „arischen Rasse“, vom „Recht auf Lebensraum“, von „Blut und Boden“.

1. *Stelle die Kontroverse um die Evolutionstheorie anhand der zeitgenössischen Karikatur dar.*

Die Soziobiologie

Es war ein akademischer und gesellschaftlicher Eklat erster Güte, als im Jahre 1975 der US-amerikanische Ameisenforscher Edward O. Wilson ein Buch mit dem Titel „Sociobiology“ publizierte. Menschliches Verhalten war darin vollständig dem Mantra der Evolution unterworfen. Sozialordnungen sah Wilson allein durch Gene festgelegt. […] Ein Jahr später erschien der populärwissenschaftliche Bestseller „Das egoistische Gen“, verfasst von Wilsons Mitstreiter Richard Dawkins, Forscher in Oxford. Der Neodarwinismus war geboren. Eine Evolutionstheorie, die die Soziologie komplett vereinnahmen wollte. Bis in die 1990er-Jahre hinein lieferten sich die Kontrahenten erbitterte Gefechte. […] Wilson & Co sahen nicht Tier und Pflanze als Dreh- und Angelpunkt des Lebens an, sondern die Gene, die „wie erfolgreiche Chicagoer Gangster in einer Welt intensiven Existenzkampfes überlebt haben“. So sollten Menschen als egoistische Individuen danach trachten, sich ohne Rücksicht auf Verluste zu reproduzieren. Verhalten, das der Gruppe dient, war damit ausgeschlossen.
Als nicht belegbare Kopfgeburt wurden die Thesen von Wissenschaftlern kritisiert. Schließlich gibt es genügend Beweise in der Tierwelt, dass selbstloses Verhalten existiert. […] Die politische Linke störte sich […] vor allem am Determinismus, dem die Soziobiologen den Boden bereiteten. Rassismus würde so als Natur des Menschen angesehen und nicht als verfehlte Gesellschaftspolitik. Auch das traditionelle Rollenverhältnis von Mann und Frau sei demnach angeboren und unveränderbar.

(Kathrin Burger: Die Grenzen der Soziobiologie; in: Die Tageszeitung, 22.12.2006, S. 18)

2. *Erarbeitet die zentralen Thesen der Soziobiologie.*

3. *Nennt und bewertet die Gefahren, die darin liegen, biologische Erkenntnisse auf die Gesellschaft zu übertragen, z. B. bei Rassismus und dem Mann-Frau-Verhältnis.*

Biologistischer Fehlschluss

Mithilfe eines Gleichnisses soll deutlich gemacht werden, was der Fehlschluss in Darwins Denken war und ist. Nehmen wir an, wir würden als Außerirdische einen Blick auf

die Erde werfen, wo uns, dies sei Teil der Annahme, als Erstes der Straßenverkehr auffiele. Um herauszufinden, was das Wesen, der Sinn und der Zweck dieses Verkehrs sei, würden wir ihn über lange Zeit – sagen wir einige Jahrzehnte – wissenschaftlich beobachten. Wir würden bemerken, dass Fahrzeuge Unfälle verursachen und dass dabei auch Menschen zu Tode kommen. Bei näherer Betrachtung stellen wir fest, dass die größten Personenschäden und die meisten Todesfälle in jenen Fahrzeugen zu verzeichnen sind, die im Vergleich zu ihren Unfallpartnern technisch weniger vollkommen und unsicherer waren. Wir würden entdecken, dass immer wieder neue, verbesserte Fahrzeugmodelle auf den Straßen auftauchen, bei denen jeweils weniger Unfälle und Todesfälle jener Art passieren, wie sie bei den Vorgängermodellen zu beobachten waren. Die jeweils neuen Fahrzeuge bieten aufgrund einer sichereren Bauweise ihren Insassen einen verbesserten Überlebensschutz. [...]

Unter Zusammenfassung aller Beobachtungen kämen wir nun zu der folgenden Theorie: Der Straßenverkehr (die belebte Natur) des von uns beobachteten Planeten Erde zeigt einen evolutionären Verlauf, der durch einen Überlebenskampf (Konkurrenzkampf und natürliche Selektion) der besseren gegen die schlechteren Fahrzeuge (Pflanzen- und Tierarten) gekennzeichnet ist. Der sich in Unfallereignissen (natürliche Selektion) ausdrückende Überlebenskampf habe eine immer weitere Vervollkommnung der Fahrzeuge (Pflanzen- und Tierarten) zur Folge. Wir gelangen nun zu der Schlussfolgerung, dieser Überlebenskampf sei zwingend nötig, um die Entwicklung zu immer „höher entwickelten" Fahrzeugen voranzutreiben. – So weit dieses Gleichnis. Ohne es zu merken, hätten wir mit unserer schönen und nur schwer widerlegbaren Theorie an der eigentlichen Frage, nämlich was der Sinn und Zweck des Straßenverkehrs sei, vorbeiargumentiert. Sinn und Zweck des Straßenverkehrs ist bekanntlich, dass er Mobilität ermöglicht und wir zueinanderkommen können. Was das Ziel der Evolution der Natur ist, bleibt nach dem bisherigen Stand der Forschung ein ungelüftetes Geheimnis.

(Joachim Bauer: Prinzip Menschlichkeit, Hoffmann und Campe, Hamburg 2006, S. 104 ff.)

4. *Stelle die Gedanken Bauers in diesem Gleichnis dar. Worin besteht der biologistische Fehlschluss?*

5. *Übertrage Bauers Gleichnis auf die Evolution und fasse deine Erkenntnisse thesenartig zusammen.*

Doppelte Moral

1. Unsere Natur ist – zwangsläufig – „genetisch *eigennützig*" (im Sinne einer „Gesamtfitness"-Maximierung) und entsprechend auch hilfsbereit, aber eben nicht allen gegenüber, sondern bevorzugt im Verwandtenkreis und innerhalb vertrauter Gruppen, in denen man Gegenleistungen erwarten kann.
2. Unsere „natürliche Moral", oder sagen wir vorsichtiger: unsere durch die Stammesgeschichte aufgebauten „prämoralischen" Verhaltenstendenzen, gleichen in vieler Hinsicht einer *„doppelten Moral"*: Wir unterscheiden verwandt und nicht verwandt, *„ingroup"* und *„outgroup"*.
3. Nur der Mensch verfügt über alle jene kognitiv-intellektuellen, emotionalen und sozialen Fähigkeiten, die seinem Handeln – jetzt allerdings zwangsläufig und unabdingbar – *moralische Qualität* verleihen, eine neue Dimension, der wir nie mehr entrinnen können. Nur wir tragen Verantwortung, und sie bleibt uns als Verpflichtung.
4. Unsere Ethik darf sich die Natur nicht zum Vorbild nehmen; jeder Versuch, aus den „Ist"-Zuständen der Natur moralische „Soll"-Werte für menschliches Verhalten abzuleiten, fällt unter die Rubrik *„naturalistischer Fehlschluss"*. Wie schon Thomas Henry Huxley 1893 in seiner berühmten Schrift *Evolution and Ethics* anmahnte: „Wir sollten erkennen, und zwar ein für alle Mal, dass der ethische Fortschritt der Gesellschaft nicht von der Nachahmung des kosmischen Prozesses und noch weniger von der Flucht vor ihm, sondern vom Kampf gegen ihn abhängt."

(nach: Christian Vogel: Vom Töten zum Mord, Hanser Verlag, München 1989)

6. *Beschreibe die „prämoralischen Verhaltenstendenzen", die nach Vogel in der Evolution entstanden sind.*

7. *Was wäre demnach wirkliche Moral?*

8. *Schreibt in Partnerarbeit einen Dialog zwischen Vogel und einem Soziobiologen und tragt ihn anschließend im Rollenspiel der Gesamtgruppe vor.*

5. Wie entstehen Aggression und Gewalt?

„Ich bin böse, weil ich unglücklich bin"

In Mary Shelleys (1797–1851) Roman „Frankenstein" setzt der Titelheld, ein ehrgeiziger Arzt, aus Leichenteilen einen menschlichen Körper zusammen, den er mit einem von ihm entwickelten Verfahren zum Leben erweckt: ein Geschöpf von monströsem Aussehen und mit übermenschlichen Körperkräften, mit denen es schließlich Totschlag und Mord begeht. In einer Begegnung mit seinem Schöpfer eröffnet ihm das Monster die Gründe für seine Verbrechen:

Ich bin böse, weil ich unglücklich bin. Werde ich nicht von der ganzen Menschheit gemieden und gehasst? Du, mein Schöpfer, möchtest mich in Stücke reißen und triumphieren. Das bedenke, und sage mir, warum ich die Menschen mehr bemitleiden soll als sie mich? Du würdest es nicht einmal Mord nennen, wenn du mich in eine dieser Eisspalten stürzen und mich zerschmettern könntest – mich, das Werk deiner eigenen Hände. Soll ich die Menschen achten, wenn sie mich verachten? Sie sollen mir mit Güte begegnen, dann würde ich, statt ihnen zu schaden, mit Tränen der Dankbarkeit für ihre Gnade ihnen jede Wohltat erweisen. Aber das ist unmöglich; die menschlichen Sinne sind eine unüberwindliche Barriere für unser Zusammenleben. Ich werde mich jedoch nicht gehorsam in ein elendes Sklavendasein fügen. Ich werde das mir angetane Unrecht rächen. Wenn ich nicht Liebe einflößen kann, werde ich Furcht verbreiten, und vor allem dir, mein Erzfeind, weil mein Schöpfer, schwöre ich unauslöschlichen Hass.

(Mary Shelley: Frankenstein, Reclam, Stuttgart 1986, S. 185 f.)

1. *Stellt die Gründe dar, mit denen das „Geschöpf" seine Untaten erklärt.*
Sprecht darüber, inwieweit ihr solche „mildernden Umstände" gelten lassen würdet.

Aggressionstheorien

2. *Erarbeitet und veranschaulicht die nachfolgend dargestellten Theorien zur Entstehung von Aggression im Gruppenpuzzle (s. S. 34). Sucht dabei jeweils auch nach Möglichkeiten, Gewalt zu vermeiden.*

1. Konrad Lorenz (1903–1989): Aggression als Trieb zur Arterhaltung

Der Verhaltensforscher Konrad Lorenz bestimmt Aggression als den „auf den Artgenossen gerichteten Kampftrieb von Tier und Mensch". Sie ist „ein Instinkt wie jeder andere und unter natürlichen Bedingungen auch ebenso lebens- und arterhaltend". Sie sorge für die Ausweitung und Verteidigung des Lebensraumes und für eine Rangordnung der Individuen unter dem Selektionsdruck der Evolution.
Jedoch ist nach Lorenz die Aggression beim Menschen unter den Bedingungen der Zivilisation „aus dem Gleise geraten". Beispielsweise durch die Verwendung von Waffen spürt der Mensch die Folgen seines aggressiven Handelns nicht mehr unmittelbar.
„Die Entfernung, auf die alle Schusswaffen wirken, schirmt den Tötenden gegen die Reizsituationen ab, die ihm anderenfalls die Grässlichkeit der Konsequenzen sinnlich nahebringen würden. Die tiefen gefühlsmäßigen Schichten unserer Seele nehmen es einfach nicht mehr zur Kenntnis, dass das Abkrümmen eines Zeigefingers zur Folge hat, dass der Schuss einem anderen Menschen die Eingeweide zerreißt."
Daher muss der Mensch Handlungsmechanismen entwickeln, die seinen Aggressionstrieb kontrollieren, beispielsweise Ersatzhandlungen (s. Katharsishypothese, S. 83) und Sublimierung[1]. In ihr werden die aggressiven Strebungen in moralisch annehmbare Formen umgewandelt und die angestaute Triebenergie beispielsweise in sportlichen Aktivitäten und künstlerischen Ausdrucksformen produktiv gemacht.

[1] Sublimierung: Umwandlung von Triebimpulsen, die nicht ausgelebt werden können, in physische oder kreative Tätigkeit

Aggressionen zwischen Nationalitäten können durch persönliche Kontakte abgebaut werden. Außerdem soll durch Erziehung die Bindung an gemeinsame Werte der Wissenschaft und Kunst vermittelt werden.
Aus heutiger Sicht ist die Übertragung von Tierbeobachtungen auf menschliches Verhalten problematisch. Deshalb spielen Lorenz' Annahmen in der heutigen Aggressionsforschung nur noch eine geringe Rolle.

(Zitate aus: Konrad Lorenz: Das sogenannte Böse, Deutscher Taschenbuch Verlag, München 1983, S. 7, 8, 36, 227)

2. Frustrations-Aggressions-Hypothese

Eine Gruppe von Psychologen der Yale University (Dollard, Doob, Miller, Mowrer und Sears) bestimmte 1939 Aggression nicht als angeborenen Trieb, sondern als Reaktion auf frustrierende Erfahrungen.
Frustration (lat. frustra: vergeblich) liegt dann vor, wenn das Individuum an einer zielgerichteten Handlung gehindert wird oder bestimmte Bedürfnisse, Wünsche oder Erwartungen nicht erfüllt werden.
Der aggressive Impuls richtet sich zunächst gegen die Quelle der Frustration, kann jedoch, z. B. durch drohende Bestrafung, gehemmt oder auf ein anderes Ziel umgeleitet werden. Beliebte Ziele fehlgeleiteter Aggressionen sind Kinder und Minderheiten, also Personengruppen, von denen keine starke Gegenwehr zu erwarten ist. Die Frustrations-Aggressions-Hypothese taugt als Erklärungsmuster, jedoch nicht zur generellen Erklärung von Aggression. Denn oft reagieren Individuen auf Frustrationen auch anders, beispielsweise mit Resignation oder Depression.

(nach: P. G. Zimhardo: Psychologie, Springer Verlag, Berlin/Heidelberg/New York 1995, S. 429; Hermann Hobmaier u. a.: Psychologie, Bildungsverlag EINS, Troisdorf 2003, S. 175)

3. Albert Bandura (geb. 1925): Aggression als erlerntes Verhalten

Nach der Lerntheorie des amerikanischen Psychologen Albert Bandura wird Aggression unter dem Einfluss von Belohnungen, Bestrafungen und sozialen Normen sowie durch die Beobachtung von Modellen erworben.
Wenn aggressives Verhalten zum Erreichen eines erwünschten Zieles führt, also belohnt wird, wird dieses in das eigene Verhalten integriert (s. Info-Kasten Konditionierung, S. 82).

Klaus Biehler: Erziehung

Auch durch die Nachahmung aggressiver Modelle, die sowohl in Erziehern und Bezugspersonen als auch in den Massenmedien gefunden werden, wird aggressives Verhalten erlernt.

„Vor allem Filme, die einen sympathischen Aggressor zeigen (z. B. einen smarten Agenten oder einen ‚gerechten Rächer', dem früher großes Unrecht zugefügt wurde), der noch dazu [...] belohnt wird (durch viel Geld, schöne Frauen usw.), reizen zur Nachahmung. Durch die Nachahmung solcher Modelle kann auch selbstverstärkende Aggression entstehen (z. B. weil man stolz darauf ist, sich so zu benehmen wie das bewunderte Modell)" (Werner Herkner, 1992).

Auch die soziale Gruppe und das weitere kulturelle Umfeld können gewalttätiges Verhalten ermutigen. Wenn die Bezugsgruppen aggressive Modelle bereitstellen und gewalttätige Handlungen mit einem Zuwachs an Prestige belohnen, werden vor allem junge Menschen sich wahrscheinlich unter Druck fühlen, konform mit der aggressiven Norm zu handeln.

(nach: P. G. Zimbardo: Psychologie, Springer Verlag, Berlin/Heidelberg/New York, 1995, S. 430 f.; Hermann Hobmaier u. a.: Psychologie, Bildungsverlag EINS, Troisdorf 2003, S. 176)

Information: Konditionierung

„Klassische Konditionierung" beschreibt ein bestimmtes Verhalten bei Mensch und Tier, nämlich dass auf bestimmte Reize reflexartige Reaktionen erfolgen.
Der amerikanische Psychologe **Burrhus Skinner** (1904–1990) entwickelte daraus das Verfahren der „operanten Konditionierung", durch welches die Häufigkeit des Auftretens eines erwünschten Verhaltens durch **Verstärkung** erhöht wird. Man unterscheidet dabei **positive Verstärkung** als den Prozess, der dazu führt, dass ein Verhalten häufiger gezeigt wird, weil durch dieses angenehme Konsequenzen herbeigeführt oder aufrechterhalten werden können; **negative Verstärkung** ist dagegen der Prozess, der dazu führt, dass ein Verhalten häufiger gezeigt wird, weil durch dieses unangenehme Konsequenzen verringert, vermieden oder beendet werden können.
Die Theorie Skinners wird als **Behaviorismus** bezeichnet. Kritiker sehen im Verfahren der operanten Konditionierung die menschliche Freiheit stark beeinträchtigt.

4. Joachim Bauer: Aggression zur Verteidigung von Beziehung

Von anderen akzeptiert zu sein stellt [...] nicht nur ein psychisches, sondern ein biologisches Grundbedürfnis dar. Wo Aggression stattfindet, geht es – direkt oder indirekt – immer um das Bemühen um gelingende Beziehung, um die Verteidigung einer Beziehung oder um eine Reaktion auf ihr Scheitern.

Dieser Zusammenhang zeigt sich in fünf unterschiedlichen Varianten, von denen die erste Aggression betrifft, die im Dienste der Verteidigung bestehender Beziehungen steht. Beziehungen, die von den Beteiligten nicht nach außen verteidigt werden, haben eine schlechte Prognose. In der zweiten Variante geht es um Aggression, deren Motive im Kampf um Liebe oder Anerkennung liegen, zum Beispiel unter Geschwistern (um die Liebe der Eltern) oder unter Kollegen und Kolleginnen (zum Beispiel um die Anerkennung der Vorgesetzten). Gemeinschaften, welche die Ressourcen Liebe und Anerkennung zu knapp halten, vergeuden einen großen Teil ihrer Energie durch Konflikte dieser Art. Die dritte Variante ist die Aggression innerhalb von Beziehungen. Beziehungen haben die Tendenz, sich im Lauf der Zeit zu verändern. Unter dem äußeren Anschein einer fortbestehenden Partnerschaft können sich Dysbalancen mit einer ungleichen Verteilung von Vorteilen und Nachteilen entwickeln, welche die Bindung zum Gefängnis machen und damit gefährden. [...] Aggression kann hier

ein wichtiges Signal sein, um für eine Korrektur zu sorgen mit dem Ziel, die Identität der einzelnen Person gegenüber anderen zu wahren und dadurch Beziehung zu sichern.
Ein besonders interessanter Zusammenhang zwischen Bindung und Aggression zeigt sich in einer vierten Variante. Bei ihr geht es um Aggression, die gemeinschaftlich ausgeübt wird und deren – meist unbewusster – Zweck darin besteht, *Gemeinschaft durch gemeinsamen Kampf* herzustellen. Diese Spielart betrifft nicht nur Gewalt, wie sie von Jugendbanden ausgeübt wird, sondern auch Kampf- und Kriegskameradschaften. Die von vielen Soldaten zeitlebens wiedergegebenen, erlittenes Leid und eigene Traumatisierungen verklärenden Erinnerungen sind Ausdruck eines gerade unter Todesgefahr manchmal fast ekstatischen Gemeinschaftserlebens.
Die fünfte Variante der Aggression geht von Menschen aus, die entweder aufgrund schwerer Verwahrlosung keinerlei gute Beziehungserfahrungen machen konnten, durch selbst erlittene massive Gewalt traumatisiert wurden oder eine intensive „Lerngeschichte" in Sachen Gewaltausübung hinter sich haben. [...] Früh im Leben erlebter Mangel an Zuwendung hat neben anderen Störungen im sozialen Verhalten vermehrte Aggressivität zur Folge.

(Joachim Bauer: Prinzip Menschlichkeit, Hoffmann und Campe, Hamburg 2006, S. 83–87)

Aggressionsabbau durch Gewaltkonsum? – Die Katharsishypothese

Diese Hypothese ist benannt nach einem Begriff aus der Dramentheorie des Aristoteles. Dieser geht davon aus, dass der Zuschauer einer Tragödie durch das Miterleben der dargestellten Katastrophen und des Leids der Protagonisten zu „Furcht und Mitleid" bewegt würde, die in ihm eine Läuterung von inneren Konflikten bewirken. Diese Läuterung nennt er Katharsis (griech.: Reinigung).
Die Katharsishypothese behauptet analog, dass das Miterleben fremder Aggressionen und Gewaltakte dem Zuschauer durch Identifikation die stellvertretende Teilnahme an solchen Handlungen ermöglicht; dadurch sollen eigene feindselige Gefühle und Verhaltensweisen abgebaut werden können. Gewaltdarstellungen wird nach dieser Auffassung eine Ventil- und Ersatzfunktion zugeschrieben. Demnach würde sich der Zuschauer dadurch abreagieren und sich von psychischem Druck befreien, dass er seinen Ärger von bestimmten Personen seines Lebensbereiches auf die fiktiven Figuren überträgt.
Seymour Feshbach konnte z. B. 1961 in einem Experiment feststellen, dass sich bei verärgerten und aggressiv gestimmten Zuschauern nach der gesehenen Darstellung von Gewalt eine Verminderung ihrer aggressiven Tendenzen zeigte. Er kam jedoch 1989 zu einer Neubewertung seiner Forschungen, indem er feststellte, dass die Bedingungen, die Katharsis ermöglichten, in der Praxis sehr viel seltener aufträten als solche, die Aggression förderten.

(nach: P. G. Zimbardo: Psychologie, Springer Verlag, Berlin/Heidelberg/New York 1995, S. 431 f.)

3. *Diskutiert die Plausibilität der Katharsishypothese.*

4. *Die Hypothese wird häufig von Herstellern gewaltverherrlichender Computerspiele vertreten. Nehmt dazu kritisch Stellung.*

6. Inszenierungen von Gewalt

Gewalt ist „cool“: James Bond

1962 übernahm ein bis dahin fast unbekannter Schauspieler namens Sean Connery die Rolle des eiskalten, furchtlosen Geheimagenten und Frauenverführers James Bond. Hier einige Zitate aus der erfolgreichsten Kinoseries aller Zeiten:

– „Pistole weg, ich bin schneller!“ *(James Bond – 007 jagt Dr. No)*
– „Ich bin überzeugt davon, dass der Kalte Krieg in Istanbul nicht mehr lange kalt bleiben wird!“ *(Liebesgrüße aus Moskau)*
– „Darf ich kurz meine Freundin hierher setzen? Sie wird Sie nicht belästigen. Sie ist nämlich tot.“ *(Feuerball)*
– Tanaka: „In Japan kommen die Männer immer zuerst, die Frauen als Zweite!“ – Bond: „Hier werde ich mich später einmal zur Ruhe setzen.“ *(Man lebt nur zweimal)*
– „Namen sind was für Grabsteine.“ *(Leben und sterben lassen)*
– „Und, 007, wie war die letzte Nacht?“ – „Ach, Q, ein ständiges Auf und Ab!“ *(Der Spion, der mich liebte)*
– „Ich helfe Menschen, die Probleme haben.“ – „Ein Problemlöser.“ – „Ich würde sagen, mehr ein Problembeseitiger.“ *(Lizenz zum Töten)*
– „Wir haben kein Interesse an einem 3. Weltkrieg, es sei denn, wir fangen ihn an.“ *(Der Morgen stirbt nie)*

(http://www.007bond.de/movies/misc/quotes.html; 2.4.2007)

1. *Analysiert die Komik dieser Zitate: Wer oder was wird lächerlich gemacht?*

2. *Beschreibt das Bild des Helden, das durch solche Filme geschaffen wird.*

Gewalt fasziniert: Kriegsfilme

Anfang 2003, etwas über zehn Jahre nach dem Ende des ersten Golfkrieges – also des kurzen, schnellen, sauberen, klaren und ach so schmerzlosen und moralisch überlegenen –, und schon auf der Schwelle dessen, was rasch der unausweichlich erscheinende Beginn seiner weit komplizierteren Fortsetzung werden sollte, veröffentlichte Anthony Swoffold, ein ehemaliger Marine-Scharfschütze in jenem ersten Konflikt, den mitreißenden, düsteren Bericht seiner Erlebnisse auf dem kuwaitischen Kriegsschauplatz Anfang der Neunzigerjahre [...]. Von allen Enthüllungen in Swoffolds lebhafter Chronik stand eine der aufwühlendsten gleich am Anfang des Buchs. Er beschreibt, wie Marines, kurz bevor sie in die Schlacht geschickt wurden, sich in einen ekstatischen Bereitschaftszustand puschten, indem sie sich Videos über frühere Kriege ansahen, insbesondere Kampfszenen aus einigen der härtesten Vietnamfilmen – Filmen, denen wirklich jede Illusion, jeder Trost genommen war –, beispielsweise Robert Duvalls berühmten und blutigen Hubschrauberangriff mit Wagners „Walkürenritt“ als Begleitmusik in Francis Ford Coppolas *Apocalypse Now*.
„Es heißt“, schreibt Swoffold, „viele Vietnamfilme seien gegen den Krieg, ihre Botschaft sei, Krieg sei inhuman. [...] Eigentlich aber sind alle Vietnamfilme für den Krieg, ungeachtet ihrer vermeintlichen Botschaft und dessen, was Kubrick, Coppola und Stone beabsichtigten.“ Swoffold räumt ein, dass Mr und Mrs Johnson in Omaha, San Francisco oder Manhatten bei solchen Filmen „weinen und ein für alle Mal beschließen, dass Krieg unmenschlich und schrecklich ist, und es ihren Freunden in der Kirche und ihrer Familie sagen, doch Corporal Johnson in Cap Pendleton und Sergeant Johnson in der Travis Airforce Base und Lance Corporal Swoffold in der Twentynine Palms Marine Corps Base werden durch genau dieselben Filme erregt, weil ihre magische Brutalität die schreckliche und verabscheuungswürdige Schönheit ihrer Kampftechniken zelebriert“.

(Lawrence Weschler: Walküren über dem Irak; in: Lettre international 71, Winter 2005/06)

3. *Beschreibe die Faszination, die nach der Schilderung des Autors von solchen Filmen ausgeht. Was ist mit „ekstatischem Bereitschaftszustand“ gemeint?*

4. *Krieg als „Realityshow“ – diskutiert über die neue Dimension der Kriegsberichterstattung.*

Pornografie der Gewalt: Mel Gibsons „Passion Christi“

Zwei Stunden Folter, platzende Haut, klaffendes Fleisch, mit Sachverstand durchbohrte Hände und Füße. Zwei Stunden Schadenfreude, höhnische Gaffer, triumphierende Plebs, lüsterne Priester und eine schweinisch begeisterte Soldateska. Zwei Stunden dauert Mel Gibsons Film über Leben und Sterben Jesu, und nur selten zeigt er etwas anderes als die Großaufnahmen langsam und genüsslich zerstörten Menschenfleisches. Er schildert nicht *Die Passion Christi*, wie der Titel behauptet, es handelt sich um kein Heilsgeschehen, um keine Erlösung von den Sünden dieser Welt, die Jesus um der Menschen willen auf sich nahm. Es handelt sich um ein kalifornisches Splattermovie[1]. [...]
Es gibt nämlich nicht nur eine Pornografie der Sexualität, sondern auch eine Pornografie der Gewalt. Beide lassen sich leicht an einem Indiz erkennen: Es ist die Verkümmerung der Handlung zu einem bloßen Vorwand. Bei Mel Gibson bleibt von der Vorgeschichte der Passion nur das Gebet Jesu in Gethsemane; und schon die Gefangennahme vollzieht sich als Orgie der Gewalt. Sie setzt auf dem denkbar höchsten Pegel ein und wird auch durch die Verhandlungen der Hohenpriester mit Pilatus nur unterbrochen, aber niemals so lange, dass der gewaltlüsterne Zuschauer sich etwa betrogen fühlen könnte. Pornografie duldet keine Ablenkung von der Hauptsache. [...]

Aber vielleicht hat der Regisseur keineswegs nur seinen privaten Besessenheiten nachgegeben [...]. Vielleicht hat er im Gegenteil kühl kalkuliert, dass die Gewalt, die in den letzten Jahren zum beherrschenden Motiv des zeitgenössischen Films aufrückte, auch das geeignete Medium für eine Aktualisierung der Passionsgeschichte abgeben könnte. Vielleicht meint er, dass Jesu Blut, das sein Film bis zum Exzess feiert, überhaupt das Einzige ist, mit dem sich das Evangelium filmisch attraktiv machen ließe. Das hieße freilich, dass sein Film weder dumm noch privatistisch[2] wäre – sondern ein schreckliches Zeichen für die Verfassung unserer Gegenwart.

(Jens Jessen: „Nur Blut, Schmerzen und Hass: Mel Gibsons unchristlicher Christus-Film“; in: DIE ZEIT, 4.3.2004, S. 46)

---

1 Splattermovie: Form des Horrorfilms, bei der die Darstellung von exzessiver Gewalt und Blut im Vordergrund steht
2 privatistisch: ins Private zurückgezogen

5. *Nenne die Kriterien, nach denen sich in der Darstellung des Texts Pornografie erkennen lässt (einen Info-Kasten zur Pornografie findet ihr auf S. 53).*

6. *Einige Kinobesucher waren begeistert von der realistischen Darstellungsweise in Mel Gibsons Film. Er würde die Leiden Christi in besonders eindringlicher Weise nachempfinden lassen. Nehmt zu dieser Einschätzung Stellung.*

7. *Welche Filme würdet ihr als echte Antikriegs- und Antigewaltfilme bezeichnen? Begründet euer Urteil.*

8. *Analysiert und interpretiert einen Antigewalt- oder Antikriegsfilm, beispielsweise „Der Pianist“ von Roman Polanski.*

Methode: Filmanalyse und -interpretation

1. Beschreibt in Einzel-, Partner- oder Gruppenarbeit folgende filmische Mittel:
   - Tongestaltung: Geräusche, Musik, Sprache, Art der Dialogführung
   - Bildgestaltung: Bildkomposition, Einsatz von Farbe, Perspektive, Kameraführung
   - Handlungsträger: Personendarstellung (Kleidung, Merkmale, Bewegungen), andere Handlungsträger
   - Szenenabfolge: Filmschnitt (Tempo, Über- und Ausblendungen), Zeitstruktur (Zeitlupe, Zeitraffer, Auslassungen)
2. Welche Bedeutung haben diese filmischen Mittel?
3. Beschreibt und bewertet die Wirkung dieser Mittel.

7. Gewalt per Mausklick

1. *Stellt euch in Zweiergruppen folgende Fragen zur Gewalt in Videospielen und Internet:*
- *Besteht nach deiner Meinung ein Zusammenhang zwischen dem Konsum gewalthaltiger Videospiele und gewalttätigem Verhalten?*
- *Welches sind für dich die hauptsächlichen Gefahren des Internets?*
- *Sollte mehr Aufklärung über solche Gefahren betrieben werden? Wo? Von wem? Fügt weitere Fragen hinzu und tauscht euch in der Gesamtgruppe aus.*

Gewaltspiele

Die Problematik von Videospielen wie Counterstrike liegt vor allem darin begründet, dass Angebote zur friedlichen Konfliktlösung von vornherein unterschlagen werden und die totale Vernichtung des Gegners als das einzige und selbstverständliche Mittel der Auseinandersetzung und Konfliktbeilegung angeboten wird. Der Spieler wird in eine Situation gebracht, in der er den Gegner vernichten muss, um selbst nicht zu verlieren. Er lernt hierbei, dass seine Reaktion umso mehr belohnt wird, je schneller und brutaler diese ausfällt. Es besteht also die Gefahr, dass eine solche Art der Problemlösung bei häufiger Spielwiederholung auch Eingang in das eigene Verhaltensrepertoire findet.

(Uwe Bimmeler: Totale Vernichtung als einziger Weg; in: Schule im Blickpunkt 2006/2007, Heft 3, S. 8)

2. *Diskutiert über den letzten Satz des Textes.*

Alles hinterlässt seine Wirkung – auch Killerspiele

Angebote, Vorbilder: Alles, was wir sehen, erleben und tun, hinterlässt in unserem Gehirn Spuren. Spiegelnervenzellen sorgen dafür, dass wir, wenn wir eine Handlung beobachten, diese besser ausführen können, sie sind die Grundlage für das „Lernen am Modell". Zu ihren Eigenschaften gehört, dass sie die Tendenz erhöhen, Handlungen, die wir sehen, selbst auszuführen. [...]
Wie alles, was wir erleben oder tun, so hinterlassen auch Killerspiele in jedem, der sie spielt, eine Wirkung. In Deutschland zählen über 700 000 junge Leute zu den Intensivspielern, die mehr als 20 Stunden pro Woche Krieg führen, Menschen erschießen, ihnen mit dem Messer die Kehle durchschneiden, sie mit dem Flammenwerfer verbrennen oder mit der Kettensäge zerlegen, dies alles hochgradig realistisch aufbereitet [...].
Über 15 Prozent der schulpflichtigen Jugendlichen haben ernste psychische Probleme. Abgesehen davon, dass Killerspiele eine gravierende Verletzung des Paragrafen 1 unseres Grundgesetzes darstellen („Die Würde des Menschen ist unantastbar"): Wo viele offene Tanks herumstehen, sollte man das Entzünden von Streichhölzern verbieten.

(Joachim Bauer: Alles hinterlässt seine Wirkung – auch Killerspiele; in: Badische Zeitung, 6.12.06, Kommentar & Analyse, S. 4)

3. *Mit welchen Argumenten wendet sich Bauer gegen Computerspiele?*

Gefahren im Internet

Interview mit dem Psychologen und Soziologen Professor Adolf Gallwitz:

Herr Professor Gallwitz, wo liegen nach Ihrer Einschätzung die Hauptgefahren des Internets für Jugendliche?
Hauptgefahren des Internets für Jugendliche sind zum einen objektive Gefahren im Zusammenhang mit der Nutzung des Mediums, die fehlende Erfahrung (Medienkompetenz) vieler Jugendlicher im Umgang mit modernen Medien, Internetsucht und -abhängigkeit und eine Gefährdung durch altersbedingtes Verhalten und dominierende Persönlichkeitszüge (ein naiver Optimismus in Verbindung mit dem starken Bedürfnis, viele Freunde zu haben, viele Kontakte zu neuen Bekannten aufzubauen, beliebt und anerkannt zu sein und viel von sich zu erzählen).

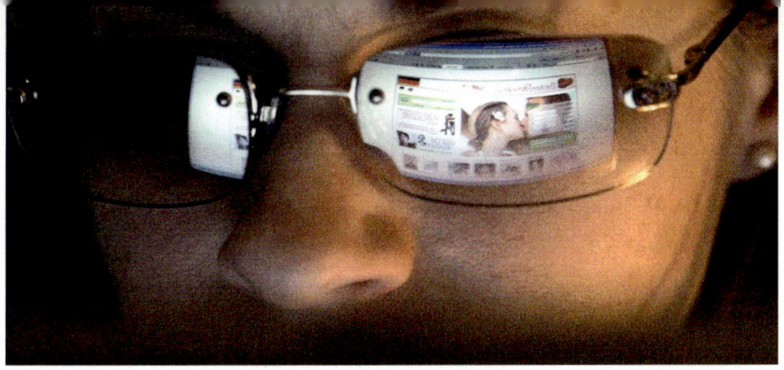

Um die Vor- und Nachteile, die mit bestimmten modernen Medien verbunden werden, erkennen und durchschauen zu können, muss sich der Nutzer nicht nur „technisch“ vertraut fühlen, darf nicht nur von den Möglichkeiten und den schönen Aspekten begeistert sein, sondern muss sich auch mit der negativen Seite beschäftigen. Im Einzelnen geht es darum, Realität von Fiktionalität trennen zu können, Spielfiguren nicht zu beseelen, Bescheid zu wissen über rechtliche, politische oder wirtschaftliche Rahmenbedingungen, die Arbeitsweise und die Wirkung von Medien, und auch bei überwältigenden medialen Angeboten eine eigenständige Position aufrechterhalten und die Vorgehensweise von Kriminellen in diesem Bereich erkennen zu können. [...]

Führen gewalttätige Leitbilder in den Medien zu „Lernen am Modell“ oder durchschauen Jugendliche durchaus deren Pseudo-Coolness und die platten Weltbilder, die dahinterstehen?

Bei einem kleinen Teil der Jugendlichen und bei exzessivem Konsum gewaltverherrlichender Inhalte führen gewalttätige Leitbilder in den Medien über Lernmechanismen wie „Lernen am Modell“ zu einer Senkung der Hemmschwelle gegenüber Gewalt im realen Leben. Darüber hinaus birgt exzessiver Medienkonsum immer die Gefahr eines Realitätsverlusts, d. h. die Fähigkeit zu kritischer Distanz, das Vermögen, Fiktion und Wirklichkeit unterscheiden zu können, nehmen ab. Rückzug in eine Scheinwelt, Verlust sozialer Kompetenzen, Selbstwertdefizite und depressive Erkrankungen können die Folgen sein.

Würden Ihrer Meinung nach Verbote z. B. von stark gewalthaltigen Computerspielen helfen?

Ein Verbot ist immer problematisch, abgesehen davon, dass es im Gegensatz zu einer bei Jugendlichen aufzubauenden Medienkompetenz steht. Bei Verboten beschäftigen wir uns damit, was Jugendliche nicht tun dürfen, und wir können im Bereich der Spiele bestenfalls eine Kriminalisierung erreichen. Es wäre sinnvoller, Gewalt, Pornografie, Menschenrechtsverletzungen mehr zu thematisieren. Das Internet ist übrigens auch ein Medium, das relativ „immun“ ist gegen alle Versuche, Inhalte zu verbieten. Bereits der Index der Bundesprüfstelle, Alterskennzeichnung für Computerspiele, macht aufmerksam auf diese Inhalte. Es gilt das Gesetz der Reaktanz: „Was verboten ist oder wovon es wenig gibt, wird interessant, dort wo Wahlfreiheit eingeschränkt wird, wehren sich Menschen und finden diese Inhalte umso sehenswerter.“

Welche Empfehlungen würden Sie einer verantwortungs- und wirkungsvollen Medienerziehung in Schule und Elternhaus geben?

Wichtige Voraussetzung einer verantwortungs- und wirkungsvollen Medienerziehung in Schule und Elternhaus ist Wissen, Authentizität[1], Offenheit und Vorbild.

Eltern und Pädagogen [...] müssen eigene Erfahrung im Umgang mit dem Internet haben, d. h., sie müssen authentisch vermitteln, von was sie sprechen, für was sie sich begeistern und vor was sie warnen. Darüber hinaus bedeutet Jugendlichsein auch, Fehler machen zu dürfen, d. h., alle Beteiligten müssen auch in diesem Bereich eine Umkehr der Grundeinstellung anstreben, Menschen nur nach Fehlern zu beurteilen. Vielmehr gilt es zu erkennen, was sie beherrschen und richtig machen. Vertrauensvolles Umgehen miteinander bedeutet, mit Problemen, Nöten, Sorgen und Ängsten aufeinander zugehen zu können, ohne Unverständnis, Nachteile und Sanktionen befürchten zu müssen. Und last not least: Wer alkoholabhängig ist, sollte nicht vor Alkohol warnen, d. h., Erwachsene erreichen mehr, wenn sie hinter Inhalten, Vorschlägen und Vorschriften stehen, [...].

(Adolf Gallwitz im Interview mit Andrea Welz am 9.6.2007, Originalbeitrag)

[1] Authentizität: Echtheit, Glaubwürdigkeit, Zuverlässigkeit

4. *Überprüft im Lichte der Aussagen von Professor Gallwitz eure zu Frage 1 geäußerten Ansichten. Was hat sich verändert?*

5. *Medienerziehung in Schule und Elternhaus – Wie könnte, sollte diese aussehen?*

6. *Verbot von stark gewalthaltigen Computerspielen – Ja oder Nein? Führt eine Debatte in der Form einer Podiumsdiskussion mit folgenden Teilnehmer(inne)n: Erziehungswissenschaftler(in), Jugendrichter(in), Programmierer(in) von stark gewalthaltigen Computerspielen, Jugendliche.*

8. Unfassbare Gewalt

„Wie kommt so viel Hass in unser Kind?“

An einem Samstagabend im Januar klingelte der 17-jährige Felix D. mit einem Freund an einer Haustür in seinem Heimatdorf. Dann töteten sie mit unfassbarer Brutalität das dort lebende Ehepaar. Ein Versuch, diese Tragödie zu verstehen.

Erst am Tag nach der polizeilichen Hausdurchsuchung fanden die Eltern das Tagebuch und andere private Texte ihres Sohnes in seinem Zimmer. Alles hatte offen im Regal und im Schreibtisch gelegen, die Beamten hatten es übersehen. Bei der Lektüre dieser Aufzeichnungen aus den vergangenen zwei Jahren nahm sie plötzlich Gestalt an, die fremde, abgründige Person, die in Felix wohnte und von der sie nichts gewusst hatten: kleine Geschichten von Wellensittichen neben finsteren Gedanken und Tötungsfantasien. Im Laufe der Monate werden die hasserfüllten Einträge häufiger, Todeslisten tauchen auf und Anspielungen auf geplante Gewalttaten. Einmal schildert Felix, wie er sich auf den Weg macht, ein Mädchen zu vergewaltigen, und dann doch umkehrt. Ein anderes Mal beschreibt er einen Albtraum, in dem er Amok läuft. Er zeichnet Messer und eine Vergewaltigung, dazwischen Monster und Krieger.

Dann wieder versinkt er in Verzweiflung und verflucht seine Einsamkeit. Das Tagebuch ist ein Dokument der Qual. Hier fragt einer nach einem Sinn seiner Existenz und hört doch nur das eigene Echo. Hier sehnt sich einer nach Liebe und körperlicher Nähe und bleibt doch unter den eigenen Hemmungen, dem Selbsthass verschüttet wie ein Bergmann im Stollen. Mitten in seiner Familie lebend, atmend, essend, schlafend, redend, fühlte Felix sich von einer Todeszone umgeben, die niemand bemerkte, niemand durchdrang.

Noch verstörender ist die Loseblattsammlung auf dem Schreibtisch: Hier werden unter der Überschrift *Die Rettung der Welt* globale Vernichtungspläne gesponnen. Felix hat sich in die Position des Weltenherrschers hineinfantasiert und verteilt Atombomben über die Erdkugel. Sein Ziel: die Ausrottung der „Untermenschen“, darunter versteht er Schwache, Dumme und alle, die herumkrebsen und nicht weiterkommen. „Wie kommt so viel Hass in unser Kind?“, fragten sich die D.s fassungslos. Soll das ihr Felix sein, der Kriminalbeamter werden wollte? Der Gewalt ablehnte? Der in seinem [...] Gymnasium Flugblätter gegen rechts verteilte? Der seinem sozial engagierten Vater half, einen Selbsthilfeleitfaden für Hartz-IV-Empfänger zu texten, der den Globalisierungsverlierern Wege aus der Misere zeigte? Den Förderschüler Florian E., dessen Eltern er erstach, hatte Felix noch kurz zuvor gegen drangsalierende Skinheads verteidigt – und gleichzeitig in aller Stille in faschistoiden Einbildungen geschwelgt. Er war gegen die Rechte von Homosexuellen und Frauen. War für die Todesstrafe und für ein totalitäres System. [...]

Einmal im Leben stark und bedeutend zu sein, das war der innigste Wunsch diese Elftklässlers. Einmal im Leben ein unsterbliches Werk, ein Opus magnum vollbringen. Einmal im Leben über das eigene, kleine Ich hinauswachsen – und sei es im Bösen. Die übergroßen Erwartungen des Felix an die Welt sind umgeschlagen in Destruktion.

(Sabine Rückert; in: ZEITmagazin Leben, 26/07, 21.6.2007, S. 14–30)

1. *Stelle die beiden konträren Persönlichkeiten des Felix D. einander gegenüber.*

2. *Beschreibe die Welt, die Felix in den abgedruckten Zeichnungen aus seinem Tagebuch darstellt.*

3. *„Wie kommt so viel Hass in unser Kind?“ Unternehmt einen Versuch, die Tragödie zu verstehen.*

Mörderische Wut

Ob Leipzig, Sizilien oder England: Immer wieder explodiert vor und in Fußballstadien die Gewalt. Geradezu berüchtigt sind die englischen Fußballfans. Deren Rowdytum lässt sich in die Zeit zwischen 1885 und dem Ersten Weltkrieg zurückverfolgen. Mit der zunehmenden Spaltung der Arbeiter in eine begüterte Mehrheit und einen harten Kern von Arbeitslosen, die keine Chance haben, Arbeit zu finden, nahm das Problem der Fußballkrawalle enorm zu, besonders seit den 1960er-Jahren. Das gilt jedoch nicht nur für England.

Die Ursache des Phänomens ist nicht die Arbeitslosigkeit allein. Man randaliert nicht, um auf die Verzweiflung der eigenen Lage aufmerksam zu machen, sondern um seine Wut auszudrücken. Die Verzweiflung hat mit dem Gefühl der Sinnlosigkeit zu tun. Diese Menschen können ihrer eigenen Existenz keine Bedeutung geben, weil es in unseren Gesellschaften üblich ist, sich über die Arbeit zu definieren. Dazu kommt: Die Rowdys können sich ihre eigene Verzweiflung nicht eingestehen, weil dies der gängigen männlichen Ethik widerspricht, die solche Gefühle als Schwäche brandmarkt. So rebellieren sie gegen die Autorität, ohne zu merken, wie sehr sie dieser und ihren Normen verbunden sind. [...] Die Randalierer von Catania, die einen Polizisten töteten, wie auch die Randalierer vor und in den Fußballstadien von Lille und Leipzig reagieren alle nur auf Gegengewalt, auf Verbote und Regeln, die mit Autorität durchgesetzt werden. Hier liegt der Kernpunkt des Randalierens: Diese Jugendlichen haben sich ganz der Ideologie der männlichen Stärke ergeben, die Macht, Erfolg, Gewalt und die Überlegenheit des Stärkeren verherrlicht. Sie sind Opfer einer Ideologie, die sie selbst bedeutungslos macht und als Versager etikettierte, weil sie keinen Platz, keine „Identität" in einer gesellschaftlichen Hierarchie errungen haben, da diese Gesellschaft sie im Vorhinein ausschließt. Zugleich haben sie diese Ideologie der Macht und der Gewalt jedoch als einzige Wirklichkeit internalisiert. Sie tragen zu deren Fortbestand bei, indem sie selbst Macht und Gewalt zu ihrem Ideal erheben. Ihre Handlungen mögen wie eine Rebellion aussehen, in den tiefsten Schichten ihres Selbst sind sie jedoch Konformisten. [...]

Es geht um Gewalt der Gewalt wegen – ohne jede ideologische Untermauerung, wie sie politisch motivierte Gewalttäter für sich in Anspruch nehmen. Destruktivität wird zum ungeschminkten Lebensprinzip. Gleichzeitig ist diese Destruktivität aber auch ein Hilferuf. Da die angepasste Welt jedoch als Antwort auf Nonkonformität nur Bestrafung kennt, reagiert sie auf die Rebellion, nicht auf den Hilferuf, und das auf unangemessene Weise, die nur zu einem weiteren Anwachsen der blinden Zerstörungswut führt.

Eine angemessene Antwort muss beides mit einbeziehen: das entschiedene „Nein, so geht es nicht" und, so schmerzlich es auch sein mag, die kritische Auseinandersetzung mit einer Gesellschaft und deren Wertmaßstäben, die solches Verhalten hervorbringen. Das setzt auch eine Konfrontation mit unseren eigenen Verletzungen voraus. Verletzlichkeit aber wird als Schwäche erlebt in einer Welt, die auf Größe, Glanz und Heldentum besteht. So ist Schmerz tabu. Man könnte sagen, dass unsere Kultur eine Feigheit züchtet, die ein Konfrontieren mit eigener Verzweiflung, eigenen Ängsten und eigenem Schmerz fast unmöglich macht. Das aber wäre die gesellschaftliche Aufgabe, wenn wir die Gewalt und den Hass, der uns alle bedroht, begrenzen wollen.

(Arno Gruen: Mörderische Wut; in: Publik-Forum Nr. 10, Oberursel, Mai 2007, S. 20 f. Basiert auf: Arno Gruen: Der Kampf um die Demokratie: der Extremismus, die Gewalt und der Terror, dtv, München 2004)

4. *Wie beschreibt Arno Gruen die soziale Situation der randalierenden Jugendlichen?*

5. *Stelle die „Ideologie der männlichen Stärke" dar, die nach Arno Gruen Ursache dieser Form von Gewalt ist. Warum bezeichnet er die Gewalttäter als „Opfer" dieser Ideologie? Wo sieht er einen Ausweg?*

6. *Bestimmt das Verhältnis von personaler und struktureller/kultureller Gewalt, das Arno Gruen aufzeigt.*

9. „Schule für Killer“

George Tabori

Pinkville

Im Prolog des 1971 entstandenen Anti-Vietnam-Stückes schreibt George Tabori: „Wir wollen die Natur des Krieges belichten.“ Das Stück zeigt mit den Mitteln der Satire und Groteske die Ausbildung des Protagonisten Jerry zum Kriegsdienst („Schule für Killer“) und seine Erlebnisse an der Front in Vietnam.

ERSTER SERGEANT
Ich brauche das Einheitsgesicht!
Und das hat zu sein:
Gesund
Gemein
Genormt
Gefährlich, gerade,
Ein Gesicht ohne Gnade,
Eckig
Brutal
Eiskalt und fahl
Eine Null, ein Hammer,
Ein Killergesicht,
Vor dem eure Mutter auf der Stelle
Tot zusammenbricht!
Die Gruppe dreht sich auf der Stelle und schneidet Killer-Gesichter.

ZWEITER SERGEANT
Achtung!
Kompanie, auf der Stelle, marsch!
Links, zwei, drei, vier,
Im Gleichschritt marsch!
Links
Schultern zurück
Bauch rein
Augen auf
Links, rechts
Links, rechts
Links, rechts.
Scheiße!
Wie sieht denn das aus?
Brust nach innen,
Bauch hängt raus!
Der Daumen sitzt an der Hosennaht!
Rhythmischer Sprechgesang mit Schlagzeugbegleitung

GRUPPE
Der Daumen sitzt an der Hosennaht!

ZWEITER SERGEANT
Die Finger sind leicht gekrümmt!

GRUPPE
Die Finger sind leicht gekrümmt!

ZWEITER SERGEANT
Handballen angepresst!

GRUPPE
Handballen angepresst!

ZWEITER SERGEANT
Schultern zurück!

GRUPPE
Schultern zurück!

ZWEITER SERGEANT
Bauch rein!

GRUPPE
Bauch rein!

ZWEITER SERGEANT
Hand hoch zum Gruß!

GRUPPE
Hand hoch zum Gruß!

ZWEITER SERGEANT
Der Oberarm bildet zum Unterarm
Einen Winkel von fünfundvierzig Grad!

GRUPPE
Der Oberarm bildet zum Unterarm
Einen Winkel von fünfundvierzig Grad!

ZWEITER SERGEANT
Die Haltung stimmt, die ist durchdacht!

GRUPPE
Die Haltung stimmt, die ist durchdacht!

ZWEITER SERGEANT
Ihr denkt gleich!

GRUPPE
Wir denken gleich!

ZWEITER SERGEANT
Ihr habt keinen Namen!

GRUPPE
Wir haben keinen Namen!

Zweiter Sergeant *singt*
„Die Uniform“
Die Uniform!
Gruppe *singt*
Die Uniform!
Zweiter Sergeant
Der Dauerlauf!
Gruppe
Der Dauerlauf!
Zweiter Sergeant
Hebt alle Unterschiede auf!
Gruppe
Hebt alle Unterschiede auf!

(George Tabori: Pinkville; in: Theaterstücke I, Fischer Taschenbuch Verlag, Mai 1996, S. 88 ff.)

1. *Spielt die Szene in der Gesamtgruppe. Sprecht dann darüber, wie ihr euch dabei gefühlt habt.*

Lizenz zum Töten?

Die Ausbildung von jungen Männern zum Töten, zur Ausführung von Grausamkeiten ist in Grundzügen in jeder militärischen, polizeilichen, v.a. terroristischen Ausbildung angelegt. An Männern, die zu Elite- oder Spezialsoldaten und in der darüber hinausgehenden Fortsetzung zu Folterern gedrillt werden, kann wie in einem „Lehrstück“ die Entstehung von Destruktion an den folgenden Aspekten aufgezeigt werden:

- Typischerweise findet dieses Training zur Zeit der Adoleszenz (14. bis 25. Lebensjahr) statt, also während einer Entwicklungsphase, die sich durch starke Selbstunsicherheit und deutliche Umstrukturierung im Gehirn auszeichnet.
- Das Training schließt massive körperliche Einwirkungen ein, wie systematische Schmerzzufügung, das Abverlangen von Extremleistungen, die Einbringung von Wiederholungsmonotonie (Exerzieren, Gleichmarsch, Ordnen, Singen), Überstimulation (Lärm, Licht), Zeitdruck und Stören des Schlaf-/Wachrhythmus.
- Die Probanden werden in unterschiedlichen Formen seelisch gedemütigt, z. B. durch Beleidigungen, Kränkungen, Versagenlassen, Bloßstellung vor der Gruppe, Ausführenlassen unsinniger Befehle und der Anwendung grausamer Initiationsriten.

- Im Training wird gezielt Gruppendruck hergestellt und eingesetzt. Die Gruppe wird für die „Tat“ des Einzelnen bestraft. Der Einzelne steht damit unter der Dauerkontrolle der Gruppe. [...]
- Viele Maßnahmen zielen andererseits auf die Bildung von Größenfantasien/Elitebewusstsein, z. B. als „Retter der Nation, Gottes liebste Söhne“, ab. Es findet eine Reduktion geistiger Komplexität in Form von Schwarz-Weiß-Schemata statt, was von den Trainern zum Aufbau eines benötigten Feindbildes genutzt wird, auf das Aggressions- und Vernichtungswünsche projiziert werden können.
- Es findet eine systematische Desensibilisierung der innerartlichen Tötungshemmung, des Altruismus und der Empathie statt.
- Schließlich entwickelt sich eine rauschhafte, sich selbst verstärkende Intensitätserfahrung („Adrenalinstoß“), die um ihrer selbst willen gesucht wird.

Ein günstiger Nährboden für die Foltererausbildung findet sich in der desolaten Situation von Millionen von Kindern und Jugendlichen in Form von Hunger, Armut, Arbeitssklaverei, Prostitution, Flucht, Entwurzelung und Kindersoldatentum.

(nach: Peter Boppel: „Woher kommen die Monster?“; in: Report Psychologie, 2/2004)

2. *Stellt die Methoden dar, die in solchen „Ausbildungen“ angewandt werden, und weist sie in der Szene aus George Taboris „Pinkville“ nach.*

3. *Untersucht, was solche Methoden so wirkungsvoll macht: Was wird dabei zerstört? Wodurch wird es ersetzt?*

4. *Findet Beispiele für solche Gewaltszenarien in den Medien. Untersucht dabei auch den Einsatz von Feindbildern und Schwarz-Weiß-Schemata.*

10. „Krieg macht krank" – Kriegstraumatisierung

1. *Betrachtet das Bild „Der Kriegsfreiwillige" von Bernhard Heisig. Welche Motive, Symbole erkennt ihr darin? Was für ein Bild des Krieges wird damit gezeichnet?*

2. *Schreibt einen Brief des Kriegsfreiwilligen an seine Freundin oder Mutter.*

Bernhard Heisig: Der Kriegsfreiwillige (1982/86)

Die bosnische Journalistin Jasna Bastic befragte einen Major der kroatischen Armee, Anton Golik, nach seinen Erlebnissen während und nach dem Bosnienkrieg 1992–1995. Hier einige seiner Schilderungen:

„Keiner von uns stellte sich vor, dass der Krieg so lange dauern würde und dass er so fürchterlich sein könnte. Wir dachten alle, es würde ein paar Wochen dauern, bis Kroatien international anerkannt werden würde. Dann könnten wir nach Hause gehen. Viele gingen in den Krieg wie in einen Wochenendausflug oder zu einem Fußballmatch. Die jungen Leute hatten den Kopf voll von Bildern aus Kriegsfilmen. Was ich dann wirklich sah, hatte damit allerdings nichts zu tun."

„Als unser erster Kamerad verwundet wurde, transportierten wir ihn nach Zagreb ins Spital. Er musste zwei Stunden auf den Arzt warten und starb. Auf seiner Beerdigung sagte niemand ein Wort. Wir konnten es nicht glauben. Niemand sagte etwas. Ich spürte, dass Beerdigungen in Zukunft ein alltägliches Ereignis sein würden – eine Formalität."

Während einer ‚Säuberungsaktion' in einem eroberten Dorf stieß Golik in einem Haus auf einen bewaffneten Zivilisten von etwa 60 Jahren. Golik erschoss den Mann sofort: „Ich habe diese Szene die ganze Zeit vor Augen. Was wollte dieser Mann? Wollte er schießen oder wollte er sich ergeben? Hätte ich warten sollen? Ich sehe sein Gesicht so klar – jede Einzelheit! Das blockiert mich völlig. Ich schlucke noch mehr Pillen. Das beruhigt mich, ich atme leichter ... aber ich denke auch klarer. Ich denke nicht darüber nach, dass ich schoss. Das ist eine Tatsache. Ich denke darüber nach, was passiert wäre, wenn ich nicht geschossen hätte."

Ein an Kriegsverbrechen beteiligter Soldat aus Goliks Einheit, ebenfalls in der Abteilung für PTSD (posttraumatische* Belastungsstörung)-Erkrankte des Zagreber Spitals, erklärte: „Manchmal sah ich die Gesichter der Personen, die ich exekutierte, nicht, manchmal schon. Jetzt habe ich diese Gesichter die ganze Zeit in meinem Kopf. Die Gesichter, die ich nicht sah, versuche ich mir vorzustellen. Ich wusste, dass alle irgendwo eine Familie haben. Ich habe ihre Frauen und Kinder nie gesehen. Jetzt stelle ich mir dauernd vor, wie sie wohl aussehen."

Golik: „Ich war mit meiner Familie bei meinen Eltern zu Besuch. Meine Mutter sagte mir, ich sollte mich endlich wieder aufraffen, wieder arbeiten, meine Familie liebe mich und der Krieg sei vorüber. Ich sagte, für mich sei der Krieg nicht vorüber. Die Toten seien immer noch lebendig in mir. Sie sagte, sie wolle das nicht hören, sie ertrage es nicht, dass ihr Sohn jemanden töten könne. Da brach die Wut aus mit hervor. Ich wurde brutal, schrie sie an, sie solle wissen, dass ich getötet

hätte und Häuser abgebrannt, alles, was Soldaten in jedem Krieg tun. Meine Mutter begann zu weinen. Das irritierte mich noch mehr, und ich flüchtete aus dem Haus."

„Ich sprach beinahe nichts mit meiner Frau. Sie fragte mich, wann ich denn wieder funktionieren würde, ob ich zwei Wochen oder zwei Monate bräuchte. Einmal begleitete sie mich zum Arzt. Als ich ihm sagte, ich würde für niemanden etwas empfinden, war sie ziemlich schockiert."

„Schließlich wurde mir klar, dass wir viel mehr Menschen getötet hatten, als wir retteten. Soldaten oder Zivilisten? Da gibt es keine Differenz. Soldaten sind auch Zivilisten, einfach in anderen Kleidern ... Ich suche nach dem Schuldigen. Wer ist schuld daran, dass mir das alles passiert ist, dass ich mich so verändert habe? Seltsamerweise habe ich immer weniger das Gefühl, dass der Feind daran schuld sei."

„Am Ende fühlte ich mich vollständig leer und ausgebrannt. Ich kann das Gefühl nicht erklären. Ich denke, ich habe die Grenze überschritten, die Grenze, hinter der das Alltag wird, was im normalen Leben „Wahnsinn" genannt wird. Hinter dieser Grenze gibt es nichts als Leere."

(http://www.gsoa.ch/zeitung/72/18krieg.htm; 3.4.2007)

3. *Sprecht in Gruppen über die Erlebnisse Anton Goliks. Tauscht dabei auch Kriegserlebnisse aus, die ihr aus Erzählungen eurer Großeltern sowie aus Büchern und Filmen (z. B. „Das Wunder von Bern") kennt.*

4. *„Krieg macht krank, weil Menschen nicht zum Töten geschaffen sind", sagt Jasna Bastic. Diskutiert darüber.*

5. *Informiert euch über Kriegstraumatisierung.*

Zum ewigen Frieden

Der Philosoph Immanuel Kant (1724–1804) legt in seiner Schrift „Zum ewigen Frieden" dar, warum die Vernunft „den Krieg als Rechtsgang schlechterdings verdammt, den Friedenszustand dagegen zur unmittelbaren Pflicht macht". Er stellt darin unter anderem folgende Forderung auf:

3. „Stehende Heere (miles perpetuus) sollen mit der Zeit ganz aufhören."
Denn sie bedrohen andere Staaten unaufhörlich mit Krieg, durch die Bereitschaft, immer dazu gerüstet zu erscheinen; reizen diese an, sich einander in Menge der Gerüsteten, die keine Grenzen kennt, zu übertreffen, und, indem durch die darauf verwandten Kosten der Friede endlich noch drückender wird als ein kurzer Krieg, so sind sie selbst Ursache von Angriffskriegen, um diese Last loszuwerden; wozu kommt, dass zum Töten, oder getötet zu werden in Sold genommen zu sein einen Gebrauch von Menschen als bloßen Maschinen und Werkzeugen in der Hand eines andern (des Staats) zu enthalten scheint, der sich nicht wohl mit dem Rechte der Menschheit in unserer eigenen Person vereinigen lässt.

(Immanuel Kant: „Zum ewigen Frieden", Werke in 6 Bänden, Band VI, Wissenschaftliche Buchgesellschaft Darmstadt 1998, S. 197 f.)

6. *Krieg macht nach Kant „einen Gebrauch von Menschen als bloßen Maschinen und Werkzeugen in der Hand eines anderen". Interpretiert diesen Satz und nehmt Stellung.*

7. *Diskutiert die Aktualität dieses Textes.*

8. *Informiere dich z. B. unter folgenden Adressen über Ziele und Vorschläge der Friedensbewegung:*
http://www.deutsche-friedensgesellschaft.de
http://www.uni-kassel.de/fb5/frieden/bewegung
http://www.imi-online.de

9. *Organisiert an eurer Schule in Zusammenarbeit mit Geschichte, Gemeinschaftskunde, Religion, Deutsch ... einen Anti-Kriegs-Tag mit Stellwänden und Info-Ständen, szenischen Darstellungen, Lesungen und anderen Präsentationen.*

11. „Humankapital“

Urs Widmer

Top Dogs

Das 1996 in Zürich uraufgeführte Theaterstück des Schweizer Autors Urs Widmer zeigt das Problem der Arbeitslosigkeit auf einer ungewohnten Ebene, nämlich der des Managements. „Top Dogs“, Spitzenkräfte der neoliberalen Wirtschaft, werden durch ihre Entlassung selbst zu „Underdogs“ und somit zu Opfern ihrer eigenen inhumanen, nur auf Erfolg, Macht und Kapital ausgerichteten Politik.

BIHLER *Chefpose* Herr Tschudi. Danke, dass Sie gleich rüberkommen konnten. Ich kenne ja Ihren Terminkalender. Wir redimensionieren das Management. Sie waren ja selbst am Konzept beteiligt und haben ihm zugestimmt. Ich habe jetzt von jedem meiner Mitarbeiter auf der mittleren und höheren Managementebene eine Leistungsanalyse erstellen lassen. Kinley und Finley, Sie haben sich ja mit den Herren unterhalten. Die sind zum Schluss gekommen, dass Sie sich zu sehr auf Ihren Lorbeeren ausruhen, Tschudi. Natürlich haben Sie Leistung erbracht. Selbstverständlich. Aber Lorbeeren gehören auf den Kopf, in die Suppe vielleicht, aber nicht unter den Hintern. Ich muss mich auf den Ersten Dritten von Ihnen trennen.

TSCHUDI Aber wieso, ich habe doch immer …

BIHLER Es ist vorbei mit den fetten Jahren. Da haben wir gerade im Management großzügig eingekauft. Auf Halde sozusagen, nur für den Fall, dass. Und damit die Konkurrenz die nicht kriegt. Leute mit dreihunderttausend per annum und einem Output von plus minus null. Jetzt sitzen wir mit dem Überhang an Managern da. Die Schweiz ist keine Insel der Seligen mehr. Jetzt bläst auch bei uns ein kalter Wind. Wir müssen ein *Global Player* sein, oder die Konkurrenz dreht uns die Luft ab. Wir sind nicht mehr 1980. Wo soll ich einen wie Sie einsetzen, Tschudi, in diesem neuen Klima, das ja schon weit härtere Burschen schier umbringt. Sagen Sie doch selbst.

TSCHUDI Einer in meinem Alter hat ein Know-how, das ist nicht so leicht …

BIHLER Im Krieg brauche ich andere Männer als im Frieden. Heute brauche ich Generäle, die als Allererste in den Dschungel gehen. Die draufhalten können. Heute gibt es echte Tote. Sie müssen mit dem Flammenwerfer in die Konkurrenz rein und die ausräuchern. Sonst sind SIE dran. Churchill war im Frieden eine Niete. Aber im Krieg war er ein Ass. Heute sind wieder die Churchills gefragt.

TSCHUDI Wie wollen Sie die laufenden Projekte mit Leuten, die keine Ahnung …

BIHLER Ich bin froh, dass Sie das ansprechen. Ich wollte es eben selbst tun. Natürlich, die laufenden Projekte. Ich mache Ihnen einen Vorschlag. Ich kenne Ihre Qualitäten, Tschudi. Und unter uns, gerade um Sie tut es mir besonders leid. Ich bin sehr froh, dass ich Ihnen für Ihr laufendes Projekt einen Teilzeitvertrag anbieten kann. Befristet. Übers Gehalt einigen wir uns sicher, da sind sicher fünfzig Prozent Ihrer bisherigen Bezüge drin, wenn nicht mehr.

TSCHUDI Fünfzig Prozent? Aber das sind ja ganze …

BIHLER Da draußen sind Hunderte von solchen wie Sie einer sind. WHITE-COLLAR-Schrott. Die kriechen auf den Knien in mein Büro, nur um von mir einen Vertrag zu kriegen, für die Hälfte ohne Sozialabgaben, ohne Alterssicherung. Ich muss nur so machen. *Schnipst.* Business, das ist Krieg. Blut und Tränen. So ist das.

(Urs Widmer: Top Dogs, Verlag der Autoren, Frankfurt/M., 4. Auflage, 2000, S. 19 ff.)

1. *Bildet Vierergruppen. Jeweils zwei spielen den Dialog, mit Rollentausch nach etwa der Hälfte. Die anderen beiden beobachten. Wechselt danach. Tauscht anschließend in den Gruppen Beobachtungen sowie Erfahrungen mit der Opfer- bzw. Täterrolle aus. Präsentiert dann einige Darstellungen und Erfahrungsberichte dem Plenum. Stellt gemeinsam die verschiedenen Formen von Gewalt dieses Dialogs zusammen.*

2. *In der nächsten Szene des Theaterstücks findet die „Schlacht der Wörter“ statt. Hier einige Auszüge:*

Wrage	Arbeitsmarktfähigkeit
Krause	Hot-line
Wrage	Effizienzsteigerung
Bihler	Kostenoptimierung
Déer	Humankapital
Tschudi	Kündigungskultur
Déer	Ökoeffizienz
Jenkins	Shareholder-Value
Bihler	Aggressives Wachstum

(Urs Widmer, a. a. O., S. 26–29)

3. *„Humankapital“ wurde zum Unwort des Jahres 2004 erklärt. Findet Gründe dafür.*

4. *Untersucht die anderen Begriffe. Wodurch erhalten sie eine inhumane Bedeutung? Könnt ihr die Liste noch erweitern?*

Bertolt Brecht

Wenn die Haifische Menschen wären

„Wenn die Haifische Menschen wären“, fragte Herrn K. die kleine Tochter seiner Wirtin, „wären sie dann netter zu den kleinen Fischen?“

„Sicher“, sagte er. „Wenn die Haifische Menschen wären, würden sie im Meer für die kleinen Fische gewaltige Kästen bauen lassen, mit allerhand Nahrung drin, sowohl Pflanzen als auch Tierzeug. Sie würden dafür sorgen, daß die Kästen immer frisches Wasser hätten, und sie würden überhaupt allerhand sanitäre Maßnahmen treffen, wenn z. B. ein Fischlein sich die Flosse verletzen würde, dann würde ihm sogleich ein Verband gemacht, damit es den Haifischen nicht wegstürbe vor der Zeit.

Damit die Fischlein nicht trübsinnig würden, gäbe es ab und zu große Wasserfeste; denn lustige Fischlein schmekken besser als trübsinnige.

Es gäbe natürlich auch Schulen in den großen Kästen. In diesen Kästen würden die Fischlein lernen, wie man in den Rachen der Haifische schwimmt. Sie würden z. B. Geographie brauchen, damit sie die großen Haifische, die faul rumliegen, finden könnten. Die Hauptsache wäre natürlich

die moralische Ausbildung der Fischlein. Sie würden unterrichtet werden, daß es das Größte und Schönste sei, wenn ein Fischlein sich freiwillig aufopfert, und sie alle an die Haifische glauben müßten, vor allem, wenn sie sagten, sie würden für eine schöne Zukunft sorgen. Man würde den Fischlein beibringen, daß diese Zukunft nur gesichert sei, wenn sie Gehorsam lernten. Vor allen niedrigen, materialistischen, egoistischen und marxistischen Neigungen müssten sich die Fischlein hüten, und es sofort melden, wenn eines von ihnen solche Neigungen verriete.

[...]

Übrigens würde es auch aufhören, daß alle Fischlein, wie es jetzt ist, gleich sind. Einige von ihnen würden Ämter bekommen und über die anderen gesetzt werden. Die ein wenig größeren dürften sogar die kleineren fressen. Dies wäre für die Haifische nur angenehm, da sie dann selber öfter größere Brocken zu fressen bekämen. Und die größeren, Posten innehabenden Fischlein würden für die Ordnung unter den Fischlein sorgen, Lehrer, Offiziere, Ingenieure im Kastenbau werden. Kurz, es gäbe erst eine Kultur im Meer, wenn die Haifische Menschen wären.“

(Bertolt Brecht: Geschichten von Herrn Keuner, Suhrkamp Verlag, Frankfurt/M. 2006. Aus lizenzrechtlichen Gründen folgt dieser Text nicht der reformierten Rechtschreibung.)

5. *Beschreibe die „Kultur“, die die Haifische im Meer einführen würden, wenn sie Menschen wären.*

6. *Übertragt diese Parabel auf unsere Gesellschaft. Was kritisiert Brecht? Nehmt Stellung zu seiner Kritik.*

12. Gewalt ist keine Lösung

1. *Experiment: Jeweils zwei erhalten einen Apfel. Die Aufgabe lautet, den Apfel so zu teilen, dass beide zufrieden sind. Findet möglichst viele Lösungsmöglichkeiten.*

Johan Galtung: Konflikte kreativ lösen

Der Friedensforscher Johan Galtung verwendet ein ähnliches Experiment, nämlich mit einer Orange, gerne zur Veranschaulichung seiner Methode der Konfliktbearbeitung, die auf den Schlüsselkompetenzen Empathie, Kreativität und Gewaltfreiheit beruht. Der erste Schritt zur Lösung ist, den Konflikt so darzustellen, dass der Widerspruch darin aufgelöst wird. Galtung nennt das „Konflikttransformation". Die streitenden Parteien werden versöhnt, indem ihre jeweiligen Ziele auf ideenreiche Weise miteinander kombiniert werden. Galtung schildert seine Erfahrungen mit dem Orangenexperiment auf einer Tagung in London:

Als Erste äußerte sich ein achtjähriges Mädchen, die Klassenbeste in ihrer Klassenstufe von ganz England. „Ich würde die Orange schälen", sagte sie, „und die Spelzen zählen. Wenn die Zahl gerade ist, würde ich sie durch zwei teilen – und dann kann der andere wählen –, wenn die Zahl ungerade ist, würde ich auch sie durch zwei teilen und die übrig gebliebene Spelze in zwei genau gleiche Teile teilen."

Das ist zwar völlig richtig, aber ebenso unkreativ wie die Lösung, die Orange mit einem Messer durchzuschneiden, die gewöhnlich von Männern bevorzugt wird. Frauen schälen die Orange lieber und jede schlürft dann ihre Hälfte aus. Andere wollen sie auspressen und den Saft gleichmäßig in zwei Gläser verteilen. Das ist eine schöne Gelegenheit für ein paar Lektionen in Mathematik, Physik und Chemie.

Dann gab es noch einige, die eine Münze werfen wollten. Andere sagten: „Ich kaufe die Orange!" Ein Junge wollte um die Orange kämpfen. Aber das war offensichtlich die falsche Lösung, denn wir wollten ja Ergebnisse, die von beiden Seiten angenommen würden, die in die Zukunft weisen und die keine Rache oder Rachegedanken zur Folge haben würden. Einige Zeit später tauchten kreativere Vorschläge auf. Einige Kinder wollten mit der Orange spielen. Zwei indische Mädchen wollten sie nur ansehen, die Orange sei ja so schön und „gemeinsam ansehen ist ja schon teilen". Einige wollten Tassen aus der Schale machen, andere wollten die Schale für die Zubereitung von Kuchen verwenden, der dann verkauft, versteigert oder als Gewinn in einer Lotterie ausgesetzt werden sollte. Schließlich wollten einige die Kerne einpflanzen und in zwanzig Jahren die Früchte ernten. Es gab wenigstens sechzehn verschieden gute Ergebnisse. Aber nur wenige einzelne Teilnehmer kamen auf mehr als sechs oder sieben.
Je breiter das Spektrum der möglichen Lösungen ist, desto größer wird die Zahl der Alternativen zur Gewalt.

(Johan Galtung: Konflikte und Konfliktlösungen, Kai Homilius Verlag, Berlin 2007, S. 17 f.)

2. *Vergleicht die hier geschilderten Erfahrungen mit euren eigenen beim Apfelteilen. Welche Schlüsse für Konfliktlösungen kann man daraus ziehen?*

Siesta und Fiesta

Er ist Deutscher, sie ist Mexikanerin; sie sind jung verheiratet und leben in Berlin. Die Ehe läuft sehr gut am Montag, Dienstag, Mittwoch, Donnerstag, Freitag und Sonnabend. Der Sonntag ist eine Katastrophe. Er ist der Meinung, dass er die Woche über hart gearbeitet habe und etwas Erholung gebrauchen könne, auf der Couch vor dem Fernseher, als „Dauerglotzer" mit Knabberzeug in Reichweite. Kurz gesagt: Siesta.
Sie ist der Meinung, dass sie die Woche über hart gearbeitet habe und etwas Erholung gebrauchen könne. Ihre Vorstellung von Erholung besteht darin, dass sie mit zehn oder zwanzig Freunden von zehn Uhr morgens bis vier Uhr nachmittags eine Party feiert mit Alkohol und warmem Essen, Gesang und Tanz, Vergnügen. Kurz gesagt: Fiesta.

(Johan Galtung, a. a. O., S. 54, Nationalitäten und Orte verändert)

3. *Stellt den vorliegenden Konflikt im Rollenspiel dar.*

4. *Sucht in Gruppen nach der oben beschriebenen Methode der Konflikttransformation nach Lösungen.*
Stellt eure Lösungen der Gesamtgruppe vor und bewertet die gefundenen Möglichkeiten.

Konflikte auf Mega-Ebene

Darunter versteht Johan Galtung Konflikte zwischen ganzen Regionen, Kulturen und Religionen. An vielen Orten weltweit bemüht er sich, Konfliktparteien und Entscheidungsträger miteinander ins Gespräch zu bringen, um Lösungsmöglichkeiten zu entwickeln und konkrete Zielvereinbarungen zu treffen. Statt des Trennenden sollen dabei gemeinsame Ziele, Bedürfnisse und legitime Interessen im Mittelpunkt stehen.

5. *Beschreibt den in der Karikatur dargestellten Teufelskreis und findet aktuelle Beispiele.*

Die Macht der Vergebung

The Parents Circle ist eine Einrichtung, in der Hunderte verwaister Eltern in Israel und Palästina, die in den Feindseligkeiten ein Familienmitglied verloren haben, einander unterstützen und durch Gespräche die gegenwärtigen Probleme zu lösen und gegenseitiges Verständnis aufzubauen versuchen. Damit fördern sie Frieden und Versöhnung. Ihr Programm *Hello Peace* hat es 400 000 Israelis und Palästinensern ermöglicht, am Telefon miteinander zu sprechen. [...]

Peaceful Tomorrows wurde von Angehörigen von Opfern des Anschlags am 11. September 2001 gegründet, die nach wirksamen gewaltfreien Reaktionen auf den Terrorismus suchen. Einer von ihnen ist Andrew Rice, dessen Bruder starb. Er hatte ein dreistündiges Gespräch mit Aicha al-Wafi, der Mutter eines der Selbstmordattentäter. Er nahm sich ein Jahr frei und reiste durch die Vereinigten Staaten, um in Universitäten und Schulen zu sprechen. Er trug eine Alternative zu dem vor, was er „die Muskelsprache der Rache" nennt.

(Michael Henderson: Die anderen befreien und die Seele heilen; in: Publik Forum, Nr. 11, 8. Juni 2007, S. 16)

6. *Zeigt auf, welche Prinzipien der Konfliktlösung hier angewandt werden.*

7. *Führt in Zweiergruppen ein Gespräch zwischen Andrew Rice und Aicha al-Wafi im Rollenspiel. Beobachtet und analysiert dabei Stellen, an denen die Gespräche eine versöhnliche Wendung nehmen.*

Mediation

Mediation ist ein Verfahren der Konfliktlösung, das in den Sechziger- und Siebzigerjahren in den USA entwickelt wurde und dort mit Erfolg in vielen Lebensbereichen angewendet wird. Wörtlich übersetzt bedeutet „Mediation" Vermittlung. Gemeint ist die Vermittlung in Streitfällen durch unparteiische Dritte, die von allen Seiten akzeptiert werden. [...]
Unverzichtbare Grundregeln [eines Mediationsgesprächs] sind:

- Ausreden lassen!
- Keine Beleidigungen oder Handgreiflichkeiten!
- Die MediatorInnen haben die Verantwortung für den Gang des Gesprächs und greifen ein, wenn es erforderlich ist. [...]

Grundlegende Methoden:
Aktives Zuhören
Zuhören mit dem Ziel, die Sicht der anderen Person voll und ganz zu verstehen. Verstehen heißt jedoch nicht, die Sichtweise der anderen Person zu übernehmen. Wenn sich ein Mensch ganz aussprechen darf und verstanden fühlt,

ist er auch eher bereit, andere anzuhören und Verständnis für sie aufzubringen. Um zu überprüfen, ob man den oder die andere richtig verstanden hat, gibt man von Zeit zu Zeit in eigenen Worten wieder, was man gehört hat, und fragt nach, ob es richtig zusammengefasst wurde (Spiegeln/Paraphrasieren). An entscheidenden Stellen werden auch die KontrahentInnen aufgefordert, sich gegenseitig zu spiegeln. Sie werden dadurch veranlasst, genau zuzuhören und das Wesentliche des Gesagten zu erfassen.

Ich-Botschaften

Die KontrahentInnen werden angeleitet, von ihren eigenen Erfahrungen und Gefühlen zu reden und sich nicht hinter Allgemeinplätzen zu verstecken oder in Beleidigungen und Beschuldigungen der Gegenseite auszuweichen. [...]

Einzelgespräche

In schwierigen Situationen können die MediatorInnen Einzelgespräche mit den Konfliktparteien einschieben. Dort können die aufgetauchten Probleme ohne den Druck, dass die „Gegenseite" mithört, geklärt werden. Auch können die KontrahentInnen auf diesem Weg den MediatorInnen Vorschläge mitteilen, die sie vor der Gegenseite nicht aussprechen wollen.

Brainstorming

Kreative Ideensammlung, bei der alle Vorschläge unzensiert aufgelistet und die brauchbarsten zur Weiterarbeit verwendet werden.

(Christoph Besemer: Mediation. Vermittlung von Konflikten, 4. Auflage, PAZIFIX-Materialvertrieb, Karlsruhe 1997)

8. *Benennt Situationen und Fälle, in denen Mediation sinnvoll ist, und begründet dies.*

9. *Forme folgende Sätze in Ich-Botschaften um:*
- *Du kommst ständig zu spät!*
- *Wir verstehen uns einfach nicht.*
- *In letzter Zeit behandeln wir nur noch langweilige Themen.*

10. *Macht eine Partnerübung im „Aktiven Zuhören" in der Form eines kontrollierten Dialogs. Erzählt euch dazu gegenseitig ein eventuell belastendes Erlebnis aus dem Schulalltag. Tauscht euch danach über eure Erfahrungen beim Reden und beim Zuhören aus.*

Methode: Kontrollierter Dialog

Einigt euch in Dreiergruppen auf ein Thema, über das ihr sprechen wollt. Zwei von euch reden nun miteinander, der/die Dritte beobachtet und achtet darauf, dass die folgenden Gesprächsregeln eingehalten werden: Jeder Gesprächsbeitrag, der gemacht wird, muss vom Zuhörenden wiederholt werden, bevor er/sie selbst etwas sagen kann. Im ersten Schritt bedeutet Wiederholen die wörtliche Wiedergabe des Gehörten, nach einiger Übung reicht die sinngemäße Wiedergabe. Mit einem Kopfnicken oder einer ähnlichen Geste reagiert der Sprecher/die Sprecherin auf das Wiedergegebene, bevor der Dialog weitergeführt wird.

Mahatma Gandhi: Satyagraha*

Am 2. Oktober 1869 wurde in Kathiawar im Westen Indiens Mohandas Karamschand Gandhi geboren, der mit der von ihm entwickelten Methode des gewaltfreien Widerstands sein Land Indien zur Freiheit von der britischen Kolonialherrschaft führte.

Satyagraha ist der Begriff im Zentrum von Gandhis Philosophie der Gewaltlosigkeit. Er selbst erläutert den Begriff folgendermaßen:

Den Begriff Satyagraha habe ich in Südafrika geprägt, um der Kraft einen Namen zu geben, mit der die Inder dort für volle acht Jahre (1906–1914) gekämpft haben. Ich sprach von Satyagraha, um diese Kraft von der Bewegung zu unterscheiden, die damals in Großbritannien und Südafrika unter dem Namen des passiven Widerstands lief. Die Satyagraha ist vom passiven Widerstand so weit entfernt wie der Nordpol vom Südpol. Der passive Widerstand ist die Waffe der Schwachen, und dabei ist die Verwendung von physischem Druck oder verletzender Gewalt nicht grundsätzlich ausgeschlossen, um das Ziel zu erreichen. Dagegen ist Satyagraha eine Waffe für die Stärksten. Hierbei ist die Anwendung von Gewalt in jeder Form ausgeschlossen. [...]

Satyagraha wird auch die Kraft der Seele genannt, weil die Gewissheit einer allem innewohnenden Seele notwendig ist, wenn der Satyagrahi daran glauben soll, dass der Tod

nicht das Ende, sondern den Höhepunkt des Kampfes bedeutet. [...] Und im Wissen, dass die Seele den Körper überlebt, brennt er nicht ungeduldig darauf, den Sieg der Wahrheit im gegenwärtigen Körper zu erleben. [...]
Trotzdem wurde dagegen eingewandt, dass die Satyagraha – wie wir sie verstehen – nur von einer auserwählten Minderheit praktiziert werden könne. Meine Erfahrung beweist das Gegenteil. Werden ihre einfachen Grundsätze – Festhalten an der Wahrheit und durch eigenes Leiden dafür Einstehen – erst einmal begriffen, kann jeder die Satyagraha praktizieren. [...]
Doch auf politischer Ebene besteht der Kampf im Namen des Volkes vorwiegend darin, dem Irrtum in Form ungerechter Gesetze entgegenzutreten. Wenn es misslungen ist, dem Gesetzgeber den Irrtum durch Petitionen und dergleichen eindringlich vor Augen zu führen, bleibt einem als einziges Gegenmittel – wenn man sich nicht unterwerfen will –, ihn zu zwingen, die Gesetze aufzuheben, indem man durch Verletzung des Gesetzes eine Bestrafung herausfordert und dadurch selbst Leiden auf sich nimmt. Deshalb erscheint die Satyagraha der Öffentlichkeit weiterhin als ziviler Ungehorsam oder ziviler Widerstand. „Zivil" ist in dem Sinne aufzufassen, dass dieses Vorgehen nicht kriminell ist.

(Günther Gugel: Wir werden nicht weichen. Erfahrungen mit Gewaltfreiheit, Verein für Friedenspädagogik e. V., Tübingen 1996, S. 34 f.)

11. *Stelle die wesentlichen Momente von „Satyagraha" dar. Warum grenzt Gandhi sie scharf von „passivem Widerstand" ab? Zeige den Unterschied am Beispiel einer Sitzblockade auf.*

12. *Recherchiere über das Leben und Wirken Gandhis und stelle es als Referat dar.*

Einige Satyagraha-Normen:

- **Schenke deinem Gegner Vertrauen!**
  Du sollst immer an deinem Gegner so handeln, wie du an Mitgliedern deiner eigenen Gruppe gehandelt hättest, und wie du wünschst, dass andere an dir handeln sollen.
- **Begegne dem Gegner persönlich!**
  Du sollst dein Zutrauen zum Gegner dadurch zum Ausdruck bringen, dass du willig bist, ihm persönlich zu begegnen oder ein persönliches Verhältnis zu ihm zustande zu bringen, ebenso aufrichtig, wie du es mit einem von deiner eigenen Gruppe tun würdest.
- **Beurteile nicht andere härter als dich selbst!**
  Du sollst weder ethisch noch intellektuell dem Gegner einen niedrigeren Rang als dir selbst beimessen, sondern an ihm so handeln, als wenn er wenigstens ebenso hohe ethische Motive und wenigstens ebenso intelligente Analysen der Lage hätte wie du selbst. Und beurteile ihn mit Rücksicht auf alle mildernden Umstände, die die äußeren Ereignisse geben können.
- **Zwinge den Gegner nicht – wandle seinen Sinn!**
- **Richte den Kampf gegen die Sache, nicht gegen die Person!**
- **Nütze nicht die Schwächen des Gegners aus!**
- **Provoziere den Gegner nicht!**

(http://www.wegweiser-buergergesellschaft.de; 8.1.2007)

13. *Bei den vier letzten Regeln fehlen die Erläuterungen. Ergänze sie.*

14. *Beschreibe das Verhältnis zum Gegner, das in diesen Regeln gefordert wird, und beziehe kritisch Stellung dazu.*

15. *Sucht Ähnlichkeiten und Entsprechungen zu anderen Normen, die ihr kennt.*

16. *Seht euch, wenn möglich gemeinsam, den Film „Gandhi" von Richard Attenborough an.*

13. Was heißt Toleranz?

1. *Betrachtet das Bild einer Demonstration gegen Neonazis und erläutert die Parolen der Transparente.*

2. *Soll die NPD verboten werden? Diskutiert darüber.*

Tolerant gegen Intoleranz?

Jeder sollte tun, was ihm beliebt, ist [...] eine zweideutige Regel. Sie kann meinen: Jeder soll mit dem Belieben der anderen umgehen, wie es ihm selbst beliebt, friedlich und tolerant oder gewalttätig und intolerant. Sie kann auch meinen, jeder soll das Belieben der anderen respektieren. Eine solche allgemeine Toleranzforderung schränkt aber das eigene Belieben gerade ein. Man muss sich klarmachen, dass Toleranz keineswegs die selbstverständliche Konsequenz des moralischen Relativismus ist, wie es oft behauptet wird. Toleranz gründet vielmehr in einer sehr bestimmten moralischen Überzeugung, für die Allgemeingültigkeit verlangt wird. Der moralische Relativist kann demgegenüber sagen: „Warum soll ich tolerant sein? Jeder soll nach seiner Moral leben. Meine Moral erlaubt mir Gewalttätigkeit und Intoleranz."

Man muss also schon eine bestimmte Idee von der Würde des Menschen haben, um die Forderung der Toleranz einleuchtend zu finden. Im Übrigen aber genügt die Toleranzforderung keineswegs, um die Konflikte zwischen den Wünschen des einen und denen des anderen zu lösen. Manche Wünsche sind einfach miteinander unverträglich. [...] Eine zumutbare Lösung für beide freilich gibt es nur, wenn es einen möglichen gemeinsamen, und das heißt einen wahrheitsfähigen Maßstab für die Beurteilung von Wünschen gibt. Der ethische Relativismus geht von der Beobachtung aus, dass gerade diese Maßstäbe strittig sind. Aber dieses Argument beweist das Gegenteil von dem, was es beweisen will. Denn jedem theoretischen Streit liegt bereits die Idee einer gemeinsamen Wahrheit zugrunde. Wenn jeder seine eigene Wahrheit hätte, gäbe es keinen Streit, es gäbe nur das gegenseitige Sichgeltenlassen bis zum Konfliktfall. Der Konfliktfall aber ließe sich gar nicht durch vernünftiges Nachdenken und vielleicht auch durch Streiten um den richtigen Maßstab lösen, sondern nur durch das physische Recht des Stärkeren, der kurzerhand seinen Willen durchsetzt. Der Fuchs und der Hase streiten nicht miteinander um das richtige Leben. Entweder jeder geht seiner Wege, oder der eine frisst den anderen auf.

(Robert Spaemann: Moralische Grundbegriffe, Beck, München 2004, S. 21 f.)

3. *Welche Voraussetzungen hat nach Spaemann die Haltung der Toleranz und wie grenzt er diese vom „ethischen Relativismus" ab?*

4. *Wo liegen für dich die Grenzen der Toleranz?*

Toleranz als „erweiterte Denkungsart" bei Hannah Arendt

Das moralische Prinzip der erweiterten Denkungsart nötigt uns, jeden Menschen als jemanden zu betrachten, dessen Standpunkt wir aus der Achtung vor seiner moralischen Würde, die wir ihm schulden, in unsere Überlegungen einzubeziehen haben. [...]

Je mehr Perspektiven verschiedener Menschen wir in unser Verständnis einer Situation einbauen können, umso eher werden wir deren moralische Relevanz und ihre moralische Bedeutung erkennen können, umso eher werden wir in der Lage sein, die möglichen Beschreibungen unserer Handlungen durch andere richtig einzuschätzen. Und schließlich: je eher wir imstande sind, den Standpunkt anderer einzunehmen, umso lebhafter werden wir uns die narrative[1] Geschichte anderer vorstellen können. Zu den Voraussetzungen moralischer Urteilsfähigkeit, welche anderen kognitiven[2] Fähigkeiten sie auch sonst noch erfordern mag, gehört auf

[1] narrativ: in erzählender Form
[2] kognitiv: die Erkenntnis betreffend

jeden Fall die Fähigkeit der „erweiterten Denkungsart“, die Fähigkeit, mir „in einer vorweggenommenen Kommunikation mit anderen, von denen ich weiß, dass ich mich mit ihnen letztlich auf irgendeine Weise werde einigen müssen“ (Arendt), ein Urteil zu bilden. Eine Urteilsfähigkeit dieser Art ist nicht gleichbedeutend mit Empathie, wie auch Arendt festhält, da es sich nicht darum handelt, den Standpunkt des oder der anderen gefühlsmäßig zu erfassen oder zu akzeptieren, sondern sich bewusst zu machen, aus welchem Blickwinkel andere Beteiligte die Dinge sehen oder sehen könnten, um die Frage, ob ich durch die Art, wie ich handle, um „jedes anderen Beistimmung werben“ könnte. Wenn solches Handeln aus der Perspektive aller anderen von Empathie unterschieden werden muss, was sollen wir dann darunter verstehen? [...] „aus der Perspektive eines jeden anderen“ denken, heißt „zuhören können“, dem zuhören können, was andere zu sagen haben, oder, wenn diese anderen stumm bleiben, sich einen Dialog mit ihnen vorstellen zu können.

(Seyla Benhabib: Selbst im Kontext, Suhrkamp Verlag, Frankfurt/M. 1995, S. 152 f.)

5. *Stelle die Fähigkeit der „erweiterten Denkungsart“ in eigenen Worten dar. Welche Voraussetzungen müssen bei einer Person vorhanden sein?*

6. *Macht eine „Leerer-Stuhl“-Übung zum Perspektivenwechsel. Mögliche Streitthemen:*
- *Soll es an unserer Schule eine Raucherecke für über 18-Jährige geben?*
- *Zivildienst als Pflicht auch für Mädchen?*

Methode: Leerer Stuhl

Bildet Gruppen zu beispielsweise drei Teilnehmer/innen. In jeder Gruppe befindet sich ein leerer Stuhl. Eine(r) beginnt nun, ein Argument für die eigene Position vorzutragen. Danach nimmt er/sie auf dem freien Stuhl Platz, überlegt ein Argument für die Gegenposition und trägt es vor. Nach einigen Minuten wird gewechselt.
Am Ende der Übung findet ein Austausch von Erfahrungen und Beobachtungen statt: Wie habe ich mich auf dem leeren Stuhl gefühlt? Hat sich meine Position im Laufe der Übung verändert? Wurden auch die Gegenargumente überzeugend vorgetragen?

Gelingendes Gespräch

Picasso, Les amoureux (Die Liebenden, 1923)

Zunächst halten wir fest, dass die Sprache, in der etwas zur Sprache kommt, kein verfügbarer Besitz des einen oder des anderen der Gesprächspartner ist. Jedes Gespräch setzt eine gemeinsame Sprache voraus, oder besser: Es bildet eine gemeinsame Sprache heraus. Es ist da etwas in der Mitte niedergelegt, wie die Griechen sagen, an dem die Gesprächspartner teilhaben und worüber sie sich miteinander austauschen. Die Verständigung über eine Sache, die im Gespräch zustande kommen soll, bedeutet daher notwendigerweise, dass im Gespräch eine gemeinsame Sprache erst erarbeitet wird. Das ist nicht ein äußerer Vorgang der Adjustierung von Werkzeugen, ja es ist nicht einmal richtig zu sagen, dass sich die Partner aneinander anpassen, vielmehr geraten sie beide im gelingenden Gespräch unter die Wahrheit der Sache, die sie zu einer neuen Gemeinsamkeit verbindet. Verständigung im Gespräch ist nicht ein bloßes Sichausspielen und Durchsetzen des eigenen Standpunktes, sondern eine Verwandlung ins Gemeinsame hin, in der man nicht bleibt, was man war.

(Hans-Georg Gadamer: Wahrheit und Methode, J. C. B. Mohr (Paul Siebeck), Tübingen 1990, S. 384)

7. *Betrachte das Bild oben. Inwieweit illustriert es die Aussagen des Textes?*

8. *Tauscht euch im Partnergespräch über Schwierigkeiten/Möglichkeiten aus, eine gemeinsame Sprache zu finden.*

9. *„Sich miteinander austauschen“, „sich mitteilen“, „etwas vermitteln“, „aneinander vorbeireden“ – welche Erfahrungen kommen zum Ausdruck?*

10. *Entwerft in Partnerarbeit einen Dialog, in dem zwei aneinander vorbeireden. Stellt einige Dialoge vor und überlegt, an welchen Stellen vermittelnd eingegriffen werden könnte.*

José F. A. Oliver

Integration

unantastbar bleiben
in anderen schwimmen
das Gleiche erkennen
sich allmählich vortasten
im anderen verschmelzen
unantastbar bleiben
im anderen
verschmolzen
das Andere tasten

(José F. A. Oliver: Auf-Bruch, Das Arabische Buch, Berlin 1989, S. 55)

11. *Beschreibe und erläutere die Gedanken zu Dialog und Toleranz, die du in diesem Gedicht findest.*

12. *Schreibe dein eigenes Gedicht mit dem Titel „Toleranz".*

Lessings Ringparabel – ein Lehrstück religiöser Toleranz

Szenenbild aus „Nathan der Weise" mit Klaus Maria Brandauer (Wiener Burgtheater, 2004)

Gotthold Ephraim Lessings dramatisches Gedicht „Nathan der Weise" spielt in Jerusalem, der Stadt, die den drei Weltreligionen Judentum, Christentum und Islam gleichermaßen als heilige Stadt gilt. Der muslimische Sultan Saladin stellt darin dem Juden Nathan die Frage, welches denn die wahre Religion sei. Nathan antwortet darauf mit folgendem Gleichnis, der „Ringparabel":

3. AUFZUG, 7. Auftritt

NATHAN. Vor grauen Jahren lebt' ein Mann im Osten,
Der einen Ring von unschätzbarem Wert'
Aus lieber Hand besaß. Der Stein war ein
Opal, der hundert schöne Farben spielte,
Und hatte die geheime Kraft, vor Gott
Und Menschen angenehm zu machen, wer
In dieser Zuversicht ihn trug. Was Wunder,
Dass ihn der Mann im Osten darum nie
Vom Finger ließ; und die Verfügung traf,
Auf ewig ihn bei seinem Hause zu
Erhalten? Nämlich so. Er ließ den Ring
Von seinen Söhnen dem Geliebtesten;
Und setzte fest, dass dieser wiederum
Den Ring von seinen Söhnen dem vermache,
Der ihm der Liebste sei; und stets der Liebste,
Ohn Ansehn der Geburt, in Kraft allein
Des Rings, das Haupt, der Fürst des Hauses werde. –
Versteh mich, Sultan.
SALADIN. Ich versteh dich. Weiter!
NATHAN. So kam nun dieser Ring, von Sohn zu Sohn,
Auf einen Vater endlich von drei Söhnen;
Die alle drei ihm gleich gehorsam waren,
Die alle drei er folglich gleich zu lieben
Sich nicht entbrechen konnte. Nur von Zeit
Zu Zeit schien ihm bald der, bald dieser, bald
Der dritte, – sowie jeder sich mit ihm
Allein befand, und sein ergießend Herz
Die andern zwei nicht teilten, würdiger
Des Ringes; den er denn auch einem jeden
Die fromme Schwachheit hatte, zu versprechen.
Das ging nun so, solang es ging. – Allein
Es kam zum Sterben, und der gute Vater
Kömmt in Verlegenheit. Es schmerzt ihn, zwei
Von seinen Söhnen, die sich auf sein Wort
Verlassen, so zu kränken. – Was zu tun? –
Er sendet in geheim zu einem Künstler,
Bei dem er, nach dem Muster seines Ringes,
Zwei andere bestellt, und weder Kosten
Noch Mühe sparen heißt, sie jenem gleich,
Vollkommen gleich zu machen. Das gelingt
Dem Künstler. Da er ihm die Ringe bringt,
Kann selbst der Vater seinen Musterring
Nicht unterscheiden. Froh und freudig ruft
Er seine Söhne, jeden insbesondre;
Gibt jedem insbesondre seinen Segen, –
Und seinen Ring, – und stirbt. – Du hörst doch, Sultan?
SALADIN *(der sich betroffen von ihm gewandt)*.

Ich hör, ich höre! – Komm mit deinem Märchen
Nur bald zu Ende. – Wird's?
NATHAN. Ich bin zu Ende.
Denn was noch folgt, versteht sich ja von selbst. –
Kaum war der Vater tot, so kömmt ein jeder
Mit seinem Ring', und jeder will der Fürst
Der Hauses sein. Man untersucht, man zankt,
Man klagt. – Umsonst; der rechte Ring war nicht
Erweislich; – *(nach einer Pause, in welcher er des Sultans Antwort erwartet)*
Fast so unerweislich, als
Uns itzt – der rechte Glaube.

(G. E. Lessing: Nathan der Weise, Reclam, Stuttgart 2000, S. 78 ff.)

13. *Findet in Gruppen Lösungen für den Konflikt zwischen den Söhnen. Beachtet dabei Johan Galtungs Methode der Konflikttransformation und die Satyagraha-Regeln Gandhis. Stellt danach eure Ergebnisse der Gesamtgruppe vor. Bewertet gemeinsam die gefundenen Lösungen.*

Wettstreit um Toleranz

Wie aber ist es möglich, die Wahrheit zu erweisen? Nicht durch Streit oder Kampf, so der Richter, den die Streitenden heranziehen, denn da der Ring „vor Gott und Menschen angenehm" machen soll, kann eine streitende Religion nicht die wahre sein; und sollten alle drei in Streit verfallen, so sei der echte Ring wohl doch verloren und die drei nichts als Betrüger. Also gibt der Richter folgenden Rat: Im festen Glauben daran, den echten Ring zu besitzen, „eifre jeder seiner unbestochnen von Vorurteilen freien Liebe nach! Es strebe von euch jeder um die Wette, die Kraft des Steins in seinem Ring an den Tag zu legen! Komme dieser Kraft mit Sanftmut, mit herzlicher Verträglichkeit, mit Wohltun, mit innigster Ergebenheit in Gott zu Hilf". Die Lösung besagt also, dass der Wettstreit zwischen den dreien bestehen bleiben soll, nur soll es ein positiver Wettstreit um die moralisch beste und vernünftigste Religion sein: ein Wettstreit um Toleranz. Wenn diese Kombination aus Glaube, Vernunft und Moral zusammenkomme, müsse man das Urteil dessen nicht fürchten, der „über tausend Jahre" verkünden werde, wer den echten Ring besaß. Und diese Jahre, so sieht Saladin ein, „sind noch nicht um. – Sein Richterstuhl ist nicht der meine."

(Rainer Forst: Toleranz im Konflikt, Suhrkamp Taschenbuch Wissenschaft, Frankfurt/M. 2003, S. 406)

14. *Vergleicht Lessings Lösung mit euren eigenen. Wo gibt es Gemeinsamkeiten, Unterschiede?*

An mehreren Stellen des Stücks macht Lessing klar, dass die trennenden Unterschiede zwischen Christen, Juden und Muslimen zwar nicht bedeutungslose Hüllen sind, die man ohne weiteres ablegen könnte, dass aber Individuen als Menschen durch gemeinsame Bedürfnisse, Gefühle, moralische Maßstäbe und den Glauben an einen Gott verbunden sind. Deutlich tritt hier der lessingsche Humanismus hervor, der im Menschsein selbst eine verbindende Qualität sieht, die von der religiösen Intoleranz verdeckt wird. So spricht Nathan zu dem Tempelherrn: „Sind wir unser Volk? Was heißt denn Volk? Sind Christ und Jude eher Christ und Jude als Mensch? Ah! Wenn ich einen mehr in Euch gefunden hätte, dem es genügt, ein Mensch zu heißen."

(Rainer Forst, a. a. O., S. 404)

15. *Formuliert Leitgedanken für den Dialog zwischen den Religionen. Überprüft diese auch an Beispielen wie dem Karikaturenstreit oder dem Konflikt im Nahen Osten. Stellt eure Erkenntnisse in einer Diskussionsrunde mit den Religionsgruppen vor. Präsentiert zum Einstieg nach Möglichkeit die Szene aus „Nathan der Weise", entweder in eigener szenischer Darstellung oder aus einer Verfilmung.*

14. Friedensarbeit

Rosa Luxemburg

Rosa Luxemburg wird am 5. März 1871 im polnischen Zamosz geboren, besucht das Gymnasium in Warschau und tritt bereits mit 16 Jahren in die „Sozialistische Revolutionäre Partei Proletariat“ ein. Nach Abschluss ihres Studiums mit der Promotion geht sie 1898 nach Deutschland und tritt in die SPD ein. Dort macht sie sich bald als Wortführerin des linken Flügels einen Namen, indem sie in Reden und Schriften die rasch wachsende Hochrüstung und Militarisierung sowie den anschwellenden Nationalismus scharf kritisiert. Ihre Veröffentlichungen bringen sie mehrfach ins Gefängnis. Selbst als 1914 die SPD nahezu geschlossen für den Krieg (Bewilligung von Kriegskrediten) stimmt, ruft sie weiterhin zum Widerstand gegen ihn auf:

„Wenn uns zugemutet wird, die Mordwaffe gegen unsere französischen oder anderen ausländischen Brüder zu erheben, so erklären wir: Nein, das tun wir nicht.“

Zusammen mit Karl Liebknecht gründet sie 1915 die „Gruppe Internationale“, die später zum „Spartakusbund“ wird. Die Kriegsjahre verbringt Rosa überwiegend im Gefängnis, wo sie in ihren Schriften weiterhin entschieden gegen Nationalismus und Militarismus eintritt:

„Den Regierungen und den herrschenden Klassen muss vor Augen geführt werden, dass heutzutage gegen das Volk und *gegen den Willen des Volkes* keine Kriege mehr geführt werden können.“

In ihrer „Junius-Rede“ zitiert sie zunächst die Erklärung der Reichstagsfraktion der SPD vom 4. August 1914, die die Kriegskredite und damit den Kriegseintritt befürwortet:

„Jetzt stehen wir vor der ehernen Tatsache des Krieges. Uns drohen die Schrecken feindlicher Invasionen. Nicht für oder gegen den Krieg haben wir uns heute zu entscheiden, sondern über die Frage der für die Verteidigung des Landes erforderlichen Mittel ... Für unser Volk und seine freiheitliche Zukunft steht bei einem Sieg des russischen Despotismus, der sich mit dem Blute der Besten des eigenen Volkes befleckt hat, viel, wenn nicht alles auf dem Spiel. Es gilt, diese Gefahr abzuwehren, die Kultur und die Unabhängigkeit unseres eigenen Landes sicherzustellen. Da machen wir wahr, was wir immer betont haben: Wir lassen in der Stunde der Gefahr das eigene Vaterland nicht im Stich. Wir fühlen uns dabei im Einklang mit der Internationale, die das Recht jedes Volkes auf nationale Selbständigkeit jederzeit anerkannt hat, wie wir auch in Übereinstimmung mit ihr jeden Eroberungskrieg verurteilen ... Von diesen Grundsätzen geleitet, bewilligen wir die geforderten Kriegskredite.“

Mit dieser Erklärung gab die Reichstagsfraktion am 4. August die Parole, welche die deutsche Arbeitnehmerschaft im Kriege bestimmen und beherrschen sollte. Vaterland in Gefahr, nationale Verteidigung, Volkskrieg um Existenz, Kultur und Freiheit – das war das Stichwort, das von der parlamentarischen Vertretung der Sozialdemokratie gegeben wurde. Wenn es sich wirklich um die Existenz der Nation, um die Freiheit handelt, wenn diese nur mit dem Mordeisen verteidigt werden kann, wenn der Krieg eine heilige Volkssache ist, dann wird alles selbstverständlich und klar, dann muss alles in Kauf genommen werden. Wer den Zweck will, muss die Mittel wollen. Der Krieg ist ein organisiertes, riesenhaftes Morden. Zum systematischen Morden muss aber bei normal veranlagten Menschen erst der entsprechende Rausch erzeugt werden. Dies ist seit jeher die wohlbegründete Methode der Kriegführenden. Der Bestialität der Praxis muss die Bestialität der Gedanken und der Gesinnung entsprechen, diese muss jene vorbereiten und begleiten.

(Zitate: Rosa Luxemburg: Die Krise der Sozialdemokratie (Junius-Broschüre); in: Die Freiheit ist immer nur die Freiheit des Andersdenkenden, Voltmedia, Paderborn, S. 560 f.)

1. *Stelle die Methoden und Aussagen der Kriegspropaganda dar, die Rosa Luxemburg im zweiten Teil dieses Redeauszugs anprangert.*

2. *Weise diese Parolen der Kriegspropaganda in der Erklärung der SPD-Fraktion von 1914 nach.*

3. *Beschreibe anhand einiger Beispiele die Kriegspropaganda nach dem 11. September 2001.*

Im Januar 1919 wird Rosa Luxemburg zusammen mit Karl Liebknecht von Freikorps-Soldaten entführt, im Berliner Eden-Hotel stundenlang verhört und gefoltert und schließlich ermordet. Ihre Leiche wird Monate später aus dem Landwehrkanal geborgen.

Palästinensische Jugendliche werfen Steine gegen ein Militärfahrzeug.

Eine Palästinenserin im Dialog mit Israel

Sumaya Farhat-Naser wurde 1948 im palästinensischen Birseit bei Jerusalem geboren. Sie studierte Biologie, Geografie und Erziehungswissenschaften in Hamburg und lehrt nun an der Universität Birseit. In ihren Büchern stellt sie sowohl die erdrückende Erfahrung des palästinensischen Volkes dar als auch ihre unermüdliche Friedensarbeit gemeinsam mit israelischen Frauen unter dem Motto „Wir weigern uns, Feindinnen zu sein".

Als ich nach dem Studium nach Palästina zurückkehrte, war das Westjordanland in der Folge des Krieges von 1967 vom israelischen Militär besetzt. Ich erfuhr all die Repressalien und Ungerechtigkeiten der Besatzung. Es ist oft schwer, die Besatzer als Menschen zu sehen, wenn Familien, auch die eigene, misshandelt werden, ihnen ihr Land weggenommen wird und die Kinder über Jahre der Gefahr ausgesetzt sind, erschossen zu werden. Die Wut ist oft groß, der Übergang zum Hass nahtlos. Doch ich hatte inzwischen Juden und Jüdinnen kennengelernt, sogar Freundschaften geschlossen, und ich hatte gelernt, dass wir es uns auf keinen Fall leisten können, der Verbitterung und dem Hass Raum zu geben, wenn wir irgendwann in Frieden miteinander leben wollen.

(Sumaya Farhat-Naser: Verwurzelt im Land der Olivenbäume, Lenos Verlag, Basel 2002, S. 14 f.)

4. *Stelle dar, wie es der Autorin gelingt, Hass zu vermeiden.*

Die physische Gewalt, die viele von uns als Besetzte erlebt haben, hemmt unseren Weg in eine zivile, friedliche Gesellschaft. Die meisten jungen Männer waren ein- oder mehrmals inhaftiert, viele wurden gefoltert. Der seelischen und körperlichen Verletzungen wegen sind sie zu konsequentem Widerstand gegen die Besatzer bereit; die Gewalt, die sie erleben mussten, macht sie nur noch entschlossener. Zugleich schließen diese Erfahrungen bei vielen die Möglichkeit aus, die Sicht der anderen kennenlernen zu wollen. Gewalt bestimmt ihr Leben, normaler Alltag ist ihnen fremd, eine gedeihliche Entwicklung als Kinder und Jugendliche undenkbar. Ihr Lebensgefühl ist von Perspektivlosigkeit, Arbeitslosigkeit und Ausbeutung geprägt. Die Schließung der Schulen und Universitäten nimmt ihnen die Möglichkeit, sich auf ein halbwegs normales Leben vorzubereiten. [...] Kinder, die schon früh die Machtlosigkeit und Verwundbarkeit ihrer eigenen Eltern erleben, neigen dazu, eine rein negative Haltung gegenüber der Welt einzunehmen.

(Sumaya Farhat-Naser, a. a. O., S. 182 f.)

5. *Zeige die Faktoren auf, die das Leben palästinensischer Kinder und Jugendlichen besonders belasten.*

6. *Organisiert zusammen mit Geschichts-, Gemeinschaftskunde- und Religionsgruppen einen Tag der Menschenrechte an eurer Schule, mit Vorträgen, Stellwänden, Info-Ständen usw.*

Überprüfe dein Wissen und Können

1. *Formen von Gewalt unterscheiden und erläutern:*

Bestimme und erläutere die Formen von Gewalt, die in folgenden Beispielen vorliegen.

a) Eine Nachbarin verprügelt regelmäßig ihre Kinder.
b) 30 000 Kinder sterben täglich an den Folgen der Armut.
c) Frauen sind in Führungspositionen unterrepräsentiert.
d) Ein Landwirt sperrt seine Schweine in dunkle und viel zu kleine Ställe.
e) Der Klimawandel scheint kaum mehr aufzuhalten.

2. *Die Entstehung von Aggression und Möglichkeiten der Prävention ermitteln:*

Kläre kurz die Entstehung von Aggression aus folgenden Ursachen und ordne sie in einen theoretischen Zusammenhang ein. Entwickle jeweils auch Möglichkeiten zur Vermeidung von Gewalt.

a) Frustration
b) Lernen am Modell
c) Kampf um Anerkennung

3. *Gewalt als Ergebnis verschiedener Ursachen erkennen und gegen vereinfachte Erklärungen argumentieren:*

Nach den Morden an einer Schule in Paducah, Minnesota, im Dezember 1997, verklagten die Eltern der drei toten Mädchen 24 Videohersteller und -verleiher auf 130 Millionen Dollar. Der 19-jährige Todesschütze Michael Carneal hatte exzessiv stark gewalthaltige Videofilme und -spiele konsumiert.

a) Du bist Richter/Richterin und musst über diese Klage entscheiden. Begründe deine Entscheidung.

Der an der University of New Mexico lehrende Biologe Randy Thornhill neigt zu der Annahme, Vergewaltigung sei eine während der menschlichen Stammesgeschichte begünstigte Spezialisation, die Männern dazu verhalf, weit mehr Kinder in die Welt zu setzen, als ihnen friedfertiges Werben eingebracht hätte. Und eben weil sie sich erfolgreich fortgepflanzt hätten, sei auch die genetische Grundlage dieses Verhaltens erfolgreich verbreitet worden. Der Anthropologe Craig T. Palmer von der University of Colorado dagegen glaubt, die Prädisposition des Mannes zur Vergewaltigung stelle nur einen evolutionären Unfall dar. Seine genetische Veranlagung zur Promiskuität, sein evolutionär bedingtes Aggressionspotenzial, seine biologisch sinnvolle rasche Erregbarkeit ergeben für Palmer jene verhängnisvolle genetische Konstitution, die auch die Gewalt gegen Frauen letztlich evolutionstheoretisch erklärbar macht.

(Hubertus Breuer und Andreas Sentker: Sex, Gewalt, Genetik; in: DIE ZEIT, Nr. 9/24.2.2000)

b) Schreibe einen Zeitungsartikel, der gegen die Thesen von Thornhill und Palmer argumentiert.

4. *Die Diskriminierung von Minderheiten in ihren Ursachen erläutern, gegen sie argumentieren und aktiv eintreten können:*

Die Sündenbocktheorie geht auf die aus psychoanalytischen Überlegungen abgeleitete Frustrations-Aggressions-Hypothese von Dollard u. a. zurück. Diese nimmt an, dass aggressives Verhalten als Reaktion auf Frustrationen auftritt. Wird also jemand davon abgehalten, sein erwünschtes Ziel zu erreichen (Frustration), dann reagiert er mit aggressivem Verhalten, das sich in der Regel gegen den Verursacher der Frustration richtet. Können die Aggressionen jedoch nicht gegen den eigentlichen Verursacher gerichtet werden, weil er nicht erreichbar oder zu mächtig ist, so wird – nach dieser Annahme – die Aggression gegenüber anderen, z. B. weniger mächtigen Personen ausgelebt. Werden Minderheiten Opfer solch aufgestauter Regungen – so wird angenommen – dienen sie als „Sündenböcke“. Verschobene Aggression wird insofern rationalisiert bzw. gerechtfertigt, als man eine bestimmte Minderheit für Frustrationen, die man erfahren hat, verantwortlich macht und ihr negative Eigenschaften zuschreibt. Mit dieser Theorie lässt sich nun zwar die

Frage nach der Herkunft aggressiver Antriebsenergien bestimmen, aber die Frage nach den Zielobjekten muss als soziokulturell, aber auch als aktuell gesellschaftspolitisch mit bedingt beantwortet werden. Denn wie kommen bestimmte Völker oder Gruppen sonst zu ihren je spezifischen „Sündenbock-Fremd-Gruppen"?

(nach: Susanne Lin: Sozialpsychologische Vorurteilsforschung; http://www.friedenspaedagogik.de/index.php?/ift/layout/set/print/themen/stereotypen_... 17.02.2007)

Welche Personen und Gruppen wurden in Geschichte und Gegenwart in die Rolle von „Sündenböcken" gedrängt? Finde Ursachen dafür.

5. *Den Begriff „Toleranz" bestimmen:*

Nimm Stellung zu folgenden Zitaten.

Toleranz sollte eigentlich nur eine vorübergehende Gesinnung sein: Sie muss zur Anerkennung führen. Dulden heißt beleidigen.

(Johann Wolfgang von Goethe, 1749–1832)

Toleranz stellt als gleichgültiges Gewährenlassen eine positive Alternative zu Aggression und Unterdrückung dar. Doch steht sie in Gefahr, zur Begünstigung dessen, was von sich aus die Macht hat, sich durchzusetzen, d. h. zur Verbündeten der Macht, zur „repressiven Toleranz" zu werden.

(Herbert Marcuse (1898–1979), deutsch-amerikanischer Philosoph)

6. *Methoden der Gewaltfreiheit kennen, erläutern und anwenden:*

Musik überschreitet Grenzen

Daniel Barenboim war schon mehrfach in Ramallah zu Besuch. An einen Aufenthalt erinnert sich der Generalmusikdirektor der Berliner Staatsoper allerdings besonders gern. Er hatte gerade ein Konzert vor 300 Kindern gegeben, als sich ihm ein Mädchen näherte und ihm sagte: „Ich bin so glücklich, dass Sie hier sind." „Warum bist du glücklich, dass ich hier bin?", erwiderte der weltberühmte Pianist und Dirigent. „Weil Sie das Erste aus Israel sind, das weder ein Soldat noch ein Panzer ist."

Vorurteile überwinden, Feindbilder abbauen, einander kennenlernen, das Verbindende im Verschiedenen entdecken, zur Versöhnung beitragen: In dem Bemühen, die Welt mithilfe der Musik zu einem etwas besseren Ort zu machen, hat sich Daniel Barenboim bislang weder von bürokratischen Hindernissen noch von persönlichen Anfeindungen abschrecken lassen.
Noch immer machen ihm Israelis – darunter Staatspräsident Mosche Katzav – zum Vorwurf, dass er im Sommer 2001 in Israel die Ouvertüre aus Wagners „Tristan und Isolde" zur Aufführung brachte. Seine Klavierkonzerte in Ramallah stießen ebenfalls auf Ablehnung: Er fraternisiere mit dem Feind, werte Palästina auf, musste er sich anhören. Und als ihm im Mai 2004 in der Knesset trotz des Widerstands einiger Abgeordneter der Wolf-Preis überreicht wurde und er die Gelegenheit nutzte, die Palästina-Politik Israels zu kritisieren, kam es zum Eklat.
[...] „Musik ist eine Kunst, die alle Grenzen überschreitet", sagte er bei der Verleihung des Wolf-Preises vor dem israelischen Parlament. „Als solche kann sie die Gefühle und Wünsche von Israelis und Palästinensern in neue, bislang nicht vorstellbare Dimensionen führen."

(http://www.arte.tv/de/Printing/4982,CmC=932738,CmStyle=265362.html; 4.5.2007)

a) Zeige am Beispiel Barenboims die Grundsätze von Galtungs Konflikttransformation und Gandhis Satyagraha auf.

b) Tauscht euch über eure Erfahrungen mit Musik-, Sport- und Theaterprojekten aus: Inwiefern tragen sie zur Förderung von Empathie und Toleranz bei?

Recht und Gerechtigkeit

„Gerechtigkeit ist Gleichheit. Das weiß jeder und braucht nicht bewiesen zu werden."
(Aristoteles)

„Wo man das Recht hinauswirft, kommt der Schrecken zur Tür herein."
(Afrikanisches Sprichwort)

„Wer immer auf sein Recht pocht, bekommt wunde Finger."
(Volker Schlöndorff, Filmregisseur)

„Moral ist stärker als Recht."
(Russisches Sprichwort)

„Unter einer Regierung, die jemanden ungerecht ins Gefängnis wirft, ist das Gefängnis der richtige Platz für einen gerechten Mann."
(David Henry Thoreau (1817 – 1862), amerikanischer Schriftsteller und Philosoph)

1. *Beschreibt die Abbildungen.*

2. *Was haben sie mit dem Thema „Recht und Gerechtigkeit" zu tun? Macht euch dazu Stichpunkte.*

3. *Welche Vorstellungen von Recht und Gerechtigkeit finden sich in den Sprichwörtern und Sinnsprüchen (Aphorismen)? Diskutiert darüber.*

4. *Stellt die unterschiedlichen Aspekte von Recht und Gerechtigkeit in einer Mind Map zusammen und erörtert, welche damit zusammenhängende Probleme ihr behandeln wollt.*

1. Alles, was Recht ist ...

Sollen Holocaust-Leugner hinter Gitter?

KARLSRUHE, 12. Dezember. Der Bundesgerichtshof in Karlsruhe ist am Dienstag der Verbreitung volksverhetzender Publikationen im Internet entgegengetreten. Die obersten Strafrichter entschieden, deutsche Gerichte dürften Täter, die im Internet den Massenmord an den Juden leugneten (sogenannte Auschwitzlüge), auch dann wegen Volksverhetzung bestrafen, wenn die Täter im Ausland agierten und nicht sicher sei, ob Internetnutzer in Deutschland auf die volksverhetzenden Texte zugegriffen hätten. Die Richter hatten über den Fall eines Australiers deutscher Abstammung zu entscheiden, der auf einem australischen Rechner selbst verfasste rechtsradikale Texte für Internetnutzer zur Verfügung gestellt hatte. Die Texte, in denen der Massenmord der Nationalsozialisten an den Juden als Erfindung „jüdischer Kreise“ dargestellt wurde, die es auf Zahlungen des deutschen Staates abgesehen hätten, konnten von überall auf der Welt über die Internetadresse eines Instituts abgerufen werden, dessen Leiter der Angeklagte ist. Der Vorsitzende Richter des 1. Strafsenats wies in der Urteilsbegründung darauf hin, dass die Internetartikel geeignet gewesen seien, den öffentlichen Frieden in Deutschland zu stören. Der Australier ist zu einer Freiheitsstrafe von zehn Monaten ohne Bewährung verurteilt worden.

(Frankfurter Allgemeine Zeitung, 13.12.2000, S. 1)

Gegen bornierte Ignoranten und fanatisierte Trottel helfen nicht Gesetze, sondern Zivilcourage, historische Aufklärung und engagierte Bürger!

(aus einem Leserbrief)

1. *Äußert und erläutert in einem Blitzlicht eure Meinungen dazu.*

Methode: Blitzlicht

- Jeder von euch formuliert und erläutert der Reihe nach spontan und knapp seine Meinung.
- Eure Aussagen werden nicht kommentiert oder diskutiert.
- Unverständliche Äußerungen könnt ihr durch Nachfrage klären lassen.
- Redet nach Möglichkeit in der Ich-Form.
- Wenn euch spontan nichts einfällt, könnt ihr euch ausklinken (z. B. „Ich möchte mich jetzt nicht äußern“).

Aus der Urteilsbegründung des Bundesverfassungsgerichts

Unrichtige Information ist im Sinne des Grundgesetzes kein schützenswertes Gut. Bewusst oder erwiesen unwahre Tatsachenbehauptung wird nicht vom Schutz der Meinungsfreiheit umfasst. Bei der Äußerung, dass es im Dritten Reich keine Judenverfolgung gegeben habe, handelt es sich um eine Tatsachenbehauptung, die nach ungezählten Augenzeugenberichten und Dokumenten, den Feststellungen der Gerichte in Strafverfahren und den Erkenntnissen der Geschichtswissenschaft erwiesen, unwahr ist. Eine Behauptung diesen Inhalts genießt also nicht den Schutz der Meinungsfreiheit. Die in Deutschland lebenden Juden bilden aufgrund des Schicksals, dem die jüdische Bevölkerung unter der Herrschaft des Nationalsozialismus ausgesetzt war, eine beleidigungsfähige Gruppe. Die Leugnung der Judenverfolgung wird als eine dieser Gruppe zugefügte Beleidigung beurteilt. Untrennbarer Bestandteil der Würde eines Menschen können auch die besonderen Umstände seines Todes sein. Hat er, wie die in den Gaskammern ermordeten Juden, ohne persönliche Schuld, allein aufgrund seiner Abstammung („Rasse“) durch staatlich organisierte und gelenkte Gewaltmaßnahmen auf grausame Weise sein Leben verloren, so prägt dieses schwere Schicksal seine individuelle Würde und damit zugleich und unmittelbar auch sein Andenken unter den Lebenden. Der Anspruch auf Achtung jenes Schicksals wird jedenfalls verletzt, wenn der nationalsozialistische Massenmord an den Juden als „Gaskammerlüge“, „Gaskammermythos“, „Auschwitzlüge“ oder mit ähnlichen Begriffen als bloße Erfindung abgetan und dies mit herabsetzenden Begriffen („Lüge“) negativ betont wird. Derartige Ausführungen haben nichts mit sachbezogener Diskussion zu tun. Sie missachten auf das Schwerste die über den Tod fortbestehende und schutzbedürftige Würde der Opfer.

(nach: Die Auschwitzlüge; aus: Der Spiegel, Dokument, Heft 3, 1994, S. 12 f.)

2. *Erstellt eine Argumentationsskizze zur Urteilsbegründung des BVGs.*

Die Meinungsfreiheit als oberstes Gut?

Zwar können alle Freiheiten von den Feinden der Freiheit missbraucht werden, aber die Vorteile der freien Meinungsäußerung sind größer als der Schaden durch ihren Missbrauch. Stets sind aktive und wache Bürger gefragt, die gegen die Dinge auftreten, die ihnen missfallen, und nicht der Ruf nach einem Staat, der strenger dagegen vorgeht. Die direkte Anstiftung zu Gewalt wird – zu Recht – als inakzeptabler Missbrauch der Meinungsfreiheit angesehen, aber viel von Widerwärtigkeiten, die die Auschwitzleugner von sich geben, fällt nicht in diese Kategorie. Deren Tiraden sollte man mit Argumenten beikommen, nicht mit der Polizei.

(Ralf Dahrendorf: Nicht alle Widerwärtigkeiten sind Straftaten; in: Die Welt, 27.12.2005)

Ein unvorstellbarer Mord!

Man kann natürlich sagen, dass der Streit mit Argumenten ausgefochten werden soll. Aber beim Holocaust geht es um die Leugnung eines so unvorstellbaren Mordes an Millionen – ein Drittel aller Ermordeten waren Kinder unter 14 Jahren –, dass man dies nicht einfach als etwas hinnehmen kann, was durch die Meinungsfreiheit gedeckt ist. Es sollte schon eine Rechtszone geben, in der diese Lüge verfolgt wird. Bei einer Güterabwägung finde ich – so sehr ich für das Recht auf Meinungsfreiheit bin –, kann man die Leugnung des Holocaust nicht mit einem Übermaß an Generosität[1] hinter freier Meinungsäußerung verstecken.

(Interview mit dem Historiker Hans-Ulrich Wehler; in: Spiegel online, 21.2.2006)

[1] Generosität: Großzügigkeit

3. *Dahrendorf und Wehler kommen zu unterschiedlichen Ergebnissen. Untersucht, welche Grundwerte in der von ihnen vorgenommenen Güterabwägung sich gegenüberstehen.*

4. *Bezieht kritisch Stellung dazu.*

Das Gedächtnis der Namenlosen: die Erinnerung an die Opfer des Holocaust in Jad Vaschem (Entwurf)

STGB: § 130 Volksverhetzung

(1) Wer in einer Weise, die geeignet ist, den öffentlichen Frieden zu stören,

(2) zum Hass gegen Teile der Bevölkerung aufstachelt oder zu Gewalt- oder Willkürmaßnahmen gegen sie auffordert oder

(3) die Menschenwürde anderer dadurch angreift, dass er Teile der Bevölkerung beschimpft, böswillig verächtlich macht oder verleumdet, wird mit Freiheitsstrafe von drei Monaten bis zu fünf Jahren bestraft.

5. *Inszeniert eine Gerichtsverhandlung als Rollenspiel:*

- *Lest den Sachverhalt sorgfältig durch.*
- *Entwerft in Gruppen Rollenkarten für*
  - *(a) den Ankläger (Staatsanwalt);*
  - *(b) den Verteidiger, sein Plädoyer;*
  - *(c) den Richter, seine abschließende Urteilsbegründung;*
  - *(d) eventuell für Zeugen, die gehört werden, z. B. Historiker oder Zeitzeugen.*
- *Freiwillige spielen die Gerichtsverhandlung. Der/die vorsitzende Richter/in leitet die Verhandlung: leitet ein, stellt klärende Fragen und beendet die Sitzung.*
- *Die Klasse beobachtet die Verhandlung und macht sich Notizen: Wer argumentiert besonders verständlich und überzeugend?*
- *In der Auswertung werden die Erfahrungen, die Spieler und Beobachter gemacht haben, ausgetauscht und besprochen.*

2. Das Recht: ein nützliches Regelwerk?

Felsenmalerei der San (Buschmenschen), der ersten Bewohner Südafrikas

1. *Versucht euch vorzustellen, nach welchen Regeln die San ihr Gemeinschaftsleben ordneten.*

2. *Wie sind sie entstanden, wie weitergereicht worden?*

3. *Gliedert eure Vermutungen nach folgendem Schema:*

Regel, *die erfunden wurde*	***Zweck,*** *um ein bestimmtes Ziel zu erreichen*
...	...

Recht heute

Das Gesetz regelt gleichbleibende Verhaltensanforderungen für jedermann, die für Arm und Reich, Genie und Taugenichts, Staatsphilosoph und Ohnemichel gelten. Recht entstand ursprünglich durch stetige Übung, beschränkte sich also auf die Regel, die sich in den Gepflogenheiten guter Gewohnheit entwickelt hatte und die nach Überzeugung aller richtig und verbindlich war. Später wurde dieses Gewohnheitsrecht aufgeschrieben, gewann in der Schriftlichkeit ein höheres Maß an allgemeiner Verlässlichkeit und Verbindlichkeit. Erst seit aus der guten Übung willentlich gesetztes Recht, aus bloßer Gewohnheit Satzung wurde, bietet die Befugnis, Recht zu setzen und durchzusetzen, Macht und Gestaltungsautorität. Der König wird vom Richter zum Gesetzgeber. Heute trennt die Demokratie die Kompetenz des Parlaments zur Gesetzgebung von der Kompetenz des Richters zur letztverbindlichen Entscheidung über den Inhalt des Gesetzes.

(Paul Kirchhof: Das Gesetz der Hydra, Droemer, München 2006, S. 21)

4. *Untersucht, welchen Zwecken heutige Rechtsnormen dienen.*

Information: Funktionen des Rechts

(a) Ordnungsfunktion (z. B. Straßenverkehrsordnung)
(b) Gerechtigkeitsfunktion (z. B. Strafgesetze)
(c) Herrschaftsfunktion (z. B. Polizeirecht)
(d) Herrschaftskontrollfunktion (z. B. Rechte des Bundesverfassungsgerichts)

5. *Überprüft, welche Funktionen des Rechts im Text angesprochen sind.*

Rot heißt anhalten, oder?

Wenn ich als Radfahrer mitten in der Nacht an eine rot geschaltete Ampelkreuzung komme, fahre ich meist drüber. Natürlich schaue ich nach patrouillierenden Streifenwagen. Aber wenn die Luft frei ist, lege ich los. Trotzdem habe ich manchmal ein schlechtes Gewissen und frage mich, ob ich aus moralischen Gründen auch dann nachts stehen bleiben müsste, wenn gerade keine Polizei da ist. Oder ist das egal?

6. *Wie würdet ihr euch als Radfahrer verhalten?*

7. *Erörtert, ob das Verhalten des Radfahrers wichtige Rechtsfunktionen unterhöhlt.*

Immer mehr Regeln und Vorschriften ...

In den Lehrplänen für Höhere Schulen brauchte das Preußische Ministerium 1901 vier Druckseiten für die Ordnung des Geschichtsunterrichts: Auf zwei Seiten wurde der Stoff für 19 bis 20 Wochenstunden Geschichtsunterricht in neun Schuljahren verteilt; weitere zwei Seiten dienten didaktisch-methodischen Bemerkungen. Die heute in Nordrhein-Westfalen gültigen Richtlinien und Lehrpläne dagegen brauchen für die Anweisungen für höchstens sieben Jahre Geschichtsunterricht zwei Bände mit 363 Seiten. Dabei entspricht die Fülle des Geschriebenen nicht immer einer Fülle der Gedanken. Die Preußische Richtlinie von 1901 enthielt die methodische Bemerkung: „Die freie zusammenhängende Wiedergabe des Gelernten durch die Schüler muss im Geschichtsunterricht nach Möglichkeit geübt werden." Die Richtlinien und Lehrpläne von 1993 formulieren anders: „Lehrerdominantes [...] Kommunikationsverhalten [wird] bei den Schülerinnen und Schülern [passive] Lern- und Verhaltensmuster erzeugen. Orientierung an den Lernbedürfnissen und Erkenntnisinteressen der Schülerinnen und Schüler, Unterstützung bei der Entwicklung eines Geschichtsbewusstseins, Selbstständigkeit bei der Anwendung von Methoden werden deshalb nur über symmetrische Kommunikationsformen und -situationen zu erreichen sein, in denen Herrschaft mittels der Sprache durch sprachliche Hilfe ersetzt ist."

(Paul Kirchhof: a. a. O., S. 22)

8. *Nennt Ursachen für das Anwachsen der Richtlinien für den Geschichtsunterricht.*

... Der Preis, den wir bezahlen müssen

Was ist die Ursache bürokratischen Wachstums? Es ist die Reaktion auf die zunehmende Komplexität einer fortschreitenden Industrie- und Kommunikationsgesellschaft mit ihren globalen Märkten und internationalen Vernetzungen. Die moderne Industriegesellschaft hat durch Mobilität, Massenproduktion und technischen Fortschritt Risiken für eine unübersehbare Zahl von Menschen geschaffen. Um diese Risiken zu verkleinern und nach Möglichkeit auszuschließen, wurde eine überquellende Fülle an Normen geschaffen. Diese beziehen sich auf die Zusammensetzung unserer Lebensmittel, Medikamente, auf bautechnische Vorschriften für Häuser, Straßen, Brücken und Tunnel, auf Regelwerke für den sicheren Betrieb von Kraftfahrzeugen, Schiffen und Flugzeugen, aber auch auf Umweltstandards, Datenschutz, Gentechnik und Organhandel und vieles andere mehr. Der Regelbedarf bezieht sich aber auch auf die Bereiche der Bildung und Ausbildung, unser Netz der sozialen Sicherheit und den Schutz des Bürgers vor Gewalt und Verbrechen. Wir wollen gewiss sein, dass nur ein Sachkundiger, dessen Leistungsfähigkeit geprüft ist, Leistungen anbietet – handwerkliche Leistungen und Dienstleistungen von Ärzten, Rechtsanwälten und Steuerberatern. Unsere Kinder sollen nur ausgebildeten und geprüften Erziehern und Pädagogen anvertraut sein.

(John R. Searle: Die Konstruktion der gesellschaftlichen Wirklichkeit, übers. von Martin Suhr, Rowohlt, Reinbek 1997, S. 103)

9. *Gliedert den Text nach folgendem Schema:*
Bereich der Gesellschaft:

	Normen	*Zweck*
z. B. Schule/Bildung	*Prüfungsverordnung*	*Kompetenz*

10. *Welche Chancen, welche Gefahren seht ihr in dieser Entwicklung?*

Information: Recht*

Im objektiven Sinne meint Recht die Gesamtheit der Vorschriften, die in bindender Weise das menschliche Gemeinschaftsleben regeln (Rechtsnormen). Rechtsnormen zielen auf Rechtsgüter (Werte). So bezweckt die Rechtsnorm „Du sollst nicht stehlen" die Sicherung von Eigentum.
Im subjektiven Sinne meint Recht die Berechtigung (Rechtsanspruch), die sich im Einzelfall für eine Person aus dem objektiven Recht ergibt. Z. B.: Der Schüler S. (Rechtsträger) hat gegenüber dem Staat (Adressat) Anspruch auf BAföG (Rechtsinhalt) aufgrund eines entsprechenden Gesetzes (Anspruchsgrundlage).

3. Recht und Moral

Was ist gut, aber durch Gesetze nicht geschaffen?

Vor langer Zeit lebten in einer großen Stadt die Menschen glücklich und zufrieden beisammen. Eines schönen Tages aber machte sich Unmut breit und die Bürger der Stadt traten zusammen. Einer sprach: „Wie kommt es, dass ein Kaufmann ein falsches Gewicht bei seiner Waage benutzt?“ Ein anderer sagte: „Weshalb stößt ein Wettkämpfer den anderen von der Bahn?“ Und wieder einer sagte: „Wie ist es möglich, dass dieser da eine größere Stimme im Rat hat, weil er lauter die Stimme erhebt?“ [...]
Also beschlossen die vernünftigen Bürger, sich ein neues Gesetz zu geben. Sie taten einen heiligen Schwur und berieten eherne Anordnungen: Von nun an gelte wieder Höflichkeit! Keine Falschheit sei unter den Bürgern! [...] Den Kindern sei Ehrfurcht befohlen vor den Älteren! [...] Liebe herrsche von nun an allüberall in der Stadt!
Und sie schrieben die neuen Gebote auf ein großes Papier. Ein jeder der Bürger zeichnete die Gesetze mit seinem Namen, damit sie für immer gelten sollten. Der Rat hängte das Papier an das Rathaus und stellte eine Wache davor, dass niemand unziemlich vorbeigehe, ohne den Geboten seinen Gruß zu erweisen.
Weil die vernünftigen Bürger aber Sorge hatten, einer könne gegen Anstand und Recht verstoßen, erfanden sie schreckliche Strafen. Den Kerker solle treffen, wer lieblos ist, den Pranger, wer schlechte Ware feilzubieten wage. [...]
Allein – der Anstand kehrte nicht wieder und die Liebe wurde nicht größer in der Stadt. Im Dunkel der Nacht kamen Bürger zum Rat und klagten über diesen und jenen. [...] Bald klagte die ganze Stadt. [...] In der Gerichtsstube brannte nachts noch Licht, weil die Richter der vielen Klagen nicht mehr Herr wurden.
Da Leben und Freude flohen aus der Stadt, kamen die vernünftigen Bürger ein zweites Mal zusammen. Ein Weiser ergriff das Wort und sagte: „Hört, ihr Bürger, was uns den Anstand raubte, war nicht unsere Bosheit. Es waren die Gesetze gegen die Bosheit und die Anordnungen für den Anstand!“ Da schrien die Bürger: „Weg mit allen Gesetzen!“ Der Weise aber schüttelte den Kopf: „Die wenigen alten Gesetze, die wir früher hatten – sie sollen bleiben. Sie setzten dem Bösen eine Grenze und regelten ein freies Leben mit knapper Weisung. Das Gute aber kann man nicht befehlen. Es muss auf anderem Weg herbeigeführt werden.“ Da rissen die Bürger den Wachen die ehernen Anordnungen aus der Hand und trampelten mit den Füßen darauf. „Halt!“, rief der Weise, „lasst uns eine Schule gründen, in der die Kinder lernen, was gut ist, aber durch Gesetze nicht geschaffen werden kann!“ So taten es die Bürger. Und sie lebten fortan in guter Weise und mit geringem Streit.

(Paul Kirchhof: Das Gesetz der Hydra, Droemer, München 2006, S. 35 f.)

1. *Erörtert, was das Märchen über das Verhältnis von Recht und Moral aussagt.*

2. *Formuliert schriftlich kritische Rückfragen an den Text.*

3. *Diskutiert darüber, ob und inwieweit die Schule das leisten kann, was ihr im Text zugemutet wird.*

Feine Unterschiede ...

Moralische Regeln und Rechtsregeln beziehen sich beide auf menschliches Verhalten. [...] Aber sie beziehen sich auf dieses Verhalten in verschiedener Weise:

(a) Rechtsregeln werden zu bestimmter Zeit in einer konkreten Gesellschaft erlassen, Rechtssatzungen sind etwas Positives und Dokumentierbares.

(b) Über die Interpretation eines Rechtssatzes und seine Anwendung auf einen vorliegenden Fall kann man wohl streiten. Darüber, ob es einen solchen Rechtssatz gibt oder nicht gibt, ist eigentlich kein Streit möglich.

(c) Die Positivität der Rechtsnormen kommt auch darin zum Ausdruck, dass Normen von einem bestimmten Tag an in Kraft treten, andere Normen mit Wirkung eines bestimmten Tages abgeschafft werden können. [...] Eine entsprechende Terminierung wäre bei moralischen Regeln unsinnig. Man kann nicht sinnvoll sagen, von einem bestimmten Tag an sei es moralisch verwerflich, Kinder durch Schläge zu bestrafen, oder moralisch erlaubt, sich das Leben zu nehmen.

(d) Rechtsnormen sind einklagbar und erzwingbar; bei moralischen Regeln können als Sanktion nur Ermahnung, Missbilligung und schließlich Abbruch des Umgangs auftreten.

(e) Eine Rechtsnorm, die fast jeder übertritt, ist ausgehöhlt und kann aufgegeben werden. Dagegen bleiben moralische Regeln auch dann in Kraft, wenn sie generell missachtet werden. [...]

(f) Ein weiterer Unterschied zwischen Rechtsregel und moralischer Norm liegt darin, dass Rechtsregeln sich vor allem auf das äußere Verhalten der Menschen beziehen und keine Gesinnung vorschreiben.

(Günther Patzig: Moral und Recht; in: Ethik ohne Metaphysik, Vandenhoeck, Göttingen 1971, S. 11 f.)

Das Recht ist nicht Tugendordnung, sondern Friedens- und Freiheitsordnung!

4. *Stellt die Unterschiede zwischen Moral und Recht zusammen.*

5. *Findet eigene Beispiele, an denen ihr den Unterschied verdeutlichen könnt. Z. B. Wahrheitsgebot, Gebot der Hilfeleistung, Schadenfreude, ...*

Wo Recht und Moral zusammenfallen

§ 138, BGB: Ein Rechtsgeschäft, das gegen die guten Sitten verstößt, ist nichtig.
Beispiel: Alle Verträge, bei deren Abschluss Schmiergelder bezahlt wurden, sind nichtig.
oder
§ 242, BGB: Der Schuldner ist verpflichtet, die Leistung so zu erbringen, wie Treu und Glauben mit Rücksicht auf die Verkehrssitte es erfordern.
Beispiel: Eine Musikband wurde für eine Faschingsveranstaltung engagiert und sollte 2 000 Euro dafür erhalten. Wegen des Golfkrieges fällt die Veranstaltung aus. Es wäre ein Verstoß gegen Treu und Glauben, wenn die Musiker das Geld einklagen wollten.

6. *Diskutiert über die beiden Beispiele. Entsprechen sie eurem Rechtsempfinden?*

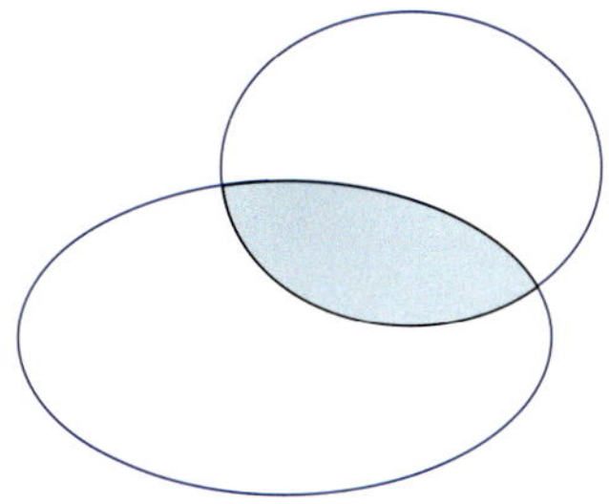

7. *Sucht nach weiteren Möglichkeiten, das Verhältnis zwischen Recht und Moral zu veranschaulichen.*

Strikte Trennung auf Kosten der Moral?

Das Vorhandensein einer Rechtsnorm ist eine Sache; ihre Richtigkeit oder Unrichtigkeit eine andere.

Ein bestehendes Gesetz ist auch ein Gesetz, wenn es uns nicht zusagt oder wenn es von dem Kriterium abweicht, an dem wir unsere Billigung oder Missbilligung orientieren.

(John Austin (1790 – 1859), englischer Rechtsphilosoph)

Information: Rechtspositivismus

Bezeichnet jene Auffassung, nach der das Recht mit den in einem Staat tatsächlich („positiv") geltenden Gesetzen gleichzusetzen ist. Sie bedürfen keiner weiteren Rechtfertigung. Praktisch bedeutet das, dass ein Richter sich streng an den Wortlaut der erlassenen Gesetze zu halten hat – auch dann, wenn er das Gesetz für ungerecht hält.

8. *Untersucht, inwieweit Austin als Rechtspositivist bezeichnet werden kann.*

9. *Worin seht ihr Gefahren dieser Auffassung und einen Zusammenhang mit dem Bild?*

Halbierte Justitia?

4. Es ist nicht alles Recht, was Gesetz ist

DDR-Soldat an der innerdeutschen Grenze. Zwischen 1949 und 1989 starben 226 Menschen auf der Flucht.

Mauerschützen vor Gericht

Die Angeklagten waren als Angehörige der Grenztruppen der DDR an der Berliner Mauer eingesetzt. Dort haben sie am 1.12.1984 um 3.15 Uhr auf den 20 Jahre alten, aus der DDR stammenden S. geschossen, der die Mauer vom Stadtbezirk Pankow aus in Richtung auf den Bezirk Wedding übersteigen wollte. S. wurde, während er auf einer an die Mauer gelehnten Leiter hochstieg, von Geschossen aus den automatischen Infanteriegewehren der Angeklagten getroffen. S. wurde erst kurz vor 5.30 Uhr in das Krankenhaus der Volkspolizei eingeliefert, wo er um 6.20 Uhr starb. Er wäre bei unverzüglicher ärztlicher Hilfe gerettet worden. Bei den Schüssen, die S. getroffen haben, waren die Gewehre der beiden Angeklagten auf „Dauerfeuer" eingestellt. Beide Angeklagten wollten S., den sie nicht für einen Spion, Saboteur oder „Kriminellen" hielten, nicht töten. Sie erkannten aber die Möglichkeit eines tödlichen Treffers. Auch um diesen Preis wollten sie gemäß des Schießbefehls, den sie für bindend hielten, das Gelingen der Flucht unbedingt verhindern.

Das Grenzgesetz § 27 aus dem Jahre 1982

Die Anwendung der Schusswaffe ist gerechtfertigt, um die unmittelbar bevorstehende Ausführung oder Fortsetzung einer Straftat zu verhindern, die sich den Umständen nach als ein Verbrechen darstellt. Mauerflucht galt nach § 213 des Strafgesetzbuches der DDR als ungesetzlicher Grenzübertritt und war in der Regel ein Verbrechen, nicht nur ein Vergehen.

Streitgespräch zwischen Verteidiger und Richter

V.: Die Angeklagten müssen freigesprochen werden. Das ergibt sich klar aus den Paragrafen 27 Grenzgesetz und 213 Strafgesetzbuch.

R.: Zunächst bin ich mit Ihnen der Auffassung, dass wir nach dem Recht, das zum Tatzeitpunkt am Tatort, also in der DDR, galt, urteilen müssen. Dies entspricht den Grundprinzipien unseres Strafrechts. Eine Rechtfertigung tödlicher Schüsse durch das Grenzgesetz kommt jedoch nicht in Betracht. Entscheidend ist, dass die Angeklagten die allgemeingültigen Grund- und Menschenrechte missachtet haben. Dies können Sie wohl kaum bestreiten.

V.: Es trifft nicht zu, dass die Ausreisefreiheit ein allgemein anerkanntes Menschenrecht ist.

R.: Sie müssen einfach begreifen, dass jedem Staat die allgemeinen Menschenrechte vorausliegen. Kann er sich nur um den Preis ihrer Verletzung am Leben halten, ist er einfach unmenschlich und muss sich auflösen.

V.: Für Sie ist also der entscheidende Gesichtspunkt, dass das Grenzgesetz auch tödliche Schüsse erlaubt?

R.: Richtig! Hätten die Angeklagten nur auf die Beine geschossen, hätte dies den Kernbereich des Rechts nicht verletzt. Am Ende des 20. Jahrhunderts dürfen wir es aber nicht durchgehen lassen, wenn sich jemand in blindem Gehorsam vor der Obrigkeit darauf beruht, dass ein Gesetz seine Taten rechtfertigt. Wir wissen seit dem Dritten Reich, dass auch Gesetze Unrecht sein können. Es gibt ethische Maßstäbe, an denen sich staatliches Recht messen lassen muss. Dies sollten Sie sich zu Herzen nehmen!

V.: Die Grenze allerdings, jenseits der Gesetze „Unrecht" und damit nichtig sind, muss weit hinausgeschoben werden. „Schlechtes Recht" schafft immerhin noch Rechtssicherheit und die ist immer noch besser als das Chaos ...

R.: Sie hängen offenbar der Formel an: „Was damals Recht war, kann heute nicht Unrecht sein." Dies bedeutet doch in der Konsequenz, dass man die nationalsozialistischen Täter

nicht hätte bestrafen dürfen, soweit sie sich an ihre eigenen Gesetze gehalten haben.
V.: Wollen Sie etwa die ehemalige DDR mit dem Naziregime vergleichen? Das wäre doch leicht verrückt! Immer diese haarsträubend schiefen Vergleiche!
R.: Trotz der Unterschiede bleibe ich grundsätzlich dabei: Die Angeklagten hätten nur ihr Gewissen genügend anspannen müssen. Viele Menschen in der DDR haben doch die Mauer, wenn auch hinter vorgehaltener Hand, als unmenschlich bezeichnet.
V.: Ja, heute wissen wir das alles besser. Fest steht allerdings auch, dass die Angeklagten ihre strikten Anweisungen täglich bekamen und sie hatten Angst vor dem berüchtigten Militärgefängnis in Bautzen ...

1. *Erstellt eine Argumentationsskizze des Streitgesprächs.*

Mauerschütze ——→ *Flüchtling*
Argumente des Verteidigers: | *Gegenargumente:*

2. *Welche Argumente überzeugen euch eher und warum?*

Übergesetzliches Recht vor gesetzlichem Unrecht?

Das tötungsgeeignete Schießen auf Menschen, die lediglich das Gebiet der ehemaligen DDR verlassen wollten, verstößt derart gegen die Normen der Ethik und des menschlichen Zusammenlebens, dass sich, auch unter Berücksichtigung der Indoktrination*, Erziehung und Schulung in der ehemaligen DDR, schlechterdings nicht vorstellen lässt, dass sich der Angeklagte unter Berücksichtigung seiner Herkunft, seiner schulischen Bildung und seiner Persönlichkeit bei dem ihm zur Last gelegten Vorgehen gegen die Flüchtenden in einem die Schuld ausschließenden Verbotsirrtum* befunden hat. Die Erkenntnis, dass tödliche Schüsse an der Grenze krasses Unrecht waren und in eklatantem Widerspruch zu den allgemein anerkannten Grundsätzen von Recht und Gerechtigkeit standen, hätten bei entsprechender Gewissensanspannung bei den Grenzsoldaten und deren Vorgesetzten Allgemeingut sein müssen und können. Wenn es um die Tötung von Menschen im Interesse der Machterhaltung der Obrigkeit geht, darf man im letzten Viertel des 20. Jahrhunderts sein Gewissen nicht so schnell abschalten.
(Uwe Wesel: Der Honeckerprozess, Eichborn, Frankfurt/M. 1994, S. 39 f.)

3. *Untersucht, inwiefern dieser Argumentation die Radbruch-Formel zugrunde liegt.*

4. *Bezieht kritisch Stellung dazu.*

5. *Informiert euch über den Ausgang der Mauerschützenprozesse.*

6. *Entwerft einen Leserbrief, in dem ihr euer Urteil dazu begründet formuliert.*

Radbruchs Formel

Gustav Radbruch (1878 – 1949) – einer der bedeutendsten Rechtsphilosophen des 20. Jahrhunderts – war Strafrechtsprofessor in Heidelberg und von 1921 bis 1923 sozialdemokratischer Reichsjustizminister der Weimarer Republik.

Der Konflikt zwischen der Gerechtigkeit und der Rechtssicherheit dürfte dahin zu lösen sein, dass das positive, durch Satzung und Macht gesicherte Recht auch dann den Vorrang hat, wenn es inhaltlich ungerecht und unzweckmäßig ist, es sei denn, dass der Widerspruch des positiven Gesetzes zur Gerechtigkeit ein so unerträgliches Maß erreicht, dass das Gesetz als „unrichtiges Recht" der Gerechtigkeit zu weichen hat. Es ist unmöglich, eine schärfere Linie zu ziehen zwischen den Fällen des gesetzlichen Unrechts und den trotz unrichtigen Inhalts dennoch geltenden Gesetzen.
(Gustav Radbruch: Rechtsphilosophie, Vandenhoeck, Göttingen, 8. Aufl. 1973, S. 345)

Information: Positives Recht – Naturrecht

Positives Recht	Naturrecht
Rechtsvorschriften, die von einem Staat erlassen werden (von lat. ponere = setzen, erlassen)	vorstaatliche Rechte, die jedem Menschen aufgrund seiner Wesensnatur zustehen (Grund- und Menschenrechte)

Das Recht muss nie der Politik, wohl aber die Politik jederzeit dem Recht angepasst werden.
(Immanuel Kant (1724 – 1804), deutscher Philosoph)

5. Ungehorsam gegen Gesetz und Staat?

Castor ist die Abkürzung (Akronym) für „cask for storage and transport of radioactive material", also „Behälter für Lagerung und Transport radioaktiver Materialien".

Sind Sitzblockaden strafbar?

Das Strafverfahren wegen Nötigung gegen vier Castorgegner ist gestern vom Lüneburger Landgericht eingestellt worden. Allerdings wurden die Aktivisten der Umweltschutzorganisation Robin Wood wegen Störung öffentlicher Betriebe zu Geldstrafen von je 525 Euro verurteilt. Damit wurde das Urteil aus der ersten Instanz rechtskräftig. Die Männer hatten sich im März 2001 auf der Castor-Transportstrecke an einem Betonblock festgekettet und damit die Weiterfahrt des Zuges verzögert. Vor Gericht ging es um die Frage, ob der Lokführer des Zuges durch die Aktion genötigt wurde. Die Beklagten zeigten sich erleichtert. „Für uns ist der zähe Prozess glimpflich ausgegangen", sagte Robin-Wood-Sprecherin U. zur taz. Das Urteil zeige aber, dass „Demos auf Schienen möglich sind". Über fünf Jahre hatte sich der Prozess hingezogen. Staatsanwaltschaft und Beklagte gingen mehrfach in Revision. Die Staatsanwaltschaft hatte Freiheitsstrafen von bis zu neun Monaten auf Bewährung gefordert.

(taz, 23.6.2006, S. 8)

1. *Findet ihr das Urteil gerecht? Diskutiert darüber.*

2. *Berücksichtigt dabei auch die Argumente des Staatsanwalts.*

Aus dem Plädoyer des Staatsanwaltes

(a) Ein Sonderzug gehört zum Regelangebot der Bahn und damit zum öffentlichen Verkehr – auch, wenn statt Fußballfans radioaktive Abfälle transportiert würden.
(b) Für eine Nötigung ist das subjektive Empfinden des Opfers – der Lokführer hatte ausgesagt, er habe sich nicht genötigt gefühlt – nicht maßgeblich: „Sie haben durch ihr Anketten Einfluss auf den Willen des Lokführers genommen."
(c) Erschwerend werte ich in diesem Zusammenhang den „erheblichen Kraftaufwand", der nötig war, um die Protestierer aus dem Gleis zu befreien.

(nach: taz, 23.6.2006, S. 8 f.)

3. *Entwerft ein Logo für oder gegen Castortransporte.*

§ 240 STGB Nötigung

(1) Wer einen anderen rechtswidrig mit Gewalt oder durch Drohung mit einem empfindlichen Übel zu einer Handlung, Duldung oder Unterlassung nötigt, wird wegen Nötigung mit Gefängnis oder mit Geldstrafe, in besonders schweren Fällen mit Zuchthaus bis zu zehn Jahren oder mit Gefängnis nicht unter sechs Monaten bestraft.
(2) Rechtswidrig ist die Tat, wenn die Anwendung der Gewalt oder die Androhung des Übels zu dem angestrebten Zweck als verwerflich anzusehen ist.

Gewalt als Nötigung?

- Einsperren von Personen in einem Zimmer, um sie an dem Wegschaffen einer Ware zu hindern.
- Eine Menschenmenge versperrt einem Leichenzug den Weg, um die Beerdigung eines Selbstmörders in geweihter Erde zu verhindern.

- Einer Radfahrerin wird der Weg versperrt, um sie zum Absteigen zu zwingen.
- Blockieren des Straßenbahnverkehrs durch auf dem Gleiskörper stehende oder sitzende Studenten.
- Verhinderung der Einfahrt in eine Parklücke durch eine dort stehende Frau, die die Lücke für ihren Ehemann frei halten will.

4. *Prüft anhand der Beispiele, ob jeweils eine Nötigung im Sinne des § 240 vorliegt.*

5. *Findet Beispiele, in denen das Zweck-Mittel-Verhältnis akzeptabel erscheint.*

Information: Ziviler Ungehorsam (Passiver Widerstand)

Wer allein oder mit anderen öffentlich, gewaltfrei und aus politisch-moralischen Motiven gegen eine Rechtsnorm verstößt, handelt grundsätzlich gerechtfertigt, wenn er dadurch gegen schwerwiegendes Unrecht protestiert und sein Protest verhältnismäßig ist. Der zivile Ungehorsam stellt nicht die Existenz eines Staates infrage, sondern will ihn nur dazu zwingen, seine Politik zu ändern. Dabei spielen Grundwerte wie Frieden oder Erhaltung der Natur eine zentrale Rolle. Der Ungehorsame nimmt bewusst in Kauf, für seine Aktionen bestraft zu werden.

Argumente für und gegen den zivilen Ungehorsam

Die vorhandenen Möglichkeiten, gegen politische Entscheidungen zu protestieren, sind ausreichend.
(Überflüssigkeitsargument)

Der zivile Ungehorsam führt unweigerlich zu einer Aufweichung des Rechtsbewusstseins. (Ordnungsargument)

Es ist für jeden Demokraten geboten, den von einer parlamentarischen Mehrheit beschlossenen Gesetzen zu gehorchen. Der zivile Ungehorsam führt so zu einer Schwächung der Demokratie. (Demokratieargument)

Der staatlichen Gewalt sind Grenzen gesetzt, jenseits deren sie auf Gehorsam keinen Anspruch erheben kann. Ziviler Ungehorsam ist aufgrund persönlicher Gewissensentscheidungen vertretbar. (Gewissensargument)

„Ziviler Ungehorsam ist eine fortgeschrittene Form der politischen Demonstration!"
(Joe Leinen, Vorsitzender des Bundes Bürgerinitiativen Umweltschutz, 1983)

„Ziviler Ungehorsam ist ein nicht zu verantwortender Rechtsbruch!" (Martin Kriele, Staatsrechtler, 2002)

„Ziviler Ungehorsam fördert unsere demokratische Rechtskultur!" (Jürgen Habermas, Philosoph, 2004)

6. *Prüft, ob das Handeln der Castorgegner und der Protestierer von Frankfurt als ziviler Ungehorsam gelten kann.*

7. *Diskutiert das Für und Wider von zivilem Ungehorsam.*

8. *Führt eine Debatte zu dem Thema: „Der zivile Ungehorsam: ein Zeichen von Schwäche oder von Stärke unserer Demokratie?"*

Gleisblockade

6. Ungerecht oder gerecht: Was heißt das?

Was wir überall sehen und mit Händen greifen, ist die Ungerechtigkeit. Ungerechtigkeit ist das Ursprüngliche, Gerechtigkeit das Ergebnis von Kritik und Reflexion. Gerechtigkeit müsste eigentlich heißen: Unungerechtigkeit.
(Peter Noll, Strafrechtsprofessor)

1. *Beschreibt Situationen, in denen ihr Ungerechtigkeit erfahren habt.*

2. *Dokumentiert und besprecht eure Beispiele: Was meinen wir genau, wenn wir sagen: „Das ist ungerecht"?*

Ein gerechter Lehrer: Was ist das?

Bei meiner Arbeit als Lehrer an einem Schulzentrum werde ich tagtäglich Zeuge von mehr oder weniger schwerwiegenden Regelverstößen. Meine Entscheidung einzuschreiten hängt vielfach davon ab, ob ich gerade in der Stimmung bin. Zwar bemühe ich mich, in meinen Maßnahmen konsequent zu sein, doch bin ich nicht in der Lage, alles zu ahnden. Darf ich mich auf mein Gefühl verlassen oder müsste ich mich strikt an die Regeln halten?
(Rainer Erlinger: Gewissensfragen, Verlag Süddeutsche Zeitung, München 2005, S.187)

3. *Was würdet ihr dem Lehrer antworten?*

4. *Wodurch unterscheidet sich ein gerechter von einem ungerechten Lehrer?*

Ungerechtes Handeln?

Angenommen, Du jobst in einer Bibliothek und bist für die Ausleihe von Büchern verantwortlich. Ein Freund bittet Dich, ihn ein ziemlich seltenes Buch hinausschmuggeln zu lassen, das er gern besitzen würde. Du könntest aus unterschiedlichen Gründen nicht zustimmen wollen. Du könntest Angst davor haben, dass er geschnappt wird und Ihr beide Ärger bekommt. Du könntest aber auch wollen, dass das Buch in der Bibliothek verbleibt, da Du es selbst lesen willst. Du könntest jedoch auch der Meinung sein, dass sein Anliegen ungerecht ist – dass er das nicht tun sollte und dass Du ihm dabei nicht behilflich sein solltest.
(nach: Thomas Nagel (*1937), amerikanischer Philosoph; in: Was bedeutet das alles? Reclam, Stuttgart 1987, S. 51)

5. *Beschreibt, was an dem Anliegen des Freundes ungerecht ist.*

Was heißt hier gerecht?

Ein Team von Möbelpackern macht einen Umzug. Sie stehen ziemlich unter Zeitdruck, der Platz im Wagen ist knapp, gut zu überlegen ist also, wie die Möbel verstaut werden. Die Männer bekommen für den Umzug zusammen 1 000,– Euro. Ihr Verhalten ist unterschiedlich:

A ist kräftig und strengt sich an, er schafft sehr viel.

B ist nicht so kräftig, strengt sich aber an und erbringt eine normale Arbeitsleistung.

C strengt sich nicht an, ist aber kräftig und erbringt auch noch eine normale Arbeitsleistung.

D ist weder kräftig noch strengt er sich an und schafft entsprechend wenig.

E ist körperlich für das Möbelpacken nicht geeignet, kann aber das Verstauen der Möbel gut und umsichtig planen. Er steht auf dem Wagen und dirigiert recht geschickt, aber ohne sich sonderlich anzustrengen, das Aufladen.
(nach: Rainer Döbert: Was mir am wenigsten wehtut, dafür entscheid ich mich dann auch; in: Kursbuch 60/1980, S. 57 f.)

6. *Wie würdet ihr die 1 000,– Euro auf die fünf Arbeiter verteilen?*

7. *Welche Gerechtigkeitskriterien sind für eure Entscheidung maßgeblich?*

8. *Erstellt und diskutiert Kriterien einer gerechten Bewertung von Gruppenarbeit.*

Kriterien der Gerechtigkeit

I. Jedem das Gleiche
Gemäß diesem Maßstab müssen alle Wesen, die man betrachtet, in der gleichen Weise behandelt werden, ohne irgendeiner der Besonderheiten, durch welche sie sich unterscheiden, Rechnung zu tragen. Im volkstümlich-bildlicher Vorstellung ist das vollkommen gerechte Wesen der Tod, der alle Menschen trifft ohne Rücksicht auf irgendeines ihrer Privilegien.
II. Jedem gemäß seinen Verdiensten
Hier haben wir ein Kriterium der Gerechtigkeit, das nicht mehr die Gleichheit aller fordert, sondern eine Behandlung, die dem Verdienst der entsprechenden Person entspricht.
III. Jedem gemäß seinen Werken
Dieses Kriterium verlangt ebenfalls keine gleiche, sondern eine proportionale Behandlung. Es berücksichtigt weder die Absicht noch die gebrachten Opfer, sondern einzig und allein das Resultat der Handlung.
IV. Jedem gemäß seinen Bedürfnissen
Anstatt die Verdienste des Menschen oder seine Leistung zu berücksichtigen, versucht dieses Kriterium, vor allem die Leiden zu vermindern, die sich aus der Unmöglichkeit, die lebenswichtigen Bedürfnisse zu befriedigen, ergeben.
(nach: Chaim Perelmann: Über die Gerechtigkeit, Beck, München 1967, S. 14 f.)

9. *Vergleicht diese Kriterien der Gerechtigkeit mit jenen, die ihr aufgestellt habt, um das Geld zu verteilen bzw. die Gruppenarbeit zu bewerten. Wo seht ihr Unterschiede, wo Parallelen?*

10. *Wo seht ihr Zusammenhänge zwischen der folgenden Zeichnung und Gerechtigkeitskriterien?*

Ein alles entscheidender Perspektivenwechsel

Die Grundlage der Ethik ist die Überzeugung, dass Gut oder Böse bestimmten Menschen (oder Tieren) gegenüber nicht nur von ihrem Standpunkt aus gut oder schlecht sind, sondern aus einem allgemeineren Blickwinkel, den jede denkende Person verstehen kann. Dies bedeutet, dass jeder einen Grund hat, nicht nur seine eigenen Interessen, sondern auch die Interessen anderer in seine Entscheidungen einzubeziehen. Und es reicht nicht aus, nur auf einige andere Leute Rücksicht zu nehmen – seine Familie, seine Freunde, Menschen, die ihm besonders nahestehen. Natürlich wird er auf bestimmte Leute mehr Rücksicht nehmen, unter anderem auch auf sich selbst. Doch er hat Grund, die Auswirkungen seiner Handlungen auf das Wohl oder das Leid jedes anderen zu erwägen. Wenn er so ist wie die meisten von uns, so wird er eben dies von anderen in Bezug auf sich selbst erwarten, auch wenn es keine Freunde von ihm sind.
(Thomas Nagel: Was bedeutet das alles? Reclam, Stuttgart 1967, S. 57)

11. *Prüft, inwieweit sich dieser Begriff von Gerechtigkeit mit eurer Antwort auf die Frage „Was meinen wir genau, wenn wir sagen: ‚Das ist aber ungerecht‘?“ deckt.*

12. *Erstellt in Gruppen eine Definition von Gerechtigkeit.*

7. Platons Vorstellung von Gerechtigkeit

Der höchste Grad von Ungerechtigkeit ist geheuchelte Gerechtigkeit.

Wo man sich stark genug fühlt zur Ungerechtigkeit, da ist man ungerecht.

Die Staaten blühen nur, wenn entweder Philosophen herrschen oder die Herrscher philosophieren.

(Platon)

Das Recht des Stärkeren

Kallikles, ein Gesprächspartner des Sokrates:
Meiner Ansicht nach sind es eben die sich schwach Fühlenden unter den Menschen und die große Masse, die die Gesetze geben. In ihrem eigenen Interesse und zu ihrem Nutzen geben sie die Gesetze und teilen Lob und Tadel aus. Um die kraftvolleren Menschen, die imstande sind, sich Vorteile zu verschaffen, einzuschüchtern, und um selbst nicht ins Hintertreffen zu kommen, sagen sie, das Übervorteilen sei hässlich und ungerecht; und darin eben bestehe das Unrechttun, in dem Streben die anderen zu übervorteilen. Denn was sie selbst anlangt, so sind sie als die Schwächeren, glaube ich, ganz zufrieden, wenn sie nur das Gleiche haben. Deshalb wird es nach Satzung für ungerecht und hässlich erklärt, nach Übervorteilung der großen Masse zu streben, und man nennt dies Unrechttun. Die Natur selbst aber, denke ich, gibt deutlich zu erkennen, dass es gerecht ist, wenn der Bessere gegen den Schlechteren und der Fähigere gegen den Unfähigen im Vorteil ist. Dass dem so ist, zeigt sich in mannigfacher Weise nicht nur bei den übrigen Geschöpfen, sondern auch bei den Menschen in den Verhältnissen ganzer Staaten und Geschlechter: Es gilt nämlich da als ausgemachtes Recht, dass der Stärkere über den Schwächeren herrsche und gegen ihn im Vorteil sei [...]. Kein Zweifel: Diese Leute handeln nach der Natur und, beim Zeus, nach dem Gesetz der Natur, aber freilich nicht nach jenem von uns willkürlich aufgestellten Gesetz, aufgrund dessen wir auf die Besten und Kraftvollsten unter uns gleich von Jugend auf die Hand legen und sie wie Löwen zu zähmen und zu sänftigen suchen, um sie unterwürfig zu machen, unter dem Vorgeben, es müsste Gleichheit herrschen und diese sei das Schöne und Gerechte. Aber lasst nur den rechten Mann erstehen, eine wirkliche Kraftnatur; der schüttelt all das ab, zerreißt die Fesseln und macht sich frei, tritt all unsere Paragrafen, unsere Zähmungs- und Besänftigungsmittel und den ganzen Schwall widernatürlicher Gesetze mit Füßen und steigt so vom Sklaven empor zum glänzenden Herrn über uns: Da leuchtet denn das Recht der Natur aufs Hellste hervor.

(nach: Platon, Werke, Rowohlt, Hamburg 1957, S. 24)

1. *Skizziert mit eigenen Worten, was Kallikles unter „gerecht“ versteht.*

2. *Achtet dabei vor allem darauf, wie er seine Thesen begründet, und bezieht kritisch Stellung dazu.*

3. *Was würde wohl Sokrates dem Kallikles erwidern?*

Platons Gegenposition

Gerechtigkeit, sagen wir, ist des einzelnen Mannes Sache, ist aber auch die Sache des ganzen Staates. Nicht wahr, größer ist der Staat als der Mann? So ist denn vielleicht mehr Gerechtigkeit im Größeren und lässt sich da leichter begreifen. Wenn ihr also wollt, so lasst uns zuerst in den Staaten suchen, was für ein Ding sie ist. Dann wollen wir uns so auch in jedem Einzelnen umsehen und in der Gestalt des Kleineren auf die Ähnlichkeit des Größeren sehen. Wenn wir also einen Staat im Geist entstehen sehen, so werden wir da auch erblicken, wie seine Gerechtigkeit entsteht und die Ungerechtigkeit. [...] Nämlich, was wir von vorneherein als Gebot für alles Tun aufstellten, als wir den Staat gründeten, das, wie mir scheint, ist die Gerechtigkeit. Wir sagten oft, dass jeder Einzelne nur einen von den staatlichen Berufen treiben dürfe, zu dem seine Natur am berufensten wäre. Und doch auch, dass Das-Seine-Tun und Nicht-viel-Geschäftig-Sein Gerechtigkeit ist. Dies also muss die Gerechtigkeit sein: Das-Seine-Tun. Also die Vielgeschäftigkeit der drei Stände und ihr gegenseitiges Wechseln würde man ganz richtig als größten Schaden für den Staat bezeichnen und als besondere Untat. Umgekehrt: Wenn der Erwerbsmann, der Gehilfe und der Wächter jeder das Seine im Staat macht, dann ist es als das Gegenteil davon die Gerechtigkeit.

(nach: Platon, Werke, a.a.O., Bd. III, S. 159 ff.)

4. *Was versteht Platon unter Gerechtigkeit?*

5. *Welche kritischen Rückfragen würdet ihr ihm stellen?*

Ordnung und Harmonie ...

M. C. Escher, Sky and Water I

6. *Inwiefern passt das Bild zu Platons Gerechtigkeitsvorstellung?*

Platon behandelt die Frage nach der Gerechtigkeit im Zusammenhang mit dem Aufbau der Seele. Er unterscheidet drei Seelenteile, die miteinander im Widerstreit stehen: das Begehrende, das Muthafte und das Vernünftige. Das Muthafte umfasst die edlen Affekte wie Mut, Zorn und Scham und ist im Herzen angesiedelt; die zügellosen Begierden agieren dagegen zwischen Zwerchfell und Nabel; die Vernunft sitzt im Kopf. Während das Muthafte nach Auszeichnungen und Ehre verlangt, zielt das Begehrende auf die Befriedigung körperlicher Interessen und Begierden. Der einzig rationale Teil der Seele ist das Logistikon – die Vernunft. Zwischen Mut, Begierde und Vernunft tobt ein immerwährender Kampf, der durch die Tugend der Gerechtigkeit gezügelt werden kann, indem jeder Seelenteil unter der Führung des Logistikon seine ihm zugewiesenen Aufgaben erfüllt. Dieser Wettstreit der seelischen Kräfte des Menschen ist nach Platon bei allen Menschen grundsätzlich gleich, wobei Charakterunterschiede durch die unterschiedliche Ausprägung der einzelnen Teile bedingt sind. Dem hierarchischen Aufbau der Seele entspricht die soziale Gliederung des Staates. Handwerker, Wächter und Philosophen haben je eigene Fähigkeiten und Aufgaben. Wenn jeder, an seinem Platz, diesen nachkommt und sich so in ein wohlgeordnetes Ganzes einfügt, führt er ein gerechtes Leben.

Die vier Kardinaltugenden

SEELENTEIL	TUGEND*	STAND
vernünftige Seele *Geist*	Weisheit	Lehrstand *Philosophen*
mutige Seele *Herz*	Tapferkeit	Wehrstand *Wächter*
begehrende Seele *Bauch*	Besonnenheit	Nährstand *Kaufleute* *Handwerker*
	GERECHTIGKEIT	

Tut jeder Seelenteil unter der Herrschaft der Vernunft das Seine, so ist der Mensch gerecht.

7. *Charakterisiert mit eigenen Worten Platons Vorstellung von Gerechtigkeit. Was überzeugt euch daran, wo hattet ihr Fragen?*

8. *Entwerft ein Streitgespräch zwischen Platon und Thomas Hobbes zum Thema „Gerechtigkeit“.*

8. Eine moderne Theorie der Gerechtigkeit

Ein Gedankenexperiment

Stellt euch vor, dass euch durch eine Lotterie, durch das Schicksal oder durch einen Gott ein bestimmtes Maß an Intelligenz oder Körperkraft verliehen wird, dass euch bestimmte Neigungen und Antriebe zuteilwerden, dass ihr bestimmte Anschauungen oder einen bestimmten Glauben erhaltet und dass ihr eine bestimmte Auffassung vom Guten habt. Ihr wisst aber nicht, was jedem Einzelnen von euch zuteilwird: Werde ich zu den Oberintelligenten oder zu den geistig Minderbemittelten gehören, zu den körperlich gut Ausgestatteten oder zu den eher Schwächlichen oder sogar zu den körperlich Behinderten? Spinnt den Faden noch ein bisschen weiter und stellt euch vor, dass ihr euch in diesem Zustand des Nichtwissens als Passagiere eines an einer Insel gestrandeten Schiffes auf dieser Insel für unbegrenzte Zeit einrichten müsst.

1. *Nach welchen Grundsätzen würdet ihr euer Leben regeln, sodass sie von allen als gerecht anerkannt würden?*

Was sind faire Grundsätze? – John Rawls' Antwort

Wir wollen uns vorstellen, dass diejenigen, die sich zu gesellschaftlicher Zusammenarbeit vereinigen wollen, in einem gemeinsamen Akt die Grundsätze wählen, nach denen Grundrechte und -pflichten und die Verteilung der gesellschaftlichen Güter bestimmt werden. Die Menschen sollen im Voraus entscheiden, wie sie ihre Ansprüche gegeneinander regeln wollen und wie die Gründungsurkunde ihrer Gesellschaft aussehen soll. [...] In der Theorie der Gerechtigkeit als Fairness spielt die ursprüngliche Situation der Gleichheit dieselbe Rolle wie der Naturzustand in der herkömmlichen Theorie des Gesellschaftsvertrags. Dieser Urzustand wird natürlich nicht als ein wirklicher geschichtlicher Zustand vorgestellt, noch weniger als primitives Stadium der Kultur. Er wird als rein theoretische Situation aufgefasst, die so beschaffen ist, dass sie zu einer bestimmten Gerechtigkeitsvorstellung führt.

John Rawls (1921 – 2002), 1921 in Baltimore im amerikanischen Bundesstaat Maryland geboren. Sein Vater war ein erfolgreicher Rechtsanwalt in einer angesehenen Kanzlei der Stadt. Beide Eltern waren politisch aktiv. Die Mutter kämpfte für die Gleichberechtigung der Frau. Von 1961 bis 1991 lehrte er Philosophie an der Universität von Harvard.

Zu den wesentlichen Eigenschaften dieser Situation gehört, dass niemand seine Stellung in der Gesellschaft kennt, seine Klasse oder seinen Status, ebenso wenig sein Los bei der Verteilung natürlicher Gaben wie Intelligenz oder Körperkraft. Ich nehme sogar an, dass die Beteiligten ihre Vorstellung vom Guten und ihre besonderen psychologischen Neigungen nicht kennen. Die Grundsätze der Gerechtigkeit werden hinter einem Schleier des Nichtwissens festgelegt. Dies gewährleistet, dass dabei niemand durch die Zufälligkeiten der Natur oder der gesellschaftlichen Umstände bevorzugt oder benachteiligt wird. Da sich alle in der gleichen Lage befinden und niemand Grundsätze ausdenken kann, die ihn aufgrund seiner besonderen Verhältnisse bevorzugen, sind die Grundsätze der Gerechtigkeit das Ergebnis einer fairen Übereinkunft oder Verhandlung. Dieser Urzustand ist fair gegenüber den moralischen Subjekten, d. h. den vernünftigen Wesen mit eigenen Zielen und – das nehme ich an – der Fähigkeit zu einem Gerechtigkeitsgefühl. [...]
Ich behaupte, dass die Menschen im Urzustand zwei [...] Grundsätze wählen würden: einmal die Gleichheit der Grundrechte und -pflichten; zum anderen den Grundsatz, dass soziale und wirtschaftliche Ungleichheiten, etwa verschiedener Reichtum oder verschiedene Macht, nur dann gerecht sind, wenn sich aus ihnen Vorteile für jedermann ergeben, insbesondere für die schwächsten Mitglieder der Gesellschaft. Es ist vielleicht zweckmäßig, aber nicht ge-

recht, dass einige weniger haben, damit es anderen besser geht. Es ist aber nichts Ungerechtes an den größeren Vorteilen weniger, falls es dadurch auch den nicht so Begünstigten besser geht.

(John Rawls: Eine Theorie der Gerechtigkeit, Suhrkamp, Frankfurt/M. 1975, S. 28 f.)

2. *Vergleicht Rawls' Grundsätze mit euren anhand des entwickelten Gedankenexperiments.*

3. *Prüft, ob die Argumentation Rawls' schlüssig ist. Fertigt dazu eine Argumentationsskizze an. Berücksichtigt dabei folgende Punkte:*
(a) Was macht für Rawls die Wesensnatur der Menschen aus?
(b) Wie beschreibt er die Ursituation (original position), in der sie die Grundsätze festlegen?
(c) Welche Grundsätze werden beschlossen?

4. *Bestimmt genau, welche Rolle der Schleier des Nichtwissens (veil of ignorance) in der Argumentation spielt.*

Der Schleier wird gelüftet

Jeder erhält – zunächst verdeckt – ein Kärtchen, auf der eine bestimmte Identität steht: z. B. Alleinerziehender/Millionär/Arbeitsloser/Behinderter/Universitätsprofessor. Deckt nun die Kärtchen auf und setzt euch zunächst in einheitlichen Gruppen (z. B. Alleinerziehende, Millionäre, ...), später in gemischten Gruppen zusammen.

5. *Diskutiert im Plenum darüber, ob die rawlschen Grundsätze allen Gruppen gleichermaßen gerecht werden.*

Ist unser Schulwesen ungerecht?

Unser dreigliedriges Schulsystem nebst Gesamtschulen ist ungerecht. Zu den Ärgernissen, die dank der PISA-Studie endlich zur Kenntnis genommen worden sind, gehörte doch vor allem, dass in Deutschland die Herkunft über Bildungschancen und Karrieren entscheidet. Der Aufstieg durch Bildung ist in den vergangenen dreißig Jahren zu einer Ausnahmeerscheinung geworden. Im Alter von zehn oder elf Jahren haben Schüler die Welt aus Wort und Zahl gerade kennengelernt und beginnen zu ahnen, wie viele Kontinente des Wissens es gibt. Vier Jahre reichen nicht aus, Unterschiede der Herkunft auszugleichen. Die frühe Auswahl führt dazu, dass die verschiedenen Milieus weitgehend unter sich bleiben. Man geht mit seinesgleichen zur Schule. Die Tochter des Sozialkundelehrers, die daheim unter fünfhundert Büchern wählen kann, und der Sohn eines türkischen Kleingewerbetreibenden, der keine Bücher, aber einen Gameboy besitzt, bleiben in getrennten Welten. Das Kind von Spätaussiedlern hat zu deutschen Kindern seines Alters kaum Kontakt. Politik für die „bildungsfernen“ Unterschichten, in deren Namen heute so viele auftreten, ist eben nicht nur eine Frage von Zahlungen und Freibeträgen, sondern eine kulturelle Aufgabe. [...]
Es gehört zur Idee von Bildung, dass sie alle Schranken, außer diejenigen der Begabung, durchbricht, dass in ihrem Reich Herkunft und Einkommen nicht gelten.

(nach: Jens Bisky: Soziale Herkunft und Bildungschancen; in: SZ, 14.9.2004, S. 11)

6. *Gebt mit eigenen Worten die an unserem Schulsystem geübte Kritik wieder. Berücksichtigt dabei auch die Grafik.*

7. *Erläutert, inwiefern unser Schulsystem als ungerecht beurteilt werden kann. Zieht zur Beurteilung auch die Grundsätze von Rawls heran.*

8. *Wären Eliteschulen oder Gesamtschulen nach Rawls gerecht?*

9. *Projekt: Wie sähe eine gerechte Schule in euren Augen aus?*

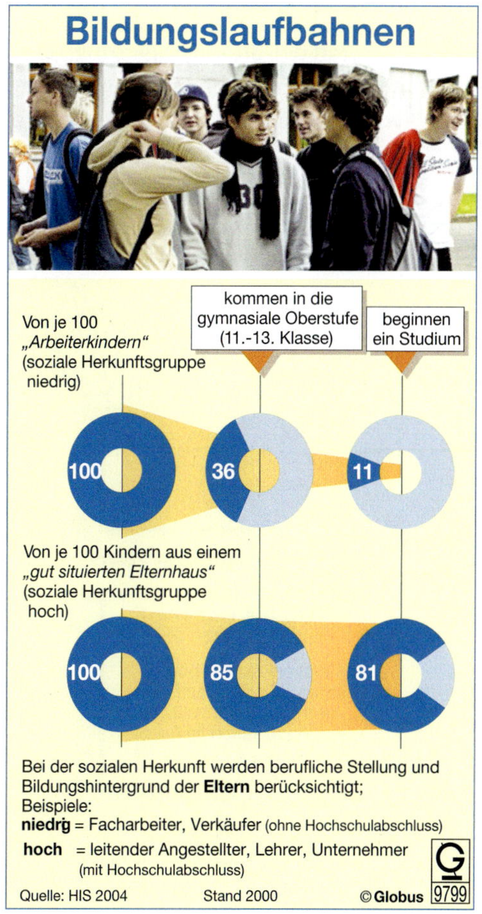

9. Rechte, die dem Menschen als Menschen zustehen

Wenn der Staat Unschuldige opfert ...

Terroristen haben ein mit 120 Passagieren besetztes Flugzeug entführt und rasen auf ein Großstadtzentrum zu. Darf in dieser Situation die Bundeswehr das Flugzeug abschießen?

1. *Wie würdet ihr euch spontan entscheiden?*

2. *Diskutiert über diesen Fall: Welche Interessen, welche Werte stehen auf dem Spiel?*

Verstoß gegen die Grundrechte

Das von der Bundesregierung geplante Luftsicherungsgesetz erlaubte, entführte Flugzeuge abzuschießen, die das Leben von Menschen am Boden bedrohen. Das Bundesverfassungsgericht erklärte dieses Gesetz für verfassungswidrig.

Das Luftsicherheitsgesetz verstößt gegen die Grundrechte auf Menschenwürde und Leben gemäß Art. 1 Abs. 1 und Art. 2 Abs. 2 Satz 1 GG. Es macht die Passagiere zum bloßen Objekt staatlichen Handelns. Wert und Erhaltung ihres Lebens werden unter mengenmäßigen Gesichtspunkten und nach der ihnen „den Umständen nach" vermutlich verbleibenden Lebenserwartung in das Ermessen des Bundesministers der Verteidigung gestellt. Sie sollten im Ernstfall geopfert und vorsätzlich getötet werden [...].

Der Staat darf eine Mehrheit seiner Bürger nicht dadurch schützen, dass er eine Minderheit – hier die Besatzung und die Passagiere eines Flugzeugs – vorsätzlich töte. Eine Abwägung Leben gegen Leben nach dem Maßstab, wie viele Menschen möglicherweise auf der einen und wie viele auf der anderen Seite betroffen seien, ist unzulässig. Der Staat darf Menschen nicht deswegen töten, weil es weniger seien, als er durch ihre Tötung zu retten hoffe.

(Entscheidung des BVGerichts vom 16.2.2006)

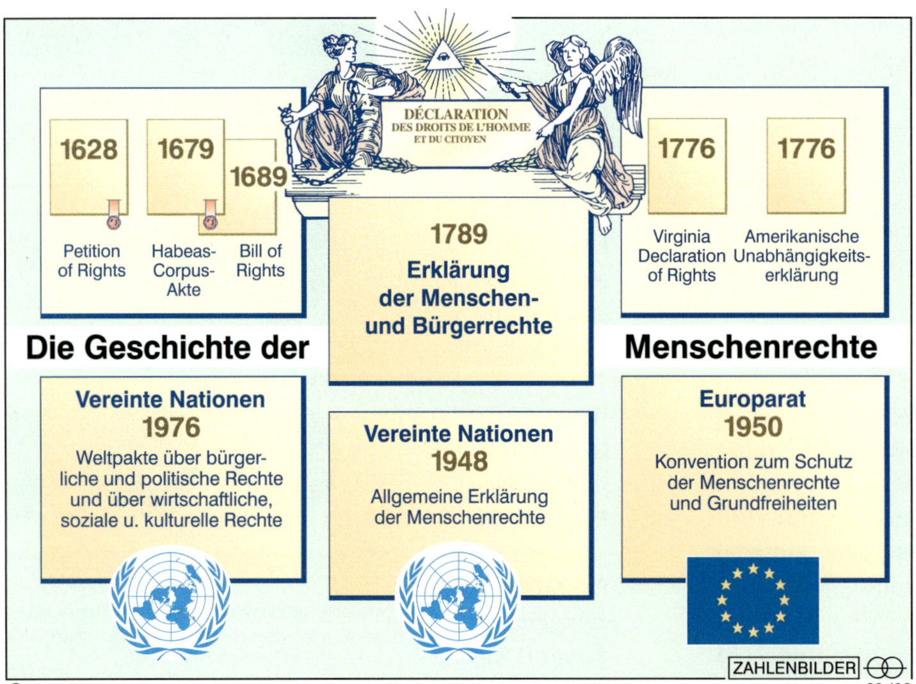

 60 108

3. *Bezieht kritisch Stellung: Was erscheint euch an der Begründung des BVGs überzeugend, was weniger?*

4. *Schlagt im Grundgesetz die Artikel 1 und 2 nach und überprüft, inwieweit sich das BVG-Urteil darauf stützt.*

5. *Informiert euch über Inhalt und Bedeutung der genannten Menschenrechtsdokumente.*

6. *Fertigt eine Wandzeitung an, auf der ihr mit Texten und Bildern die Geschichte der Menschenrechte nachzeichnet.*

Information: Menschenrechte: Merkmale

(a) Sie sind universell. Sie gelten für alle Menschen unabhängig von ihrer Nationalität, ihrer Rasse, ihrer gesellschaftlichen Stellung.

(b) Sie sind individuell. Die einzelne Person ist Träger dieser Rechte.

(c) Sie ergeben sich aus der Wesensnatur des Menschen und sind unveräußerlich.

(d) Sie schützen das Individuum gegen Zugriffe des Staates. Er muss sie respektieren und garantieren.

Preis gegen Würde*

Grundlegendes Prinzip des guten Lebens ist, die Menschen wie Menschen zu behandeln, fähig zu sein, uns in die Lage unserer Mitmenschen zu versetzen und unsere Interessen zu relativieren, um sie mit ihren in Einklang zu bringen. Diese Tugend nennt man *Gerechtigkeit*; und es kann kein anständiges politisches System geben, das nicht bestrebt ist, durch Gesetze und Institutionen die Gerechtigkeit unter den Mitgliedern der Gesellschaft zu fordern. Die Beschränkung der Freiheit der Einzelnen darf nur aus einem einzigen Grund erfolgen: zu verhindern – sogar mit Gewalt, wenn es nicht anders geht –, dass sie ihre Mitmenschen so behandeln, als wären sie keine, dass sie sie wie Spielzeug behandeln, wie Lasttiere, wie einfache Werkzeuge, wie minderwertige Wesen: Die Bedingung, dass jeder Mensch verlangen kann, wie ein Mitmensch von den anderen behandelt zu werden, ohne Rücksicht auf sein Geschlecht, seine Hautfarbe, seine Ideen oder seinen Geschmack, nennt man *Würde*. Aber das Merkwürdige ist: Auch wenn die Würde allen Menschen gemeinsam ist, dient genau sie dazu, jeden Einzelnen als einzigartig und unwiederholbar anzuerkennen. Sachen können „ausgetauscht" werden, man kann sie durch ähnliche oder bessere „ersetzen", sie haben ihren „Preis". Das Geld dient gewöhnlich dazu, diesen Tausch zu ermöglichen, indem man alles über einen Kamm schert. [...] Also, jeder Mensch besitzt Würde, er ist unbezahlbar, d. h., er kann nicht ersetzt werden und man darf ihn auch nicht schlecht behandeln, um einen anderen zu begünstigen. Wenn ich sage, er kann nicht ersetzt werden, meine ich damit nicht die Funktion, die er ausübt (ein Schreiner kann in seiner Arbeit einen anderen Schreiner ersetzen), sondern seine Persönlichkeit, das, was er wirklich ist. Wenn ich von „schlecht behandeln" rede, will ich damit sagen, dass er nicht einmal dann, wenn man ihn nach dem Gesetz bestraft oder ihn für einen politischen Feind hält, aufhört, der Rücksichtnahme und des Respekts würdig zu sein. Sogar im Krieg, der das größte Scheitern des Versuchs der Menschen zu einem gemeinschaftlichen „guten Leben" ist, gibt es Verhaltensweisen, die ein größeres Verbrechen darstellen als das organisierte Verbrechen des Krieges.

(Fernando Savater: Ethik für die Erwachsenen von morgen, Campus, Frankfurt/M. 1995, S. 136 f.)

7. *Fertigt eine Concept-Map zum Begriff „Würde" an.*

8. *Worin seht ihr den moralischen Kern dieses Begriffs? Berücksichtigt zur Beantwortung dieser Frage auch die nachfolgenden Zitate.*

Vielleicht besteht die einzige Würde des Menschen in seiner Fähigkeit, sich achten zu können.

(George Santayana (1863–1952), amerikanischer Philosoph)

Der Mensch, und überhaupt jedes vernünftige Wesen, existiert nicht bloß als Mittel zum beliebigen Gebrauche für diesen oder jenen Willen. Daraus folgt:
Handle so, dass du die Menschheit, sowohl in deiner Person, als in der Person eines jeden anderen, niemals bloß als Mittel brauchst.

(Immanuel Kant: Grundlegung der Metaphysik der Sitten, hg. von W. Weischedel, Darmstadt 1975)

9. *Erkundigt euch bei amnesty international (www.amnesty-international.de) nach Menschenrechtsverletzungen und nach Mittel und Wegen, dagegen vorzugehen.*

10. *Veranstaltet gemeinsam mit anderen Fächern (z. B. Geschichte, Politik, Deutsch, Kunst) einen Menschenrechts-Projekttag:*
Vorschläge:
- *Gestaltet Plakate zu einzelnen Menschenrechtsverletzungen.*
- *Malt Protestpostkarten.*
- *Schreibt einen Bericht für die Schülerzeitung.*
- *Veröffentlicht eure Ergebnisse als Ausstellung z. B. in der Stadtbücherei oder Stadtsparkasse ...*

10. Geht es hier unfair zu?

Dem Raucher keinen Bypass?

Der Tod kam im Wartezimmer: In Gegenwart seines Hausarztes, den Harry Elphick sechs Tage vor der geplanten Herzoperation aufgesucht hatte, starb der 47-jährige Engländer am Infarkt. Als schicksalhaft will Witwe Pat Elphick ihr Unglück nicht hinnehmen. Noch bevor sie ihren Mann am vergangenen Freitag, dem ursprünglichen OP-Termin, beerdigte, alarmierte sie die Öffentlichkeit: Schuld trügen die Ärzte des Whythenshawe Hospitals in Manchester, behauptete sie in der britischen Presse. Die Chirurgen hätten sich geweigert, dem infarktgefährdeten Kettenraucher einen Bypass zu legen, bevor er das Qualmen aufgab. Diese Frist überlebte Elphick nicht.

Der kostspielige Eingriff, mit dem verengte Kranzgefäße überbrückt werden, müsse bei Rauchern öfter wiederholt werden, argumentierte der Arzt. Eine Bypassoperation bei Rauchern lindere zwar die Beschwerden wie Atemnot und plötzlichen Schmerz; das Leben dieser Patienten werde aber, wie wissenschaftliche Untersuchungen erwiesen haben, dadurch nicht verlängert. Nichtraucher hätten bessere Erfolgsaussichten und müssten deshalb Vorrang auf den Wartelisten genießen.

Weil die Flimmerhärchen in den Atemwegen, die normalerweise für den Abtransport von Sekret sorgen, beim Rau-

Methode: Fallanalyse

(a) **Situationsbeschreibung**: Schaut euch den Fall genau an und notiert euch alle wichtigen, für die Beurteilung dieses besonderen Falles erheblichen Einzelheiten (z. B. Wer handelt hier, wem gegenüber und wie? Wer ist in den Fall verwickelt – Einzelpersonen, Gruppen, Institutionen). Fertigt eine Skizze an, in der alle Einzelheiten anschaulich festgehalten sind.

(b) **Interessenanalyse**: Versetzt euch in die in den Fall verwickelten Personen oder Institutionen und beschreibt deren jeweilige Interessenlage. Dazu gehören ihre subjektiven Interessen, Wünsche oder Vorlieben. Achtet vor allem darauf, wo Interessen zusammenstoßen, wo es also zu Interessenkonflikten kommt.

(c) **Normenanalyse**: Wünsche und Interessen sind subjektiv. Sie müssen sich als allgemein berechtigt, als legitim erweisen. Dies geschieht in der Normenanalyse. Hier geht es also darum zu prüfen, ob hinter den bloß individuellen Interessen allgemeine berechtigte Ansprüche in Gestalt von Rechten oder Pflichten stehen. Wenn ihr die Rechte bzw. Pflichten der einzelnen Personen dokumentiert, werdet ihr schnell feststellen, dass es zu Normenkonflikten kommt.

(d) Sie hinreichend überzeugend zu lösen ist Aufgabe der **Abwägung**. Welche Gründe bzw. Argumente sind gewichtiger, wiegen schwerer? Was wiegt auf der Seite der Pflichten schwerer? Ist es – in unserem Fall – die Pflicht Harrys, das Rauchen aufzugeben oder aufseiten der Ärzte die Pflicht zu operieren? Oder: Welches Recht ist das gewichtigere: das Recht auf gleiche Behandlung (Harry) oder das Recht, die Operation zu verweigern (Ärzte)?

(e) Abschließendes **Urteil**

(f) Ihr könnt eine solche Fallanalyse in Gruppen durchführen, um dann die einzelnen Schritte samt dem abschließenden Urteil der Gruppen miteinander vergleichen zu können.

cher geschädigt oder zerstört sind, erleiden diese Patienten öfter Infektionen. Sie müssen länger – und nach wenigen Tagen oft erneut – künstlich beatmet werden.

(ethisch argumentieren, Konkordia Verlag, Bühl, S. 155)

1. *Dürfen Ärzte Rauchern eine Bypassoperation verweigern?*

2. *Erstellt zunächst ein Meinungsbild der Klasse: Wer stimmt voll zu, teilweise zu, gar nicht zu?*

3. *Führt dann eine Fallanalyse durch.*

Ein Chemiekonzern will sich niederlassen

Ein großer Chemiekonzern beschloss – die Geschäfte liefen glänzend –, ein weiteres Werk zu bauen. Der Konzern benötigte dazu jede Menge Land – 1800 Ar –, billige Arbeitskräfte, ungefähr 25 Millionen Liter Frischwasser täglich, günstige Steuern und eine gut ausgebaute Infrastruktur, ein Eisenbahnnetz und Häfen. Es war ganz klar, dass nur eine kleine Anzahl von Orten all dies bieten konnte. Das Fleckchen Erde, für den sich der Konzern schließlich entschied, war ideal und umfasste die gewünschten 1800 Ar.
Der umliegenden Gegend, aus der sich der Konzern seine Arbeitskräfte holen würde, ging es wirtschaftlich nicht gerade gut. Das Nettoeinkommen lag weit unter dem nationalen Durchschnitt. Die zuständige Umweltbehörde hatte keinerlei Einwände. Der Konzern versicherte, dass, obwohl gewisse Chemikalien in den Hauptfluss der Gegend eingeleitet werden würden, die Qualität des Wassers nicht sinken werde.
Auf dem vom Konzern beanspruchten Gelände lag jedoch ein international berühmter Erholungs- und Freizeitpark mit überaus bizarren und einmaligen Felsformationen. Er zieht jedes Jahr Tausende von Urlaubern an. Seine Betreiber befürchteten nun, dass der Ort durch Wasser- und Luftverschmutzung seine Attraktivität verlieren könnte. Vor allem dachten sie dabei an den Fluss. Aus ihm werde bald eine vollkommen verschmutzte Kloake. Eine Bürgerinitiative machte ebenfalls gleich zu Beginn darauf aufmerksam, dass in einem der Nebenarme des Flusses eine ganz seltene Art kleiner Fische lebt, die es nach Auskunft der Biologen nur noch dort gebe. Sie sei nun durch den Konzern zum Aussterben verurteilt.

4. *Darf sich der Konzern niederlassen? Führt dazu eine Fallanalyse durch.*

Fledermaus stoppt Brückenbau in Dresden

DRESDEN (dpa). Eine Fledermaus hat vier Tage vor dem geplanten Baubeginn die ersten Arbeiten zur umstrittenen Waldschlösschenbrücke durch das UNESCO-Welterbe Dresdner Elbtal vorerst gestoppt. Das Dresdner Verwaltungsgericht sieht die Belange der vom Aussterben bedrohten Kleinen Hufeisennase bei der Brückenplanung nicht ausreichend berücksichtigt. Das Gericht gab damit einem Antrag mehrerer Naturschutzverbände statt. Umweltschützer sehen den Lebensraum der Fledermausart im Elbtal gefährdet. Die Kleine Hufeisennase misst vom Rumpf bis zu den Ohrenspitzen 4,5 Zentimeter, die Flügelspannweite beträgt 20 Zentimeter. Sie steht auf der roten Liste der bedrohten Tierarten.

(Badische Zeitung, 10.8.2007, S.1)

5. *Nehmt kritisch Stellung zu der dem Gerichtsurteil zugrunde liegenden Güterabwägung. Berücksichtigt bei eurem Urteil auch den § 1 des Bundesnaturschutzgesetzes.*

Information: Das Bundesnaturschutzgesetz

§ 1: Ziele des Naturschutzes und der Landschaftpflege
Natur und Landschaft sind aufgrund ihres eigenen Wertes und als Lebensgrundlagen des Menschen auch in Verantwortung für die künftigen Generationen im besiedelten und unbesiedelten Bereich so zu schützen, zu pflegen, zu entwickeln und, soweit erforderlich, wiederherzustellen, dass

1. die Leistungs- und Funktionsfähigkeit des Naturhaushalts,
2. die Regenerationsfähigkeit und nachhaltige Nutzungsfähigkeit der Naturgüter,
3. die Tier- und Pflanzenwelt einschließlich ihrer Lebensstätten und Lebensräume sowie
4. die Vielfalt, Eigenart und Schönheit sowie der Erholungswert von Natur und Landschaft auf Dauer gesichert sind.

Überprüfe dein Wissen und Können

1. *Vervollständigt den Assoziationsstern zum Begriff der Gerechtigkeit.*

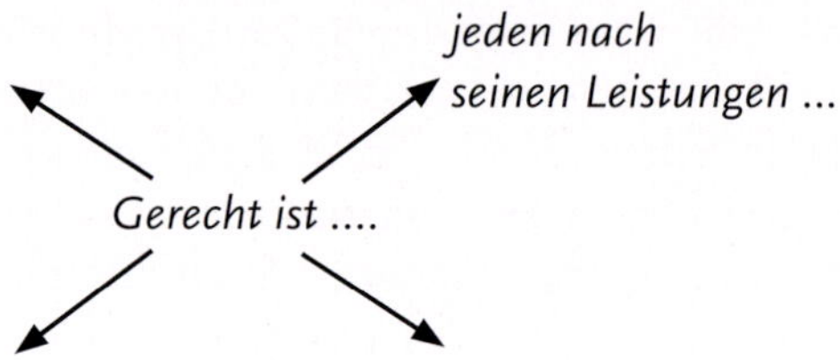

2. *Nennt und erläutert die Gerechtigkeitskriterien, die in den folgenden Beispielen angesprochen werden:*

(a) „Ich bin für die Einführung von Schuluniformen, weil sich sonst schon in der Schule dieselben sozialen Unterschiede zwischen den Menschen auftun, die auch in der Gesellschaft insgesamt zu Neid, Streit und Diskriminierung führen."

(b) „Die pauschal festgelegte Sozialhilfe ist in Wirklichkeit völlig asozial. Oder würden Sie sich gerecht behandelt fühlen, wenn Sie ein Glas Wasser bekommen, weil andere durstig sind, obwohl Sie selbst Appetit auf ein Steak haben?"

(c) „Entscheidend dafür, was zwei Lehrer verdienen, sollte nicht die Tatsache sein, dass sie gleich viele Stunden in der Schule verbringen, sondern wie erfolgreich jeder von beiden seine Schüler wirklich voranbringt."

(d) „Immer wenn ich sehe, dass die Hälfte meines Gehalts jeden Monat von unserem Steuersystem aufgefressen wird, damit andere auf der faulen Haut liegen können, frage ich mich, wofür man sich selbst überhaupt noch abrackert."

(e) „Ich bin dagegen, dass Ausländer bei uns nach dem deutschen Tarif bezahlt werden, denn zu Hause verdienen sie ja auch nicht so viel."

3. *Wie würdet ihr die folgende Frage beantworten? Zieht dafür die Gerechtigkeitstheorie von John Rawls heran.*

Da ich nur 1,60 Meter messe, setze ich mich im Kino auf meinen zusammengelegten Anorak, wenn mein Blick allzu schlecht ist. Ich achte aber darauf, nicht höher zu sitzen als jemand mit einer Durchschnittsgröße. Letztens hat mich die Person hinter mir aufgefordert, mich bitte wieder nach unten zu setzen, sie würde nun weniger sehen. Ist es aus moralischer Sicht zu vertreten, dass ich mir diesen Vorteil verschaffe? Oder muss ich meine geringe Körpergröße und somit die schlechtere Sicht akzeptieren?

4. *Vergleicht den Begriff des „Naturzustandes" bei Thomas Hobbes und John Rawls. Fertigt dazu ein Schema an, in dem ihr folgende Vergleichskriterien benutzt:*

Hobbes „State of Nature"	**Rawls** „Original Position"
a) Wie wird der Naturzustand beschrieben?	
b) Welches Menschenbild liegt ihm zugrunde?	
c) Welche Bedeutung hat er für die Argumentation?	

5. **Menschenrechtsspiel**

Schreibt die ersten 20 Artikel des Grundgesetzes auf kleine Kärtchen und legt diese kunterbunt gemischt auf einen Haufen. Der erste Spieler zieht eine Karte und charakteri-

siert mit seinen eigenen Worten das darauf notierte Grundrecht. Die anderen Mitspieler müssen raten, um welches Grundrecht es sich handelt. Wer es zuerst herausgefunden hat, bekommt die Karte, legt sie bei sich ab und zieht eine neue Karte. Wieder wird geraten. Gewinner ist am Ende derjenige, der die meisten Karten gesammelt hat.

6. *Nennt und charakterisiert die in der Karikatur angesprochenen Verletzungen der Menschenrechte.*
Findet aktuelle Beispiele dafür.

7. Moral vom Recht unterscheiden

„Man soll einander bei der Begrüßung die Hand geben!"
„Man soll bei Rot nicht die Straße überqueren!"
„Man soll ein gegebenes Versprechen halten!"

Welches der Beispiele ist eine Rechtsnorm, eine Moralnorm oder bloß eine Konvention, also das, was man in einer bestimmten Gesellschaft zu bestimmten Anlässen üblicherweise tut? Findet weitere Beispiele und ordnet sie zu.

8. Fallanalyse

Die angehende Lehrerin hatte die Lehramtsprüfung für Deutsch und Englisch abgelegt und bewarb sich für den Schuldienst. Sie wurde abgelehnt, weil sie darauf bestand, im Unterricht ein Kopftuch zu tragen. An ihrer Eignung bestand kein Zweifel.

a) *Untersucht, ob und wie sich die Ablehnung begründen lässt.*
b) *Fertigt dazu eine Fallanalyse an.*

Sokrates: Fragen – Reflektieren – Philosophieren

„Der Klügste ist der, der weiß, dass er nicht weiß."

„Es ist nicht so wichtig zu leben, wichtig ist vielmehr, richtig und gerecht zu leben."

„Wer das Gute und Rechte weiß, der tut es auch."

Wir wollen uns für einen Augenblick vorstellen, dass wir am Rande des alten Marktplatzes von Athen auf einem der zahlreichen Marmorblöcke sitzen. Einst standen hier stolze Tempel, Gerichtslokale und andere öffentliche Gebäude, Geschäfte, ein Konzertsaal und sogar eine große Turnhalle. Alles zusammen umgab diesen Marktplatz, einen großen, viereckigen Platz. Auf diesem kleinen Gelände wurde die Grundlage der gesamten europäischen Zivilisation gelegt. Wörter wie „Politik" und „Demokratie", „Ökonomie" und „Biologie", „Physik", „Mathematik" und „Logik", „Theologie" und „Philosophie", „Ethik" und „Psychologie", „Theorie" und „Methode", „Idee" und „System" – und noch viele weitere – stammen von einem ziemlich kleinen Volk, dessen tägliches Leben sich rund um diesen Platz abspielte. Hier sprach Sokrates mit den Menschen, die ihm begegneten. Sie waren mit ihren alltäglichen Verrichtungen beschäftigt, ohne groß darüber nachzudenken. Vielleicht packte er einen Sklaven am Arm, der einen Krug mit Olivenöl trug, und stellte dem armen Mann eine philosophische Frage. Denn Sokrates meinte, auch ein Sklave habe dieselbe Vernunft wie ein Bürger. Vielleicht führte er einen erregten Wortwechsel mit einem Bürger oder er war in ein leises Gespräch mit seinem jungen Schüler Platon vertieft. Es ist seltsam, daran zu denken.

(nach: Jostein Gaarder: Sofies Welt, Hanser Verlag, München 1991, S. 93)

1. *Diese von unserer historischen Fantasie ausgemalte Szene wirft eine Reihe von Fragen auf, zu denen ihr vorläufige Vermutungen anstellen könnt.*
   - *Wer war dieser Sokrates?*
   - *Was hatte er für ein Interesse daran, den Menschen, die ihren alltäglichen Geschäften nachgingen, Fragen zu stellen?*
   - *Welche philosophischen Fragen hat er wohl gestellt? Berücksichtigt dabei auch die Zitate.*
   - *Warum waren ihm die daraus entstandenen Gespräche und Wortwechsel so wichtig?*
   - *Warum wurden ausgerechnet in Athen jene Schlüsselwörter geprägt, die für uns heute noch wichtig sind?*

2. *Welche weiteren Fragen würdet ihr noch stellen? Was interessiert euch vor allem an der Gestalt des Sokrates?*

1. Wer war Sokrates?

Von Sokrates selbst ist nichts überliefert. Er hat nichts geschrieben. Über sein Leben, seine Gedanken erfahren wir vor allem von seinem Schüler Platon (427 – 347 v. Chr.) und von dem Feldherrn Xenophon (430 – 354 v. Chr.).

Ein stadtbekanntes Original ...

Sokrates hielt sich immer in der Öffentlichkeit auf: Am Morgen ging er in die Wandelhallen und zu den Turnplätzen, und wenn der Markt voller Leute war, konnte man ihn dort sehen, auch während der übrigen Tageszeiten war er dort.
Keiner aber sah jemals bei Sokrates eine dem menschlichen oder göttlichen Recht zuwiderlaufende Handlung, noch hörte er um etwas Derartiges sagen. Denn nicht einmal über die Natur des Alls unterhielt er sich auf die Art wie die meisten übrigen. Er untersuchte nämlich nicht, welches das Wesen des Kosmos sei und durch welche Notwendigkeiten alles am Himmel vor sich gehe, sondern er erwies diejenigen, welche über solches nachsannen, als Toren.
Er selbst aber unterhielt sich immer über die menschlichen Dinge, indem er untersuchte, was fromm, unfromm, schön, hässlich, gerecht, ungerecht, was Besonnenheit, Raserei, Tapferkeit, Feigheit, Staat, Staatsmann, Herrschaft über Menschen und ein Herrscher über Menschen sei.
Es scheint mir aber auch sonderbar, dass einige zu der Überzeugung gebracht worden sind, Sokrates verderbe die jungen Leute. Er, der außer dem Gesagten zuerst einmal die größte Selbstbeherrschung von allen Menschen hinsichtlich Geschlechtstrieb, Essen und Trinken zeigte, der zudem sehr widerstandsfähig war gegenüber Winterkälte und Sommerhitze und allen Anstrengungen, der ferner zu maßvollen Bedürfnissen erzogen war, sodass er sich auch mit dem Besitz von ganz wenigen Dingen ganz leicht zufriedengab!

(nach: Xenophon, Erinnerungen an Sokrates, Stuttgart 1980, S. 5)

Sokrates und Athen

Sokrates war gerade mal zehn Jahre alt, als Perikles im Dienst der Demokraten seine Politikerkarriere begann, kaum zwanzig, als Athen die Insel Euböa unterwarf, und noch keine dreißig, als seine Stadt sich in den Peloponnesischen Krieg stürzte (an einem Tag, an dem er wohl, wie alle Athener, der Aufführung des *Ödipus* beiwohnte). Sokrates war also Zeuge des ganzen Krieges, von Anfang bis zur Kapitulation im Jahre 404 v. Chr. Mehrfach nahm er daran teil, um seine Bürgerpflicht zu erfüllen, so an dem Feldzug gegen die Stadt Poteidaia, die sich weigerte, den Tribut zu zahlen, den Athen von seinen Verbündeten verlangte.
Er war plebeischer Herkunft, sein Vater war Steinmetz, die Mutter eine Hebamme. Er selbst hatte ebenfalls den Beruf des Steinmetzen erlernt, ohne ihn lange auszuüben. Er war mit Xanthippe verheiratet und Vater von drei Kindern.

(Marc Sautet: Ein Café für Sokrates, Artemis und Winkler Verlag, Düsseldorf 1997, S. 278)

1. *Zeichnet anhand der beiden Texte mit wenigen Worten den Charakter von Sokrates nach.*

2. *Erarbeitet eine Zeittafel zu Sokrates' Leben, die auch Hinweise auf wichtige politische und kulturelle Ereignisse enthält. Nutzt dazu auch die Möglichkeiten der Internetrecherche.*

Sokrates und seine Zeit

Die Polis Athen im 5. Jahrhundert v. Chr. bildet die Folie, auf der die Gestalt des Sokrates Kontur gewinnt. Aus dreierlei Richtungen soll ein erhellendes Licht auf sein Leben und sein Werk fallen:

Athens politische Krise:
Niedergang der Polis seit dem Peloponnesischen Krieg. Sokrates' erste Lebenshälfte fällt in die Blütezeit der attischen Demokratie, seine zweite in die Zeit einer Krise.

Erfindung des Theaters:
Als herausragendes Beispiel: „König Ödipus" von Sophokles (496 – 405 v. Chr.): „In der durch das Drama eröffneten Debatte wird die Stellung des Menschen selbst zum Problem, wird das Rätsel des menschlichen Daseins dem Publikum aufgegeben."

(Jean-Pierre Vernant: Mythos und Gesellschaft im alten Griechenland, Frankfurt 1987, S. 198)

Übergang vom Mythos zum Logos:
Sonnenfinsternisse, Überschwemmungen, Erdbeben, der Umlauf der Gestirne werden jetzt nicht mehr mithilfe von mythischen Erzählungen, sondern sachlich erklärt. Ein den natürlichen Ursachen nachspürendes Denken entdeckt so mithilfe des Verstandes gesetzmäßige Zusammenhänge, mit denen man diese Phänomene erklären kann.

Die Sophisten:
Sie waren Zeitgenossen und Konkurrenten des Sokrates, von denen er sich bewusst abgrenzte und die ihn doch beeinflussten.
Protagoras (485 – 411 v. Chr.): „Aller Dinge Maß ist der Mensch" (Homo-mensura-Satz).
Gorgias (485 – 380 v. Chr.): Er stellt drei radikale Thesen auf: (1) Nichts existiert. (2) Wenn etwas existierte, wäre es für uns nicht erkennbar. (3) Auch wenn es erkennbar wäre, wäre es nicht mitteilbar.
Hippias von Elis: Er war schon von der Gleichheit der Menschen überzeugt. „Ihr Männer, die ihr hier anwesend seid, ich glaube, dass wir alle – nicht dem Herkommen nach, sondern von Natur – miteinander verwandt und Stammesgenossen und Mitbürger sind. Denn das Gleiche ist dem Gleichen von Natur aus verwandt; das Herkommen dagegen, dieser Tyrann der Menschen, erzwingt vieles wider die Natur."

(Platon: Protagoras 337 c/d; zit. nach: Wolfgang H. Pleger: Sokrates, Rowohlt Verlag, Hamburg 1998, S. 38)

3. *Erweitert eure Zeittafel zu Sokrates' Leben zu einer Wandzeitung, in der die vorgegebenen Themen enthalten sind.*

Methode: Eine Wandzeitung erstellen

Teilt euch in vier Gruppen auf. Jede Gruppe bearbeitet ein Thema (Athens politische Krise etc.).
Sucht zu den einzelnen Themen zusätzliches Material und schreibt eigene knappe, mit Bildern veranschaulichte Texte, um das Gewicht und die Gliederung der einzelnen Themenfelder deutlich zu machen. Ihr könnt im Internet recherchieren oder fächerübergreifend arbeiten – mit den Fächern Geschichte, Kunst, Latein oder Griechisch. Achtet auf eine übersichtliche Gliederung und ein ausgewogenes Verhältnis von Text und Bildmaterial.

2. Was ist Tapferkeit? – Ein sokratischer Dialog

Sterbender Krieger (Figur aus dem Giebel eines antiken griechischen Tempels)

Sokrates verwickelt den Feldherrn Laches in einen Dialog über das Wesen der Tapferkeit.

SOKRATES: Dieses also wollen wir zuerst versuchen zu erklären, was die Tapferkeit ist.

LACHES: Dieses, o Sokrates, ist beim Zeus nicht schwer zu sagen. Denn wenn jemand pflegt in Reih und Glied standhaltend die Feinde abzuwehren und nicht zu fliehn, so wisse, dass ein solcher tapfer ist. [...]

SOKRATES: Aber was ist denn der, welcher fliehend gegen die Feinde ficht, und nicht standhaltend?

LACHES: Wie doch fliehend?

SOKRATES: Wie ja von den Skythen gesagt wird, dass sie nicht minder fliehend als verfolgend den Feind bekriegen. [...] Ich wollte nicht nur erfahren, welches die Tapfern im Fußvolke wären, sondern auch in der Reiterei und in allem, was zum Kriege gehört; und nicht nur die im Kriege, sondern auch die Tapfern in den Gefahren der See, ferner auch die, welche in Krankheiten und in Armut und in der Staatsverwaltung tapfer sind, ja noch mehr, nicht nur die gegen den Schmerz tapfer sind und gegen die Furcht, sondern auch die gegen Begierden und Lust stark sind zu fechten, und zwar sowohl standhaltend als umwendend. Denn es sind doch einige, o Laches, auch in diesen Dingen tapfer?

LACHES: Gar sehr, o Sokrates.

SOKRATES: Was ist wohl jede von diesen? [...] Oder verstehst du noch nicht, was ich meine?

LACHES: Noch nicht recht.

SOKRATES: Ich meine es so, als wenn ich fragte, was wohl die Geschwindigkeit ist, was sie nämlich sowohl im Laufen ist, als in der Musik; im Reden, im Lernen und in vielen andern Dingen, und fast haben wir sie ja in allem, wovon nur der Mühe lohnt zu reden [...]. Wenn nun jemand mich fragte, wie erklärst du dieses, o Sokrates, was du in allen Dingen Geschwindigkeit nennst, so würde ich sagen, dass ich die in kurzer Zeit vieles vollbringende Kraft Geschwindigkeit nenne, sowohl in der Stimme als im Lauf und in allen andern Dingen.

LACHES: Sehr gut wäre dieses erklärt.

SOKRATES: Versuche also auch du, o Laches, so die Tapferkeit zu erklären, welche Kraft wohl, als dieselbe seiend, in der Lust und Unlust und allen andern Dingen, worin wir sagen, dass sie statthabe, dann Tapferkeit genannt wird.

LACHES: So dünkt sie mich denn eine gewisse Beharrlichkeit der Seele zu sein, wenn ich doch das in allem sich findende von der Tapferkeit sagen soll.

SOKRATES: Dieses ist mir indes deutlich, dass doch nicht jede Beharrlichkeit, glaube ich, dir als Tapferkeit erscheint.

LACHES: Allerdings.

SOKRATES: Wie aber die mit Unverstand? Ist diese nicht im Gegensatz zu jener schädlich und verderblich?

LACHES: Ja.

SOKRATES: Vortrefflich also, wolltest du behaupten, wäre, was so schädlich ist und verderblich?

LACHES: Keineswegs wäre das recht, o Sokrates.

SOKRATES: Also wirst du auch nicht zugeben, dass eine solche Beharrlichkeit Tapferkeit ist, da sie ja nicht vortrefflich ist, die Tapferkeit aber etwas Vortreffliches.

LACHES: Richtig.

SOKRATES: Die verständige Beharrlichkeit also wäre nach deiner Rede Tapferkeit?

LACHES: So sieht es aus.

SOKRATES: Lass uns also sehen, ist es die in etwas Gewissem oder die in allen Dingen verständige, sie seien groß oder klein. Wie wenn jemand im Geldausgeben verständig beharrte, wohl wissend, dass er durch das Ausgeben gewinnen wird, möchtest du diesen tapfer nennen?

LACHES: Beim Zeus, ich nicht ...

(„Laches“: 190 d – 192 e; aus: Platon: Werke, Bd. I, Rowohlt Verlag, Reinbek bei Hamburg 1957, S. 163 f.)

Die Frage „Was ist Tapferkeit?“ bleibt am Ende des Dialogs unbeantwortet.

1. *Notiert euch die drei Versuche, Tapferkeit zu bestimmen.*

2. *Erläutert, warum Sokrates mit diesen Definitionen nicht zufrieden ist.*

3. *Untersucht, wie er das Gespräch führt, welche Fragen er stellt und was er mit dem Gespräch bei seinen Dialogpartnern erreichen will.*

4. *Denkt darüber nach, warum er es ohne konkrete Ergebnisse enden lässt.*

Sag mir, warum dein Tennisklub der beste ist

Ein sokratischer Dialog von Hans-Georg Gadamer

SOKRATES: Wohin so eilig?

FRED: Zum Tennis!

SOKRATES: Wo spielst du denn?

FRED: Nun, natürlich in dem besten Klub der Stadt.

SOKRATES: So, du weißt also, welcher der beste ist?

FRED: Natürlich.

SOKRATES: Das interessiert mich. Bei so vielen Dingen habe ich mich vergeblich gefragt, was das ist, was etwas gut sein lässt. [...] Darf ich fragen?

FRED: Bitte.

SOKRATES: Sag mir, warum ist dein Klub der beste?

FRED: Weil man die besten Verbindungen bekommt.

SOKRATES: Was für Verbindungen? Zum Tennisspielen?

FRED: Ach so, halt Verbindungen.

SOKRATES: Aber sage mir, gehst du nicht in den Tennisklub, um Tennis zu spielen?

FRED: Oh ja, das auch.

SOKRATES: Nun, dann sage mir, warum dein Klub für dein Tennisspielen der beste ist.

FRED: Weil da die besten Spieler sind.

SOKRATES: [Aber] wenn es nun alles viel bessere Spieler sind als du – hast du schon einmal erlebt, dass bessere Spieler mit viel schlechteren spielen wollen?

FRED: Gewiss nicht.

SOKRATES: Ist es dann nicht richtiger, in einen Klub zu gehen, wo die Spieler schlechter sind als du?

FRED: So könnte es scheinen, aber dann lerne ich nichts.

SOKRATES: Das ist wahr. Also ist es wohl das Beste, in einen Klub zu gehen, wo man gleich gute Spieler findet?

FRED: Offenbar.

SOKRATES: Aber was heißt: gleich gute Spieler? Solche, die es glauben zu sein, oder auch solche, die es sind, wenn sie sich auch selber für besser halten?

FRED: Die es glauben und sind, denn die anderen würden dann doch wieder nicht mit mir spielen.

SOKRATES: O weh, mein Lieber, was hast du da gesagt? Hast du schon erlebt, dass jemand, der mit einem anderen gleich gut ist, nicht meint, besser zu sein?

FRED: Ja, das ist wahr.

(Hans-Georg Gadamer: Ein sokratischer Dialog; in: FAZ vom 9.2.1990, S. 32)

5. *Vergleicht die beiden Dialoge hinsichtlich der Problemstellung, der Gesprächsentwicklung, der Fragestellungen und der Absicht, die Sokrates jeweils mit dem Gespräch verfolgt.*

Information: Reflexion

Reflexion ist ein Nachdenken, ein sich Zurückbeugen über sich selbst, um alltägliche Redeweisen oder Handlungen zu hinterfragen und sich dabei bislang unklar gebliebener Motive, Gründe oder Bewertungen bewusst zu werden. Was wir einfach so annehmen oder tun, ohne darüber weiter nachzudenken, wird nun als gar nicht selbstverständlich erkannt und problematisiert. Dazu braucht man Ruhe und eine gewisse Distanz zu sich selbst.

6. *Untersucht, inwiefern Sokrates bei seinen Gesprächspartnern die Fähigkeit zur Selbstreflexion wecken und entwickeln will.*

7. *Wie schätzt ihr die Bedeutung dieser Fähigkeit für euch heute ein?*

3. Die sokratische Methode: klare Begriffe und überzeugende Gründe

Selber denken! – Die Hebammenkunst (Maieutik*)

Sokrates im Gespräch mit einem seiner Schüler:

Auf mich trifft dasselbe wie auf die Hebammen zu: Ich bringe keine klugen Gedanken hervor. Und was mir schon viele vorgeworfen haben, dass ich nämlich immer nur die anderen frage, selber aber in keinem Punkt irgendetwas zutage fördere, da ich eben keine Klugheit besäße, so ist dieser Vorwurf berechtigt. Der Grund davon ist Folgender. Zum Hebammendienst zwingt mich der Gott (= Apollo, der Gott der Weisheit), das Gebären dagegen hat er mir vorenthalten. Ich selber bin also überhaupt nicht klug und kann auch keinen Fund als Erzeugnis meiner Seele vorweisen. Dagegen lassen einige von denen, die mit mir zusammen sind, anfangs zwar recht wenig an Klugheit sehen, aber im Laufe unseres Zusammenseins machen alle, denen es der Gott vergönnt, für sich selbst und auch die anderen überraschende Fortschritte. Und dabei lernen sie offensichtlich nie auch nur irgendetwas bei mir, sondern finden selber viele hervorragende Wahrheiten bei sich heraus und bringen sie hervor. Urheber der Entbindung jedoch sind der Gott und ich. Ich vermute, und du selber glaubst es ja auch, dass du in dir mit etwas schwanger gehst und Wehen hast. Vertraue dich also mir an. Denn schließlich bin ich der Sohn einer Hebamme und verstehe auch selber etwas von dieser Kunst. Und versuche, meine Fragen, so gut es geht, zu beantworten.

(Platon: Theätet, hg. von Ekkehard Martens, Stuttgart 1981, S. 31 f.)

1. *Erläutert das Bild von der „Hebammenkunst." Welches Verhältnis von Lehrer und Schüler ist darin ausgedrückt?*

2. *Warum ist Sokrates seine maieutische Frage- und Gesprächskunst so wichtig?*

Sokrates geht es mit seiner Gesprächsmethode vor allem darum, seine Gesprächspartner auf die Schwammigkeit und Ungenauigkeit der von ihnen als selbstverständlich gehaltenen Begriffe hinzuweisen. Etwas wirklich begreifen heißt offensichtlich, wichtige Einzelheiten oder Merkmale unter einen allgemeinen Begriff zu fassen, sie darunter zu ordnen, sie zu subsumieren.

Information: Definition

Alle Definitionen gleichen sich in ihrer logischen Struktur. Sie besteht aus zwei Elementen: einem allgemeinen Oberbegriff (genus proximum) und einer Anzahl von besonderen Merkmalen (differentiae specificae). Die Definition eines Begriffs geschieht durch die Angabe des nächsthöheren, allgemeinen Oberbegriffs und der spezifischen Merkmale, die ihn von anderen allgemeinen Begriffen unterscheiden:

Definition	= Gattungsbegriff	+ artbildende Differenz
Beispiele:		
Quadrat	= Rechteck	+ vier gleich lange Seiten
Junggeselle	= Mann	+ unverheiratet, nicht verwitwet, volljährig
Mensch	= Lebewesen	+ vernunftbegabt
Tapferkeit	= „Beharrlichkeit"	+ „vernünftig" …

Paul A. Weber

3. *Einzelne oder Einzelnes unter allgemeine Begriffe zu fassen, sie so zu „definieren“ hat manchmal seine Tücken. Auf welche möchte der Karikaturist wohl hinweisen?*

4. *Verfasst in Kleingruppen einen sokratischen Dialog zu einem bestimmten Begriff.*

Methode: Die sokratische Begriffsklärung

Jede Gruppe soll einen sokratischen Dialog als Begriffsklärung verfassen, in dem Sokrates und mindestens eine weitere Person auftreten.
Wählt euch einen zu klärenden Begriff aus:
z. B.: „Was ist Freundschaft?“
„Was ist schön?“
„Wer ist ein guter Mensch?“
„Was ist Leistung?“
Oder denkt euch selbst einen Begriff aus, über den ihr nachdenken wollt. Ein Gesprächsteilnehmer formuliert zu Beginn eine vorläufige Definition. Sokrates liefert dann ein Gegenbeispiel, das die eingangs gelieferte Definition infrage stellt.
Ein anderer Gesprächsteilnehmer knüpft daran an und bietet eine nächste, bessere Definition.
Es liegt wiederum bei Sokrates, durch eine Gegenfrage oder ein Gegenbeispiel diese zu erschüttern oder zumindest zu relativieren. Arbeitet an der Definition so lange, bis Sokrates mit dem Ergebnis zufrieden ist oder eventuell das Gespräch vertagt.
Am Schluss solltet ihr festhalten, worüber ihr euch einigen konntet bzw. wo ihr noch getrennter Meinung seid.
Berücksichtigt bei eurem Gespräch auch die beiden Elemente einer Definition: Oberbegriff und spezifische Merkmale/Eigenschaften.
Inszeniert anschließend euer entworfenes Gespräch und stellt es den anderen Gruppen vor. Die besonders gelungenen Beispiele könnt ihr in eurer Schülerzeitung veröffentlichen oder möglicherweise ins Internet stellen.

Was ist Philosophie?

Der Zweck der Philosophie ist die logische Klärung der Gedanken. Die Philosophie ist keine Lehre, sondern eine Tätigkeit. Ein philosophisches Werk besteht wesentlich aus Erläuterungen. Das Resultat der Philosophie sind nicht „philosophische Sätze“, sondern das Klarwerden von Sätzen. Die Philosophie soll die Gedanken, „die sonst, gleichsam, trübe und verschwommen sind, klarmachen und scharf abgrenzen“.

(Herbert Schnädelbach (Hg.): Philosophie. Ein Grundkurs, Rowohlt Verlag, Hamburg 1985, S. 380)

5. *Erläutert den Satz: „Die Philosophie ist keine Lehre, sondern eine Tätigkeit.“*

6. *Untersucht, inwiefern diese Charakterisierung von „Philosophie“ auf Sokrates passt.*

Reste des Apollontempels in Delphi (Griechenland)

Erkenne dich selbst

Delphi war der Mittelpunkt der Verehrung des Gottes Apollon, der für Weisheit und Vernunft steht. In der Vorhalle stand eine der bekanntesten Inschriften, als eine Art Leitmotto für die griechische Philosophie: ERKENNE DICH SELBST.

7. *Prüft, inwiefern Sokrates diesem in der Inschrift ausgedrückten Gebot der Selbsterkenntnis gefolgt ist.*

4. Sokrates bleibt sich treu – bis in den Tod

Nehmen wir an,

Sie haben sich Ihr ganzes Leben lang bemüht, ein guter Mensch zu sein, Ihre Pflicht nach bestem Wissen zu erfüllen und an das Wohl Ihrer Mitmenschen zu denken. Angenommen auch, viele Ihrer Mitmenschen sind gegen Sie, Ihr Tun missfällt ihnen, sie sehen in Ihnen gar eine Gefahr für die Gesellschaft, ohne jedoch beweisen zu können, dass Sie es sind. Nehmen wir ferner an, Sie werden angeklagt, vor Gericht gestellt und von einem Geschworenengericht von Ihresgleichen zum Tode verurteilt, und zwar in einer Weise, die Ihnen mit Recht ungerecht erscheint. Angenommen schließlich, Ihre Freunde haben, während Sie in der Haft auf die Urteilsvollstreckung warten, alles vorbereitet, damit Sie fliehen und mit Ihrer Familie ins Exil gehen können. Ihre Freunde machen geltend, dass sie die nötigen Bestechungsgelder aufbringen können und sich durch die Beihilfe zu Ihrer Flucht keiner Gefahr aussetzen; dass Sie das Leben noch länger genießen können, wenn Sie fliehen; dass es für Ihre Frau und für Ihre Kinder besser wäre; dass Ihre Freunde Sie weiterhin besuchen können und dass man im Allgemeinen für Ihre Flucht sein wird. Würden Sie die Gelegenheit ergreifen?

(William K. Frankena: Analytische Ethik, Deutscher Taschenbuch Verlag, München 1975, S. 17)

1. *Wie würdet ihr die Frage beantworten?*

Der Fall Sokrates

Der Prozess gegen Sokrates findet 399 v. Chr. statt. Vorangegangen ist 404 die Kapitulation Athens im Peloponnesischen Krieg. In der Anklageschrift wird ihm vorgeworfen, er handle gesetzwidrig, da er nicht an die Götter glaube, die der Staat anerkennt, und so die Jugend mit seinen Lehren verführe. Die Hauptverhandlung findet vor einem Geschworenengericht mit 501 Richtern statt. Diese sind aus einer Liste von 6 000 Freiwilligen, von der Volksversammlung gewählten Bürgern Athens durch das Los bestimmt worden. Sokrates wird mit einer knappen Mehrheit von 30 Stimmen schuldig gesprochen.

Die Vollstreckung des Todesurteils ließ etliche Tage auf sich warten. In dieser Zeit versuchten Sokrates' Freunde, ihn zur Flucht zu bewegen. Einer davon namens Kriton bestach sogar die Gefängniswärter, um die Flucht zu ermöglichen. Sokrates lehnte all diese Versuche strikt ab und begründete seine Auffassung ausführlich.

Sokrates' Argumentation

SOKRATES: Was kommst du zu dieser Stunde, Kriton? Oder ist es nicht mehr früh am Tage?
KRITON: Doch, noch sehr früh.
SOKRATES: Ich wundere mich, dass der Wächter des Gefängnisses sich bereitgefunden hat, dir den Gefallen zu tun und dich hereinzulassen. [...]
KRITON: Sokrates, folge mir und rette dich. Denn für mich ist es ein großes Unglück, wenn du stirbst. Abgesehen davon, dass ich einen Freund verliere, werden auch viele glauben, ich hätte es versäumt, dich zu retten, obwohl ich dazu imstande gewesen wäre. Und, Sokrates, es kann auch nicht Recht sein, dass du dich selbst aufgibst, obwohl du dich retten könntest. Damit befriedigst du doch nur deine Feinde und gibst ihnen Recht mit ihrem Urteil. Überdies scheinst du deinen eigenen Söhnen untreu zu sein, die du ja erziehen und ausbilden solltest. Und deshalb wird es wie Feigheit und Unmännlichkeit wirken, dass weder wir dich gerettet haben, noch du dich selbst gerettet hast. Dies alles, o Sokrates, bedenke und beachte, dass es dir wie uns zum Unglück und auch zur Schande gereichen könnte.

Die Meinungen der Leute

SOKRATES: Deine Sorge um mich, lieber Kriton, ist viel wert, wenn sie nur irgend mit dem Richtigen bestehen könnte [...]. Wir müssen erwägen, ob dies wirklich tunlich ist oder nicht. Denn nicht jetzt nur, sondern schon immer habe ich ja das an mir, dass ich nichts anderem [...] gehorche als dem Satze, der sich mir bei der Untersuchung als der beste zeigt. Das aber, was ich schon ehedem in meinen

Reden festgesetzt habe, kann ich ja nun nicht verwerfen, weil mir dieses Schicksal geworden ist. [...]
Erwäge also: Scheint dir das nicht gut gesagt, dass man nicht alle Meinungen der Menschen ehren muss, sondern einige wohl, andere aber nicht, und auch nicht (die Meinungen) aller Menschen, sondern die einiger wohl, die anderen aber nicht? Was meinst du? Ist das nicht gut gesagt?
KRITON: Gut.
SOKRATES: Denn die guten Meinungen soll man ehren, die schlechten nicht?
KRITON: Ja.
SOKRATES: Und die guten, sind das nicht die der Vernünftigen, die schlechten aber die der Unvernünftigen?
KRITON: Wie anders? [...]
SOKRATES: Also keineswegs [...] haben wir das so sehr zu bedenken, was die Leute sagen werden von uns, sondern was der eine, der sich auf Gerechtes und Ungerechtes versteht, und die Wahrheit selbst. So dass du schon hierin die Sache nicht richtig einleitest, wenn du vorträgst, wir mussten auf die Meinung der Leute vom Gerechten, Schönen und Guten und dem Gegenteil Bedacht nehmen. Aber doch, könnte wohl jemand sagen, haben die Leute es ja in ihrer Gewalt, uns zu töten.
KRITON: [...] so könnte leicht jemand sagen, Sokrates.

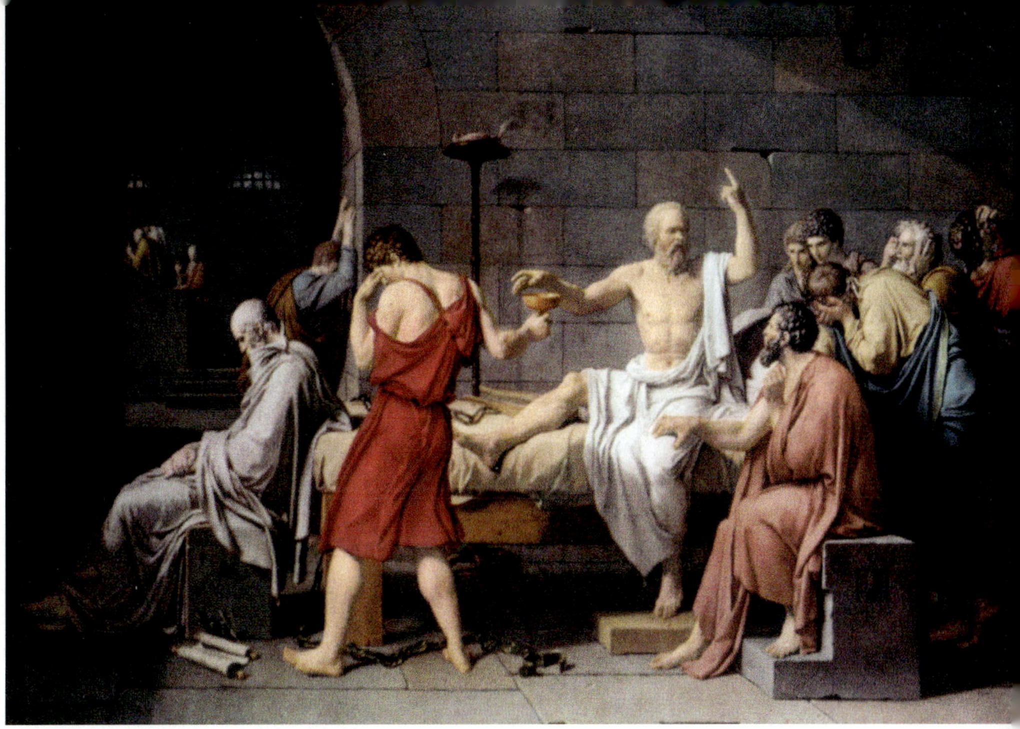
Jacques Louis David, Der Tod des Sokrates (1787)

Du sollst nicht Unrecht mit Gleichem vergelten

SOKRATES: Betrachte nun auch diesen Satz, ob er uns noch feststeht oder nicht, dass man nämlich nicht das Leben am höchsten achten muss, sondern das gut Leben. [...] Und dass das Gute mit dem gerecht und sittlich Leben einerlei ist, besteht der, oder besteht er nicht?
KRITON: Er besteht [...].
SOKRATES: Sagen wir, man dürfe auf gar keine Weise vorsätzlich Unrecht tun oder auf einige zwar, nur auf andere nicht? Oder ist auf keine Weise das Unrechthandeln weder gut noch schön [...]? Oder verhält es sich auf alle Weise so, wie wir damals sagten, die Leute mögen es nun annehmen oder nicht [...] Das Unrechttun ist doch für den, der es tut, schädlich und schändlich auf alle Weise? Wollen wir dies sagen oder nicht?
KRITON: Das wollen wir. [...]
SOKRATES: Also auch nicht der, dem Unrecht geschehen ist, darf wieder Unrecht tun, wie die meisten glauben, wenn man doch auf keine Weise Unrecht tun darf?
KRITON: Es scheint nicht.
SOKRATES: Und wie? Darf man misshandeln oder nicht?
KRITON: Man darf es wohl nicht, Sokrates.
SOKRATES: Aber wie, wieder misshandeln, nachdem man schlecht behandelt worden ist, ist das, wie die meisten sagen gerecht oder nicht?
KRITON: Auf keine Weise.
SOKRATES: Denn jemanden schlecht behandeln ist nicht unterschieden vom Unrechttun.
KRITON: Wahr gesprochen.
SOKRATES: Also weder wieder beleidigen darf man noch irgendeinen Menschen misshandeln, und wenn man auch irgendetwas von ihm erleidet. Und sieh wohl zu, Kriton, wenn du dies eingestehst, dass du es nicht gegen deine Meinung eingestehst. [...] Überlege also auch du recht wohl, ob du Gemeinschaft mit mir machst und dies auch annimmst und wir hiervon unsere Beratungen anfangen wollen, dass niemals weder Beleidigen noch Wiederbeleidigen

recht ist, noch auch, wenn einem Übles geschieht, sich dadurch helfen, dass man wieder Übles zufügt. [...]

KRITON: Allerdings bleibe ich dabei und nehme es mit dir an. [...]

SOKRATES: Ich sage also hierauf weiter, oder vielmehr ich frage, ob, was jemand jemandem Billiges versprochen hat, er auch leisten müsse, oder ob er betrügen dürfe?

KRITON: Leisten muss er es.

SOKRATES: Von hier aus nun schaue um. Wenn wir, ohne die Stadt zu überreden, von hier weggehen, ob wir dann jemanden schlecht behandeln, und zwar die, welchen es am wenigsten geschehen sollte, oder ob nicht? Und ob wir an dem halten, was wir Billiges versprochen haben, oder ob nicht?

KRITON: Darauf weiß ich nicht zu antworten, Sokrates, was du fragtest: Denn ich verstehe es nicht.

2. *Der Maler David hat die Stimmung der Freunde von Sokrates beim Leeren des Giftbechers dargestellt. Deutet die Geste der linken Hand des Sokrates.*

Lob den Gesetzen der Polis

SOKRATES: Erwäge es denn so! Wenn, indem wir von hier davonlaufen wollen, oder wie man das sonst nennen soll, die Gesetze kämen und der Gemeingeist dieser Stadt und, uns in den Weg tretend, fragten: Sage mir, Sokrates, was hast du im Sinne zu tun? Ist es nicht so, dass du durch diese Tat, welche du unternehmen willst, uns den Gesetzen und also der ganzen Stadt den Untergang zu bereiten gedenkst, so viel an dir ist? Oder dünkt es dich möglich, dass jene Stadt noch bestehe und nicht in gänzliche Zerrüttung gerate, in welcher die abgeschlossenen Rechtssachen keine Kraft haben, sondern von Einzelpersonen können ungültig gemacht und umgestoßen werden? Was sollten wir hierauf und auf mehr dergleichen sagen, Kriton? [...] Sollen wir zu ihnen sagen: Die Stadt hat uns ja Unrecht getan und die Klage nicht recht gerichtet? Dies oder was sollen wir sagen?

KRITON: Dies beim Zeus! [...]

SOKRATES: Wenn wir uns nun über ihre Rede wunderten, würden sie vielleicht sagen: Wundere dich nicht, Sokrates, über das Gesagte, sondern antworte, da du ja gewohnt bist, in Fragen und Antworten zu reden. Denn sprich, welche Beschwerden hast du gegen uns und die Stadt, dass du versuchst, uns zugrunde zu richten? Sind wir es nicht zuerst, die dich zur Welt gebracht haben, und durch welche dein Vater deine Mutter bekommen und dich gezeugt hat? Erkläre also, tadelst du etwas an denen unter uns Gesetzten, die sich auf die Ehe beziehen, was nicht gut wäre? Nichts tadele ich, würde ich dann sagen. Aber an den Gesetzen über des Geborenen Erziehung und Unterricht, nach denen auch du unterrichtet worden bist? Ist es etwa nicht gut, was die unter uns, die hierüber gesetzt sind, gebieten, indem sie deinem Vater auferlegten, dich in den Geistesübungen und Leibeskünsten zu unterrichten? Sehr gut, würde ich sagen. Wohl. [...] Und wenn sich dies so verhält, glaubst du, dass du gleiches Recht hast mit uns und dass, was immer wir dir antun wollen, auch du das Recht hast, uns wieder zu tun? Oder hattest du gegen deinen Vater zwar nicht gleiches Recht oder gegen deinen Herrn, wenn du einen gehabt hättest, sodass du, was dir geschehe, ihm wieder antun dürftest, weder wenn er dich verunglimpft, widersprechen, noch wenn er dich schlug, wiederschlagen [...]; gegen die Vaterstadt aber und gegen die Gesetze soll es dir erlaubt sein, sodass, wenn wir darauf ausgingen, dich zugrunde zu richten, indem wir es für gerecht hielten, auch du wieder auf unsern, der Gesetze und der Vaterstadt Untergang, so viel an dir ist, ausgehen und dann sagen dürftest, du handeltest hierin recht, du, der sich in Wahrheit der Tugend befleißigt? Oder bist du so weise, dass du nicht weißt, wie viel höher als Vater und Mutter und alle anderen Vorfahren die Vaterstadt geachtet ist und wie viel ehrwürdiger und heiliger bei den Göttern und bei allen Menschen, welche Vernunft haben? [...] Was sollen wir hierauf sagen, KRITON? Dass es wahr ist, was die Gesetze sagen, oder nicht?

KRITON: Mich dünkt, ja.

Die absolute Gewissheit

SOKRATES: Also, Sokrates, gehorche uns, deinen Erziehern, und achte weder die Kinder, noch das Leben, noch irgendetwas anderes höher als das Recht, damit, wenn du in die Unterwelt kommst, du dies alles zu deiner Verteidigung anführen kannst den dortigen Herrschern. Denn es zeigt sich ja weder hier für dich besser oder gerechter oder frömmer, dies wirklich auszuführen, oder für irgendeinen der Deinigen, noch auch wird es, wenn du dort ankommst, besser für dich sein. Sondern wenn du jetzt hingehst, so gehst du hin als einer, der Unrecht erlitten hat, nicht zwar von uns Gesetzen, sondern von Menschen. Entfliehst du aber so schmählich, Unrecht und Böses mit Gleichem vergeltend, deine eignen Versprechungen und Verträge mit uns verletzend und allen denen Übles zufügend, denen du es am wenigsten solltest, dir selbst nämlich, deinen Freunden, dem Vaterlande und uns: so werden nicht nur wir auf dich zürnen, solange du lebst, sondern auch unsere Brüder, die Gesetze der Unterwelt, werden dich nicht freundlich aufnehmen, wenn sie wissen, dass du auch uns zugrunde zu richten versucht hast, so viel an dir war. Also, dass ja nicht Kriton mehr dich überrede, zu tun, was er sagt, als wir. Dies, lieber Freund Kriton, glaube ich zu hören, wie die, welche das Ohrenklingen haben, die Flöte zu hören glauben. Denn auch in mir klingt so der Ton dieser Reden und macht, dass ich andere nicht hören kann. Also wisse nur, was meine jetzige Überzeugung betrifft, dass, wenn du etwas hiergegen sagst, du es vergeblich reden wirst. Dennoch aber, wenn du glaubst, etwas damit auszurichten, so sprich.

KRITON: Nein, Sokrates, ich habe nichts zu sagen.

SOKRATES: Wohl denn, Kriton! So lass uns auf diese Art handeln, da uns hierhin der Gott leitet.

(Platon: Werke, Bd.1, Kriton, 24. Aufl., Meiner Verlag, Hamburg 2002, S. 45 ff.)

3. *Lest den Dialog mit verteilten Rollen.*

4. *Äußert euch intuitiv zur Entscheidung des Sokrates.*

5. *Erstellt eine Argumentationsskizze. Darin soll vor allem der Gang der sokratischen Argumentation dargestellt werden. Beachtet dabei folgende Kriterien:*
- *Welches sind die tragenden Begriffe, die der Argumentation zugrunde liegen?*
- *Wie sind die einzelnen Begriffe und Argumente miteinander vernetzt?*
- *Welches sind die entscheidenden Argumentationsschritte?*
- *Auf welchem Grundprinzip ruht die ganze Argumentation?*

6. *Verfasst eine Gegenrede zur Argumentation des Sokrates, in der ihr eure ethischen Argumente für eine Flucht vorbringt.*

Eine Gewissensentscheidung

Die Forderung des Guten hat bei Sokrates die Unwidersprechlichkeit vernünftiger Gewissheit gewonnen. Der Wille hat ihr in freier Entscheidung zugestimmt. Das Gewissen, das um die Unbedingtheit seiner Forderung weiss, kann den Menschen in den physischen Tod führen. Im Zentrum des Gesprächs mit Kriton steht das sokratische Gewissenserlebnis. Sokrates spricht zwar mit seinem um ihn besorgten Jugendfreund, ist aber in seiner Entscheidung ganz auf sich allein gestellt. Es ist erschütternd, mit welcher Lauterkeit jenes Innerste und zugleich Fernste im Menschen – das Gewissen – in ihm spricht und ihn zu seiner existenziellen Entscheidung führt.

(nach: Romano Guardini: Der Tod des Sokrates, Rowohlt, Hamburg 1961, S. 95 f.)

Wenn Sokrates versucht hätte, sein Problem ausschließlich im Hinblick darauf zu entscheiden, was seinem eigenen Wohle diente, wäre er ein ethischer Egoist gewesen.

(William K. Frankena: Analytische Ethik, Deutscher Taschenbuch Verlag, München 1981, S. 36)

Für Sokrates war es besser zu sterben – er wusste es, und die Geschichte gab ihm recht. Sein Tod wurde seine glanzvollste Tat, das leuchtende Beispiel seiner Besonnenheit und Seelenstärke. Seine Niederlage vor Gericht war in Wirklichkeit sein größter moralischer Triumpf.

(Gemot Böhme: Der Typ Sokrates, Suhrkamp, Frankfurt/M. 1988, S. 203)

Information: Ethisches Argumentieren

Ein wesentliches Merkmal ethischen Argumentierens zeigt sich in den sokratischen Dialogen ganz deutlich. Eine konkrete Handlung kann nur dadurch ethisch begründet werden, dass wir sie an einem allgemeinen Maßstab, einem übergeordneten normativen Prinzip (z.B. „Du sollst nicht Unrecht tun!") messen und beurteilen. Dieses Auffinden und Anwenden von allgemeinen ethischen Regeln und Grundsätzen ist in erster Linie eine Angelegenheit des persönlichen Wertempfindens, des Gewissens jedes Einzelnen also.

7. *Sokrates – ein „unbedingter Moralist", ein „konsequenter Idealist" oder gar ein „Fanatiker"? Wo würdet ihr ihn einordnen und weshalb? Berücksichtigt bei eurer Antwort auch obige Texte.*

5. Wir machen uns gemeinsam auf den Weg …: das sokratische Gespräch

Raffael: Die Schule von Athen (1508 – 1511): In der Bildmitte im Hintergrund stehen Sokrates' Schüler Platon (links) und dessen Schüler Aristoteles (rechts).

Stellt euch vor, ihr befindet euch auf dem Marktplatz oder in der Philosophenschule im antiken Athen. Inspiriert von dem sokratischen Fragen und Reflektieren habt ihr euch mit einer kleinen Gruppe von Neugierigen in eine ruhige Ecke zurückgezogen, um über eine ganz alltägliche Bemerkung, deren Sinn und Hintersinn, nachzudenken, nämlich darüber, was man eigentlich meint, wenn man sagt:

„Das war mir echt peinlich!"

1. *Führt ein sokratisches Gespräch zu „Das war mir echt peinlich!".*

Methode: Das sokratische Gespräch

- Bildet Kleingruppen (maximal sechs Schüler in einer Gruppe).
- Einigt euch auf einen Gesprächsleiter.
- In einem 1. Schritt schildern die Teilnehmer konkrete, selbst erlebte Situationen, in denen ihnen etwas „peinlich" war. Verständnisfragen sind erlaubt. Die Beispiele werden schriftlich dokumentiert.
- 2. Schritt des Abstraktionsverfahrens: Die Beispiele werden geordnet, auf Gemeinsamkeiten und Unterschiede hin untersucht.
- 3. Schritt des Abstraktionsverfahrens: Er liegt in der Frage: Welches sind die wichtigen Voraussetzungen für das Gefühl der „Peinlichkeit"? Was liegt ihm zugrunde? Es geht also um ein immer weiter zurückschreitendes (regressives) Aufsuchen von allgemeinen (Handlungs)Gründen.
- Schließlich: Wenn die Gruppe meint, die „Bemerkung" gründlich genug untersucht zu haben, werden die gemeinsamen Ergebnisse schriftlich fixiert und festgestellt, wo noch Uneinigkeit besteht und welche Fragen noch näher untersucht werden müssten.
- Die wirkliche Verständigung zwischen den Teilnehmern hat Vorrang vor einem schnellen Finden von „Ergebnissen".

Regeln für die Gesprächsteilnehmer:

a. Hör genau zu, frage nach und versetze dich in den anderen!
b. Sprich in kurzen, klaren Sätzen!
c. Sag deine eigene, begründete Meinung!
d. Alle beteiligen sich aktiv am Gespräch und fühlen sich für einen konstruktiven Gesprächsverlauf verantwortlich!
e. Alle sind gleichberechtigt!
f. Revidiere deine Meinung, wenn bessere Argumente dafür sprechen.
g. Nimm dir Zeit zum Denken!

„Wer verstehen will, muss fragend
hinter das Gesagte zurückgehen.
Die Logik der Geisteswissenschaften
ist die Logik der Frage."
(H.-G. Gadamer, 1992)

Der milde Zwang des besseren Arguments:
„Ich halte es ja nicht erst jetzt, sondern schon immer so, dass ich nichts anderem in mir folge als dem Gedanken (= Logos), der sich mir beim Nachdenken als der beste erweist."
(Platon: Werke, Bd. 1, Kriton, 24. Aufl., Meiner Verlag, Hamburg 2002)

2. *Untersucht, inwiefern der methodische Gang und die Gesprächsregeln eines Sokratischen Gesprächs als „rational" eingestuft werden können.*

3. *Wertet euer Sokratisches Gespräch – „Das war mir echt peinlich!" – aus. Welche Schritte und Regeln erscheinen euch sinnvoll, welche sind euch in der Umsetzung schwergefallen?*

4. *Wenn ihr den von Platon überlieferten sokratischen Dialog mit dem Sokratischen Gespräch vergleicht: Wo seht ihr Gemeinsamkeiten, wo Unterschiede?*

Regeln für den Gesprächsleiter

a) Halte deine Meinung zurück!
b) Achte darauf, dass die Teilnehmer ihre Ansichten anhand konkreter Erfahrungen erläutern!
c) Verlange Begründungen!
d) Sorge dafür, dass jeder jeden versteht!
e) Verfolge den roten Faden!
f) Zeige den nächsten Abstraktionsschritt!
g) Lass das Gespräch gegebenenfalls ruhen, damit jeder nachdenken kann.

Gesprächsimpulse

- Beispiele, bitte!
- Gründe, Argumente, bitte!
- Gehört das zum Thema?
- Hast du verstanden, was Nina gesagt hat?
- Resultate, Konsens?

5. *Führt weitere Sokratische Gespräche über Themen eigener Wahl: Z.B. „Warum soll man immer die Wahrheit sagen?", „Muss ich mich an gegebene Versprechen halten?" oder „Welche Grenzen hat Toleranz?"*

6. *Werden wir am Ende eines Sokratischen Gesprächs die Wahrheit gefunden haben? Diskutiert darüber.*

7. *Das Sokratische Gespräch als ideale Gesprächsform für den Philosophie- und Ethikunterricht? Wie beurteilt ihr diese These anhand eurer eigenen Gesprächserfahrungen im Unterricht?*

6. Sokrates auf dem Prüfstand

Friedrich Nietzsche (1844 – 1900) über Sokrates

Wer das fortwährende Jauchzen nicht hört, welches durch jede Rede und Gegenrede eines platonischen Dialogs geht, das Jauchzen über die neue Erfindung des *vernünftigen* Denkens, was versteht der von Plato, was von der alten Philosophie? Damals füllten sich die Seelen mit Trunkenheit, wenn das strenge und nüchterne Spiel der Begriffe, der Verallgemeinerung, Widerlegung, Engführung getrieben wurde [...]: Damals hatte man in Griechenland den anderen älteren und ehedem allmächtigen Geschmack noch auf der Zunge: und gegen ihn hob sich das Neue so zauberhaft ab, dass man von der Dialektik, der „göttlichen Kunst", wie im Liebeswahnsinn sang und stammelte. Jenes Alte aber war das Denken im Banne der Sittlichkeit, für das es lauter festgestellte Urteile, festgestellte Ursachen, keine anderen Gründe als die der Autorität gab: sodass Denken ein *Nachreden* war [...]. Sokrates war es, der den entgegengesetzten Zauber, den der Ursache und Wirkung, des Grundes und der Folge entdeckte und wir modernen Menschen sind so sehr an die Notdurft der Logik gewöhnt und zu ihr erzogen, dass sie uns als der normale Geschmack auf der Zunge liegt [...].

(Friedrich Nietzsche: Werke, Mörgenröte, De Gruyter, München 1980, Bd. 3, S. 314 f.)

1. *Nietzsche zeichnet sein Bild von Sokrates. Welches sind die hervorstechenden Merkmale?*

2. *Erläutert, was er mit „Notdurft der Logik" meint.*

Mit anderen reden lernen

Im sokratischen Dialog geht es nicht um das, worüber man spricht, sondern um den, der spricht. Der Gesprächspartner des Sokrates lernt nichts, und Sokrates hat nicht die Absicht, ihn etwas zu lehren. Das Einzige, was er wisse – so betont er wiederholt –, sei die Tatsache, dass er nichts wisse. Wie eine lästige Stechfliege reizt er seine Gesprächsteilnehmer mit Fragen, die sie infrage stellen und dazu zwingen, über sich, ihr Handeln und Leben, nachzudenken, „sich selbst zu erkennen".

Das, worauf es ankommt, ist nicht die Lösung eines einzelnen Problems, sondern der Weg, den man durchlaufen muss, um dorthin zu gelangen, ein Weg, auf dem der Gesprächspartner, der Schüler oder Leser Zeit hat, seine Gedanken zu formen und sie zu befähigen, selbst die Wahrheit zu finden. Der Dialog will eher formen als informieren. Das Thema des Dialoges zählt also weniger als die Methode, die in ihm angewandt wird, die Lösung des Problems hat minderen Wert als der Weg, der gemeinsam durchlaufen wird, um sie zu finden. Es geht nicht darum, als Erster und so schnell wie möglich die Lösung zu finden, sondern es gilt, sich auf wirkungsvollste Weise in der Anwendung einer Methode zu üben. [...]

Als dialektische Übung entspricht der platonische Dialog ganz und gar einer geistigen Übung. Er bewirkt bei dem Gesprächspartner und dem Leser unauffällig, aber zuverlässig, eine Wandlung. Ein Dialog ist in der Tat nur dann möglich, wenn der Gesprächspartner wirklich ein Gespräch führen möchte, wenn er also tatsächlich die Wahrheit finden will [...] und damit einverstanden ist, sich den rationalen Anforderungen des Logos zu unterwerfen.

(nach: Pierre Hadot: Philosophie als Lebensform, Fischer, Berlin, 1991, S. 24, 25, 26)

3. *Welche wichtigen Merkmale des sokratischen Dialogs werden im Text genannt?*

4. *Sammelt in einem Schreibgespräch kritische Rückfragen an Sokrates, seine Lehre und seine Methode. Tauscht eure Fragen aus und versucht, erste Antworten zu finden.*

Kritische Rückfragen

a) Die Rolle der Gefühle – Eine These

Eines steht fest: Die Vernunft ist nicht die eigentliche Quelle unserer moralischen Motivation. Die Vernunft sagt uns zwar, welche Mittel wir ergreifen müssen, um einen bestimmten Zweck zu erreichen. Allein für sich betrachtet ist sie aber völlig unzureichend, uns zum moralischen Handeln zu motivieren. Gründe und Motive dafür beruhen einzig und allein auf unseren Gefühlen.

Eine Moral, die ihre Grundlage im Intellekt sucht, ist dem übermächtigen Willen, den Leidenschaften gegenüber so viel wie eine Klistierspritze[1] bei einer Feuersbrunst.

(Arthur Schopenhauer (1788 – 1860))

[1] Klistierspritze: Mit einer Klistierspritze wurden kleinere Mengen von Flüssigkeit in den Mastdarm eingebracht.

Der Mensch lässt sich durch Vernunft überzeugen, aber bewegt wird er durch Emotionen.

(Jeffrey Pfeffer: Power Management, Ueberreuter, Wien 1992)

5. *Wie schätzt ihr die Rolle der Gefühle beim moralischen Argumentieren, Urteilen und Handeln ein?*

Hör auf deine Gefühle! Ein guter Rat?

Ein Schüler des Philosophen Jean-Paul Sartre (1905 – 1980) steckt in einem schweren Dilemma: Soll er in der Résistance gegen die deutschen Besatzer kämpfen, oder soll er sich um seine kranke Mutter, die sehr an ihm hängt, kümmern? Sartre meint dazu:
„Das, was im Grunde wichtig ist, ist das Gefühl; ich sollte das wählen, was mich wirklich in eine bestimmte Richtung drängt. Fühle ich, dass ich meine Mutter genügend liebe, um ihr alles andere zu opfern, so bleibe ich bei ihr. Wenn ich das Gegenteil fühle, dass meine Liebe für meine Mutter nicht genügend ist, so gehe ich."

(Jean-Paul Sartre: Ist der Existenzialismus ein Humanismus?, Meiner, Hamburg, S. 30)

6. *Bezieht kritisch Stellung zu dem Rat, den der Philosoph Sartre seinem Schüler gibt.*

7. *Welchen Rat hätte wohl Sokrates gegeben?*

b) Richtig Urteilen = Richtig Handeln?

Alle guten Grundsätze sind in der Welt im Umlauf; nur unterlässt man es, sie durchzuführen.

(Blaise Pascal, 1652)

Der Platon-Schüler Aristoteles (384 – 322 v. Chr.) kritisiert Sokrates

Nun kann man fragen, wie jemand ein richtiges Urteil haben und doch ein unbeherrschtes Leben führen könne. Nun, bei klarer Erkenntnis, so sagen manche, sei dies unmöglich, denn es sei unfassbar, so meinte Sokrates, dass klare Erkenntnis im Menschen sein und dann doch etwas anderes die Oberhand über sie gewinnen und sie wie einen Sklaven willenlos umherschleppen könne. Sokrates war ja überhaupt ein völliger Gegner unserer Theorie, wie wenn es Unbeherrschtheit gar nicht gäbe. Wenn jemand dem, was er für das Beste hält, zuwiderhandle, so handle er nicht aufgrund eines Urteils, sondern infolge von Unwissenheit. Nun, diese Theorie widerspricht ganz augenscheinlich den Erfahrungstatsachen [...]

(Aristoteles: Nikomachische Ethik, Reclam, Stuttgart 1969, S. 179)

8. *Erläutert, inwiefern die Theorie des Sokrates den Erfahrungstatsachen widerspricht.*

9. *Entwerft ein Interview mit Sokrates auf dem Marktplatz im antiken Athen, in dem ihr ihn mit euren kritischen Rückfragen konfrontiert und ihm die Chance gebt, sich zu rechtfertigen und wichtige Punkte seiner Lehre zu klären.*

Sokrates
(470 – 399 v. Chr.)

Platon
(427 – 347 v. Chr.)

Aristoteles
(384 – 322 v. Chr.)

Überprüfe dein Wissen und Können

Die Gestalt Sokrates

Stellt euch vor, ihr habt einen guten Schulfreund. Dieser Schulfreund ist ein wahrer Kämpfer für die Gerechtigkeit. Wo auch immer ihm etwas als ungerecht erscheint, mischt er sich ohne Rücksicht auf sich selbst ein und ergreift die Partei dessen, der ungerecht behandelt wird. Die Konsequenzen seines Handelns trägt er, ohne sich zu beschweren. Auf diese Weise handelt er sich oft Ärger mit den Lehrern und den anderen Schülern ein. Er bleibt aber unbeirrbar und nachdem er seinen Schulabschluss in der Tasche hat, beginnt er ein Ingenieurstudium, mit dem Ziel, später in der Entwicklungshilfe zu arbeiten. Er geht nach Afrika, baut Straßen und Brücken und schafft es sogar, sich neben seinem Beruf für die Rechte der zum Teil massiv unterdrückten Bevölkerung einzusetzen. Die Machthaber werden auf ihn aufmerksam. Sie sind sich einig, dass euer Freund die Stabilität des Landes und die Macht des Regimes gefährdet. Er wird verhaftet und zum Tode verurteilt. Das deutsche Konsulat beantragt die Auslieferung ihres Staatsbürgers und verschafft ihm, nach gescheiterten Verhandlungen, eine Möglichkeit zur Flucht.

1. *a) Vergleicht den Lebenslauf eures Schulfreundes mit der Biografie des Sokrates: Wo sind Parallelen, wo Unterschiede?*
b) Hätte euer Schulfreund fliehen sollen? Findet Argumente für und gegen die Flucht.
c) Wie begründet Sokrates seine Entscheidung, nicht zu fliehen?
d) Was ist charakteristisch an seiner Begründung?

Sokratische Maieutik

Auszug aus einem Platon-Dialog:

Sokrates: Noch einmal also, Charmides, ... sage geradeheraus, was dir die Besonnenheit zu sein scheint.
Mir scheint also, sagte er, die Besonnenheit genau das zu sein, was die Scham ist.
Sei es also, sagte ich. Hast du nicht gerade zugestimmt, dass die Besonnenheit etwas Schönes ist?
Genau, sagte er.
Also sind die Besonnenen auch gute Menschen?
Ja. [...]
Also ist die Besonnenheit nicht nur etwas Schönes, sondern auch etwas Gutes.
So scheint es sich mir jedenfalls zu verhalten.
Was aber?, sagte ich, vertraust du nicht dem Homer, dass er gut redet, wenn er sagt, „Die Scham ist nicht gut für den bedürftigen Menschen“?
Das tue ich, sagte er.
Also ist, wie es scheint, die Scham etwas Gutes und nicht etwas Gutes.
So scheint es.
Die Besonnenheit aber ist etwas Gutes [...]
Tatsächlich scheint es sich mir so zu verhalten, wie du sagst.
Folglich dürfte die Besonnenheit nicht Scham sein, wenn sie denn wirklich etwas Gutes ist, die Scham jedoch um nichts mehr Gutes als auch Schlechtes ist.
[...]

(nach: Platon, Charmides, 160 d – 161 a, Werke, übers. von F. Schleiermacher, Rowohlt, Reinbek 1958)

2. *Gib mit eigenen Worten anhand des Dialogs wieder, was Sokrates unter der maieutischen Gesprächsmethode versteht.*

Sokratische Begriffsklärung

3. *Führe den Dialog zwischen Sokrates und Menon, in dem es um die Frage geht, ob Tugend lehrbar und was überhaupt Tugend ist, um zehn sinnvolle Argumentationsschritte weiter.*

Menon: Kannst du mir wohl sagen, Sokrates, ob Tugend gelehrt werden kann? Oder ob nicht gelehrt, sondern geübt? Oder ob sie weder angeübt noch angelernt werden kann, sondern von Natur den Menschen innewohnt? Sokrates: O Menon, ...

(nach: Platon, Menon, 84 b – 85 c, Werke, a. a. O.)

Schiff des Theseus

Einer alten griechischen Sage zufolge gab es einen Helden, der Theseus hieß. Dieser befreite mit der Hilfe des Gottes Apollon viele Athener aus einem Labyrinth, worin ein schreckliches Ungeheuer hauste. Als Dank schickten die Athener jährlich das Schiff des Theseus als Festzug auf die Insel Delos. Das Schiff haben die Athener etwa 1000 Jahre aufbewahrt, indem sie immer statt des verfaulten Holzes neues und festes einziehen ließen. Am Ende lag im Piräus, dem Hafen Athens, ein Schiff, das noch genauso aussah wie das des Theseus, aber kein Stück des Schiffes (oder nur sehr wenige) hatte die berühmte Fahrt zum Labyrinth mitgemacht. Daher pflegten die Philosophen bei ihren Streitigkeiten über das Wachstum der Dinge sich immer auf dieses Fahrzeug zu berufen, sodass einige behaupteten, es wäre und bleibe dasselbe Schiff, andere hingegen, es wäre ein anderes.

4. *a) War es noch das alte Schiff?*

Ein Sokratisches Gespräch zwischen dem Lehrer, Paul, Marie und Hans:

Paul: Also, ich finde, es ist dasselbe Schiff, weil es noch gleich aussieht wie früher.
Lehrer: Du meinst, es sei dasselbe, weil es gleich aussieht. Was bedeutet überhaupt ‚dasselbe'? Kannst du mir ein Beispiel geben?
Paul: Na ja, eben genau das gleiche. Marie z. B. hat denselben Füller wie ich: dieselbe Farbe, dasselbe Fabrikat, dieselbe Ausführung ...

b) Setzt das Gespräch so weit fort, bis ihr zu einem vorläufigen, gemeinsamen Ergebnis kommt.

„Sokrates hat als Erster die Philosophie vom Himmel heruntergerufen, sie in den Städten angesiedelt, sie sogar in die Häuser eingeführt und sie gezwungen, nach dem Leben, den Sitten und dem Guten und Schlechten zu forschen."
(Cicero, übers. von V. Pfeifer)

5. *Schreibt eine ausführliche Erläuterung dieses Zitats.*

6. *Welche Bedeutung kann die Gestalt Sokrates für uns heute noch haben?*
Haltet euer begründetes persönliches Urteil schriftlich fest.

Staat und Moral per Vertrag

THOMAS HOBBES

Stich von Jean-Charles François (1760)

Thomas Hobbes: Der Krieg – das größte aller Übel

Die Wurzel aller Nachteile und alles Unglücks, die durch menschliche Erfindungen vermieden werden können, ist der Krieg, vornehmlich der Bürgerkrieg. Aus ihm entspringen Mord, Verwüstung und Mangel an allen Dingen. Der Grund dafür ist nicht, dass die Menschen den Krieg wollen, denn der Wille geht immer auf das Gute oder auf das, was als solches erscheint; auch ihre Unkenntnis, dass die Folgen des Krieges übel sind, ist nicht der Grund; denn wer spürt nicht, dass Tod und Armut große Übel seien? Der Bürgerkrieg ist daher nur möglich, weil man die Ursachen weder von Krieg noch von Frieden kennt;

Werner Tübke (1983 – 1987): Bauernkriegsgemälde, 1524/1525

denn nur sehr wenige gibt es, die die Pflichten, durch welche der Friede Festigkeit gewinnt und erhalten wird, d. h. die wahren Gesetze des bürgerlichen Lebens studiert haben. Die Erkenntnis dieser Gesetze ist die Moralphilosophie. Weshalb aber hat man diese nicht studiert, wenn nicht aus dem Grunde, weil es bisher hierfür keine klare und exakte Methode gab? [...] Da also aus der Unkenntnis der bürgerlichen Pflichten, d. h. der wissenschaftlichen Moral- und Staatslehre, Bürgerkriege hervorgehen und diese das größte Unglück der Menschheit sind, so werden wir von ihrer wissenschaftlichen Erkenntnis mit Recht große Vorteile erhoffen dürfen."

(nach: Thomas Hobbes: Vom Körper. Meiner, Hamburg 1967, S. 10; aus: Wolfgang Kersting: Die Politische Philosophie. Wiss. Buchgesellschaft, Darmstadt 1994, S. 61)

1. *Was fällt euch an der Art und Weise, wie Hobbes über den „Krieg" redet, auf?*

2. *Ausgehend von diesem für Hobbes offensichtlich zentralen Problem können wir Leitfragen stellen, die wir in den kommenden Stunden bearbeiten:*
z. B.:
- *Welche Erfahrungen mit Krieg und Bürgerkrieg hat Hobbes gemacht?*
- *Wie versucht er, das „Übel des Krieges" zu beseitigen?*
- *Welche Rolle spielt dabei die „Moralphilosophie"?*
- *Warum sind für Hobbes „Wissen" und „Methode" so wichtig?*

3. *Welche weiteren Fragen würdet ihr stellen?*

1. Thomas Hobbes: sein Leben – seine Zeit

In Wissenschaft und Politik verwickelt

Thomas Hobbes um 1670

Unmittelbar vor seiner Geburt nähert sich die spanische Seeflotte bedrohlich England. Seine Mutter soll nach dem Bericht eines Zeitgenossen aus Angst vor der Invasion der Spanier mit ihm in die Wehen gekommen sein. In seiner eigenen Lebensbeschreibung sagt Hobbes, dass seine Mutter Zwillingen das Leben geschenkt habe, ihm und der Angst.

Nach Abschluss seines Universitätsstudiums bestellt ihn der einflussreiche Baron Cavendish von Hardwick zum Hauslehrer seines Sohnes. Mit ihm macht er eine dreijährige Reise nach Frankreich, Deutschland und Italien. Er begegnet dabei den führenden Gelehrten seiner Zeit: z. B. Fancis Bacon, René Descartes und Galileo Galilei.

Kurz vor Ausbruch des Bürgerkriegs in England (1642–1647) flieht Hobbes nach Paris. Er gilt als Anhänger der Monarchie und fürchtet die Verfolgung durch Gegner des Königs. Im Pariser Exil wird er 1646 Mathematiklehrer des Sohnes von Karl I., dem späteren Karl II., und erlebt die Verurteilung und Hinrichtung Karls I. mit. Kurz darauf schreibt er sein Hauptwerk, den „Leviathan“. Nach zehnjährigem Exil in Paris zieht es ihn wieder nach England zurück. Die Theologen blasen immer wieder zur Jagd auf den „Leviathan“. Sie kritisieren an Hobbes, ein Atheist zu sein. Sein ehemaliger Schüler, Karl II., versieht ihn mit einer großzügigen Pension. Gegen Ende des Jahres 1679 stirbt Hobbes in hohem Alter in Hardwick, auf den Gütern der Familie Cavendish.

Die Hinrichtung Karls I. am 30. Januar 1649 (zeitgenössischer Kupferstich)

1. *Hobbes spricht von einem Gefühl der „Angst“, das sein Leben prägte. Woher rührte wohl dieses Gefühl?*

2. *Wie hat Hobbes – eurer Meinung nach – versucht, dieses Gefühls Herr zu werden? Welche Rolle spielten dabei die Wissenschaften?*

3. *Informiert euch über den Bürgerkrieg im England des 17. Jahrhunderts: Um welchen Typ von Krieg handelte es sich? Welches waren seine wichtigen Ursachen und Folgen?*

Neue Wissenschaften: Wissen ist Macht

Galileo Galilei: Erfindungen und Experimente

Und es ist eine große Lust aufgekommen, die Ursachen aller Dinge zu erforschen: warum der Stein fällt, den man loslässt, und wie er steigt, wenn man ihn hochwirft. [...] In Siena, als junger Mensch, sah ich, wie ein paar Bauleute

Galileo Galilei (1564 – 1642)

eine tausendjährige Gepflogenheit, Granitblöcke zu bewegen, durch eine neue und zweckmäßigere Anordnung der Seile ersetzten, nach einem Disput von fünf Minuten. Da und dann wusste ich: die alte Zeit ist herum, und es ist eine neue Zeit. Bald wird die Menschheit Bescheid wissen über ihre Wohnstätte, den Himmelskörper, auf dem sie haust. Was in den alten Büchern steht, das genügt ihr nicht mehr.

(Bertolt Brecht: Leben des Galilei; in: Werke, Ex Libris, Zürich 1875, Bd. 3, S. 1233)

Francis Bacon: Nützliche Wissenschaften

Eine neue Zeit war für die Welt angebrochen. Die Menschheit vermehrte ihr Wissen beinahe täglich. Und alles Wissen galt der Steigerung des Wohlbefindens und des irdischen Glücks. Die Führung hatte die Wissenschaft. Die Wissenschaft durchforschte das Universum, alles, was es auf Erden gab, Pflanzen, Tiere, Boden, Wasser, Luft, damit mehr Nutzen daraus gezogen werden konnte. Nicht was man glaubte, war wichtig, sondern was man wusste. Man glaubte viel zu viel und wusste viel zu wenig. Darum musste man alles ausprobieren, selber, mit den Händen, und nur von dem sprechen, was man mit eigenen Augen sah und was irgendeinen Nutzen haben konnte.

(Bertolt Brecht: Das Experiment; a. a. O., Bd. 11, S. 266 f.)

René Descartes: Methodisches Arbeiten

Vier Hauptregeln der Vernunft:
Die erste besagt, über nichts zu urteilen, was sich meinem Denken nicht so klar und deutlich darstellte, dass ich keinen Anlass hätte, daran zu zweifeln.
Die zweite, jedes Problem, das ich untersuchen würde, in so viele Teile zu teilen, wie es angeht und wie es nötig ist, um es leichter zu lösen.
Die dritte, in der gehörigen Ordnung zu denken, d.h. mit den einfachsten Dingen zu beginnen, um so nach und nach bis zu den zusammengesetztesten aufzusteigen.
Die letzte, überall so vollständige Aufzählungen und so allgemeine Übersichten aufzustellen, dass ich versichert wäre, nichts zu vergessen.

(nach: René Descartes: Von der Methode des richtigen Vernunftgebrauchs, Meiner, Hamburg 1960, S. 32 f.)

4. *Stellt aus den Texten Galileis, Bacons und Descartes' die wesentlichen Merkmale der Wissenschaften im 17. Jahrhunderts zusammen. Welcher Typ von Wissenschaft stand im Vordergrund? Welcher Sinn und Zweck wurde den Wissenschaften zugeschrieben?*

William Blake, Newton 1795

5. *Beschreibt und deutet die Darstellung Isaac Newtons, des führenden Naturwissenschaftlers im 18. Jahrhundert.*

Epochen-Projekt

Gemeinsam mit anderen Fächern – z. B. Geschichte, Deutsch, Religion, Physik oder Mathematik – könnt ihr fächerübergreifend das 17. Jahrhundert in seinen Grundzügen darstellen und so die Position von Thomas Hobbes in einen größeren Zusammenhang einordnen und besser verstehen.

2. Was den Menschen zum „Menschen" macht – Hobbes' Menschenbild

Eine methodische Vorüberlegung

Was meine Methode angeht [...], so muss man meiner Meinung nach mit der Materie des Staates beginnen, dann zu dessen Erzeugung und Gestalt und zum ersten Ursprung der Gerechtigkeit übergehen. Denn eben aus den Elementen, aus denen sich eine Sache bildet, wird sie auch am besten erkannt. Bei einer Uhr, die sich selbst bewegt, und bei jeder etwas komplizierten Maschine kann man die Wirkungsweise und Funktion der einzelnen Teile und Räder nicht verstehen, wenn sie nicht auseinandergenommen wird, damit man die Materie, die Gestalt und die Bewegung aller Teile für sich inspizieren kann. Entsprechend muss auch bei der Untersuchung des Rechtes des Staates und der Pflichten der Bürger der Staat zwar nicht wirklich aufgelöst, aber doch als in seine Bestandteile aufgelöst betrachtet werden; d. h., es muss richtig erkannt werden, wie die menschliche Natur beschaffen ist, inwieweit sie zur Bildung des Staates geeignet oder ungeeignet ist und auf welche Weise sich die Menschen zusammenschließen müssen, wenn sie eine Einheit werden wollen.

(Thomas Hobbes: Vom Bürger; in: Wolfgang Kersting: Thomas Hobbes, Junius, Hamburg 2002, S. 61 f.)

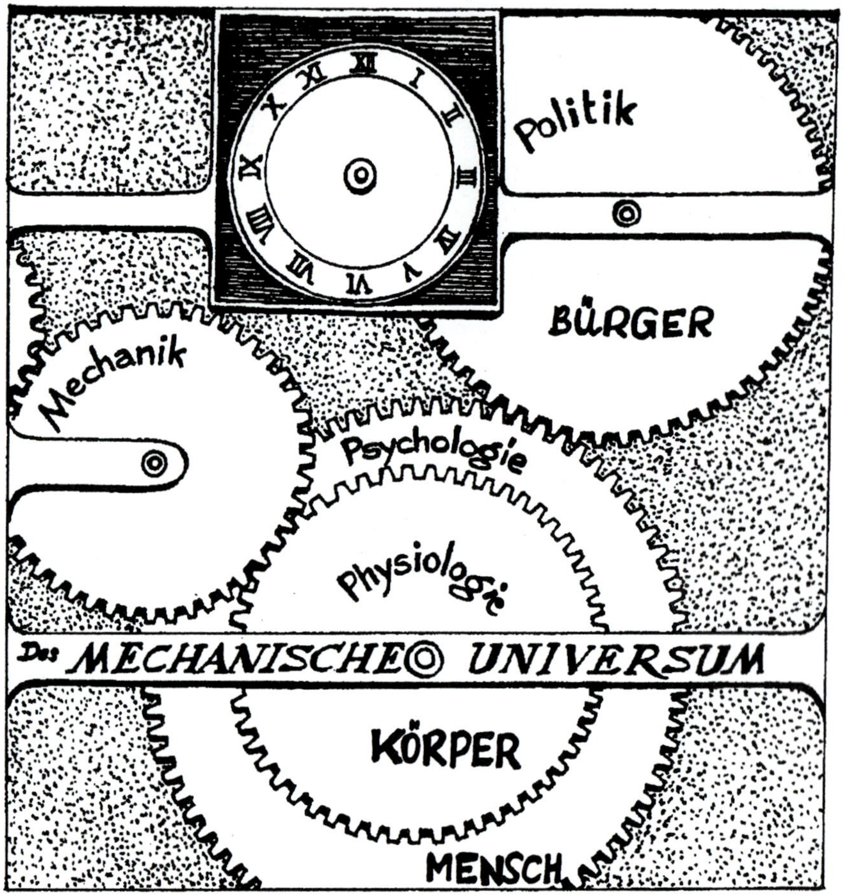

1. *Erläutert, warum Hobbes seine Abhandlung über den „Staat" mit einer Untersuchung der „menschlichen Natur" beginnt.*

2. *Deutet die Metapher vom „Uhrwerk" im Hinblick auf die menschliche Natur. Berücksichtigt dabei auch das Bild und bezieht kritisch Stellung dazu.*

Information: Analytische Methode

Für Hobbes lässt sich nur das erkennen, was aus Ursachen entstanden ist und sich als aus einfachen Elementen zusammengesetzt darstellen lässt. Daher muss analytisches Denken hinter den Wirkungen die entsprechenden Ursachen suchen (Ursachenanalyse) und muss komplizierte, zusammengesetzte Begriffe und Wörter zerlegen (Begriffsanalyse). „Klare Wörter sind das Licht des menschlichen Geistes, aber nur, wenn sie durch exakte Definitionen geputzt und von Zweideutigkeiten gereinigt sind" (Hobbes).

Alle Menschen streben nach dem Guten

Alle Dinge, die erstrebt werden, bezeichnet man, sofern sie erstrebt werden, mit einem gemeinsamen Namen als „Güter“, alle, die wir vermeiden, als „Übel“. Daher hat Aristoteles richtig definiert, ein Gut sei, was alle erstreben. Da aber die verschiedenen Menschen verschiedene Dinge erstreben und vermeiden, so muss es viele Dinge geben, die für einige Güter, für andere Übel sind, wie für unsere Feinde das ein Übel ist, was für uns ein Gut ist. „Gut“ wird gesagt relativ zu Person, Ort und Zeit. Diesem Menschen, hier, jetzt gefällt etwas; jenem, dort, zu jener Zeit missfällt es. [...] Die Wörter gut und böse und verächtlich werden immer in Beziehung zu der Person gebraucht, die sie benützt, denn es gibt nichts, das schlechthin und an sich so ist.

Das höchste Gut ist für jeden die Selbsterhaltung. Denn die Natur hat es so eingerichtet, dass alle ihr eigenes Bestes wünschen. Um das erlangen zu können, müssen sie Leben und Gesundheit wünschen und für beide, soweit es möglich ist, Gewähr für die Zukunft. Auf der anderen Seite steht unter allen Übeln an erster Stelle der Tod; besonders schlimm ist der Tod unter Qualen; denn die Leiden des Lebens können so groß werden, dass sie, wenn nicht ihr nahes Ende abzusehen ist, uns den Tod als ein Gut erscheinen lassen.

Macht ist, wenn sie bedeutend ist, ein Gut, weil sie uns Mittel zur Lebenssicherung gewährt; darauf aber beruht der Frieden unseres Gemütes. Die Macht eines Menschen besteht, allgemein genommen, in seinen gegenwärtigen Mitteln zur Erlangung eines zukünftigen anscheinenden Guts. Wenn die Macht nicht bedeutend ist, ist sie unnütz; denn wenn andere gleiche Macht besitzen, so bedeutet sie nichts. Freundschaften sind ein Gut, da sie nützlich sind. Denn auch Freundschaften tragen zur Sicherheit bei. [...] Das höchste Gut oder, wie man es nennt, Glückseligkeit oder ein letztes Ziel kann man in diesem Leben nicht finden. Denn gesetzt, das letzte Ziel ist erreicht, so wird nichts mehr ersehnt, nichts erstrebt. Daraus folgt, dass es von diesem Zeitpunkte an für den Menschen kein Gut mehr gibt, ja dass der Mensch überhaupt nicht mehr empfindet. Denn jede Empfindung ist mit einem Begehren oder Widerstreben verbunden, und nicht empfinden heißt: nicht leben. Das Leben ist beständige Bewegung, die in sich selbst kreist, wenn sie geraden Weges nicht fortschreiten kann.

(Thomas Hobbes: Über das Gute; in: Otfried Hoffe: Lesebuch zur Ethik, Beck, München 1998, S. 188 f.)

3. *Zeichnet den Argumentationsgang des Textes nach.*

Methode: Eine Argumentationsskizze erstellen

- Setzt euch in Gruppen zusammen und erarbeitet
  a) die zentralen Aussagen (Thesen) des Textes,
  b) Gründe und Argumente, die zu ihrer Stützung angeführt werden,
  c) das Netzwerk der zentralen Begriffe, auf denen die Argumentation beruht.

  A ⟶ B: heißt z. B.: aus A (Grund/Argument) folgt B; oder: B wird aus A abgeleitet.
- Schreibt eure Skizzen auf große Plakate, präsentiert und vergleicht sie.
- Erarbeitet im Plenum gemeinsam eine dem Text am ehesten entsprechende Argumentationsskizze.
- Geht anschließend wieder in die Gruppen und formuliert auf Karten kritische Rückfragen an den Text: Welche Thesen oder Argumente erscheinen euch aus welchen Gründen wenig oder gar nicht überzeugend?
- Ihr könnt die Kritikkarten auf eure gemeinsame Argumentationsskizze an die passende Stelle heften.

4. *Fertigt eine Skizze an oder sucht nach Bildern, die die Vorstellung Hobbes‘ von der Natur des Menschen veranschaulichen.*

Information: Hobbes’ Bild von Menschen

a) Alles Leben ist ständige Bewegung.
b) Alles Leben zielt primär auf Selbsterhaltung.
c) Auf diesem natürlichen Streben beruht letztlich jede Moral.
d) Der Mensch strebt nach Glück und flieht vor Übeln.
e) Macht und Freundschaften sind bloße Instrumente der Lebenssicherung.

3. Der Naturzustand* – ein Gedankenexperiment

Die Natur hat die Menschen sowohl hinsichtlich der Körperkräfte wie der Geistesfähigkeiten untereinander gleichmäßig begabt; und wenngleich einige mehr Kraft oder Verstand als andere besitzen, so ist der hieraus entstehende Unterschied im Ganzen betrachtet dennoch nicht so groß, dass der eine sich diesen oder jenen Vorteil versprechen könnte, welchen der andere nicht auch zu erhoffen berechtigt sei. Bezüglich der körperlichen Kraft wird man gewiss selten einen so schwachen Menschen finden, der nicht durch List oder in Verbindung mit andern, die mit ihm in gleicher Gefahr sind, auch den stärksten töten könnte. Sooft daher zwei ein und dasselbe wünschen, dessen sie aber beide nicht zugleich teilhaftig werden können, so wird einer des andern Feind, und um das gesetzte Ziel, welches mit der Selbsterhaltung immer verbunden ist, zu erreichen, werden beide danach trachten, sich den andern entweder unterwürfig zu machen oder ihn zu töten.

Bei dieser großen Furcht, welche die Menschen allgemein gegeneinander hegen, können sie sich nicht besser sichern, als dadurch, dass einer dem andern zuvorkommt oder so lange fortfährt, durch List und Gewalt sich alle anderen zu unterwerfen, als noch andere da sind, vor denen er sich zu fürchten hat. Dies ist aber nicht mehr, als was durch die Selbsterhaltung nötig und von jedermann zugegeben wird. Hieraus ergibt sich, dass ohne eine einschränkende Macht der Zustand der Menschen ein solcher sei, wie er zuvor beschrieben wurde, nämlich ein Krieg aller gegen alle. Denn der Krieg dauert ja nicht etwa nur so lange wie faktische Feindseligkeiten, sondern so lange, wie der Vorsatz herrscht, Gewalt mit Gewalt zu verteidigen.

Da findet sich kein Fleiß, weil kein Vorteil davon zu erwarten ist; es gibt keinen Ackerbau, keine Schifffahrt, keine bequemen Wohnungen, keine Werkzeuge höherer Art, keine Landerkenntnis, keine Zeitrechnung, keine Künste, keine gesellschaftlichen Verbindungen; stattdessen ein tausendfaches Elend; Furcht, gemordet zu werden, stündliche Gefahr, ein einsames, kümmerliches, rohes und kurz dauerndes Leben. Bei dem Kriege aller gegen alle kann auch nichts ungerecht genannt werden. In einem solchen Zustande haben selbst die Namen gerecht und ungerecht keinen Platz. Im Kriege sind Gewalt und List Haupttugenden. Genug von dem bloßen Naturzustande des Menschen, aus dem er nur durch Vernunft und gewissermaßen durch seine Leidenschaften gerettet werden konnte.

Krieg aller gegen alle ...

Die Leidenschaften, die die Menschen zum Frieden unter sich geneigt machen können, sind die Furcht überhaupt und insbesondere die Furcht vor einem gewaltsamen Tod; ferner das Verlangen nach den zu einem glücklichen Leben erforderlichen Dingen und endlich die Hoffnung, sich diese durch Anstrengung wirklich zu verschaffen. Die Vernunft aber liefert uns einige zum Frieden führende Grundsätze, und das sind die natürlichen Gesetze.

(Thomas Hobbes: Leviathan, Reclam, Stuttgart 2005, S. 112–118; gekürzt)

1. *Erarbeitet in Kleingruppen Interviewfragen zu dem Text.*

Methode: Interviewfragen

- Stellt euch vor, ihr führt mit dem Autor des Textes ein Interview.
- Formuliert in Partnerarbeit wichtige Fragen, die die wesentlichen Begriffe und Probleme der einzelnen Abschnitte des Textes beinhalten.
- Lest die Fragen in der Klasse laut vor und überprüft gemeinsam, ob sie verständlich sind und ob sie den Inhalt, die Probleme des Textes vollständig erfassen.
- Markiert die Stellen des Textes, die euch beim Erfragen Schwierigkeiten bereiten.

2. *Informiert euch über William Goldings Roman „Der Herr der Fliegen" und untersucht eventuelle Parallelen zu Hobbes' Darstellung des Menschen im Naturzustand.*

Naturrecht und Vernunft: Not lehrt Denken

Das Naturrecht ist die Freiheit, nach welcher ein jeder zur Erhaltung seiner selbst seine Kräfte beliebig gebrauchen und folglich alles, was dazu etwas beizutragen scheint, tun kann. Das natürliche Gesetz aber ist eine Vorschrift oder allgemeine Regel, welche die Vernunft lehrt, nach welcher keiner dasjenige unternehmen darf, was er als schädlich für sich selbst anerkennt. Weil nun die Menschen sich in dem Zustande des Krieges aller gegen alle befinden, so haben im Naturzustande alle ein Recht auf alles, die Menschen selbst nicht ausgenommen. Also ist Folgendes eine Vorschrift oder allgemeine Regel der Vernunft: „Suche Frieden, solange nur Hoffnung darauf besteht; verschwindet diese, so schaffe dir von allen Seiten Hilfe und nutze sie; dies steht dir frei." Der erste Teil dieser Regel enthält das erste natürliche Gesetz: „Suche Frieden und jage ihm nach"; der zweite den Inbegriff des Naturrechts: „Jeder ist befugt, sich durch Mittel und Wege aller Art selbst zu verteidigen." Aus diesem ersten natürlichen Gesetze ergibt sich das zweite: „Sobald seine Ruhe und Selbsterhaltung gesichert ist, muss auch jeder von seinem Rechte auf alles – vorausgesetzt, dass andere dazu auch bereit sind – abgehen und mit der Freiheit zufrieden sein, die er den Übrigen eingeräumt wissen will." Solange er sich aber das Recht, alles zu tun, was er will, vorbehält, dauert auch der Krieg; weigern sich indes die Übrigen, ihren Rechten auf alles zu entsagen, so darf er auch von seinen nicht abgehen [...]. Und ebendas lehren auch die Worte des Evangeliums „Was ihr wollt, dass euch die Leute tun sollen, das tut ihr ihnen auch" sowie die des allgemein bekannten Sprichwortes „Was andere dir nicht tun sollen, tue ihnen auch nicht!".
Aus dem natürlichen Gesetz, welches uns alle friedenstörenden Rechte aufzugeben befiehlt, folgt das dritte natürliche Gesetz: „Vertragliche Abkommen müssen erfüllt werden"; denn geschieht dies nicht, so hat man dem Recht auf alles vergeblich entsagt, und der Krieg aller gegen alle bleibt.

(Thomas Hobbes: Leviathan, Reclam, Stuttgart 2005, S. 118 – 142, gekürzt)

3. *Erläutert, worauf die natürlichen Gesetze der Vernunft abzielen.*

4. *Wie kommen sie zustande? Wie lassen sie sich erklären?*

5. *Achtet vor allem auf die Begriffe „Natur" und „Vernunft". In welcher Bedeutung werden sie in diesem Text gebraucht?*

Information: Instrumentelle Vernunft

Die Vernunft ist ein wesentliches Instrument der Selbsterhaltung und Interessenbefriedigung. Sie sucht nach Mittel und Wegen, wie z. B. Selbsterhaltung und Glück realisiert und ein gewaltsamer Tod vermieden werden können.
Typische Schritte einer instrumentellen Argumentation:
a) Alle Menschen streben nach Selbsterhaltung und Glück.
b) Im Naturzustand herrschen Unsicherheit und Todesängste.
c) Also: es ist vernünftig, diesem Zustand zu entkommen.
d) Die natürlichen Gesetze erweisen sich als dafür taugliche Instrumente.
e) Also: es ist vernünftig (rational), diese natürlichen Gesetze zu befolgen.

6. *Diskutiert darüber, wie die Menschen im Naturzustand dazu motiviert werden könnten, sich ausnahmslos an die festgelegten Abmachungen zu halten. Welche Rolle könnte dabei die Goldene Regel spielen?*

4. Der Vertrag – ein Akt der praktischen Vernunft

Der Vertrag bei Hobbes ist kein geschichtliches Ereignis wie z.B. der Vertrag der Pilgerväter nach ihrer Landung in Neuengland. Er ist vielmehr ein allgemeines Modell, mit dem sich die Entstehung einer zentralen Staatsgewalt begründen lässt.

Eine wechselseitige Übertragung eines Rechtes wird Vertrag genannt. In den Worten an sich liegt nun nicht die Kraft, die Menschen zur Erfüllung ihrer Abkommen zu bewegen. Zweierlei muss dabei mitwirken, entweder der aus der Nichterfüllung des Abkommens zu befürchtende Schaden oder die Besorgnis, durch Treulosigkeit einen Beweis ihrer Schwäche zu geben und sich zu entehren. Letzteres ist Edelmut und wird so selten angetroffen, dass es nicht in Erwägung gezogen werden kann. Nur die Furcht muss man berücksichtigen, sowohl die vor unsichtbar wirkenden Mächten als vor menschlicher Gewalt; sie reicht indessen, wo kein eigentlicher Staat besteht, nicht aus, die Menschen zur Erfüllung der Abkommen zu nötigen. Im Naturzustande wird nur durch den Ausgang des Krieges die größere Macht sichtbar. Vor Gründung der Staaten und sooft sie durch Bürgerkriege erschüttert werden, können daher Abkommen nicht besser gegen die Begierden der Menschen gesichert werden als durch die Furcht vor einem unsichtbaren Wesen, welches von allen Gott genannt und auf verschiedene Art verehrt wird. Deshalb fand man es zur Festigung der getroffenen Abkommen für nötig, bei dem Gott, den man fürchtete, zu schwören, dass man das Abkommen erfüllen wolle.
Alles, was die natürlichen Gesetze fordern, wie z.B. Gerechtigkeit, Billigkeit und kurz, andern das zu tun, was wir wünschen, dass es uns von andern geschehe, ist, wenn die Furcht vor einer Zwangsmacht wegfällt, den natürlichen Leidenschaften, Zorn, Stolz und den Begierden aller Art, gänzlich zuwider.
Um aber eine allgemeine Macht zu gründen, unter deren Schutz gegen auswärtige und innere Feinde die Menschen bei dem ruhigen Genuss der Früchte ihres Fleißes und der Erde ihren Unterhalt finden können, ist der einzig mögliche Weg folgender: Jeder muss alle seine Macht oder Kraft einem oder mehreren Menschen übertragen, wodurch der Willen aller gleichsam auf einen Punkt vereinigt wird. Es ist eine wahre Vereinigung in einer Person und beruht auf dem Vertrage eines jeden mit einem jeden, wie wenn ein jeder zu einem jeden sagt: „Ich übergebe mein Recht, mich selbst zu beherrschen, diesem Menschen oder dieser Gesellschaft unter der Bedingung, dass du ebenfalls dein Recht über dich ihm oder ihr abtrittst." Auf diese Weise werden alle Einzelnen eine Person und heißen Staat oder Gemeinwesen. So entsteht der große Leviathan oder, wenn man lieber will, der sterbliche Gott, dem wir unter dem ewigen Gott allein Frieden und Schutz zu verdanken haben. Dies macht das Wesen eines Staates aus, dessen Definition Folgende ist: Staat ist eine Person, deren Handlungen eine große Menge Menschenkraft der gegenseitigen Verträge eines jeden mit einem jeden als ihre eigenen ansehen, auf dass diese nach ihrem Gutdünken die Macht aller zum Frieden und zur gemeinschaftlichen Verteidigung anwende. Die Verpflichtung der Untertanen gegen den Souverän dauert nur so lange, wie er sie aufgrund seiner Macht schützen kann, und nicht länger. Denn das natürliche Recht der Menschen, sich selbst zu schützen, wenn niemand anderes dazu in der Lage ist, kann durch keinen Vertrag aufgegeben werden.

(Thomas Hobbes: Leviathan, Reclam, Stuttgart 2005, S. 121ff., 151ff.)

1. *Klärt anhand des Textes:*
- *Wer (Subjekte) schließt*
- *mit Wem (Vertragspartner)*
- *Wozu (Zweck)*
- *Welche Art von Vertrag (Vertragstyp)*
  - *– mit welchem Inhalt?*
  - *– und mit welchen Folgen?*

2. *Untersucht und erarbeitet aus dem Text, wie Hobbes Naturzustand, Vertragsschluss und Staatsgründung argumentativ verknüpft.*

Argumentationsschema:

A)	NATURZUSTAND
	↓
B)	VERTRAG
	↓
C)	STAAT

3. *Füllt das Schema mit den für Hobbes ausschlaggebenden Thesen und Argumenten.*

Methode: Textinszenierung

- Bildet drei Gruppen.
- Die Gruppen versuchen, jeweils eine der drei Abschnitte der Hobbes'schen Argumentation als Momentaufnahme zu inszenieren: „Im Naturzustand" – „Der Vertragsabschluss" – „Der Staat".
- Ihr könnt dies tun entweder mit einem Dialog (z. B. Gespräch zwischen zwei Menschen im vorstaatlichen Naturzustand), einem inneren Monolog (z. B. ,,Warum ich einen Vertrag schließe") oder einem Standbild (z. B. Menschen drücken ihre Gefühle durch eine bestimmte Körperhaltung, Mimik im Naturzustand, während des Vertragsabschlusses oder als Staatsbürger aus).
- Überprüft, ob sich eure Inszenierung mit dem Text deckt bzw. begründen lässt.
- Stellt eure Inszenierung vor und diskutiert darüber.

4. *Was ist auf dem Bild zu sehen? Dazu ein paar Erläuterungen:*
- *Die untere Hälfte des Titelblattes ist dreigeteilt. Links und rechts stehen zwei Säulen aus je fünf einander zugeordneten Feldern.*
- *In dem zweituntersten Feld der rechten Säule sind die „Waffen" der kirchlichen Disputationen zu sehen. Im Vordergrund z.B. das zweihörnige Dilemma, mit dem man den Diskussionsgegner aufspießt.*
- *In der Mitte des oberen Bildteiles befindet sich „Leviathan", im Buch Hiob des Alten Testamentes der Chaosdrache.*

Titelbild der Erstausgabe des „Leviathan" (1651)

Dieses Titelbild ist in Frankreich, vermutlich unter der Mitwirkung von Hobbes selbst, angefertigt worden.

- *Der Körper der riesigen Fürstengestalt ist aus Menschen gebildet, die alle ihr Gesicht ihr zuwenden.*
- *Der Kopf des Riesen ist nicht aus Menschen zusammengesetzt.*
- *Der Schatten des Leviathan ruht auf dem ganzen Land.*
- *Die Welt ist menschenleer.*
- *Auf der obersten Bildkante steht ein Zitat aus dem Buch Hiob: „Non est potestas Super terram quae Comparetur ei" („Es gibt keine Gewalt auf Erden, die seiner vergleichbar wäre").*

5. *Überprüft nun die These, ob dieses Bild den Kerngedanken des „Leviathan" mit den darin entwickelten zentralen Argumenten zum Ausdruck bringt.*

5. Normenbegründung per Vertrag – der Kontraktualismus*

Hobbes entwickelt die Vertragsidee, um zu untersuchen, wie politische Herrschaft in der frühen Neuzeit zustande kommt und vor allem wie sie vernünftigerweise zu begründen ist. Dieses Modell kann jedoch auch für eine allgemeine Begründung von moralischen Normen und moralischer Verpflichtung herangezogen werden.

Wie lassen sich Normen begründen?

Nehmen wir die Situation eines Kindes, das seine Eltern fragt, warum es sich denn so und so, d. h. moralisch verhalten soll und warum es sich mit ihren moralischen Forderungen einverstanden erklären soll. Sind die Eltern religiös, dann werden sie dem Kind sagen: weil das die Gebote Gottes sind. Die Eltern könnten jedoch auch rational, also mit der Vernunft argumentieren. Sie könnten dann sagen, dass die moralischen Forderungen letztlich Gebote der Vernunft sind, damit wir nur vernünftig sind, und dass die Vernunft ja doch unser aller innerstes Wesen ausmache. Aber dieser zweite Satz braucht dem Kind ebenso wenig einzuleuchten wie vorhin bei der Religion. Warum, kann es zurückfragen, soll ich mich mit dieser Vernunft identifizieren? Warum muss ich überhaupt vernünftig sein? Den Eltern bleibt noch eine dritte Möglichkeit. Sie könnten das Kind fragen: Was willst du denn selbst? Was ist für dich wichtig, was sind deine grundlegenden Interessen? Du legst doch sicherlich für das Zusammenleben mit anderen einen großen Wert darauf, dass gewisse Spielregeln gelten, dass z. B. niemand den anderen belügen darf, seine Versprechen ihm gegenüber nicht brechen oder ihn nicht verletzen darf, oder?

1. *Welche grundsätzlichen Arten der Normenbegründung werden im Text genannt?*

2. *Untersucht, welchem Typ das Hobbes'sche Vertragsmodell zuzuordnen wäre.*

Interessen als Quelle der Moral?

Denken wir uns eine Zwei-Personen-Welt mit den Personen A und B. A hat das Interesse, von B nicht verletzt zu werden. Und B hat umgekehrt das Interesse, von A nicht verletzt zu werden. Wir haben hier wechselseitige, jeweils an den anderen gerichtete Interessen. Dies ist das erste Element der Interessenlage. Das zweite Element besteht darin, dass es für A wichtiger ist, von B nicht verletzt zu werden, als selbst die Möglichkeit zu haben, B zu verletzen. Und dass es für B genauso ist. Durch diese beiden Elemente entsteht ein bestimmtes Interessenmuster, und wenn dieses gegeben ist, ist die moralische Norm, die von A und B fordert, den anderen nicht zu verletzen, legitim und für A und B verpflichtend.
[...] A hat ein Interesse daran, dass ein anderer, eben B, bestimmte Handlungen unterlässt bzw. tut. B hat umgekehrt ein entsprechendes an A gerichtetes Interesse. Interessen dieser Art sind die eigentliche Quelle der Moral.

(Peter Stemmer: Moralischer Kontraktualismus; in: ZDPE 3 (2005), S. 189)

3. *Prüft, ob unsere Interessen zu moralischen Normen erhoben werden können.*

4. *„Interessen als die eigentliche Quelle der Moral" – Wie begründet der Autor diese These?*

5. *Überzeugt euch seine Argumentation? Diskutiert darüber.*

„Töten ist Unrecht" – Eine objektive Tatsache oder eine bloß subjektive Festlegung?

Die Rolle von Sanktionen – Ein Gedankenexperiment

Nehmen wir eine Naturzustandswelt mit fünf Bewohnern. Jeder von ihnen ist stark daran interessiert, von den anderen nicht verletzt zu werden, und jeder wünscht sich deshalb eine Regelung, die es zur Pflicht macht, die anderen nicht zu verletzen. Nehmen wir weiter an, den fünfen gelingt es, einen Roboter herzustellen, der die bemerkenswerte Fähigkeit hat, alles zu registrieren, was die Menschen tun, und nachhaltig bestimmte Handlungen zu sanktionieren, unabhängig davon, wer der Handelnde ist. Welche Handlungen er sanktioniert, legen die Menschen fest und programmieren den Roboter entsprechend. In unserem Beispielfall würden Verletzungshandlungen sanktioniert. Wer den Sanktionen entgehen will, kann einen anderen nicht verletzen. Es ist klar, dass dieses Müssen nicht despotisch sein kann. Denn der Roboter ist nicht in der Lage, sich selbstständig zu machen. Er sanktioniert nur die Handlungen, auf deren Sanktionierung er programmiert ist. Zur Sanktionierung dieser Handlungen ist er von den fünf Naturzustandsbewohnern, die ihn hergestellt und programmiert haben und die zugleich seinen Sanktionen unterworfen sind, „autorisiert". Infolgedessen ist das Müssen, das mit dem Roboter in die Welt kommt, ein verpflichtendes und kein despotisches Müssen. Es ist zudem ein selbst gewolltes, autonomes Müssen. Die, die ihm unterliegen, haben es selbst gewollt und selbst geschaffen.

(Peter Stemmer: Moralischer Kontraktualismus, a. a. O., S. 184)

6. *Untersucht, ob und inwieweit das Gedankenexperiment mit dem Vertragsmodell von Hobbes übereinstimmt.*

7. *Sind die Menschen, die sich dem Roboter unterwerfen, tatsächlich frei?*

Kinderleicht?

In Wirklichkeit ist der Ansatz des Kontraktualismus der einzig natürliche für eine autonome Moral: Da eine Moral in einem System wechselseitiger Forderungen besteht, ist eine autonom begründete Moral überhaupt nur so denkbar, dass sich die Individuen fragen, welche wechselseitigen Forderungen sie sich gegenseitig begründen können. Zur Begründung kann nicht irgendeine Instanz außerhalb des Wollens der Individuen herangezogen werden, weder eine Autorität noch eine angeblich reine Vernunft, noch sonst ein Rückgriff wie z. B. der auf eine wie immer bestimmte Natur des Menschen oder auf die Gene. Autonomie heißt hier wechselseitige Autonomie, d. h., dass jeder dem Willen aller anderen ein so großes Gewicht gibt wie seinem eigenen.

(nach: Ernst Tugendhat: Aufsätze 1992 – 2000, Suhrkamp, Frankfurt 2001, S. 172 f.)

8. *Stellt dar, wie der Kontraktualismus bewertet und begründet wird.*

9. *Versetzt euch in die Lage eines Kindes: Welche Rückfragen an die Eltern würdet ihr stellen? Entwerft und spielt einen Dialog.*

10. *Erörtert, in welchen Lebensbereichen euch Verträge sinnvoll erscheinen.*

Jörg Immendorf, A. R. Penck, Freundschaftsvertrag

Information: Kontraktualismus

Für den Kontraktualismus entstehen Normen und Verpflichtungen aus Vereinbarungen. Individuen, die ihre primären Interessen verfolgen, einigen sich freiwillig und vernünftigerweise auf bestimmte Spielregeln ihres Zusammenlebens.

Vorzüge des Kontraktualismus:

1. Der Kontraktualismus sieht in der Moral etwas von Menschen Geschaffenes, nicht etwas durch die Natur oder von Gott Vorgegebenes.
2. Der Kontraktualismus versteht die Moral als etwas, was im Interesse der Einzelnen liegt.
3. Der Kontraktualismus bietet einen klaren Begriff vom moralischen Sollen. Die moralische Verpflichtung ist eine Selbst-Verpflichtung.

6. Kritik des Hobbes´schen Vertragsmodells

Der Staat als Deus ex Machina?

a) Zunächst ist einzuräumen, dass staatliche Sanktionen eine bedeutende Rolle spielen. [...]

b) Gleichwohl aber greift die Hobbes'sche Lösung zu kurz. Schon im Hinblick auf Rechtsnormen muss bezweifelt werden, dass sie *allein* durch äußeren Zwang aufrechterhalten werden können. Ohne ein Minimum an Ehrlichkeit und Anstand wäre ein gigantischer Überwachungs- und Verfolgungsapparat erforderlich, um die Rechtstreue der Bürger zu erzwingen. [...]

c) Umso weniger kann die Hobbes'sche Lösung im Hinblick auf die Moral überzeugen. Im Unterschied zum Recht legt die Moral dem individuellen Handeln Schranken auch dort auf, wo andere (z. B. rechtliche Normen) nicht greifen. In noch viel stärkerem Maße als die Rechtsordnung hängen der Bestand und die Wirksamkeit der Moral davon ab, dass die beteiligten Individuen sie aus inneren Gründen mittragen.

d) Und schließlich übersieht Hobbes die Rolle spezifisch moralischer Sanktionen, seien es äußere (Kritik, Empörung, Abbruch der Kommunikation und Kooperation) oder innere (Scham, Gewissensbisse), deren Wirkung leicht unterschätzt wird. Hobbes baut zu sehr auf den Staat, der damit zu einem Deus ex Machina wird.

(nach: Kurt Bayerz: Warum überhaupt moralisch sein?, Beck, München 2006, S. 154 f.)

Egoismus und Moral

Ich frage mich, ob Hobbes tatsächlich gezeigt hat, dass ohne Inanspruchnahme einer besonderen ethischen Motivation, also allein aufgrund des wohlverstandenen Selbstinteresses, eine vertraglich begründete Rechts- und Staatsordnung zustande kommen und funktionieren kann. Ich glaube, dass die Moral des wohlverstandenen Selbstinteresses hier in eine Schwierigkeit gerät. [...]

Dass ich aber den Vertrag, das Übereinkommen, das Versprechen usw. auch dann halten soll, wenn niemand es bemerken kann, und dass ich Verträge auch dann noch im Interesse aller Vertragsschließenden halten soll, wenn mein ursprüngliches Vertragsinteresse nicht mehr besteht:

Diese Forderung kann aus dem strategisch durchkalkulierten Selbstinteresse nicht mehr begründet werden. Das ist ebenso wenig möglich wie eine entsprechende Begründung der Forderung, dass Verträge oder Übereinkommen nicht nur die Interessen der unmittelbar *Beteiligten*, sondern darüber hinaus auch die Interessen aller *Betroffenen* berücksichtigen sollten. Es stellt sich hier die Frage, ob die von Hobbes begründete Rechtsordnung sich grundsätzlich von der einer erfolgreichen Räuberbande unterscheidet.

(nach: Karl-Otto Apel; in: Funk-Kolleg Praktische Phiosophie/Ethik. Frankfurt/M., Fischer 1984, S. 122 f.)

Hobbes' Menschenbild

Beschreibt Hobbes den Menschen richtig, wenn er schlagwortartig behauptet: Der Mensch ist des Menschen Wolf (Homo homini lupus)? Ist sein Bild vom Menschen nicht zu pessimistisch geraten? Strebt der Mensch nicht vielmehr von sich aus nach Zusammenarbeit und friedlichem Miteinander? Und steckt in diesem Streben nach Geselligkeit nicht auch ein gewisser Respekt vor und eine Sympathie mit den anderen? Dem Pessimismus des Menschenbildes steht auf der anderen Seite ein beinahe grenzenloses Vertrauen in die Richtigkeit der Anordnungen und Gesetze des Leviathan gegenüber. ,,Auctoritas, non veritas facit legem" („Die Autorität und nicht die Wahrheit macht die Gesetze") ist sein Motto. Das oberste Grundgesetz sagt, dass alle Bürger der jeweiligen politischen Autorität Gehorsam leisten müssen. Friede und Sicherheit sind sicherlich hohe Güter. Damit jedoch nicht der Friede und die Sicherheit der Friedhofsruhe eintrete, muss auch die verantwortliche Freiheit der Bürger, die ihre geistige Freiheit mit einschließt, gewährleistet sein. Ein allmächtiger Souverän kann zwar Ordnung schaffen und erhalten, doch nie die Freiheit gewährleisten.

(nach: Malte Dießelhorst: Nachwort; in: Thomas Hobbes: Leviathan, Reclam, Stuttgart 2005, S. 319 f.)

1. *Erarbeitet in Gruppen die Argumente der Kritiker des Kontraktualismus.*

2. *Führt dann ein Streitgespräch zwischen „Kontraktualisten" und den „Kritikern" als „amerikanische Debatte".*

Methode: Die amerikanische Debatte

- Bildet zwei gegnerische Gruppen A und B.
- Gruppe A beginnt. Nach einer festgelegten Zeit (z.B. 1 Minute) antwortet Gruppe B usw.
- Wichtig ist, dass die nachfolgenden Debattierer sich jeweils auf die Argumente der Vorredner beziehen und sich an die vorgegebene Zeit halten.
- Die Spielleitung achtet auf die Einhaltung dieser Regeln.
- Am Ende der ersten Runde angekommen, kann das Ganze wieder rückwärts zum Ausgangspunkt gehen.
- Am Schluss der Debatte sollten die wichtigsten Argumente der beiden Gruppen festgehalten werden.
- Jeder Schüler formuliert für sich, welche Seite ihn warum mehr überzeugt hat.

Thomas Hobbes im globalen Maßstab?

Indem wir durch die Terroristen an unsere eigene Angst gefesselt wurden, haben sie gewissermaßen den Sozialvertrag gelöst und uns zurück in eine Art „Naturzustand" versetzt. In den vergangenen 400 Jahren sind wir den Weg von Unsicherheit und Angst – dem von Thomas Hobbes entworfenen Naturzustand – hin zu Recht und Ordnung, politischer Sicherheit und dem Genuss bürgerlicher Freiheit gegangen. Durch das Handeln außerhalb des Gesetzes, indem die Unsicherheit allgegenwärtig gemacht und Freiheit in Risiko verwandelt wird, drängt uns der Terrorismus zurück in eine Quasi-Anarchie. Die Metapher vom „Naturzustand" passt auf internationaler Ebene, auf der die üblichen innerstaatlichen Sicherheiten nicht länger gelten und auf der das menschliche Leben mit Hobbes' schlichten Worten häufig gewalttätig, böse, brutal und kurz ist.

(nach: Benjamin Barber: Ein Krieg „jeder gegen jeden"; in: Terrorismus – Ein Unterrichtsmagazin, Klett, Leipzig 2004, S. 41)

3. *Wirft uns der heutige Terrorismus zurück in eine dem Hobbes'schen Naturzustand vergleichbare Anarchie? Diskutiert darüber.*

4. *Mit welchen Mitteln hätte wohl Hobbes versucht, den Terrorismus zu bekämpfen?*

11. September 2001: Das World Trade Center nach dem Einschlag des zweiten Flugzeugs

Wider einen globalen Leviathan?

Der Leviathan auf dem Titelbild des gleichnamigen Werkes von Thomas Hobbes nimmt menschliche Gestalt an und thront über einer friedlichen Landschaft, die überdies Wohlstand ausstrahlt. Derart in den Dienst menschlicher Zwecke gestellt, fordert der Leviathan nicht Angst und Schrecken heraus. Er bedarf nur gewisser gezielter Korrekturen. [...] Vor allem ist [seine] Macht so zu organisieren, dass der Missbrauch so gut wie unmöglich wird. Im bestehenden Netzwerk der internationalen Einrichtungen spielen die Vereinten Nationen dabei eine herausragende Rolle. Ihr Programm kommt dem Ideal einer globalen Ordnung nahe.
Die Charta der Vereinten Nationen verpflichtet alle Staaten auf die Achtung der Menschenrechte. Zum leitenden Zweck, dem Weltfrieden und der internationalen Sicherheit (Artikel 1,1), verpflichten sich die Mitglieder, ihre internationalen Streitigkeiten mit friedlichen Mitteln zu regeln (Artikel 2,3) und jede Gewaltanwendung zu unterlassen (Artikel 2,4).

(nach: Otfried Höffe: Demokratie im Zeitalter der Globalisierung, Beck, München 1999, S. 316, 325 ff., 415).

5. *Untersucht, inwieweit das Vertragsmodell von Hobbes bei der Gründung eines „Weltstaates" herangezogen werden könnte.*

6. *Informiert euch über die UNO und den Internationalen Gerichtshof. Mit welchen Problemen haben diese internationalen Einrichtungen sich auseinanderzusetzen? Wodurch unterscheiden sie sich vom „Staat", so wie ihn Hobbes konstruiert hat?*

Überprüfe dein Wissen und Können

Was tun, Herr Hobbes?

Stellt euch folgende Situation vor: A, B, C und D, die mit etwa gleich stark sind und alle den „Leviathan" gelesen haben, befinden sich auf einem langsam sinkenden Schiff. Das kleine an Bord befindliche Beiboot kann nur drei Personen tragen. A stellt nüchtern fest: „Da bleibt uns wohl nur der Kampf aller gegen alle." B setzt hinzu, dass das Boot, labil wie es ist, dabei wahrscheinlich sinken wird. Die Überlebenschancen stehen also schlecht. Besser stünden sie, so sinniert C, nämlich 3 zu 1 für jeden, wenn man sich verabreden könnte, die Plätze im Boot durch Los zu verteilen. Gewiss, erwidert A, aber dazu könne man sich leider nicht verabreden. Denn „kein Mensch kann sein Recht, sich vor dem Tod zu retten, aufgeben". Hier schaltet D sich ein: Er verstehe nicht, weshalb sie sich nicht verabreden könnten zu losen. Dies stimme ebenfalls mit Hobbes' Lehre überein. A habe ja zugegeben, dass jeder von ihnen sicherer fahre, nämlich seine Überlebenschancen erhöhe, wenn er sich bereit erkläre, die Plätze durch Los zu verteilen. Die anderen denken einen Moment lang nach, und dann erklären sich alle mit dem Losen einverstanden. Sie losen, und D verliert. „Kein Mensch kann sein Lebensrecht aufgeben!", beginnt er zu rufen, stürzt auf das Rettungsboot zu, wird von den anderen gepackt und über Bord geworfen.

1. a) *Untersucht, ob die vier den „Leviathan" richtig verstanden haben.*

b) *Entwerft ein Gespräch zwischen Hobbes und den drei Überlebenden, in dem sie versuchen, ihr Handeln zu rechtfertigen.*

2. *KONTRAKTUALISMUS buchstäblich*

O
N
T
Rational
A
K
T
U
A
L
I
S
M
Unterwerfungsvertrag
S

Wichtige Bausteine der Lehre Hobbes'

- Menschen sind alle darin gleich, dass sie sich nicht selbst gegen Angriffe auf ihr Leben und Gut verteidigen können.
- Es ist ein Gebot der Vernunft, dass sich jeder Mensch dem Staat bedingungslos unterwirft.
- Die Menschen streben ständig nach bestimmten Gütern.
- Die Menschen autorisieren den Staat, sie zu regieren und ihnen Schutz und Sicherheit zu verschaffen.
- Menschen streben unaufhörlich nach Macht.
- Macht besteht aus nichts anderem als den Mitteln des Menschen, Güter zu erreichen und Übel zu vermeiden.
- Die Gegenstände, die die Menschen anstreben, nennen sie Gut; jene, die sie zu vermeiden versuchen, Übel.
- Das Fehlen einer Staatsgewalt ist genau das, was wir mit Naturzustand meinen.
- Durch die vertragliche Vereinbarung erhalten die Menschen Sicherheit, Ordnung und Frieden.
- Der Naturzustand ist ein Kriegszustand aller gegen alle.

(Zitate aus: Thomas Hobbes: Naturrecht und allgemeines Staatsrecht, hg. von F. Tönnies, Darmstadt 1976)

3. *Bringt diese Bausteine in eine logische Reihenfolge:*

Welches sind die Grundbausteine und welche werden daraufgesetzt, sodass ein argumentativ überzeugendes Gedankengebäude entsteht?

Ist doch logisch, oder?

Wie unterschiedlich Individuen auch in ihren einzelnen Wünschen, Idealen, Vorlieben und damit in ihren diesen dienenden moralischen Forderungen auch sein mögen, sie müssen rationalerweise praktisch alle ein Interesse daran haben, dass gewisse Rahmenbedingungen des sozialen Zusammenlebens allgemein akzeptiert und in der Regel befolgt werden. Diese normativen Rahmenbedingungen sind in meiner Sichtweise im Wesentlichen die folgenden: Schutz des Lebens (einschließlich seiner ökonomischen Voraussetzungen); Schutz der körperlichen Integrität und der Bewegungsfreiheit; Einhaltung von Verträgen und Abmachungen; Wahrheit von Mitteilungen; Privateigentum (im Sinne eines ausschließlichen Zugriffs) an Konsumgütern.

Der Grund, den m. E. praktisch jedes Individuum hat, gerade dieses System von Normen zu akzeptieren, ist der folgende: Die Vorteile (die Rechte), die das System gewährt, wiegen für jeden auf lange Sicht schwerer als die Nachteile und Opfer (die Pflichten), die es auferlegt. Wir können uns das etwa am generellen Tötungsverbot oder am generellen Verbot der Lüge verdeutlichen: Jeder mag gelegentlich ein Interesse daran haben, etwa einen unliebsamen Rivalen aus dem Weg zu schaffen und umzubringen. Doch größer als dieses gelegentliche Interesse ist sein anhaltendes Interesse, nicht selbst von einem anderen umgebracht zu werden. Jeder hat gelegentlich ein Interesse daran, die Unwahrheit zu sagen. Doch größer ist sein Interesse (insbesondere mit Rücksicht auf die Bedeutung zutreffender Informationen für eine rationale Zukunftsplanung), jedenfalls in der Regel, von anderen die Wahrheit gesagt zu bekommen. Der Wunsch nach sozialer Geltung der genannten Normen beruht somit auf einer Interessenabwägung, die jedes Individuum vernünftigerweise vornimmt.

(Norbert Hoerster: Eine Begründung von Minimalnormen; in: Pluralismus, Klett, Stuttgart 1996, S. 26)

4. *a) Fertigt eine Argumentationsskizze des Textes an.*
b) Überprüft, inwieweit diese Argumentation mit dem Kontraktualismus bei Hobbes übereinstimmt.

5. *Klärt folgende Begriffe:*

a) Das Menschenbild bei Hobbes
b) Instrumentelle Vernunft
c) Der Naturzustand
d) Der Staat (Leviathan)
e) Kontraktualismus: Vorzüge und Kritik
Ihr könnt zur Wiederholung die Kugellager-Methode einsetzen (vgl. S. 67).

Sokrates und Hobbes im Gespräch über ihr Bild vom Menschen

Sokrates trifft am Rande eines Gelehrtentreffens in Paris Hobbes. Sie gehen im Park eines mit Hobbes befreundeten Adeligen spazieren, umgeben von kunstvoll nach geometrischen Mustern zurechtgestutzten Hecken und Sträuchern.

Sokrates: Ich habe vor meiner Abreise nochmals in deinem „Leviathan“ gelesen. Du schreibst und argumentierst recht gut. Ein paar Fragen hätte ich allerdings schon.

Hobbes: Nur raus damit. Wir sind hier ungestört und können uns in aller Ruhe unterhalten.

Sokrates: Was mir vor allem aufgefallen ist, ist dein ziemlich pessimistisches Menschenbild.

Hobbes: So? Kannst du mir das etwas erläutern?

Sokrates: Ich will’s versuchen ...

6. *Setzt das Gespräch fort.*

David Hume (1711–1776) – Gefühle als Fundament der Moral?

David Hume
(Gemälde von Allan Ramsay, 1767)

Erfahrungen anstatt Erfindungen – Humes' radikales Programm

Ich kann nicht umhin, Verlangen zu tragen nach der Erkenntnis der Grundlagen des moralisch Guten und Schlechten, nach der Erkenntnis des Wesens und der Bedingungen des Staates, nach einer Einsicht in die Ursache der verschiedenen Affekte und Neigungen, die mich bewegen und beherrschen. Es ist mir unbehaglich, zu denken, dass ich eine Sache billige, eine andere missbillige, ein Ding schön und ein anderes hässlich nenne, über Wahrheit und Unwahrheit, Vernunft und Torheit entscheide, ohne zu wissen, aus was für Gründen ich den Entscheid fälle. Es tut mir leid um die wissenschaftliche Welt, die sich in allen diesen Punkten in so beklagenswerter Unwissenheit befindet.

(David Hume: Ein Traktat über die menschliche Natur, Meiner, Hamburg 1989)

Die klassische Moralphilosophie ist gänzlich hypothetisch und hängt mehr von Erfindungen als von Erfahrungen ab. Jeder zieht seine Fantasie zurate, wenn er Verzeichnisse von Tugenden und von Glückseligkeiten erstellt, ohne die menschliche Natur zu beachten, wovon jede moralische Schlussfolgerung abhängen muss. Ich entschloss mich deshalb, sie zum Hauptgegenstand meiner Forschungen zu machen.

(Brief aus dem Jahre 1734)

Greifen wir irgendeinen Band heraus, etwa über Gotteslehre oder Schulphilosophie, so sollten wir fragen: Enthält er irgendeinen auf Erfahrung gestützten Gedankengang über Tatsachen und Dasein? Nein. Nun, so werft ihn ins Feuer, denn er kann nichts als Blendwerk und Täuschung enthalten."

(David Hume: Eine Untersuchung über die Prinzipien der menschlichen Moral, Reclam, Stuttgart 1984)

„Das Leben eines Menschen besitzt für das Universum keine größere Bedeutung als das Leben einer Auster."

(David Hume: Ein Traktat über die menschliche Natur, a. a. O.)

1. *Interpretiert die programmatischen Äußerungen Humes.*

2. *Stellt die sich für euch daraus ergebenden zentralen Fragestellungen der Hume'schen Philosophie zusammen.*

3. *Welche Themen und Probleme wären zu behandeln, um diese näher untersuchen zu können?*

1. David Hume: sein Leben, seine Zeit

Ein Verehrer seiner Philosophie berichtet über Humes äußere Erscheinung:
Sein Gesicht war breit und fett, sein Mund groß und von einfältigem Ausdruck. Die Augen waren leer und geistlos, und beim Anblick seiner Korpulenz hätte man eher glauben können, einen Schildkröten essenden Ratsherrn als einen kultivierten Philosophen vor sich zu sehen. Die Weisheit hat sich sicherlich noch nie in eine so sonderbare Gestalt verkleidet.

(Wilhelm Weischedel: Die philosophische Hintertreppe, Deutscher Taschenbuch Verlag, München 1975, S. 170)

Ein buntes Leben ...

David Hume, wohl einer der größten und originellsten Philosophen Großbritanniens, wurde am 7. Mai 1711 in Edinburgh als Sohn eines schottischen Landadeligen geboren. Da sein Erbteil unzureichend war, um ihn finanziell unabhängig zu machen, und seine Bewerbungen um eine Professur wegen seiner religionskritischen Auffassungen erfolglos blieben – von nicht wenigen seiner Zeitgenossen wurde er als Atheist beschimpft –, sah er sich im Lauf seines Lebens immer wieder genötigt, unterschiedliche berufliche Tätigkeiten zu übernehmen: als Tutor eines geistesgestörten Adeligen; als Sekretär eines Generals; als Bibliothekar an einer Juristenbibliothek; als Staatsdiener im In- und Ausland.

Die Anzeichen, dass mein Ansehen im Wachsen begriffen war, gaben mir frischen Mut, zumal ich immer mehr dazu geneigt war, die Dinge von ihrer vorteilhaften als von ihrer ungünstigen Seite zu sehen, eine Geistesart, deren Besitz glücklicher macht, als durch Geburt zu Grundbesitz mit jährlichen Einkünften von 10 000 Pfund zu gelangen.

In seinen Fünfzigern verbrachte Hume etwa drei Jahre in Paris: Zu den führenden französischen Aufklärungsdenkern, die seine Gesellschaft suchten, knüpfte er enge Kontakte.

1769 kehrte ich nach Edinburgh zurück: sehr wohlhabend (denn ich besaß jährliche Einkünfte von 1 000 Pfund), gesund und, obwohl schon ein wenig betagt, in der Aussicht, mich noch lange meiner Muße erfreuen und mein Ansehen wachsen zu sehen.

Nach einer langwierigen, in Gleichmut ertragenen Krankheit verstarb Hume am 25. August 1776 in Edinburgh.

Im Frühjahr befiel mich eine Krankheit der Eingeweide, die mich zuerst nicht beunruhigte, die inzwischen aber, wie ich fürchte, unheilbar und tödlich geworden ist. Ich rechne jetzt mit einer schnellen Auflösung.

(David Hume: Mein Leben (18. April 1776); in: Jens Kulenkampff: David Hume, Beck, München 1989, S. 9 f.)

Ein Zeitgenosse berichtet

In der Tat, sein Wesen war wohl glücklicher ausgewogen als bei irgendeinem anderen Menschen, den ich je gekannt habe ... Der immer angenehme Umgang mit ihm war die natürliche Folge seiner freundlichen Wesensart und seiner Gutmütigkeit, in die sich Takt und Bescheidenheit mischten.

(Adam Smith in einem Brief aus dem Jahre 1777; in: David Hume. Eine Untersuchung über den menschlichen Verstand, Meiner, Hamburg 1984, S. 62 f.)

1. *Erstellt mihilfe von Lexika oder des Internets eine ausführliche Zeittafel zum Leben David Humes.*

2. *David Hume als Philosoph und Mensch: Welche Grundzüge lassen sich in seiner Biografie erkennen?*

David Hume kommt bereits während seines Studiums an der Universität Edinburgh in engen Kontakt mit „Newtonians". Edinburgh ist im frühen 18. Jahrhundert neben Cambridge das zweite Zentrum für Anhänger und Schüler Newtons. Der Untertitel der „Abhandlung über die menschliche Natur" bringt das Motto der gesamten Hume'schen

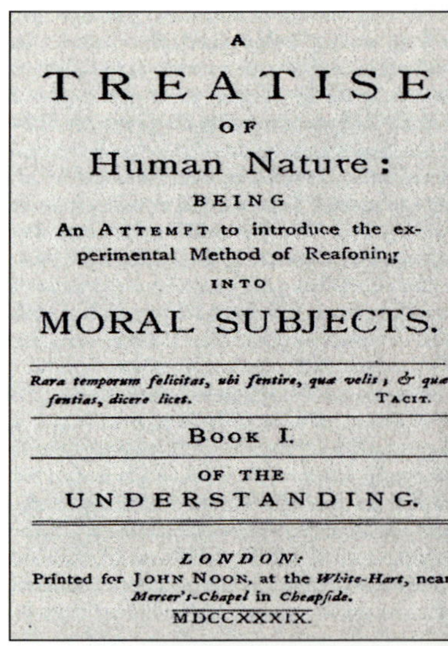

A
TREATISE
OF
Human Nature:
BEING
An ATTEMPT to introduce the experimental Method of Reasoning
INTO
MORAL SUBJECTS.

Rara temporum felicitas, ubi sentire, quæ velis; & quæ sentias, dicere licet. TACIT.

BOOK I.
OF THE
UNDERSTANDING.

LONDON:
Printed for JOHN NOON, at the *White-Hart*, near *Mercer's-Chapel* in *Cheapside*.
MDCCXXXIX.

Philosophie und den Einfluss Newtons schlagwortartig zum Ausdruck: „Ein Versuch, in die Wissenschaft vom Menschen die empirische Untersuchungsmethode einzuführen“.

Der Newton der Moral …

Ziel- und Angelpunkt des Hume'schen Philosophierens ist die menschliche Natur. Hume möchte das, was den Menschen kennzeichnet, sein artspezifisches Denken, Urteilen, Fühlen und Handeln, beschreiben und erklären. Das vollkommen Neue daran ist seine Methode. Diese Methode ist die empirische, auf Beobachtung und Erfahrung basierende Methode der modernen Naturwissenschaft, wie sie nach Humes Überzeugung Francis Bacon und Isaac Newton als Erste konsequent gefordert und praktiziert haben. Humes origineller Ansatz besteht darin, ebendiese Methode, die im Bereich der außermenschlichen, insbesondere unbelebten Natur zu so erstaunlichen Erfolgen geführt hatte, nunmehr auf die menschliche Natur zu übertragen: Nur dadurch, dass wir den Menschen als denkendes, wertendes, fühlendes und handelndes Subjekt zum Gegenstand einer strikt empirischen Theorie machen, können wir ihn in seiner Eigenart erfassen und verstehen. Wir müssen unsere Erfahrungen „aus einer sorgfältigen Beobachtung des menschlichen Lebens gewinnen, und sie nehmen, wie sie im gewöhnlichen Lauf der Welt, in dem Benehmen der Menschen in Gesellschaft, in ihren Beschäftigungen und Vergnügungen sich darbieten“ (Traktat). Dafür dürfen wir aber in diesem Bereich die Hoffnung hegen, zu Resultaten zu kommen, welche die Resultate der Naturwissenschaft „an Nutzen weit übertreffen“ (Traktat).

(nach: Norbert Hoerster: David Hume, Vandenhoeck, Göttingen 1979, S. 242)

Anatom der menschlichen Natur

Der Anatom soll nicht mit dem Maler wetteifern und bei seinen Zergliederungen der kleinen Teile des menschlichen Herzens nicht versuchen, den Gebilden eine anmutige und reizvolle Stellung oder Miene zu geben. Der Anatom ist vorzüglich geeignet, den Maler zu belehren, und es ist sogar unmöglich, in der Kunst der Malerei etwas Gutes zu leisten ohne seine Hilfe. Wir müssen eine genaue Kenntnis der Teile, ihrer Lage und Verbindung haben, ehe wir mit Freiheit und Richtigkeit zeichnen können.

(David Hume, Traktat; zit. nach: Gerhard Streminger: David Hume, Schöningh, Paderborn 1994, S. 209)

3. *Erläutert, inwiefern Hume als „Newtonian“ charakterisiert werden kann.*

4. *Worin liegt das revolutionär Neue an seiner Methode?*

5. *Entwerft einen Dialog zwischen Hume und Sokrates über ihr methodisches Vorgehen beim Lösen eines philosophischen Problems. Bezieht dazu den Info-Kasten zu Isaac Newton mit ein.*

Information: Isaac Newton

Newton – wohl der bedeutendste Naturwissenschaftler des 18. Jahrhunderts – hat in seinem 1687 erschienenen Hauptwerk „Mathematische Grundlagen der Naturphilosophie“ eine physikalische Erklärung der Bewegung aller Körper – vom Herabfallen eines Apfels bis zu den Bewegungen der entferntesten Himmelskörper – geliefert. Durch genaues Beobachten und durch Experimente versuchte er, der Natur ihre Gesetze abzulauschen. So erkannte er hinter den mannigfaltigen Bewegungen der Körper eine elementare Kraft der Schwere, die Gravitation (von lat. gravis = schwer). Mit ihr kann man die Bewegungen der Körper sogar mathematisch berechnen. Newtons ganz auf Erfahrung gegründetes Suchen nach letzten Prinzipien und Gesetzen ist das revolutionär Neue. Er strebte danach, anstelle von Spekulationen und Vermutungen klare und nachprüfbare letzte Ursachen aus Erfahrungen abzuleiten.

Isaac Newton
(1643 – 1727)

2. Auf die Erfahrung kommt es an!

Was ist eine Ursache?

Alles, was entsteht, entsteht durch etwas, aus etwas und als gewisses Etwas. (Aristoteles)

1. *Bildet unterschiedliche Kausalsätze – z.B. „Dein Eis schmilzt, weil du in der prallen Sonne sitzt" – und untersucht, was jeweils als Ursache benannt wird.*
2. *Vergleicht eure Ergebnisse mit der Definition des Aristoteles.*
3. *Grenzt den Ursachenbegriff von ähnlichen Begriffen ab wie „Schicksal", „Wunder" oder „Zufall".*

Das Billardspiel

Der Zusammenstoß von Billardkugeln ist Humes Standardbeispiel für Ursache und Wirkung.

Ursachen: Gewohnheitsmäßiger Glaube oder objektive Tatsachen?

Als zum ersten Male die Mitteilung einer Bewegung durch Stoß, wie etwa bei dem Zusammenprall zweier Billardkugeln, von einem Menschen beobachtet wurde, konnte dieser nicht aussagen, dass das eine Ereignis mit dem anderen *verknüpft [connected]* war, sondern nur, dass das eine mit dem anderen in *Zusammenhang* stand [was *conjoined*]. Nachdem er mehrere Beispiele dieser Art gesehen hat, erklärt er sie für *verknüpft*. Was hat sich so geändert, dass diese neue Vorstellung der *Verknüpfung* entstand? Weiter nichts, als dass er nun diese Ereignisse als in seiner Einbildung *verknüpft empfindet [feels* these events to be *connected* in his imagination] und leicht das Dasein des einen aus dem Auftreten des anderen vorhersagen kann. [...]
Wir können danach allein aufgrund der *Erfahrung* die Existenz eines Gegenstandes aus der eines anderen erschließen. Diese Erfahrung nun bestimmt sich folgendermaßen näher: Wir erinnern uns, dass wir wiederholt die Existenz einer bestimmten Art von Gegenständen erlebt haben; wir erinnern uns zugleich, dass Beispiele einer anderen Art von Gegenständen stets mit ihnen verbunden, und ihnen hinsichtlich der Beziehungen der räumlichen Nachbarschaft und zeitlichen Folge in bestimmter Art zugeordnet waren. So erinnern wir uns, dass wir die Art von Gegenständen, die wir *Flamme* nennen, gesehen, und andererseits die Art von Empfindungen, die wir *Wärme* nennen, erlebt haben. Zugleich rufen wir uns ihre beständige Verbindung in allen früheren Fällen ins Gedächtnis zurück. Ohne Weiteres nennen wir dann den ersteren Gegenstand *Ursache* und den letzteren *Wirkung* und schließen von der Existenz des einen auf die des anderen. [...]
So ist Gewohnheit die große Führerin im menschlichen Leben. Wie die Natur uns den Gebrauch unserer Glieder gelehrt hat, ohne uns Kenntnis von den Muskeln und Nerven zu geben, die sie bewegen, so hat sie uns einen Instinkt eingepflanzt, welcher unser Denken in eine bestimmte Richtung vorwärtstreibt. Dieses Prinzip ist es allein, das unsere Erfahrung für uns nützlich macht und uns für die Zukunft einen ähnlichen Geschehensablauf erwarten lässt wie jene, die sich in der Vergangenheit gezeigt haben.

(David Hume: Ein Traktat über die menschliche Natur, S. 117 f.; zitiert nach: Ernst Topitsch: Hume, Wiss. Buchgesellschaft, Darmstadt 1981, S. 81 ff.)

4. *Beschreibt, wie wir nach Hume Ursachen und deren Wirkungen erkennen. – Achtet dabei vor allem auf die Begriffe der „Erfahrung“ und „Gewohnheit“.*

5. *Erläutert Humes Kausalitätsbegriff anhand des Billardspiels. Findet weitere Beispiele.*

Ein grundlegender Perspektivenwechsel

Der Ort, wohin es nach Hume zu schauen gilt, ist nämlich nicht das beobachtete Objekt, sondern vielmehr das beobachtende Subjekt. Denn die Kausalerfahrung besteht darin, dass wir die wiederholte Abfolge zweier Ereignisse beobachten, z. B. die Bewegung der Eisenspäne (Ereignis der Art b), falls ein Magnet in eine bestimmte Nähe gerückt wird (Ereignis der Art a). Haben wir n-mal beobachtet, dass dem Ereignis der Art a das Ereignis der Art b folgte, so gewöhnen wir uns an diesen Zusammenhang und verspüren eine *Nötigung*, ein Ereignis der Art b zu erwarten, falls ein Ereignis der Art a eintritt. Wir nennen dann ein Ereignis der Art a die „Ursache“ des Ereignisses der Art b. Dieses Gefühl der Nötigung bewirkt, dass wir von „Kraft“, „Notwendigkeit“ oder „Energie“ sprechen, aber dann – fälschlicherweise – diese Eigenschaften in die Dinge hineinprojizieren und sie für Eigenschaften der Gegenstände halten.

(nach: Gerhard Streminger: David Hume, Schöningh, Paderborn 1994, S. 164 f.)

6. *Worin besteht der von Hume vorgenommene Wechsel der Perspektive?*

7. *Sind Begriffe wie „Kraft“ und „Energie“ bloße Vorstellungen des Menschen und keine objektiven Fakten?*

Achtung! Gefährliche Schlüsse* ...

Ist es richtig, von Einzelfällen, die uns in der Erfahrung vorliegen, auf einen allgemeinen Grundsatz oder ein Gesetz zu schließen?

Beispiel:
(1) Prämisse: Alle Philosophen, von denen wir bis heute gehört haben, sind gestorben.
(2) Schluss (Konklusion): Alle Philosophen sind sterblich.

Information: Induktion und Deduktion

Man bezeichnet solche logischen Schlüsse vom Besonderen zum Allgemeinen als **Induktion**. Induktive Schlüsse haben also die Qualität von Hypothesen (Annahmen). Sie müssen stets überprüft und, wenn erforderlich, korrigiert werden.
Anders aufgebaut sind deduktive Schlüsse. Bei ihnen handelt es sich um eine **Deduktion**: Schluss vom Allgemeinen zum Besonderen: z. B. (1) Prämisse: Alle Menschen sind sterblich. (2) Prämisse: Sokrates ist ein Mensch. (3) Konklusion: Sokrates ist sterblich. Aus den Prämissen wird hier logisch zwingend ein Schluss deduziert (hergeleitet).

8. *Findet und erörtert weitere Beispiele aus eurem Erfahrungsbereich.*

9. *Untersucht die Gefährlichkeit von induktiven Schlüssen, z. B.: 100 % der Äpfel oben im Korb sind einwandfrei. 100 % der Äpfel im Korb sind einwandfrei.*

- *An den letzten drei Wochenenden hat es geregnet. Am Wochenende ist immer schlechtes Wetter.*
- *Ich kenne zwei dunkelhaarige Männer, die gewalttätig sind. Alle dunkelhaarigen Männer sind gewalttätig.*

3. Humes Landkarte der Gefühle

Standbild der Aphrodite

1. *Über Geschmack lässt sich nicht streiten, oder? Erörtert in Gruppen anhand folgender oder von euch selbst gewählter Beispiele Geschmacksfragen:*

a) Stellt euch zwei Tassen Cappuccino vor: Die eine ist in einer italienischen Bar gerade frisch zubereitet worden; die andere wird in einem Pappbecher aus einem Automaten gezogen. Welche Art Cappuccino zu trinken ist geschmackvoller und warum?

b) Woran könnte es liegen, dass uns manche Musiktitel spontan gefallen, diese Musik uns nach kurzer Zeit jedoch langweilt, während wir bei einer anderen Musik zu Anfang Schwierigkeiten hatten, sie uns dann aber immer wieder gefällt?

c) Gibt es „geschmacklose", unästhetische Kleidung? Wie würdet ihr sie beschreiben? Welche Kriterien zieht ihr für euer Urteil heran?

Auf den Betrachter kommt es an

Alle natürliche Schönheit beruht auf der Proportion, der Relation und der Anordnung der Teile; aber es wäre absurd, daraus zu schließen, dass das Wahrnehmen der Schönheit ausschließlich in der Wahrnehmung von Relationen bestehe. [...]

Euklid hat alle Eigenschaften des Kreises vollkommen erklärt; aber in keinem Lehrsatz hat er ein Wort über seine Schönheit verloren. Der Grund liegt auf der Hand. Die Schönheit ist keine Eigenschaft des Kreises; sie liegt in keinem der Punkte der Linie, deren Teile von einem gemeinsamen Mittelpunkt gleich weit entfernt sind. Sie ist nur die Wirkung, die diese Figur auf den Geist ausübt, dessen besondere Art und Beschaffenheit ihn für solche Empfindungen fähig macht. [...]

Man höre Palladio und Perrault (berühmte Baumeister des 16. bzw. 17. Jahrhunderts) zu, während sie alle Teile und Proportionen einer Säule erklären. Sie sprechen vom Kranzgesims, vom Fries, vom Säulenfuß, vom Gebälk, vom Säulenschaft und vom Architrav; sie beschreiben das Aussehen und die Lage jedes dieser Teile. Würde man aber nach einer Beschreibung und nach dem Ort ihrer Schönheit fragen, so würden sie sogleich erwidern, die Schönheit sei nicht in irgendeinem Teil oder Stück derselben enthalten, sondern ergebe sich aus dem Ganzen, wenn dieses komplizierte Gebilde von einem verständnisvollen, für jene feineren Empfindungen empfänglichen Geist wahrgenommen wird. Solange kein solcher Beobachter erscheint, ist nichts weiter vorhanden als eine Figur mit diesen oder jenen besonderen Dimensionen und Proportionen; Anmut und Schönheit der Säule ergeben sich allein aus den Gefühlen des Betrachters.

(David Hume: Eine Untersuchung über die Prinzipien der Moral, Reclam, Stuttgart 1984, S. 222 f.)

2. *Erläutert Humes Einstellung zu Geschmacksfragen.*

3. *Untersucht an einem Kunstwerk eigener Wahl, warum wir es als schön empfinden.*

4. *Diskutiert darüber, ob und wenn ja, welche objektiven Kriterien es in Geschmacksfragen gibt.*

Information: Ästhetik

(griech. aisthesis: Wahrnehmung, Empfindung, Gefühl): Unter Ästhetik versteht man allgemein die Lehre vom Schönen bzw. Hässlichen in der Natur und in der Kunst. Eine besondere Bedeutung kommt der Ästhetik der Dichtkunst und der Musik zu. Zur Ästhetik gehört auch die Lehre von den Geschmacksurteilen und vom ästhetischen Erleben.

Gefühle als Angelpunkt der Moral?

Endziel aller moralischen Spekulation ist, uns durch treffende Schilderungen von der Hässlichkeit des Lasters und Schönheit der Tugend entsprechende Gewohnheiten zu erzeugen und uns zu bestimmen, das eine zu meiden, dem anderen uns zuzuwenden. Lässt sich das aber jemals von verstandesmäßigen Folgerungen und Schlüssen erwarten, die von sich keinerlei Macht über die Affekte ausüben, auch nicht die tätigen Kräfte des Menschen in Bewegung setzen? Sie ermitteln Wahrheiten; wo aber die ermittelten Wahrheiten farblos sind und weder Verlangen noch Widerwillen hervorrufen, können sie auf unser Tun und Verhalten keinen Einfluss gewinnen [...].Unterdrückt man alle warmen Gefühle und alle Voreingenommenheit für Tugend ebenso wie allen Abscheu vor dem Laster, macht man die Menschen vollkommen gleichgültig gegen diese Unterschiede, so hört die Moral auf, ein praktisches Anliegen zu sein, hat keinerlei Tendenz mehr, unser Leben und Handeln zu bestimmen ... Es ist wahrscheinlich, dass das endgültige Urteil, das Charaktere und Handlungen für liebens- oder hassenswert, für lobens- oder tadelnswert erklärt, das ihnen den Stempel des Ehrenhaften oder Unehrenhaften, der Billigung oder Missbilligung aufdrückt, [...] das die Tugend zu unserem Glück, das Laster zu unserem Unglück macht, es ist wahrscheinlich, sage ich, dass dies endgültige Urteil auf irgendeinem inneren Sinn oder Gefühl beruht, das die Natur uns Menschen ganz allgemein mitgegeben hat. Denn was sonst könnte eine Wirkung dieser Art ausüben?

(David Hume: Eine Untersuchung über die Prinzipien der Moral, Reclam, Stuttgart 1984, S. 90)

So ist alle Wahrscheinlichkeitserkenntnis nichts als eine Art von subjektiver Empfindung. Nicht allein in der Poesie und Musik müssen wir unserem Geschmack und unserem Gefühl folgen, sondern auch in der Philosophie. Wenn ich einer Beweisführung den Vorzug vor einer anderen gebe, so besteht, was ich tue, einzig darin, dass ich aus meinem unmittelbaren Gefühl (from my feeling) entnehme, welche Beweisführung in ihrer Wirkung auf meinen Geist der anderen überlegen ist.

(David Hume: Ein Traktat über die menschliche Vernunft, Meiner, Hamburg 1989, S. 141)

5. *Bezieht kritisch Stellung zu Humes These, dass wir auch beim philosophischen Argumentieren unserem Gefühl folgen.*

Humes Einteilung der Gefühle (Affekte, passions)

Primäre Affekte, z. B.	**Sekundäre Affekte, z. B.**
Liebe zum Leben	Stolz/Scham
Wohlwollen	Liebe/Hass
körperliches Wohlbefinden	Freude/Kummer
Hungergefühle	Hoffnung/Verzweiflung
	Mitleid/Schadenfreude

Die primären Gefühle sind von Natur aus in jedem Menschen tief verwurzelt. Sie lösen die sekundären Gefühle aus. Die grundlegenden sekundären Gefühle sind Stolz und Scham. Ihr wesentliches Merkmal ist, dass sie sich in erster Linie auf die eigene Person beziehen. Liebe oder Hass hingegen beziehen sich hauptsächlich auf andere Personen.
Neben den primären und sekundären Gefühlen unterscheidet Hume noch zwischen den ruhigen und heftigen Gefühlen (calm and violent passions). Sie unterscheiden sich in ihrer Intensität. Zu den ruhigen Gefühlen gehört z.B. das Gefühl der Schönheit oder Hässlichkeit beim Betrachten von Handlungen. Hass oder Liebe zählt er zur zweiten Gruppe.

Gefühle gleichen einem Saiteninstrument, bei dem die Schwingungen nach jedem Strich noch eine Zeit lang fortfahren, ihren Klang zu erzeugen, und ihn nur ganz allmählich und unmerklich enden lassen. Das Denken ist sehr schnell und beweglich. Gefühle hingegen sind langsam und beharrlich.

(David Hume, Eine Untersuchung über die Prinzipien der Moral, Reclam, Stuttgart 1984, S. 71)

6. *Sammelt und erörtert die Grundmerkmale und Aufgaben, die Hume den moralischen Gefühlen zuschreibt.*

7. *Vergleicht ästhetische mit moralischen Gefühlen. Worin gleichen sie sich nach Hume. Wo sind Unterschiede?*

8. *Entwerft ein Interview mit Hume, in dem ihr ihn über seine Meinung zur Rolle des Ethikunterrichts befragt.*

4. Verstand oder Gefühl?

Wie reagiere ich spontan?

Stellt euch folgende fünf Situationen vor:

a) In Bangladesch leiden Millionen Hunger, nachdem sie zu Flutopfern geworden sind.
b) Ein Kind weint an der Kasse, weil ihm seine Mutter keinen Schokoriegel kauft.
c) Jemand wird obdachlos, nachdem er ein großes Vermögen beim Glücksspiel verloren hat.
d) Eine Frau sitzt während eines Krieges weinend mit einem Brief in der Hand am Straßenrand.
e) Ein Pärchen sitzt auf einer Parkbank und küsst sich.

1. *Beschreibt – in Einzelarbeit –, welche Gefühle sich beim Betrachten der fünf Situationen in euch einstellen. Gebt dafür Gründe an.*

Situation	Gefühl	Grund
a) Hunger in Bangladesch	...	...
b) Kind an der Kasse		
c) Obdachloser Spieler		
d) Weinende Frau		
e) Küssendes Pärchen		

2. *Vergleicht und besprecht eure Ergebnisse.*

3. *Untersucht, welche Rolle Gefühl und Verstand bei eurem Nachdenken über die Situationen gespielt haben.*

Moral wird viel mehr gefühlt als beurteilt

In jüngster Zeit ist eine Kontroverse in Gang gekommen, die eine Untersuchung verdient. Sie gilt der allgemeinen Grundlegung der Moral: ob diese aus dem Verstand oder aus dem Gefühl herzuleiten sei; ob wir zu ihrer Erkenntnis durch eine Kette von Argumentationen und durch Induktion gelangen oder durch ein unmittelbares Gefühl und einen feineren inneren Sinn. [...]

Da unserer Annahme zufolge ein Hauptgrund für moralisches Lob in der Nützlichkeit einer Eigenschaft oder Handlung besteht, ist es offensichtlich, dass der *Verstand* bei allen Entscheidungen dieser Art einen wesentlichen Anteil haben muss, denn außer dieser Fähigkeit gibt es nichts, das uns über die Tendenzen von Eigenschaften und Handlungen informieren und uns auf ihre vorteilhaften Konsequenzen für die Gesellschaft oder ihren Besitzer aufmerksam machen kann. In vielen Fällen gibt diese Angelegenheit Anlass zu großen Meinungsverschiedenheiten: Zweifel können entstehen; entgegengesetzte Interessen können auftauchen; und einer Seite muss der Vorzug gegeben werden aufgrund genauer Überlegungen und eines geringfügigen Übergewichts an Nützlichkeit. Das macht sich besonders bei Fragen der Gerechtigkeit bemerkbar, wie es sich bei der Art von Nützlichkeit, die dieser Tugend eigen ist, tatsächlich als natürlich erwarten lässt. [...]

Aber auch wenn der Verstand, falls er vollkommen ausgebildet und entwickelt ist, dafür ausreicht, um uns über die schädliche oder nützliche Tendenz von Eigenschaften oder Handlungen aufzuklären, genügt er dennoch nicht, um irgendeine moralische Ablehnung oder Zustimmung hervorzurufen. Nützlichkeit ist nichts anderes als eine Tendenz auf einen bestimmten Zweck hin; und wäre uns der Zweck gänzlich gleichgültig, so würden wir dieselbe Gleichgültigkeit auch gegenüber den Mitteln empfinden. Es ist erforderlich, dass sich hier ein *Gefühl* einstellt, damit den nützlichen gegenüber den schädlichen Tendenzen der Vorzug gegeben wird. Dieses Gefühl kann kein anderes sein als eine Sympathie mit dem Glück der Menschheit und eine Empörung über ihr Elend, da dies die verschiedenen Ziele sind, auf deren Förderung Tugend und Laster hinarbeiten. Hier gibt uns also der *Verstand* Aufschluss über die verschiedenen Tendenzen der Handlungen, und die *Menschlichkeit* macht eine Unterscheidung zugunsten derjenigen, die nützlich und wohltätig sind. [...]

Da nun Tugend ein Endzweck und um ihrer selbst willen, ohne Entgelt oder Belohnung, lediglich um der unmittelbaren Befriedigung willen, die sie gewährt, erstrebenswert ist, so muss notwendigerweise irgendein Gefühl vorhanden sein, an welches sie rührt, eine innere Neigung oder ein inneres Empfinden, oder wie immer man es sonst nennen mag, das zwischen dem moralisch Guten und Bösen unterscheidet und das sich dem einen zuwendet und das andere verwirft. So sind also die getrennten Gebiete und Aufgaben des *Verstandes* und des *Geschmacks* leicht zu bestimmen. Von jenem stammt das Wissen um Wahrheit und Falschheit; von diesem das Gefühl für Schönheit und Hässlichkeit, für Laster und Tugend. Der eine entdeckt Gegenstände, wie sie sich in Wirklichkeit in der Natur finden, ohne etwas hinzuzufügen oder wegzunehmen; der andere besitzt eine produktive Kraft und bringt gleichsam eine neue Schöpfung hervor, indem er alle Gegenstände der Natur mit den Farben, die aus dem inneren Gefühl stammen, entweder vergoldet oder befleckt. Der Verstand, weil kühl und gleichgültig, liefert kein Handlungsmotiv und weist nur dem von Begierde oder Neigung empfangenen Impuls den Weg, indem er uns die Mittel zur Erreichung des Glücks und Vermeidung des Unglücks zeigt. Der Geschmack, da er Lust oder Unlust bringt und dadurch Glück oder Unglück schafft, wird zu einem Handlungsmotiv und ist der erste Antrieb oder Impuls zum Begehren oder Wollen.

(David Hume: Eine Untersuchung über die Prinzipien der Moral, Reclam, Stuttgart 1984, S. 88, 215 ff.)

4. *Erschließt den Text anhand der Västeras-Methode.*

Methode: Västeras[1]

Lest einen Text sorgfältig durch: Setzt hinter Stellen, die ihr nicht verstanden habt oder zu denen ihr eine Frage stellen wollt, ein Fragezeichen (?). Dort, wo euch etwas besonders eingeleuchtet hat, setzt ihr ein Ausrufezeichen (!). Stellen, die euch wichtig erscheinen, markiert ihr mit einem Pfeil (→). Bei der Besprechung können viele Fragezeichen in der Gruppe selbst beantwortet werden.

[1] benannt nach ihrem Entstehungsort, einer Stadt in Schweden

5. *Bestimmt die getrennten Bereiche und Aufgaben von Verstand und Gefühl.*

6. *Zeichnet eine Tabelle nach dem folgenden Muster:*

	VERSTAND	GEFÜHL
Bereich		
Aufgaben		

Der Verstand ist nur der Sklave der Affekte.
(Hume)

7. *Diskutiert über die Position Humes: Was überzeugt euch daran, welche kritischen Rückfragen würdet ihr stellen?*

8. *Interpretiert Gottschebers Bild. Wie wird der Verstand darin charakterisiert? Vergleicht mit der Position David Humes.*

Pepsch Gottscheber: Der Denker im Wald

5. Eine Ethik der Sympathie?

1. *Führt eine sokratische Begriffsklärung der „Sympathie“ durch.*

Keine Eigenschaft der menschlichen Natur ist, sowohl an sich als auch in ihren Folgen, bedeutsamer als die uns eigentümliche Neigung, mit anderen zu sympathisieren, und auf dem Wege der Mitteilung deren Neigungen und Gefühle, auch wenn sie von den unseren noch so verschieden, ja denselben entgegengesetzt sind, in uns aufzunehmen. [...] Ein gutmütiger Mensch teilt sofort die Stimmung seiner Umgebung; und selbst die Stolzesten und Grämlichsten werden in diesem Punkte einigermaßen durch ihre Landsleute und Bekannten beeinflusst. Ein fröhliches Gesicht versetzt mein Gemüt in fühlbare Freude und Heiterkeit; ein ärgerliches oder betrübtes wirft einen plötzlichen Schatten darauf. Hass, Groll, Achtung, Liebe, Mut, Fröhlichkeit und Schwermut, alle diese Affekte bewegen uns mehr aufgrund des Mitgefühls als aufgrund unserer eignen Stimmung und Temperamentsbeschaffenheit. [...]
Ein beeindruckendes Beispiel für die Sympathie ist es, wenn wir für diejenigen erröten, die sich vor unseren Augen einfältig benehmen, obgleich sie selbst kein Gefühl für ihre Schande und nicht das geringste Bewusstsein ihrer Torheit verraten.
Diese *Sympathie* oder die Mitteilung von Affekten findet bei Tieren ebenso gut statt wie bei Menschen. Das Heulen und Winseln eines Hundes geht seinen Kameraden ziemlich nahe. Auffallend ist, dass alle Tiere, obwohl sie im Spiel dasselbe Organ benutzen und fast dieselben Bewegungen machen wie im Kampfe – Löwe, Tiger und Katzen ihre Pfoten, der Ochs seine Hörner, ein Hund seine Zähne, ein Pferd seine Hufe – sie trotzdem höchst sorgfältig vermeiden, ihrem Genossen wehzutun, wenn sie auch nichts von seiner Rache zu fürchten haben. Dies ist ein klarer Beweis, dass Tiere ein Bewusstsein von dem Schmerz und der Freude anderer Tiere haben.

(David Hume: Ein Traktat über die menschliche Natur II, Meiner, Hamburg 1989, S. 48, 195)

2. *Beschreibt, was Hume unter „mit anderen sympathisieren“ versteht.*

3. *Untersucht, inwiefern sich sein Begriff der Sympathie („sympathy“) von dem unterscheidet, was wir unter „Sympathie“ verstehen.*

Pervers, oder?

Zu einer Bettlerin, die zudringlich wird, sagt die Besitzerin des Nobelrestaurants und zeigt dabei auf die Langusten essenden und sich vergnügenden vornehmen Gäste: „Versetzen sie sich doch in die Lage dieser Herrschaften!“

4. *Schreibt einen inneren Monolog aus der Sicht der Bettlerin: Was empfindet sie wohl in dieser Situation, was geht ihr durch den Kopf?*

5. *Was hat der Cartoon mit Humes Vorstellung von Sympathie zu tun?*

Glück teilen

Wenn alle Naturkräfte und Elemente sich verbänden, um einem Menschen zu dienen und zu gehorchen, wenn die Sonne auf seinen Befehl auf- und unterginge, das Meer und die Flüsse nach seinem Belieben fluteten, wenn die Erde freiwillig alles hervorbrächte, was ihm nützlich oder ange-

nehm ist, er würde doch elend sein, bis ihr ihm wenigstens *einen* Menschen gebt, mit dem er sein Glück teilen und dessen Wertschätzung und Freundschaft er genießen kann.

(David Hume: Ein Traktat II, a. a. O., S.97)

Gefühle sozialer machen

Mitgefühl ist, wie wir zugeben wollen, weit schwächer als unser Eigeninteresse; und das Mitgefühl mit Personen, die uns fernstehen, ist viel schwächer als mit Personen, die nahe sind und uns nahestehen; aber genau aus diesem Grund ist es für uns notwendig, in unseren ruhigen Urteilen und Gesprächen über die Charaktere der Menschen alle diese Unterschiede zu vernachlässigen und unsere Gefühle allgemeiner und sozialer zu machen. [...] Der Austausch von Gefühlen in Gesellschaft und Gespräch bewirkt daher, dass wir einen allgemeinen, unveränderlichen Maßstab formen, nach welchem wir Charaktere und Sitten gutheißen und ablehnen können. Und obwohl unser Herz an diesen allgemeinen Begriffen nicht vollständig Anteil nimmt und auch nicht seine Liebes- und Hassgefühle ohne Rücksicht auf das eigene Selbst oder auf uns näherstehende Personen nach den universellen, abstrakten Unterschieden von Tugend und Laster ausrichtet, so haben diese moralischen Unterscheidungen dennoch einen bedeutenden Einfluss und dienen, da sie zumindest für das Gespräch genügen, allen unseren Zwecken in der Gesellschaft, auf der Kanzel, im Theater und in den Schulen.

(David Hume: Eine Untersuchung über Prinzipien der menschlichen Moral, Reclam, Stuttgart 1984, S. 152)

6. *Erörtert, inwiefern der Austausch von Gefühlen in Gesprächen die Fähigkeit zum Mitgefühl steigern kann.*

Das Prinzip Menschenliebe

Bei moralischen Fragen muss der Mensch von seiner persönlichen, besonderen Lage absehen und einen Standort wählen, den er mit anderen gemein hat. [...] Wenn er also zum Ausdruck zu bringen sucht, der und der Mensch besitze Eigenschaften, deren Tendenz der Gesellschaft verderblich sei, so hat er damit schon diesen gemeinsamen Standpunkt gewählt und das Prinzip der Menschenliebe (humanity) berührt, an dem jeder in irgendeinem Maß teilhat. Solange sich das Menschenherz aus denselben Elementen zusammensetzt wie bisher, wird es dem allgemeinen Wohl gegenüber nie völlig gleichgültig sein und nie von der Tendenz der Charaktere und Sitten ganz unberührt bleiben. Mag nun auch dieses menschenfreundliche Gefühl im Allgemeinen nicht für so stark gelten wie Eitelkeit oder Ehrgeiz, so kann doch nur dies als Allgemeinbesitz aller Menschen die Grundlage für die Moral oder für ein allgemeines System des Tadels und Lobes bilden.

(David Hume: Ein Traktat über die menschliche Natur, a. a. O., S. 278)

7. *Sammelt und erläutert aus den drei Texten wichtige Aussagen, mit denen ihr Humes Vorstellung vom Menschen charakterisieren könnt.*

8. *Vergleicht sie mit jener von Thomas Hobbes (S. 155). Entwerft ein Streitgespräch zwischen den beiden Philosophen zu diesem Problem.*

9. *Welches Bild erscheint euch aus welchen Gründen überzeugender? Stellt eure Ansicht in einem philosophischen Essay dar.*

Information: Einen philosophischen Essay schreiben

- Stellt zunächst eure Hauptthese(n) zum gewählten Problem auf.
- Prüft diese These(n) kritisch in einer differenzierten Argumentation (Pro- und Kontra-Argumente).
- Veranschaulicht eure These(n) durch konkrete Beispiele.
- Unterscheidet klar zwischen euren Meinungen bzw. Wertungen und jenen der zitierten Autoren.
- Schreibt verständlich, benutzt präzise Begriffe und überzeugende Begründungen.
- Entwickelt eigene originelle und kreative Ideen und Darstellungsformen.

6. Die Tugend der Gerechtigkeit

Was tun?

Den ganzen Sommer über haben die Maulwürfe Gänge und Höhlen gegraben; das Stachelschwein sonnte sich derweilen. Der Winter brach an. Das Stachelschwein fror erbärmlich und bat um Aufnahme in den unterirdischen Bau. Die Maulwürfe ließen es ein. Es war aber sehr eng und alle mussten sich dicht zusammendrängen. Das Stachelschwein aber stach.

1. *Wie hättet ihr den Fall entschieden? Zu welchem Ergebnis wäre wohl David Hume gekommen?*

Ein Motivationsproblem?

Ich nehme an, jemand hat mir eine Summe Geld geliehen, unter der Bedingung, dass ich dieselbe in einigen Tagen zurückgebe; nehmen wir ferner an, dass er nach Ablauf der festgesetzten Zeit die Summe zurückverlangt. Nun frage ich, *welchen Grund oder welches Motiv habe ich, die Summe wiederzugeben?* Man sagt vielleicht, die Rücksicht auf das Rechte, und der Abscheu gegen Bosheit und Schurkerei seien genügende Gründe für mich, wenn ich nur die kleinste Spur von Redlichkeit, Pflichtgefühl und sittlichem Trieb besitze. Diese Antwort ist ohne Zweifel richtig und genügt für einen Menschen im Zustand der Zivilisation, der in einer bestimmten Zucht und Erziehung groß geworden ist. Aber in einem rohen und mehr *natürlichen Zustand,* wenn man einen solchen Zustand natürlich nennen will, würde diese Antwort als ganz unverständlich und sophistisch zurückgewiesen werden. [...]
Die Eigenliebe, wenn sie freies Spiel hat, ist die Quelle aller Widerrechtlichkeit und Gewalttat. Das Gefühl für Recht und Unrecht entspringt nicht aus der Natur, sondern ist künstlich, wenn auch notwendigerweise, durch die Erziehung und menschliche Übereinkunft erzeugt worden.

(David Hume: Ein Traktat über die menschliche Natur, II, Meiner, Hamburg 1989, S. 222 f.)

2. *Für Hume ist das „Gefühl für Recht und Unrecht" künstlich. Beschreibt, was er damit meint.*

Ziemlich unvernünftig, oder?

Dein Korn ist heute reif, das meinige wird es morgen sein. Es ist für uns beide vorteilhaft, dass ich heute bei dir arbeite und du morgen bei mir. Ich habe keine Neigung zu dir und weiß, dass du ebenso wenig Neigung zu mir hast. Ich strenge mich daher nicht um *deinetwillen* an; und würde ich um *meinetwillen,* d. h. in Erwartung einer Erwiderung bei dir arbeiten, so weiß ich, dass ich enttäuscht werden und vergeblich auf deine Dankbarkeit rechnen würde. Also lasse ich dich bei deiner Arbeit allein. Und du behandelst mich in gleicher Weise. Nun aber wechselt das Wetter; wir verlieren beide unsere Ernte vermöge des Mangels an gegenseitigem Vertrauen und der Unmöglichkeit, uns einer auf den anderen zu verlassen. [...]
Man mag das Gefühl des Eigennutzes für böse oder tugendhaft halten, dies tut hier nichts zur Sache. In jedem Falle kann es nur durch sich selbst in Zaum gehalten werden.

(David Hume: Ein Traktat, II, a. a. O., S. 268 f.)

3. *Untersucht anhand dieses Beispiels, wie die Menschen nach Hume lernen, miteinander zu kooperieren.*

4. *Nennt Gründe dafür, dass Menschen einander Versprechen geben.*

TUGENDEN

natürliche	**künstliche**
(natural)	(artificial)
z. B. Menschlichkeit	z. B. Gerechtigkeit

5. *Ergänzt dieses Schema.*

Alles, was nützlich ist ...

Die Regeln der Fairness oder Gerechtigkeit hängen vollständig von dem besonderen Zustand und der Lage ab, worin sich die Menschen befinden; und ihren Ursprung

und ihre Existenz verdanken sie gerade jenem Nutzen, der dem Gemeinwesen aus ihrer strengen und regelmäßigen Befolgung erwächst. […]
Die Notwendigkeit von Gerechtigkeit für den Bestand der Gesellschaft ist die alleinige Grundlage dieser Tugend; und da kein moralischer Vorzug höher geschätzt wird, können wir schließen, dass dieses Moment der Nützlichkeit im Allgemeinen den stärksten Einfluss hat und auf unsere Gefühle eine uneingeschränkte Macht ausübt. Die Nützlichkeit muss daher die Quelle eines erheblichen Teils des Wertes sein, welche der Menschlichkeit, dem Wohlwollen, der Freundschaft, dem Gemeinschaftssinn und anderen sozialen Tugenden derselben Art zugeschrieben wird; ebenso wie sie die einzige Quelle der moralischen Billigung ist, welche der Treue, Gerechtigkeit, Wahrhaftigkeit, Integrität und den anderen schätzenswerten und nützlichen Eigenschaften und Prinzipien gezollt wird.

(David Hume: Eine Untersuchung über die Prinzipien der Moral, Reclam, Stuttgart 1984, S. 105 f., 125)

6. *Untersucht, wie Hume die „Gerechtigkeit" bestimmt und begründet.*

7. *Welche kritischen Rückfragen würdet ihr ihm stellen?*

Die Handlung ist die beste, die das größte Glück der größten Zahl erzeugt.
(Francis Hutcheson, Zeitgenosse von David Hume)

Information: Utilitarismus

(lat.: utilis = nützlich): Der Utilitarist beurteilt menschliches Handeln konsequent an seinen tatsächlichen Resultaten. Die Handlung ist die richtige, die zum Wohlbefinden (= Glück) von möglichst vielen Menschen am besten beiträgt.

8. *Untersucht, inwieweit Humes Begriff der Gerechtigkeit utilitaristische Züge trägt.*

9. *Stellt euch vor, die im Bild dargestellten Personen sind Mitglieder eines Hume-Zirkels: Entwerft ein kontroverses Gespräch unter ihnen zum Thema „Humes Begriff der Gerechtigkeit".*

Alle gleich?

Doch die Historiker und sogar der gesunde Menschenverstand können uns belehren, dass diese Ideen von einer *vollkommenen* Gleichheit, so bestechend sie auch zu sein scheinen, im Grunde tatsächlich undurchführbar sind; und dass sie, selbst wenn sie es nicht wären, doch äußerst *schädlich* für die menschliche Gesellschaft sein würden. Wie gleichmäßig Eigentum auch verteilt sein mag, der unterschiedliche Grad an Geschicklichkeit, Sorge und Fleiß wird diese Gleichheit sofort durchbrechen. Hindert man aber die Entwicklung dieser Tugenden, drückt man die Gesellschaft auf das Niveau äußerster Armut herab; und anstatt Not und Bettelei bei einigen wenigen zu verhindern, macht man sie für die ganze Gesellschaft unabwendbar. Auch wäre die genaueste Überwachung notwendig, um jede Ungleichheit bei ihrem ersten Auftreten zu bemerken; und die strengste Gerichtsbarkeit, um sie zu bestrafen und zu beseitigen.

(David Hume: Eine Untersuchung über die Prinzipien der Moral, a. a. O., S. 114)

10. *Sammelt und erläutert Humes Argumente gegen eine „vollkommene Gleichheit".*

11. *Findet aktuelle Beispiele, mit denen ihr die Thesen Humes kritisch überprüfen könnt.*

7. Tatsachen und Werte: der feine Unterschied zwischen *beschreiben* und *bewerten*

Eine ganz banale Situation

Jan sitzt in seinem Zimmer und beginnt zu frieren. Er schaut sich um und stellt fest, dass das Fenster sperrangelweit offen steht. Seine kleine Schwester steht zufällig in der Nähe des Fensters. Er sagt zu ihr: „Schließ das Fenster, bitte!"

1. *Vergleicht Jans Feststellung mit seiner Bitte: Wodurch unterscheiden sie sich?*

2. *Prüft, inwieweit der Bitte eine Wertung zugrunde liegt.*

Information: Unterscheidung zwischen Sein und Sollen

SEIN	SOLLEN
Tatsachen („So ist es!")	**Normen** („So soll es sein!")
Aussagen	Forderungen
Beschreibungen	Wertungen
Feststellungen	
deskriptive Sätze	**normative Sätze**
Tatsachenurteile	Werturteile

3. *Findet noch weitere Beispiele für Tatsachen- bzw. Werturteile.*

Ein unmerklicher Übergang ...

Ich kann nicht umhin, diesen Betrachtungen eine Bemerkung hinzuzufügen, der man vielleicht einige Wichtigkeit nicht absprechen wird. In jedem Moralsystem, das mir bisher vorkam, habe ich immer bemerkt, dass der Verfasser eine Zeit lang in der gewöhnlichen Betrachtungsweise vorgeht, das Dasein Gottes feststellt oder Beobachtungen über menschliche Dinge vorbringt. Plötzlich werde ich damit überrascht, dass mir anstatt der üblichen Verbindungen mit *„ist"* und *„ist nicht"* [= Tatsachenfeststellungen] kein Satz mehr begegnet, in dem nicht ein *„sollte"* oder *„sollte nicht"* sich fände [= normative, wertende Aussagen]. Dieser Wechsel vollzieht sich unmerklich; aber er ist von größter Wichtigkeit. Dies *sollte* oder *sollte nicht* drückt [nämlich] eine neue Beziehung oder Behauptung aus, muss also notwendigerweise beachtet und erklärt werden. Gleichzeitig muss ein Grund angegeben werden für etwas, das sonst ganz unbegreiflich scheint, nämlich dafür, wie diese neue Beziehung zurückgeführt werden kann auf andere, die von ihr ganz verschieden sind.

(David Hume: Ein Traktat über die menschliche Natur, II, Meiner, Hamburg 1989, S. 211 f.)

4. *Erörtert, warum Hume einen so großen Wert darauf legt, dass wir sorgfältig zwischen Ist-Sätzen und Sollen-Sätzen unterscheiden?*

Werte, die in uns liegen

Ich denke etwa an den absichtlichen Mord. Betrachtet denselben von allen Seiten und seht zu, ob ihr das tatsächlich Existierende finden könnt, was ihr Laster nennt. Wie ihr das Ding auch ansehen möget, ihr findet nur gewisse Affekte, Motive, Willensentschließungen und Gedanken. [...] Das „Laster" entgeht euch gänzlich, solange ihr nur den Gegenstand betrachtet. Ihr könnt es nie finden, sofern ihr nicht euer Augenmerk auf euer eigenes Innere richtet und dort ein Gefühl von Missbilligung entdeckt, das in euch angesichts dieser Handlung entsteht. Auch dies ist [gewiss] eine Tatsache, aber dieselbe ist Gegenstand des Gefühls, nicht der Vernunft. Sie liegt in euch selbst, nicht in dem Gegenstand.

(David Hume: Ein Traktat über die menschliche Natur, II, a. a. O., S. 210)

5. *Beschreibt die innere Erfahrungstatsache, auf die es Hume besonders ankommt.*

6. *Findet ihr seine Argumentation überzeugend? Begründet.*

Einer alten Frau wird ihre Einkaufstasche entrissen. Flib und Flob, die beiden Marsianer, können den Ausruf des Erdenmenschen nicht verstehen ...

7. *Wie könnte der Erdenmensch – nehmen wir an, er kennt und schätzt David Hume – dem Marsmenschen antworten?*

Information: Die Hume'sche Regel

Weil Hume so konsequent zwischen Sein und Sollen unterscheidet, ist es nach ihm logisch unmöglich, vom Sein auf das Sollen zu schließen. Geschieht dies doch, so liegt ein „naturalistischer Fehlschluss*" (nFS) vor – ein Ausdruck, der nach Hume eingeführt wurde.

Ein Beispiel:

a) Kati ist ein kleines Mädchen. (deskriptiv)
b) Kleine Mädchen spielen mit Puppen. (deskriptiv)
c) Kati soll mit Puppen spielen! (normativ)

8. *Untersucht, ob hier ein nFS vorliegt.*

9. *Wie könnte der logische Fehler behoben werden?*

a) Kati ist ein kleines Mädchen. (deskriptiv)
b) Kleine Mädchen sollen mit Puppen spielen! (normativ)
c) Kati soll mit Puppen spielen! (normativ)

10. *Behebt das logische Defizit folgender „Kurzschlüsse" (nFSe) durch Einführung einer normativen Prämisse.*

- *Bei Tempo 100 geht die Zahl der Unfälle um 20 % zurück. Also ist es geboten, Tempo 100 einzuführen.*
- *Die Ampel ist rot. Also: Du musst anhalten!*
- *Viele Menschen hinterziehen Steuern. Du darfst es auch!*

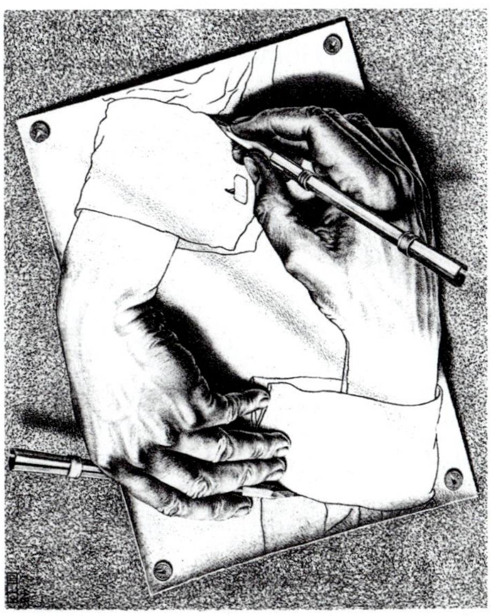

M. C. Escher, „Zeichnende Hände" (1997)

11. *Wo seht ihr einen Zusammenhang zwischen Eschers Zeichnung und Humes naturalistischem Fehlschluss?*

8. David Hume auf dem Prüfstand

Was wir wissen, ist ein Tropfen,
was wir nicht wissen, ein Ozean.
(Isaac Newton (1643 – 1727), engl. Physiker und Philosoph)

Aufklärung des Menschen über sich selbst

Die geradezu revolutionäre Tat des englischen Philosophen David Hume (1711 – 1776) bestand darin, im Bereich der Moral die experimentelle Methode radikal angewandt zu haben. Diese Methode, mit der die neuzeitliche, empirisch verfahrende Naturwissenschaft begründet wurde, sollte nun auch im Bereich der Moralphilosophie fruchtbar gemacht werden und alte abstrakte Denkmuster ein für allemal überwinden. Nicht der Blick auf allgemeine Prinzipien und Sollenssätze sollte in der Ethik dominieren, sondern die Analyse der menschlichen Natur, der menschlichen Leidenschaften, der Gewohnheiten und Üblichkeiten, die das menschliche Handeln bestimmen. Die konkreten Tatsachen des menschlichen Lebens und Handelns sollten Gegenstand der Moralphilosophie werden. Im Mittelpunkt steht die menschliche Natur, wie wir sie konkret erfahren und beobachten können. Hume lässt nur die Tatsachen sprechen. Gegen die früheren spekulativen Moralsysteme werden *facts* und *observation* mobilisiert. Nicht die schöne exzellente Idee der Gerechtigkeit an sich interessiert Hume, sondern die Funktionalität der Gerechtigkeit als soziale Tugend, ohne die vieles in der sozialen Welt nicht so gut funktionieren würde. Hume konzentriert seine Aufmerksamkeit auf die Nützlichkeit der Gerechtigkeit für die Gesellschaft und wurde so für die Utilitaristen ein Vorfahr. Die [...] Moralphilosophie David Humes untersucht tatsächliche Verhaltensweisen, Einstellungen, Interessen und vor allem Gefühle. Das „moralische Gefühl“ (moral sense) ist für ihn Grundlage jeder Moral. Das Fundament seines Lehrgebäudes ist ein empirisch geprägtes Menschenbild. Er sieht den Menschen nicht so sehr als Vernunftswesen (animal rationale). Was den Menschen, im besonderen sein moralisches Handeln primär bestimmt sind seine Affekte, seine Gefühle.

(nach: Gill: Ethik, Metzler, Stuttgart 1993, S. 58 f.)

1. *Erstellt in Gruppen ein Concept-Map des Textes.*

Methode: Concept-Mapping (Erstellen eines Begriffsnetzes)

Concept-Mapping (Erstellen eines Begriffsnetzes):
- Findet die zentralen Begriffe des Textes.
- Notiert jeweils einen Begriff auf eine Karte.
- Ordnet die Karten auf einem großen Poster oder einer Pinnwand.
- Markiert die logischen Beziehungen der Begriffe mit Verben, sodass deutlich wird, wie sie miteinander zusammenhängen (Basisbegriffe, Ableitungen, Unterbegriffe ...).

Aufklärung* bedeutet ...

Kehret den Blick in euch selbst! In euch sind die unerforschten Tiefen, worin ihr euch mit Nutzen verlieren könnt. Hier untersucht die geheimsten Winkel. Hier lernet die Schwäche und die Stärke, die verdeckten Gänge und den offenbaren Ausbruch eurer Leidenschaften! Hier richtet das Reich auf; wo ihr Untertan und König seid! Hier begreifet und beherrschet das Einzige, was ihr begreifen und beherrschen sollt: euch selbst. So ermahnte Sokrates.

(Gotthold Ephraim Lessing: Kritisch durchgesehene Gesamtausgabe, 3. Aufl., Kröner, 1978)

2. *Hume wie Sokrates sind Aufklärer und wollen dem Menschen mehr Klarheit über sich selbst verschaffen. – Untersucht, wo neben den Gemeinsamkeiten auch wichtige Unterschiede ihrer Lehre liegen. Benutzt zum Vergleich die im Concept-Map ermittelten Begriffe.*

Bändigt Vernunft Leidenschaft?

Die Vernunft ist die Sklavin der Leidenschaften; und sie soll es sein und bleiben. Sie kann nie eine andere Rolle beanspruchen, als den Leidenschaften zu dienen und ihnen zu gehorchen.
Ich bin durchaus bereit, zuzugeben, dass ohne Leidenschaft noch nie etwas Großes erreicht wurde; aber ich glaube an das genaue Gegenteil von Humes Behauptung. Die Bändigung unserer Leidenschaften durch die sehr begrenzte Vernünftigkeit, deren wir fähig sind, ist nach meiner Ansicht die einzige Hoffnung für die Menschheit.

(Karl Popper: Gesammelte Werke in deutscher Sprache, Mohr Siebeck, Tübingen)

Ein Widerspruch?

Humes Lebenspraxis scheint freilich seiner Theorie – die Vernunft sei nur Sklavin der Leidenschaften – nicht zu entsprechen. In seiner autobiografischen Skizze erwähnt der Autor einen Lebensplan, den er in jungen Jahren entworfen habe und an den er sich ständig und mit Erfolg gehalten habe. Ein Lebensplan verlangt nun weit mehr als eine den Leidenschaften unterworfene Vernunft. Hume wollte durch strenge Sparsamkeit ausgleichen, was ihm an Vermögen abging. Hier zeigt sich also mehr als eine den Leidenschaften dienende, nämlich eine aufs langfristige Wohl ausgerichtete Vernunft.

(nach: Otfried Höffe: Lebenskunst und Moral oder macht Tugend glücklich?, Beck, München 2007, S. 239 f.)

Eine rationalistische Gegenposition

In Immanuel Kants (1724 – 1804, bedeutendster deutscher Philosoph der Aufklärung) Augen hat Hume den Fehler gemacht, die instrumentelle Rationalität (Vernunft) für die ganze praktische Rationalität zu halten und in der optimalen Verfolgung des Gewünschten die einzige Aufgabe praktischen Vernünftigseins zu sehen. [...] In Wirklichkeit gibt es, so Kant, neben der instrumentellen Vernunft eine andere Form praktischer Vernunft, die ohne jeden Bezug auf Wünsche bestimmt, was zu tun vernünftig ist. Bestimmte Handlungen zu tun, ist einfachhin oder absolut vernünftig [...]. Bei Kant sind die allein von der Vernunft gebotenen Handlungen die moralischen Handlungen. Sich moralisch zu verhalten, folgt mithin unmittelbar aus bloßem Vernünftigsein. Wer vernünftig ist, nimmt allein dadurch eine Haltung ein, die die Belange anderer so berücksichtigt wie die eigenen. [...] Die Grundidee all dieser Versuche ist es, dass, vernünftig zu sein, bedeutet, einen unpersönlichen Standpunkt einzunehmen, also die Interessen aller in gleicher Weise zu berücksichtigen.

(Peter Stemmer: Handeln zugunsten anderer, de Gruyter, Berlin 2000, S. 24 f.)

Information: Rationalismus* versus Empirismus

(lat.: ratio = Vernunft, Verstand): Der **Rationalismus** stellt die Rolle der ratio in den Vordergrund. Der ethische Rationalismus, auch Intellektualismus genannt, betont den Vorrang des durch die Vernunft gewonnenen Wissens gegenüber den Gefühlen (lat.: emotio).

(griech.: empeiria = Erfahrung): Der **Empirismus** behauptet, dass alles Wissen der Menschen über sich und die Welt aus Erfahrung und Beobachtung stammt.

Die Moral hat in der Vernunft ihren Sitz und Ursprung. Sie kann von keiner empirischen und darum bloß zufälligen Erkenntnis hergeleitet werden.

(Immanuel Kant)

3. *Erarbeitet in Gruppen die Kritikpunkte. Was wird an Hume mit welcher Begründung jeweils kritisiert?*

4. *Führt eine Podiumsdiskussion darüber. – Gebt dabei Hume Gelegenheit, seinen Kritikern zu antworten und sich zu verteidigen.*

5. *Haltet am Ende individuell schriftlich fest, was euch von der Moralphilosophie Humes besonders überzeugt hat und was auch für uns heute noch aktuell ist.*

Überprüfe dein Wissen und Können

Der Begriff der Moral schließt ein allen Menschen gemeinsames Gefühl ein, das denselben Gegenstand der allgemeinen Zustimmung empfiehlt; und das alle oder die meisten Menschen veranlasst, sich davon die gleiche Meinung zu bilden oder darüber dieselbe Entscheidung zu treffen. Dieser Begriff der Moral schließt ferner ein Gefühl ein, das so universell und umfassend ist, dass es sich auf die gesamte Menschheit erstreckt; und das die Handlungen und das Verhalten selbst ganz fernstehender Personen zu einem Gegenstand des Beifalls oder des Tadels macht, je nachdem, ob diese mit jenem anerkannten Rechtsgrundsatz übereinstimmen oder nicht. Diese beiden notwendigen Bedingungen treffen allein auf das Gefühl der Menschlichkeit zu, auf das hier Gewicht gelegt wurde. Andere Neigungen erzeugen in jeder Brust viele starke Gefühle des Verlangens und des Widerwillens, der Zuneigung und des Hasses; aber diese werden weder so allgemein empfunden, noch sind sie umfassend genug, um Grundlage irgendeines allgemeinen Systems oder einer anerkannten Theorie des Tadels und der Billigung sein zu können.

(David Hume: Eine Untersuchung über die Prinzipien der Moral, Reclam, Stuttgart 1984, S. 200 f.)

1. *a) Erläutert Humes Begriff der Moral.*
b) Welches Bild vom Menschen liegt ihm zugrunde?

c) Entwerft ein Streitgespräch zwischen Hume und Hobbes zum Begriff der Menschlichkeit.

2. *Erfahrung: buchstäblich.*
M
P
I
Ratio
I
S
M
U
S

Gefühle moralisch	**nicht moralisch**
Scham	*Enttäuschung*

3. *Nennt weitere Beispiele. Worin besteht der Unterschied moralisch/nicht moralisch?*

4. *Stell dir vor, du begegnest auf der Straße einer Bettlerin. Sie sitzt am Straßenrand und bittet die Passanten, ihr Geld zu geben. Welche Rolle spielen Gefühl und Verstand in den unterschiedlichen Phasen*
a) beim ersten Wahrnehmen der Frau;
b) beim Überlegen, was soll ich tun;
c) beim Handeln, d. h. Ausführen der Sekunden zuvor getroffenen Entscheidung?
Wie würde ein Anhänger Humes sich in einer vergleichbaren Situation verhalten?

Es geht darum, Sympathie für den anderen zu empfinden, sich in gewisser Weise mit dem anderen eins fühlen zu können, ihn in seinem Denken und Wollen nicht gänzlich alleinzulassen. Anzuerkennen, dass wir aus dem gleichen Teig gemacht sind: zugleich Idee, Leidenschaft und Fleisch.

(nach: F. Savater: Tu was du willst, Campus, Frankfurt 1993, S. 110)

5. *Erörtert, inwieweit dieser Sympathie-Begriff mit jenem von Hume entwickelten übereinstimmt.*

6. *Überprüft, ob und warum ein nFS vorliegt:*
a) Immer mehr Menschen möchten gerne per Flugzeug verreisen. Deshalb müssen mehr Flugplätze gebaut werden.

b) Dieses Gesetz ist vom Parlament verabschiedet worden. Deshalb müssen sich alle Bürger des Landes danach richten.

c) Sven hat Lola versprochen, dass er ihr das geliehene Geld pünktlich zurückzahlen werde. Aus diesem Grund muss er es ihr zurückgeben.

Ein praktischer Schluss:

a) Bring alle Kisten zum Bahnhof! (Obersatz)
b) Dies ist eine der Kisten! (Untersatz)
c) Also: Bring sie zum Bahnhof! (Schluss)

7. *Verändere diesen praktischen Schluss so, dass ein nFS vorliegt.*

Aus welchem anderen Grunde werden Zölibat, Fasten, Bußübungen, Kasteiungen, Selbstverleugnung, Erniedrigung, Schweigen, Einsamkeit und die ganze übrige Stufenleiter der mönchischen Tugenden überall von vernünftigen Leuten abgelehnt, als weil sie völlig zwecklos sind, weder das Glück des Menschen in der Welt fördern, noch ihn zu einem nützlichen Glied der Gemeinschaft machen, ihn weder für gesellige Unterhaltung qualifizieren, noch seine Fähigkeit zum Selbstgenuss steigern? Im Gegenteil, wir beobachten, dass sie allen diesen erstrebenswerten Zielen entgegenwirken, den Verstand verdummen, das Herz verhärten, die Fantasie trüben, das Gemüt verbittern. Wir setzen sie darum mit Recht auf die Gegenliste und reihen sie unter die Laster ein.

(David Hume: Ein Traktat über die menschliche Natur II, Meiner, Hamburg 1989, S. 167)

8. *a) Erklärt, warum Hume die „Mönchstugenden" so scharf verurteilt.*
b) Gebt seine Einteilung der Tugenden wieder.
c) Erläutert, inwiefern Hume als ein Vorfahr der Utilitaristen gelten kann.

	Hume	*Hobbes*	*Sokrates*
Empirismus			
Rationalismus			

9. *a) Untersucht, inwieweit Hume, Hobbes und Sokrates dem Lager der Rationalisten bzw. Empiristen zuzuordnen sind.*
b) Führt ein Expertengespräch mit Hume, Hobbes und Sokrates zu einem oder mehreren von euch ausgewählten Fragen ihrer Moralphilosophie.

Freiheit in Verantwortung

René Matisse, Lebensfreude (1905)

R. Kelly

I Believe I Can Fly

I used to think that I could not go on
And life was nothing but an awful song
But now I know the meaning of true love
I'm leaning on the everlasting arms

If I can see it, then I can do it
If I just believe it, there's nothing to it

I believe I can fly
I believe I can touch the sky
I think about it every night and day
Spread my wings and fly away
I believe I can soar
I see me running through that open door
I believe I can fly
I believe I can fly
I believe I can fly

I was on the verge of breaking down
Sometimes silence can seem so loud
There are miracles in life I must achieve
But first I know it starts inside of me, oh

If I can see it, then I can do it
If I just believe it, there's nothing to it

I believe I can fly ...

1. *Betrachte die Bilder. Inwiefern drücken sie Freiheit aus?*
Hört euch das Lied von R. Kelly oder ein anderes Musikstück, das euch ein Gefühl der Freiheit vermittelt, gemeinsam an.
Schließe dabei die Augen und stelle dir vor zu fliegen – schwerelos.
Du kannst fliegen, wohin du willst. Du kannst tun, was du willst.
Schreibe danach in Stichworten auf, was dir zum Thema „Freiheit" einfällt.
Setzt euch dann in Gruppen zusammen und tauscht euch darüber aus, was für euch zur Freiheit gehört.
Sammelt eure Stichworte auf einem Plakat oder an der Tafel. Ordnet sie dabei nach verschiedenen Themenbereichen: persönliche Freiheit, Freiheit in Gemeinschaft, in Politik und Gesellschaft ...
Formuliert Fragen zum Thema „Freiheit", die ihr in den nächsten Unterrichtsstunden behandeln wollt.

1. Freiheit ohne Grenzen?

We Don't Need No Education

In den 1960er-Jahren entstand – gestützt auf psychoanalytische und gesellschaftskritische Theorieansätze – eine antiautoritäre Bewegung. Der britische Pädagoge Alexander Sutherland Neill entwickelte das Konzept einer Erziehung, die sich weitgehend ohne autoritäre Einschränkungen allein nach den Interessen und Bedürfnissen der Heranwachsenden richtet. In Summerhill gründete er eine Schule, die noch heute dieses Konzept umsetzt. Die Band Pink Floyd brachte in ihrem legendären Song „Another Brick in the Wall“ die Ideen und Forderungen der antiautoritären Bewegung zum Ausdruck:

We don't need no education,
We don't need no thought control,
No dark sarcasms in the classrooms.
Teacher, leave them kids alone.
Hey, teacher! Leave them kids alone!
All in all it's just another brick in the wall.

We don't need no education,
We don't need no school control,
No dark sarcasms in the classrooms.
Teacher, leave us kids alone.
Hey, teacher! Leave us kids alone!
All in all you're just another brick in the wall.

(Text, OT: Waters, Roger. Copyright by Roger Waters Music Overseas Ltd., Musikverlag Intersong GmbH & Co. KG, Hamburg)

1. *Diskutiert in Gruppen über die Aussagen und Forderungen des Liedes.*

2. *Informiert euch weiter über das Erziehungskonzept A.S. Neills und erörtert seine Möglichkeiten und Grenzen.*

Die Tugend der Orientierungslosigkeit

Früher konnte man sich wenigstens auf einen gemeinsamen Feind (in der Regel „der Kapitalismus“ genannt) und allerlei Haupt- und Nebenwidersprüche einigen. Heute bleibt die leicht resignierte Erkenntnis, dass „irgendwie ja alles mit allem zusammenhängt“. Wie und was da zusammenhängt, möchte man eigentlich gar nicht so genau wissen. Und so schreitet man dann, um dennoch seinem diffusen Unbehagen mit den Zeitläufen Ausdruck zu verleihen, zum obligatorischen Demonstrationszug um das Unigelände. [...]
Die alljährlich in Berlin abgehaltene Love Parade bildet den Höhepunkt dieser Art politischer Manifestation. Slogans wie „We Are One Family“ und „Friede Freude Eierkuchen“ lassen jedes, aber auch jedes individuelle Sinngebäude in-

takt. Hunderttausende können sich dort zusammenfinden, ohne sich auf irgendetwas einigen zu müssen. [...]
Doch ein weit gesteckter Rahmen ist etwas anderes als gar kein Rahmen. Unsere Demonstranten eint immerhin die vage Vorstellung, dass diese Welt an der einen oder anderen Stelle verbesserungsbedürftig sei. Und der gemeinsame Nenner der Love Parade und ihrer mittlerweile zahlreichen Ableger heißt viel weniger Techno als ungefähr „Hab Spaß und tu niemandem etwas zuleide".

(Christoph Clermont, Johannes Goebel: Die Tugend der Orientierungslosigkeit, Verlag Volk und Welt, Berlin 1997, S. 70 f.)

3. *Orientierungslosigkeit als Tugend? Nehmt kritisch Stellung zu den Aussagen des Textes. Bringt auch die Collage in Zusammenhang mit dem Text.*

4. *Untersucht die im Text genannten Slogans. Lässt sich daraus eine politische Zielrichtung ableiten?*

John Stuart Mill: Freiheit und Individualität

Wenn alle Menschen außer einem derselben Meinung wären und nur dieser Einzige eine entgegengesetzte hätte, dann wäre die ganze Menschheit nicht mehr berechtigt, diesen einen mundtot zu machen, als er, die Menschheit zum Schweigen zu bringen, wenn er die Macht hätte. [...]
Niemand behauptet, dass Handlungen ebenso frei sein dürfen wie Meinungen. Im Gegenteil: Selbst Gedanken verlieren ihre Straflosigkeit, wenn die Umstände, unter denen sie ausgesprochen werden, von der Art sind, dass ihr Ausdruck eine direkte Aufreizung zu irgendeiner Schandtat bildet. Die Meinung, dass Getreidehändler die Armen aushungern oder dass Eigentum Diebstahl ist, sollte unangefochten bleiben, wenn sie bloß in der Presse ausgedrückt wird, sollte aber gerechterweise Strafe nach sich ziehen, wenn man sie mündlich einer erregten Menge, die sich vor dem Haus eines Getreidehändlers versammelt hat, vorträgt oder sie in gleicher Form in der Form von Handzetteln in Umlauf setzt. Jede Handlung, gleich welcher Art, die ohne gerechten Anlass anderen Schaden zufügt, soll und muss man in wichtigeren Fällen unbedingt durch Missfallensäußerungen, notfalls durch energisches Eingreifen zügeln.
Insofern muss man die Freiheit des Einzelnen beschränken, er darf sich nicht zu einer Belästigung für andere entwickeln. Dass Menschen nicht unfehlbar, dass ihre Wahrheiten meistens nur Halbwahrheiten sind, dass Einheit der Meinung, wenn sie nicht auf dem vollsten und freiesten Ausgleich gegensätzlicher Ansichten beruht, gar nicht wünschenswert ist und Meinungsverschiedenheit also nicht ein Übel, sondern etwas Gutes darstellt, bis die Menschheit fähiger als augenblicklich ist, alle Seiten der Wahrheit zu erkennen, das sind Grundsätze, die nicht nur auf die Handlungsweise der Menschen, sondern ebenso sehr auf ihre Meinungen zutreffen. So wie es nützlich ist, dass es Meinungsverschiedenheiten gibt, solange die Menschen unvollkommen sind, so ist es eben vorteilhaft, dass man den verschiedenen Charaktereigenschaften Spielraum lässt ohne Schaden für andere. Und dass man den Wert verschiedener Lebensarten praktisch ausprobiert, wenn irgendjemand es für richtig hält, sie zu versuchen. Kurz, es ist zu wünschen, dass man in Dingen, die nicht von vornherein andere mitbetreffen, der Individualität eine Chance gibt.

(John Stuart Mill: Über Freiheit, Reclam, Stuttgart 1988, S. 77 f.)

5. *Worin sieht John Stuart Mill die Nützlichkeit von Meinungsverschiedenheiten?*

6. *Stelle die Grenzen dar, die er der individuellen Freiheit setzt, und nimm Stellung dazu.*

7. *Betrachtet das Bild links und stellt eine Beziehung zu Mills Freiheitsbegriff her. Erörtert, ob Schule solche Erziehung zur Freiheit leisten kann.*

8. *Gestalte dein eigenes Bild zum Thema Freiheit.*

2. Freiheit wovon? – Freiheit wozu?

1. *Ferienbeginn. Betrachte das Bild und stelle dir vor, es wäre der erste Tag der Sommerferien. Schreibe deine Einfälle auf: Freiheit wovon? – Freiheit wozu?*

Information: Freiheit im positiven und negativen Sinn

Freiheit im negativen Sinn meint **Freiheit von** dem, was Freiheit einschränkt, beispielsweise von Krankheit, Armut, Gefangenschaft, Unterdrückung. Freiheit im positiven Sinn meint **Freiheit zu** dem, was ich wähle, für was ich mich entscheide. Sie ist also auf bestimmte Ziele und Werte gerichtet.

Die Herkunft des Wortes Freiheit

Das Adjektiv *frei* gehört zu der indogermanischen Wurzel *prai*: „schützen, schonen, gern haben, lieben". Zu dieser Wurzel stellen sich im germanischen Sprachbereich z. B. gotisch *frijon*: „lieben (= freien, Freund)" und althochdeutsch *fridu*: „Schutz, Friede".

Die Germanen haben daraus „frei" als Begriff der Rechtsordnung entwickelt: Die Personen, die man liebt und daher schützt, sind die eigenen Sippen- und Stammesgenossen, die „Freunde".

(nach: Duden, Bd. 7: Das Herkunftswörterbuch, Dudenverlag, Mannheim 2007, S. 235)

2. *Formuliere eine Definition des Begriffs „Freiheit", die seine Herkunft mit einbezieht. Grenze ihn dabei von den Begriffen „Beliebigkeit" und „Willkür" ab.*

3. *Vergleicht in Gruppen eure Definitionen, einigt euch auf eine und stellt sie der Gesamtgruppe vor.*

Frei oder nicht frei ...

Wer die Freiheit aufgibt, um Sicherheit zu gewinnen, wird am Ende beides verlieren.

(Benjamin Franklin (1706 – 1790), amerik. Politiker und Schriftsteller)

Freiheit ist für drei Viertel der Menschheit das Recht, Hungers zu sterben.

(Henri Linguet (1794 hingerichtet), franz. Advokat und Schriftsteller)

Die Freiheit des Menschen liegt nicht darin, dass er tun kann, was er will, sondern dass er nicht tun muss, was er nicht will.

(Jean-Jacques Rousseau (1712 – 1778), franz. Philosoph)

Freiheit ist immer nur die Freiheit des Andersdenkenden.

(Rosa Luxemburg (1871 – 1919), pol.-dt. Politikerin und Philosophin)

Der Mensch beherrscht die Natur, bevor er gelernt hat, sich selbst zu beherrschen.

(Albert Schweitzer (1875 – 1965), elsäss. Arzt und Philosoph)

Die Freiheit ist ein Gefängnis, solange nur ein einziger Mensch auf Erden geknechtet ist.

(Albert Camus (1913 – 1960), franz. Schriftsteller und Philosoph)

Statue auf Goree Island im Senegal, die an die Abschaffung der Sklaverei erinnert

4. *Stellt bei diesen Zitaten fest, welche Freiheit jeweils gemeint ist.*

5. *Stellt eine Liste von Freiheitsrechten auf, die für jeden Einzelnen gelten sollen. Vergleicht sie dann mit den Grundrechten unserer Verfassung (GG Art. 1–19).*

Wenn du gewollt hättest ...

In der Realität existieren viele Kräfte, die unsere Freiheit einschränken, von Erdbeben oder Krankheiten bis zu Tyrannen. Aber auch unsere Freiheit ist eine Kraft in der Welt, unsere Kraft. Wenn du mit Leuten redest, wirst du jedoch feststellen, dass den meisten das, was ihre Freiheit begrenzt, viel bewusster ist als ihre Freiheit selbst. Sie werden dir sagen: „Freiheit? Von welcher Freiheit redest du? Wie können wir frei sein, wenn das Fernsehen uns das Gehirn wäscht, wenn die Politiker uns betrügen und manipulieren, wenn die Terroristen uns bedrohen, wenn Drogen uns versklaven, und wenn mir außerdem das Geld fehlt, mir ein Motorrad zu kaufen – was ich so gerne möchte?“ Wenn du ein bisschen aufpasst, wirst du feststellen, dass die, die so reden, sich zu beklagen scheinen, aber in Wirklichkeit sehr zufrieden sind zu wissen, dass sie *nicht* frei sind. Im Grunde denken sie: „Uff! Uns ist ein Stein vom Herzen gefallen! Da wir nicht frei sind, können wir nicht *schuld* sein an dem, was uns passiert.“ Aber ich bin sicher, dass niemand – *niemand* – wirklich glaubt, nicht frei zu sein. Niemand akzeptiert ohne Weiteres, dass er wie ein unerbittliches Uhrwerk oder wie eine Termite funktioniert. Es mag sein, dass die freie Entscheidung für bestimmte Sachen unter bestimmten Umständen sehr schwer ist (z. B. in ein brennendes Haus zu gehen, um ein Kind zu retten, oder unbeirrt einem Tyrannen gegenüberzutreten) und dass man deshalb lieber sagt, es gibt keine Freiheit. Dann muss man nicht anerkennen, dass man als freier Mensch das Leichteste vorzieht – auf die Feuerwehr zu warten oder den Stiefel zu lecken, der einem im Nacken steht. Aber tief im Innern sagt uns etwas beharrlich: „Wenn du gewollt hättest ...“

(Fernando Savater: Tu was du willst, Campus Verlag, Frankfurt a. M. 1993, S. 28 f.)

6. *Was würdest du den Leuten, die ihre Freiheit abstreiten, erwidern? Schreibt in Partnerarbeit einen Dialog und stellt ihn im Rollenspiel dar.*

3. Was uns unfrei macht

Bertolt Brecht: „Ein Wahlzettel macht den Hungrigen nicht satt“

„Erst kommt das Fressen, dann kommt die Moral.“
(Dreigroschenoper)

„Wo die Teller leer sind, raufen sich die Esser.“
(Der gute Mensch von Sezuan)

Ein guter Mensch sein! Ja, wer wär's nicht gern?
Sein Gut den Armen geben, warum nicht?
Wenn alle gut sind, ist S E I N Reich nicht fern.

Wer säße nicht sehr gern in seinem Licht?
Ein guter Mensch sein? Ja, wer wär's nicht gern?
Doch leider sind auf diesem Sterne eben
Die Mittel kärglich und die Menschen roh.
Wer möchte nicht in Fried und Eintracht leben?
Doch die Verhältnisse, sie sind nicht so!

Da hat er eben leider recht.
Die Welt ist arm, der Mensch ist schlecht.

Natürlich hab ich leider recht.
Die Welt ist arm, der Mensch ist schlecht.
Wer wollt auf Erden nicht ein Paradies?
Doch die Verhältnisse, gestatten sie's?
Nein, sie gestatten's eben nicht. [...]

(Lied aus der „Dreigroschenoper“, in: Die Gedichte von Bertolt Brecht, Suhrkamp, Frankfurt a. M. 2004, S. 1104 f.)

1. *Inwiefern veranschaulicht das Szenenfoto einer Berliner Aufführung der „Dreigroschenoper“ die Aussagen des Texts?*

2. *Erläutere den Zusammenhang zwischen den materiellen Verhältnissen und der Moral eines Menschen nach Brecht.*

3. *Entwickelt in Partnerarbeit ein Streitgespräch mit Bertolt Brecht über seine Auffassung und stellt es im Rollenspiel dar.*

Szenenbild aus der „Dreigroschenoper“ (Aufführung am Maxim Gorki Theater, Berlin)

Der Mensch – instinktgesteuert?

Ein Kind fällt ins Wasser, ein Mann springt ihm nach, zieht es heraus, prüft die Maxime[1] seines Handelns und findet, dass sie, zum Naturgesetz erhoben, etwa folgendermaßen lauten würde: Wenn ein erwachsener Mann von Homo Sapiens L. ein Kind seiner Art in Lebensgefahr sieht, aus der er es zu erretten imstande ist, so tut er dies. Enthält diese Abstraktion vernunftmäßige Widersprüche? Ganz sicher nicht! So klopft sich unser Retter innerlich auf die Schulter und ist stolz darauf, so vernunftgemäß und moralisch gehandelt zu haben. Hätte er das wirklich getan, so wäre das Kindchen längst tief versunken gewesen, bevor er ins Wasser gesprungen wäre. Dennoch hört der Mensch, wofern er unserem westlichen Kulturkreis angehört, nur recht ungern, dass er rein instinktmäßig gehandelt hat und dass jeder Pavian in analoger Lage zuverlässig dasselbe getan hätte.

(Konrad Lorenz: Das sogenannte Böse, dtv, München 2004, S. 240 f.)

[1] persönliche Handlungsregel

4. *Findet Gründe dafür, dass Menschen es nur ungern hören, wenn ihr Handeln als „rein instinktmäßig" bezeichnet wird.*

Information: Determination

(lat. determinare: abgrenzen): Determination ist die zwangsläufige Bestimmtheit durch vorgegebene Bedingungen (**Determinanten**) wie z. B. biologische Faktoren (Art, Gattung, genetische Ausrüstung) oder soziokulturelle Faktoren (Umwelt, materielle Verhältnisse, Erziehung). In der Philosophie meint **Determinismus** die Auffassung, dass alle Ereignisse und Handlungen durch solche Bedingungen eindeutig festgelegt sind.

Der Mensch als Produkt der Evolution

Kann die Kultur das menschliche Verhalten so weit verändern, dass es einem vollkommenen Altruismus* nahekommt? Wäre es vielleicht möglich, durch die Berührung eines zauberhaften Talismans oder durch eine Skinner'sche Verhaltenstechnik ein Geschlecht von Heiligen zu schaffen? Die Antwort lautet nein. [...]
Die Gene halten die Natur im Zaum. Der Zügel ist sehr lang, aber die ethischen Werte werden unausweichlich bestimmten Zwängen unterworfen, je nachdem, wie sie sich auf den menschlichen Genbestand auswirken. Das Gehirn ist ein Produkt der Evolution. Das menschliche Verhalten ist, genau wie die tief verwurzelten Anlagen zur emotionalen Reaktion, die es antreiben und lenken, das an Umwegen und Einfällen reiche Verfahren der Natur, durch das sie das menschliche Erbmaterial intakt gehalten hat und intakt halten wird. Eine andere nachweisbare Funktion hat die Moral letzten Endes nicht.

(Edward Wilson: Über Altruismus, in: Otfried Höffe: Lesebuch zur Ethik, Beck, München 2007, S. 409 – 411)

5. *Was ist nach Wilson die einzige „nachweisbare Funktion" der Moral? Diskutiert seine Auffassung.*

Aldous Huxley

Schöne neue Welt

Die Menschen in Aldous Huxleys 1932 erschienenen Roman „Schöne neue Welt" werden genetisch so manipuliert, dass verschiedene nach ihrer Intelligenz geordnete Gruppen entstehen: Alphas sind Führungspersönlichkeiten, Epsilons durch ihre niedrige Intelligenz nur für völlig anspruchslose Aufgaben geeignet. Der Weltaufsichtsrat überwacht dieses Kastensystem und rechtfertigt es folgendermaßen:

Die Welt ist jetzt im Gleichgewicht. Die Menschen sind glücklich, sie bekommen, was sie begehren, und begehren nichts, was sie nicht bekommen können. Es geht ihnen gut, sie sind geborgen, immer gesund, haben keine Angst vor dem Tod. Leidenschaft und Alter sind diesen Glücklichen unbekannt, sie sind nicht mehr von Müttern und Vätern geplagt, haben weder Frau noch Kind, noch Geliebte, für die sie heftige Gefühle hegen könnten, und ihre ganze Normung ist so, dass sie sich kaum anders benehmen können, als sie sollen. [...]

Wir glauben an Glück und Beständigkeit. Eine Gesellschaft aus lauter Alphas muss einfach zu Unbeständigkeit und Unglück führen. Stellen Sie sich eine Fabrikbelegschaft aus lauter Alphas vor, das heißt aus lauter verschiedenen, unabhängigen Persönlichkeiten mit erstklassiger Abstammung und einer Normung, die ihnen, in gewissen Grenzen, gestattet, Willensfreiheit zu entfalten und Verantwortung auf sich zu nehmen. Stellen Sie sich das vor!
[...] Alphas können der menschlichen Gemeinschaft perfekt eingefügt werden, aber nur, wenn man ihnen Alpha-Arbeit überträgt. Nur ein Epsilon kann die Opfer eines Epsilons bringen, aus dem einfachen Grund, dass sie für ihn keine Opfer bedeuten, sondern der Weg des geringsten Widerstands sind. Seine Normung hat Schienen vor ihn hingelegt, auf denen er laufen muss. Er kann nicht anders, es ist ihm vorbestimmt.

(Aldous Huxley: Schöne neue Welt, Fischer Taschenbuch, Frankfurt a. M. 2005, S. 217 – 220)

6. *Bestimme die Werte, die in der beschriebenen Gesellschaft gelten. Welche Rolle wird der Freiheit zugeschrieben?*

7. *Überlegt gemeinsam, wo sich in unserer Welt solche Strukturen finden lassen.*

Die schöne neue Welt des Fortpflanzungsgewerbes

In den USA wurde von Professor Hung-Ching Liu von der New Yorker Cornell-Universität schon eine künstliche Gebärmutter entwickelt, in der menschliche Embryos sechs Tage lang gediehen. Eine Prognose: „Wir glauben, in einigen Jahren eine völlig eigenständige künstliche Gebärmutter entwickelt zu haben." [...] Ob das Baby, nennen wir es in Erinnerung an das erste Retortenkind Louise, blond wird oder dunkelhaarig, großwüchsig oder klein, ob es das Zeug zur Sportskanone hat oder eine Erbkrankheit in sich trägt – kurz, über die genetische Ausstattung von Louise lässt sich im Hinblick auf die Eltern nur spekulieren, doch nichts Bestimmtes sagen. Die genetische Vorauswahl ist in Deutschland umstritten und bislang ebenso verboten wie die Eizellenspende und die Leihmutterschaft [...]. Aber was nicht ist, kann noch werden.
Wie im südkalifornischen Los Angeles: Hier lagern in Kühlhäusern eine halbe Million tiefgefrorener Spermien, genug, um eine halbe Stadt zu bevölkern; Embryonen warten auf Abruf, um in einem von Leihmüttern feilgebotenen Uterus zu gedeihen; Frauen stellen unfruchtbaren Paaren ihre Eizellen zur Verfügung, und eine Phalanx von Spezialisten kontrolliert diese Warenströme, an deren Ende stehen soll: Das optimale Produkt, das nach Katalog modellierte Baby.

(Ulrike Baureithel: Von Eizellen und Leihmüttern, in Badische Zeitung 30.07.07, S. 18)

8. *Sind wir auf dem Weg in die „Schöne neue Welt"? Diskutiert darüber.*

9. *Ein Paar kommt mit dem Wunsch nach einem Designerbaby zum Arzt: Schreibt in Dreiergruppen einen Dialog und führt ihn im Rollenspiel vor.*

Der Mensch als Marionette der Neuronen

Sind wir nur die Marionetten unserer Neuronen? In den Feuilletons tobt die Auseinandersetzung darüber, ob unser Wohl und Wehe einzig von Nervenzellen und ihren Verbindungen (Synapsen) bestimmt wird. Bunte Bilder aus dem Kernspintomografen[1] suggerieren, man müsse nur scharf genug ins menschliche Hirn hineinblicken, um zu wissen, was sein jeweiliger Besitzer denkt, wen er liebt und wonach ihn heimlich gelüstet. Die skurrilsten Auswüchse dieses Glaubens liefern Mediziner, die post mortem die Gehirne von Albert Einstein oder Ulrike Meinhof sezieren und aus der grauen Masse herauslesen wollen, warum der eine zum Genie, die andere zur Terroristin wurde.
Nicht nur die Argumente, auch der Verlauf der Diskussion erinnert dabei an die erbitterte *nature/nurture*-Debatte[2], die jahrelang um den Einfluss des Erbguts auf das menschliche Leben geführt wurde. Damals wurde darum gestritten, ob der Mensch nur die „Marionette seiner Gene" sei. Heute geht es um die Frage, ob dem Menschen angesichts der Ergebnisse der Hirnforschung *noch* ein freier Wille zugeschrieben werden dürfe.

1 Apparat zur Erzeugung von Hirnstrombildern, auf denen die Hirnregionen identifiziert werden können, in denen durch Lernprozesse und/oder Sinnestätigkeit erhöhte Aktivität der Nervenzellen auftritt

2 Debatte um die Frage, ob genetische Eigenschaften (nature) oder unsere Umwelt (nurture) unser Verhalten und unsere Persönlichkeit stärker beeinflussen

Dabei zeigen gerade die Ergebnisse der Neurowissenschaften, dass die Neuronen einen Menschen genauso wenig determinieren, wie es seine Gene tun. Die *Gensequenz* eines Menschen mag unveränderlich sein, doch die *Aktivität* der Gene wird fortlaufend durch von außen kommende Signale gesteuert. Auch das Denkorgan ist von diesem Wechselspiel abhängig: Umwelt und Erfahrung entscheiden darüber, welche Nervenzellen wachsen oder verkümmern, welche Nervenverbindungen angeregt werden und wie die Architektur unseres Gehirns beschaffen ist, die am Ende so einzigartig ist wie ein Fingerabdruck.

(Ulrich Schnabel: Knetmasse der Kultur; in: DIE ZEIT, 10.02.05)

Humans Out of the Loop[1]: Die Maschine entscheidet

Plakativ ausgedrückt besteht der Anspruch des Ubiquitous Computing darin, möglichst viele Gegenstände der Welt zu „informatisieren" und miteinander zu vernetzen. [...] Das Internet wird bald – so die Erwartungen – nicht mehr nur für den Transport von E-Mails und Web-Daten, sondern vorwiegend für die Kommunikation von „Ding zu Ding" verwendet werden – „humans out of the loop" lautet hier die Devise. [...]

Generell kann man sich hinsichtlich der Anwendungsmöglichkeiten smarter Dinge viel Unsinniges, aber auch einiges Sinnvolle vorstellen. Zum Beispiel könnten Autos die Fahrzeuge auf der Gegenfahrbahn vor einem Stau warnen. Ferner mag eine Mülltonne neugierig auf die Recyclingfähigkeit ihres Inhaltes sein, ein Arzneischrank mag um die Haltbarkeit seiner Medikamente besorgt sein, oder mein Mobiltelefon könnte sich daran erinnern, wann und wo es zuletzt in unmittelbarer Nähe meines Schlüsselbundes war. [...]

Langfristig ergeben sich durch die Verlängerung des Internets in die Alltagswelt hinein aber auch einige Probleme. Ein Aspekt ist zum Beispiel die Zuverlässigkeit: Funktionieren etwa alltägliche Dinge wie Türschlösser, Schreibstifte, Fotoapparate, Autos etc. nur dann noch ordnungsgemäß, wenn von diesen ein Online-Zugriff auf das Internet besteht, dann entsteht natürlich eine große Abhängigkeit von der zugrunde liegenden Technik. [...] Vor allem aber ist dem Schutz der Privatsphäre besondere Beachtung zu schenken. Smarte Gegenstände und sensorbestückte Umgebungen häufen quasi auf Vorrat eine Unmenge teilweise sensibler und intimer Daten an, um den Nutzern jederzeit ihre Dienste anbieten zu können.

(Friedemann Mattern, Ubiquitous Computing: Schlaue Alltagsgegenstände; http://www.vs.inf.ethz.ch; 19.3.2008)

[1] wörtlich übersetzt: „Menschen raus aus der Schleife"

10. *Stellt die Bedeutung der Begriffe „nature" und „nurture" in der Hirnforschung dar.*

11. *Was meint der Autor, wenn er das menschliche Gehirn als „Knetmasse der Kultur" bezeichnet?*

12. *Nehmt kritisch Stellung zu der Behauptung, der Mensch sei „Marionette seiner Neuronen".*

13. *Erläutert und erweitert die Liste der Probleme, die mit dieser neuen Technik geschaffen werden.*

14. *Inszeniert eine Podiumsdiskussion zum Thema „Ist der Mensch frei?" mit Diskussionsteilnehmer/innen aus folgenden Forschungsbereichen: Verhaltensforschung, Humangenetik, Hirnforschung, Computertechnik, Philosophie, Pädagogik.*

4. Schuldig oder nicht schuldig?

1. *Analysiere eine Handlung, die du gerne ungeschehen machen würdest. Welche Bedingungen haben zu ihr geführt? Warum bereust du sie? Tauscht euch in Gruppen darüber aus.*

Schuldfähigkeit

Fallbeispiele:

1. Eine Frau tötet ihren Ehemann, der sie unter Alkoholeinfluss immer wieder schwer misshandelt hat.
2. Ein Mann hat ein achtjähriges Mädchen vergewaltigt und ermordet. Der Täter kommt aus zerrütteten Verhältnissen, wurde als Kind misshandelt und hat einen stark unterdurchschnittlichen IQ.
3. Ein Mann erschießt den Mörder seiner Tochter im Gerichtssaal.

2. *Stellt in Gruppen eine Gerichtsverhandlung dar, in der es um die genannten Fälle geht, mit folgenden Rollen: Angeklagte(r), Verteidiger(in), Ankläger(in), Richter(in), Gutachter(in) Zeugen.*

Fjodor Dostojewski: Verbrechen und Strafe

F. M. Dostojewski (um 1850)

Betrachten wir Rodion Raskolnikow, die Figur aus Dostojewskis Roman „Verbrechen und Strafe". Raskolnikov erschlägt mit der Axt eine wucherische Pfandleiherin. Diese Tat geschieht nicht ohne vorausgehende Bedingungen. Raskolnikov, ein ehemaliger Student, ist bettelarm, geht in Lumpen und haust in einer schäbigen Dachkammer. In letzter Zeit hat sich seine Lage zunehmend verschlechtert. Der Unterricht, der ihm etwas eingebracht hatte, ist weggefallen, und er hat seit Langem die Miete nicht mehr bezahlen können. Er hat kaum mehr etwas zu essen. Alles, was zu versetzen war, hat er der Pfandleiherin bereits gegeben. Von zu Hause hört er mit Schrecken und einem Gefühl der Demütigung, dass seine Schwester einer Ehe nur deshalb zugestimmt hat, weil sich damit die Möglichkeit der Fortsetzung seines Studiums und einer späteren Anstellung eröffnen könnte. Seine Mutter hat ihre winzige Rente aufs Spiel gesetzt, damit sie und ihre Tochter die notwendige Reise machen können. Da beginnt Raskolnikov an das viele Geld zu denken, das die Wucherin hortet. In einem Gasthaus wird er Zeuge eines Gesprächs, in dem jemand laut darüber nachdenkt, was schon dabei wäre, die widerwärtige Alte aus dem Weg zu räumen und sich das Geld anzueignen, um anderen, wertvolleren Menschen ein besseres Leben zu ermöglichen. Was er hört, fällt auf fruchtbaren Boden. Schon lange nämlich liebäugelt er mit dem Gedanken, dass es außergewöhnliche Menschen gebe, die über Leichen gehen dürften; sogar einen Aufsatz hat er dazu veröffentlicht. Schließlich erfährt er durch Zufall, dass die Alte an diesem Abend mit Sicherheit allein zu Hause sein würde. All das zusammen führt am Ende dazu, dass er hingeht und zuschlägt.

(Peter Bieri: Das Handwerk der Freiheit, Fischer Taschenbuch, Frankfurt a. M. 2005, S. 17 f.)

3. *Erörtert in Gruppen die Umstände von Raskolnikovs Tat. Welche würdet ihr als „mildernde Umstände" anerkennen?*

Recht auf Verbrechen?

Im folgenden Auszug aus Dostojewskis Roman erläutert der Protagonist Raskolnikov seinen oben genannten Aufsatz über außergewöhnliche Menschen, denen er ein Recht auf Verbrechen zuspricht.

Es geht mir nur um meinen Hauptgedanken, und an den glaube ich. Er besteht darin, dass die Menschen einem Naturgesetz zufolge im *Großen und Ganzen* in zwei Kategorien einzuteilen sind: In eine niedere (die gewöhnlichen), das Material sozusagen, das einzig und allein der Erhaltung der Art zu dienen hat, und in die eigentlichen Menschen, das heißt, jene, die die Gabe oder das Talent haben, ihrer Mitwelt ein *neues Wort* zu sagen. Selbstverständlich gibt es unendlich viele Zwischenstufen, aber die unterscheidenden Merkmale beider Kategorien sind ziemlich ausgeprägt: Zur ersten Kategorie, das heißt zum Material, gehören im Allgemeinen Menschen, die ihrer Natur nach konservativ sind, gesittet, die im Gehorchen leben und gern gehorchen. Meiner Meinung nach sind sie zum Gehorchen verpflichtet, denn das ist ihre Bestimmung und hat infolgedessen nichts Erniedrigendes. Die zweite Kategorie, alle und jeder, übertritt das Gesetz, sie sind Zerstörer, sie neigen jedenfalls dazu – je nach ihren Fähigkeiten. Die Verbrechen dieser Menschen sind selbstverständlich relativ und verschiedenartig; meistenteils fordern sie in den unterschiedlichsten Äußerungen die Zerstörung des Bestehenden im Namen eines Besseren. Wenn jemand um seiner Idee willen sogar eine Leiche in Kauf, sogar Blutvergießen auf sich nehmen muss, so sollte er, meiner Meinung nach, in seinem Herzen, im Einklang mit seinem Gewissen, sich erlauben dürfen, Blut zu vergießen – allerdings nach Maßgabe seiner Idee, was ich zu beachten bitte. Nur in diesem Sinn spreche ich in meinem Artikel von ihrem Recht auf Verbrechen.

(Fjodor Dostojewski: Verbrechen und Strafe, Fischer Taschenbuch, Frankfurt a. M. 2006, S. 351 f.)

4. *Entwickelt in Partnerarbeit einen Dialog zwischen Raskolnikov und einem Kritiker seines Aufsatzes und stellt ihn im Rollenspiel dar.*

Verantwortung

Unserer Freiheit sind wir uns bewusst, wenn wir Ansprüche an uns erkennen. Es liegt an uns, ob wir sie erfüllen oder ihnen ausweichen. Wir können im Ernst nicht bestreiten, dass wir etwas entscheiden und damit über uns selbst entscheiden, und dass wir verantwortlich sind. Wer etwa versucht, das abzulehnen, kann konsequenterweise auch an andere Menschen keine Forderungen stellen. Als ein Angeklagter vor Gericht seine Unschuld damit begründete, dass er so geboren sei und nicht anders könne, daher nicht haftbar zu machen sei, antwortete der gut gelaunte Richter: das sei ebenso richtig wie die Auffassung vom Handeln des ihn strafenden Richters; nämlich auch dieser könne nicht anders, da er nun einmal so sei und notwendig nach den gegebenen Gesetzen so handeln müsse.

(Karl Jaspers: Einführung in die Philosophie, Piper, München 1971, S. 50 f.)

5. *Bestimme die im Text genannten Formen der Determination. Kann man mit ihnen unser Verhalten entschuldigen oder erklären?*

6. *„Ich bin nun mal so." Untersucht den Gebrauch dieses Satzes in der Alltagssprache, findet Beispiele und bewertet sie.*

7. *Findet einen Titel für die Grafik oben.*

5. Wann handeln wir frei?

Aristoteles: Freiwillig und unfreiwillig

Als unfreiwillig gilt, was unter Zwang oder aus Unwissenheit geschieht. Gewaltsam ist ein Vorgang, dessen bewegendes Prinzip von außen her eingreift, und zwar so, dass bei seinem Einwirken die handelnde oder die erleidende Person in keiner Weise mitwirkt: wenn z. B. jemand durch einen Sturmwind irgendwohin entführt wird oder durch Menschen, in deren Gewalt er sich befindet. [...]
Was aus Unwissenheit geschieht, gehört seinem ganzen Umfang nach zum „Nichtfreiwilligen", „unfreiwillig" aber ist es nur dann, wenn sich danach Missbehagen oder Bedauern einstellte. [...]
Als unfreiwillig gilt also, was unter Zwang und aufgrund von Unwissenheit geschieht. Dementsprechend darf als freiwillig das gelten, dessen bewegendes Prinzip in dem Handelnden selbst liegt, wobei er ein volles Wissen von den Einzelumständen der Handlung hat. Die Bestimmung des Unfreiwilligen als das, was infolge von Zorn oder Begierde geschieht, ist ja doch kaum richtig. Beweis: (a) Erstens könnte dann keines der übrigen Lebewesen freiwillig handeln, auch nicht die Kinder. (b) Sodann: Hat denn nichts von dem, was wir infolge von Begierde oder Zorn tun, den Charakter der Freiwilligkeit? Oder gilt hier die Teilung: Die edle Handlung ist freiwillig, die verwerfliche unfreiwillig? Ist diese Teilung nicht lächerlich, wo doch die Ursache ein und dieselbe ist? Es ist doch gewiss sinnlos, das als unfreiwillig anzusprechen, worauf unser Streben eigentlich gerichtet sein muss: Man muss sich ja über manches zornig erregen und manches begehren, z. B. Gesundheit und Erwerb von Wissen. (c) Ein weiterer Beweis: Unfreiwilliges bringt bekanntlich Missbehagen, was dagegen mit dem Begehren zusammenstimmt, gilt als lustvoll. (d) Und schließlich: Ist das Moment der Unfreiwilligkeit anders, wenn man mit bewusster Überlegung falsch handelt, als wenn man es in einer Gemütserregung tut? Beides ist zu meiden, aber es sind die irrationalen Strebungen bekanntlich in unserer Menschennatur nicht weniger verankert (als die vernünftigen), folglich also auch unsere Handlungen, die aus Zorn und Begehren entspringen. Somit ist es nicht sinnvoll, solches Handeln als unfreiwillig anzusetzen.

(Aristoteles: Nikomachische Ethik, Reclam, Hamburg 1980, S. 54 ff.)

1. *Erstelle eine Argumentationsskizze des Aristoteles-Textes (s. S. 238).*

2. *Erörtert in Partnerarbeit die Beispiele, die Aristoteles nennt, und ergänzt eigene.*

Information: Handlungsfreiheit

Handlungsfreiheit ist die Freiheit, eigene Entschlüsse *zwang-frei* zu verwirklichen. Sie äußert sich in der *Wahl* zwischen mehreren Möglichkeiten, ein angestrebtes Ziel zu erreichen. Sie setzt also einen *Handlungsspielraum* voraus, der von verschiedenen Faktoren abhängig ist, beispielsweise materielle Verhältnisse, körperlicher und geistiger Zustand, Erziehung, gesellschaftliche und politische Rahmenbedingungen.
Beispielsweise hat ein gesunder Mensch, der in guten materiellen und gesellschaftlichen Verhältnissen lebt, größere Handlungsfreiheit als einer, der mit Krankheit, Armut und politischer Unfreiheit konfrontiert ist.

Die Frage, wie die eigenen Entschlüsse und Zielsetzungen zustande kommen, betrifft nicht den Begriff Handlungsfreiheit, sondern den der Willensfreiheit.

Eine Minimalkonzeption von Willensfreiheit

Wir haben [...] sehr klare Vorstellungen davon, was freie Handlungen *nicht* sind. Zentral sind dabei zwei Annahmen, die praktisch allgemein akzeptiert werden: Freie Handlungen sind einerseits keine *erzwungenen* und auch keine *vollständig von außen determinierten Geschehnisse*. Sollte sich herausstellen, dass mein derzeitiges Handeln vollständig von äußeren Ereignissen gesteuert wird, dann würden wir sicher nicht mehr sagen, dass ich frei handle.

Ich werde diese Forderungen auch als das *Autonomieprinzip** bezeichnen. Dabei trägt die Bestimmung, dass eine Handlung nicht *vollständig* von außen determiniert sein soll, der Tatsache Rechnung, dass auch freies Handeln in vielfacher Weise von äußeren Einflüssen abhängen kann. Es spricht nichts dagegen, die Entscheidung zwischen zwei Berufen als frei zu bezeichnen, selbst wenn es weder von der Person abhing, dass eine solche Entscheidung anstand, noch dass andere Berufe gar nicht zur Disposition standen. Doch solange es nicht von außen determiniert ist, dass die Person sich für den Beruf x und gegen den Beruf y entscheidet, ist eine notwendige Bedingung dafür erfüllt, dass *diese* Entscheidung frei ist.

Zweitens müssen freie Handlungen aber auch noch gegen zufällige Geschehnisse abgegrenzt werden. Sollte sich in einem Gerichtsverfahren herausstellen, dass die Fingerbewegung des Angeklagten, die den Schuss auslöste, auf einer zufälligen neuronalen Reaktion basierte, dann würden wir den Schuss nicht als freie Handlung des Angeklagten bezeichnen. Der entscheidende Unterschied zwischen freien Handlungen und zufälligen Geschehnissen besteht darin, dass freie Handlungen eine Person zum Urheber haben. Freie Handlungen müssen also zweitens dem *Prinzip der Urheberschaft* entsprechen. Auch hier kommt es wiederum nicht darauf an, dass die Person Urheber der gesamten Vorgeschichte oder sämtlicher Nebenumstände der Berufswahl ist. Gefordert werden muss jedoch, dass sich die Entscheidung für oder gegen den Schuss bzw. für den Beruf x und gegen y auf die Person zurückführen lässt.

Die durch das Urheberprinzip gewährleistete Unterscheidung von Freiheit und Zufall ist auch deshalb von zentraler Bedeutung, weil wir Personen für ihre freien Handlungen *verantwortlich* machen. Doch wie das obige Beispiel schon zeigt, können wir niemanden für einen Zufall verantwortlich machen, und zwar auch dann nicht, wenn sich der Zufall in seinem eigenen Gehirn oder in seinen eigenen Gedanken abspielte.

Beiden Forderungen, der nach Autonomie und der nach Urheberschaft, kann man sehr einfach gerecht werden, wenn man Freiheit als „Selbstbestimmung“ versteht. Ein solches Verständnis liegt auch deshalb nahe, weil Selbstbestimmung in unserer Alltagssprache häufig als Synonym für Freiheit verwendet wird. [...]

Wenn ich also fest davon überzeugt bin, dass Diebstahl verwerflich ist, und wenn sich zweitens meine Entscheidung, die Waren in meinem Einkaufskorb zu bezahlen und nicht zu stehlen, auf diese Überzeugung zurückführen lässt, dann spricht dies dafür, dass diese Handlung selbstbestimmt und damit frei im skizzierten Minimalsinne war. Zumindest auf den ersten Blick sieht es so aus, als könnte man an diesem Urteil auch dann festhalten, wenn die Handlung unter den gegebenen Umständen durch meine Überzeugung determiniert wäre. Dies gilt auch deshalb, weil eine Aufhebung der Determination offenbar keinen zusätzlichen Gewinn an Freiheit bewirken würde. Wenn meine Überzeugungen die Handlung unter den gegebenen Umständen nicht determinieren würden, dann würde dies einfach nur eine Handlung ermöglichen, die meinen Überzeugungen nicht entspricht. Das ist aber ganz offensichtlich nicht gemeint, wenn wir von Freiheit sprechen.

(Michael Pauen: Freiheit: Wie viel Spielraum bleibt in einer gesetzlich bestimmten Welt?; in: Ethik & Unterricht 2/05, Erhard Friedrich Verlag, Seelze 2005, S. 5 f.)

Klaus Biehler, „Mal sehen“

3. *Stellt in Partnerarbeit die wesentlichen Momente zusammen, die nach Pauen zur Willensfreiheit gehören. Legt ein Glossar der wichtigsten Begriffe zur Willensfreiheit an (Autonomie, Urheberschaft, Determination, usw.) und gleicht es in der Gesamtgruppe ab.*

4. *„Mal sehen“ – und dann ...: Betrachte das Bild von Klaus Biehler und schreibe eine kleine Geschichte aus der Perspektive der jungen Frau.*

6. Wie entsteht der eigene Wille?

Was ist der freie Wille?

Das Problem der Willensfreiheit ist nicht, ob es sie gibt, sondern wie sie zu verstehen ist. Einer gewöhnlichen Meinung zufolge bestünde der freie Wille darin, dass man tun kann, was man will. Zum Beispiel, ich könnte jetzt, wenn ich wollte, meine Hand heben. Aber dazu ist zu sagen: Erstens, dass meine Handlung von meinem Willen abhängt, ist nicht Willensfreiheit, sondern Handlungsfreiheit. Zweitens: Kürzlich ist von Gehirnphysiologen gezeigt worden, dass jedes Mal, wenn eine Person den Finger heben will, diesem Willensakt eine Gehirnbewegung um den Bruchteil einer Sekunde vorausgeht. Aber sogar wenn das nicht der Fall wäre, müssten wir annehmen, dass er durch psychologische Bedingungen verursacht worden war, denn die Alternative wäre, dass ich das Wollen aus dem Nichts hervorzaubere, und diese Vorstellung ist ebenso grotesk wie unbegründet, auch wenn es ernsthafte Philosophen gegeben hat, die sie vertreten haben.

Michelangelo: Sündenfall und Vertreibung aus dem Paradies (Deckengemälde in der Sixtinischen Kapelle in Rom)

Das wirkliche Problem der Willensfreiheit – das Problem, das die Philosophen über Jahrhunderte hinweg beschäftigt hat – ist nicht das, das sich durch das Heben einer Hand exemplifizieren lässt, sondern das Problem der Verantwortlichkeit. Wie ist es zu verstehen, dass wir einander für unsere Handlungen verantwortlich machen können und dass wir einander und auch uns selbst Vorwürfe machen können? Das setzt voraus, dass die Person nicht nur tun kann, was sie will, sondern dass sie, was sie will, kontrollieren kann. Erst hier ist es sinnvoll, statt von Handlungsfreiheit von Willensfreiheit zu sprechen. Wir sagen: Es hängt von mir ab, ob ich einem Wunsch nachgebe oder nicht; es hängt von mir ab, ob ich mich entscheide, gemäß einem Wunsch oder einem anderen zu handeln. [...] Das ist offenbar ein spezifisch anthropologisches Phänomen. Auch bei anderen Tieren meinen wir, dass sie Handlungsfreiheit haben, auch sie können, wenn sie nicht gezwungen werden, ihre Glieder bewegen, wie sie wollen, aber wir glauben nicht, ihnen Vorwürfe machen zu können; man zieht Tiere oder kleine Kinder nicht zur Verantwortung.

(Ernst Tugendhat: Anthropologie statt Metaphysik, Beck Verlag, München 2007, S. 57 f.)

1. *Erstelle eine Argumentationsskizze des Textes.*

2. *Warum lässt sich nach Tugendhat nur aus Willensfreiheit Verantwortung ableiten?*

Der freie als der angeeignete Wille

Willensfreiheit ist ein zerbrechliches Gut, um das man sich stets von Neuem bemühen muss. Und es ist dieser Idee zufolge eine offene Frage, ob man sie jemals in vollem Umfang erreicht. Vielleicht ist sie eher wie ein Ideal, an dem man sich orientiert, wenn man sich um seinen Willen kümmert.
Die Gesamtheit der Dinge, die man unternehmen kann, um diesem Ideal näherzukommen, werde ich die *Aneignung* des Willens nennen, und entsprechend werde ich vom freien Willen als dem *angeeigneten* Willen sprechen. Man kann an dieser Aneignung drei Dimensionen unterscheiden. Die eine ist die Dimension der *Artikulation*. Hier geht es um Klarheit darüber, was genau es ist, was man will. Entsprechend ist die Unfreiheit zu verstehen als der Zustand der Ungewissheit über das, was man will, eine Ungewissheit, die wie ein Gefängnis sein kann. Eine zweite Dimension der Aneignung betrifft die Anstrengung, den eigenen Willen zu *verstehen*. Wir können einen Willen als unfrei erfahren, weil er sich unserem Verständnis widersetzt und uns in diesem Sinne als fremd erscheint. Ihn sich anzueignen bedeutet

dann, den Eindruck der Fremdheit aufzulösen, indem man nach einer Betrachtungsweise sucht, die ein neues Verständnis ermöglicht. In einer dritten Dimension der Aneignung schließlich geht es um die *Bewertung* des eigenen Willens. Ein Wille kann einem auch deshalb als unfrei und fremd erscheinen, weil man ihn ablehnt. Es wird sich die Frage stellen, wo eine solche Bewertung herkommt und wie es geschehen kann, dass aus einem missbilligten, unfreien Willen ein gutgeheißener, als frei empfundener Wille wird. Die drei Dimensionen der Aneignung sind, wie sich zeigen wird, nicht unabhängig voneinander. Verstehen etwa setzt Artikulation voraus, und die Bewertung eines Willens kann sich verändern, wenn das Verständnis wächst.

(Peter Bieri: Das Handwerk der Freiheit, Fischer, Frankfurt/M. 2005, S. 383 f.)

3. *Stelle die drei Dimensionen der Aneignung des Willens mit eigenen Worten dar.*

4. *Verdeutlicht im Partnergespräch die Aneignung des Willens am Beispiel der Entscheidung für eine berufliche Laufbahn. Wie gewinne ich beispielsweise Klarheit über meine beruflichen Vorstellungen?*

Der eigene Wille und die anderen

Den einen Fehler muss man dabei von Beginn an vermeiden: Dass ein Wille selbstständig ist, kann nicht bedeuten, dass er sich in innerer Abgeschlossenheit entwickelt [...]. Einmal ist das kausal unmöglich, und im Übrigen gehört es zur Freiheit, dass man mit anderen Personen Erfahrungen macht, und das heißt: durch sie verändert wird, unter anderem in seinem Willen. Die entscheidende Frage lautet demnach: *Was ist der Unterschied zwischen einem im Austausch mit anderen entwickelten und durch sie veränderten selbstständigen Willen und einem von den anderen bloß übernommenen, durch sie manipulierten Willen?* Es gibt einiges, was wir eindeutig übelnehmen. Da ist einmal der Fall der Hypnose und der eingestreuten Werbebilder, die unterhalb der Bewusstseinsschwelle bleiben. Wir werden in der Freiheit der Entscheidung übergangen. Zweitens fühlen wir uns in der Selbstständigkeit unseres Willens angegriffen, wenn uns für die Willensbildung bedeutsame Informationen vorenthalten werden, etwa vom Arzt. Ähnliches gilt, wenn sich unser Wille auf eine bestimmte Weise bildet, weil die anderen uns getäuscht haben. Weiter empfinden wir Groll, wenn wir nachträglich entdecken, dass andere eine starke Gefühlsbeziehung – der Liebe, Bewunderung oder Dankbarkeit – ausgenutzt haben, um in uns einen bestimmten Willen hervorzubringen. Und schließlich sind wir auch irritiert, wenn sich herausstellt, dass sich unser Wille unter Umständen entwickelt hat, die dem harmlosen Anschein zum Trotz von langer Hand geplant und arrangiert wurden, um uns zu genau diesem Willen zu verleiten. Verblüffend ist es nun, wie viel Schwierigkeiten es bereitet, klare Bedingungen für die Abwehr von Manipulation zu nennen. [...]
Die Lösung ist, an den Gedanken der Aneignung anzuknüpfen: Der Einfluss der anderen trägt zur Freiheit meines Willens bei, wenn er mir bei der Aneignung hilft, und er ist freiheitszerstörend, wenn er mich darin behindert. Das lässt sich ausbuchstabieren, wenn wir die einzelnen Komponenten der Aneignung durchgehen. Jemand kann mir dabei helfen, die Artikulation des Willens zu schärfen und zu vertiefen. Wir können anderen zu erkennen geben, was wir für unseren Willen halten, und können beobachten, wie gut die probeweise Beschreibung zu der fremden Wahrnehmung von außen passt. Dann betrachten wir die anderen als eine Art Korrekturinstanz.

(Peter Bieri: Das Handwerk der Freiheit, a. a. O., S. 419 ff.)

5. *Erläutere die in Text und Bild ausgedrückten Formen der Manipulation.*

6. *Untersucht wiederum am Beispiel der Berufsentscheidung, wie euch andere bei der Aneignung eures Willens helfen können. Mit wem würdet ihr darüber reden? Wann würdet ihr euch manipuliert fühlen?*

7. Verantwortlich – Wer? Wofür? Warum?

Wir sind vielleicht nicht schuldig, aber wir sind verantwortlich.

(Breyten Breytenbach (geb. 1939), südafrikanischer Schriftsteller)

1. *Überlege: Für wen und was bin ich verantwortlich? Wie äußert sich diese Verantwortung? Tauscht euch darüber aus.*

Maurice Denis, Mutterschaft (1889)

Verantwortung von Menschen für Menschen

Das Urbild aller Verantwortung ist die von Menschen für Menschen. [...] Dies folgt aus der Nicht-Autarkie* des Menschen; und die Ur-Verantwortung der elterlichen Fürsorge hat *jeder zuerst* an sich selbst erfahren. In diesem Grundparadigma* wird die Knüpfung der Verantwortung an Belebtes am überzeugendsten klar. Nur das Lebendige also in seiner Bedürftigkeit und Bedrohtheit – und im Prinzip alles Lebendige – *kann* überhaupt Gegenstand von Verantwortung sein, muss es darum noch nicht sein: Eine Lebendes zu sein ist erst die notwendige Bedingung dafür im Gegenstande. Doch die Auszeichnung des Menschen, dass nur er allein Verantwortung *haben* kann, bedeutet zugleich, dass er sie für andere *seinesgleichen* – selber mögliche Verantwortungssubjekte – auch haben *muss* und in einem oder anderem Verhältnis schon hat: Die Fähigkeit dazu ist die zureichende Bedingung ihrer Tatsächlichkeit. Für irgendwen irgendwann irgendwelche Verantwortung de facto zu haben (nicht darum auch, sie zu erfüllen, selbst nur zu fühlen), gehört so untrennbar zum Sein des Menschen, wie dass er der Verantwortung generell fähig ist – so untrennbar in der Tat, wie dass er ein sprechendes Wesen ist, und ist daher in seine Definition aufzunehmen, wenn einem um dies zweifelhafte Geschäft zu tun ist. [...] Damit ist er noch nicht moralisch, aber ein moralisches Wesen, das heißt ein solches, das moralisch oder unmoralisch sein kann.

(Hans Jonas: Das Prinzip Verantwortung, Suhrkamp, Frankfurt a. M. 2003, S. 184 f.)

2. *Begründe mit den Argumenten von Hans Jonas die Verantwortung von Menschen für Menschen. Beziehe auch das Bild in deine Überlegungen mit ein.*

3. *Erkläre den Unterschied zwischen „moralisch" sein und „ein moralisches Wesen" sein.*

Verantwortung für meine Taten

Bedingung der Verantwortung ist kausale Macht. Der Täter muss sich für seine Tat verantworten: Er wird für deren Folge verantwortlich gehalten und gegebenenfalls haftbar gemacht. Dies hat zunächst rechtliche und nicht eigentlich sittliche Bedeutung. Der angerichtete Schaden muss gutgemacht werden, auch wenn die Ursache keine Übeltat war, auch wenn die Folge weder vorausgesehen noch beabsichtigt war. Es genügt, wenn ich die aktive Ursache gewesen bin. Aber doch nur in enger kausaler Verbindung mit der Tat, so dass die Zuschreibung eindeutig ist und die Folge sich nicht im Unvorhersehbaren verliert.

(Hans Jonas: Das Prinzip Verantwortung, a. a. O., S. 172)

4. *Zeige die Bedingungen, unter denen ich meine Taten verantworten muss.*

5. *„Eltern haften für ihre Kinder." – Zeige an diesem Beispiel, dass Verantwortung nicht mit moralischer Schuld gleichzusetzen ist.*

Information: Verantwortung

A) **wer** verantwortet	Individuum
B) **was**	Handlung, Unterlassung
C) **wofür**	Folgen voraussehbar
D) **weswegen**	moralische Regeln, Werte, Gesetze
E) **wovor**	Gewissen, Urteil anderer, Gericht

6. *Ein Jugendlicher wird auf dem Schulweg von zwei anderen zusammengeschlagen. Eine Gruppe weiterer Jugendlicher beobachtet dies, ohne einzugreifen. Wer ist wofür verantwortlich?*

Wer trägt die Verantwortung?

In den meisten Gegenden der Welt wird die Todesstrafe nur noch selten verhängt (bezeichnende Ausnahmen sind Länder wie die Vereinigten Staaten, China, Iran und Kuba), und doch gibt es mehr offiziell vertuschte „Todesschüsse" und mehr wahllose Ausmerzungen von Widersachern als je zuvor. [...] Wir hielten die Vereinten Nationen für einen angemessenen internationalen Kompromiss, um Hoffnung zu bündeln und in Konflikten zu vermitteln, doch dann wurden sie von der einzigen Supermacht dieses Planeten entmachtet, weil die ihre eigenen Interessen wichtiger fand. Uns wurde erzählt, die Moslems seien frommer, gottesfürchtiger und menschenfreundlicher geworden, und doch sind Steinigungen von Frauen wegen angeblicher Übertretung religiöser Gebote keineswegs unüblich. Bald besaß beinahe jeder ein Auto oder träumte davon – am besten einen Benzin schluckenden Geländewagen –, sodass es plötzlich Millionen zweifelhafter Gründe gab, Straßen und Autobahnen zu verstopfen. [...] Bald gab es für das, was man sich im Kino anschauen konnte, keine Tabus mehr – im Namen unserer freien Meinungsäußerung! –, und gegenüber Vergewaltigung, Pädophilie und der Pornografie sinnloser Morde sind wir jetzt abgestumpft. Wir kauften alle einen Computer, und bald werden wir keinen Platz mehr haben, um Erinnerung zu speichern und zu übertragen. Wir holen uns die Neuigkeiten aus dem Netz, und wir werden überschwemmt von urbanen Mythen, von Geschwätz, Paranoia und den Exzessen ungezügelter Narzismen. Wir bekamen den Himmel in den Griff, und jetzt können wir unpersönlichen Tod aus der Ferne zufügen. Ein Hühnchen liegt auf fast jedem Teller, und wir sind jetzt mit Hormonen und Antibiotika vollgestopft. Die Wunderkuren gegen Infektionskrankheiten haben wir so sehr missbraucht, dass unsere Körper jetzt alles andere als immun sind. Europäische Bauern erhalten Fördergelder, damit sie kein Getreide produzieren, und Millionen Menschen verhungern. Wir werden reich und fett durch abertausend gezüchtete Schweine und können das Wasser unserer Erde nicht mehr trinken. Wir kaufen und konsumieren nach Herzenslust und ersticken an Abfall und Müll. [...] Wir kurbelten unsere Wirtschaft mit der Produktion und dem Verkauf von Waffen an, und dreizehnjährige Killer mit Perücke und mit Kalaschnikows, die billiger als eine Tüte Reis sind, sehen keinen anderen Weg mehr, zum Mann zu werden, als dass sie Amok laufen. Durch all das zog und zieht sich der rote Faden der Globalisierung, der Deckname für rohe weltweite Ausbeutung: Wir wurden darauf abgerichtet zu kaufen, kaufen und nochmals zu kaufen, und die Armen wurden ärmer.

(Breyten Breytenbach, Rede beim Berliner Kongress „Der Begriff Fortschritt in den Weltkulturen", November 2004, vollständiger Text unter www.goethe.de/fortschritt)

Plakat an der St. Marienkirche in Rostock: „Sonne der Gerechtigkeit. Gebt dem Leben eine Chance!"

7. *Diskutiert über die Aussagen Breytenbachs. Welche haltet ihr für berechtigt, wo findet ihr seine Kritik überzogen?*

8. *Bildet Gruppen zu den einzelnen Themenfeldern, die er anspricht: Menschenrechte, Umwelt, Medien ..., sammelt Informationen dazu und überlegt, worin unsere Verantwortung besteht und wie wir dieser gerecht werden können.*

9. *Welche Bereiche der Verantwortung zeigt das Bild? Gestaltet in Gruppen ein eigenes.*

8. Handeln zugunsten anderer

Patricio und Anita sind „illegal"

Ich heiße Patricio. Ich komme aus Lateinamerika und lebe schon seit vierzehn Jahren in Deutschland. Ich bin einer von denen, die ihren Nachnamen nicht nennen und ihn auch nicht auf das Türschild oder den Briefkasten schreiben, außer, sie warten auf einen wichtigen Brief.
Ich bin einer der vielen Menschen, die anonym in diesem Land leben, mit illegalem Status. Das zu sagen, belastet mich. Die, die selbst als Illegale leben, verstehen meine Nervosität. Es ist die Angst, festgenommen und abgeschoben zu werden. Diese Angst begleitet uns, seit wir hier sind. Sie ist den Schmerzen bei unserem Aufbruch ähnlich: Wer geht, leidet ebenso wie die Lieben, die zurückbleiben. Ich habe das am eigenen Leib erfahren und ich kenne die Erfahrungen vieler meiner Freunde. Nicht alle haben das Glück, noch mit ihren Familien zusammen zu sein, so wie ich. [...]
Anita sagt wie fast alle Menschen ohne Papiere: „Es ist doch gut, dass wir vorankommen und trotz aller Probleme Arbeit haben. Das reicht mir schon, um den Deutschen dankbar zu sein, und ich bete zu Gott, dass mir nichts Schlimmes zustößt, weil ich noch einige Monate so weitermachen möchte."
So tröstet sich die Mehrheit von uns. Aber wie ich diese Situation hasse, weil Armut mehr ist als knappe und fehlende Einkünfte. Armut bedeutet auch, dass Lebensqualität, Freiheit, Würde, Selbstbewusstsein und der Respekt der anderen Menschen verweigert werden. Auch die Verweigerung von sozialen, politischen und physischen Möglichkeiten, um ein gesundes und kreatives Leben zum Wohle der Gesellschaft führen zu können, bedeutet Armut.

(Albrecht Kieser: Sie sind längst da – und bleiben, in: Flüchtlingsschutz im Abseits, Pro Asyl e.V., Frankfurt/M. 29.9.2006, S. 34)

1. *„Kein Mensch ist illegal." Nehmt vor dem Hintergrund des Textes Stellung zu diesem Slogan einer Menschenrechtsorganisation.*

2. *Was versteht Patricio unter Armut? Diskutiert seine Auffassung.*

Kriegsflüchtlinge aus dem Irak

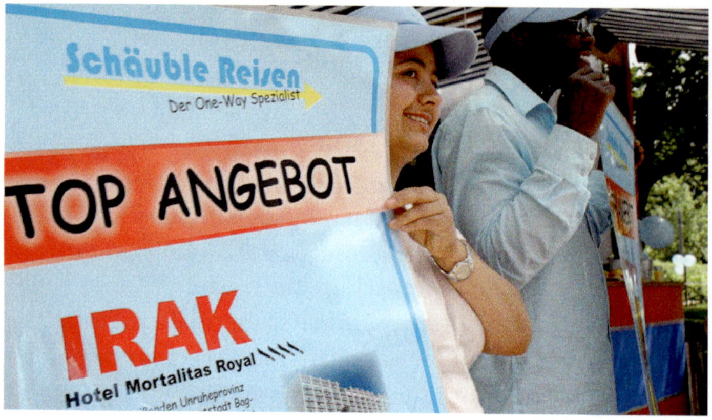

3. *Informiert euch bei Hilfsorganisationen (Caritas, Pro Asyl) über die aktuelle Situation irakischer Kriegsflüchtlinge. Organisiert nach Möglichkeit ein Gespräch mit Betroffenen in lokalen Unterkünften für Asylbewerber.*

Sensibel für das Leid anderer

In der Fähigkeit und in der Bereitschaft zur Imagination und, damit zusammenhängend, in der Gewohnheit, sich auf die Leiden der anderen imaginativ einzulassen, unterscheiden sich die Menschen stark. In welchem Umfang man das fremde Leiden an sich heranlässt und welche Haltung man in dieser Hinsicht mit der Zeit ausbildet, hängt von vielen Faktoren ab. So sicherlich davon, in welcher Weise und wie viel man selbst gelitten hat, welche Formen des

Leidens man kennt, ob man geübt ist, sich in die Situation anderer hineinzuversetzen, und natürlich auch davon, welche Ideale man hat, eine Person welcher Art man sein will und wie die Welt aussieht, in der man gerne leben möchte. Es ließen sich noch viele andere Faktoren nennen. Klar ist in jedem Fall, dass, welche Haltung man hier einnimmt, zum Teil und sogar zu einem erheblichen Teil eine Frage des Wollens ist. Wir können unsere Fähigkeit und Bereitschaft zur Imagination kultivieren, wir können uns aber auch stumpf und unsensibel machen. [...] Man muss versuchen, dem anderen eine Sichtweise auf die Welt nahezubringen, in der Gemeinsamkeiten mit anderen hervortreten und in der diese Gemeinsamkeiten als eine Verbundenheit stiftend wahrgenommen werden. Man muss den anderen also dafür gewinnen, in den anderen Zugehörige zu einer Gemeinschaft zu sehen, sie als „welche von uns“ zu sehen und nicht als Fremde, deren Ergehen ihn nichts angeht und kaltlässt. Zum anderen muss man, wenn man mehr Mitleid und mehr durch Mitleid motiviertes altruistisches* Handeln will, die Fähigkeit, sich in die Lage anderer hineinzuversetzen und einzufühlen, fördern. [...] Dass man selbst und die anderen sensibel für das Leid anderer ist und dass die Reichweite des Mitgefühls nach und nach größer und größer wird, ist dabei selbst ein Ideal, ein Bild von einer besseren Welt, in der die Menschen in größerem Maße aufeinander und vielleicht auch auf andere leidensfähige Wesen Rücksicht nehmen.

(Peter Stemmer: Handeln zugunsten anderer, de Gruyter, Berlin 2000, S. 339, 347 f.)

4. *Zeige die Motive auf, die zum Handeln zugunsten anderer führen. Wie kann die Bereitschaft zu solchem Handeln gefördert werden?*

5. *Grenze die Begriffe „Mitleid“, „Mitgefühl“ (Empathie*) und „Solidarität“ voneinander ab.*

Information: Solidarität

Darunter versteht man ein Gefühl der Zusammengehörigkeit von Individuen und Gruppen, das sich in gegenseitiger Hilfe und Unterstützung äußert. Der Begriff entspricht im Wesentlichen dem Grundprinzip der „Fraternité“ (Brüderlichkeit) der Französischen Revolution. Im 19. Jahrhundert war „Solidarität“ die Grundlage der Arbeiterbewegung. Angesichts der heutigen Problematik im Zusammenhang mit den Folgen der Globalisierung vor allem auch im Hinblick auf Massenarbeitslosigkeit und die Situation der Entwicklungsländer gewinnt die Bereitschaft, dem zunehmenden Entsolidarisierungsprozess entgegenzuwirken, verstärkt an Bedeutung.

Afrika? – Haben wir nicht mehr auf der Agenda

Am 11. September 2001 hat die Welt Afrika endgültig aus dem Blick verloren. Ein ganzer Kontinent vegetiert seitdem abseits aller politischen und militärischen Interessen. Seitdem für den Westen al-Quaida das Synonym für Gefahr geworden ist, seitdem die Amerikaner ihre Freiheit im Irak verteidigen und die Deutschen am Hindukusch, seitdem Bin Laden und Saddam Hussein des Teufels sind, seitdem jeder Dollar und jeder Euro ihrer Bekämpfung dient, also ein gutes Werk ist, – seitdem geht ein Erdteil unter, ohne dass man sich darum schert. Der Erdteil der Ärmsten säuft ab, aber kaum jemand funkt SOS – allenfalls ein paar idealistische Rockstars, die sich aber dann, nach den „Live 8“-Konzerten im vergangenen Sommer, Selbstgefälligkeit vorwerfen lassen mussten.
Manchmal werden tote, manchmal werden lebende Flüchtlinge an den Küsten Andalusiens angespült. Das Mittelmeer ist ein Gottesacker geworden für viele, die sich auf den Weg gemacht haben. Manchmal bleibt ein Stück Flüchtling an den Stacheldrahtzäunen hängen, mit denen Spanien in seinen Enklaven in Marokko den Weg versperrt. [...] „Unsere Menschlichkeit entscheidet sich am Schicksal Afrikas“, sagt Bundespräsident Horst Köhler. Das heißt: Die EU muss aufhören damit, den neuen Eisernen Vorhang immer weiter auszubauen. Sie muss politisch Verfolgten wieder Schutz bieten, sie muss Zuwanderern eine quotierte Chance geben. Es bedarf gewaltiger friedenspolitischer Initiativen und gewaltiger Anstrengungen für die Opfer von Hunger und Not.

(Heribert Prantl: Nicht mehr ganz dicht, in: Flüchtlingsschutz im Abseits, Pro Asyl e.V., Frankfurt a. M. 29.9.2006, S. 24 – 27)

6. *Wer ist nach Prantl verantwortlich? Was ist zu tun? Erörtert diese Fragen und sucht nach konkreten Möglichkeiten, euch zu engagieren.*

Überprüfe dein Wissen und Können

1. *Den Begriff „Freiheit" in seiner komplexen Bedeutung darlegen: Setzt euch mit folgenden Aussagen zur Freiheit auseinander:*

Freiheit heißt tun und lassen können, was ich will.

Es lebe die Freiheit – vor allem die meine.
(Jean Gabin (1904 – 1976), franz. Schauspieler)

Wissen macht frei.
(Francis Bacon (1561 – 1626), engl. Philosoph und Staatsmann)

Der Mensch ist Produkt seiner Umwelt.
(Karl Marx (1818 – 1883), dt. Philosoph und Nationalökonom)

Der Mensch ist zur Freiheit verurteilt.
(Jean-Paul Sartre (1905 – 1980), franz. Philosoph und Schriftsteller)

2. *Formen der Determination erklären und in ihrer Tragweite ermessen:*

Danach können als Hauptfaktoren, die gewalttätiges, strafrechtsrelevantes Verhalten bedingen, gelten: 1. Geschlecht, 2. Alter, 3. genetische Disposition, 4. vorgeburtliche, geburtliche oder nachgeburtliche Hirnschädigung, 5. Störung des Transmitter-, Neuropeptid- und Hormonhaushalts, insbesondere ein niedriger Serotoninspiegel oder ein erhöhter Testosteronspiegel, vornehmlich bei Männern, 6. psychische Traumatisierung, das heißt das Erleiden von Gewalt und sexuellem Missbrauch, fehlende mütterliche Fürsorge, schockartige Erlebnisse, 7. kognitive und emotionale Defekte im Erkennen und Verarbeiten gewaltrelevanter sozialer Signale und 8. Erfahrungen mit Gewaltausübung in der eigenen Familie und im engeren Lebensbereich.

(Gerhard Roth: Das Gehirn und seine Freiheit, Beiträge zur neurowissenschaftlichen Grundlegung der Philosophie, S. 17)

In welchem Maß schränken deiner Meinung nach die genannten Formen der Determination die Freiheit ein oder schalten sie sogar aus? Begründe deine Einschätzung.

3. *Kriterien individueller Schuldfähigkeit und Verantwortlichkeit darstellen und begründen können:*

Schreibt folgenden Dialog zwischen Raskolnikow, dem Protagonisten aus Dostojewskis Roman „Verbrechen und Strafe", und dem Richter, der ihn zur Verantwortung zieht, weiter. Stellt ihn dann im Rollenspiel dar.

RICHTER: Verantwortung verlangt keine unbedingte Freiheit des Willens und kann sie gar nicht verlangen, denn es handelt sich um eine unstimmige Idee. Verantwortung verlangt nur bedingte Freiheit. Die hatten Sie, als Sie zuschlugen. Also sind Sie verantwortlich für die Tat. Und deshalb habe ich allen Grund, Sie zu verurteilen.

RASKOLNIKOV: Aber es ist einfach nicht fair, mich für eine Tat zu verantwortlich zu machen, die sich zwangsläufig aus meiner Vorgeschichte ergab!

4. *Eigene Verantwortlichkeiten erkennen und wahrnehmen:*

Beantworte zunächst für dich folgende Fragen: Für wen oder was fühle ich mich/bin ich verantwortlich? Weswegen? Wie werde ich dieser Verantwortung gerecht? Für wen oder was sind wir als Klasse/Gruppe verantwortlich? Weswegen? Wie werden wir dieser Verantwortung gerecht? Mit welcher einflussreichen Person aus Politik und Gesellschaft würde ich mich gerne einmal über das Problem der Verantwortung unterhalten? Welche Fragen würde ich ihr stellen?
Tauscht euch danach in Kleingruppen darüber aus.

5. *Verantwortung für andere mit dem Respekt vor deren Autonomie vereinbaren:*

In Bernhard Schlinks Roman „Der Vorleser" steht eine Frau, Hanna, vor Gericht. Sie ist angeklagt, als Aufseherin eines Konzentrationslagers während der Nazizeit durch ihre Unterschrift jüdische Frauen nach Auschwitz und damit in den Tod geschickt zu haben. Ihr Geliebter, der ihr immer aus Büchern vorlas und daher als Einziger weiß, dass sie Analphabetin ist, könnte sie entlasten. Er weiß aber auch, wie sehr sie sich schämt, nicht lesen und schreiben zu können, so sehr, dass sie für die Geheimhaltung selbst die Verurteilung in Kauf nimmt. Der Geliebte fragt in diesem Konflikt seinen Vater, einen Philosophieprofessor, um Rat und erhält folgende Antwort:

Als er redete, holte er weit aus. Er belehrte mich über Person, Freiheit und Würde, über den Menschen als Subjekt und darüber, dass man ihn nicht zum Objekt machen dürfe. „Erinnerst du dich nicht mehr, wie es dich als kleinen Jungen empören konnte, wenn Mama besser wusste als du, was für dich gut war? Schon wieweit man das bei Kindern tun darf, ist ein wirkliches Problem. Es ist ein philosophisches Problem, aber die Philosophie kümmert sich nicht um die Kinder. Sie hat sie der Pädagogik überlassen, wo sie schlecht aufgehoben sind. Die Philosophie hat die Kinder vergessen", er lächelte mich an, „für immer vergessen, nicht nur für manchmal, wie ich euch."
„Aber ..."
„Aber bei Erwachsenen sehe ich schlechterdings keine Rechtfertigung dafür, das, was ein anderer für sie für gut hält, über das zu setzen, was sie selbst für sich für gut halten."
„Auch nicht, wenn sie später selbst glücklich damit sind?"
Er schüttelte den Kopf. „Wir reden nicht über Glück, sondern über Würde und Freiheit. Schon als kleiner Junge hast du den Unterschied gekannt. Es hat dich nicht getröstet, dass Mama immer Recht hatte." [...]
„Nein, dein Problem hat keine angenehme Lösung. Natürlich muss man handeln, wenn die von dir beschriebene Situation eine Situation zugewachsener oder übernommener Verantwortung ist. Wenn man weiß, was für den anderen gut ist und dass er die Augen davor verschließt, muss man versuchen, ihm die Augen zu öffnen. Man muss ihm das letzte Wort lassen, aber man muss mit ihm reden, mit ihm, nicht hinter seinem Rücken mit jemand anderem." [...] Ich fragte meinen Vater: „Und was ist, wenn man nicht mit ihm reden kann?" Er sah mich zweifelnd an, und ich wusste selbst, dass die Frage neben der Sache lag. Es gab nichts mehr zu moralisieren. Ich musste mich nur noch entscheiden.

(Bernhard Schlink: Der Vorleser, Diogenes, Zürich 1997, S. 136 – 138)

a) Worin besteht das Dilemma, in dem sich der Protagonist befindet?
b) Wie soll er sich verhalten?
c) Verantwortung für andere: Wie lässt sie sich nach Hans Jonas begründen und wo hat sie ihre Grenzen?

6. *Altruistisches Handeln begründen und beurteilen:*

Die Quelle aller Moral ist das Mitleiden.
(Arthur Schopenhauer (1788 – 1860), dt. Philosoph)

Erläutere diesen Satz und nimm Stellung.

Natur – Mensch – Leben

1. *Was fällt euch spontan zu diesen Bildern ein? Äußert euch in Form eines Blitzlichts (s. S. 110). Stellt wichtige Begriffe, die in eurer Blitzlichtabfrage genannt worden sind, zusammen. Was wisst ihr über die damit benannten Themen und Probleme? Tauscht euch in einer Gesprächsrunde dazu aus.*

2. *Was bedeutet dir Natur?*

Stellt euch vor, euer Klassenraum hat in der Längsrichtung eine Maßvorgabe von 1 bis 100.

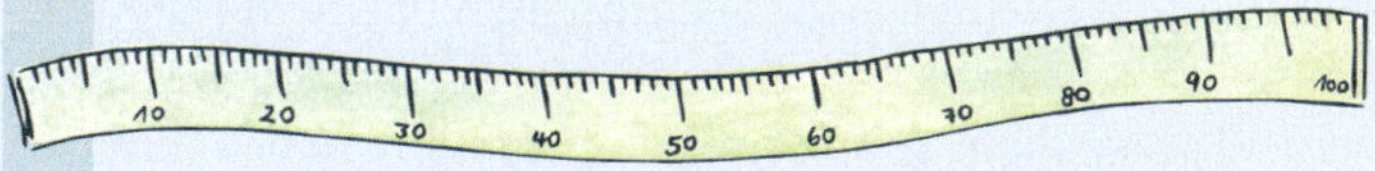

- *Wo stellst du dich hin, wenn du prozentual angeben sollst, wie umweltbewusst du bist?*
- *Diejenigen, die sich in etwa gleich positioniert haben, können sich zusammentun und im Gespräch austauschen, die anderen arbeiten für sich: Notiert Haltungen und Tätigkeiten, mit denen ihr die Natur respektiert oder ihr zumindest nicht schadet.*
- *Versucht, den Unterschied zwischen den verschiedenen Positionen auszumachen. Wie lebt jemand, der sich bei 80% aufgestellt hat, im Verhältnis zu jemandem, der sich vielleicht bei 35% positioniert hat?*

3. *Welches Verhältnis des Menschen zu Tieren kommt in den Bildern zum Ausdruck?*

4. *Sammelt, mit welchen Themen und Problemen ihr euch im Zusammenhang mit Natur weiter auseinandersetzen wollt.*

1. Natur und Kultur

Stellt euch vor, ein Maler, ein Zimmermann, eine Energieberaterin, ein Umweltschützer, eine Hotelunternehmerin, ein Wildwasser-Rafting-Fan und ein Angler betrachten diese Landschaft.

1. *Formuliert je eine Sprechblase für diese Personen. Hängt die Ergebnisse an die Tafel, vergleicht und diskutiert die unterschiedlichen Sichtweisen und dadurch bedingte Folgen.*

„Wilde" und Natur*

Die Wahrnehmung der Naturvölker aus der Sicht der Europäer des 18. Jahrhunderts vermittelt ein Naturkonzept des Menschen, bei dem die Beherrschung der Natur, auch der eigenen, formuliertes Ziel war. Der Mensch sah sich selbst, wenn überhaupt, nur noch sehr bedingt selbst als Teil der Natur. Naturvölker, deren Nähe und Verbindung zur Natur nicht zur Debatte stand, wurden in der logischen Folge mehr als Natur denn als Menschen betrachtet. Die Naturvölker, in diesem Denkzusammenhang als „Wilde" (nicht zivilisiert[1], nicht kultiviert) wahrgenommen und benannt, hatten kaum je eine Stimme, hatten nichts oder wenig zu sagen.
„In der Wahrnehmung der Europäer waren Wilde bloße Natur – wie Bäume, Erde. Wilde als Rohstoff, Natur als

Paul Gaugin, Nevermore (1897)

Rohstoff. [...] Dasein nicht an sich, sondern für die Zivilisierten, Quellen des Reichtums, Quellen der Macht."

(Hartmut Böhme: Natur und Subjekt, Suhrkamp Verlag, Frankfurt/M. 1988, S. 41)

[1] zivilisiert: Kultur und Bildung haben oder zeigen

2. *Fasse mit eigenen Worten zusammen, was nach Böhme die Naturvölker für die Europäer bedeuteten.*

Die Sichtweise der Naturvölker

In „Der Papalagi" beschreibt der Südseehäuptling Tuiavii aus seiner Sicht und mit seinen Sprachbildern, wie Europäer leben. Der Begriff Papalagi ist der Name, den die Südseebewohner den Europäern gegeben haben.

Der Papalagi wohnt wie die Seemuscheln in einem festen Gehäuse. Er lebt zwischen Steinen wie der Skolopender zwischen Lavaspalten. Steine sind rings um ihn, neben ihm und über ihm. Seine Hütte gleicht einer aufrechten Truhe aus Stein. Einer Truhe, die viele Fächer hat und durchlöchert ist. Man kann nur an einer Stelle des Steingehäuses ein- und ausschlüpfen. Diese Stelle nennt der Papalagi den Eingang, wenn er in die Hütte hineingeht, den Ausgang, wenn er hinausgeht; obwohl beides ganz und gar ein und dasselbe ist. An dieser Stelle ist nun ein großer Holzflügel, den man kräftig zurückstoßen muss, ehe man in die Hütte hinein kann. Man ist jetzt aber erst am Anfang und muss noch mehrere Flügel durchstoßen, dann erst ist man wirklich in der Hütte.
Die meisten Hütten sind nun von mehr Menschen bewohnt als in einem einzigen Samoadorfe leben, man muss daher genau den Namen der Aiga (Familie) wissen, zu der man auf Besuch will. Denn jede Aiga hat einen besonderen Teil der Steintruhe für sich, entweder oben oder unten oder in

der Mitte, links oder rechts oder geradevor. Und eine Aiga weiß oft von der anderen nichts, gar nichts, als ob nicht nur eine steinerne Wand, sondern Manono, Aplima und Savaii (drei Inseln, zur Samoagruppe gehörig) und viele Meere zwischen ihnen lägen. Sie wissen oft ihre Namen kaum, und wenn sie einander an dem Einschlupfloch begegnen, geben sie sich nur unwillig einen Gruß oder brummeln sich an wie feindliche Insekten.

(Der Papalagi. Die Reden des Südseehäuptlings Tuiavii aus Tiavea. Tanner und Staehelin Verlag, Zürich 1985, S. 31)

3. *Analysiert, welches „Gegenbild" zur Natur der Häuptling hier beschreibt und inwiefern es auch als Kritik an der „zivilisierten" Gesellschaft verstanden werden kann. Berücksichtigt auch die Entstehung eines Textes wie „Papalagi".*

4. *Überlegt und sammelt, was ihr über Naturvölker wisst. Untersucht in einer Recherche, wie Naturvölker heutzutage betrachtet und beurteilt werden.*

Natur als Zurichtung

Schon im 18. Jahrhundert, als die städtischen Bürger die „freie Natur" als Rückzugs- und Erholungsraum entdeckten, vermeinend, dort der zivilisatorischen Entfremdung zu entgehen, war diese Natur imitiertes Erzeugnis: Parks und Landschaftsgärten nach englischem Vorbild sollten den Schein des Naturwüchsigen wecken, wo eine artifizielle Ästhetik[1] und Gartenbau*kunst* herrschten. Die nach literarischen Topoi und ästhetischen Bildstilen bereitete Natur der Parks „sprach" zu den Lustwandelnden – nach genau kalkulierten Wirkungseffekten: dort melancholisch, hier lieblich, dort erhaben, hier verspielt. [...] Natursprache als Echo: aus ihr hallt zurück, was der Mensch hineinruft. [...]

Das 19. Jahrhundert, das das industrielle Projekt [der Ausbeutung der Natur] verwirklicht, organisiert die Erde als *dominium hominis*[2]. Heute hat die Territorialisierung die letzten Fronten erreicht: in der technologischen Erschließung der Antarktis und des Meeresbodens.

(Hartmut Böhme: Natur und Subjekt, Suhrkamp Verlag, Frankfurt/M. 1988, S. 42 f.)

[1] Ästhetik: Wissenschaft vom Schönen
[2] Dominium hominis: Herrschaft des Menschen

Böhme zufolge hat die Vernachlässigung des Menschenrechts auf eine ästhetische Natur, auf das Recht der Natur, um ihrer selbst willen als Natur-Subjekt respektiert zu werden, „wesentlich zur Zerstörung der Natur beigetragen, einer Zerstörung, die die Grenzen der Bewohnbarkeit der Erde heute absehbar macht".

(vgl. Hartmut Böhme: Natur und Subjekt, a. a. O., S. 42)

5. *Erarbeitet, welche Sichtweise von Natur Böhme für die Menschen des 18. und 19. Jahrhunderts geltend macht, und diskutiert, ob sich die Betrachtungsweise von Natur im 20. und 21. Jahrhundert davon unterscheidet.*

Nietzsche führt in seinem Aphorismus zum Naturgesetz den Anthropomorphismus[3] der Natur in seiner Widersprüchlichkeit vor.

„Naturgesetz" – ein Wort des Aberglaubens. – Wenn ihr so entzückt von der Gesetzmäßigkeit in der Natur redet, so müsst ihr doch entweder annehmen, dass aus freiem, sich selbst unterwerfendem Gehorsam alle natürlichen Dinge ihrem Gesetze folgen – in welchem Falle ihr also die Moralität der Natur bewundert –; oder euch entzückt die Vorstellung eines schaffenden Mechanikers, der die kunstvollste Uhr, mit lebenden Wesen als Zierrat daran, gemacht hat.

(Friedrich Nietzsche: Menschliches, Allzumenschliches; zweiter Band; in: Friedrich Nietzsche: Werke I, Hrsg. v. Karl Schlechta, Verlag Ullstein GmbH, Frankfurt am Main 1976, S. 747)

[3] Anthropomorphismus: Menschliche Gestalt, Denk- und Verhaltensweisen werden auf nicht menschliche Dinge oder Wesen übertragen.

6. *Diskutiert und bewertet, weshalb Menschen sich die Natur als schaffenden Mechaniker vorstellen.*

7. *Sammelt die verschiedenen Aspekte des Naturbegriffs auf dieser Doppelseite (z. B. Natur als das Wilde) und vergleicht sie mit eurer eigenen Vorstellung von Natur.*

2. Was hat Natur mit Moral zu tun?

Johann Wolfgang von Goethe

Das Göttliche

Edel sei der Mensch,
Hilfreich und gut!
Denn das allein
Unterscheidet ihn
Von allen Wesen,
Die wir kennen.

[...]

Denn unfühlend
Ist die Natur:
Es leuchtet die Sonne
Über Bös und Gute,
Und dem Verbrecher
Glänzen wie dem Besten
Der Mond und die Sterne.

[...]

Nur allein der Mensch
Vermag das Unmögliche:
Er unterscheidet,
Wählet und richtet;
Er kann dem Augenblick
Dauer verleihen.

Er allein darf
Den Guten lohnen,
Den Bösen strafen,
Heilen und retten,
Alles Irrende,
Schweifende
Nützlich verbinden.

[...]

(Johann Wolfgang von Goethe: Werke, Hamburger Ausgabe, C. H. Beck, München 1981)

1. *Analysiert das Bild vom Menschen und das Bild von der Natur, wie Goethe es in diesen vier Strophen des Gedichts „Das Göttliche“ zum Ausdruck bringt.*

2. *Wer ist Goethe zufolge zuständig für Moral, wer ist verantwortlich für die Natur?*

Was ist sie uns wert – die Natur?

Unser Umgang mit Natur ist bestimmt vom Wert, den wir der Natur zusprechen und den wir durch sie erhalten. Unsere Auseinandersetzung mit Natur ist mehr und mehr ethisch wertend durch die Art und Weise, wie wir mit ihr verfahren und sie nutzen. Wie auf S. 181 über David Hume und den naturalistischen Fehlschluss ausgeführt wurde, besteht gerade bei der Diskussion um Natur und Umwelt die Gefahr, aus dem bloßen Tatbestand eine moralisch begründete Handlungsanweisung abzuleiten. Natur wird dann zu einer quasi moralisch besetzten Größe, die zu erhalten, zu retten, wiederherzustellen aus ihrem bloßen Dasein ableitbar erscheint.

Es geht um die Umweltzerstörung im Sinne der Störung oder Zerstörung von Kreisläufen, um die Dissipation[1] von Stoffen und Energie, insbesondere von giftigen Substanzen wie Schwermetallen bzw. von solchen, die Böden unfruchtbar machen wie etwa Salze. Ferner geht es um Ressourcenverbrauch und Ressourcenknappheit und schließlich darum, dass im Rahmen der Industriegesellschaft auch die äußere Natur, ihre Teile und ihre Wesen zu Bestandsstücken der industriellen Maschinerie gemacht werden und dass im Rahmen der Wissenschaftsgesellschaft ein gesteigerter Verbrauch von Natur, vor allem von Versuchstieren, zur Erkenntnisgewinnung stattfindet. Diese Tatsachen verlangen neue gesellschaftliche Konventionen aus verschiedenen Gründen. Der Hauptgrund besteht darin, dass der Mensch durch die Umweltzerstörung seine eigenen Lebensgrundlagen gefährdet, die Lebensmedien und Lebensmittel vergiftet und allgemein das Krankheitsrisiko erhöht. Ferner ist aber durch die Totalisierung der industriellen Produktionsweise und durch die Radikalisierung und Extensivierung[2] des wissenschaftlichen Zugriffs auf Natur auch deutlich geworden, dass damit Grundwerte verletzt werden, deren Explikation, insbesondere deren Festschreibung im Rahmen der Grundwerte vorher, d.h. vor etwa hundert Jahren oder sogar vor fünfzig Jahren noch, nicht nötig schien.

(Gernot Böhme: Ethik im Kontext, Suhrkamp Verlag, Frankfurt/M. 1997, S. 169 f.)

[1] Dissipation: Zerstreuung, in der Physik der Übergang einer Energie in eine andere Energieform
[2] Extensivierung: in die Breite wirken

3. *Fasst die für euch wichtigen Informationen aus dem Text zusammen.*

4. *Diskutiert, wie es zu den Veränderungen in der Entwicklung, die Böhme beschreibt, gekommen sein kann.*

5. *Allgemein hat sich unsere Gesellschaft mehr und mehr zu einer Wissensgesellschaft entwickelt. Findet heraus, was genau darunter zu verstehen ist.*

6. *Recherchiert zu Umweltproblemen wie beispielsweise Naturschutz, Massentierhaltung, FCKW (ihre Entstehung, Entwicklung, genaue Bestimmung, Maßnahmen, Regelungen und ihren derzeitigen Stand). Ihr könnt natürlich den Kreis der Themen und Probleme beliebig erweitern.*
Stellt hinterher eure Ergebnisse in Form einer Präsentation vor.

Mensch und Tier

Tiere sind den Menschen in verschiedener Hinsicht nützlich: Sie sind einerseits Nahrungsquelle, dienen der Bekleidung, der Arbeitserleichterung, Bewachung, der wissenschaftlichen – vor allem medizinischen und pharmakologischen – Forschung und andererseits dem Vergnügen.

7. *Überlegt gemeinsam, welche Folgerungen sich aus den verschiedenen Funktionen für den Umgang mit Tieren ergeben.*

Die Tiere sind meine Freunde ... und meine Freunde esse ich nicht. (George Bernard Shaw (1856 – 1950), irischer Dramatiker)

Tierschutzgesetz, Erster Abschnitt, Grundsatz

§1 Zweck dieses Gesetzes ist es, aus der Verantwortung des Menschen für das Tier als Mitgeschöpf, dessen Leben und Wohlbefinden zu schützen. Niemand darf einem Tier ohne vernünftigen Grund Schmerzen, Leiden oder Schäden zufügen.

Das Resultat ist, dass im Tierschutzgesetz im Rahmen unserer Rechtsgemeinschaft erstmalig ein Selbstverständnis des Menschen festgeschrieben ist, nach dem die Natürlichkeit des Menschen zu seinem Wesen gehört, nach dem er wesentlich Kreatur ist. Deshalb bildet er mit den Tieren zusammen die Gemeinschaft der Geschöpfe.

(Gernot Böhme: Ethik im Kontext, Suhrkamp Verlag Frankfurt/M. 1997, S. 180)

8. *Analysiert, wie in diesem Gesetzesparagrafen und dem erläuternden Textauszug von Böhme das Verhältnis zwischen Mensch und Tier bestimmt wird und welche Folgen sich daraus ergeben.*

Wie sollen wir entscheiden?

Die Gehirnaktivität junger Hunde wird in einer medizinischen Langzeitstudie untersucht. Die Ergebnisse sind nur verwertbar, wenn das Schmerzempfinden der Tiere gleichzeitig beobachtet und registriert wird. Deshalb kann man den Hunden weder Schmerz- noch Betäubungsmittel geben. Die Ergebnisse dieser Forschungsstudie könnten für Menschen mit Gehirnschädigungen zu neuen und wirkungsvolleren Behandlungsmethoden führen.

9. *Führt eine Dilemma-Diskussion zu der Frage, ob Versuche an Tieren, bei denen ihnen wissentlich Schmerzen zugefügt werden, ethisch zu rechtfertigen sind, wenn kranke Menschen dadurch medizinisch wirksamer behandelt werden können.*

10. *Erörtert, wo die Verantwortung des Menschen für andere Lebewesen liegt.*

Methode: Dilemma-Diskussion

Bei der Dilemma-Diskussion geht es um ein Erörtern und Abwägen verschiedener Möglichkeiten mit jeweils verschiedenen moralischen Werten.

1. Nachdem ihr die Dilemma-Situation kennengelernt habt, stimmt zunächst darüber ab, wie ihr jeweils entschieden hättet.
2. Begründet jetzt eure jeweilige Entscheidung.
3. Untersucht bei den verschiedenen Begründungen, welche Werte oder Vorstellungen (z. B. Freunde verrät man nicht) ihnen zugrunde liegen, und diskutiert im Anschluss daran die Bedeutung der verschiedenen Werte und Vorstellungen und auch, wie wichtig sie euch persönlich sind.
4. Denkt abschließend noch einmal über eure eigene Position zur Ausgangsfrage nach.

3. Weltbild und Naturbegriff

Treffen sich zwei Planeten. Sagt der eine: „Mir geht's gar nicht gut." Fragt der andere: „Was hast du denn?" Antwortet der erste: „Homo sapiens." „Ach", sagt der andere, „das kenn ich, das geht vorbei."

Welt- und Natursicht

1. **„Der Mensch ist das Maß aller Dinge, er ist das Zentrum und Ziel der Schöpfung, alles dient seinen Zwecken, alles ist nur Mittel für ihn."**
   (Protagoras (490 – 420 v. Chr.) griechischer Philosoph)

Dem anthropozentrischen Weltbild (von griechisch anthropos = Mensch) zufolge stehen die Menschen und ihre Bedürfnisse im Mittelpunkt. Tiere, Pflanzen und unbelebte Materie haben keinen eigenständigen Wert; ihre Existenzberechtigung ergibt sich aus ihrem Nutzen für den Menschen. Die natürliche Umwelt dient dem Menschen als Lebensgrundlage, als Rohstofflieferant, als Quelle für Erholung und zur Schadstoffaufnahme. Die Nutzung und Ausbeutung der Natur ist diesem Weltbild nach im Interesse des Menschen gerechtfertigt; folgerichtig werden Natur, Tier- und Umweltschutz nur um des Menschen willen betrieben.

2. **„Alles, was der Mensch den Tieren antut, kommt auf den Menschen zurück."**
   (Pythagoras (um 570 – 510 v. Chr.) griechischer Philosoph)

Nach dem pathozentrischen Weltbild (von griechisch pathein = fühlen, leiden) wird die anthropozentrische Sonderstellung des Menschen etwas eingeschränkt, indem allen leidensfähigen Lebewesen Rechte zugesprochen werden. Diese Vorstellung beruht auf der Überzeugung, dass Menschen und Tiere auf ähnliche Weise leben und empfinden. Daraus ergibt sich, dass der Mensch mit Tieren nicht alles machen darf, was ihm nutzt.

3. **„Ich bin Leben, das leben will, inmitten von Leben, das leben will."**
   (Albert Schweitzer (1875 – 1965) Arzt und Theologe)

Dem biozentrischen Weltbild (von griechisch bios = Leben) zufolge hat der Mensch nicht nur unmittelbare Pflichten gegenüber Schmerzempfindenden, sondern gegenüber allen Lebewesen, zu denen auch die Pflanzen gehören. Daraus folgt eine allgemeine Achtung des Lebens und der Umwelt, die uns umgibt, auch wenn es Situationen geben mag, in denen das Leben eines Menschen gegen das eines Tieres oder der Pflanzenwelt abgewägt werden muss und dem des Menschen Priorität zukommt.

4. **„Die duftenden Blumen sind unsere Schwestern, die Rehe, das Pferd, der große Adler sind unsere Brüder. Die felsigen Höhen, die saftigen Wiesen, die Körperwärme des Ponys und des Menschen – sie alle gehören zur gleichen Familie."**
   (Häuptling Seattle (1786 – 1866))

Nach dem physiozentrischen (von griechisch physis = Natur) Weltbild hat alles, was überhaupt existiert, ein Recht darauf fortzubestehen. Der Mensch steht nicht im Zentrum der Natur, sondern wird als ein Teil von ihr betrachtet. Entscheidend ist, was der Natur als Ganzes nützt und nicht nur dem Vorteil der Menschen dient. Auch wenn der Natur ein Eigensinn und eine Eigenbedeutung zugesprochen wird, bedeutet das keineswegs, dass auch alles gleich behandelt werden muss.

1. *Besprecht miteinander, worin im Einzelnen die Unterschiede zwischen den verschiedenen Naturvorstellungen bestehen.*

2. *Diskutiert, welchem Naturbegriff sich die folgenden Zitate zuordnen lassen:*

Dem wahrhaft ethischen Menschen ist alles Leben heilig, auch das, das uns vom Menschenstandpunkt aus als tieferstehend vorkommt. Unterschiede macht er nur von Fall zu Fall und unter dem Zwange der Notwendigkeit, wenn er nämlich in die Lage kommt, entscheiden zu müssen, welches Leben er zur Erhaltung des anderen zu opfern hat. Bei diesem Entscheiden von Fall zu Fall ist er sich bewusst, subjektiv und willkürlich zu verfahren und die Verantwortung für das geopferte Leben zu tragen zu haben.
(Albert Schweizer: Die Ehrfurcht vor dem Leben. Grundtexte aus fünf Jahrzehnten, C. H. Beck, München 2003, S. 157 f.)

Seid fruchtbar und vermehrt euch, bevölkert die Erde, unterwerft sie euch, und herrscht über die Fische des Meeres, über die Vögel des Himmels und über alle Tiere, die sich auf dem Land regen.
(Genesis 1, 27 – 28)

Die Tatsache, dass bestimmte Wesen nicht zu unserer Gattung gehören, berechtigt uns nicht, sie auszubeuten, und ebenso bedeutet die Tatsache, dass andere Lebewesen weniger intelligent sind als wir, nicht, dass ihre Interessen missachtet werden dürfen.
(Peter Singer: Praktische Ethik, Philipp Reclam jun. Stuttgart, Stuttgart 1994, S. 83)

Auch ist es sehr bemerkenswert, dass, obwohl manche Tiere in manchen Handlungen mehr Geschicklichkeit zeigen als wir, man doch sieht, dass ebendieselben Tiere in vielen anderen Handlungen gar keine zeigen; sodass, was sie besser als wir machen, keineswegs Geist beweist, denn in diesem Falle würden sie mehr Gaben besitzen als einer von uns und es auch in allen anderen Dingen besser machen, sondern (es zeigt sich) vielmehr, dass sie keinen Geist haben und allein die Natur in ihnen nach der Disposition ihrer Organe handelt. Man sieht ja auch, dass ein Uhrwerk, das bloß aus Rädern und Federn besteht, richtiger als wir mit aller unserer Klugheit die Stunden zählen und die Zeit messen kann.
(René Descartes: Abhandlung über die Methode des richtigen Vernunftgebrauchs, Felix Meiner Verlag, Hamburg 1977)

Mithilfe der Sonne wurde die Erde geschaffen. Die Erde und ich, wir sind eins. Der Eine, der das Recht hat, über das Land zu verfügen, ist der Eine, der es geschaffen hat.“
(Chief Joseph)

3. *Diskutiert mit verteilten Rollen: Entscheidet euch für verschiedene Positionen, die von einzelnen Personen oder Kleingruppen vertreten werden und diskutiert sie aus der jeweils eingenommenen Perspektive. Begründet entsprechend: Müssen wir etwas gegen das Aussterben von Tieren und Pflanzen unternehmen?*

4. Mensch und Umwelt

Autos verbrauchen viel Energie, so heißt es immer. Stimmt das?

1. *Sammelt, welche Autos in euren Familien gefahren werden, und schätzt den Verbrauch auf 100 km. Überprüft hinterher den tatsächlichen Verbrauch entweder über Internet oder indem ihr eure Eltern fragt.*

2. *Weshalb sollten wir uns überhaupt Gedanken machen über Energieverbrauch, sei es nun bei Autos oder in anderen Bereichen?*

Die beliebtesten Autos Deutschlands und das Problem CO_2

Das Autojahr 2006 ist mit einem Rekord-Dezember zu Ende gegangen. 303 416 Neuzulassungen registrierte das Kraftfahrtbundesamt, das sind 17,7 Prozent mehr als 2005. Im ganzen Jahr wuchs der Markt um 3,8 Prozent auf über 3 467 961 Neuzulassungen. [...]
Am meisten zulegen konnten Geländewagen (plus 16,5 Prozent), Kleinstwagen (plus 15,3 Prozent), Oberklassemodelle (plus 10,3 Prozent) und Vans (ebenfalls plus 10,3 Prozent).

(www.vip-webguide.de; 25.2.2008)

Die Industrie spart Energie. Der Heizbedarf in Gebäuden sinkt. Nur im Verkehr steigt der CO_2-Ausstoß fast ungebremst. Mit einer **Zunahme von 19 Prozent** zwischen 1990 und 2020 rechnet das Umweltbundesamt – das ist derselbe Zeitraum, in dem die EU die CO_2-Gesamtemissionen an Kohlendioxid um 20 Prozent reduzieren will. Die Ursachen für das Dilemma betreffen Industrie und Verbraucher gleichermaßen: Die Automobilproduzenten haben den **Kraftstoffverbrauch** der Neuwagen längst nicht so weit gesenkt, wie sie es versprochen hatten. In den neuen Bundesländern gab es nach der Wende eine große Sehnsucht, die nach Mobilität. Und Fliegen gehört inzwischen für Menschen und Waren zum Alltag: Die Lust auf exotische Reiseziele steigt; immer mehr Frischware wird per Luftfracht transportiert.

(Geo 12/2007; Extra Heft, 16 Bundesländer im Vergleich, S. 25)

3. *Untersucht die Aussagen der oberen beiden Texte und zieht Schlussfolgerungen daraus.*

4. *Autos belasten die Umwelt durch ihre Abgase, Unfallträchtigkeit und ihren Ressourcenverbrauch. Untersucht die folgenden Aktionen und Versuche, Autofahrer dazu zu bringen, weniger mit dem Auto zu fahren oder zumindest ihren Benzinverbrauch zu reduzieren, auf ihre Rechtmäßigkeit und Wirksamkeit.*

Vorfahrt für PS-Freie

Das westfälische Münster ist Deutschlands Fahrrad-Metropole. Auch deshalb kürte die Deutsche Umwelthilfe die Stadt 2006 zur „Bundeshauptstadt im Klimaschutz". Überall gibt es Radwege, -spuren oder extra breite Fahrradstraßen; eigene Fahrradampeln geben Radlern grünes Licht. Deutschlands größtes Fahrradparkhaus am Hauptbahnhof hat 3300 Stellplätze und beherbergt neben Ausleihstation und Radwerkstatt auch eine Waschanlage.
Selbst weniger sportliche Münsteraner müssen nicht aufs Auto ausweichen. Busse und Bahn sind aufeinander abgestimmt. Busse haben Vorfahrt und oft auch eigene Spuren. Bei größeren Verspätungen zahlen die Stadtwerke das Taxi.

(Geo 12/2007; Extra Heft, 16 Bundesländer im Vergleich, S. 12)

Platte Reifen im Grunewald

Die Aktionen der radikalen Umweltschützer begannen mit vereinzelten Taten in der Nacht zum 12. Juli in Zehlendorf und Grunewald. Am 15. Juli entdeckten Polizeistreifen und

Autobesitzer an insgesamt 21 Fahrzeugen in Grunewald platte Reifen, teilweise mit zerstörten Ventilen. An 17 Autos hefteten Flugblätter. Nur drei Tage später, am 20. Juli, hatten erneut Unbekannte die Luft aus den Reifen von insgesamt zehn Fahrzeugen in Tegel und Wittenau gelassen. An den Tatorten hinterließen die Täter wiederum Flugblätter, in denen auf die Belastung des Klimas durch die Benutzung von Fahrzeugen mit hohem Kraftstoffverbrauch hingewiesen wird. „Die Bekennerschreiben sind insgesamt in einem freundlichen Ton geschrieben", sagte ein Ermittler. Die Aktivisten sprächen die Autobesitzer auf den Flugblättern direkt an und wiesen darauf hin, dass es in Zeiten des globalen Klimawandels teils fahrlässig und böse sei, Autos mit hohem Spritverbrauch zu fahren. „In den Schreiben steht, man habe deshalb das hochmotorisierte Auto vorübergehend stillgelegt. Der Besitzer müsse sich nun zu Fuß auf den Weg machen, dabei habe er Zeit, über ein kleineres Fahrzeug nachzudenken", so der Beamte weiter. Die Bekennerschreiben seien nicht mit einem Gruppennamen oder Ähnlichem unterzeichnet, sondern nur mit „Vielen Dank für ihre Mühe!".

(www.welt.de; 24.7.2007)

Greenpeace demonstriert auf der Autobahn 8 für Tempolimit

Umweltaktivisten stellen bei Neuhausen ein Verkehrsschild auf.

Polizei räumt Klimaschutz-Schilder schnell wieder ab

Stuttgart – (lsw) Die Umweltschutzorganisation Greenpeace hat gestern Morgen an der Autobahn 8 für ein Tempolimit demonstriert. Greenpeace-Aktivisten stellten in beiden Fahrtrichtungen Verkehrsschilder mit der Aufschrift „120 – Klimaschutz" auf.

Die Schilder standen an einem rund 26 Kilometer langen Abschnitt der A8 zwischen den Auffahrten Stuttgart-Flughafen und Aichelberg. Greenpeace kritisierte Bundesverkehrsminister Wolfgang Tiefensee (SPD). Er setze sich trotz eines SPD-Parteitagsbeschlusses weiterhin nicht für eine allgemeine Geschwindigkeitsbegrenzung auf Autobahnen ein, obwohl es den CO_2-Ausstoß schnell verringern könne. Die Polizei entfernte nach eigenen Angaben noch am Vormittag die acht aufgestellten Schilder, vier bei Wendlingen und vier bei Kirchheim (Kreis Esslingen). Wenig später stellten Beamte in einem Kleinlieferwagen zwei weitere Schilder sicher. Die sechs Insassen des Wagens hätten angegeben, Greenpeace-Aktivisten zu sein. Die Polizei leitete Ermittlungen wegen Amtsanmaßung ein.

(Neckar- und Enzbote, Samstag, 3.11.2007)

5. *Kreativbörse: Sammelt weitere legale Möglichkeiten, die Umweltbelastung zu reduzieren. Tauscht hinterher eure Ideen aus und prüft, ob sie dem Grundsatz der Verhältnismäßigkeit entsprechen.*

Information: Verhältnismäßigkeit

Der Grundsatz der Verhältnismäßigkeit besagt, dass der gute Zweck, der Klimaschutz, nicht jedes Mittel heiligt. So müssen alle Maßnahmen

a) geeignet sein, um die Gefahren abzuwenden,
b) erforderlich sein zur Gefahrenabwehr, d. h., es darf keine weniger stark eingreifende bzw. kostengünstigere Maßnahme geben, die dazu ebenfalls geeignet wäre, und
c) angemessen sein, d.h., der durch die Maßnahme bewirkte oder in Kauf genommene Schaden darf nicht größer sein als der erzielte Nutzen.

Ein moderner Ablasshandel?

Dienste wie www.atmosfair.de bieten an, die negative CO_2-Bilanz eines Fluges durch Hilfsprojekte in Dritte-Welt-Ländern auszugleichen. Dabei werden zum Beispiel Solarküchen in Indien errichtet. Ist diese moderne Form des Ablasshandels aber nicht unmoralisch? Sollen ausgerechnet die Armen dieser Welt den entwickelten Ländern ein schlechtes Gewissen ersparen?

(Sebastian R., Hamburg; www.sz-magazin.de; 24.4.2006)

6. *Was würdet ihr auf diese Fragen antworten?*

5. Quelle Natur?

1. *Natur als Quelle, was nehmen wir uns? Sammelt, wie wir Natur nutzen.*

Deutschland benötigt, wie eine große Zahl anderer Industrienationen, viel Energie, und immer wieder stellt sich die Frage, welche Energieform die beste, die rentabelste, die umweltfreundlichste ist.

2. *Recherchiert in Kleingruppen die verschiedenen Möglichkeiten der Energieversorgung durch ...*

Wind	*Sonne*	*Holz*	*Wasser*
Biomasse	*Atomkraft*	*Gas*	*Öl*

Bezieht in eure Recherche Fragen nach Gefahren einiger Energieformen, nach der staatlichen Förderung, der schon vorhandenen Verbreitung und den tatsächlichen Kosten über einen längeren Zeitraum (z.B. 20 Jahre) mit ein.

3. *Präsentiert eure Ergebnisse in der Klasse oder für die ganze Schule und untersucht dann gemeinsam die Vor- und Nachteile der jeweiligen Energieformen.*

4. *Überlegt, durch welche Maßnahmen eure Schule umweltfreundlicher und energiesparsamer werden könnte. Sucht nach Möglichkeiten, bei denen Schüler/innen und Lehrer/innen einen aktiven Anteil haben.*

5. *Übertragt die folgende Tabelle in euer Heft und fügt eure Ergebnisse ein.*

Ziel	Maßnahme
...	...

Erbitterter Konkurrenzkampf

Die Debatte um Ausmaß und Folgen des Klimawandels ist mehr als ein Faktenproblem. Es geht um Geld, Sensation – und um das Vertrauen in die Wissenschaft. [...] ZEIT online sprach mit dem Soziologen Peter Weingart.

Erst beschworen die Forscher den Untergang herbei. Dann stellten selbst angesehene Kollegen den Klimawandel infrage. Und nun machen sie wieder jenen Wissenschaftlern Platz, die eine Erwärmung der Erde für unvermeidlich halten? Wie steht es um die Glaubwürdigkeit der Forscher? Was darf die Öffentlichkeit glauben, was müssen die Medien leisten? Der Soziologe Peter Weingart widmet sich als Direktor des Instituts für Wissenschafts- und Technikforschung in Bielefeld dieser Problematik und hat bereits vor fünf Jahren ein Buch zur Klimadebatte veröffentlicht.

ZEIT online: Der neue UN-Klimaschutzbericht des Intergovernmental Panel on Climate Change (IPCC) warnt eindringlicher denn je vor den negativen Folgen des Klimawandels. Finden Sie das noch glaubwürdig?

Peter Weingart: Ich glaube schon, dass man sich darauf ein gutes Stück weit verlassen kann. Für den IPCC-Bericht tragen alle großen Klimaforschungsinstitute dieser Welt ihre Ergebnisse zusammen und veröffentlichen sie erst dann, wenn weitgehend Konsens[1] unter ihnen herrscht. Ich misstraue dem nicht. Ich bin allerdings auch kein Skeptiker des Klimawandels. [...]

ZEIT online: Gibt es überhaupt noch Forscher, die es sich leisten können, gegen den Trend zu forschen – also die Stärke der Erwärmung oder die gängigen Prognosemethoden infrage zu stellen?

Weingart: Mir ist in der Wissenschaft kein Beispiel dafür bekannt, dass die politische Favorisierung[2] einer Forschungsrichtung alle anderen Richtungen blockiert hätte. Es sei denn, man verweist auf diktatorische Regimes. Der Mechanismus

[1] Konsens: Zustimmung
[2] Favorisierung: Bevorzugung

ist zwar ähnlich – eine sehr starke politische und mediale Aufmerksamkeit kann die gleichen Konsequenzen haben wie ein politisches Dekret[3]. Nur dass wir hier eine offene Diskussion haben. Im Gegensatz zum politischen Dekret kann die Mediendebatte und auch der politische Diskurs[4] durch neue Informationen in eine neue Richtung gelenkt werden.

ZEIT online: Aber nur so lange die Forscher neutral sind und nicht aus Eigeninteresse handeln.

Weingart: Man muss genau hinschauen, welcher Art dieses Eigeninteresse ist. Es gibt – auch in der Klimaforschung – viele, die fest davon überzeugt sind, an der vordersten Front eines Forschungsgebietes zu stehen, dessen Ergebnisse von buchstäblich lebenswichtiger Bedeutung sind. Diese Forscher nehmen für sich eine Warnfunktion in Anspruch und wollen unmittelbar politisch wirksam sein. Dieses Interesse ist zunächst völlig legitim. Gleichwohl besteht die Gefahr, dass ihnen von Skeptikern unterstellt wird, sie machten ja nur politische Propaganda. Es handele sich bei ihnen um Öko-Freaks, die gegen die Industriegesellschaft wären, oder Ähnliches.

ZEIT online: Warum ist das eine Gefahr?

Weingart: Nach den sensationellen Weltuntergangsmeldungen zu Beginn der Klimadebatte schlug die Stimmung zum Teil um. Es gab skeptische Berichte in dem Stil: Erst haben die Klimaforscher viel Geld bekommen, und jetzt geht ihnen die Katastrophe verloren, es gibt gar keine Katastrophe, oder sie fällt nicht so schlimm aus wie zunächst prognostiziert[5]. [...]

ZEIT online: Haben die Wissenschaftler heute eine Chance, seriös vor den Folgen des Klimawandels zu warnen, ohne beschuldigt zu werden, aus unlauteren Beweggründen zu handeln, oder Katastrophisten zu sein?

Weingart: Diese Gratwanderung zu bewältigen, ist außerordentlich schwer. Wir haben es hier mit unsicherem Wissen zu tun. Zum Beispiel mit sehr umfangreichen Computersimulationen. Es ist schwierig, diese Computersimulationen zu verstehen. Über die Jahre werden sie besser, trotzdem bleiben sie relativ grob in den Aussagen – vor allem gegenüber einem Wettergeschehen, das natürlich viel differenzierter ist, als es Computersimulationen bislang darstellen können.

ZEIT online: [...] Könnte die Wissenschaft ihre Glaubwürdigkeit nicht irgendwie wiederherstellen?

Weingart: Es wäre gut, wenn es eine klare institutionelle Grenzziehung zwischen Wissenschaft, Politik und Medien gäbe. Man will heute auf der einen Seite eine objektive und neutrale Wissenschaft haben, die nichts anderes tut, als Wahrheit zu produzieren. Auf der anderen Seite will man aber auch, dass sich die Wissenschaft der Öffentlichkeit öffnet und für sie und in ihrem Interesse Wissen produziert. Beides zugleich geht aber nicht.

ZEIT online: ... zumindest nicht, bis die Wissenschaft mit einer einheitlichen Stimme spricht. Wie zum Beispiel durch eine nationale Akademie der Wissenschaften. In Deutschland gibt es so etwas nicht, weil die Forscher sich nicht einigen können.

Weingart: Eine Akademie, die zur Aufgabe hat, nur solche Probleme zu erforschen, die sie selbst als dringend begreift, und die Ergebnisse dann zu vermitteln – das wäre sicherlich ein Zeichen der Rückbesinnung auf das Kerngeschäft der unabhängigen Wahrheitssuche. Wir leben trotzdem nicht mehr in der Welt des 19. Jahrhunderts, als die Wissenschaftler im Elfenbeinturm saßen und ihnen jedes Wort geglaubt wurde, schon allein wegen der Distanz zwischen Wissenschaftlern und dem Rest der Bevölkerung. Das ist ein Schlaraffenland vergangener Zeiten. Und ich glaube auch nicht, dass wir uns wünschen sollten, in diese Welt zurückzugehen, nur um das vermeintlich sicherere Urteil zu gewinnen. Unsere Forschung findet schließlich in einer demokratischen Gesellschaft statt. Und die Öffentlichkeit in dieser Demokratie will immer stärker teilhaben an den Prozessen der Wissenschaft. Und in diese Richtung geht auch weiterhin die Entwicklung.

(Die Fragen stellte Björn Schwentker. ZEIT online, 04/2006)

[3] Dekret: Beschluss
[4] Diskurs: Erörterung
[5] prognostizieren: vorhersagen

6. *Bearbeitet den Text anhand folgender Fragen:*

- *Wie äußert sich der Soziologe Weingart über den UN-Klimaschutzbericht des Intergovernmental Panel on Climate Change (IPCC) zu den Aspekten Eigeninteresse und Glaubwürdigkeit der Wissenschaft?*
- *Welche Forderung stellt er auf, um wissenschaftliche Ergebnisse vor zu schneller Ausnutzung zu bewahren?*
- *Für wie realistisch haltet ihr eine solche Forderung?*

7. *Führt eine Diskussion mit verschiedenen Positionen zum Klimawandel und dem Anteil der Menschen daran.*

6. Natur und Technik

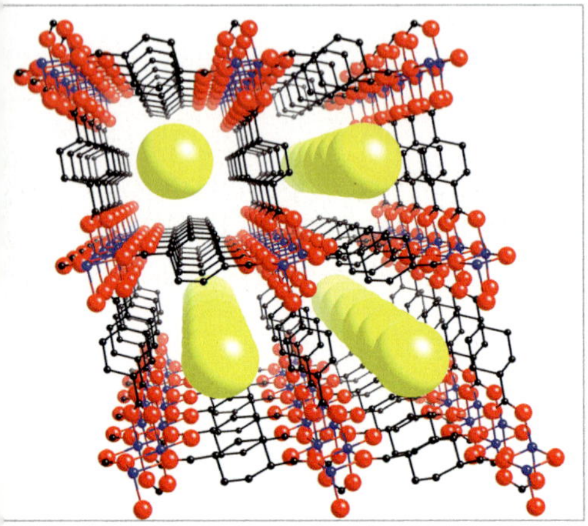

1. *Was hat diese Molekularstruktur mit Natur und Technik zu tun?*

$Cu_2(chdc)_2$, durchlässige Molekularstruktur

2. *Sammelt, welche Bereiche, Wissenschaften sich im engeren oder weiteren Sinne mit Natur befassen. Welche Fragen stellen sie und welche Probleme versuchen sie zu lösen?*

Was erfahren wir über Natur?

Fragt man philosophisch, was der Mensch durch Wissenschaft über „Natur“ in Erfahrung bringt, so muss das Naturabhängige seiner Erfahrung unterschieden werden können vom Menschenabhängigen, seinen Setzungen, seinen methodischen Mitteln. Dies macht „Natur“ zunächst zu dem vom Menschen nicht Gemachten, zum Gegensatz von Handlung, Technik, Zivilisation und Kultur. Jedoch, wo es um Wissen von der Natur geht, muss der Mensch Erfahrungen machen, indem er bewusst durch Beobachten, durch Experimentieren in die Natur eingreift. Die Ergebnisse des Eingreifens bedeuten Erfolg oder Misserfolg seiner Handlungen, Erreichen oder Nichterreichen der von ihm gesetzten Zwecke. Naturwissenschaft stellt folglich nicht die „Natur“ dar, sondern unsere technischen Möglichkeiten. Die Erkenntnisse über „Natur“ sind unter bestimmten Perspektiven erlangt, also Kulturleistungen.
Dabei ist das Verhältnis der Menschen, der einzelnen Gesellschaften und Kulturen zur Natur immer vielschichtig gewesen. Je nach Epoche und Kontext dominierten ein instrumentalistisch verwertendes, ein mystisches, religiöses, ästhetisches Naturverständnis: Natur als Rückzugsgebiet, als technikfreier Raum. Natur aber auch als das Ergebnis einer Flussbegradigung, der Gestaltung einer Parklandschaft. Naturprodukte werden in Gewächshäusern gezüchtet oder in Reagenzgläsern der Chemie hergestellt. All diesen Vorstellungen ist gemeinsam, dass sie von dem Bild abhängen, das der Mensch von sich entwirft hinsichtlich seiner Aufgaben im Kosmos. Sie entstammen nicht einer wie auch immer gearteten Erkenntnis der Natur an sich.

(Gisela Oberndorfer: Natur und Technik; in: Ethik & Unterricht, 3/1997, S. 6)

3. *Benenne anhand des Textes den Unterschied zwischen Natur und Kultur, Naturwissenschaft und Technik.*

4. *Erläutert die im Text angeführten verschiedenen Arten des Naturverständnisses und nennt Beispiele zu ihrer Veranschaulichung.*

5. *Diskutiert die Behauptung der Autorin, dass das Verhältnis des Menschen zur Natur von seinem Selbstbild abhängig ist.*

Natur als Objekt und Subjekt

Der Mensch, genauer: ich als Mensch, als menschliches Bewusstsein, – ich bin Natur, indem ich sie mit meinem Bewusstsein denkend und handelnd erfassen kann. Anders formuliert: Die Natur, und zumal die menschliche, ist nicht nur Gegenstand (Objekt) meines zweckrationalen Handelns und meiner Wissenschaft, sondern sie macht darüber hinaus und diesem vorausliegend auch den subjektiven Faktor des Erkennens selbst mit aus. Naturwissenschaft ist – so verstanden – eine bestimmte Art von Selbstbezüglichkeit (Reflexivität) der Natur selbst.
Das heißt, dass die Natur bei ihrem Sich-auf-sich-Beziehen oder Reflexivwerden, das wir „Bewusstsein“ nennen, so gedacht werden muss, dass sie sich in verschiedener Weise zum Thema macht: zum einen als materiell-gesetzmäßige und notwendige Natur (dann bringt sie das herkömmliche Naturverständnis der Naturwissenschaften und mithin auch deren Selbstverständnis hervor). Oder sie betrachtet

sich zum anderen als thematisierende, als ideell-freie Natur (dann betreibt sie Geisteswissenschaft, evtl. auch Kunst oder Religion).

(nach: Walther Ch. Zimmerli: Einmischungen. Die sanfte Macht der Philosophie, Wissenschaftliche Buchgesellschaft, Darmstadt 1993, S. 7 f.)

6. *Fasst zusammen, welche Vorstellung von Natur und Naturwissenschaft in diesem Textauszug von Zimmerli deutlich wird.*

7. *Diskutiert den Unterschied zwischen Natur- und Geisteswissenschaften, wie ihn der Autor bestimmt.*

Was unterscheidet den Menschen vom Tier?

Unter den lebenden Erdbewohnern ist der Mensch durch seine **technische** (mit Bewusstsein verbunden-mechanische) zu Handhabung der Sachen, durch seine **pragmatische** (andere Menschen zu seinen Absichten geschickt zu brauchen) und durch die **moralische** Anlage in seinem Wesen (nach dem Freiheitsprinzip unter Gesetzen gegen sich und andere zu handeln) von allen übrigen Naturwesen kenntlich unterschieden, und eine jede dieser drei Stufen kann für sich allein schon den Menschen zum Unterschiede von allen Erdbewohnern charakteristisch unterscheiden. Die Charakterisierung des Menschen, als eines vernünftigen Tieres, liegt schon in der Gestalt und Organisation seiner **Hand**, seiner **Finger** und **Fingerspitzen**, deren teils Bau, teils zartes Gefühl, dadurch die Natur ihn nicht für eine Art der Handhabung der Sachen, sondern unbestimmt für alle, mithin für den Gebrauch der Vernunft geschickt gemacht, und dadurch die technische- oder Geschicklichkeitsanlage seiner Gattung, als eines vernünftigen Tieres, bezeichnet hat.

(Immanuel Kant: Gesammelte Werke. Akademieausgabe, Abs. 1, Bd. 7, Streit der Fakultäten, Anthropologie in pragmatischer Sicht, 1973, S. 322)

8. *Sammelt, was nach Kant jeweils zu den technischen, pragmatischen* und moralischen Anlagen des Menschen gehören kann.*

9. *„Der Mensch ist ein vernünftiges Tier!" Nehmt Stellung zu dieser These.*

Technik als Mittel der Selbstzerstörung?

Immer mehr Wissen über Natur, die Weiterentwicklung von Werkzeugen und ständig wachsende Bedürfnisse sind mit dafür verantwortlich, dass wir Menschen die Natur ausbeuten, ohne genug für ihren Fortbestand zu sorgen.

Als Generation haben wir die angesammelten Ressourcen unseres Planeten geerbt: fruchtbare Böden, Wälder, Öl, Kohle und Mineralien wie Eisenerz und Bauxit. Anfang des 20. Jahrhunderts war auf der ganzen Erde die Umwelt ziemlich sauber und stabil. Darauf haben wir eine Wirtschaft aufgebaut, die für die Mittel- und Oberschicht der entwickelten Länder einen noch nie da gewesenen Luxus produziert, ergänzt um eine erstaunliche Fülle technischer Geräte. [...] Wir zehren Kapital auf; statt von dem zu leben, was wir produzieren. Je schneller wir unsere Wälder abholzen, unsere Mineralien verkaufen und die Fruchtbarkeit des Bodens aufbrauchen, desto stärker wächst das Bruttosozialprodukt. Wir sind dumm genug, das als Zeichen unseres Wohlstands zu nehmen und nicht als Zeichen dafür, wie rasch unser Kapital aufgebraucht wird. Von der Nahrungsmittelerzeugung bis zu den Abgasen, es läuft immer nach demselben Muster. Wir holen uns von der Erde, was wir brauchen, und hinterlassen giftige Chemieabfälle, verseuchte Flüsse, Ölteppiche auf den Meeren und Atomabfälle, die für Zehntausende von Jahren eine tödliche Gefahr bleiben. Die Wirtschaft ist ein Teilsystem der Biosphäre, und sie stößt rasch an die Grenzen des übergeordneten Systems.

(Peter Singer: Wie sollen wir leben? Ethik in einer egoistischen Zeit, Deutscher Taschenbuch Verlag, München 2004, S. 55 f.)

10. *Charakterisiert das von Singer dargestellte Verhältnis des Menschen zur Natur. Bezieht kritisch Stellung dazu.*

11. *Diskutiert, welchen Anteil Naturwissenschaften, Unternehmen, Konsumenten an der von Singer aufgezeigten Entwicklung haben.*

7. Natur und ethische Verantwortung

Erste und zweite Natur*

Der Mensch ist also organisch „Mangelwesen“ (Herder), er wäre in jeder natürlichen Umwelt lebensunfähig, und so muss er sich eine zweite Natur, eine künstlich bearbeitete und passend gemachte Ersatzwelt, die seiner versagenden organischen Ausstattung entgegenkommt, erst schaffen, und er tut dies überall, wo wir ihn sehen. Er lebt sozusagen in einer künstlich entgifteten, handlich gemachten und von ihm ins lebensdienliche veränderten Natur, die eben die Kultursphäre ist. Man kann auch sagen, dass er biologisch zur Naturbeherrschung gezwungen ist.

(Arnold Gehlen: Anthropologische Forschung, Reinbek 1961, S. 48)

1. *Benennt, welches Bild vom Menschen im Verhältnis zur Natur Gehlen ausführt.*

Wider die Macht der Technik?

Als Dsi Gung durch die Gegend nördlich des Han-Flusses kam, sah er einen alten Mann, der in seinem Gemüsegarten beschäftigt war. Er hatte Gräben gezogen zur Bewässerung. Er stieg selbst in den Brunnen hinunter und brachte in seinen Armen ein Gefäß voll Wasser herauf, das er ausgoss. Er mühte sich aufs Äußerste ab und brachte doch wenig zustande.

Dsi Gung sprach: „Da gibt es eine Einrichtung, mit der man an einem Tag hundert Gräben bewässern kann. Mit wenig Mühe wird viel erreicht. Möchtet ihr die nicht verwenden?“

Der Gärtner richtete sich auf, sah ihn an und sprach: „Und was wäre das?“

Dsi Gung sprach: „Man nimmt einen hölzernen Hebelarm, der hinten beschwert und vorne leicht ist. Auf diese Weise kann man das Wasser schöpfen, dass es nur so sprudelt. Man nennt das einen Ziehbrunnen.“

Da stieg dem Alten der Ärger ins Gesicht, und er sagte lachend: „Ich habe meinen Lehrer sagen hören: ‚Wenn einer Maschinen nutzt, so betreibt er alle seine Geschäfte maschinenmäßig; wer seine Geschäfte maschinenmäßig betreibt, der bekommt ein Maschinenherz. Wenn einer aber ein Maschinenherz in der Brust hat, dem geht die reine Einfalt verloren. Bei wem die reine Einfalt hin ist, der wird ungewiss in den Regungen seines Geistes. Ungewissheit in den Regungen seines Geistes ist etwas, das sich mit dem wahren Sinn nicht verträgt.‘ Nicht, dass ich solche Dinge nicht kenne, ich schäme mich, sie anzuwenden.“

(Werner Heisenberg: Schritte über Grenzen – Gesammelte Reden und Aufsätze, R. Piper & Co. Verlag, München 1971, S. 119)

2. *Welche Haltung der Natur und der Technik gegenüber wird in diesem chinesischen Gleichnis deutlich?*

3. *Vergleicht die Äußerungen Gehlens mit denen des alten Bauern im Gleichnis. Diskutiert und bewertet die unterschiedlichen Haltungen zum Verhalten des Menschen gegenüber der Natur.*

Ein Fall von Verantwortung?

Im Jahre 1938 entdeckten Hahn und Strassmann, dass ein Uran-Isotop durch Absorption eines Neurons instabil wird und sich spaltet. Die genauere Erforschung des Vorgangs ergab, dass dabei mehrere Neuronen frei gemacht werden; wenn diese wieder auf Uran-Kerne treffen, entsteht eine Kettenreaktion, die ungeheure Energie entwickelt. Im Jahre 1942 gelang es einer Gruppe von Physikern unter der Leitung von Enrico Fermi, in Chicago einen Reaktor zu konstruieren, in dem dieser Vorgang in kontrollierter Weise abläuft.

Nach Max Born wurde die Forschung im Bereich der Kernenergie zur Nutzung als Waffe beschleunigt durch die historischen Verhältnisse und durch die begründete Angst, als Hitlers Anfangserfolge es möglich erscheinen ließen, dass er alle Völker der Erde unterjochen könne.

Wenn Deutschland die Atombombe zuerst herstellte, so gab es keine Rettung. Selbst Einstein, der sein Leben lang Pazifist gewesen war, teilte diese Furcht und ließ sich überreden, den Präsidenten Roosevelt zu warnen. [...]

Bis dahin ist alles, angesichts der politischen Situation, ganz zwangsläufig; die Politiker und Militärs handeln pflichtmäßig und umsichtig, die Physiker, Chemiker und

Ingenieure absolvieren ihren Kriegsdienst da, wo sie am nützlichsten sind, haben zur Erforschung eines neuen, faszinierenden Gebiets der Wissenschaft ungeheure Mittel zur Verfügung und rücken auf in der sozialen Skala zu VIP (very important persons, wie die Amerikaner sagen).
Die tragische Wendung war der Beschluss, von der neuen Waffe Gebrauch zu machen und zwei Bomben auf volkreiche japanische Städte abzuwerfen. Wer war dafür verantwortlich? Präsident Truman gab den Befehl nach Anhören vieler Berater. Unter diesen waren nicht nur Politiker und Militärs, sondern auch führende Wissenschaftler. Eine Gruppe von Atomforschern hat allerdings gewarnt und die Folgen richtig vorausgesagt in einem Bericht an den Kriegsminister, […]. Aber eine andere Gruppe von bedeutenden Physikern hat den Bombenabwurf empfohlen.

(Max Born: Von der Verantwortung des Naturwissenschaftlers, Nymphenburger Verlagsbuchhandlung, München 1965, S. 29 – 33)

4. *Führt eine Fallanalyse durch zu der Frage, ob der Abwurf der Atombombe unter den gegebenen historischen Verhältnissen ethisch zu rechtfertigen war.*

Was hat sich verändert im Verhältnis zur Natur?

Die moderne Technik hat Handlungen von so neuer Größenordnung, mit so neuartigen Objekten und neuartigen Folgen eingeführt, dass der Rahmen früherer Ethik sie nicht mehr fassen kann. […]
Man nehme zum Beispiel, als die erste größere Veränderung in dem überkommenen Bild, die kritische *Verletzlichkeit* der Natur durch die technischen Interventionen des Menschen – eine Verletzlichkeit, die nicht vermutet war, bevor sie sich in schon angerichtetem Schaden zu erkennen gab. Diese Entdeckung, deren Entdeckung, deren Schock zu dem Begriff und der beginnenden Wissenschaft der Umweltforschung (Ökologie) führte, verändert die ganze Vorstellung unserer selbst als eines kausalen Faktors im weiteren System der Dinge. Sie bringt durch die Wirkungen an den Tag, dass die Natur menschlichen Handelns sich de facto geändert *hat* und dass ein Gegenstand von gänzlich neuer Ordnung, nicht weniger als die gesamte Biosphäre des Planeten, dem hinzugefügt worden ist, wofür wir verantwortlich sein müssen, weil wir Macht darüber haben. […] Die Natur als eine menschliche Verantwortlichkeit ist sicher ein Novum, über das ethische Theorie nachsinnen muss. Welche Art von Verpflichtung ist in ihr wirksam? Ist es mehr als utilitaristisches Interesse? […]
Es ist zumindest nicht mehr sinnlos, zu fragen, ob der Zustand der außermenschlichen Natur, die Biosphäre als Ganzes und in ihren Teilen, die jetzt unserer Macht unterworfen ist, eben damit ein menschliches Treugut geworden ist und so etwas wie einen moralischen Anspruch an uns hat – nicht nur um unsretwillen, sondern auch um ihrer selbst willen, und aus eigenem Recht. Wenn solches der Fall wäre, so würde es kein geringes Umdenken in den Grundlagen der Ethik erfordern.

(Hans Jonas: Das Prinzip Verantwortung, Suhrkamp Taschenbuch Verlag, Frankfurt am Main 2003, S. 26 ff.)

5. *Umreißt das Verhältnis des Menschen zur Natur, wie es in Jonas' Ausführungen zum Ausdruck kommt.*

6. *Fasst zusammen, welche Problematik Jonas im Verhältnis des Menschen zur Natur deutlich macht, und diskutiert ihre Relevanz.*

Lösungswege?

Jonas entwickelt einen Imperativ*, mit dem er der veränderten Dimension ethischen Denkens und Handelns gerecht werden will:

„Handle so, dass die Wirkungen deiner Handlung verträglich sind mit der Permanenz echten menschlichen Lebens auf Erden“, oder negativ ausgedrückt: „Handle so, dass die Wirkungen deiner Handlung nicht zerstörerisch sind für die künftige Möglichkeit solchen Lebens“; oder einfach: „Gefährde nicht die Bedingungen für den indefiniten Fortbestand der Menschheit auf Erden“; oder, wieder positiv gewendet: „Schließe in deine gegenwärtige Wahl die zukünftige Integrität* des Menschen als Mit-Gegenstand deines Wollens ein.“

(Hans Jonas: Das Prinzip Verantwortung, a. a. O., S. 36)

7. *Erarbeitet die Unterschiede der Formulierungen dieses Imperativs.*

8. *Tauscht euch in Form eines Kugellagers darüber aus, welche konkreten Folgen die Geltung dieses Imperativs für bestimmte Umweltthemen hätte.*

Überprüfe dein Wissen und Können

Natur – Kultur

Der Papalagi ist dauernd bemüht, sein Fleisch gut zu bedecken. „Der Leib und seine Glieder sind Fleisch, nur was oberhalb des Halses ist, ist der wirkliche Mensch", also sagte mir ein Weißer, der großes Ansehen genoss und als sehr klug galt. Er meinte, nur das sei des Betrachtens wert, wo der Geist und alle guten und schlechten Gedanken ihren Aufenthalt haben. Der Kopf, ihn, zur Not auch noch die Hände, lässt der Weiße gern unbedeckt. [...] Wer im Übrigen sein Fleisch sehen lässt, erhebt keinen Anspruch auf rechte Gesittung.
Wenn ein Jüngling ein Mädchen zu seiner Frau macht, weiß er nie, ob er mit ihm betrogen ist, denn er hat nie zuvor ihren Leib gesehen. Ein Mädchen, es mag noch so schön gewachsen sein wie die schönsten Taopou (eine Dorfjungfrau, Mädchenkönigin) von Samoa, bedeckt seinen Leib, damit niemand ihn sehen kann oder Freude an seinem Anblick nimmt. [...]
Während die Frau sehr viel bunte Festmatten hat, ja viele aufrechtstehende Truhen voll, und sie viele ihrer Gedanken daran gibt, welches Lendentuch sie heute oder morgen wohl tragen möchte, ob es lang oder kurz sein möge, und sie mit vieler Liebe immer davon spricht, welchen Schmuck sie daran hängen soll – hat der Mann zumeist nur ein einziges Festkleid und spricht fast nie davon.

(Der Papalagi. Die Reden des Südsee-Häuptlings Tuiavii aus Tiavea, Tanner und Staehelin Verlag Zürich 1985, S. 19 und 25)

1. *Bearbeitet die folgenden Aufgaben zum Text ausführlich und schriftlich:*

a) Was erfahrt ihr in dem Auszug aus der Rede des Papalagi über das Verhältnis des Europäers zu seinem Körper?
b) Wie wird das Verhältnis zwischen Körper und Geist beschrieben?
c) Welche Moralvorstellungen bestimmen nach den Ausführungen des Häuptlings das Verhältnis zwischen Mann und Frau?
d) Fasse das, was als Kulturkritik an den Europäern in dieser Rede deutlich wird, mit eigenen Worten kurz zusammen.
e) Wie bewertest du die „Echtheit" dieser Rede des Häuptlings Tuiavii?

Natur und Moral

Tierschutzgesetz, Zweiter Abschnitt, Tierhaltung

§ 2 Wer ein Tier hält, betreut oder zu betreuen hat,

1. muss das Tier seiner Art und seinen Bedürfnissen entsprechend angemessen ernähren, pflegen und verhaltensgerecht unterbringen,
2. darf die Möglichkeit des Tieres zu artgemäßer Bewegung nicht so einschränken, dass ihm Schmerzen oder vermeidbare Leiden oder Schäden zugefügt werden,
3. muss über die für eine angemessene Ernährung, Pflege und verhaltensgerechte Unterbringung des Tieres erforderlichen Kenntnisse und Fähigkeiten verfügen.

2. *Erörtere, ob*

a) das Tierschutzgesetz Mensch und Tier gleichstellt,
b) sich aus dem Tierhaltungsgesetz explizit Rechte der Tiere ableiten lassen,
c) wir in Zukunft Tierrechte ähnlich wie die Menschenrechte formulieren sollten.

Haben Tiere Rechte?

Meines Erachtens ist der Ausdruck „Rechte" im Hinblick auf Tiere völlig absurd, genauso absurd wie die Annahme, dass die Tiere gegenüber uns oder ihren Artgenossen „Pflichten" hätten. Etwas anderes ist es, die Position zu vertreten, dass wir Menschen unsere Menschlichkeit ausdehnen und dahin weiterentwickeln sollten, dass wir willkürliche Grausamkeiten gegenüber anderen Arten und deren ungerechtfertigte Ausrottung vermeiden. Das ist eine Frage von Pietät und Ästhetik, aber nicht von Rechtsverletzungen.

(EU-Gespräch mit Fernando Savater: Vom Nutzen der Ethik; in: Ethik & Unterricht 3/1997, S. 36)

3. *Gegen welche Position wendet Savater sich hier ausdrücklich? Wie kannst du seine Haltung zum Verhältnis zwischen Mensch und Tier umschreiben?*

Natur und Umwelt

Chauffieren mit gutem Gewissen

Die Idee, 1987 in Zürich erstmals erfolgreich umgesetzt, hat sich ausgebreitet von Freiburg bis Kiel, von Aachen bis Dresden. 100000 Kunden in mehr als 260 deutschen Städten und Gemeinden nutzen inzwischen CarSharing-Angebote. Sich das Auto zu teilen, ist ideal für alle, die es nur gelegentlich für Wochenendausflüge oder Großeinkäufe benutzen. In Betrieben oder Stadtverwaltungen kann das Sharing Dienstwagen ersetzen. Lohn für den Verzicht auf die eigenen vier Räder: keine Parkplatzsorgen, in der Regel Vollkaskoversicherung, kein Ärger mit der Werkstatt und von Fahrt zu Fahrt freie Auswahl zwischen Kleinwagen, Kombi und Transporter.
Teilnehmer zahlen eine Kaution, eine Anmeldegebühr und einen kleinen monatlichen Fixbetrag, oft unter zehn Euro. Die übrigen Kosten richten sich nach Zeitbedarf und Streckenlänge. Gebucht werden kann rund um die Uhr telefonisch oder per Internet, lange im Voraus oder ganz spontan. Am reservierten Stellplatz öffnen die Teilnehmer das Auto per Smartcard und gelangen per Code an die Schlüssel.
Ideales Terrain für dieses Verfahren sind Großstädte mit einem dichten Netz an Stellplätzen. Luft und Klima profitieren: Jeder der rund 3000 CarSharing-Wagen in Deutschland ersetzt nach Berechnungen des Bundesverbands vier bis zehn Pkw.

(GEO 12/2007; Extra Heft, 16 Bundesländer im Vergleich, S. 26)

4. *Nenne Vor- und Nachteile des CarSharings und finde drei weitere Möglichkeiten für einen effizienteren und umweltfreundlicheren Umgang mit dem Auto.*

Natur als Quelle

5. *Erkläre die folgenden Begriffe und nenne Beispiele:*

Energiequellen
Energieverschwendung
Umweltschutz
Klimawandel
Glaubwürdigkeit der Wissenschaft

Technik und Verantwortung

Unsere Wirtschaft ist in ihrer jetzigen Form nicht aufrechtzuerhalten. Das gilt bereits, wenn wir uns auf die entwickelten Länder konzentrieren, doch wir müssen auch die anderen Länder in die Betrachtung miteinbeziehen.

(Peter Singer: Wie sollen wir leben? Ethik in einer egoistischen Zeit, Deutscher Taschenbuch Verlag, München 2004, S. 59)

6. *Formuliere, was Singer vor allem den entwickelten Ländern vorwirft, und nimm dazu Stellung.*

Ethik und Verantwortung

7. *Formuliere den Imperativ für eine Verantwortungsethik der Zukunft mit eigenen Worten: „Handle ...“*

8. *Die Bundeskanzlerin/der Bundeskanzler hat zu einer bundesweiten Kampagne aufgerufen: Gestalte die Zukunft! Alle Bundesbürgerinnen und Bundesbürger sollen Vorschläge machen, wie Deutschland einen größeren und wirksameren Beitrag zum Klimaschutz leisten kann. Entwirf einen Brief, in dem du dazu konkrete Maßnahmen vorschlägst. Vergleicht, diskutiert und bewertet hinterher eure Vorschläge und Ideen.*

Altern, Sterben, Tod

Nicht die Jahre in unserem Leben zählen, sondern das Leben in unseren Jahren.
(Adlai E. Stevenson)

Solange man neugierig ist, trotzt man dem Alter.
(L. Lencester)

Ich fühle mich nicht alt, weil ich so viele Jahre hinter mir habe, sondern weil nur noch so wenige vor mir liegen.
(Ephraim Kishon)

Vom Standpunkt der Jugend aus gesehen, ist das Leben eine unendlich lange Zukunft, vom Standpunkt des Alterns aus, eine sehr kurze Vergangenheit.
(Arthur Schopenhauer)

We do not stop playing, because we are old. We grow old because we stop playing.
(Helen Hayes)

Alt sein können hält jung, jung sein wollen macht alt.
(Unbekannter Autor)

1. *Stell dir vor, du sitzt neben der alten Frau auf der Bank. Worüber könntest du mit ihr sprechen? Was könnte sie dir erzählen? Was würdest du sie gerne fragen? Protokolliere stichwortartig einen möglichen Gesprächsverlauf.*

2. *Verteilt die Zitate auf Kleingruppen, erläutert die jeweiligen Aussagen mit konkreten Beispielen und untersucht, ob sie für die heutige Zeit noch zutreffen.*

3. *Altern ist auch ein Problem der heutigen und noch mehr der zukünftigen Gesellschaft. Formuliert Probleme, über die ihr in diesem Zusammenhang gerne diskutieren würdet.*

Tobias Brocher beschreibt in seinem Buch „Wenn Kinder trauern“, wie Kinder es verarbeiten, wenn sie mit der endgültigen Tatsache „tot“ konfrontiert werden. Die folgenden Texte und Zeichnungen zeigen beispielhaft Vorstellungen von Kindern zum Thema „Wenn ich mal tot bin ...“.

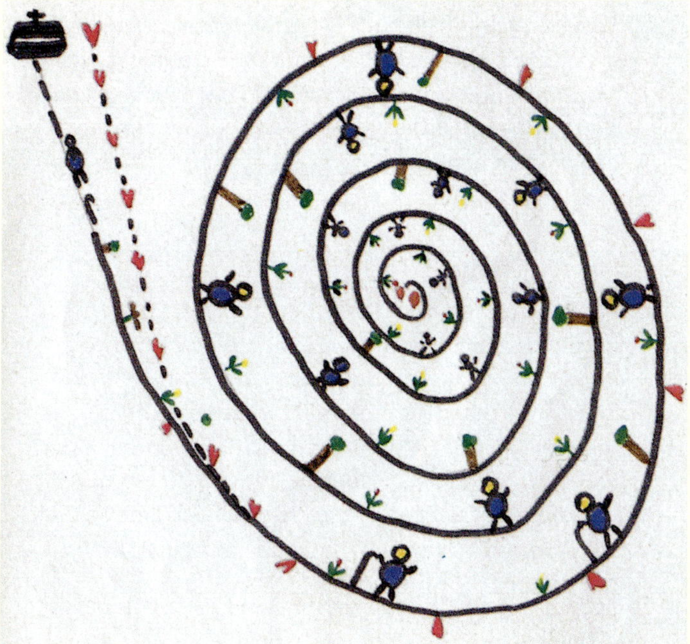

4. *Interpretiert die Abbildungen und bezieht dabei auch die Texte mit ein. Vergleicht mit euren eigenen Vorstellungen.*

5. *Viele Menschen sagen, dass sie keine Angst vor dem Tod, aber große Angst vor dem Sterben haben.*
Befragt dazu jüngere und ältere Menschen, sammelt die Informationen und sprecht darüber, was damit gemeint ist.

Wenn ich auch mal sterbe, aber mein Herz stirbt dann nicht, weil immer im Herzen alles gut ist.
(Martina, 9 Jahre)

Ich möchte noch einmal auferstehen, weil ich dann jede Zukunft erleben kann.“
(Uwe, 10 Jahre)

Ich glaube, so viel weiß jeder, dass das Leben etwas Einmaliges ist. Der Tod kommt früh genug. Was nach dem Sterben geschieht, muss man Gott überlassen oder seiner jeweiligen Überzeugung. Die Angst vor dem Tod sollte man früh genug unterdrücken, sonst lebt man ja nur noch in Angst und verdirbt sich dann das eine Leben, das man nur hat.
(Schülerin, 15 Jahre)

Dörte, 9 Jahre

1. Was heißt eigentlich „alt"?

Schüler äußern sich:

Alt ist für mich jemand, der viele Falten und graue Haare hat, einen Gehstock braucht und immer vor sich her schwatzt.
(Rimm, 14 Jahre)

Alt ist für mich jemand, der mit seinen Erfahrungen jüngeren Menschen gute Ratschläge geben und Lebensweisheiten mitteilen kann.
(Kerstin, 14 Jahre)

Altern bedeutet für mich, unnütz, gebrechlich und krank zu werden.
(Timo, 15 Jahre)

Altern ist nichts Schlimmes, weil es zu jedem Leben gehört. Man wird zwar langsamer und schwerhöriger, dennoch ist man immer noch ein Mensch.
(Karina, 15 Jahre)

Alt sein bedeutet für mich, nicht mehr ernst genommen zu werden, anderen im Wege zu stehen oder zur Last zu fallen.
(Mark, 16 Jahre)

Wenn ich 70 bin, habe ich weiße Haare, brauche einen Gehstock, fahre aber noch Auto und gehe mit meinen Enkeln spazieren oder Eis essen.
(Cravotta, 16 Jahre)

1. *Sammelt eure eigenen Gedanken und Meinungen zum Thema „Altern" – dabei kann euch die Methode „Satzergänzung" helfen. Vergleicht eure Ergebnisse mit den Schüleräußerungen und ordnet beide stichwortartig in Tabellenform mit den Überschriften „biologisches Altern", „soziales Altern" und „individuelles Altern".*

2. *Fotografen, die sich auf Porträts von Menschen spezialisiert haben, suchen oft als Motive die Gesichter alter Menschen, weil sie eine besondere Ausstrahlung haben. Betrachtet und bewertet unter diesem Gesichtspunkt das abgebildete Foto.*

Methode: Assoziative Satzergänzung

- Sucht euch ein Thema aus, zu dem jeder seine eigene Einschätzung darlegen kann.
- Formuliert dann mehrere Satzanfänge. Zum Beispiel: „Alt ist für mich jemand, … ." „oder Altern bedeutet für mich …" oder „Wenn ich 70 bin, … ."
- Sammelt die fertigen Sätze, sprecht darüber, bewertet sie und ordnet sie nach übergeordneten Kategorien.

Zu „jung" und zu „alt" kann man immer sein

„Für eine Karriere als Ballerina bist du mit 14 Jahren zu alt. Da hättest du viel früher anfangen müssen." „Du bist zu jung, um mit deinem Freund allein in Urlaub fahren zu können." „Sie sind mit 55 zu alt für eine Umschulung." Auf die Bitte, an einem Buch über „Langlebigkeit und geistige Vitalität" mitzuwirken, antwortete der 100-jährige Schriftsteller Ernst Jünger seinem Verleger, dass er sich dazu noch nicht alt genug fühle.

3. *Belegt durch eigene Beispiele die These, dass die Bewertung von „jung“ und „alt“ immer abhängig ist vom jeweiligen Zusammenhang.*

Wenn Menschen nicht altern wollen – Beispiel: Dorian Gray

In Oscar Wildes Roman „Das Bildnis des Dorian Gray“ (1890 erschienen) wird der Titelheld, ein auffallend schöner junger Mann, von einem befreundeten Maler porträtiert. Dabei lernt er Lord Henry Wotton kennen, einen dreißig Jahre alten Hedonisten*, der ihm rät, seine Jugend auszukosten und nichts auszulassen:

Ja, Mr. Gray, die Götter sind Ihnen gnädig gewesen. Aber was die Götter geben, nehmen sie schnell wieder; Sie haben nur ein paar Jahre, um das Leben in vollen Zügen auszukosten. Wenn Ihre Jugend dahingeht, verlässt Sie auch Ihre Schönheit, und dann werden Sie mit einem Male entdecken, dass es keine Siege mehr für Sie gibt oder dass Sie sich mit den dürftigen Siegen begnügen müssen, die Ihnen die Erinnerung an Ihre Vergangenheit bitterer machen wird als Niederlagen. Jeder Monat, der dahingeht, bringt Sie etwas Schrecklichem näher. Die Zeit ist eifersüchtig auf Sie und führt Kriege gegen Ihre Lilien und Ihre Rosen. Sie werden gelb und hohlwangig werden und trübe blicken. Sie werden entsetzlich leiden ... Ah! Nutzen Sie Ihre Jugend, solange Sie sie haben!“

Beim Betrachten des fertigen Bildes flüstert Dorian Gray:

„Wie traurig ist das! Ich werde alt und grässlich und widerwärtig werden, aber dieses Bild wird immer jung bleiben. Es wird nie älter sein, als dieser Junitag heute ... Wenn es nur umgekehrt wäre! Wenn ich immer jung bleiben könnte und dafür das Bild immer älter würde! Dafür – dafür – dafür gäbe ich alles! Ja, es gibt nichts in der ganzen Welt, was ich nicht dafür gäbe! Ich gäbe meine Seele dafür!“

(Oscar Wilde: Das Bildnis des Dorian Gray, Insel Taschenbuch 843, Frankfurt am Main 2003, S. 40, 45)

Sein Wunsch wird erfüllt, doch sein Leben nimmt einen verhängnisvollen Verlauf. Er gibt sich lustvollen Ausschweifungen hin, ohne sich von gesellschaftlichen oder moralischen Bedenken einschränken zu lassen. Am Ende zerstört er sich selbst, als er mit einem Messer auf das Bild einsticht. Die Bediensteten finden das Bild, auf dem Dorian Gray in jugendlicher Schönheit zu sehen ist, und einen alten, runzeligen Toten im Abendanzug mit einem Messer in der Brust.

Beispiel: Tithonos

Tithonos ist in der griechischen Sage der Sohn des Königs Laomedon von Troja. Eos, die Göttin der Morgenröte, raubte ihn wegen seiner Schönheit und erwirkte von Zeus für ihn ewiges Leben. Sie hatte aber vergessen, für ihn auch ewige Jugend zu erbitten. Tithonos wurde immer älter und schrumpfte zuletzt so zusammen, dass er nur noch wisperte wie eine Zikade, in die er dann auch verwandelt wurde.

4. *Langlebigkeit ohne Jugend ist ein Fluch und ewige Jugend ist ein Albtraum. Setzt euch mit diesen Thesen auseinander und berücksichtigt dabei die Beispiele Tithonos und Dorian Gray.*

5. *Bewertet das Bild und vergleicht es mit dem Foto der vorhergehenden Seite. Begründet eure Einschätzungen.*

2. Anti-Aging, Pro-Aging oder das Recht auf Gebrechlichkeit?

Anti-Aging – Jung um jeden Preis

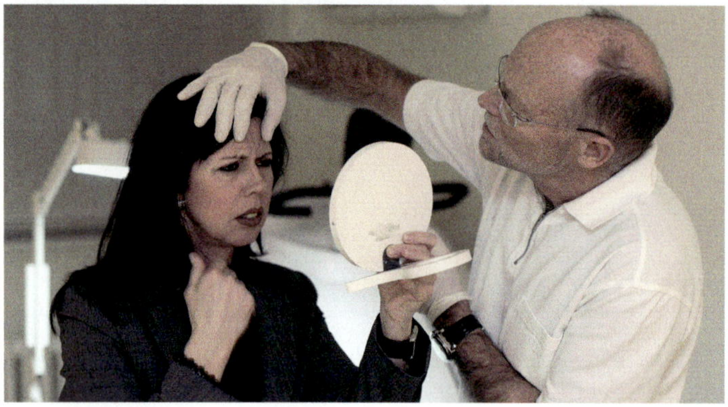

Auf dem Bild lässt sich eine junge Frau über eine Botox-Behandlung beraten. Botox ist ein starkes Nervengift, das als Anti-Faltenmittel bevorzugt in die Augenpartien, in die Stirn und in die Mundpartien gespritzt wird und die Faltenbildung, je nach Patient, drei bis sieben Monate lahmlegt. Das ist nur eine der vielen Maßnahmen, die unter dem Begriff Anti-Aging (Altershemmung) zusammengefasst werden. Sie haben das Ziel, die biologische Alterung des Menschen hinauszuzögern, die Lebensqualität im Alter auf möglichst hohem Niveau zu halten und die Lebenszeit zu verlängern. Anti-Aging hat sich zu einem weltweiten Megatrend mit Milliardenumsätzen entwickelt und umfasst unterschiedliche Bereiche, wie zum Beispiel Nahrungsergänzungsmittel, Hormonbehandlungen, Kosmetik, medizinische Therapien, chirurgische Eingriffe usw. Kritiker weisen darauf hin, dass sich die erhofften Wirkungen oft nicht einstellen, und warnen vor Gesundheitsschäden durch Nebenwirkungen.

1. *Diskutiert über euch bekannte Anti-Aging-Maßnahmen und bewertet sie.*

2. *FOREVER YOUNG – Beschreibt und bewertet Motive von Frauen und Männer, die bereit sind, alles zu tun, um für sich diesen Zustand möglichst lange zu erhalten. Vergleicht mit eurer eigenen Einschätzung von Alterserscheinungen.*

Pro-Aging – Alt in bester Form

Gegen den zweifelhaften Wunsch nach ewiger Jugend setzt seit einigen Jahren die Bewegung Pro-Aging eine Haltung dagegen, die das Altern akzeptiert und versucht, das Beste daraus zu machen.

„Ich bin gegen jede Anti-Aging-Kampagne. Ich bin für Pro-Aging – und make the best of it."

(Ursula Lehr, Altersforscherin und ehemalige Bundesfamilienministerin)

Pro-Aging umfasst Maßnahmen wie gesunde Ernährung, Bewegung, soziale Kontakte, medizinische und psychische Hilfe usw., die den alternden Menschen möglichst lange gesund erhalten; aber auch die einbeziehen, die einen schwächeren Gesundheitszustand aufweisen oder chronisch krank sind.

3. *Hat die Pro-Aging-Haltung eine Chance, den Anti-Aging-Trend in den nächsten Jahren zu kippen und sich durchzusetzen? Begründet eure Meinung und berücksichtigt dabei auch die unterschiedlichen Interessen von Betroffenen, Forschern, Wirtschaft, Medien usw.*

Werbung mit älteren Menschen liegt immer mehr im Trend – von der „Mutter aller Schnäppchen" im Media Markt über die ältere Frau bei Ariel, die ein T-Shirt mit der immer noch leuchtenden Aufschrift „Abitur 67" trägt, bis zum älteren Mann bei Pattex, dem immer noch ein Indianerfigürchen am Kopf klebt.

4. *Welche „Alterswerte" werden angesprochen und verkaufsfördernd transportiert? Analysiert dazu das Werbebild. Sammelt und bewertet weitere Beispiele.*

Das Recht auf Gebrechlichkeit

Die verlängerte Lebenszeit, die uns die Experten prognostizieren, scheint einen tief sitzenden Horror vacui[1] wachzurufen: Sie muss mit möglichst viel, möglichst intensivem, möglichst attraktivem Leben gefüllt werden [...]. Wenn es ein Zentralmotiv gibt in der utopischen Ausfantasierung der künftigen Altengesellschaft, dann ist es die Entgrenzung der Vitalität. Sie ist nicht mehr das Privileg der Jugend und Lebensmitte, sie ist die gute Fee aller Lebensphasen. Wer wollte ihren Charme bestreiten? Aber zu diesem Charme gehört seine Unverfügbarkeit. Die gute Fee stellt sich ein, wenn sie will, und sie geht, wenn sie will, nicht selten, ohne sich zu verabschieden. Nicht immer belohnt sie den, der brav seine Übungen macht. Verlässlich ist sie nicht. Aber manchmal etwas großspurig. Dann tritt sie so auf, als gehöre ihr selbst in der Welt des Alters die Zukunft und ihrer älteren Schwester und Rivalin lediglich die Vergangenheit. Diese ältere Schwester ist die Gebrechlichkeit. [...]

Groß war ihre Macht, vielfältig die Zahl der Plagen, Gebrechen und Zipperlein, die ihr zu Gebote standen. Nie stand sie abseits, wenn vom Alter erzählt wurde oder sich jemand daran machte, es ins Bild zu setzen. Sie prägte sich den Geschichten vom Altenteil ein und den Gesichtern ihrer Hauptfiguren, unermüdlich nähte sie ihre dreiblättrigen Wortgirlanden in die Lebensfäden: „alt, krank, bettlägerig". Jetzt, wo das neue Alter ausgerufen wird, scheint sie selbst aufs Altenteil zu geraten. Wo immer neue Rekorde vermelden, was mit siebzig, achtzig, neunzig und hundert noch geht, wirkt sie wie ein anachronistisches[2] Relikt. [...] Es hat aber mit dem Wappenspruch „Alt, aber vital!" eine seltsame Bewandtnis.[...] Kaum streift er die Wunschform ab, wird er zur Parole, zum terroristischen Imperativ: Sei vital, wie alt du auch bist! Informier dich über Anti-Aging! Geh täglich schwimmen! Du schaffst es, noch mit siebzig am Marathon teilzunehmen! Vernachlässige nicht dein Anti-Demenz-Training! [...]

Dergleichen Imperativ-Kaskaden[3] sind derzeit die Begleitmusik auf dem Weg ins Alter. Mit Inbrunst entdecken und beschwören die Propheten des neuen Alters immer neue Ressourcen der Lebenszuversicht, immer neue Herausforderungen, die den Ruhestand in Bewegung bringen. Sie werden nicht müde, die Freisetzung von Energien zu propagieren, die früher nicht zum Zuge kamen, weil niemand mit ihnen rechnete, niemand an sie appellierte. [...] Sie lockern nicht nur die überkommene Verknüpfung von Alter und Gebrechlichkeit, sie etablieren zugleich die Vitalität als neue kulturelle Norm des Alters. Und nicht selten erreichen sie den Umschlagpunkt, an dem die Ermunterung der Vitalen sich als Entmutigung der Gebrechlichen entpuppt. [...] Je allgegenwärtiger die munteren Achtzigjährigen sind, die stolz davon berichten, wie sie sich im Schlauchboot in irgendein Wildwasser gestürzt haben, desto unangenehmer wird es, schon mit knapp siebzig kaum noch aus den eigenen vier Wänden herauszukommen. Je erfolgreicher sich die Vitalität als kulturelle Norm für das Leben im Alter etabliert, desto mehr wird der gebrechliche Alte zum nahezu begründungspflichtigen Sonderfall. [...]

(Lothar Müller in: „Du – Die Zeitschrift für Kultur", Heft 3, April 2007, Sulgen, S. 24 f.)

Caspar David Friedrich (Gemälde von Caroline Bardua, 1839)

[1] horror vacui: Schrecken vor dem Leeren (Menschen neigen dazu, leere Räume zu füllen)

[2] anachronistisch: im Widerspruch zu den Fortschritten der Zeit stehend

[3] Imperativ-Kaskaden: „wasserfallartig" auf einen niederprasselnde Befehle

5. *Lothar Müller wehrt sich gegen den Trend, Vitalität immer mehr als kulturelle Norm für das Alter festzusetzen. Fasst zusammen, welchen Wertewandel er beschreibt, welche Folgen er befürchtet und was er für das gebrechliche Leben fordert. Setzt euch mit seiner Kritik auseinander und begründet eure eigene Wertung.*

6. *Auf dem Bild ist der Maler Caspar David Friedrich im Alter von 65 Jahren porträtiert – vier Jahre nach einem Schlaganfall und ein Jahr vor seinem Tod. Verfasst einen inneren Monolog und vergleicht mit dem Text von Lothar Müller.*

3. Alte Menschen in der Gesellschaft

Beispiele für Altersdiskriminierungen:

- Herr M., 66 Jahre, beantragte bei seiner Krankenkasse eine Zahnzusatzversicherung. Der Antrag wurde abgelehnt, weil er schon über 65 sei.
- Eine 80-jährige Frau, Besitzerin eines bezahlten Einfamilienhauses, wollte nach Zuteilung eines Bausparvertrages eine Eigentumswohnung kaufen und den Rest mit einem Kredit finanzieren. Die Bank bestand darauf, dass sie ihren Sohn mit in den Vertrag nimmt.
- Senioren-Verbände wehren sich gegen gesetzliche Höchstaltersgrenzen, dass zum Beispiel über 68-Jährige nicht mehr als öffentlich bestellte Gutachter tätig sein dürfen, 70-Jährige ihre ehrenamtliche Tätigkeiten als Schöffen* aufgeben müssen, erfahrene Bürgermeister mit 65 nicht mehr kandidieren dürfen oder Ärzte ab 68 ihre Zulassung als Kassenärzte verlieren.
- Eine 80-jährige Autofahrerin verursacht beim Ausparken aus einer engen Parklücke einen kleinen Kratzer, bemerkt den Vorfall aber nicht und fährt weiter. Sie wurde beobachtet und angezeigt. Die Behörden glauben ihr, zweifeln aber an ihrer Fahrtüchtigkeit und verordnen eine erneute Führerscheinprüfung.
- Eine 82-jährige Frau klagt darüber, dass sie vom Pflegefachpersonal oft wie ein Kind behandelt und mit einer Art Babysprache angesprochen wird, z. B. mit Sätzen wie „Jetzt heben wir mal das rechte Beinchen" oder „Wie geht es uns denn heute Morgen, haben wir auch gut geschlafen?".

1. *Inwiefern seht ihr in den genannten Beispielen eine Diskriminierung wegen des Alters? Begründet eure Meinung dazu und belegt sie durch weitere Beispiele aus eigenen Beobachtungen.*

**Information:
Das Allgemeine Gleichbehandlungsgesetz**

Das Allgemeine Gleichbehandlungsgesetz, das in Deutschland lange unter dem Titel „Anti-Diskriminierungsgesetz" diskutiert worden ist, trat am 18. August 2006 in Kraft. Deutschland setzt mit diesem Gesetz Richtlinien der Europäischen Gemeinschaft in nationales Recht um, nach denen Personen aufgrund ihres Geschlechts, einer Behinderung, ihrer Nationalität, ihres Alters oder ihrer sexuellen Identität nicht diskriminiert werden dürfen.

Brauchen wir eine neue Altenkultur?

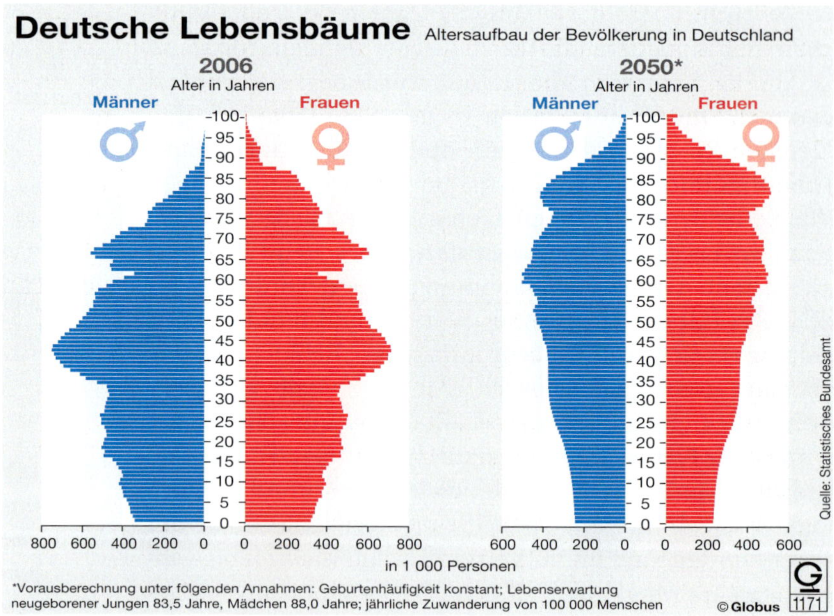

2. *Beschreibt die Veränderungen des Altersaufbaus in Deutschland in den nächsten 50 Jahren. Vergleicht dabei die Gesamtentwicklung und einzelne Altersstufen, zum Beispiel die Anzahl der 16-Jährigen mit der Anzahl der 90-Jährigen. Stellt Vermutungen an über Auswirkungen und Folgen dieser Entwicklung, die euch selbst betreffen können.*

3. *Beschreibt Situationen aus verschiedenen Lebensbereichen, in denen ihr beobachtet habt, wie alte Menschen heute immer noch große Probleme haben.*

4. *Befragt dazu auch alte Menschen, ergänzt so eure Fallbeispiele und überlegt Verbesserungsvorschläge.*

Neue Aufgaben für alte Knaben

Das technische Zeichenbrett hier im Flur ist nicht viel älter als die ergrauten Männer hinter der Glasfront zum Großraumbüro. Das Brett stammt aus den Zwanzigerjahren des vorigen Jahrhunderts und ist längst ausgemustert aus dem Arbeitsalltag. Auf der Unterlage entwarf einst Willy Messerschmitt als Chefkonstrukteur der Bayerischen Flugzeugwerke in Augsburg jene legendären Maschinen, die in die Luftfahrtgeschichte eingingen. [...]. Das Ausstellungsstück steht heute sozusagen im Austragsstüberl gleich vor der orangefarbenen Tür zu Otmar Fahrions Chefbüro. Und es entbehrt insofern nicht einiger Symbolkraft, als Fahrion, der Firmengründer und Inhaber, sich etwas darauf zugutehält, es vor dem Verschrotten bewahrt zu haben. Im übertragenen Sinne hat Fahrion auch ein Drittel seiner hundertköpfigen Belegschaft vor der Schrottpresse des deutschen Arbeitsmarktes gerettet – „altes Eisen“, wie man so sagt. Männer wie Helmut Hanel, 64, Wolf Laun, 61, oder Walter Schmidt, 60.
Die drei stecken gerade die Köpfe über dem Computerbildschirm zusammen, um eine dreidimensional dargestellte Brückenkonstruktion zu begutachten. [...] Drei alte Knaben vor einer neuen Aufgabe – das Bild hat mittlerweile Seltenheitswert. Nur noch ein Drittel der deutschen Männer jenseits der 60 stehen in Lohn und Brot, bei den Frauen sind es lediglich 15 Prozent. Ganz zu schweigen von der Tatsache, dass Jobsucher, deren Lebensalterziffer mit einer Fünf beginnt, ihre Bemühungen meist gleich bleiben lassen können – es stellt sie ohnehin kaum einer ein. Höchstens Exoten unter den 3,4 Millionen deutschen Unternehmen wie Fahrion Engineering. [...] Projekterfahrener Fertigungsplaner, Schwerpunkt Flugzeugbau, 59, seit einem Jahr arbeitslos? Aber gerne! „Ältere Ingenieure sind wie Edelsteine.“ [...]

(Dagmar Deckstein, 29.10.2003; in: www.sueddeutsche.de)

5. *Für manche Unternehmen gilt: „Nicht altes Eisen, sondern Edelstahl.“ Was bewegt sie dazu? Welche Werte sind bei ihnen wieder gefragt? Diskutiert darüber.*

6. *Es gibt weltberühmte Musiker, Dirigenten, Maler, Dichter, Philosophen usw., die in sehr hohem Alter noch außergewöhnliche Leistungen vollbracht haben. Sammelt einige Beispiele, stellt sie vor und formuliert Gründe, warum in diesen Bereichen Alter kein Maßstab ist.*

Wo die Jungen zu Füßen der Alten sitzen

Ich reise also seit vielen Jahren alljährlich nach Japan. Ein intensives Studium der japanisch-chinesischen Geschichte und Kultur ergänzte die unmittelbare Anschauung. Und immer waren meine Erfahrungen eine Begegnung mit dem Alter, mit alten Menschen, mit der Weisheit des Alters, mit Lebenserfahrungen, die sich in diesen alten, aus der Kontinuität lebenden Kulturen bewahrt haben und trotz Wolkenkratzer und Elektronikboom nicht untergegangen sind. [...] Die traditionelle östliche Kultur kehrt immer wieder an den Ursprung zurück und zeichnet sich durch eine Kreisbewegung, nicht durch eine aufsteigende Linie, aus. In dieser Kultur ist Alter kein Makel, sondern Beweis für gelebtes Leben, für Erfahrung, die weitergegeben werden kann und muss [...] Ein Bild im vollendeten Zen-Stil zeigt „Die vier Alten vom Berg“ von Tohaku. Es ist ein Wandbild aus einem der berühmten Tempel von Kyoto. Die vier Alten verkörpern die Fülle des Lebens, sie tragen die Tradition, sie werden nicht abgeschoben. Die Jungen sitzen zu Füßen der Alten und wollen an deren Erfahrung teilhaben. [...]

(Walter Flemmer: Das Alter als Kunstwerk; in: www.golonglife.de/2003_02/alter.htm)

7. *Fasst die von Walter Flemmer beschriebenen Wertschätzungen des Alters in der östlichen Welt zusammen, vergleicht mit unserer Kultur, die durch die Dynamik des Fortschritts und durch schnellen Wandel bestimmt ist.*

8. *Die Indianer Nordamerikas verehrten alte Menschen wegen ihrer Lebenserfahrung, und in jedem Stamm gab es einen Ältestenrat. Sammelt Informationen dazu, berichtet darüber und begründet, warum alte und weise Frauen und Männer in besonderer Weise verehrt wurden.*

4. Jung und Alt – kein unüberbrückbarer Gegensatz

Beispiel: Glücksmomente – Kita und Altersheim unter einem Dach

Wie Alt und Jung zusammenleben und voneinander lernen können, zeigt die Arbeiterwohlfahrt in Brandenburg an der Havel: In einem Altersheim ist seit einem Jahr auch eine Kita – ein bundesweit einzigartiges Projekt. [...]
„Wir leben hier wie in einer Großfamilie", sagt Birgit Morawe (41), Leiterin des Projekts „Glücksmomente" – Kita und Altersheim unter einem Dach. „Die typische Großfamilie, in der jeder für jeden da ist, gibt es ja leider kaum noch in Deutschland." Die Idee zu dem Projekt bekam sie durch einen TV-Bericht über ähnliche Projekte in Frankreich und Österreich. Sie machte sich mit Kolleginnen vor Ort ein Bild – und alle waren begeistert.
Damals standen zwei Räume im neu gebauten Altenheim in Brandenburg an der Havel leer. Die wollten die Awo-Frauen mit Leben füllen. [...] Heute leben in dem Haus 44 Senioren und tagsüber auch 15 Kinder.
Es gab auch Skepsis: Wird den Senioren der Trubel nicht zu viel? Und: Ist den Kindern die Allgegenwart von Krankheit und auch Tod zuzumuten? „Wir haben mit allen Beteiligten ausführlich über ihre Ängste gesprochen, die Eltern von Anfang an mit in das Konzept eingebunden", sagt Birgit Morawe. So verflogen die Zweifel.

„Kinder sind was Wunderbares, die bringen Farbe in unseren Alltag", schwärmt Alfred Pohlmann. Der alte Herr sitzt auf seinem Sessel, umringt von sechs Steppkes. [...] Alfred Pohlmann ist mit 93 Jahren der Märchen-Held. „Der Mann hat ein Riesen-Repertoire an Lebensweisheiten", sagt Erzieherin Angelika Körthke (52).
Die schönsten Freuden erwachen aus einfachen Gesten. Wenn die demenzkranke Dons Lenske (68) versonnen mit dem Zopf von Nadja (5) spielt, während die auf ihrem Schoß im Puzzlespiel vertieft ist. Oder wenn der kleine Jannek (3) den Omas und Opas stolz seine geangelten Spielfische zeigt. Oder wenn die faltige Hand von Rudolf Woltersdorf (88) die zarte Hand von Pauline (6) umfasst. „Sie sehen sich, sie berühren sich – und entwickeln dabei ihre ganz eigene Sprache. Sie zaubern sich gegenseitig ein Lächeln ins Gesicht", sagt Birgit Morawe. Die Kinder sind mit ihrer Unbekümmertheit für viele Senioren wie eine Batterie des Lebens. [...]
Auch die Kinder profitieren vom Zusammensein: Sie haben geduldige Zuhörer, lernen zugleich Höflichkeit, Rücksichtnahme und Respekt vor dem Alter. „Zudem bekommen sie ein Bild davon, wie sich Menschen im Laufe der Zeit verändern", erklärt Roswitha Brüll. „Sie erleben hier ganz bewusst mit, dass ein älterer Mensch auch krank werden kann, beim Essen kleckert und nicht so lange konzentriert zuhören kann." Die Kinder stellen sich darauf ein. [...]

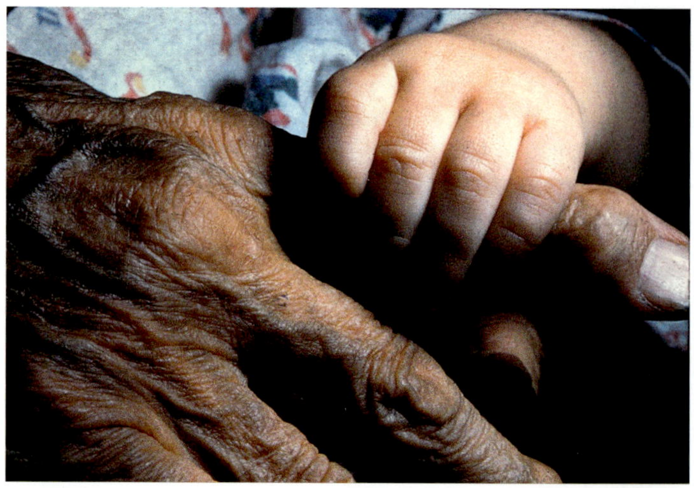

„Beide Generationen sollen sich wohlfühlen und die Möglichkeit haben, sich jederzeit zurückziehen zu können“, sagt Birgit Morawe. [...]

(Britta Zimmermann; www. berlinonline.de/berliner-kurier/print/nachrichten/171863.html; 28.5.2007)

1. *Jung und Alt können sich gegenseitig bereichern. Beschreibe an konkreten Beispielen, wie das im dargestellten Projekt „Glücksmomente“ realisiert werden konnte.*

2. *Wann suchst du das Gespräch mit alten Menschen? Zu wem gehst du dann am liebsten? Begründe deine Antworten.*

3. *In welchen Bereichen seht ihr Möglichkeiten, dass eine Begegnung von Alt und Jung für beide Seiten vorteilhaft und fruchtbar verlaufen kann? Macht Vorschläge dazu und berichtet von bereits gemachten Erfahrungen.*

Beispiel: Mehrgenerationenhaus

Um das Mit- und Füreinander der Generationen in Deutschland zu stärken, hat die Bundesregierung das Aktionsprogramm Mehrgenerationenhäuser ins Leben gerufen. Am 2.10.2003 wurde das erste niedersächsische Mehrgenerationenhaus durch Sozialministerin Ursula von der Leyen (seit 2005 Bundesministerin für Familie, Senioren, Frauen und Jugend) eröffnet. In vielen deutschen Städten gibt es heute Mehrgenerationenhäuser, offene Tagestreffpunkte, die von der Zusammenarbeit der verschiedenen Generationen leben. Jeder und jede ist hier willkommen und kann sich bei den täglichen Aufgaben im Mehrgenerationenhaus einbringen.

Reaktionen von Jugendlichen:

„Mir macht das Babysitten großen Spaß. Jetzt habe ich hier Gelegenheit, an einem Kurs teilzunehmen und etwas zu lernen über Entwicklungsphasen des Kindes, Spiele, Erste Hilfe bei Kindern usw. Ich freue mich schon auf das Babysitter-Diplom, das ich dann bekomme“.
(Mädchen, 15 Jahre)

„Beim Computerkurs ging für die Teilnehmer alles viel zu schnell. Mein Freund und ich kommen jetzt öfters und helfen den Älteren, wenn sie am PC sitzen.“
(Junge, 14 Jahre)

„Ich höre gerne zu, wenn Ältere Geschichten aus ihrem Leben erzählen. Manchmal nervt es aber auch, wie sie über uns Junge denken oder wenn sie immer gleich auf der Matte stehen, wenn ihnen etwas nicht passt.“
(Junge, 16 Jahre)

Jugendliche können helfen, die Hemmschwelle der Älteren abzubauen, wenn es um neue Medien oder um die Arbeit mit Computer und Internet geht. Aber auch die älteren Menschen können den Jugendlichen in vielen Bereichen helfen, zum Beispiel beim Einstieg ins Berufsleben oder bei schulischen Problemen. Von den Kurs- und den Aktivangeboten wie Theatergruppe, Filmabende, Feste, Biografienforschung, Diskussionsabende können Alt und Jung profitieren und sich gegenseitig besser verstehen.

4. *Beschreibt und bewertet die Möglichkeiten, die ein Mehrgenerationenhaus für Jugendliche bietet. Ergänzt durch eigene Ideen.*

Projektvorschläge zur Vertiefung des Themas

- gemeinsame Planung und Durchführung eines Besuches in einem Mehrgenerationenhaus
- Befragen von Zeitzeuginnen und Zeitzeugen, z. B. zum Kriegsende und zum Leben in Deutschland in den ersten Nachkriegsjahren
- Schulfeste, z. B. unter dem Motto „Dialog der Generationen“
- gemeinschaftliche Betreuung von Einrichtungen in der Schule, z. B. Cafeteria, Mittagstisch
- Diskussionsrunden mit Seniorengruppen
- Podiumsdiskussionen mit Politikern, z. B. zum Thema Rentenpolitik
- Arbeitsgemeinschaften zwischen Schulklassen und Seniorenklubs in den Bereichen Musik, Kunst, Theater, Computer
- Projekttage zum Thema „Altsein – Jungsein“

5. Wenn es zu Hause nicht mehr geht ...

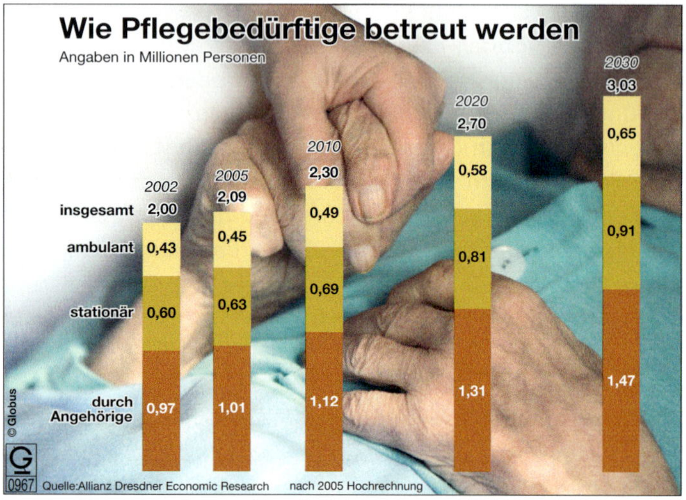

Wenn es nach den Wünschen der Älteren geht, äußern die meisten, so lang wie möglich in den eigenen vier Wänden bleiben zu wollen. Das ist ganz im Sinne der öffentlichen Hand, denn häusliche Pflege ist erheblich kostengünstiger als die stationäre Versorgung. Nach einer Hochrechnung der Allianz Dresdner Economic Research nimmt die Zahl der Pflegebedürftigen im stationären Bereich lediglich um 300 000 Personen zu. Fast die Hälfte der Pflegefälle wird nach der Studie heute und auch 2030 durch Angehörige versorgt.

(Globus Infografik GmbH, 0967 glo – 20.10.2006)

1. *Die Grafik zeigt das häufigste Bildmotiv für „Pflege“. Beschreibe es und erkläre die exemplarische Bedeutung dieser Geste.*

2. *Nach einer Bekanntgabe des Statistischen Bundesamtes vom Mai 2007 nimmt die Zahl der Pflegebedürftigen bis zum Jahre 2030 um 54 % zu, fast die Hälfte davon wird von Angehörigen betreut. Diskutiert Möglichkeiten und Grenzen der häuslichen Pflege und bezieht eigene Erfahrungen oder Beobachtungen mit ein.*

Information: Modelle der Altenpflege im Heim

In Deutschland gibt es nach dem Heimgesetz eine dreistufige Versorgung:
Im **Altenwohnheim** hat der Bereich Wohnen das größte Gewicht: geschlossene kleine Wohnungen im Heim mit eigenständiger Haushaltsführung. Eine Notrufanlage garantiert Versorgungssicherheit.
Im **Altenheim** gibt es Zimmer oder Kleinappartements mit eigenen Möbeln, die Haushaltsführung (Putzen, Essensversorgung usw.) wird abgenommen.
Das **Altenpflegeheim** ist die häufigste und wichtigste Wohnform für alte Menschen außerhalb der normalen Wohnungen. Es gibt Einzel- oder Mehrbettzimmer mit einer umfassenden pflegerischen Versorgung nach festgelegten Pflegestandards.

Eine Alternative zum Altenheim sind Wohngemeinschaften wie „Alt und Jung unter einem Dach“ oder die Senioren-WG. Hier kann man je nach Wunsch alles haben: familienähnliche Strukturen mit Gemeinschaftsküche oder abgeschlossene Appartements mit zentralem Gesellschaftsraum. Im Pflegefall ist neben der gegenseitigen individuellen Hilfe auch ambulante Hilfe von außen durch Wohlfahrtsverbände möglich. Auf dem Bild tanzt eine Krankenschwester der Diakonie mit einem 95-jäh-

rigen Patienten. Das Tanzen ist dessen große Leidenschaft, die sie ihm gelegentlich erfüllen kann.

Ein Altenpfleger berichtet über seine Tätigkeit

Ich arbeite in einem Altenpflegeheim und liebe meinen Beruf; auch wenn der hohe Pflegestandard und die häufigen krankheitsbedingten Überstunden manchmal bis an die Grenzen meiner Kraft gehen. Ich erlebe täglich, wie sehr ich gebraucht werde, und es ist ein gutes Gefühl, anderen helfen zu können. Je mehr ich mich einbringe, desto mehr bekomme ich auch wieder zurück. Das zeigt sich in den Reaktionen der Bewohner: ein Lächeln, Berührungen, Umarmungen, ein Lob auch von den Angehörigen, manchmal kleine Geschenke, Dankeskarten, Briefe usw.
Das größte Problem für mich ist, dass ich zu wenig Zeit für die Bewohner habe. Wenn ich während einer Schicht bis zu neun Pflegebedürftige versorgen muss, darunter auch Schwerstpflegefälle, dann müssen die persönlichen Gespräche kurz gehalten werden und dann kann sich oft die Pflege nur auf das Wesentliche beschränken. Wenn mich eine Bewohnerin anspricht: „Ich möchte am liebsten sterben", dann ist das in Wirklichkeit ein Hilferuf. Sie bräuchte dringend jemand, der für sie da ist und Zeit hat für richtig lange Gespräche.
Wenn in den Medien von Gewalt in Heimen die Rede ist, dann ärgere ich mich sehr über die Art und Weise solcher Berichterstattungen. Skandalträchtige Schlagzeilen wie „Opfer von Zwangsmaßnahmen" geben ein völlig falsches Bild der tatsächlichen Verhältnisse und blockieren sinnvolle Verbesserungen. Gewalt gibt es überall in vielen Formen, physische und psychische, auch in einem Altenpflegeheim. Wenn zum Beispiel Bewohner sich weigern zu essen, zu trinken, sich anzuziehen, sich waschen zu lassen, dann muss ich Möglichkeiten finden, meine Pflegepflichten zu erfüllen. Wenn Bewohner selber Gewalt ausüben mit Schlagen, Kratzen, Beschimpfungen oder wenn jemand seinen Kaffee absichtlich über das Bett schüttet, dann weiß ich zwar, dass das in der Regel eine Aggression gegen seinen derzeitigen Zustand ist und sich nicht gegen mich persönlich richtet, trotzdem kann ich in diesen Fällen nicht immer freundlich sein, sondern muss in angemessener Form zurechtweisen. Aber selbst wenn wir in einem Einzelfall das Anbringen von Gittern an den Betträndern für notwendig halten, um den Patienten vor schweren Verletzungen zu schützen, brauchen wir dazu eine richterliche Anordnung oder der Bewohner muss, wenn er noch geistig fit ist, eigenhändig unterschreiben, dass er mit dieser Maßnahme einverstanden ist.
Mein größter Wunsch ist, dass sich in den nächsten Jahren ein besseres Zahlenverhältnis zwischen Pflegekräften und Pflegebedürftigen durchsetzen lässt – das würde vieles verbessern.

(Peter W., 36 Jahre, seit 10 Jahren Pfleger in einem Altenpflegeheim)

Pflegen heißt, alles das für einen hilfsbedürftigen Menschen zu tun, was dieser selbst für sich tun würde, hätte er die Kraft, den Willen und das Wissen dazu.
(Virginia Henderson (1897 – 1996), amerik. Pflegeforscherin)

3. *Tauscht eure Meinung zu diesem Bericht aus und sprecht darüber im Unterricht mit einer Altenpflegerin oder einem Altenpfleger.*

4. *Zu wenig Pfleger und zu wenig Zeit für die Pflegebedürftigen! Wie erleben das die Pflegebedürftigen? Was geht in ihnen vor und was wünschen sie sich? Informiert euch dazu bei Betroffenen oder deren Angehörigen und vergleicht mit dem von Virginia Henderson aufgestellten Pflegestandard.*

5. *Nehmt Kontakt auf zu einem Altenheim oder Altenpflegeheim in eurer Umgebung und organisiert zusammen mit der Heimleitung für interessierte Schülerinnen oder Schüler eurer Ethikgruppe ein Tages- oder Nachmittagspraktikum – eventuell auch im Rahmen eines Sozialpraktikums wie Compassion*. Berichtet über den Verlauf und vergleicht eure gemachten Erfahrungen.*

6. Vom Umgang mit Sterben und Tod

Tod und Sterben bleiben ein Tabu

Joseph Wright of Derby (1734–1797), Der alte Mann und der Tod, 1780

Die Auseinandersetzung mit der Endgültigkeit des Lebens, mit Tod und Sterben ist tabuisiert. Selbst im Alter nimmt die Bereitschaft, sich mit dem Tod auseinanderzusetzen, nicht wesentlich zu, lautet das Fazit einer aktuellen repräsentativen Erhebung in Deutschland zur Frage „Was denken Sie über das Sterben und den Tod?“, die die Identity-Foundation[1], Düsseldorf, in Kooperation mit dem Lehrstuhl für Soziologie an der Universität Hohenheim durchgeführt hat. Gleichzeitig zeigen die Ergebnisse, dass die Verdrängung des Themas Sterben die Angst vor dem Tod nicht nehmen kann. [...]

Die meisten Deutschen lehnen es ab, sich überhaupt mit Sterben und Tod zu beschäftigen – schon deshalb, weil es in ihren Augen die „Freude am Leben“ beeinträchtigen würde. Insbesondere Männer (75 %) verdrängen aus diesem Grund die Gedanken an das Thema, bei den Frauen sind es 63 %. Nur ein knappes Drittel der deutschen Bevölkerung räumt hingegen ein, öfters über den Tod nachzudenken. Selbst im Alter nimmt die Bereitschaft, sich mit dem Tod auseinanderzusetzen, nicht wesentlich zu. Jeder zweite der über 70-Jährigen blendet das Thema aus. Leben und Tod werden in Deutschland nicht zusammengedacht.

So überrascht es nicht, dass 60 Prozent der Deutschen Angst vor dem Sterben haben. Die Angst vor dem Tod ist bei Frauen stärker verbreitet als bei Männern. Und sie ist schon in jungen Jahren präsent: 42 % der deutschen Teenager und Twens sehen dem Tod mit Angst entgegen. Angesichts der relativ weitverbreiteten Angst vor dem Sterben spielt erstaunlicherweise der Trost durch den Glauben eine recht untergeordnete Rolle. Nur jeder vierte Deutsche (25 %) stimmt der Aussage zu: „Mein Glaube nimmt mir die Angst vor dem Sterben und dem Tod.“ Es sind eher Frauen (30 %), die Trost im Glauben finden, als Männer (22 %). Vor allem aber älteren Menschen über 70 bietet der Glaube Trost mit Blick auf Tod und Sterben. Demgegenüber gilt dies nur für 16 % der Teenager (zwischen 14 und 19 Jahren).

An ein Leben nach dem Tod glaubt die Mehrheit der Bevölkerung nicht. Für immerhin 60 % der Deutschen ist „mit dem Tod alles aus“. Allerdings unterscheiden sich auch in diesem Punkt Männer und Frauen. Für jede zweite Frau bedeutet der Tod nicht das Ende, wohl aber für 67 % der Männer. [...]

Ulrike Bunz, die die Untersuchung wissenschaftlich begleitet hat, fasst zusammen: „Die Deutschen verdrängen die Themen Tod und Sterben, haben eine ausgeprägte Angst vor dem Sterben und finden zugleich immer weniger Trost im Glauben. Mit der zunehmenden Säkularisierung* verlieren die Menschen offenbar die Fähigkeit, über diese sensiblen Themen mit ihren Familien oder Freunden zu sprechen. Den meisten fehlen aber auch Hoffnungsperspektiven, wie sie der Glaube an ein Leben nach dem Tod bieten würde.

(Pressemitteilung der Universität Hohenheim vom 24.11.2006; www.soziologie hohenheim.de)

---

[1] Identity-Foundation: eine gemeinnützige Stiftung, die sich wissenschaftlich mit der Frage „Wer bin ich?“ beschäftigt

1. *Beschreibt das Bild „Der alte Mann und der Tod“ und bezieht in eure Interpretation auch die im Text beschriebene Tabuisierung von Sterben und Tod mit ein.*

2. *Ordnet die Unterschiede in den beschriebenen Umfrageergebnissen nach Geschlecht, Alter und Glauben, vergleicht mit eurer eigenen Einstellung zu Sterben und Tod und begründet eventuelle Abweichungen.*

3. *Sucht nach Gründen für die weitverbreitete Tabuisierung von Sterben und Tod.*

Sterben und Tod in der Sprache

Der Umgang mit Sterben und Tod fällt schwer. Das belegen auch die vielen Euphemismen[1], die für Sterben und Tod gebräuchlich sind. Daneben gibt es in der Umgangssprache drastische Formulierungen. Man spricht zum Beispiel von krepieren, wenn ein Mensch qualvoll und unter menschenunwürdigen Umständen stirbt. Daneben sind auch noch saloppe Wendungen gebräuchlich wie „sich die Radieschen von unten ansehen“, „ins Gras beißen“ oder „den Löffel abgeben“.

[1] Euphemismen sind umschreibende, abmildernde oder beschönigende Ausdrücke oder Formulierungen, die aus einer Verdrängungshaltung entstehen.

Euphemismen für Sterben und Tod zeigen sich vor allem in Todesanzeigen:

„... ist von uns gegangen.“
„... unvergessen. Die Zeit heilt die Wunden und die Narben.“
„... lebt seit heute nicht mehr. Wir wollen ihren Entschluss verstehen.“
„... es war schön mit dir.“

4. *Sammelt Todesanzeigen und untersucht diese auf Euphemismen. Bezieht dabei die obigen Beispiele mit ein. Stellt und beantwortet Fragen:*
– Was soll gesagt werden?
– Was soll verborgen bleiben?
– Was soll beschönigt werden?
– Wer ...
– Für wen ...

5. *Soldaten, die bei Kampfhandlungen ums Leben kommen, bezeichnet man als „Gefallene“. Warum sagt man nicht „Getötete“ oder ...?*

6. *Im englischsprachigen Raum ist der Klatschmohn ein Symbol für Gefallene. Es geht zurück auf den 1. Weltkrieg. Auf den frisch aufgeschütteten Soldatengräbern blühte als Erstes der Klatschmohn. Zeichen der Hoffnung und des Trostes oder symbolischer Euphemismus? Begründet eure Meinung dazu.*

Von dem berühmten britischen Komiker-Sextett Monty Python gibt es einen legendären Sketch aus dem Jahre 1969, der die Verdrängungshaltung der Menschen mit den dazugehörenden Euphemismen satirisch beleuchtet:

Der tote Papagei

Mr. Praline betritt die Tierhandlung mit einem Vogelkäfig. Er beschwert sich, weil der vor einer halben Stunde gekaufte Papagei tot ist, obwohl der Ladenbesitzer ihm versichert hatte, dass der Papagei nur ruht. In den Folgeszenen bestreitet der Ladenbesitzer vehement, dass der Papagei tot ist, selbst dann noch, als Mr. Praline den Vogel aus dem Käfig nimmt und auf den Boden wirft.

Praline: *Ich sage Ihnen was, Kamerad, dieser Papagei würde nicht huschen, wenn ich viertausend Volt durch ihn durchjagen würde. Er ist gottverdammtnochmal von uns gegangen.*

Ladenbesitzer: *Ist er nicht, er hat Sehnsucht.*

Praline: *Er hat keine Sehnsucht; er hat das Zeitliche gesegnet. Dieser Papagei ist nicht mehr. Er hat aufgehört zu sein. Er ist abberufen worden und eingegangen zum Herrn. Das ist die seelenlose Hülle eines Papageien. Der Lebensodem ist aus ihm gewichen; er ruhet im ewigen Frieden. Wenn Sie ihn nicht festgenagelt hätten, würde er schon längst die Radieschen von unten besehen. Er hat den Schirm zugemacht und zwitschert jetzt Halleluja auf seiner himmlischen Wolke. Dies ist ein Ex-Papagei.*

Ladenbesitzer: *Ja, dann tausch ich ihn wohl besser um.*

(www.pythonsite.de/43.htm)

7. *Beschreibt den euphemistischen Charakter der Ausdrücke, die im Sketch für „tot sein“ verwendet werden. Welche Absicht verfolgt die Anhäufung solcher Euphemismen in diesem Zusammenhang?*

7. Sterben in Würde?

Begegnung eines Medizinstudenten mit einem Sterbenden im Altenheim

Herr N., den ich mir angucken soll, liegt in seinem Bett – blass, schwer atmend. Ich habe ihn gestern erst kennengelernt. Er ist einer der Patienten, die zur Kurzzeitpflege für wenige Wochen im Altenheim wohnen. Seine Frau ist zu Hause gestürzt und vermag sich momentan nicht mehr um ihn zu kümmern. Und gerade das hat er nötig. Herr N. ist in einem traurigen Zustand: Ein einstmals großer, stattlicher Mann, jetzt, mit 83 Jahren, abgemagert auf nicht einmal fünfzig Kilo. [...] Herr N. hatte in den letzten Tagen noch weniger gegessen und getrunken, als er es ohnehin schon tat. Er wollte nicht ins Altenheim, nicht mal zur Kurzzeitpflege, das hatte er mir freimütig gesagt. Es sei nur das kleinere Übel zum Krankenhaus gewesen. Er erzählte mir von seiner Frau und von seinem Wunsch, sterben zu dürfen. [...] Doch dann der Sonntag. Er sieht wirklich nicht gut aus ... [...] Der verständigte Arzt kommt mit einiger Verzögerung. Nach kurzer Zeit ist klar, dass Herr N.s Herz dekompensiert[1]. Er soll in die Klinik – ins größere Übel –, dem Mann bleibt nichts erspart. Eilig beginne ich nun mit den Vorbereitungen. Der Schwiegersohn ist eingetroffen und steht ratlos am Bett. [...] Ich habe kaum mit dem Rasieren angefangen, da bemerke ich, dass Herr N. nicht mehr atmet. Sein Schwiegersohn spricht noch mit ihm. Ich versuche und hoffe, noch so etwas wie einen Puls am Handgelenk zu finden. Dann bemerkt auch der Schwiegersohn, dass mit Herrn N. etwas geschehen ist: „Er hat es geschafft!" [...]

Nach einer sekundenlangen Ewigkeit lasse ich den Schwiegersohn allein mit Herrn N., um meiner Kollegin Bescheid zu sagen. Der Rettungswagen für den Transport in die Klinik wird nicht mehr benötigt, Herr N. hat sich selbst gerettet. Ich stoße die Tür zum Dienstzimmer auf, neben meiner Kollegin steht noch der Arzt. Ungläubige Blicke auf meine Botschaft. Wir eilen zurück ins Zimmer, so als müssten wir uns alle noch einmal vergewissern. Der Schwiegersohn hält die Hand von Herrn N., sehr gefasst. Der Arzt, bewaffnet mit seinem Koffer, zaubert ein Mini-EKG hervor. [...] Herr N., der in Frieden unter meinen Händen und in Anwesenheit seines Schwiegersohns gestorben war, war nicht tot – zumindest sagt das der Arzt. Oder besser – sein EKG: minimale Herzaktionen. „Können Sie beatmen?", höre ich ihn noch fragen. Habe ich gerade „Ja" gesagt? Und warum soll der Notarzt kommen? Herr N. wollte sterben, und gerade eben war es so weit! Er hat Abschied genommen. Er hat seine Augen geschlossen und aufgehört zu atmen. Ich weiß nicht, ob ich das noch gesagt habe, bevor ich das erste Mal Mund-zu-Nase beatmet habe, oder irgendwann danach. Ich sehe den Schwiegersohn vor mir, ungläubige Blicke. Der Arzt macht Herzmassage, ich beatme wieder, immer abwechselnd. „Warum machen Sie das?" „Ich bin dazu verpflichtet", so der Arzt. Aber warum? [...] Dann kommt die Notarzt-Mannschaft. Vier Männer in Rot, große rote Taschen mit gelben Buchstaben. Zwischen zwei Beatmungen versuche ich noch einmal zu sagen, dass Herr N. sterben wollte. Es nützt nichts. Die anderen übernehmen, zerren den leblosen Körper auf den Fußboden. Modernstes Gerät wird angeschlossen, verkabelt, Zugang gelegt. [...] Mittlerweile sind noch die Tochter und die Ehefrau von Herrn N. eingetroffen. [...] Die Tochter bahnt sich den Weg, weist mehrfach und eindringlich darauf hin, dass es der Wunsch ihres Vaters war, zu sterben. Fragende Blicke, sollen wir aufhören? „EKG sieht nicht gut aus, das wird nichts mehr, Schluss!" Kommando zurück, modernes Gerät in die Taschen. [...] In Gedanken bin ich die Situationen dieses Sonntags immer wieder durchgegangen – auf der Suche nach einer Antwort. Welche Rolle habe ich gespielt? Welche der Arzt, der Notarzt? Der Schwiegersohn, die Ehefrau, die Tochter? Nicht zuletzt Herr N.? [...] Was ist das für eine Medizin, wenn kleine Geräte und Vorschriften mehr zählen als Worte, Wünsche und Bedürfnisse von Patienten, von Menschen? Wenn einem 83-jährigen Mann nicht gegönnt wird, in Ruhe und Frieden zu sterben? In einer Welt, in der jeder ums Überleben kämpft, sollten wir denen, die sich verabschieden, ihren Frieden gönnen. Kein Plädoyer für Sterbehilfe, sondern für mehr Menschlichkeit. [...]

(Tim Niemeyer: Wohlan denn, Herz, gesunde! (2003); www.uni-marburg.de/aktuelles/unijournal/jan2004/Sterbebegleitung)

1 dekompensiert: Die Funktionsstörung kann nicht mehr ausgeglichen (kompensiert) werden.

1. *Setzt euch mit den Erfahrungen, die Tim Niemeyer gemacht hat, auseinander und bezieht Stellung dazu.*

Wie entscheiden?

Herr M., 66 Jahre alt, ist seit Langem zuckerkrank. Als Folge der Krankheit ist er seit drei Jahren erblindet, und vor zwei Jahren wurde ihm das linke Bein amputiert. Er muss jede Woche dreimal zur Dialyse, und wegen lebensbedrohender Durchblutungsstörungen wollen die Ärzte ihm auch das rechte Bein amputieren. Herr M. weigert sich und lehnt auch eine weitere Dialyse-Behandlung ab. Ärzte und Angehörige wollen ihn in den nächsten Tagen immer wieder zu einer Weiterbehandlung überreden. Herr M. bleibt bei seiner Entscheidung, die Ärzte respektieren sie und er stirbt kurze Zeit später.

Herr K. findet seine Frau, 62 Jahre alt, ohne Bewusstsein in der Wohnung. Sie wird in der Klinik sofort an eine Herz-Lungen-Maschine angeschlossen. Die Diagnose: Schlaganfall mit schweren Gehirnschädigungen. Es bestehen Chancen, dass sich die akute Lebensbedrohung abwenden lässt, aber es sind bleibende schwerste körperliche und geistige Behinderungen zu erwarten. Eine Weiterbehandlung überlassen die Ärzte der Entscheidung von Herrn K. Er ist der einzige Angehörige seiner Frau und er hat noch nie vorher mit ihr über so eine Situation gesprochen.

2. *Welche Wertvorstellungen bestimmten das Geschehen und letztendlich die Entscheidung im Fall von Herrn M.? Beschreibt den Wertekonflikt, in dem sich Herr K. befindet, und diskutiert über beide Fallbeispiele.*

Die Würde des Menschen und sein Recht auf Selbstbestimmung

Ärzte, Ethiker, Juristen und Politiker diskutieren gegenwärtig über ein „Sterben in Würde“.
Unter würdevollem Sterben versteht man:

- Anwendung aller lindernden Maßnahmen
- keine Leidensverlängerung durch den Einsatz von High-Techmedizin
- Respekt vor der Selbstbestimmung gebrechlicher Menschen
- grundsätzlich Beachtung des Patientenwillens

Im Grunde geht es um die Anerkennung und die Grenzen der Selbstbestimmung. Aus juristischer Sicht gilt: „Selbstbestimmung ist der Kern der Menschenwürde.“ Fürsorge muss die Selbstbestimmung des Patienten respektieren. Menschen, die ihr Würdeverständnis mehr in der Fürsorgeverpflichtung sehen, fragen: „Was gilt dann für Menschen, die nicht mehr zur Selbstbestimmung fähig sind?

Information: Die Menschenwürde

Unter Menschenwürde versteht man den Wert und die Achtung, die einem Menschen allein wegen seines Menschseins zukommen. In der christlichen Lehre wird die Menschenwürde begründet mit der „Gottesebenbildlichkeit“, die aufgrund eines Schöpfungsaktes Gottes jedem Menschen zukommt. Der Philosoph Immanuel Kant (1724 – 1804) begründet die Menschenwürde mit der Vernunft, die den Menschen befähigt, moralisch zu urteilen und zu handeln. Damit ist für ihn Mennschenwürde die durch Vernunft begründete Anerkennung der wechselseitigen Verpflichtung aller Menschen, den anderen „niemals bloß als Mittel“, sondern immer auch „als Zweck an sich selbst“ zu behandeln.

3. *Übertragt den Wertekonflikt Selbstbestimmungsrecht gegen Sorgeverpflichtung auf das Fallbeispiel, das Tim Niemeyer geschildert hat. Inwiefern wurde hier die Menschenwürde verletzt oder bewahrt?*

Die Patientenverfügung

Mit einer Patientenverfügung kann ein Patient bestimmen, ob und in welchem Umfang medizinische Maßnahmen eingesetzt oder unterlassen werden, wenn er zum Beispiel aufgrund einer Erkrankung oder eines plötzlichen Unglücksfalls nicht mehr in der Lage ist, eigenverantwortliche Entscheidungen zu treffen.

4. *Unter dem Suchbegriff „Patientenverfügung“ findet ihr bei Internetrecherchen eine Fülle von Ratgebern und Vordrucken mit unterschiedlichen Formulierungsvorschlägen. Fasst die Informationen in Form eines Referates zusammen.*

8. Sterbehilfe als Hilfe zum Sterben?

Spektakuläre Fälle lösen in vielen Ländern Diskussionen aus. Beispiel: Tod und Beisetzung von Piergiorgio Welby:

Welby litt seit seinem 18. Lebensjahr an unheilbarem Muskelschwund und wurde seit zehn Jahren nur noch durch künstliche Beatmung am Leben gehalten. Zuletzt konnte der 60-Jährige nur noch durch seine Augenbewegungen mithilfe eines speziellen Apparates mit anderen kommunizieren. Er kämpfte lange Zeit vergebens darum, dass die Ärzte das Beatmungsgerät abschalten dürfen. In Italien ist sowohl aktive als auch passive Sterbehilfe verboten. Im September 2006 wurde ein offener Brief an den italienischen Staatspräsidenten Giorgio Napolitano veröffentlicht, in dem Welby das Recht auf selbstbestimmtes Sterben forderte. Napolitano rief dazu auf, eine politische Debatte über das Thema zu führen. Am 16. Dezember 2006 lehnte das zuständige Gericht in Rom Welbys Antrag auf passive Sterbehilfe ab, forderte aber das Parlament auf, die bestehende Gesetzeslage zu überprüfen. Als sein Arzt trotz des Verbotes das Beatmungsgerät am 21.12.2006 abschaltete, löste das in ganz Italien heftige Reaktionen aus. Obwohl Welbys Angehörige selbst tief religiös sind, verweigerte die katholische Kirche eine kirchliche Beerdigung, um deutlich zu machen, dass für sie die Erhaltung des Lebens oberste Priorität hat. Die christdemokratische Union forderte, die „Verantwortlichen für diesen Mord" zu verhaften. Die Radikale Partei dagegen rief zu Kundgebungen und Mahnwachen auf, um Welby die letzte Ehre zu erweisen. Nach der Rechtslage riskierte der Arzt eine mehrjährige Gefängnisstrafe. Der klare Verstand des Kranken sei sein Beweggrund gewesen, ihm seinen letzten Willen zu erfüllen. „Dieses Leben ist keines mehr", hatte Welby einige Tage zuvor mit seinen Augenbewegungen diktiert.

1. *Das Beatmungsgerät bei Piergiorgio Welby abschalten? Erarbeitet dazu in Gruppenarbeit eine Fallanalyse. Dabei kann euch als Leitfaden folgendes Schema helfen:*

Fallanalysen – Schritte der ethischen Urteilsfindung

1. Schritt: Situationsanalyse
- die äußeren Fakten
- die direkt Betroffenen
- die indirekt Betroffenen

2. Schritt: Interessenanalyse verschiedener Interessenträger (z. B. Patient, Partner, Angehörige, Kirche, Ärzte, Parteien, Juristen, Medien usw.)
   - ... will
   - ... wollen

3. Schritt: Abwägen der Verhaltensalternativen
   - mögliche Handlungsfolgen (kurzfristig, langfristig)

4. Schritt: Normenanalyse
   - relevante Normen → begründende Werte
   - relevante Pflichten → begründende Rechte
   → Recht auf ... → Recht: ...
   → Pflicht zu ... → Pflicht: ...

5. Schrift: Abwägen und Entscheiden
   - Werteprioritäten
     → Welche Pflicht ist die gewichtigere?
     → Welches Recht ist das gewichtigere?
   - Wem nützt (schadet) die zu treffende Entscheidung?

2. *Vergleicht die Entscheidung bei eurer Fallanalyse mit dem tatsächlichen Geschehen im Falle Piergiorgio Welby. Beschreibt und bewertet eventuelle Unterschiede.*

Aktive Sterbehilfe in der Diskussion

„Der Arzt ist ‚Heilender' und darf nie ein ‚Tötender' sein. Eine Legalisierung der aktiven Sterbehilfe führt zum Verlust des Respekts vor dem menschlichen Leben. Die Absicht jeder medizinischen Behandlung muss in der Linderung des Leidens und nicht in der Beendigung des Lebens liegen."

„Der Grund der Menschenwürde ist das Vermögen des Menschen, sein Handeln selbst zu bestimmen. Die Achtung vor der Selbstbestimmung gilt auch für eine selbstbestimmte Verkürzung des eigenen Lebens, deshalb muss ein Arzt straffrei bleiben, wenn er Leben verkürzt, um einen menschenwürdigen Tod herbeizuführen."

„Gottes Gebot ‚Du sollst nicht töten' und die christliche Überzeugung, dass menschliches Leben heilig, unantastbar und unverfügbar ist, stehen der aktiven Sterbehilfe entgegen."

„Jede Relativierung des ‚Fremdtötungsverbotes' kann zur Verschiebung der Grenzen und damit zu weiteren Tötungen führen. Diese ‚Dammbruch-Gefahren' treten auch dann auf, wenn man in Extremfällen begründete Ausnahmeregelungen zulässt."

3. *Untersucht diese Argumente auf die ethischen Standpunkte, die jeweils vertreten werden. Welche Wertprioritäten sind erkennbar? Wie beurteilt ihr diese Argumente?*

Sterbehilfe in Holland und in der Schweiz

Seit 2001 ist in Holland aktive Sterbehilfe erlaubt. Bevor ein Arzt einem schwer kranken Menschen, der sterben will, die tödliche Giftspritze geben darf, müssen verschiedene strenge Auflagen erfüllt sein. In der Schweiz ist aktive Sterbehilfe verboten, aber im Gegensatz zu Deutschland ärztlich begleitete Selbsttötung erlaubt.

4. *Informiert euch über Sterbehilfe in Holland, insbesondere über die einzelnen Auflagen, die bei aktiver Sterbehilfe erfüllt sein müssen. Berichtet der Klasse und diskutiert über die Frage: „Haben Kranke und Sterbende durch die liberalere Gesetzgebung für die Holländer jetzt weniger Wert als für uns in Deutschland?"*

Information: Sterbehilfe

Passive Sterbehilfe
Der Verzicht auf lebensverlängernde Maßnahmen bei sterbenden Menschen ist nicht strafbar. Fragen gibt es zur Bewertung des Sterbeverlangens.

Indirekte Sterbehilfe
Eine schmerzlindernde Behandlung, bei der das Risiko des Todes als nicht beabsichtigte Nebenwirkung besteht, wird ebenfalls nicht bestraft.

Beihilfe zur Selbsttötung
Darunter versteht man die Hilfeleistung zur Selbsttötung, z. B. durch Beschaffung und Bereitstellung des tödlichen Medikaments.
Da in Deutschland die Selbsttötung straffrei ist, wird auch die Beihilfe zur Selbsttötung nicht bestraft. Rechtliche Probleme kann es aber wegen des Straftatbestandes Unterlassene Hilfeleistung geben.

Aktive Sterbehilfe
Eine Tötung auf Verlangen, die beabsichtigt und aktiv den Todeseintritt beschleunigt oder herbeiführt, ist in jeder Form strafbar auch dann, wenn der Patient es wünscht oder fordert. Bei aktiver Sterbehilfe droht eine Freiheitsstrafe bis zu fünf Jahren.

Erlaubt, verboten oder „Wer hat die Tatherrschaft[1]?"

a) Ein Angehöriger stellt einem Schwerstkranken, der sterben möchte, ein im Trinkglas aufgelöstes Gift auf den Nachttisch und verlässt das Haus.
b) Ein Angehöriger gibt einem Schwerstkranken, der sterben möchte, ein im Trinkglas aufgelöstes Gift in die Hand und bleibt im Zimmer.
c) Ein Pfleger entdeckt einen ohnmächtigen Schwerstkranken, vom dem er weiß, dass er sterben möchte, mit einem Tablettenröhrchen neben sich und verlässt das Zimmer, ohne den Arzt zu rufen.

[1] Die Tatherrschaft hat, wer die Tat will und den Ablauf der Tat beherrscht (in den Händen hält).

5. *Entscheide und begründe nach deinem Rechtsempfinden, wer sich von den drei Personen strafbar gemacht hat. Vergleiche mit der bestehenden Rechtslage.*

9. In Würde leben bis zuletzt – zum Beispiel die Hospizbewegung

Zu den Anfängen der Hospizbewegung

Schon im griechischen Altertum gab es Einrichtungen für die dauerhafte Pflege unheilbar kranker Menschen. Aber erst seit 40 Jahren kann man in Europa von einer Hospizbewegung mit klar formulierten Zielen sprechen. Die englische Sozialarbeiterin, Krankenschwester und Ärztin Ciceley Saunders eröffnete 1967 in einem Londoner Vorort das erste Haus für sterbende Menschen. Damit schuf sie eine Einrichtung, die nach außen zeigt, dass auch Sterbende ein Teil unserer Gesellschaft sind und das Recht haben, Raum einzunehmen. Dieses Haus nannte sie, anknüpfend an die mittelalterliche Bezeichnung für Herbergen an den Pilgerwegen, Hospiz. Mittlerweile hat sich aus dem ersten Hospiz dieser neuen Art eine weltweite Bewegung, die Hospizbewegung entwickelt.

Was ist ein Hospiz?

Die Wünsche eines sterbenden Menschen wahrzunehmen, sie ernst zu nehmen bedeutet, ihm im Sterben seine Würde zu wahren, vielleicht sogar ihm die Menschenwürde wieder zurückzugeben.

1. Der vordringlichste und wichtigste Wunsch sterbender Menschen lautet: „Ich möchte nicht alleine sterben." Das bedeutet den Wunsch, im Sterben umgeben zu sein von denen, die einem nahestehen.
2. Der zweithäufigste Wunsch bezieht sich auf die körperliche Dimension und lautet: „Ich möchte ohne Schmerzen sterben."
3. Die dritte Gruppe der Wünsche bezieht sich auf die psychische Dimension und könnte so formuliert werden: „Ich möchte Dinge noch zu Ende bringen dürfen." Es ist der Wunsch, Zeit und Raum genug zu haben, um letzte Dinge noch zu regeln.
4. Schließlich die spirituelle Dimension der Wünsche. Bei dieser Gruppe der Wünsche geht es um die Sinnfrage. Es ist die Hoffnung, noch Möglichkeit zu finden, dem Sinn des Lebens und dem Sinn des Sterbens fragend nachzugehen und auch der Frage nach dem Danach sich stellen zu dürfen. [...]

Fünf Kennzeichen gelten für alle Hospize:

1. Der sterbende Mensch und seine Angehörigen stehen im Zentrum des Dienstes. Dies bedeutet, dass die Kontrolle über die Situation ganz bei den Betroffenen liegt.
2. Der Gruppe der Betroffenen steht ein interdisziplinäres Team zur Verfügung. Dieses besteht nicht nur aus medizinischem Personal, sondern bezieht weitere Berufsgruppen mit ein.
3. Die Einbeziehung freiwilliger Helferinnen und Helfer. Diese „Ehrenamtlichen" werden im Hospiz nicht als Lückenbüßer missbraucht. Sie haben ganz eigenständige Aufgaben und machen Sterbebegleitung zu einem Teil alltäglicher menschlicher Begegnungen.
4. Auf dem Gebiet der Schmerztherapie hat die Hospizbewegung Bemerkenswertes geleistet. Schmerzfreies Sterben ist das oberste Ziel.
5. Die Kontinuität der Fürsorge für die betroffene Gruppe. Dies bedeutet, dass ein Hospizdienst rund um die Uhr erreichbar sein muss und dass auch die Begleitung der Familie nicht mit dem Tod eines Angehörigen beendet wird.

(nach: Johann-Christoph Student: Was ist ein Hospiz?, Hospiz Stuttgart, 1997)

1. *Die Abbildung links zeigt Bewohner, Angehörige und Pflegepersonal, die an einer Kaffeetafel im Hospiz Luise in Hannover sitzen. „Sterben ist Leben." Inwiefern lässt sich dieser Satz auf die Hospizbewegung übertragen?*

Warum ich im Hospiz arbeite ...

Durch die Hospizarbeit ist mein Leben nicht leichter geworden, im Gegenteil, ich lebe viel (selbst)bewusster, ehrlicher mir und meinen Mitmenschen gegenüber, gehe auf Konfrontation statt Resignation, achte auf meine Gefühle und Bedürfnisse. Wertigkeiten in meinem Leben verändern sich – ich verändere mich! Ich bin mir jedoch sicher, die Hospizarbeit begleitet meinen Lebensweg sinnvoll!
(Elisabeth Seßler)

Bei der Begleitung eines Menschen an seiner Lebensgrenze lerne ich zuzuhören, mich an ihn heranzutasten, zu spüren, ob zwischen ihm und mir etwas zu schwingen beginnt und dadurch Vertrauen wachsen kann. Manchmal erkenne ich im Gesicht des anderen mein eigenes und das konfrontiert mich mit meinen Gefühlen, meinen Schattenseiten und meinen eigenen Grenzen. Dann gilt es zu lernen, Grenzen zu überschreiten, aber auch Grenzen anzunehmen oder Grenzen zu setzen.
(Richard Löwe)

(www.hospiz-stuttgart.de; Erfahrung & Begleitung vom 4.6.2007)

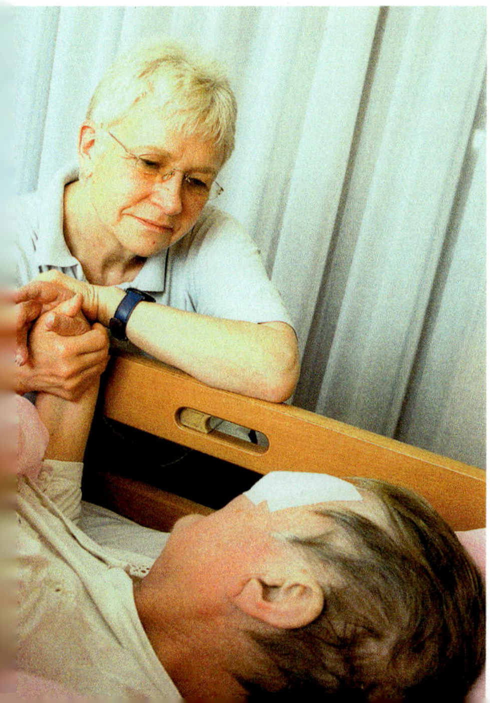

Sitzwachen und ambulante Hospizdienste

Viele Menschen wünschen sich, in ihrer letzten Lebenszeit im Kreise ihrer Familie oder Freunde zu sein. [...] Für uns stehen sterbende Menschen mit ihren Bedürfnissen im Mittelpunkt, unabhängig von Religion, Herkunft oder Nationalität. Ihre Wünsche sollen, sofern irgend möglich, erfüllt werden.
Unser Angebot lautet: Da sein, wenn es schwer wird. Wir begleiten die Angehörigen und die Sterbenden durch Gespräch und persönliche Unterstützung. Wir sitzen still am Bett. Wir machen kleine Handreichungen. Wir halten die Hand. Wir sprechen mit dem Menschen. Wir singen einen Liedvers oder beten. Feste Regeln gibt es für uns nicht. Wir möchten uns ganz auf die gegebene Situation einstellen, wir übernehmen aber keine pflegerischen Tätigkeiten.

(Monika Gebhartl/Gisela Steine, Sozialstation Sachsenheim; www.sachsenheim.hospiz-bw.de vom 31.5.2007)

Information: Palliativmedizin – der Mensch im Mittelpunkt

Immer mehr Krankenhäuser richten Palliativstationen ein. Der Begriff leitet sich vom lateinischen *pallium* (Mantel) her. „*Palliare*" heißt, den Mantel um jemanden breiten, einem unheilbar kranken Menschen Wärme und Schutz geben. Die Palliativmedizin will Patienten mit weit fortgeschrittener Erkrankung und begrenzter Lebenserwartung noch mit der bestmöglichen Lebensqualität versorgen.
Das geschieht vor allem durch die Linderung der Beschwerden und durch psychischen Beistand. Es gibt auch ambulante Palliativdienste, die die Arbeit der ambulanten Pflege- und Hospizdienste ergänzen.

2. *Erkundigt euch nach einem Hospiz oder nach ambulanten Hospizdiensten in eurer Umgebung und informiert euch zum Beispiel durch Faltblätter oder Internetrecherche über die Arbeit der jeweiligen Einrichtung.*

3. *Ladet einen Mitarbeiter einer Hospizeinrichtung in den Unterricht ein oder informiert euch über die Möglichkeit, ein Hospiz zu besuchen. Erarbeitet für beide Vorhaben zunächst einen Fragenkatalog.*

4. *Könntet ihr euch vorstellen, selbst einige Stunden pro Woche in einem Hospiz mitzuhelfen oder einen Sitzwachen-Dienst zu übernehmen? Begründet eure Einstellung dazu.*

10. Was geschieht, wenn ein Mensch gestorben ist?

Mit dem Tod konfrontiert – Zisch-Reporter blicken hinter die Kulissen eines Bestattungshauses:

In der Ludwigsburger Kreiszeitung berichteten am 28.2.2007 im Rahmen des Projekts „Zeitung in der Schule“ (Zisch) Schülerinnen und Schüler der Klasse 9a des Friedrich-Schiller-Gymnasiums über ihren Besuch in einem Stuttgarter Bestattungshaus. Der Blick hinter die Kulissen reichte von Informationen über den Beruf des Bestatters, über die wichtigsten Einrichtungen des Hauses, über verschiedene Bestattungsformen, über die Verpflichtungen der Hinterbliebenen bis zu den persönlichen Reaktionen der Jugendlichen auf die Konfrontation mit dem Tod. Hier der Bericht über die verschiedensten Beisetzungsmöglichkeiten:

Acht Gramm Asche in den Weltraum

Auf See, im Weltraum oder im Edelstein. Es gibt viele Möglichkeiten, eine Urne mit der Asche des Verstorbenen beizusetzen. Die Bestatterin Gabriele Lange informierte die Schüler darüber. Unterschieden wird zunächst zwischen Erd- und Feuerbestattungen. Bei der Erdbestattung wird der Körper des Verstorbenen ganz traditionell in einem Sarg in der Erde beigesetzt. Für die Feuerbestattung werden inzwischen viele verschiedene Möglichkeiten angeboten. Bei allen wird der Körper des Verstorbenen allerdings zu Asche verbrannt. Diese wird dann in einer Urne aufbewahrt. Allerdings gibt es verschiedene Wege, mit der Asche zu verfahren. Die am häufigsten gewählte Methode ist es, die Urne in einem Grab beizusetzen. Doch es werden auch ganz außergewöhnliche Verfahren angeboten, wie die Herstellung eines Diamanten. Dabei wird die Asche unter großem Druck zum Edelstein gepresst. Eine andere Möglichkeit ist, acht Gramm der Asche in den Weltraum zu schießen. Außerdem kann man die Urne bei der Seebestattung im Meer versenken oder bei einer Ballonbestattung vom Winde verwehen lassen. Welche Beisetzung letztendlich gewählt wird, hängt natürlich auch von Kosten und gesetzlichen Vorgaben ab. Die Weltraumbestattung kostet 11 000 Euro, die Ballonbestattung kann nur in Frankreich vollzogen werden.

(Manuel Hepfer, Mona Loths, Chenli Liang; in: Ludwigsburger Kreiszeitung, 28.2.2007)

Seebestattung mit Urnenbeisetzung

1. *Von normalen bis zu außergewöhnlichen Bestattungsformen. Diskutiert über mögliche Beweggründe, die hinter der jeweiligen Entscheidung stehen.*

2. *Erkundigt euch bei einem katholischen oder evangelischen Religionslehrer über den Ablauf einer christlichen Beerdigung. Berichtet darüber in der Ethikgruppe und erklärt auch den Sinn der einzelnen Handlungen.*

3. *Berichtet von euren persönlichen Eindrücken, Empfindungen und Wertungen von Beerdigungen, die ihr selbst schon miterlebt habt.*

4. *Beerdigungen in Italien, Griechenland, der Türkei … Informiert euch darüber bei Mitschülerinnen und Mitschülern, die davon erzählen können.*

5. *Jemanden zu verlieren, ohne zu wissen, wo er begraben ist, ist für manche Menschen ein unerträglicher Gedanke. Es gibt aber auch Menschen, die namenlos beerdigt sein wollen. In der Regel werden dann viele dieser Urnen zusammen in einem anonymen Urnengrab beerdigt. Denkt über mögliche Motive nach und bewertet sie.*

Verlogene Rituale

Also ... sind Beerdigungen auch mal ein Thema für eine Kolumne? Warum eigentlich nicht, denn der Tod, ob es uns nun passt oder nicht, gehört zum Leben, und wir haben alle schon ratlos an Gräbern herumgestanden und gedacht: Das war's nun also? Die meisten Beerdigungen, die ich erlebt habe, waren entsetzlich. Das ganze Ritual kam mir steif und verlogen vor, ohne Liebe zum Toten, so, als wären wir, die wir da trauern, eigentlich auch schon tot und dürften nur ja keinen Mucks tun. Meine Freundin Brigitte hatte im Leben nichts mit der Kirche zu tun, aber bei der Beerdigung wurde ein Pfarrer angeheuert, der sie nie gekannt hat, der von unserer „lieben Birgit" sprach, davon, dass Gott nun für uns alle unbegreiflich diese liebe Birgit zu sich genommen habe – nein, es war nicht unbegreiflich, Brigitte war Kettenraucherin und starb an Lungenkrebs, so einfach ist das ...

Lust- und lieblos wird an den Gräbern irgendwas heruntergeredet, und ich kann es diesen angemieteten Pastoren, in deren Kirche wir uns lebend nie blicken lassen, auch nicht übel nehmen, wenn sie sich dann für unsere Leichen nur gerade so interessieren, Asche zu Asche. Die Sargindustrie halte ich für einen einzigen großen Betrug mit ihren Eichen- und sonstigen teuren Kisten, verziert, mit Damast ausgeschlagen, viel zu viel Schnickschnack, erdrückende Blumengebinde, tränenreiche Orgelmusik, das Ganze keine Trauerfeier, sondern ein Trauerspiel.

Gemessenen Schrittes ans Grab, ein Schäufelchen Erde, kondolieren – wie entwürdigend trostlos ist das alles, und ich denke, dass man sich sehr wohl dagegen wehren und sich beizeiten etwas anderes ausdenken, ein anderes Ritual, ein anderes Beerdigungsverfahren festlegen kann. Alles, was mit dem Tod zusammenhängt, gilt als unantastbar, bloß keine Scherze, nur nichts Leichtes, nur ja schwarze Kleider und umwölktes Gemüt. Trauer kann aber auch anders daherkommen. Ich fand es wunderbar, wie der Lieblingswirt von Günter in dessen Grab all die noch unbezahlten Bierdeckel warf – als letzten, verzeihenden Gruß. Und wie haben sich einige Tanten darüber aufgeregt! Aber sie kannten Günters gewaltige Räusche ja auch nicht. Wir haben keine Trauerkultur. Wir überhäufen Beerdigungen mit Pomp und weißen Lilien. War schon das Leben beschissen, soll wenigstens der Sarg teuer sein. Das Unter-die-Erde-Bringen wird zum puren Entsorgungsproblem. In südlichen Ländern leuchten Lämpchen auf den Friedhöfen, in den kleinen Kapellchen liegen Brot, Wein, Kaffee, Zigaretten für die lieben Toten, in Mexiko tanzen Gerippe aus Zuckerguss, man macht Picknick auf dem Grab des Verblichenen, als wäre er noch mit dabei. Wo ist der preiswerte farbenfrohe Ikea für Särge? Ich möchte einen kornblumenblauen Sarg, wenn's mal so weit ist! Und meine Freunde sollen vergnügt sein und was von Bob Dylan spielen. Und meine Lieblingsbücher will ich ins Grab mitnehmen, damit es im Jenseits mit dem ewigen Hosianna[1]-Singen allein nicht langweilig wird.

(Elke Heidenreich, Schriftstellerin, Journalistin und Moderatorin; in: Brigitte, Nr. 6/1999)

---

1 Hosianna: Freudenruf zu Ehren Gottes

6. *Setzt euch mit der Kritik Elke Heidenreichs an den in der Regel üblichen Beerdigungsritualen auseinander. In welchen Einzelheiten stimmt ihr zu, wo seid ihr anderer Meinung? Begründet eure Antwort und bezieht dabei eigene Erfahrungen mit ein.*

7. *Brauchen wir festgelegte Beerdigungsrituale? Sammelt Argumente dafür und dagegen und fasst sie unter übergeordneten Gesichtspunkten zusammen, zum Beispiel aus Sicht der Überlebenden, des Gestorbenen, der Trauergäste, der Gesellschaft, des weltanschaulichen Hintergrundes, und bewertet das Gesamtergebnis.*

8. *Es gibt auch Versuche mit alternativen Beerdigungsformen, die aber häufig scheitern, weil sie nicht in den Rahmen der bestehenden Gesetze und Friedhofsverordnungen passen. Mittlerweile gibt es aber in Deutschland schon an 26 Standorten die Möglichkeit, Urnen in einem „Friedwald" beisetzen zu lassen. Andere alternative Möglichkeiten sind zum Beispiel „Gärten der Bestattung" auf Privatfriedhöfen oder „der virtuelle Friedhof im Internet". Sammelt Informationen dazu, zum Beispiel in www.friedwald.de, berichtet darüber und stellt Vermutungen auf, warum manche Menschen nach alternativen Beerdigungsmöglichkeiten suchen.*

11. Trauer und Trost

1. *Denkt an eigene Traueranlässe zurück, schildert dazu eure eigenen Trauergefühle und beschreibt euer Verhalten.*

Ein Trauergedicht

Der Schmerz brennt sich tief hinein
Die Seele schreit
Tausend messerscharfe Klingen in der Brust
Jeder Atemzug singt ein Klagelied
Kein Gefühl mehr für das eigene „Ich“
Mitmenschen in ihrer Normalität kaum ertragbar
Ziellose Schritte in eine ziellose Zeit
Zugreifen und ins Nichts fassen
Gefangen in dieser fremden Welt
Wo bist du „Gestern“
Offene Augen, die nichts sehen
Am Pullover noch eine vergängliche Spur Lieblingsparfüm
Sonne am Himmel, die nicht wärmt
Fragen suchen vergeblich nach Antworten
Müdigkeit und Leere lähmen die Pflichten
Trost kann nicht ankommen
Gedanken machen fast schwindlig
Immer wieder unkontrollierbare Tränen
Diese Angst vor dunklen, stillen Nächten
Keine Lust auf den neuen Tag
Verlangen nach dem Zauberspruch, der alles ungeschehen macht
Unbändiges vergebliches Suchen
Die Sehnsucht quält ...
Hoffnung, verlasse du mich bitte nicht auch noch.

(Heidi Schwenkow; www.kondolenz.info/trauergedichte10.htm vom 15.8.2007)

2. *Trauer trifft den ganzen Menschen. Analysiert und interpretiert unter diesem Gesichtspunkt das Trauergedicht.*

3. *Die Trauernde im Dom von Roskilde kauert am Fuße eines Sarkophags (Steinsargs). Verfasst eine Bildinterpretation und vergleicht mit dem Trauergedicht.*

Steinfigur im Dom von Roskilde

4. *Fertigt eine Zeichnung an oder entwerft ein Fotomotiv, das Trauer ausdrückt. Beschreibt und begründet, welche einzelnen Bildmotive euch dabei besonders wichtig sind.*

5. *Gegenüber Trauernden die richtigen Worte zu finden, ist oft schwer. Beschreibt mögliche Gründe und berichtet von eigenen Erfahrungen.*

Sechs Thesen zur Trauer

1. Trauer braucht Zeit. Zeit allein heilt aber keine Wunden.
2. Trauer braucht einen Ort, damit man Abschied nehmen und loslassen kann.
3. Trauer braucht Mittel und Wege, Rituale und Materialien, um sich ausdrücken zu können.
4. Trauer löst ein Chaos an Gefühlen aus: Ohnmacht, Wut, Hass, Angst, Schuldgefühle, Liebe.
5. Trauer kann man nicht „loswerden“, man muss sie aushalten und verarbeiten.
6. Trauern können ist keine Schwäche, sondern eine Stärke.

6. *Setzt euch mit diesen Thesen zur Trauer auseinander und überprüft sie anhand eurer eigenen Erfahrungen und Beobachtungen.*

Im Gedenken an ...

Eine junge Frau steht vor einer Gedenktafel mit einem Zitat von Hieronymos (347 – 420 n. Chr.) und betrachtet die davor aufgereihten Blumen, Stofftiere und Karten. Für die Ausstellung zur Erinnerung an das Erfurter Schulmassaker vom 26.4.2002 trafen Schüler des Gutenberg-Gymnasiums eine Auswahl aus über 18 000 Briefen, Bildern, Zeichnungen und Kondolenzbüchern. Ein Ex-Schüler hatte damals 16 Menschen und sich selbst erschossen.

Die Kerze auf der Schulbank

Alex, 10. Klasse Realschule, Schülersprecher, bei allen sehr beliebt, verunglückt sechs Wochen vor den Sommerferien tödlich. Drei Tage später steht auf seinem Platz im Klassenzimmer eine brennende Kerze, ein Blumenstrauß und ein Foto von ihm. Das wiederholt sich jeden Tag bis zum letzten gemeinsamen Schultag der Klasse. Niemand verliert ein Wort darüber.

7. *Inwiefern helfen Gedenken und Erinnern bei der Verarbeitung des Schmerzes beim Tod eines geliebten Menschen?*

8. *Wenn viele Menschen öffentlich ihre Betroffenheit und Anteilnahme durch Gedenkfeiern und Gedenkstätten zeigen: Durch welche Ereignisse werden solche Reaktionen ausgelöst? Berichtet von Beispielen und bewertet sie.*

9. *Welche Motive haben Menschen, Unfallkreuze wie auf der Abbildung oben rechts aufzustellen und oft jahrelang zu schmücken und zu pflegen?*

Ein geschmücktes hölzernes Kreuz an einer früheren Unfallstelle mit tödlichen Folgen an einer Landstraße. Unzählige sogenannte Straßenkreuze stehen zum Gedenken an Straßenrändern und sollen dabei an tödlich verunglückte Straßenopfer erinnern und mahnen.

Was Menschen tröstet

Wenige Monate vor seiner Hinrichtung durch die Nationalsozialisten verfasste der evangelische Theologe und Widerstandskämpfer Dietrich Bonhoeffer ein Gedicht als Gruß für seine Angehörigen. Die letzte Strophe dieses Gedichtes lautet:

„Von guten Mächten wunderbar geborgen erwarten wir getrost, was kommen mag. Gott ist bei uns am Abend und am Morgen und ganz gewiss an jedem neuen Tag."

10. *Inwiefern kann religiöser Glaube Trost sein? Diskutiert darüber und bezieht auch eigene Erfahrungen mit ein.*

11. *Verfasst assoziative Satzergänzungen und wertet sie aus:*
Getröstet hat mich, als (dass) ...
Trost ist für mich, wenn ...

12. *Wie wichtig ist es für die Menschen, den Ort zu wissen, wo der Verstorbene, um den sie trauern, begraben ist? Wie begründen sie es? Macht dazu eine Umfrage und wertet sie aus.*

12. Was kommt nach dem Tod?

Weiterleben?

Der Mensch ist das einzige Wesen auf unserer Welt, das sich sein ganzes Leben lang bewusst ist, dass es sterben muss. Durch alle Zeiten und Religionen zieht sich der Glaube, dass das „Leben“ mit dem Tod nicht vorbei ist. Beweise gibt es keine [...]. Offenbar gibt es keine Vorstellung, wie seltsam sie auch sein mag, an die Menschen nicht zu glauben bereit sind, wenn sie ihnen nur Hoffnung auf eine Form der Ewigkeit ihrer Existenz gibt.

(Norbert Elias, deutscher Soziologe des 20. Jahrhunderts; in: Brumann/Knopff/Staschelt: Projekt Tod, Verlag an der Ruhr 1998, S.119)

1. *Kannst du dieser These zustimmen? Begründe deine Antwort und vergleiche sie mit anderen Standpunkten.*

Verdrängung der Sterblichkeit

Die Sehnsucht nach der Unsterblichkeit ist so alt wie die Menschheit selbst. Viele Menschen glauben an ein Weiterleben nach dem Tode – aber welche Rolle spielt der Gedanke an die eigene Sterblichkeit im alltäglichen Leben?

„Ich schiebe den Gedanken, dass ich sterben werde, weit in mich hinein, damit ich mich nicht damit beschäftigen muss. Ich würde sonst durchdrehen.“
(Schüler, 18 Jahre)

„Die Einschläge kommen näher. Bisher waren es immer die anderen, die plötzlich starben oder unheilbar krank wurden. Es hat mich nie länger beschäftigt.“
(Rentner, 66 Jahre, zum plötzlichen Tod eines gleichaltrigen Freundes)

„Da die Menschen unfähig waren, Tod, Elend, Ungewissheit zu überwinden, sind sie, um glücklich zu sein, übereingekommen, nicht daran zu denken ...“
(Blaise Pascal (1623 – 1662), franz. Mathematiker und Philosoph)

„Unser Unterbewusstsein glaubt nicht an den eigenen Tod, es gebärdet sich unsterblich.“
(Sigmund Freud (1856 – 1939), Arzt und Begründer der Psychoanalyse)

2. *Inwiefern treffen diese Aussagen auf euer alltägliches Leben zu?*

3. *Inwiefern hat das Verdrängen der eigenen Sterblichkeit für das alltägliche Denken und Handeln einen positiven Überlebensaspekt? Was sagt der 18-jährige Schüler dazu und wie denkt ihr darüber? Übernehmt die Tabelle in euer Heft.*

Nach dem Tode: Was glaubst du, was es gibt ...	**ja**	**nein**	**Begründung**
ein Körper, der wiederaufersteht?			
Geistwesen?			
eine Hölle?			
...			

Methode: Eine Umfrage durchführen

- Erarbeitet einen Fragenkatalog zu einem ausgewähltenThema. Sorgt durch einige Leerzeilen für Ergänzungsmöglichkeiten.
- Verteilt die Umfrageblätter in der Ethikgruppe, in der Klasse, in Parallelklassen oder auch außerhalb der Schule und lasst sie möglichst sofort ausfüllen.
- Wertet die Umfrage aus nach Häufigkeit der Nennungen oder auch nach „Außenseitern“, die gar nicht oder kaum angekreuzt wurden.
- Veranschaulicht das Ergebnis durch Diagramme oder andere Darstellungsformen.

4. *Führt die Umfrage durch, wertet sie aus und deutet das Ergebnis.*

5. *Diskutiert die Beweggründe (Familie, Religion, ...), die zu den einzelnen Ergebnissen geführt haben, und vergleicht mit eurer eigenen Einstellung.*

Jenseitsreisen – Erfahrungen an der Grenze des Todes

Über einen Film von Joachim Faulstich:

Ein schwerer Unfall, ein Herzinfarkt, eine lebensbedrohliche Krankheit. Menschen an der Grenze des Todes. Bewusstlos für einen Beobachter von außen – aber genau in diesem Moment könnte der Geist des Patienten auch vollständig wach sein. Anwesend im Raum, bereit für den Blick in eine andere Welt. Todesnähe-Erlebnis nennt die Forschung dieses Phänomen. Über drei Millionen Menschen in Deutschland haben Erfahrungen mit der Reise ins Jenseits. Weltweit suchen Wissenschaftler nach den physiologischen Ursachen und sie diskutieren die philosophischen Schlussfolgerungen ebenso wie die Konsequenzen für den Umgang mit Sterbenden. Ist das Todesnähe-Erlebnis nur ein besonders klarer, ganz persönlicher Traum? Aber warum sehen dann viele betroffene Menschen ähnliche Bilder? Sind körpereigene Halluzinogene[1] für die Bilder am Ende des Lebens verantwortlich? Weisen außerkörperliche Erfahrungen und transzendente[2] Visionen, die von Zeugen unterschiedlicher Kulturen und Zeiten ähnlich geschildert werden, auf die Existenz einer Seele, gar auf ein Leben nach dem Tod hin? Oder ist das alles nur ein letztes, farbenfrohes Aufflackern im Gehirn, das dem Sterbenden den Übergang ins Nichts erleichtern soll? „Jenseitsreisen – Erfahrungen an der Grenze des Todes" ist ein spannender Wissenschaftsreport, der in vier Ländern Europas und in den USA neue Antworten auf eine alte Frage sucht – mit ungewöhnlichen Bildern, die eine Ahnung von dem vermitteln, was die Besucher an der Grenze des Todes sahen.

(www.daserste.de/doku/000628.asp vom 8.6.2007)

Hieronymus Bosch (1453 – 1516), Aufstieg zum ewigen Licht

[1] Halluzinogene: Medikamente oder Drogen, die Halluzinationen (Sinnestäuschungen, Trugwahrnehmungen) hervorrufen

[2] transzendent: jenseitig

Information: Nah-Todeserlebnisse (NDEs)

Durch die Fortschritte im Bereich der Medizin ist es aufgrund moderner Reanimationsmaßnahmen (Wiederbelebungsmaßnahmen) mehr denn je möglich geworden, Menschen, die bereits für tot erklärt worden waren, wieder ins Leben zurückzuholen. Die Protokolle dieser persönlichen Sterbeerfahrungen sind die Grundlagen der Nahtodes-Forschung. Vor rund 30 Jahren hat der amerikanische Forscher Dr. Raymond A. Moody erstmals seine Forschungen in dem Buch „Leben nach dem Tode" veröffentlicht. Mittlerweile werden weltweit solche Nahtodes-Erfahrungen protokolliert, gesammelt, verglichen und wissenschaftlich untersucht. Allein in Deutschland sind bis jetzt über drei Millionen Fälle protokolliert. Es gibt eine Reihe von Erfahrungen, die bei fast allen NDEs wiederkehren: Über dem eigenen Körper zu schweben, durch einen dunklen Tunnel gezogen werden, an dessen Ende ein helles Licht wartet, eine Lebensrückschau, die mit großer Geschwindigkeit abläuft, Begegnungen mit Verstorbenen, an eine Stelle kommen, die man als Grenze oder Schranke bezeichnen könnte. Bei fast allen ist die Angst vor dem Tod nach dem Sterbeerlebnis verschwunden.

6. *Viele Wissenschaftler, vor allem im Bereich der Hirnforschung, suchen nach natürlichen Erklärungsmöglichkeiten, dass zum Beispiel das Gehirn im Moment des Todes körpereigene Endorphine (hemmen die Schmerzempfindung und sorgen für Hochstimmung) ausschüttet. Andere vertreten die Meinung, dass es keine natürliche Erklärung gibt, und sprechen von religiösen Erfahrungen. Wie denkt ihr darüber? Begründet eure Aussagen.*

13. Sterben, Tod und Trauer in anderen Kulturen

Zum Beispiel: Das Totenfest in Mexiko

Für uns in Europa ist der Tod eine ernste Sache, über die man keine Witze macht. Denken wir an tote Verwandte und Freunde, sind wir traurig und still. Einmal im Jahr, am 1. November, feiert man in vielen Gebieten Deutschlands Allerheiligen. An diesem und besonders am darauffolgenden Tag, an „Allerseelen", denkt man an die Toten der Familie. Die Gräber auf dem Friedhof werden mit Blumen und Tannenzweigen geschmückt und rote Lichter werden angezündet. So trüb wie das Novemberwetter ist auch die Stimmung der Friedhofsbesucher. Allerheiligen und Allerseelen sind bei uns keine fröhlichen Tage. In Mexiko dagegen feiern die Menschen am Allerheiligen-Tag ein ausgelassenes, buntes Fest, auf das sich alle schon lange vorher freuen, besonders die Kinder. Man trauert nicht still um die Verstorbenen, sondern gibt ihnen einen festlichen Empfang. Einmal im Jahr, so glauben viele Mexikaner, bekommen die Toten für einen Tag Urlaub aus dem Jenseits und dürfen die Lebenden besuchen. Und für diesen Tag bereiten die Familien alles prächtig vor. Auch die Kinder helfen dabei mit. Sie basteln bunte Blumen aus Papier, mit denen sie das Haus schmücken, und freuen sich auf das Festessen und die vielen Süßigkeiten. Schon in den letzten Oktobertagen kündigt sich das Totenfest überall an. Die Schaufenster der Geschäfte sind mit Skeletten aus Pappe oder Draht geschmückt: In der Auslage der Bäckerei fährt zum Beispiel ein Pappgerippe mit dem Fahrrad Brot aus. Daneben im Papierladen tanzen Knochenmann und -frau im Fenster Rock 'n' Roll. Auf dem Markt kann man Aschenbecher in Sargform und bewegliche Plastikskelette als Kinderspielzeug kaufen. Von T-Shirts grinst die elegante Knochendame Catrina, das Markenzeichen des Totenfestes. Der Bäcker verkauft Totenschädel aus Zucker und Schokolade, die auf der Stirn Vornamen wie Diego oder Juanita tragen. Diese Zuckerschädel schenken sich Freunde am Totentag, manchmal zusammen mit einem Gedicht, in dem der Beschenkte auf lustige Weise ums Leben kommt. Natürlich will niemand damit zeigen, dass er seinem Freund den Tod wünscht. Im Gegenteil, die Schädel sind Ausdruck dafür, wie gern man sich mag und dass die Freundschaft über den Tod hinaus halten soll. Wer an diesem Tag nichts geschenkt bekommt, ist beleidigt. Im Haus wird ein Gabentisch aufgestellt, den die Familie mit all den Sachen deckt, die der Verstorbene im Leben mochte: zum Beispiel süßes Kürbiskompott, gefüllte Fladenbrote mit Chili-Sauce, Maisbier, Schnaps, Zigaretten und das besondere Totenbrot, ein süßer Kuchen, in dem manchmal ein Plastikskelett versteckt ist. Vielleicht liegt auch das Kartenspiel dabei, mit dem der Tote zu Lebzeiten so gern spielte. Die Seelen der toten Kinder bekommen Kakao, Limonade und Spielzeug hingestellt. Damit die Totenseelen den Weg zum Gabentisch auch finden, stellt man überall leuchtend gelbe Blumen auf, denn Gelb ist die Farbe, die Tote besonders gut sehen können. Die Toten, so denkt man, nehmen den Geruch der Speisen auf und genießen so das gute Mahl. Richtig aufgegessen wird es dann aber von der Familie und den Besuchern aus der Nachbarschaft. In manchen Dörfern besucht man die Toten auf dem Friedhof und nimmt alle Geschenke zu den Gräbern mit. Hier verbringt dann die Familie die Nacht. Aber halt – Du findest das sicher alles sehr merkwürdig. Totenschädel zum Vernaschen? Skelette als Spielzeug? Lustige Gedichte über den Tod eines Freundes? Über den Tod macht man doch keine Witze! Für die Mexikaner ist dieser scherzhafte Umgang mit dem Tod etwas ganz Normales. Auch sie haben Angst vor dem Tod. Sie lassen aber zu, offen über ihn zu sprechen, und geben dem Tod einen Platz im alltäglichen Leben.

(Gerda Kroeber-Wolf; in: SMP (Zeitschrift für Sachunterricht und Mathematik in der Primarstufe); Jahrgang 18; 10/1999; in: www.lesa21.de)

Zum Beispiel: Wie die Luo in Ostafrika ihre Toten begraben.

Stirbt bei ihnen ein Mensch, wird sein Tod sofort mit lautem Ruf den Nachbarn mitgeteilt. Auf dem Land gibt es meistens kein Telefon, und so verbreitet man die Nachricht durch Schreie, die besonders in der Nacht weithin zu hören sind. Weit entfernt – etwa in der Stadt – wohnende Verwandte benachrichtigt man möglichst bald, denn alle müssen zum Begräbnis kommen. Wer wegbliebe, wäre „unmöglich" und geriete sofort in den Verdacht, den Tod durch bösen Zauber (schlechte Gedanken, heimliche Verwünschungen oder Gift) verursacht zu haben. Die Luo glauben nämlich, wie viele andere Völker auch, dass nie eine natürliche Ursache wie Krankheit oder Alter den Tod ausgelöst hat, sondern stets sogenannter Schadenzauber. Die engsten Verwandten kommen in den Tagen bis zum Begräbnis kaum zur Ruhe oder zum Nachdenken. Alle, die von fern und nah anreisenden Angehörigen und Freunde des Verstorbenen – oft Hundert oder mehr – müssen ausreichend Essen und Trinkwasser vorfinden. [...]

Die Männer besprechen, wer das Grab aushebt. Bei den Luo gibt es keine Friedhöfe. Jeder wird an einer bestimmten Stelle in seinem Gehöft begraben. In fremder Erde zu ruhen, womöglich in einer fernen Stadt, würde Unglück bringen. Nachts wacht man beim Leichnam, und auch bei Tage liegt er nie allein in seinem Haus. Und auch die Trauernden sind nie allein. Bei all den Besuchen der Nachbarn und dem Organisieren des Festes bleibt keine Gelegenheit, vor sich hinzugrübeln, immer ist jemand da, der tröstet und seine Hilfe anbietet. [...]

(Gerda Kroeber-Wolf, a. a. O.)

Zum Beispiel: Sterben? Am liebsten am Ganges

Traditionell ist das Sterben im Hinduismus stark ritualisiert. In der modernen Welt ist es aber nicht mehr überall möglich, dieses nachzuvollziehen. Der Sterbende wird traditionell von seinen Angehörigen vor das Dorf getragen und auf einen Platz gesetzt, den man gereinigt, mit Kuhmist bestrichen oder mit Blumen bestreut hat. Der Kopf des Sterbenden liegt Richtung Süden, wo man Yamas Totenreich vermutet. Die Verwandten setzen sich im Kreis um den Sterbenden und rufen die Götter an. Da die Form der Weiterexistenz auch vom Zustand des Bewusstseins zum Zeitpunkt des Sterbens abhängt, rezitieren die Verwandten heilige Worte und versu-

chen damit, die Aufmerksamkeit des Hinscheidenden auf Gott zu lenken. Gute Chancen auf eine bessere Wiedergeburt haben diejenigen, die am Ufer des Ganges sterben. Deshalb werden jeden Tag Tausende Sterbende dorthin gebracht. Wer nicht am Ganges sterben kann, dem soll wenigstens Wasser vom Fluss gebracht und von den Verwandten löffelweise verabreicht werden. Auch wenn sich die Hülle des Menschen nach seinem Tod auflöst, wird mit dem Körper des Verstorbenen doch sorgfältig umgegangen. Er wird gewaschen, geschmückt und in ein neues, oft rotgelbes Kleid gehüllt. Damit sich Atman (die Seele) und „feiner Körper" lösen können, muss der Leichnam verbrannt werden. Die Verbrennung ist ein festlicher Akt, der nicht kummervoll begangen wird. [...] Nach der Verbrennung wird das Haus des Toten gereinigt. Für die Verwandten folgt eine Fastenzeit von zwei Tagen, acht Tage lang darf im Trauerhaus zudem nicht gekocht werden. Haare und Bart werden nicht geschnitten, die Söhne des Verstorbenen leben einen Monat lang keusch, die Witwe traditionell für den Rest ihres Lebens. Die Asche des Verstorbenen wird nach drei Tagen eingesammelt und wenn möglich in den Ganges, sonst in das Meer oder in einen nahe gelegenen Fluss geworfen.

(Lukas Hunziger und Sandra Desponin: www.netzmagazin.ch/135/leben/400.html vom 15.8.2007)

1. *Untersucht die drei Texte auf Gemeinsamkeiten, Unterschiede, landestypische Besonderheiten und vergleicht mit unseren Ritualen.*

2. *Bei allen drei Beispielen ist von einem „Fest" die Rede. Passt das zu Sterben und Tod? Diskutiert darüber und vergleicht mit eurer persönlichen Einstellung. Berücksichtigt dabei auch jeweils die kulturellen und religiösen Gegebenheiten.*

Überprüfe dein Wissen und Können

1. *Individuelle, biologische und soziale Aspekte des Alterns verstehen, an Beispielen erläutern und bewerten:*

a) *Erkläre die Feststellung „Alt wird man in jedem Alter".*

Nicht nur für Altenpflegerinnen oder Altenpfleger sind grundlegende Kenntnisse über physische und psychische Alterungsprozesse notwendig, auch andere Dienstleistungsbetriebe (z. B. Banken, Einkaufszentren, Verkehrsbetriebe usw.) haben es immer mehr mit alten Menschen zu tun. Um sich besser darauf einstellen zu können, gibt es Fortbildungsveranstaltungen, die mit einem Alterssimulator arbeiten. Entsprechende Kleidung und speziell angepasste Zubehörteile sorgen dafür, dass man selbst erfahren kann, wie sich Altersgebrechen auf den Alltag auswirken.

b) *Entwerft selbst einen solchen Alterssimulator mit allen Zubehörteilen, die euch wichtig erscheinen. Testet ihn in verschiedenen Situationen – vom Handybedienen bis zum Treppensteigen – und berichtet über die gemachten Erfahrungen.*
c) *Beschreibt Aspekte des Alterns, die mit so einem Testgerät nicht erfahrbar sind.*
d) *Eine junge hübsche Frau wollte den Unterschied erleben, verkleidete sich als alte Frau und ging auf die Straße, in Supermärkte usw. Ihr Fazit: „Das Schlimmste für mich war, dass mich niemand beachtet hat." Nehmt Stellung dazu und beachtet dabei die sozialen Aspekte des Alterns.*
e) *1910 konnte man die Altersstruktur noch als Pyramide darstellen, heute ist es ein Baum. Erkläre die Entwicklung und formuliere Problembereiche, die durch diese Veränderungen immer wichtiger werden.*
f) *„Alt und Jung zusammen – geht doch." Berichtet von öffentlichen Projekten und ergänzt durch eigene positive oder negative Erfahrungen.*

Information: Klischee/Vorurteil

Ein Klischee ist ursprünglich ein Druckstock, also eine Vorlage, nach der man viele weitere Exemplare drucken kann. Übertragen meint man mit Klischees bestimmte Vorstellungen, die oft vor längerer Zeit entstanden sind und in späteren Jahren als vorhandene „vorgefertigte" Feststellungen aufgegriffen und ungeprüft weitergegeben werden. Klischees können im Sinne einer Vereinfachung der Verständigung eine positive Funktion haben. Überwiegend haben Klischeevorstellungen negative Folgen:

- Sie verallgemeinern und missachten Gegenbeispiele.
- Sie entsprechen oft nicht der heutigen Wirklichkeit.
- Sie führen zur Ausgrenzung und Isolation.
- Sie blockieren das Erkennen und Reagieren auf Veränderungen in der Gesellschaft.
- Sie behindern die Übernahme neuer Aufgaben und neuer Verantwortlichkeiten.

Ein Vorurteil dagegen ist nicht nur eine überkommene Vorstellung, sondern ein wertendes Urteil.

2. *Erkennen von klischeehaften Sätzen:*

a) Alte sind ..., Junge sind ...
Ergänzt durch euch bekannte klischeehafte Vorstellungen, vergleicht mit euren Erfahrungen und beschreibt mögliche negative Auswirkungen.

b) Es gibt auch Klischees mit positiven Wertungen Alter = ..., Jugend = ...

c) Viele glauben, dass die Alten der nächsten Jahrzehnte sich so verändern werden, dass viele Klischees nicht mehr passen. Fasst an Beispielen zusammen, was für oder gegen diese Erwartung spricht.

3. *Die Situation der Altenpflege angesichts der Bevölkerungsentwicklung beschreiben, einschätzen und über mögliche Verbesserungen nachdenken:*

a) Die Bundesregierung fordert ein Umdenken bei der Betreuung alter Menschen. So soll zum Beispiel ein bundesweites Netz von Pflegestützpunkten aufgebaut werden. Diskutiert über die Berechtigung und Realisierbarkeit dieses Umdenkungsprozesses.

b) Sollte man alternative Einrichtungen, zum Beispiel „Jung und Alt unter einem Dach", wesentlich stärker fördern, indem man preisgünstigen Wohnraum beschafft usw.? Begründet eure Meinung.

c) „Abgeschoben ins Altenheim" – ein überholtes Klischee? Vergleicht eure Erfahrungen und Beobachtungen mit der Grafik zur Betreuung der Pflegebedürftigen (S. 236).

4. *Unterschiedliche Positionen in den öffentlichen Diskussionen des Problems „Sterben in Würde" kennen und die eigene Einstellung begründet vertreten:*

a) Beschreibt die Rechtslage in Deutschland und vertretet argumentativ eure eigene Position zu Liberalisierungsbestrebungen bei aktiver Sterbehilfe und ärztlich begleiteter Selbsttötung.

b) Beschreibt und begründet an konkreten Fallbeispielen den Wertekonflikt für Ärzte und Angehörige.

c) Beschreibt den wichtigsten Unterschied zur Rechtslage in Holland und in der Schweiz und beurteilt.

d) Sammelt aus Internetrecherchen oder aus schriftlichen Unterlagen (z. B. Faltblätter) bei karitativen Organisationen Informationen zur Patientenverfügung und vergleicht. Zum Beispiel: Grundlagen, Vordrucke, Absicherungen, bestehende Unsicherheiten, Tipps und Ratschläge.

e) „Die Hospizbewegung ist die einzige Alternative zur aktiven Sterbehilfe, die auch in schwersten Fällen ein Sterben in Würde ermöglicht." Begründet eure eigene Meinung zu dieser Aussage und vergleicht dabei die Bedürfnisse sterbender Menschen mit den Zielen der Hospizbewegung.

f) Erläutert den Begriff „Tabu" und belegt durch Beispiele, wie heute immer noch Sterben und Tod tabuisiert werden. Inwiefern seid ihr persönlich bereit, an möglichen Unternehmungen zur Enttabuisierung teilzunehmen (zum Beispiel ein Bestattungsinstitut oder ein Hospiz zu besuchen)?

5. *Bestattungsrituale kritisch bewerten:*

a) Bei meiner Beerdigung möchte ich nicht, dass ...

b) Bei meiner Beerdigung wünsche ich mir, dass ...
Begründet eure Satzergänzungen.

c) Beschreibt an Beispielen die wichtigsten Unterschiede und Besonderheiten bei Bestattungsritualen in anderen Kulturen unter Berücksichtigung des kulturellen und religiösen Hintergrundes.

6. *Nah-Todeserlebnisse beschreiben und unterschiedliche Erklärungsversuche kennen:*

a) Beschreibt das Verlaufsmuster fast aller dokumentierten Nah-Todeserfahrungen und versucht eine persönliche Deutung.

b) Nachdem ihm bei seinen Befragungen rund 60 Menschen von ihren Nah-Todeserfahrungen berichtet hatten, äußerte ein Wissenschaftler: „Natürlich müssen wir nach natürlichen Erklärungen suchen, aber man muss auch die Möglichkeit in Betracht ziehen, dass sich ein unabhängiger Geist im Sterben vom Körper löst." Nehmt Stellung dazu.

Religionen: Christentum und Islam

1. *Christentum und Islam haben als Grundlage eine Heilige Schrift. Welche Bücher sind abgebildet? Beschreibt und vergleicht die Abbildungen.*

2. *Sammelt dazu weitere Informationen und fasst schriftlich zusammen.*

3. *Beschreibt und erklärt die oben abgebildeten Symbole. Informationen dazu findet ihr unter den Suchbegriffen „Christusmonogramm“ und „Schahada“.*

4. *Das Bild auf S. 256 oben rechts stammt aus Istanbul. Stellt euch vor, die beiden Gebäude würden so in Deutschland stehen: Welche unterschiedlichen Reaktionen könnte das auslösen?*

5. *In welcher Sprache lesen die Gläubigen die auf dieser Seite abgebildeten Bücher? Wer sind die Verfasser?*

6. *Welche Besonderheiten gibt es bei der Behandlung der Bücher? Schaut euch dazu die Bilder an und ergänzt durch weitere Informationen.*

7. *Welche Gemeinsamkeiten und Unterschiede der beiden Religionen sind auf den Abbildungen erkennbar? Welche sind euch noch bekannt?*

8. *Formuliert Fragen, die euch zu diesem Thema interessieren.*

1. Feiertage – freie Tage?

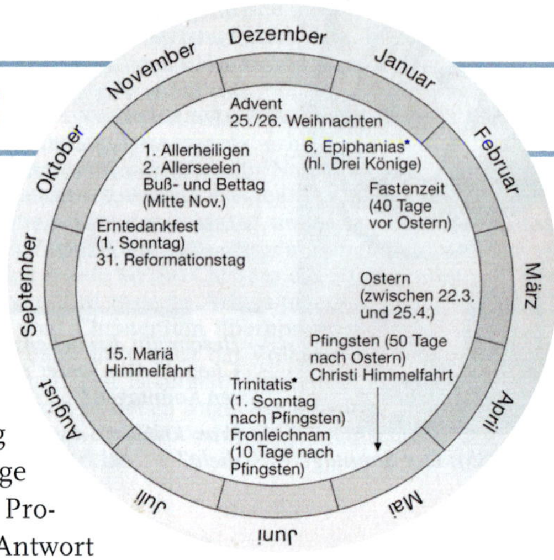

Was ist eigentlich Ostern?

Die Vorfreude auf Ostern wächst, doch mit der christlichen Bedeutung des Festes tun sich die Deutschen schwer: Mehr als ein Drittel (37 Prozent) weiß nicht, was Ostersonntag geschah. Das ergab eine repräsentative Umfrage des Meinungsforschungsinstitutes Emnid. 13 Prozent der Befragten glaubten zwar, die richtige Antwort zu kennen, lagen aber daneben. 24 Prozent winkten sofort ab: „Keine Ahnung." 63 Prozent der Bundesbürger antworteten richtig, dass Jesus am Ostersonntag auferstanden sei.

(Neckar- und Enzbote, 21.3.2005, S. 17)

1. *Osterferien oder Osterzeit? Weihnachtsferien oder Weihnachtszeit? Berichtet von eurer persönlichen Einstellung zu kirchlichen Feiertagen und von euren Erfahrungen dazu. Begründet eure unterschiedlichen Einstellungen.*

Information: Ostern – das höchste Fest der Christen

Ostern ist das älteste und wichtigste Fest der Christen. Sie feiern die Auferstehung Christi, der am Kreuz gestorben und nach christlichem Glauben am dritten Tag nach seinem Tod auferstanden ist. Das Konzil (Versammlung kirchlicher Amtsträger zur Klärung von Glaubens- und Sittenfragen) von Nizäa (325) bestimmte den ersten Sonntag nach dem ersten Frühlingsvollmond als Termin für das Osterfest, also zwischen 22. März und 25. April. Es gibt unterschiedliche Theorien über die Herkunft des Osterfestes und den Namen „Ostern". Aus christlicher Sicht kommt „Ostern" von Osten, weil man aus dieser Himmelsrichtung die Rückkehr Jesu erwartete. Andere leiten das Wort von der germanischen Frühlings- und Liebesgöttin Ostara ab. Es gibt viele Osterbräuche (Osterhase, Ostereier, Osterkerze, Osterfeuer usw.), für die es unterschiedliche Erklärungsversuche gibt: Häufig gelten sie als Fruchtbarkeitssymbole oder stehen für Frühling und Neubeginn (Auferstehung).

Welche Bedeutung haben religiöse Feiertage?

1995 wurde der Buß- und Bettag in Deutschland – mit Ausnahme von Sachsen – als gesetzlicher Feiertag zugunsten der Finanzierung der Pflegeversicherung abgeschafft. Für die einen noch zu wenig und auch der Sonntag als arbeitsfreier Feiertag müsse zur Diskussion stehen, für die anderen war die Abschaffung des Buß- und Bettages schon ein folgenschweres Zugeständnis.

Vertreter der Wirtschafts- und Unternehmerverbände fordern:

„Wir haben in Deutschland zu viel Urlaub und zu viele Feiertage." „Für die meisten Menschen sind Feiertage, die nicht auf einen Sonntag fallen, reine Urlaubstage ohne christlichen Bezug."

„Bereits die Streichung eines Feiertags kann für 0,1 Prozent mehr Wirtschaftswachstum sorgen, deshalb sollte in Zukunft an Fronleichnam, am Fest der Heiligen Drei Könige und am Pfingstmontag gearbeitet werden." „Jeder zusätzliche Werktag unterstützt das Wachstum, verringert die Lohnnebenkosten und erhöht die internationale Wettbewerbsfähigkeit."

Vertreter der Kirche wehren sich gegen diese Bestrebungen:

„Christliche Feiertage sind ein allgemeines Gut, tief verwurzelt in der Kultur und Tradition des Volkes, das sich über Jahrhunderte hinweg zum Wohl und Nutzen der Menschen gebildet und bewährt hat." „Die Feiertage sind Ausdruck von Werten wie Gemeinsinn, Zusammenhalt in der Gesellschaft, Strukturierung des Jahresablaufs und können nicht zur Verfügungsmasse der Wirtschaft werden. Nicht umsonst sind sie als ‚Tage der seelischen Erhebung und der Arbeitsruhe' im Grundgesetz geschützt."

2. *Setzt euch mit den einzelnen Äußerungen auseinander, berücksichtigt dabei die unterschiedlichen Wertvorstellungen und nehmt Stellung dazu.*

Sehnsucht nach Religion?

Gefragt, was aus Vatikan-Sicht das Hauptproblem der deutschen Kirche sei, meinte der Bamberger Erzbischof Ludwig Schick im Gespräch mit Radio Vatikan: „Die größte Herausforderung ist sicher das Fortschreiten der Säkularisierung* und wie wir dieses Problem anpacken und überwinden können ... Wir sind im Augenblick in einer ganz guten Situation, denn viele Menschen, gerade junge Menschen, sehnen sich nach Gott, nach einer Beziehung zu Gott; aber sie kommen trotzdem noch nicht aus dieser Säkularisierung ihres Lebens heraus. Und wie wir diesen Durchbruch mitgestalten können, dass Menschen wieder in einen persönlichen Kontakt zu Gott kommen – das ist das große Problem."

(www.radiovaticana.org/ted/Articolo.asp?c=103880 vom 12.6.2007)

„Ich glaube an Gott, aber warum soll ich deshalb sonntags in die Kirche gehen? Was dort geschieht, interessiert mich nicht. Ich möchte mein Leben selbst bestimmen und brauche keine christlichen Moralvorschriften." „Stress am Arbeitsplatz, Angst vor einer Entlassung, Ärger mit Kollegen, in der Freizeit möglichst viel Spaß haben ... da muss es noch etwas anderes geben – seit einiger Zeit beschäftige ich mich mit immer größerem Interesse mit den verschiedenen Religionen."

3. *Sprecht über Bedürfnisse, Wertvorstellungen und mögliche persönliche Erfahrungen, die hinter den beiden Aussagen stehen. Vergleicht mit eurer eigenen Einstellung und bezieht auch die anderen Texte dieser Seite mit ein.*

4. *„Am Sonntag sollten möglichst viele Geschäfte geöffnet sein." „Den Sonntag in der bisherigen Form abschaffen und dafür einen freien Tag anbieten, den man selbst innerhalb der Woche festlegen kann." „Den Sonntag in der bisherigen Form erhalten und vor weiterer Aushöhlung schützen." Diskutiert diese Aussagen und bezieht eure persönlichen Sonntagserfahrungen in die Argumentation mit ein.*

Information: Säkularisierung

Unter Säkularisierung versteht man heute einen Prozess der Verweltlichung. In der westlichen Welt meint es vor allem eine Loslösung vom Christentum. Christliche Werte und Normen verlieren in der Politik, in der Gesellschaft und im Leben des Einzelnen immer mehr an Bedeutung. In Europa beginnt die Säkularisierung mit der Aufklärung, die durch die Renaissance ermöglicht wird. In der Renaissance wird die christlich-mittelalterliche Lebenshaltung abgelehnt und antike Ideale in Literatur, Philosophie, Wissenschaft und Kunst werden vom heidnischen Gegenbild zum Vorbild. Der wichtigste Grundsatz der Aufklärung* besagt, dass nicht religiöse Glaubenssätze, sondern die Vernunft imstande ist, die Wahrheit ans Licht zu bringen. Immanuel Kant: „Habe Mut, dich deines eigenen Verstandes zu bedienen!"; Gotthold Ephraim Lessing: „An die Stelle der Religion muss die Überzeugung treten." Die Autonomie* der Vernunft ist die treibende Kraft der Säkularisierung und führte zu einer immer stärkeren Selbstbestimmung der eigenen Weltanschauung und Lebensgestaltung gegenüber der früheren Bindung an die Sinnangebote und sittlich-moralischen Vorgaben von Kirche und Religion.

2. Wie viele Zeichen braucht der christliche Glaube?

Sakramente und Riten begleiten das Leben

Die Taufe ist das Zeichen für den Anfang eines neuen Lebens und gilt in allen christlichen Kirchen als das wichtigste Sakrament. Der Täufling wird in die Gemeinschaft der Kirche aufgenommen. Im Urchristentum wurde nur der Erwachsene nach entsprechender Vorbereitung getauft. Heute ist allgemein die Kinder- bzw. Säuglingstaufe üblich. Das Wasser ist Sinnbild für die Reinigung des Menschen vom Bösen und wird über den Kopf des Täuflings gegossen mit den Worten: „Ich taufe dich im Namen des Vaters, des Sohnes und des Heiligen Geistes." Nicht nur die Priester können taufen. Im Notfall kann jeder taufen, sogar ein Nichtchrist.

Information: Sakramente

Sakramente sind sichtbare Zeichen, die auf besondere Weise vergegenwärtigen, wie Gott zum Heil der Menschen wirkt. Ein bevollmächtigter Spender vollzieht das Sakrament in der vorgegebenen Weise. Sakramente begleiten und verändern oft einschneidende Ereignisse des Lebens wie Geburt, Erwachsenwerden, Eheschließung, Schuld und Vergebung und Erfahrung von Krankheit. Die katholische Kirche kennt sieben Sakramente: Taufe (Anfang eines neuen Lebens), Firmung (mündig leben), Eucharistie (Essen und Trinken als Zeichen des Heils), Buße (Umkehr und Vergebung), Weihe (Auftrag zur Gemeindeleitung, z. B. Priesterweihe), Krankensalbung (Trost und Hoffnung im Leid), Ehe (Lebensgemeinschaft von Mann und Frau). In der evangelischen Kirche gelten nur Taufe und Abendmahl als echte Sakramente.

Sakramente und kirchliche Riten* sind keine magischen Zeichenhandlungen, mit denen Gott zu etwas veranlasst werden könnte. Sie wirken also nicht automatisch. Der Empfänger muss innerlich bereit sein, auf die Zuneigung Gottes zu hoffen und sie anzunehmen. Das heißt, er vertraut darauf, dass Gott in allen Lebenssituationen zum Menschen hält.

1. *Beschreibt die Bilder und ordnet sie einzelnen Sakramenten zu.*

2. *Berichtet von persönlichen Erfahrungen mit Sakramenten – als Empfänger oder als Beobachter.*

3. *Sie will sich kirchlich trauen lassen – er nicht. Sie möchte unbedingt, dass die Kinder getauft werden – er nicht. Diskutiert darüber, wie schwerwiegend solche Meinungsunterschiede eurer Ansicht nach für eine Partnerschaft sind.*

Das ist halt so Brauch!

Von der Taufe bis zur Beerdigung sind christliche Bräuche und Riten Lebensbegleiter der Menschen. Seit uralten Zeiten hielten die Menschen zum Beispiel Prozessionen oder Bittgänge ab. Mit feierlichen kirchlichen Umzügen dankte man Gott nach der Rettung von Pest, Tierseuchen oder Unwettern und löste Versprechungen ein oder man betete darum, dass Pflanzen und Tiere gedeihen, dass die Felder und die Häuser nicht durch Blitz, Hagel oder Sturm geschädigt werden.

Beispiel Sternsinger

Sternsinger aus Bamberg gingen am Samstag (6.1.2007) zum Schloss Bellevue in Berlin. Sie besuchten Bundespräsident Horst Köhler, segneten das Schloss und sammelten für die Aktion „Kinder sagen ja zur Schöpfung“, dem diesjährigen Motto der Dreikönigsaktion. Von den „Heiligen Drei Königen“ berichtet die Bibel als den „Weisen aus dem Morgenland“, die das neugeborene Jesuskind besuchten, vor ihm niederknieten und ihm ihre Schätze mitbrachten. Meist Kinder oder Jugendliche gehen in der Zeit des Dreikönigsfestes als „Heilige Drei Könige“ verkleidet von Haus zu Haus. Wenn sie eingelassen werden, singen sie ein Lied, sagen ein Gebet und schreiben den Haussegen mit Kreide an die Haustüre oder den Türbalken. Dabei sammeln sie Spenden ein, die heute meist an Entwicklungsprojekte gehen, die Kindern in Not weltweit helfen. Die Sternsingeraktion ist weltweit die größte Hilfsaktion von Kindern für Kinder.

Der Haussegen – nur ein schöner Brauch oder Ausdruck des Glaubens?

Das Bild zeigt den Haussegen, der von den Sternsingern am Schloss Bellevue in Berlin, dem Amtssitz des Bundespräsidenten, mit Kreide angeschrieben wurde. Zum Haussegen gehört traditionell die Jahreszahl, drei Kreuze und der Segen C+M+B. Die Buchstaben stehen für den lateinischen Satz: „Christus mansionem benedicat“ („Christus segnet dieses Haus“). Dadurch sollen das Haus und seine Bewohner vor Unglück geschützt werden.

4. *Berichtet von Erfahrungen, die ihr schon mit Sternsingeraktionen gemacht habt.*

5. *Ist ein Haus ohne Haussegen jetzt besonders von Unglück bedroht? Tauscht eure Meinung dazu aus, ob der Haussegen ein netter Brauch für einen guten Zweck ist, also ein Zeichen für Glauben und Vertrauen, oder ein alter Aberglaube.*

6. *Berichtet über weitere christliche Sitten und Bräuche.*

7. *Frage: „Warum machst du da mit?“ Antwort: „Das ist halt so Brauch!“ Setzt euch kritisch damit auseinander und bezieht eigene Erfahrungen oder Beobachtungen mit ein.*

3. Wer war Jesus von Nazareth?

Die Umwelt Jesu

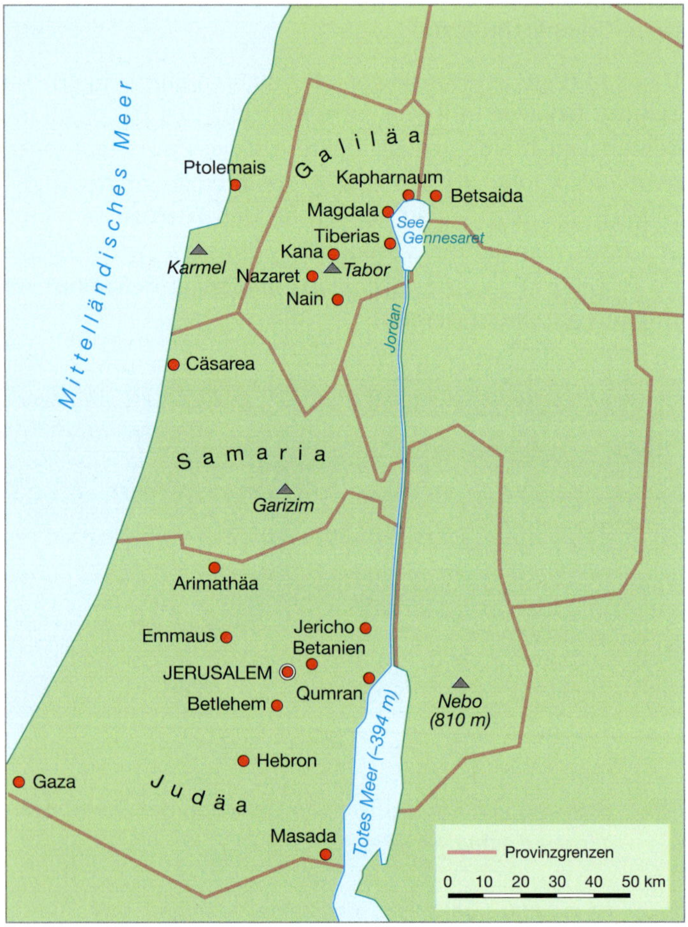

Palästina zur Zeit Jesu

Das Land, in dem Jesus lebte, hieß ursprünglich Kanaan, nach den Kanaanäern, die dort von alters her wohnten. Die Israeliten wanderten in Kanaan ein und besiedelten das Land. Später hieß das Land Palästina, nach dem Volk der Philister, die um 1200 v. Chr. an der Mittelmeerküste lebten. Als Palästina von der römischen Besatzungsmacht kontrolliert wurde, nannten die Römer den Teil, in dem besonders viele Juden lebten, Judäa. Nördlich davon gab es noch die Provinzen Samaria und Galiläa. In Galiläa, der Heimat Jesu, lebten viele Nichtjuden und Juden zusammen. Bereits um 1200 v. Chr. wurde ein Volk Israel in Kanaan erstmals erwähnt. Der 1948 gegründete jüdische Staat nannte sich Israel und so heißt auch heute das Land.

Palästina unter römischer Fremdherrschaft

Im Jahre 63 v. Chr. eroberte der römische Feldherr Pompeius Palästina. Die Römer beherrschten das Land, teilten es in Provinzen auf und setzten Könige ein, die von ihnen abhängig waren. In Galiläa regierte Herodes Antipas. Jesus wurde ihm während seines Prozesses vorgeführt. In den Jahren 26 bis 36 n. Chr. regierte in Judäa Pontius Pilatus als römischer Statthalter des Kaisers Tiberius. Er saß über Jesus zu Gericht und gab den Befehl zur Kreuzigung.

Warten auf einen Messias

In der hebräischen Bibel haben Propheten immer wieder das Kommen eines Messias angekündigt. Der Messias (hebr. = der Gesalbte) ist ein von Gott erwählter und bevollmächtigter Mensch, der zunächst das Schicksal des Volkes Israel endgültig zum Guten wenden wird. Auf alle Menschen bezogen ist der Messiasglaube eine Vision von einer besseren Menschheit am Ende der Welt, in der Gerechtigkeit und Frieden herrscht. Zur Zeit Jesu hofften viele Juden auf einen Messias, der sie politisch befreit von der Fremdherrschaft der Römer und den Weltfrieden bringt. Auch an Jesus wird diese Messiaserwartung herangetragen.

Religiöse Gruppen

Es gab verschiedene religiöse Parteien, die sich in ihrem Glauben und in ihrer politischen Einstellung unterschieden. Die bedeutendste Gruppe waren die Pharisäer, die „Abgesonderten“. Indem sie sich streng an die Weisungen Gottes hielten, wollten sie dem Messias den Weg bereiten – Pharisäer gab es in allen Schichten und Berufen und sie hatten großen Einfluss auf das Volk.

Jesus (um 7/4 v. Chr. – 30 n. Chr.) – ein Porträt

Die 40 bis 70 Jahre nach Jesu Tod verfassten Berichterstattungen der vier Evangelisten dokumentieren vor allem die Wirkungsgeschichte Jesu. Ergänzt durch jüdische und römische Notizen lässt sich folgendes Bild von Jesu Leben und Wirken aufzeichnen:

- Jesus ist spätestens im Jahr 4 vor Christus geboren, da sein Geburtsjahr in die Regierungszeit des von Rom als Vasallenkönig eingesetzten Herodes (37 – 4 v. Chr.) fällt. Er stammt aus Nazareth, einem Dorf in der Provinz Galiläa.
- Jesus ist Jude, wird von seiner Mutter Mirjam (lat. Maria) und von seinem Vater Josef im jüdischen Glauben erzogen, hat noch Geschwister – vier Brüder und mindestens zwei Schwestern –, geht am Schabbat zum Gottesdienst in die Synagoge und sein alltägliches Verhalten ist von den jüdischen Vorschriften und Gesetzen bestimmt.
- Er lernt von seinem Vater den Beruf des Bauhandwerkers, stellt vor allem Gegenstände aus Holz her, baut Dächer, konstruiert Karren usw. Diesen Beruf übt er aus, bis er ungefähr 30 Jahre alt ist.
- Er hört die Predigten Johannes des Täufers, der am Jordan lebt, das baldige göttliche Weltgericht ankündigt, zu einer radikalen Umkehr der Lebensführung aufruft und die Menschen tauft als Zeichen der Buße und Erneuerung. Auch Jesus lässt sich taufen, zieht kurz danach als Wanderprediger durch Galiläa und wirkt vor allem in Kapharnaum, am See Genesaret und in anderen kleinen Städten.
- Über etwas mehr als zwei Jahre verkündet er die Botschaft vom anbrechenden Reich Gottes, ruft zur Umkehr auf, erregt durch wundersame Heilungen großes Aufsehen, findet begeisterte Anhänger, sammelt Jüngerinnen und Jünger um sich und wählt sich daraus zwölf Männer aus, die sich ständig bei ihm aufhalten.
- Da er die religiösen Vorschriften sehr eigenwillig auslegt, sie manchmal übertritt, dann auch wieder verschärft, stehen ihm die Religionsparteien, vor allem die Pharisäer, mit der Zeit ablehnend gegenüber.
- Die Vertreter des traditionellen Judentums werden immer unruhiger, Jesus steht unter Beobachtung und als er um das Jahr 30 wieder nach Jerusalem zieht, dort den auf Geschäftemacherei und Gewinn ausgelegten Tempelbetrieb aufs Schärfste verurteilt, spitzt sich der Konflikt zu. Nur wenige Tage später lässt ihn der Hohe Rat verhaften, klagt ihn unter anderem der Gotteslästerung an, weil er sich als Sohn Gottes bekennt, verhört ihn und fordert seinen Tod. Er wird dem römischen Statthalter* Pontius Pilatus vorgeführt, der ihn zum Tode verurteilt. Zur Zeit des Pessachfestes* wird er vor den Stadttoren Jerusalems gekreuzigt.
- Bereits wenige Tage nach seinem Tod bezeugen seine Jünger, dass Jesus auferstanden ist und lebt. Mit dieser Botschaft wächst die Zahl der Anhänger und es bildet sich in Jerusalem eine erste Gemeinde, die den gekreuzigten Jesus als auferstandenen Messias verkündet. Damit beginnt die Geschichte des Christentums, die schließlich auch eine Zeitenwende bringt, eine Einteilung der Weltgeschichte in vor Christus und nach Christus, während für das Judentum die Zeitrechnung weiterläuft.

Das Bild zeigt das Mandylion einer Ikone (geweihtes Tafelbild) der orthodoxen (östlichen) Kirche. Ein Mandylion gilt als authentisches* Bild Christi, weil es nach der Legende der Abdruck von Jesus Christus auf einem Tuch ist, von dem die Gesichtszüge auf die Ikone übertragen wurden.

1. *Ergänzt das Porträt Jesu durch ein Dossier* zum „Prozess Jesu". Mögliche Inhalte: Anklage und Ankläger, Verteidigung und Verteidiger, Richter, Prozessverlauf, Urteilsfindung und Urteil, Urteilsvollstreckung, Verhalten von Beteiligten und Außenstehenden usw. Erarbeitet das Dossier mit Quellenangaben in Gruppenarbeit. Dazu sind folgende Bibelstellen hilfreich: Matthäus 26,1–28,20; Markus 14,1 – 16,20; Lukas 22,1 – 24,12; Johannes 18,1 – 20,29.*

2. *Schildert und bewertet eure Eindrücke zu Darstellungen des Lebens Jesu, die euch aus den Bereichen Film, Fernsehen, Musical bekannt sind.*

Information: Evangelisten

Die wichtigsten Quellen des Leben Jesu sind die vier Evangelien des Neuen Testamentes*. Das griechische Wort Evangelium bedeutet „Gute Nachricht" oder „Frohe Botschaft". Die Evangelien wurden etwa 70 – 100 n. Chr. von den vier Evangelisten Matthäus, Markus, Lukas und Johannes in griechischer Sprache verfasst. Sie fassen verschiedene Informationen zusammen und erzählen das Leben und Wirken Jesu Christi mit unterschiedlichen Schwerpunkten.

4. Wie wird ein Kreuz zum Symbol der Hoffnung?

Jesus stirbt am Kreuz …

Der Jude Jesu verkündet nicht einen jüdischen Gottesstaat und auch nicht die Errichtung einer Kirche. Vielmehr das kommende Gottesreich mit seinen Verheißungen und Maßstäben. Doch seine Botschaft und seine Praxis führen zur Konfrontation mit dem religiösen-politischen Establishment: ein Konflikt auf Leben und Tod! Zu radikal seine Kritik an der überkommenen Religiosität und an der Machtausübung der Herrschenden. Zu liberal sein Umgang mit dem Religionsgesetz, mit Sabbat, Reinheits- und Speisevorschriften. Zu skandalös seine Solidarisierung mit den Armen, Armseligen, „armen Teufeln“: Ihn erbarmt des Volkes. Zu viel Nachsicht zeigt er zum Ärger der Frommen mit Gesetzesbrechern, den „Sündern“. Im Einzelfall Vergeben ohne Ende, Verzicht ohne Gegenleistung, Dienst ohne Rangordnung – darauf zielen seine Parabeln und seine Praxis. […] Das furchtbare Ende ist bekannt. Er starb als junger Mann von gut 30 Jahren, nach erstaunlich kurzem Wirken von höchstens drei Jahren oder vielleicht nur wenigen Monaten. Verraten und verleugnet von seinen Schülern und Anhängern, verspottet und verhöhnt von seinen Gegnern. Verlassen von Gott und den Menschen. Auf die grauenhafteste Weise stirbt er, wie man es nach römischer Rechtsprechung Verbrechern mit römischem Bürgerrecht nicht zumutete. Nur entlaufene Sklaven und politische Rebellen starben so: am Kreuzesgalgen. Das letzte Lebenszeichen des Gequälten – ein Schrei. Seither ist das Kreuz das Erkennungszeichen der Christen. Und es ist das Kreuz, das es ihnen ermöglicht, auch das Negative in Menschenleben und Gesellschaft, Leid, Schuld, Sinnlosigkeit und Tod zu bewältigen.

(Hans Küng: Spurensuche, Piper Verlag, München 1999, S. 234 f.)

… und überwindet den Tod

Es gibt keine Augenzeugen für die Auferstehung Jesu. Die biblischen Texte über die Auferstehung sind keine Berichterstattung im heutigen Sinne. Über ein Geschehen, das menschliche Vorstellungskraft überschreitet, kann man nur in Symbolen reden und versuchen, es mit Bildern zu veranschaulichen. Schon das Wort „Auferstehung“ wird damit zu einem Symbol. Unbestreitbar ist, dass die verbliebenen Jüngerinnen und Jünger Jesu sich überraschend bald in Jerusalem regelmäßig treffen, sich öffentlich zu Jesus bekennen und seine Auferstehung verkündigen mit Erscheinungserzählungen, Zeugenlisten, Wundergeschichten und Glaubensbekenntnissen – und dadurch immer mehr neue Anhänger gewinnen. Für die Christen ist die Auferstehung Jesu die Mitte ihres Glaubens. Es ist die Grundlage ihrer Hoffnung auf ein Leben nach dem Tod in Gemeinschaft mit Gott. Dieser Glaube hängt nicht davon ab, ob der Leichnam Jesu wirklich aus dem Grab verschwunden ist – er braucht keine rationale Erklärung. Die Auferstehung Jesu ist für die Gläubigen ein Hoffnungsbild. Das menschliche Leben hat einen Sinn, der über den Tod hinausgeht.

Matthias Grünewald: Auferstehung Christi (1510 – 1515)

1. *Diskutiert über die Konflikte, die nach Hans Küng zum Tod Jesu führten.*
2. *Beschreibt das Bild von Matthias Grünewald.*
3. *Was kommt nach dem Tod? Sprecht in Kleingruppen über eure Vorstellungen.*
4. *„Die Verneinung der Sterblichkeit ist nichts als das Eingeständnis größter Ohnmacht, Ausdruck eines unendlichen Bedürfnisses.“ Nehmt Stellung zu diesem Satz von Martin Walser (1927 in Wasserburg am Bodensee geborener deutscher Schriftsteller).*

Der Gekreuzigte als Sohn Gottes eingesetzt

Doch es ist eine Frage bis heute: Wie konnte das Schandkreuz Jesu für die ersten Glaubenden zum Heilszeichen werden? Tatsache ist ja, dass diese das Kreuz schon bald in einem völlig anderen Licht sahen. Warum? Aufgrund bestimmter geistiger Erfahrungen, Visionen, „Erscheinungen“ und zugleich bereitliegender Deutungsmuster der Hebräischen Bibel waren sie zur Überzeugung gekommen: Dieser Jesus ist nicht im Tod geblieben, sondern ist von Gott zum ewigen Leben erweckt in Gottes Herrlichkeit aufgenommen worden. Wie soll man sich das vorstellen? Wir können uns nun einmal weder einen Begriff noch ein treffendes Bild von der Wirklichkeit Gottes machen; selbst die Kunst stößt hier an ihre Grenzen. Aber es ist seither die Glaubensüberzeugung der Christen: Dieser Jesus Christus ist nicht in ein Nichts, sondern in die wirklichste Wirklichkeit, in Gott selbst hinein gestorben. Schon zu seinen Lebzeiten hatte er, diese große enthusiastisch-prophetische Gestalt, ohne Amt und Titel, allein mit Worten und Heilungstaten eine Vollmacht in Anspruch genommen, welche die eines Rabbi* oder Propheten überstieg. Manche sahen in ihm den Messias*. Er berief sich zur Rechtfertigung im großen Streit stets auf Gott selber, den er in skandalöser Vertrautheit mit „Abba“ („Väterchen“, „lieber Vater“) anzureden wagte. Aufgrund ihrer Auferweckungserfahrungen wird er von der Urgemeinde als „Sohn Gottes“ angerufen – ein Titel, der früher den Königen Israels vorbehalten war. [...] Der Gekreuzigte ist das große Zeichen der Hoffnung auf ein ewiges Leben, wie es im urchristlichen Glaubensbekenntnis zu Beginn des Römerbriefs heißt: Er ist „eingesetzt als Sohn Gottes in Macht seit der Auferstehung von den Toten“ (Röm 1,4). Aber geschichtliche Tatsache ist auch: Die Gottessohnschaft Jesu wurde ein Zeichen des Zwiespalts: zwischen Christen und Juden zuerst, dann auch zwischen Christen und Muslimen. Eine Tragödie der Religionsgeschichte.

(Hans Küng: Spurensuche, Piper Verlag, München 1999, S. 235 f.)

5. *Wie erklärt Küng, warum für die ersten Christen das Kreuz Jesu zu einem Heilszeichen werden konnte?*

6. *Erläutert, wie es dazu kam, dass Jesus sich als Sohn Gottes bezeichnet hat.*

7. *Das Bild zeigt den „Berg der Kreuze“ („Kryziu kalnas“), das litauische Nationalheiligtum nördlich von Siauliai: ein etwa 10 m hoher Schuttberg, bedeckt mit Tausenden von Kreuzen jeder Art. Beschreibt das Bild, diskutiert über die Symbolik der einzelnen Bildelemente.*

Information: Jesus im Judentum und Islam

Für die Juden ist Jesus ein hoch zu achtender Mensch, ein Mann, der Liebe und Barmherzigkeit predigte und ausstrahlte, besonders für die Unglücklichen und Verlorenen. Seine Lehren werden anerkannt, aber nicht die Lehren über ihn. Juden lehnen entschieden die Vorstellung ab, dass Jesus Sohn Gottes gewesen sei und halten ihn auch nicht für den versprochenen Messias, weil er sonst nicht gekreuzigt worden wäre. Der Islam ist 600 Jahre nach der Kreuzigung Jesu entstanden. In der arabischen Umwelt Mohammeds lebten Christen. Deshalb wird Jesus im Koran auch oft erwähnt. Er gilt als bedeutender Prophet und Gesandter Gottes, aber nicht als Gottes Sohn. Ebenso bestreiten Muslime Kreuzigung und Auferstehung Jesu. Die christliche Vorstellung eines dreifaltigen Gottes (Gott Vater, Gott Sohn und Gott Heiliger Geist) wird als Polytheismus* abgelehnt.

8. *Warum haben Nichtchristen mit der Vorstellung von Jesus als Sohn Gottes große Probleme? Befragt Nichtchristen, sammelt Äußerungen und diskutiert darüber.*

5. Mit der Bergpredigt leben?

Was ist die Bergpredigt?

In der Bergpredigt hat der Evangelist Matthäus die wichtigsten Aussagen und Verkündigungen Jesu zusammengefasst. Viele bezeichnen sie als den Kern christlichen Glaubens und als Fundament christlicher Ethik. Mit genauen und anschaulichen Worten spricht Jesus unterschiedliche Lebensbereiche der Menschen an. Der Name bezieht sich auf die Ortsangabe zu Beginn: *„Als Jesus die vielen Menschen sah, stieg er auf einen Berg. Er setzte sich und seine Jünger traten zu ihm. Dann begann er zu reden und lehrte sie“* (Matthäus 5, 1 – 2).

Die Radikalität mancher Aussagen über Töten und Versöhnung, über Unrecht und Vergeltung, über Richten und Heuchelei und vor allem aber auch über die Feindesliebe hat bis heute nichts an ihrer fordernden Zwiespältigkeit verloren. Sie hat Pazifisten und Friedenskämpfer inspiriert und ebenso entschiedene Gegner gefunden, die den Vorwurf erheben, dass die Forderungen der Bergpredigt das Menschenmögliche übersteigen und in ihr sogar eine Sklavenmoral (Friedrich Nietzsche) sahen. Der Satz Fürst von Bismarcks (1815 – 1889) *„Mit der Bergpredigt kann man keine Politik machen“* wird bis heute in der Form *„Mit der Bergpredigt kann man nicht regieren“* immer wieder von Politikern zitiert und sie begründen es damit, dass derjenige, der politische Verantwortung für andere trägt, sich nicht wehrlos der Machtpolitik anderer ausliefern darf.

Die Seligpreisungen

Die Bergpredigt beginnt mit den acht Seligpreisungen. Sie fordern Veränderungen in unserer Gesellschaft:

Aus der Bergpredigt

Selig, die arm sind vor Gott; denn ihnen gehört das Himmelreich.
Selig die Trauernden; denn sie werden getröstet werden.
Selig, die keine Gewalt anwenden; denn sie werden das Land erben.
Selig, die hungern und dürsten nach der Gerechtigkeit; denn sie werden satt werden.

Selig die Barmherzigen; denn sie werden Erbarmen finden.
Selig, die ein reines Herz haben; denn sie werden Gott schauen.
Selig, die Frieden stiften; denn sie werden Söhne Gottes genannt werden.
Selig, die um ihrer Gerechtigkeit willen verfolgt werden; denn ihnen gehört das Himmelreich.

(Die Bibel, Einheitsübersetzung, Herder Verlag, Matthäus 5, 3 – 12)

Aus unserer Gesellschaft

Verraten sind die Armen, denn sie haben nichts einzubringen.
Verraten sind die Leidtragenden, denn sie sind ausgeschlossen aus unserer Gesellschaft.
Verraten sind die Sanftmütigen, denn sie werden an die Wand gedrückt werden.
Verraten sind, die hungern und dürsten nach der Gerechtigkeit, denn die Macht geht vor Recht, und Geld regiert die Welt.
Verraten sind die Barmherzigen, denn Undank ist der Welten Lohn.
Verraten sind die, die reinen Herzens sind, denn sie werden übers Ohr gehauen.
Verraten sind die Friedfertigen, denn sie werden zwischen die Fronten geraten.
Verraten sind, die um ihrer Gerechtigkeit willen verfolgt werden, denn am Ende ist doch alles umsonst.

(Heinz Zahrnt: Ich aber sage euch. Sechs Bibelarbeiten. Zur Bergpredigt, Kreuz Verlag, Stuttgart 1969, S. 124)

1. *Lest die Gegenüberstellung und erarbeitet, welche individuellen und gesellschaftlichen Folgen die Umsetzung der Bergpredigt hätte.*

2. *Untersucht möglichst an konkreten Beispielen die Stichhaltigkeit der These „Mit der Bergpredigt kann man nicht leben" und bezieht kritisch Stellung dazu. Zum Beispiel: „Wir können uns nicht schwach machen, weil..." oder „Wir wollen nicht die Leidtragenden sein, weil ..." usw.*

Was fordert die Bergpredigt?

Grundforderungen christlicher Ethik

„Wenn du deine Opfergabe zum Altar bringst und dir dabei einfällt, dass dein Bruder etwas gegen dich hat, so lasse deine Gabe dort vor dem Altar liegen; geh und versöhne dich zuerst mit deinem Bruder, dann komm und opfere deine Gabe."

„Sammelt euch nicht Schätze hier auf Erden, wo Motte und Wurm sie zerstören und wo Diebe einbrechen, sondern sammelt euch Schätze im Himmel. [...] Denn wo dein Schatz ist, da ist auch dein Herz. Niemand kann zwei Herren dienen; er wird entweder den einen hassen und den anderen lieben, oder er wird zu dem einen halten und den anderen verachten. Ihr könnt nicht beiden dienen, Gott und dem Mammon."

„Ihr habt gehört, dass gesagt worden ist: *Auge für Auge und Zahn für Zahn*. Ich sage euch: Leistet dem, der euch Böses antut, keinen Widerstand, sondern wenn dich einer auf die rechte Wange schlägt, dann halte ihm auch die andere hin."

„Richtet nicht, damit ihr nicht gerichtet werdet! Denn wie ihr richtet, so werdet ihr gerichtet werden, und nach dem Maß, mit dem ihr messt und zuteilt, wird euch zugeteilt werden. Warum siehst du den Splitter im Auge deines Bruders, aber den Balken in deinem Auge bemerkst du nicht?"

„Ihr habt gehört, dass gesagt worden ist: *Du sollst deinen Nächsten lieben und deinen Feind hassen*. Ich aber sage euch: Liebt eure Feinde und betet für die, die euch verfolgen."

„Alles, was ihr auch von den anderen erwartet, das tut auch ihnen! Darin besteht das Gesetz und die Propheten."

„Hütet euch, eure Gerechtigkeit vor den Menschen zur Schau zu stellen, sonst habt ihr keinen Lohn von eurem Vater im Himmel zu erwarten."

(Alle Zitate sind aus dem Matthäusevangelium, Kapitel 5 und 6)

3. *Ordnet und besprecht diese Forderungen nach geeigneten Kriterien, zum Beispiel Bedeutung und Konsequenzen für den Einzelnen, Auswirkungen auf die Gesellschaft, Realisierbarkeit, persönlicher Akzeptanz und andere. Führt dazu zunächst ein Vier-Ecken-Gespräch.*

Methode: Vier-Ecken-Gespräch

1. Wählt aus den verschiedenen Textstellen einige aus, die euch besonders problematisch oder diskussionswürdig erscheinen.
2. Schreibt den jeweils ausgewählten Text auf ein Plakat und platziert ihn gut sichtbar in je einer Ecke des Unterrichtsraumes.
3. Sucht euch dann selbst aus, zu welcher Ecke ihr zuerst gehen wollt. Versammelt euch dort – ihr könnt im Halbkreis vor dem Plakat sitzen oder auch einen kleinen Stuhlkreis bilden – und diskutiert über die jeweilige Textstelle.
4. Bleibt mindestens 5 Minuten in einer Ecke und entscheidet dann selbst, ob ihr dort weiter zuhören bzw. weiter mitsprechen wollt oder ob ihr zu einer anderen Ecke wechseln wollt, um jetzt dort zuzuhören oder am Gespräch teilzunehmen.
5. Versammelt euch am Ende in der Mitte des Raumes und tauscht eure Erfahrungen mit dieser Übung aus. Begründet dabei auch eure unterschiedlichen Eindrücke über den Gesprächsverlauf in den einzelnen Ecken.
6. Sammelt als Abschluss wichtige Gesprächsinhalte und ordnet sie nach passenden Kriterien. Anregungen dazu findet ihr in Aufgabe 3. Ihr könnt aber auch andere Ordnungsgesichtspunkte aufstellen.

6. Zur Nächstenliebe verpflichtet?

Das Gleichnis[1] vom barmherzigen Samariter

Julius Schnorr von Carolsfeld: Barmherziger Samariter (um 1860)

Jesus verkündet seine Lehren durch Reden und Gleichnisse. Am bekanntesten ist das Gleichnis vom barmherzigen Samariter. Die Stadt Jericho ist 27 km von Jerusalem entfernt. Der Weg zwischen beiden Städten geht durch eine Felswüste mit Höhlen und Schluchten – berüchtigt wegen der vielen Raubüberfälle. Leviten waren Gehilfen der Priester; beide sollten sich möglichst rein halten, also auch den Kontakt zu Sterbenden und Toten meiden.

Aus dem Lukasevangelium:

Da stand ein Gesetzeslehrer auf, und um Jesus auf die Probe zu stellen, fragte er ihn: Meister, was muss ich tun, um das ewige Leben zu gewinnen? Jesus sagte zu ihm: Was steht im Gesetz? Was liest du dort? Er antwortete: Du sollst den Herrn, deinen Gott, lieben mit ganzem Herzen und ganzer Seele, mit all deiner Kraft und all deinen Gedanken und: Deinen Nächsten sollst du lieben wie dich selbst. Jesus sagte zu ihm: Du hast richtig geantwortet. Handle danach, und du wirst leben. Der Gesetzeslehrer wollte seine Frage rechtfertigen und sagte zu Jesus: Und wer ist mein Nächster? Darauf antwortete ihm Jesus: Ein Mann ging von Jerusalem nach Jericho hinab und wurde von Räubern überfallen. Sie plünderten ihn aus und schlugen in nieder; dann gingen sie weg und ließen ihn halb tot liegen. Zufällig kam ein Priester denselben Weg herab; er sah ihn und ging weiter. Auch ein Levit kam zu der Stelle; er sah ihn und ging weiter. Dann kam ein Mann aus Samarien, der auf der Reise war. Als er ihn sah, hatte er Mitleid, ging zu ihm hin, goss Öl und Wein auf seine Wunden und verband sie. Dann hob er ihn auf sein Reittier, brachte ihn zu einer Herberge und sorgte für ihn. Am andern Morgen holte er zwei Denare hervor, gab sie dem Wirt und sagte: Sorge für ihn, und wenn du mehr für ihn brauchst, werde ich es dir bezahlen, wenn ich wiederkomme.
Was meinst du: Wer von diesen dreien hat sich als der Nächste dessen erwiesen, der von den Räubern überfallen wurde? Der Gesetzeslehrer antwortete: Der, der barmherzig an ihm gehandelt hat. Da sagte Jesus zu ihm: Dann geh und handle genauso! (Lukas 10, 25–37)

[1] Gleichnis: bildhafte Geschichte, die zur Deutung und Auslegung anregt; hier eine Beispielerzählung, die zur Nachahmung auffordert

1. *Beschreibt das Doppelgebot der Liebe.*

2. *Auch heute spricht man noch von einem „Samariterdienst", den einer dem anderen erweist. Veranschaulicht an Beispielen, was man nach der biblischen Vorlage darunter versteht.*

3. *Diskutiert und bewertet in Kleingruppen, wie viel Nächstenliebe möglich und auch realisierbar ist. Bezieht dabei auch die Frage ein: „Wie kann sich ein ‚Zuviel an Nächstenliebe' auswirken?"*

4. *Die Film-AG einer Schule plant, die Geschichte vom barmherzigen Samariter um 2000 Jahre verschoben in die heutige Zeit zu verlegen. Priester, Levit, Samariter, Räuber und der Überfallene sollen durch passende Typen der Gegenwart ersetzt werden. Entwerft stichwortartig ein Drehbuch mit Personen, Schauplätzen und Aktionen.*

Dienst am Nächsten

Barmherzigkeit im weitesten Sinne ist eine zentrale Verpflichtung christlichen Handelns. Schon seit alters her werden Werke der Barmherzigkeit aufgezählt. Die unten stehenden „Sieben leiblichen Werke der Barmherzigkeit“ gehen zurück auf das Matthäusevangelium (25, 34–36). Vor dem Weltgericht werden diejenigen gesegnet, die barmherzig gehandelt haben, und als sie nach dem Grund fragen, erhalten sie die Antwort: *„Amen, ich sage euch: Was ihr für einem meiner geringsten Brüder getan habt, das habt ihr mir getan.“* Darin liegt letztlich der Grund, dass für den Dienst am Nächsten der christliche Glaube eine wichtige Motivation ist. Selbst Nichtchristen oder auch Kirchenkritiker erkennen an, dass die Kirchen bei den karitativen* Diensten eine besonders wichtige Rolle spielen. Die kirchlichen Organisationen engagieren sich weltweit für Menschen, die in sozialen Notlagen oder in irgendeiner Form benachteiligt sind. Die Aktionsfelder sind weit über die genannten Werke der Barmherzigkeit hinausgegangen und betreffen alle Lebensbereiche. Dabei geht es längst nicht mehr nur um Geldbeschaffung für Hilfsmaßnahmen. Mit wirksam angelegten Aktionen versuchen sie auch, das Bewusstsein der Menschen und der politisch Verantwortlichen zu erreichen und zu verändern.

5. *Informiert euch genauer über „Brot für die Welt“ und „Misereor“. Betrachtet dabei Entstehung, Geschichte, Aufgabenbereiche, Tätigkeitsbeschreibung, aktuelle Schwerpunkte, Finanzierung usw. Als Informationsquellen habt ihr das Internet oder Informationsmaterial von Geschäftsstellen in eurer Umgebung. Was erscheint euch positiv, was könntet ihr kritisch hinterfragen? Begründet eure Einstellung dazu.*

6. *Verschafft euch einen Überblick über die Schwerpunkte der Tätigkeit anderer kirchlicher Hilfsorganisationen.*

7. 2000 Jahre Christentum – die Geschichte einer Weltreligion

Die Trennung von Judentum und Christentum

Durch die Auferstehung wird Jesus für seine Anhänger zum „Christus“, zum „Gesalbten Gottes“, dem schon lange erwarteten Messias. Die Urgemeinde in Jerusalem ist die Keimzelle des Christentums. Zunächst sind die Mitglieder noch Juden-Christen. Mit der missionarischen Tätigkeit des Apostels Paulus breitet sich das Christentum aus. Es kommen Heiden-Christen dazu, die sich gegen die jüdische Lehre und die Synagoge abgrenzen. Paulus entscheidet den Konflikt zugunsten der Heiden-Christen, das Juden-Christentum verschwindet, die Trennung von Judentum und Christentum ist vollzogen. Es beginnt die weltweite Verbreitung des Christentums.

Eine frühchristliche Darstellung der Apostelfürsten Petrus und Paulus auf der Steinplatte eines Grabes

Verfolgte Christen, Staatsreligion und Kirchenspaltung

Mit der Weigerung der Christen, den römischen Kaiser als Gott anzuerkennen, beginnen im Römischen Reich die Christenverfolgungen, zunächst in Rom unter Kaiser Nero, dann im ganzen Reich. Umfassend verfolgt werden die Christen **303** unter Diokletian. Märtyrer sind die ersten Heiligen des Christentums. Als Kaiser Konstantin (**306 – 333**) in einer Schlacht einen Sieg erringt, den er auf den christlichen Gott zurückführt, bekehrt er sich zum Christentum und fördert seine Ausbreitung. **Im Jahre 391** erhebt Kaiser Theodosius das Christentum zur Staatsreligion. Die Struktur der römisch-katholischen Kirche ist streng hierarchisch. An der Spitze steht der Papst (Nachfolger des Apostels Petrus als Bischof von Rom), unter ihm die Kardinäle und die Bischöfe als Leiter der Gemeinden. Auf Konzilen (eine Versammlung der Kirchenführer) werden Glaubens- und Sittenfragen verbindlich geregelt.

Im Zuge der Völkerwanderung erobern Germanen immer wieder römische Gebiete und übernehmen neben antiker Kultur auch das Christentum. **Im Jahre 800** wird Karl der

Information: Petrus und Paulus – die Apostelfürsten

Paulus (um 3 v. Chr. – 67 n. Chr.)
Paulus ist der einflussreichste urchristliche Völkerapostel. Er verkündete Jesus, den Messias* Israels, als Messias der ganzen Welt. Paulus ist Jesus nie begegnet. Als Nichtrömer besaß Paulus das von seinem Vater ererbte römische Bürgerrecht. Er gründete christliche Gemeinden in der hellenistischen* Welt. Drei große und äußerst strapaziöse Missionsreisen (ca. 7800 km zu Land, 9000 km mit dem Schiff) führten Paulus durch Kleinasien und Griechenland. Ob er Spanien erreicht hat, ist ungewiss. Paulus starb als Märtyrer, das heißt als „Blutzeuge“ unter Kaiser Nero (54 bis 68).

Petrus († 67/68 n. Chr.)
Der Apostel Simon Petrus gehörte zu den ältesten Jüngern Jesu, war Sprecher des Zwölferkreises. Er hat wohl als Erster den auferstandenen Jesus gesehen. Auf den folgenden Matthäus-Vers werden die Ansprüche des Papstes – als Nachfolger des Petrus – in der römisch-katholischen Kirche auf seine Führung über die gesamte Kirche zurückgeführt: „Du bist Petrus, und auf diesen Felsen werde ich meine Kirche bauen“ (Mt 16, 18). Petrus engagierte sich in der Missionsarbeit und lebte darum nicht mehr die ganze Zeit in Jerusalem. In Rom wurde er ungefähr zur selben Zeit wie Paulus unter Nero hingerichtet. Auch er galt als Märtyrer.

(nach: Monika und Udo Tworuschka: Die Welt der Religionen, Chronik Verlag, Gütersloh/München 2006, S. 189)

Große von Papst Leo III. zum Kaiser gekrönt. Die Macht der Päpste wächst beständig. Die Ostkirche (Byzanz, heute Istanbul) will sich der Forderung nach Anerkennung der römisch-geistlichen Vorherrschaft nicht beugen. **Im Jahre 1054** kommt es zum Schisma, zur Trennung der Ostkirche vom Papsttum.

Das Hochmittelalter: Kathedralen, Pilger, Ketzer und Kreuzfahrer

Im Jahre 1130 beginnt in Paris der Bau der ersten großen gotischen Kathedrale – Sinnbild des Strebens der Menschen nach Größe und Erkenntnis und gleichzeitig Symbol für Reichtum und Macht. Pilger werden zu einer Massenbewegung, zu einer Art religiöser Völkerwanderung. Menschen machen sich oft für Monate auf den Weg zu ihrem Wallfahrtsziel, einem als heilig angesehenen Ort, um zu danken, um für etwas zu bitten, um Buße zu tun, um ein Versprechen einzulösen oder um zu sich selbst zu finden. Der „Jakobsweg“, ein alter Pilgerweg zum Grab des Apostels Jakobus in Santiago de Compostela in Spanien, ist heute noch aktuell. **1095** ruft Papst Urban II. zur Befreiung des Heiligen Landes von den Muslimen auf. Daraus wird ein brutaler Eroberungskrieg mit 7 Kreuzzügen. **1099** wird Jerusalem erobert, aber **150 Jahre später** fällt Jerusalem endgültig an die Muslime zurück. **Im 12. Jahrhundert** führt die Kirche aber auch einen Krieg gegen Ketzer (Menschen, die vom römisch-katholischen Glauben abweichen). Die Katharer, eine der bedeutendsten Sekten jener Zeit, werden grausam verfolgt und vollständig vernichtet.

Kathedrale von Chartres bei Paris

Eine Folterszene der Inquisition

Das Spätmittelalter: Heilige und Hexen

Um 1200 wendet sich Franz von Assisi gegen kirchliches Machtstreben und Besitzdenken. Er gründet den Orden der Franziskaner, die nach den Regeln des Heiligen Franz in strenger Armut leben – eine Gegenströmung in der Kirche, die bis heute aktuell und wichtig geblieben ist.

1347 bricht die Pest aus und verwüstet unaufhaltsam ganz Europa. **Gegen Ende 1351** hat sie etwa ein Drittel der europäischen Bevölkerung getötet. Als mögliche Schuldige macht man die Juden als „Brunnenvergifter“ aus und verfolgt sie. Die Kirche ist im Streit mit dem französischen König. Es beginnt die „babylonische Gefangenschaft“* der Päpste. **Von 1309 – 1377** regieren sie in Abhängigkeit von den französischen Königen in Avignon und nicht mehr in Rom. Heilige vermitteln zwischen Gott und den Menschen und für fast jeden Alltagsbereich ist ein Heiliger zuständig. Der Reliquienkult treibt seltsame Blüten. Knochenteile, Haare, Kleidungsfetzen usw. – alles, was in Zusammenhang zu einem Heiligen gebracht werden kann, wird gesammelt, verehrt und mit Heilkräften belegt. Die Menschen fürchten sich vor bösen Mächten, die sie für Unglück jeder Art verantwortlich machen. **In der 2. Hälfte des 16. Jahrhunderts** wird Europa von einer Epidemie des Hexenwahns erfasst. Frauen werde als Hexen angeklagt, der Inquisition* zugeführt, grausam gefoltert und verbrannt. **Fast 100 Jahre lang** brennen in Deutschland die Scheiterhaufen.

Beginn der Neuzeit: Renaissance und Reformation

Luthers Thesenanschlag am 31.10.1517

Im 15. Jahrhundert beginnt das Zeitalter der Renaissance mit einer Rückbesinnung auf die Kultur der griechisch-römischen Antike. Die Renaissancepäpste und ihre Kardinäle regieren ganz im Stil der neuen Zeit, geben Unsummen von Geld aus, haben uneheliche Kinder, verschachern kirchliche Ämter und sind in unzählige politische Intrigen verstrickt bis hin zum Mord. Ihre Residenz in Rom, vor allem die Peterskirche, verwandelt sich in ein grandioses Gesamtkunstwerk weltberühmter Künstler.

Im Jahre 1517 wendet sich Martin Luther gegen den Missbrauch des Ablasses (eine Geldzahlung befreit von Sündenstrafen). Er schreibt einen Brief an seine Vorgesetzten, dem er 95 Thesen beifügt, die die Spaltung der abendländischen Christenheit einleiten. Ob Luther diese Thesen tatsächlich auch an die Tür der Schlosskirche in Wittenberg angenagelt hat, ist noch nicht eindeutig belegt. Die Auffassung, dass der Glaube auch ohne eine Institution aus Gnade geschieht, führt zum Konflikt mit der Kirche. Luther wird exkommuniziert*, vom Reichstag geächtet und versteckt sich einige Monate auf der Wartburg in Thüringen. Luthers Ideen verbreiten sich und damit auch der Protestantismus* – die Kirche verliert ihre mittelalterliche Einheit. Mit der Reformation spaltet sie sich in Konfessionen auf.

Gegen Ende des 16. Jahrhunderts beginnt die katholische Kirche mit der Gegenreformation. Die treibende Kraft für Reformen und Erneuerungen ist der **1534** neu gegründete Orden der Jesuiten. Der kräftige Aufschwung der katholischen Kirche zeigt sich auch nach außen. Im barocken Stil entstehen prachtvolle Kirchenbauten und Kunstwerke. Der Hass der Konfessionen führt zu blutigen Kriegen, die mit dem **Dreißigjährigen Krieg** (**1618 – 1648**) einen für Europa katastrophalen Höhepunkt finden.

Aufklärung und Revolution: Die Kirche verliert ihre Macht

Die Aufklärung will ein Zeitalter der Vernunft, des Fortschritts und der Freiheit – ohne Bindung an göttliche, kirchliche oder staatliche Autoritäten. **Die Französische Revolution** (**1789 – 1799**) betrachtet anfangs allgemein Religion als Sklaverei, Geistliche werden als Gehilfen des Adels gesehen, verfolgt und ermordet. Das Gesetz ersetzt Gott, die Zivilehe die kirchliche Trauung, die Menschenrechte die Zehn Gebote und das Streben nach Glück im Diesseits die Erlösung im Jenseits. Ein Versuch, der an der eigenen Radikalität zugrunde geht. In der Folgezeit verliert vor allem der Katholizismus seine politische Macht, seinen Reichtum und viele seiner Privilegien. **1803** besiegelt die Säkularisation (Enteignung von Kirchengütern) der geistlichen Gebiete rechts des Rheins das Ende der geistlichen Fürstentümer in Deutschland.

Industrialisierung: Die Kirche als Anwalt der Armen

Obwohl die offiziellen Amtskirchen im Zeitalter der Industrialisierung lange Zeit keinen Handlungsbedarf sehen, sich für die Arbeiter zu engagieren und gegen ihre wachsende Not zu kämpfen, entwickeln sich bemerkenswerte Beispiele praktischer Nächstenliebe. Der evangelische Theologe Hinrich Wichern gründet **1833** das „Rauhe Haus", die Keimzelle der Diakonie*. In der katholischen Kirche gibt es im **19. Jahrhundert** zwei große Kämpfer für die Sache der Armen, der entrechteten Arbeiter und Handwerker: der Mainzer Bischof Ketteler und der Kölner Domvikar Adolf Kolping. Erst **1891** – über hundert Jahre nach Beginn der industriellen Revolution und fast fünfzig Jahre nach dem „Kommunistischen Manifest"* von Marx und Engels – nimmt ein Papst Stellung zur „sozialen Frage". Papst Leo XIII. verurteilt offiziell die Geldgier und fordert bessere Lebensbedingungen für Arbeiter.

Christ sein in Krieg und Terror

„Für Gott und Vaterland" zieht eine ganze Generation in den **1. Weltkrieg (1914 – 1918)** und stirbt in grausamen Schlachten. In Russland wird das Zarenreich gestürzt und die Ideologie des Marxismus-Leninismus prägt Politik und Gesellschaft der **1922** gegründeten Sowjetunion (UdSSR). Die Religionsausübung wird generell verboten, Christen werden verfolgt, das orthodoxe Christentum – ehemals Staatsreligion – geht in den Untergrund. Nach der Machtergreifung Hitlers **1933** regieren in Deutschland die Nationalsozialisten. Das Verhalten der Christen inmitten der entsetzlichen Verbrechen, die in der Folgezeit verübt werden, ist zwiespältig und wird bis heute unterschiedlich bewertet. Während es bewundernswerte Christen aller Konfessionen gibt, die aktiv Widerstand leisten, ihr Leben riskieren und verlieren, halten sich die ranghöchsten Kirchenführer zurück und taktieren eher diplomatisch. Es gibt zwar einzelne Bischöfe und Kardinäle, die in mutigen Predigten öffentlich die Naziverbrechen anprangern, aber der Papst selbst (**Pius XII. 1939 – 1958**) schweigt dazu.

Herausgefordert von den globalen Problemen der Gegenwart

Die rasante Weiterentwicklung von Wissenschaft und Forschung liefert der modernen Welt heute ungeahnte Möglichkeiten, in das Leben der Menschen einzugreifen und es zu verändern. Ist das Machbare auch ethisch zu verantworten? Das Christentum ist heute herausgefordert, die Welt, in der wir leben, auf den Prüfstand der Menschenwürde, der Humanität, der Nächstenliebe und der Erhaltung als Gottes Schöpfung zu stellen. „Lebendig und kräftig und schärfer" war das Motto des 31. Evangelischen Kirchentages in Köln. Die regenbogenfarbenen Friedensfahnen, die Teilnehmer beim Abschlussgottesdienst am 10.6.07 zeigten, ist ein globales Symbol der Hoffnung.

1. *Beschreibt globale Probleme von heute, die auch das Christentum herausfordern. Welche konkreten Antworten gibt dazu das Christentum der Gegenwart?*

2. *Überprüft an aktuellen Beispielen, ob christliche Stellungnahmen und Forderungen in der heutigen Zeit noch glaubhaft erscheinen und deshalb auch beachtet werden.*

3. *Diskutiert, in welchen Bereichen es eurer Meinung nach in den Kirchen Reformbedarf gibt, und formuliert konkrete Vorschläge.*

Die Diskussion um die katholische Sexualethik zeigt beispielhaft auf, wie schwierig es ist, auf die Sorgen und Bedürfnisse der Menschen heute einzugehen, ohne christliche Grundwerte aufzugeben.
Damit die christlichen Stimmen gehört und beachtet werden, braucht es auch eine starke Stimme, die Einheit aller Christen. Die ökumenische Bewegung (strebt eine weltweite Zusammenarbeit und Einigung der christlichen Kirchen an) ist auf dem Weg und setzt auch immer wieder Zeichen der Gemeinsamkeit. Die Einheit der Christen ist aber noch lange nicht erreicht.

Ein Zeichen der Einheit und Aussöhnung setzten am **30. 10. 2005** offizielle Kirchenvertreter bei der Einweihung der wiedererstandenen Frauenkirche in Dresden. Sie war am 13. Februar 1945 bei der Bombardierung von Dresden durch britische Bomber völlig zerstört worden. Den ökumenischen Einweihungsgottesdienst hielten der sächsische Landesbischof Jochen Bohl (Mitte), der katholische Bischof von Sachsen-Meißen Joachim Reinelt (rechts) und der englische Bischof Colin Bennetts der Dresdner Partnerstadt Coventry (links).

4. *Nutzt die fächerverbindenden Möglichkeiten des Themas „2000 Jahre Christentum" und plant mit den Fächern Religion, Geschichte oder Kunst gemeinsame Unterrichtsprojekte. Erarbeitet zuerst Schwerpunkte, mit denen ihr euch beschäftigen wollt.*

8. Christentum heute: große Events – kritische Fragen

Begeisterung und Gesten auf Weltjugendtagen

Das Bild zeigt jugendliche Pilgerinnen und Pilger aus verschiedenen Ländern beim Eröffnungsgottesdienst des XX. Weltjugendtages in Köln am 16.05.2005. Der Weltjugendtag ist eine Veranstaltung der römisch-katholischen Kirche, die auf eine Initiative von Papst Johannes Paul II. zurückgeht, der 1984 erstmals die Jugend der Welt nach Rom eingeladen hatte. Die beeindruckenden Teilnehmerzahlen – z. B. 1995 in Manila 4 Millionen, 2000 in Rom 2 Millionen und in Köln 1,2 Millionen – belegen die Anziehungskraft dieser großen Jugend-Events, die medienwirksam auf der ganzen Welt mitverfolgt werden können. Dahinter steht die religiöse Idee, der Jugend in der Gemeinschaft der katholischen Weltkirche, getragen von einem verbindenden Wir-Gefühl, den Glauben in der modernen Welt zu verkünden. Der nächste Weltjugendtag findet 2008 in Sydney (Australien) statt.

1. *Papst Benedikt XVI. segnet auf dem Weltjugendtag in Köln einen krebskranken Jungen – ein Bild, das um die Welt ging. Wiederbelebung des Wunderglaubens oder eine große Geste grenzenloser Nächstenliebe? Nehmt Stellung dazu.*

Ob bei Weltjugendtagen, Katholikentagen oder auf dem Petersplatz in Rom, die Massenbegeisterung kann nicht darüber hinwegtäuschen, dass moralische Vorschriften der katholischen Amtskirche – besonders auf dem Gebiet der Sexualethik – von der tatsächlichen Einstellung und der Lebenspraxis junger katholischer Christen weit entfernt ist. Wer kann verstehen, dass es bis zum Jahr 2007 dauerte, bis der Vatikan sich Gedanken machte, das Kondom-Verbot aufzuweichen, allerdings nur für Aidskranke?

2. *Das Bild oben rechts auf S. 274 zeigt Teilnehmerinnen des Weltjugendtages in Köln, die an einer Kondomwerbung vorbeimarschieren. Formuliert Fragen, die ihr ihnen in diesem Moment gerne stellen würdet.*

Was bleibt von den Kirchentagen?

Der Andrang ist immer groß. Beim 30. Deutschen Evangelischen Kirchentag in Hannover vom 25.–29. Mai 2005 waren mehr als 100 000 Dauergäste in der niedersächsischen Landeshauptstadt. Das Motto „Wenn dein Kind dich morgen fragt ..." dokumentiert auch den Schwerpunkt dieser Veranstaltungsreihe, den Klimaschutz. Neben Fragen des Christentums stehen bei Kirchentagen immer auch gesellschaftliche und politische Fragen unserer Zeit im Vordergrund. Mehr als 100 000 Besucher kamen auch zu den rund dreitausend Veranstaltungen des 31. Deutschen Evangelischen Kirchentages in Köln vom 6. – 10. Juni 2007. Im Mittelpunkt standen Probleme der Globalisierung, aber auch Fragen der Ökumene und die Begegnung mit den Muslimen. Auch Katholikentage sind von Laien organisierte Großveranstaltungen. 2006 fand der 96. Deutsche Katholikentag mit mehr als 26 000 Dauerteilnehmern in Saarbrücken unter dem Motto „Gerechtigkeit vor Gottes Angesicht" statt. Bischof Lehman warnte vor einem „rücksichtslosen Verteilungskampf" in der Gesellschaft. Christen müssen Anwälte für die Menschen werden, die keine Lobby haben.

Am 30.05.2003 sprach der Dalai Lama vor über 20 000 Besuchern des 1. Ökumenischen Kirchentages in Berlin auf der Waldbühne über das Thema „Visionen für eine globale Ethik". Der Ökumenische Kirchentag ist ein Laientreffen von Christen vor allem der beiden großen Konfessionen in Deutschland. Das Motto in Berlin war: „Ihr sollt ein Segen sein." Insgesamt kamen über 200 000 Menschen nach Berlin. Gemeinsames Symbol waren orangerote Schals mit der Aufschrift „Selig sind, die Frieden stiften". Aussagen zu Frieden, Völkerrecht, weltweiter Gerechtigkeit, Sozial- und Familienpolitik, zur Rolle der Kirchen in der Gesellschaft und zur ökumenischen Annäherung standen im Mittelpunkt der Diskussionen, Referate und Foren, aber auch ein buntes Rahmenprogramm mit Workshops, Konzerten, Tanz und Gesang wurde begeistert aufgenommen. Der 2. Ökumenische Kirchentag soll im Jahr 2010 in München stattfinden unter dem Leitgedanken „Christsein in der Gesellschaft – Christsein für die Gesellschaft".

Die Friedensbewegung der 80er-Jahre wurde durch die Kirchentage in Hamburg (1981) und Hannover (1983) mit den ersten großen Friedensdemonstrationen stark mitgetragen. „Umkehr zum Leben" stand damals auf den lila Tüchern, ein Motto mit politischer Brisanz, das viele Menschen nachhaltig beeinflusst hat.

Weitere Leitgedanken kirchlicher Großveranstaltungen der letzten Jahre: „Wenn Dein Kind Dich morgen fragt ...", „Ihr sollt ein Segen sein", „Du stellst meine Füße auf weiten Raum", „Auf dem Wege der Gerechtigkeit ist Leben", „Gerechtigkeit vor Gottes Angesicht".

3. *Mit solchen Leitgedanken hat man ein umfassendes Programm für eine bessere Welt. Was bleibt: Kirchtagseuphorie mit anschließendem „Katzenjammer" oder nachhaltige Anstöße für Veränderungen im persönlichen Leben, in Politik und Gesellschaft? Ladet Mitschülerinnen und Mitschüler, die an solchen Kirchentagen teilgenommen haben, in euren Ethikunterricht ein und diskutiert mit ihnen über diese Frage.*

4. *„Was haben Christentum und Kirche für unser Leben heute noch zu sagen?" Formuliert dazu Themenbereiche und Fragen und versucht, in einem gemeinsamen Gespräch mit dem evangelischen und katholischen Religionslehrer Antworten zu finden.*

9. Christentum – Kritik an der Institution Kirche

Kirchenaustritte und Werbung neuer Mitglieder

In Deutschland und in Österreich wird der Kirchenaustritt nicht vor einer kirchlichen Stelle bekundet, sondern vor einer staatlichen Stelle. Der Grund ist die freie Religionswahl und dass eine Kirchensteuer erhoben wird. Austreten aus der Kirche kann man ab dem 14. Lebensjahr, also nach dem Erreichen der Religionsmündigkeit. Der Austritt muss weder schriftlich noch mündlich begründet werden. Die stark steigenden Mitgliederaustritte in den Jahren 1991 bis 2000 führte zu einem Nachdenken, wie man wieder mehr Menschen für die Angebote der Kirchen interessieren könnte.

1. *Diskutiert über Religionsfreiheit, Kirchenaustritte und Werbeaktionen der Kirchen. Wie müsste ein Werbeposter für Kircheneintritte inhaltlich und formal gestaltet sein, wenn es junge Menschen erreichen will?*

2. *Kann einer, der aus der Kirche ausgetreten ist, noch Christ sein? Nehmt Stellung dazu und unterscheidet dabei „Religion Christentum“ und „Institution Kirche“.*

3. *Was bedeutet es für einen Christen, aus der Kirche auszutreten? Besorgt euch dazu Informationen von Religionslehrern und diskutiert darüber.*

Information: Religionsfreiheit

Die Religionsfreiheit ist das elementare Grundrecht eines Einzelnen oder einer Gruppe, seine Glaubensüberzeugung frei zu bilden, einer Religionsgemeinschaft anzugehören, dafür zu werben und seine Religion mit den entsprechenden kultischen Handlungen ungestört auszuüben.
Dazu gehört auch das Recht, eine Religionsgemeinschaft jederzeit zu verlassen und nicht an kultischen Handlungen oder Feierlichkeiten teilzunehmen. Das schließt auch die Freiheit mit ein, die persönlichen weltanschaulichen Überzeugungen nicht offenzulegen, und das Recht, Eidesformeln in neutraler Form abzulegen.

Kritische Auseinandersetzung mit der Institution Kirche. Beispiel: Eugen Drewermann

Der Theologe, Philosoph und Psychoanalytiker Eugen Drewermann verlor 1991 wegen seiner grundsätzlichen Kirchenkritik („Jesus hat diese Kirche nicht gewollt“) seine Lehrerlaubnis an der katholischen Hochschule Paderborn und ein Jahr später auch die Erlaubnis, zu predigen und seine priesterlichen Funktionen auszuüben. Er ist seitdem als Schriftsteller und Psychotherapeut tätig. 2005 trat er aus der Kirche aus, betonte aber, dass er sich dadurch nicht vom christlichen Glauben abwendet. Zitate von Eugen Drewermann: Mein Hauptvorwurf an die katholische Kirche: Sie ist überhaupt nicht daran interessiert, dass Menschen sich als Person in Freiheit entwickeln. Das fürchtet sie geradezu. Denn es untergräbt ihr Herrschaftssystem. – Wer sagt, dass Menschen Gott in ihrer Seele finden können, der wird der Kirche fürchterlich. Den muss sie bekämpfen. Der macht den Apparat der Außenlenkung offenbar überflüssig. Glaubensfragen werden so zu Machtfragen. – Man sollte nicht primär Priester ausbilden, sondern das Priesterliche im Menschen fördern. Das ist Frauen mindestens so eigen wie Männern. Ursprünglich und religionsgeschichtlich waren Frauen Priester. Davor hat die katholische Kirche Angst. Es würde die gesamte Kirchenstruktur verändern. In der Kirche gibt es Angst, Schuld und Opfer, gebraucht werden Vertrauen, Selbstwerdung und Befreiung.

(Malte Rahn; www.kirchenkritik.de/zitate/drewermann.html vom 14.11.2007

4. *Veranschaulicht die allgemeinen Kritikpunkte an der katholischen Kirche durch konkrete Beispiele und nehmt Stellung dazu.*

„Auch Jesus war unbequem“

Die katholische Protestbewegung „Wir sind Kirche“:

Elisabeth Raschke ist eine der wichtigsten jungen Protagonistinnen der katholischen Protestbewegung. Sie hat schon als Teenager Mitte der 90er-Jahre Unterschriften für das Kirchenvolksbegehren gesammelt. Damals votierten mehr als eineinhalb Millionen Katholiken für eine große Reform ihrer Glaubensgemeinschaft. Auf dem Weltjugendtag im vergangenen August verteilte die Philosophiestudentin mit der dunklen Mähne Postkarten mit der Aufschrift „Good Catholics Use Condoms“ („Gute Katholiken benutzen Kondome“). Sexualität – ob hetero oder homo – soll positiv bewertet werden, so eine der Forderungen von „Wir sind Kirche“. Verhütung und damit auch Kondome sind Tabuthemen in Rom. „Aber vor allem angesichts der Ansteckungsgefahr von Aids darf die Kirche nicht mehr dagegen sein“, meint Elisabeth. „Abstinenz von Sex ist eine feine Sache, aber die, die das nicht können oder wollen, müssen sich doch schützen dürfen.“ Sicher, jeder träume davon, den Partner fürs Leben zu finden, nur mit dem einen geliebten Menschen zu leben, „aber das klappt eben nicht bei jedem auf Anhieb“. Besser wäre es doch, die Kirche würde sich für erreichbare Ziele stark machen: etwa verantwortungsvoll mit Partnerschaft umzugehen, fordert Elisabeth Raschke. Die Kirche ist nicht nur hier völlig blind, wie junge Menschen heute leben. „Sie achtet nicht darauf, was sich auf der Straße tut, was die Bedürfnisse sind.“ Es kommen zwar von überall her viele junge Leute zu Events wie dem Weltjugendtag oder zur Papstbeerdigung. In ihrer Generation gibt es eine große Sehnsucht nach dem Glauben. Aber dann singen und beten sie zu Tausenden, loben Gott und scheren sich nicht um die konservativen Regeln der Kirche.

(Eva Meschede: „Auch Jesus war nicht bequem“; in: Brigitte 9/2006, S. 157)

Information: Die katholische Protestbewegung „Wir sind Kirche“

Die katholische Protestbewegung „WIR SIND KIRCHE“ ist Mitte der 90er-Jahre aus dem Kirchenvolksbegehren hervorgegangen. Mittlerweile gehören etwa 800 Kontaktgruppen zu der Kirchenvolksbewegung. Die fünf wichtigsten Forderungen der Reformer:

1. Aufbau einer geschwisterlichen Kirche, das bedeutet einerseits, die Ökumene* zu fördern, andererseits, die strengen Hierarchien innerhalb der katholischen Institution abzubauen.
2. Gleichberechtigung der Frauen in allen kirchlichen Ämtern. Denn das katholische Priesteramt ist einer der letzten Berufe, die Frauen nicht ausüben dürfen.
3. Kein Pflichtzölibat*, Priester sollen nicht mehr in verordneter Enthaltsamkeit leben müssen.
4. Eine positive Bewertung der Sexualität, auch der Homosexualität.
5. Frohbotschaft statt Drohbotschaft.
   Die wichtigste Forderung von „Wir sind Kirche“: Die Reformer möchten statt Ge- und Verboten mehr die Liebe und das Vergeben in den Mittelpunkt stellen, Gläubige sollen nicht mehr ausgegrenzt werden, etwa weil sie als Geschiedene wieder heiraten möchten.

(Eva Meschede, a. a. O., S. 157)

5. *Welche der genannten Reformen haltet ihr aus der Sicht junger Menschen für besonders wichtig? Begründet eure Auswahl und beschreibt mögliche Auswirkungen dieser Reformen.*

10. Einflüsse der islamischen Kultur auf Europa – Spurensuche

Das Kräfteverhältnis zwischen Christentum und Islam im Europa des Mittelalters

Innerhalb eines Jahrhunderts nach Mohammeds Offenbarungserlebnis im Jahre 610 n. Chr., der Geburtsstunde des Islam, wurden seine Anhänger zu einer Weltmacht, die sich in den folgenden Jahrhunderten immer weiter ausdehnte. Sie verdrängten das Christentum aus Palästina und Nordafrika und drangen in Spanien ein, wo sie im Süden des Landes rund 700 Jahre herrschten. Mitte des 14. Jahrhunderts eroberten die Osmanen große Teile des Balkans und 1453 die größte christliche Stadt, Konstantinopel. Nach zwei erfolglosen Belagerungen von Wien (1529 und 1638) wurde das osmanische Reich in zahlreichen Kriegen wieder zurückgedrängt. Das Image des Islam als Furcht einflößende Religion hat sich bis in die heutige Zeit erhalten.

Islamisches Erbe in Europa

Einst stand die Welt unter anderen Vorzeichen als heute: Während des Mittelalters befand sich Europa eindeutig in der Position des „Unterlegenen" und blickte mit einer Mischung aus Furcht und Bewunderung auf den Islam und seine überlegene Zivilisation.
Während Europa den Muslimen nicht viel mehr als Rohstoffe wie Pelze und Holz bieten konnte, importierte es seinerseits neben Gewürzen, Ölen und später Kaffee hunderterlei andere Produkte eines verfeinerten städtischen Lebens. Mit den Kreuzzügen, die in Europa ein bis heute nachwirkendes, verzerrtes Bild vom Islam entstehen ließen, war doch zugleich das heiße Begehren nach den schönen Dingen des Lebens verbunden.
Zwar dämonisierte Europa den Islam, jedoch eignete es sich ohne die geringsten Bedenken seine profane und materielle Kultur an. Mathematik und Astronomie, Naturwissenschaft und Technik, Philosophie und Medizin hätten in Europa ohne die Vermittlung der Muslime nicht den Aufschwung nehmen können, wie er seit dem 12. Jh. zu verzeichnen war. Dabei spielten sowohl arabische Übersetzungen aus dem Griechischen als auch eigenständige arabische Weiterentwicklungen der antiken Wissenschaften eine Rolle.
Vielleicht am deutlichsten ist dies in der Medizin. Die Heilkunst stand in Europa auf sehr niedrigem Niveau, bevor sich der Einfluss aus der islamischen Welt bemerkbar machte. Unter anderem geht die Einrichtung von Krankenhäusern darauf zurück. Jahrhundertelang wurden Kranke in Europa nach den Lehrbüchern Galens und des arabischen Philosophen und Arztes Ibn Sina (Avicenna, gestorben 1037) behandelt.
Aber auch in anderen Bereichen übten die Muslime eine nachhaltige Wirkung aus, in der Entwicklung des Gartenbaus oder bei der Herstellung von Textilien. Vielfältige Einflüsse gab es in der Musik, angefangen von der Laute (von arabisch al-ud), die sich bald über ganz Europa verbreitete, über den Einfluss der höfischen Gesangskultur Andalusiens auf die Troubadoure bis hin zur Übernahme „orientalischer" Tonfolgen in der Musik der Romantik.
Da die meisten Neuerungen über Spanien und Sizilien ihren Weg nach Norden fanden, nachdem beide bereits für die Christenheit zurückerobert waren, war man sich ihrer Herkunft aus dem islamischen Kulturbereich meist gar nicht bewusst. Umso bereitwilliger wurden sie dann aufgenommen. Obwohl die Namen der Dinge häufig genug ihren Ursprung verraten, wie der Musselin* aus Mossul oder die Damaszener Klingen aus Damaskus, nahm man dies oft gar nicht mehr wahr. [...]

(Susanne Enderwitz: Islamisches Erbe in Europa, in: Islam verstehen, Sympathie-Magazin, Nr. 26, 1997, S. 43)

Wörter arabischer Herkunft

Schon eine kleine Liste von Lehn- und Fremdwörtern aus dem Arabischen verdeutlicht den vielfältigen kulturellen Einfluss aus der islamischen Welt:

Alkohol – von: *al-kuhut*	Chemie – von: *al-kikiya*
Kabel – von: *habl* = Seil	Razzia – von: *ghazwa* = Beutezug
Ziffer – von: *sifr* = *Null*	schachmatt – von: *shah mata* = der König ist gestorben

Das Bilderverbot fördert die Kunst der Arabesken und die Kalligrafie

Restaurierungsarbeiten in einer Moschee im niederländischen Utrecht aus dem Jahre 2003

Arabesken* sind feine und vielgestaltige Verzierungen, die weder Anfang noch Ende haben und häufig Pflanzenmotive enthalten. Kalligrafie* ist die Schönschreibkunst und hat in der islamischen Welt eine lange Tradition. Die arabischen Schriftzeichen werden kunstvoll gestaltet und so angeordnet, dass eindrucksvolle Bilder aus Buchstaben entstehen.

In Moscheen sind statt Abbildungen Wände und Decken oft mit Arabesken und Kalligrafien ausgeschmückt.

Islamische Architektur

Die Moschee (arab. masjid, „der Ort, an dem man zum Gebet niederfällt“) ist der charakteristische Beitrag des Islams zur Architektur. Für die Form einer Moschee gibt es nur eine verbindliche Vorschrift – die Einhaltung der Gebetsrichtung nach Mekka. Die älteste Form ist die Hofmoschee mit umlaufenden Arkaden. Unter den Osmanen* waren Zentralbauten mit vielen Kuppeln und zwei bis vier Minaretten beliebt. Das Bild oben zeigt die Sultan-Ahmed-Moschee (Blaue Moschee) in Istanbul. Sie wurde im Auftrag des Sultans von 1609 bis 1616 erbaut, berühmt wegen ihres Reichtums an blauen Fliesen, die Kuppel und Teile der Mauern zieren.

1. *Ihr findet unter dem Suchbegriff „Liste deutscher Wörter aus dem Arabischen“ bei Wikipedia mehr als 50 Wörter ausführlich erklärt. Sucht Wörter aus, die euch besonders überraschend oder interessant erscheinen, und stellt sie in der Klasse vor.*

2. *Vergleicht die Hofmoschee als älteste Moscheeform mit den später errichteten Kuppelmoscheen. Zum Beispiel die Ibn-Tulun-Moschee in Kairo mit den großen Kuppelmoscheen in Isfahan, Istanbul oder Kairo. Beschreibt Unterschiede und Gemeinsamkeiten. Ihr findet dazu umfangreiches Bild- und Textmaterial im Internet.*

11. Der Islam – die jüngste der Weltreligionen

Mohammed (570 – 632 n. Chr.) – ein Porträt

- Mohammed (oder arabisch „Muhammad" = „der Gepriesene") wird im Jahre 570 in Mekka, einer Handelsstadt auf der arabischen Halbinsel, geboren. Die Bewohner Mekkas sind hauptsächlich Kaufleute, die viele Handelsreisen machen und ihre Waren auf Kamelen nach Mekka transportieren. Mohammeds Eltern sterben früh und er wird von seinem Onkel aufgezogen, der ihn auf seinen Handelsreisen mitnimmt und ihm bald die selbstständige Leitung seiner Karawanen anvertraut.
- Mit 20 Jahren tritt er in die Dienste der reichen Kaufmannswitwe Chadidscha und wird in ihrem Haus ein erfolgreicher Kaufmann. Als sie heiraten, ist er 25 und sie 40 Jahre alt. Sie bekommen zwei Jungen und vier Mädchen, alle sterben relativ jung, außer Fatima, die ihn überlebt. Zu Lebzeiten bleibt Chadidscha Mohammeds einzige Frau, sie stirbt nach 25-jähriger Ehe. Später heiratet Mohammed noch mehrmals.
- Im Alter von 40 Jahren hat Mohammed ein außergewöhnliches Erlebnis. Er besucht öfter eine Höhle am Berg Hira in der Nähe Mekkas. Dort erscheint der Engel Gabriel und offenbart* ihm, dass er als Gesandter Gottes berufen ist, als Prophet Allahs, des einzigen wahren Gottes. Allah ist für ihn derselbe Gott, wie der Gott der Juden und Christen. Diese Berufung bestürzt ihn zunächst, er zweifelt an sich, doch seine Frau Chadidscha und sein junger Vetter Ali bestärken ihn und werden seine ersten Anhänger, als er mit seinen Verkündigungen begann.
- Für die Mekkaner ist die Kaaba, ein würfelförmiges religiöses Heiligtum, eine geschätzte Einnahmequelle, weil viele Pilger in die Stadt kommen und den Götterstatuen in der Kaaba opfern. Als Mohammed diese Götterverehrung als Aberglaube verurteilt und bekämpft, bricht offene Feindschaft aus. Nach dem Tod seiner angesehenen Frau Chadidscha und seines einflussreichen Onkels wird die Bedrohung so groß, dass Mohammed mit seinen Anhängern im Jahre 622 n. Chr. von Mekka in die 300 km nördlich von Mekka liegende Stadt Yathrib (später Medina) übersiedelt, die berühmte „Flucht" (arabisch Hidschra) von Mekka nach Medina, später das Jahr 1 der muslimischen Zeitrechnung.
- In Medina wächst Mohammeds Anhängerschaft, eine religiöse Gemeinschaft entsteht, die erste Moschee mit der Gebetsrichtung nach Mekka wird errichtet und Mohammed plant die Rückkehr nach Mekka.
- Der Unterwerfungskrieg gegen Mekka beginnt und im Jahre 630 – acht Jahre nach seiner Flucht – zieht Mohammed mit seiner Streitmacht als Sieger in Mekka ein. Damit beginnt der Aufstieg der neuen Religion, Mohammed wird zum Führer fast der gesamten arabischen Halbinsel, und muslimische Streitkräfte dringen bis nach Syrien vor.
- Als Mohammed im Jahre 632 stirbt, hinterlässt er eine religiös und politisch verbundene Gemeinschaft, wie es sie vorher auf der arabischen Halbinsel noch nicht gegeben hat. Das Bild zeigt Mohammed auf der Flucht von Mekka nach Medina. Er findet mit seinem Gefährten Abu Bekr Zuflucht in einer Höhle. Abu Bekr wird später der erste Nachfolger Mohammeds.

1. *Vergleicht das Porträt Jesu (S. 262) mit dem Porträt Mohammeds.*

2. *Beschreibt die Abbildung und begründet die Darstellung Mohammeds in Zusammenhang mit dem islamischen Bilderverbot.*

Bilderstürmer sind fanatische Anhänger einer Religion, die Bilder oder Denkmäler als Götzenbilder oder nicht erlaubte Darstellungen Gottes zerstören, zum Beispiel im Christentum des 16. Jahrhunderts bei einigen Reformatoren. Im Jahre 2001 bombardierten die Taliban mit schweren Geschossen die weltberühmten Buddha-Statuen von Bamian, und 2005 wurde der Regisseur des Films „Mohammed – der Gesandte Gottes“ zusammen mit seiner Tochter durch ein Selbstmordattentat in Amman getötet.

3. *Diskutiert über Berechtigung und Missbrauch religiöser Bilderverbote.*

Aus der Prophetenbiografie des Ibn Hischam:

„Er hatte die vortrefflichste Hand, das kühnste Herz, die wahrhafteste Zunge und war der Treueste im Vertrag. Er war von der sanftesten Gemütsart und von edelstem Umgang. Wer ihn unerwartet sah, bekam Furcht vor ihm, doch wer mit ihm Umgang hatte, liebte ihn. Ali, der ihn beschrieb, sagte: ‚Vor ihm und nach ihm habe ich keinen gesehen.‘“

(Mahmoud Zakzouk: Muhammad und die Offenbarung, in: Islam verstehen, Nr. 26, hg. v. Studienkreis für Tourismus 1997, S. 7)

Die Verbreitung des Islam heute

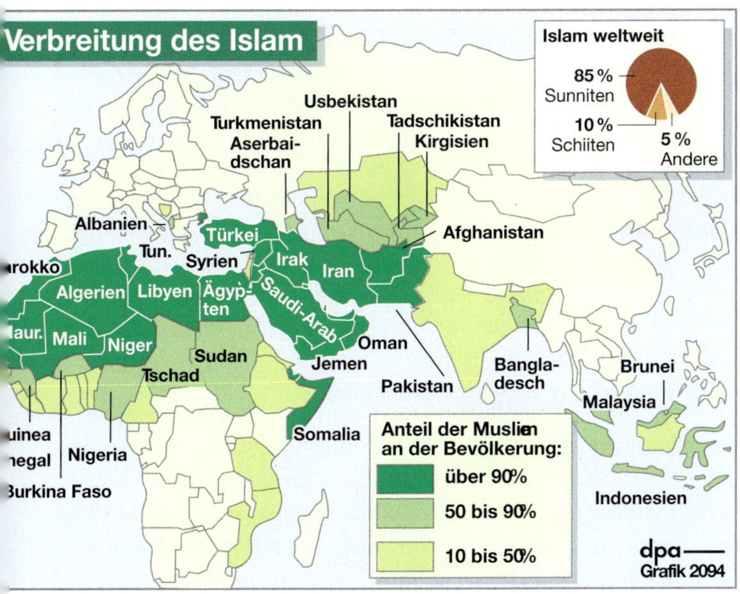

Information: Sunniten und Schiiten

Im Islam gibt es zwei große Hauptgruppen, Sunniten und Schiiten, wobei die Sunniten mit etwa 90 % der weltweit etwa 1,3 Milliarden Muslime die Mehrheit bilden. Schiitische Länder sind vor allem der Iran mit über 90 % Schiiten und der Irak mit über 60 % Schiiten. Der Streit um Mohammeds politische Nachfolge, das Kalifat, führte zum Schisma zwischen Sunniten und Schiiten. Nach der Ermordung des 3. Kalifen Osman beanspruchte Ali, der Cousin und Schwiegersohn Mohammeds, die Nachfolge, weil er mit Mohammed blutsverwandt ist. Die Partei Alis nannte man Schia, ihre Anhänger Schiiten. Die Familie des Osman und andere erkannten Ali aber nicht an und bestimmten einen Gegenkandidaten. Ali hatte Mohammeds Tochter Fatima geheiratet und mit ihr die beiden Söhne Hasan und Hussein. Ali wurde ermordet, Hasan wollte nicht in die Politik eingreifen. Hussein wurde im Oktober 680 in der Wüste bei Kerbela (im heutigen Irak) ermordet. Darauf spalteten sich die Schiiten von den anderen Muslimen ab. Die nannte man Sunniten (sunna* = Lehre und Verhalten des Propheten). Sie wandten sich stärker dem geschriebenen Wort zu und machten damit den Koran zum Kern des Glaubens. Das Kennzeichen der schiitischen Lehre ist der Glaube an den Imam als eine Art Vertreter des Propheten. Sie bezeichnen Ali und seine Nachfolger als Imame. Die Aussprüche der Imame haben für Schiiten dieselbe Lehrautorität wie der Koran.

4. *Informiert euch über den Islam in Europa. Die Bundeszentrale für politische Bildung in Bonn liefert zu diesem Thema umfangreiche Arbeitshilfen. Referiert über ein europäisches Land eurer Wahl.*

5. *Einige der islamischen Kernländer sind auch für Deutsche beliebte Reiseziele. Bildet Gruppen, sucht euch jeweils ein Land aus und fertigt in Gruppenarbeit ein Informationsplakat an zu den religiösen und gesellschaftspolitischen Verhältnissen, zu Verhaltensvorschriften beim Besuch des Landes usw. Ihr findet umfangreiche Informationen im Internet unter dem Ländernamen oder unter „Reiseinformationen zu …“.*

12. Was bedeutet die Moschee für Muslime?

Eine Oase der Ruhe in Kairos Altstadt

Der Islamwissenschaftler Jürgen Rogalski erzählt von einem besonderen Reiseerlebnis:

Wie später so oft streifte ich vor Jahren zum ersten Mal durch diese orientalische Altstadt, ließ mich ziellos treiben im faszinierenden Labyrinth der Gassen. An jenem Nachmittag war ich gerade einem heranstürmenden Eselskarren mühsam ausgewichen, als ich plötzlich ein Minarett erblickte, das graziös über den Häusern aufragte. Mit seinem Reliefschmuck wirkte es in der schräg stehenden Sonne besonders plastisch. Bald stehe ich vor den gewaltigen, fensterlosen Außenmauern der Moschee. [...]
Am Eingang lasse ich meine Schuhe in einem kleinen Holzregal zurück und trete in Socken auf die angenehm kühlen Steinplatten des Innenhofes. Diese Moschee, so spüre ich bald, dient nicht allein dem Gebet. Sie ist auch ein Ort der Ruhe, Entspannung und Besinnung, an den man sich gern aus dem nervenaufreibenden Verkehrsgewühl zurückzieht. Die Atmosphäre regt auch den nichtmuslimischen Besucher zum Verweilen an. [...]
Ein kleines Mädchen planscht selbstvergessen am Brunnen inmitten des Hofes, der den Waschungen vor dem Gebet dient. Ich durchquere den Hof und trete in den Gebetssaal, der mit rissigen Matten und alten Teppichen ausgelegt ist. Nicht weit von der Gebetsnische, dem Mihrab, an der Stirnwand der Moschee, verrichtet ein jüngerer, elegant gekleideter Mann in aller Stille sein Gebet. Rechts neben dem Mihrab, einer wundervollen Einlegearbeit aus verschiedenfarbigem Marmor, befindet sich die hölzerne Kanzel, der Minbar, von dem die Freitagspredigt gehalten wird. Den Gebetssaal verlassend, gehe ich unter einer Arkade dem Ausgang entgegen. Rechts entdecke ich einen kleinen Durchgang, der in ein überkuppeltes Mausoleum* führt. „Das ist das Grab des Stifters", überrascht mich eine sanfte Stimme. [...]
In einem Gespräch stellt sich der freundliche und aufgeschlossene Mann als der Imam, der Vorbeter dieser Moschee, vor. Einen unausgesprochenen Wunsch erratend, lädt er mich ein, das Minarett zu besteigen. Durch eine kleine Tür in der Ecke des Hofes folge ich Scheich Hamid ins Dunkel und taste mich auf ausgetretenen Stufen weiter. Immer höher schraubt sich die Wendeltreppe im Innern des Minaretts. Mit einem leichten Schwindelgefühl trete ich ans Licht und reibe zunächst die Augen. Vom umlaufenden Balkon aus genieße ich die herrliche Aussicht über die Altstadt. Aus dem Meer der Häuser ragen zahllose andere Minarette steil in die Höhe. „Sei willkommen!", sagt mein Begleiter mit einem offenen Lächeln und sichtlichem Stolz, als er bemerkt, wie fasziniert ich bin. „Komm wieder, wann immer du möchtest", verabschiedet er mich später herzlich im Hof. Vom Minarett ertönt der Ruf zum Abendgebet. „Dies ist auch deine Moschee!", ruft Scheich Hamid mir nach. Das ist sie bis heute geblieben, und immer, wenn ich in diese Stadt komme, verbringe ich dort einige Zeit der Besinnung und des Gesprächs.

Außenansicht der Sehitik-Moschee in Berlin. Sie ist mit ihren knapp 40 m hohen Minaretten die größte Moschee Deutschlands.

(Jürgen Rogalski: In einer Oase der Ruhe; in: Islam verstehen, SympathieMagazin, Nr. 26, hg. v. Studienkreis für Tourismus, 1997, S. 43)

1. *Beschreibt das Besondere dieses Moscheebesuches.*

2. *Jürgen Rogalski wird vom Imam verabschiedet mit den Worten: „Dies ist auch deine Moschee!" Interpretiert die Bedeutung dieses Satzes im gegebenen Zusammenhang.*

Was geschieht in einer Moschee?

Der Imam unterrichtet Jungen und Mädchen im Koran, den sie auf Arabisch lesen müssen. Sie sitzen vor der Gebetsnische (Mihrab) mit dem Blick nach Mekka, wie weltweit alle Muslime, wenn sie beten. Die Frauen beten in der Regel hinter den Männern oder in eigenen Räumen, zum Beispiel auf einer Empore, weil sonst die gegenseitige Ablenkungsgefahr die Konzentration auf das Gebet stört. Neben der Gebetsnische ist der Minbar, eine Kanzel, auf der der Imam die Freitagspredigt hält. Im Islam gibt es keine Priester. Der Imam ist der Vorsteher der Gemeinde, leitet das Gebet, predigt, vollzieht Trauungen und Beerdigungen und schlichtet Streitfälle. Die Moschee ist auch Treffpunkt für viele Veranstaltungen. Man feiert dort religiöse Feste und freudige Ereignisse der Gemeindemitglieder wie Hochzeiten, Geburten, Beschneidungen. Es gibt aber in der Moschee auch Diskussionsrunden, Vorträge, Weiterbildungen usw.

Was bedeutet die Moschee für mich?

Die Moschee ist der Ort für mich, an dem ich aus der göttlichen Energiequelle schöpfen kann. Sie gibt mir Kraft und ich glaube, dadurch jeder Aufgabe und Herausforderung gewachsen zu sein: seien es schulische Probleme oder Konflikte in zwischenmenschlichen Beziehungen. Ich gewinne durch den Glauben an Allah an Selbstvertrauen. Fühle ich mich manchmal überstrapaziert und hilflos und reichen mir meine Freunde und Eltern nicht aus, um mich zu trösten und zu motivieren, so besuche ich das Gotteshaus und bete zu Allah, dass er mir neue Kraft gibt. Natürlich kann ich auch zu Hause beten, aber in der Moschee zu sein ist ein völlig anderes Erlebnis und Gefühl. Dort kann ich die Energie Gottes spüren, die mich umgibt, und ich werde auch jener Energie gewahr, die von all den anderen Muslimen durch ihr Gebet und ihre Hoffnungen an Allah in diesen Raum abgestrahlt wurden.
(Sadik, 18 Jahre)

In der Moschee ist es meistens sehr ruhig, und ich fühle mich dort wohl und kann zu mir selbst kommen. Ich bete, um Allah um Hilfe zu bitten. Daher gibt mir das Beten Hoffnung, Halt und innere Ruhe. Es befreit mich vom Alltagsstress und Problemen, bei denen ich das Gefühl habe, sie nicht allein lösen zu können. Bei Gebetsrunden, wo die Frauen unter sich sind, erlebt jede Einzelne ein Gemeinschaftsgefühl, das nicht zu ersetzen ist. Allein der Gedanke, dass all diese Frauen gleichen Glaubens aus ähnlichen Gründen zusammensitzen, beten und auch zusammenhalten, gibt mir ein immenses Gefühl von Geborgenheit. Da ich als Türkin und Muslimin hier in Deutschland wohne und meine Religion ein Teil meiner Identität ist, empfinde ich außerdem jeden Schritt zur Moschee als einen Schritt in Richtung Heimat.
(Derya, 19 Jahre)

3. *Fasst stichwortartig zusammen, welche Bedeutung die Moschee für Sadik und Derya hat, und gewichtet die einzelnen Punkte. Vergleicht mit dem Moscheebesuch von Jürgen Rogalski.*

4. *Nehmt Kontakt mit einer muslimischen Gemeinde in eurer näheren Umgebung auf und organisiert zusammen mit zuständigen Gemeindemitgliedern einen Moscheebesuch. Die methodischen Anregungen können euch bei diesem Vorhaben helfen.*

5. *Verfasst zu eurem Moscheebesuch einen Bericht z. B. für die Presse oder für die Schülerzeitung.*

Methode: Lernen vor Ort

1. Erarbeitet zunächst einen konkreten Fragenkatalog zu den Bereichen: Was wollen wir sehen? Was wollen wir erklärt haben? Was möchten wir besser verstehen? Worüber möchten wir gerne sprechen und diskutieren?
2. Vereinbart vorher zwei Programmpunkte:
   a) Besichtigung und Erklärung aller Einrichtungen
   b) Eine Ethikstunde vor Ort mit Fragen, Meinungsaustausch, Diskussionen, Ansprechen von Vorurteilen, Beseitigung von Missverständnissen usw.
3. Mögliche Auswertungsgesichtspunkte: Wie haben wir das „Lernen vor Ort" erlebt? Was war für uns fremd? Was hat uns überrascht? Was haben wir gelernt? Mit welchen Antworten waren wir zufrieden bzw. nicht zufrieden?

13. Welche religiösen Pflichten gelten für alle Muslime?

Die fünf Säulen des Islam

Im Islam werden alle Bereiche des Lebens durch genaue Anweisungen geregelt. Es gibt fünf religiöse Grundpflichten, die von allen Muslimen anerkannt werden.
• Das Glaubensbekenntnis • Das fünfmalige tägliche Gebet • Die jährliche Pflichtabgabe • Das Fasten im Monat Ramadan • Die Pilgerfahrt nach Mekka

Das Glaubensbekenntnis – die Schahada

Die Schahada in kalligrafischer Form

Außer Allah gibt es keinen Gott und Gott hat durch Mohammed gesprochen – das weiß jeder Muslim, wenn er das Glaubensbekenntnis privat oder öffentlich spricht:
„Ich bezeuge, dass es keinen Gott gibt, außer Gott, und ich bezeuge, dass Mohammed sein Gesandter ist."
Jeder darf sich als Muslim und damit als Teil der islamischen Glaubensgemeinschaft betrachten, der diesen Satz nach entsprechender Vorbereitung bewusst und aufrichtig vor Zeugen ausspricht. So etwas wie die Taufe im Christentum gibt es im Islam nicht.

Das fünfmalige tägliche Gebet

Fünfmal täglich sind Muslime zum Gebet verpflichtet. Die Gebetszeiten richten sich nach dem Sonnenstand. Das Morgengebet soll möglichst noch vor Sonnenaufgang verrichtet werden, es folgen Mittags-, Nachmittags- und Abendgebet. Das Nachtgebet beschließt den Tag nach Einbruch der Dun-

kelheit. Jedes Gebet ist ein rituelles Gebet, der Gebetsablauf wird mit festgelegten Bewegungen vollzogen, das Stehen, Verbeugen, Niederknien, Sitzen und die Niederbeugung vor Gott, bei der die Stirn den Boden berührt. Die wichtigsten Gebetsvoraussetzungen sind: Sauberkeit, rituelle Waschungen, eine Gebetsunterlage und die Gebetsrichtung nach Mekka. In muslimischen Ländern hört man fünfmal täglich den Muezzin, der mit lauter Stimme oder über Mikrofon die Gläubigen von der Spitze eines Minaretts aus zum Gebet aufruft.

Die jährliche Pflichtabgabe – die Zakat

Ein Passant in Pakistan gibt einem behinderten Bettler einen Geldschein. Mit einem solchen freiwilligen Almosen erfüllt er eine religiöse Pflicht. Die Begüterten müssen die ärmeren Mit-

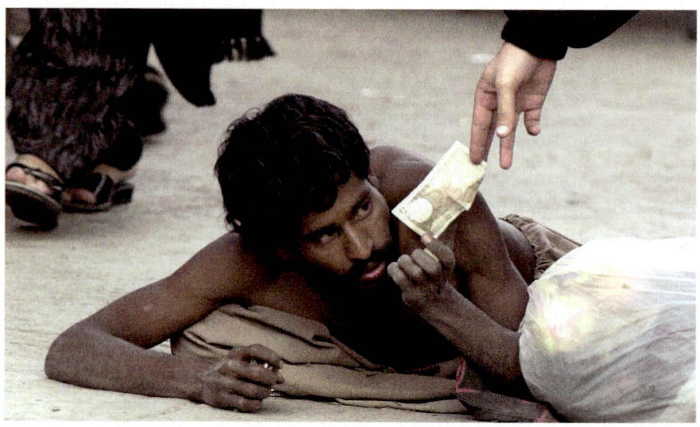

muslime am Besitz teilhaben lassen. In der Regel geschieht dies heute in Form der Almosensteuer, einer gesetzlich festgelegten jährlichen Sozialabgabe für die Armen. Muslime in Deutschland zahlen die Zakat zusätzlich zu ihren normalen Steuerabgaben. Das Wort *zakat* leitet sich vom arabischen *zaka (reinigen)* ab. Für Muslime ist die Pflichtabgabe ein Akt der Reinigung von Habgier und ein Ausdruck der Dankbarkeit gegenüber Gott, der Menschen auch Reichtum ermöglicht.

Das Fasten im Monat Ramadan

Der Fastenmonat Ramadan ist der neunte Monat des islamischen Kalenders. Er fängt nach unserem Kalender etwa elf Tage früher an als im Vorjahr. Im Jahr 2007 beginnt der Ramadan am 13. September und endet mit dem Fest des Fastenbrechens am 13. Oktober 2007. In dieser Zeit muss jeder erwachsene und gesunde Muslim von Sonnenaufgang bis Sonnenuntergang auf Essen, Trinken, Genussmittel (z. B. Rauchen) und Geschlechtsverkehr verzichten. Altersschwache, Schwerkranke und Kinder sind vom Fasten befreit. Menstruierende Frauen dürfen nicht fasten. Reisende, schwangere und stillende Frauen können ihr Fasten verschieben. Körperlich schwer arbeitenden Menschen werden Erleichterungen zugestanden. Nach Sonnenuntergang treffen sich oft Verwandte, Freunde, Nachbarn und feiern gemeinsam das „Fastenbrechen". Für Muslime ist der Ramadan eine Zeit der Buße und Versöhnung. Das Verzichten, die Selbstbeherrschung und das Befreien von Leidenschaften bringt sie näher zu Gott. Zum Fest des Fastenbrechens findet ihr nähere Angaben auf Seite 287.

Die Pilgerfahrt nach Mekka – die Hadsch

Alle Muslime müssen einmal im Leben eine Wallfahrt nach Mekka machen, sofern es finanziell möglich ist. Jahr für Jahr versammeln sich im Pilgermonat mehrere Millionen Muslime in Mekka, an manchen Tagen ist die große Moschee überfüllt von Pilgern aus der ganzen Welt. Alle tragen die weiße Pilgerkleidung als Symbol der Gleichheit vor Gott und der Zusammengehörigkeit der großen islamischen Welt. Die wichtigsten Stationen des Pilgerprogramms: die siebenmalige Umrundung der Kaaba, siebenmaliges Zurücklegen einer Wegstrecke zwischen zwei Hügeln, Gebet am Berg Arafat bei Mekka, auf dem Rückweg symbolische Steinigung des Teufels in Gestalt einer Säule, in Mekka erneut Umrundung der Kaaba. Eine Pilgerfahrt außerhalb des Pilgermonats

heißt Umra, „die kleine Pilgerfahrt", weil hier der Aufenthalt am Berg Arafat entfällt.
In der Nordwestecke trägt die Kaaba einen schwarzen Stein – wahrscheinlich ein Meteorit. Er wurde schon in vorislamischer Zeit verehrt, ist heute in Silber gefasst und wird von den Pilgern bei der Umrundung der Kaaba geküsst oder wenigstens berührt.

1. *Welche praktische Bedeutung haben diese fünf religiösen Verpflichtungen für das persönliche Verhalten junger Muslime in Deutschland? Organisiert dazu ein Treffen mit muslimischen Jugendlichen, sprecht über diese Frage und tauscht eure Meinungen dazu aus.*

2. *Berichtet von Erfahrungen, die ihr schon mit Fasten, Verzichten und Selbstbeherrschung gemacht habt, und bewertet sie von einem nicht religiösen Blickwinkel aus.*

3. *Im Islam ist Reichtum Gott wohlgefällig, wenn ein Teil davon den Armen abgegeben wird. In der Bibel steht der Satz: „Eher kommt ein Kamel durch ein Nadelöhr als ein Reicher in den Himmel" (Markus 10, 25). Erörtert die Unterschiede und nehmt Stellung dazu.*

Anmerkung: Um die radikale Unmöglichkeit des Bibelzitats zu relativieren, gibt es zwei Versuche: Nadelöhr habe nichts mit einer Nadel zu tun, sondern sei ein kleines Innentor in Jerusalem. Andere gehen von einem Übersetzungsfehler aus und das „Kamel" wäre dann ein „dickes Schiffstau".

14. Wie erleben Muslime ihre religiösen Pflichten?

Aufbruch zur Pilgerfahrt

Wenn der Neumond des *schawwal*, des zehnten Monats unseres Kalenders, sichtbar wird, sehnen wir Muslime uns voll Inbrunst danach, dem Ruf Gottes zu folgen und den *hadsch*, die große Pilgerfahrt, anzutreten. Gott hat sie nur denjenigen zur Pflicht gemacht, die dazu materiell und körperlich in der Lage sind.
Nachdem ich mich nun entschlossen habe, die Pilgerfahrt anzutreten, verlasse ich das Haus. Familie und Freunde versammeln sich. Alle freuen sich, ihre Herzen sind voller guter Wünsche für meine bevorstehende Reise. Bittgebete werden zum Himmel gesandt, dass Gott in seiner Barmherzigkeit alle schützen möge.
Indem ich, wie alle Pilger, zu Beginn der Reise den ganzen Körper wasche und einfache weiße Kleidung anlege, löse ich mich von den äußeren, materiellen Erscheinungen der Welt. Damit trete ich in einen besonderen Weihezustand ein. Rund um die Heiligen Stätten gibt es dafür festgelegte Orte.
Als Frau trage ich ein langes weites Kleid und bedecke mein Haar mit einem Tuch. Die Kleidung des Mannes besteht aus zwei weißen Tüchern, von denen er sich eins um die Taille, das andere um die Brust und die rechte Schulter bindet. Diese in Form und Farbe gleiche Bekleidung drückt aus, dass alle Menschen vor Gott gleich sind. Was für ein großartiger Anblick ist es, Reiche und Hochstehende auf gleicher Stufe mit armen und einfachen Menschen zu sehen! Die Seelen der Armen werden aufgerichtet, indem ihnen Stolz und Würde gegeben werden. Innere Ruhe und Vertrauen in die Gerechtigkeit des Himmels werden gefestigt.
In Mekka angekommen, begeben wir uns zur Kaaba* und umrunden sie siebenmal – das gilt als „Begrüßung der Kaaba". Am neunten Tag des Monats *dhu al-hidscha*, nachdem wir andere festgelegte Riten ausgeführt haben, gehen wir zum Berg Arafat außerhalb von Mekka. Dort versammeln sich dann alle Pilger, denn „die Pilgerfahrt bedeutet *Arafat*". Wer an diesem Tag nicht dort ist, hat keine gültige Pilgerfahrt vollzogen. So sind wir alle auch im Herzen vereint, unsere Orientierung ist dieselbe: Während unsere Bittgebete zum Himmel emporsteigen, sind wir alle allein Gott zugewandt. „Hier bin ich, Gott, Dir zu Diensten!", so ruft jeder von uns immer wieder, „Dir allein gebühren Lob und Ehre. Es gibt keinen Gott außer Dir!"

(Azza Ahmed: Aufbruch zur Pilgerfahrt; in: SympathieMagazin „Islam verstehen", 2007, S. 30; aus: Abd el-Malik Ibn Hischam: Das Leben Muhammeds, Deutsch von G. Weil, 1884)

1. *Wie erklärt Azza Ahmed die besondere Bedeutung des äußeren Erscheinungsbildes der Pilger? Wie denkt ihr darüber?*

2. *Viele sehen in der weltweiten Verbundenheit aller Muslime während der Erfüllung ihrer religiösen Pflichten eine besondere Stärke des Islam. Diskutiert darüber und vergleicht mit anderen Religionen.*

Fasten als Fest

Ein Abend in Kairo kurz nach Sonnenuntergang. Die sonst so lauten, hoffnungslos überfüllten Straßen der größten Stadt Afrikas wirken geisterhaft leer. Es ist der erste Tag des Fastenmonats Ramadan, die meisten gläubigen Muslime sind zu Hause, um das Abendgebet zu verrichten und den *iftar*, die erste Mahlzeit des Tages, einzunehmen. Frau Zanuba ist schon seit dem Nachmittag mit den Vorbereitungen beschäftigt und reicht nun ihrer Familie – Vater Ibrahim und den Kindern Mona, Ahmed und Schihab – in Milch eingeweichte Datteln, mit denen schon der Prophet Muhammad das Fasten zu brechen pflegte. Um den Magen nach einem langen Fastentag nicht zu überlasten, folgt erst etwas später das Hauptgericht.

Ich bin erstaunt, mit welchem Ernst schon der sechsjährige Schihab teilnimmt, und frage, ob es denn für Kinder seines Alters nicht bedenklich sei, zu fasten. „O nein", lächelt Mutter Zanuba, „Kinder müssen nicht fasten, aber er hat halt so sehr gebettelt, es wie wir Großen machen zu dürfen, dass ich ihm erlaubt habe, bis Mittag zu fasten. Und irgendwann muss er sich ja einmal daran gewöhnen, da kann er schon ein wenig üben."

Etwas später kommen Tante Ferial und Onkel Ali mit ihren beiden Töchtern zu Besuch, denn es ist im Ramadan Sitte, dass sich Freunde und Verwandte nach dem Abendessen gegenseitig besuchen. Sie haben selbst gebackene Süßigkeiten und Plätzchen mitgebracht. Schihab kann es kaum erwarten, von den Leckereien zu naschen und voller Stolz sagt er zu seinen Cousinen: „Ich habe heute auch zum ersten Mal gefastet, wie die Erwachsenen!" „Na, da kannst du dich ja auf ein schönes Geschenk beim *id al-fitr* freuen", lächelt Onkel Ali, der die Worte des Kleinen gehört hat und ihm nun anerkennend über den Kopf streicht.

Und schon dreht sich das Gespräch um das dreitägige Fest des Fastenbrechens, mit dem das Ende des Monats Ramadan gefeiert wird. Die Augen der Kinder strahlen schon vor Vorfreude, denn zum „Zucker-Fest" bekommen sie neue Kleider, Geldgeschenke und kleine Laternen, mit denen sie durch die mit Lichterketten und Papierschlangen geschmückten Straßen ziehen und Lieder zu Ehren des Ramadan singen. So ist der heilige Monat nicht nur eine Zeit der Entbehrungen und der religiösen Betätigung, sondern auch der Freude und des Gefühls der Zusammengehörigkeit mit anderen Muslimen.

(Claudia Fathy: Fasten als Fest; in: SympatieMagazin „Islam verstehen", 2007, S. 62; aus: Abd el-Malik Ibn Hischam, a. a.O.)

Gemeinsames Fastenbrechen im Ramadan

Während des Ramadans Ende September/Anfang Oktober 2006 treffen sich jeden Abend Menschen unterschiedlichen Glaubens in einem Zelt auf dem Essener Kennedyplatz zum gemeinsamen Fastenbrechen. Das Zelt hat Platz für 550 Menschen und neben vielen Muslimen kommen auch täglich 80 – 120 deutsche Nichtmuslime, die an diesem kulturellen Austausch teilnehmen. Die Veranstaltung wird vom Verein „Erziehung und Bildung ohne Grenzen" organisiert, kostet pro Abend etwa 3 000 € und wird allein von Spenden und Sponsoren finanziert. Nach dem Essen kann man freiwillig etwas geben.

3. *Strenges Fasten im Monat Ramadan ist eine harte Pflicht – trotzdem ist für viele Fasten ein Fest. Erläutert am Beispiel der Familie aus Kairo, wie es zu einer solchen Einschätzung kommt.*

4. *„Gemeinsam essen und miteinander reden". Wie schätzt ihr die Chance ein, dass solche gemeinsamen Aktionen den Dialog zwischen Nichtmuslimen und Muslimen in Deutschland verbessern?*

15. Muslimische Feiertage im Jahreskreis

Der islamische Kalender

Mit der Hidschra, der Auswanderung des Propheten Mohammed von Mekka nach Medina im Jahre 622 v. Chr. beginnt für Muslime das erste Jahr der islamischen Zeitrechnung. Da sich der islamische Kalender nach dem Mond richtet, verschiebt sich das islamische Mondjahr jedes Jahr gegenüber dem Sonnenjahr um ca. 10 Tage nach vorne. Das islamische Mondjahr ist also ca. 10 Tage kürzer als das Sonnenjahr, nach dem sich unsere Zeitrechnung richtet. Mit dem Beginn einer neuen Mondphase beginnt auch ein neuer Monat. Jeder Monat hat 29 oder 30 Tage, das Mondjahr 12 solcher Monate.

$$G \approx H \cdot \frac{32}{33} + 622$$

$$H \approx \frac{33}{32} \cdot (G - 622)$$

Unser Kalender orientiert sich am Sonnenjahr. Man nennt ihn auch Gregorianischen Kalender, weil im 16. Jahrhundert Papst Gregor XIII. eine Kalenderreform durchgeführt hat. Am 20. Januar 2007 feierten die Muslime ihr Neujahr. Nach dem Hidschra-Kalender war es der 1. Tag des 1. Monats (Muharram) des Jahres 1428. Mit den oben stehenden Formeln kann man den Gregorianischen Kalender in den Hidschra-Kalender umrechnen und umgekehrt. In den meisten islamischen Ländern hat heute der Gregorianische-Kalender den Hidschra-Kalender verdrängt. Das gilt vor allem im Wirtschaftsleben, aber auch im Alltag. Für die Festlegung der Feiertage spielt der islamische Kalender aber eine wichtige Rolle. Der letzte Mondmonat eines Jahres ist der Pilgermonat für die große Pilgerfahrt (Hadsch). Am 10. Tag dieses Monats wird das Opferfest, das höchste Fest der Muslime, gefeiert. Der zweite große Feiertag ist das „Fest des Fastenbrechens" – das „Zuckerfest" für die Türken. Es wird am Ende des Fastenmonats Ramadan, des 9. Monats im islamischen Jahr, gefeiert.

1. *Rechnet das Jahr 2008 in den Hidschra-Kalender um und erörtert Vorteile und Realisierungsprobleme eines weltweit einheitlichen Kalenders.*

Das Zuckerfest (Fest des Fastenbrechens)

Das dreitägige Fest des Fastenbrechens, in der Türkei auch Zuckerfest genannt, beendet den Fastenmonat Ramadan. Muslime in aller Welt zeigen in dieser Zeit ihre Dankbarkeit gegenüber Gott, der ihnen das Einhalten des Fastens ermöglichte. Wie alle islamischen Feste, liegt es im Folgejahr etwa 10 Tage früher und kann so im Laufe der Zeit auf jede Jahreszeit fallen. Im Jahre 2007 beginnt das Fest des Fastenbrechens am 12. Oktober. Nach dem Besuch der Moschee besucht man Verwandte und Bekannte und es wird gemeinsam gefeiert und gegessen. Dabei werden meist süße Spezialitäten gereicht. Häufig macht man sich gegenseitig Geschenke und oftmals beschenkt man auch Arme und Bedürftige.

2. *Befragt muslimische Mitschülerinnen und Mitschüler zum Fasten im Monat Ramadan und zum Fest des Fastenbrechens. Ladet sie eventuell zu einem Erfahrungsaustausch in euren Unterricht ein.*

Das Opferfest – der höchste Feiertag der Muslime

Der Beginn des Opferfestes fällt im Jahre 2007 auf den 20. Dezember. Das ist der 10. Tag des Wallfahrtsmonats, also des letzten Monats im islamischen Jahr. Für die musli-

mischen Mekka-Pilger ist dieser Tag der Höhepunkt der großen Pilgerfahrt, der Hadsch. Millionen Pilger versammeln sich an diesem Tag außerhalb Mekkas in der Ebene vor dem Berg Arafat und harren einen Tag lang vor Gott im Gebet aus.
In der ganzen muslimischen Welt erinnert das viertägige Opferfest an den Propheten Ibrahim (Abraham), der seinen zweiten Sohn Ismael (also nicht seinen ersten Sohn Isaak, wie in der christlichen Überlieferung) Gott opfern wollte und so die göttliche Prüfung bestand. Allah sah seine Bereitschaft und sein Gottvertrauen und gebot ihm Einhalt. Ibrahim opferte daraufhin voller Dankbarkeit einen Schafbock.
Für Muslime, die es sich finanziell leisten können, ist es Pflicht, zum Fest ein Tier – meistens ein Schaf – zu kaufen, es schlachten zu lassen, gemeinsam mit Freunden zu essen und das übrige Fleisch auch an Arme und Bedürftige zu verteilen. Muslime in Deutschland kaufen sich oft für dieses Fest ein großes Stück Hammelfleisch und verschenken den Rest. Manche schicken auch einen Geldbetrag an Verwandte in ihrem Heimatland oder spenden das Geld an Wohltätigkeitsorganisationen. Die Tiere zum Opferfest müssen nach vorgegebenen strengen Regeln geschlachtet werden.

Information: Schächten

Das Schächten ist eine rituelle Art des Schlachtens. Das Tier soll vollständig ausbluten, da sowohl für Muslime als auch für Juden der Verzehr von Blut verboten ist. Mit einem sehr scharfen Messer werden mit einem einzigen Schnitt die Luft- und Speiseröhre sowie die großen Blutgefäße durchtrennt. Das Tier blutet dann aus. Da dabei die Tiere vorher nicht betäubt werden, fordern die Tierschutzverbände ein Verbot des Schächtens. Das Bundesverwaltungsgericht hat am 23.11.2006 aber ein Urteil gefällt, wonach das Schlachten ohne Betäubung nach den für das Schächten vorgeschriebenen strengen Regeln erlaubt sein soll.

3. *Tierschützer fordern weiterhin, das Schächten grundsätzlich zu verbieten. Sammelt über das Internet Informationen zu diesem Konflikt, ordnet sie nach Pro und Kontra und nehmt Stellung dazu.*

Das Fest der Beschneidung

Die Beschneidung ist ein alter Brauch, der sowohl im Islam als auch im Judentum auf Abraham zurückgeführt wird. Es ist ein Zeichen des Bundes zwischen Gott und den Menschen. Im Koran ist die Beschneidung als religiöse Pflicht nicht enthalten. In der heutigen Diskussion werden die hygienischen Vorteile – z. B. weniger Gebärmutterkrebs oder Harnleiterinfektionen – hervorgehoben, es gibt aber auch Mediziner, die den Nutzen der Beschneidung bezweifeln. Im Kampf gegen Aids empfiehlt die Weltgesundheitsorganisation (WHO) die Beschneidung, weil dadurch das heterosexuelle Ansteckungsrisiko für Männer deutlich gesenkt wird. Das Bild zeigt einen muslimischen Jungen in der traditionellen Tracht am Tag seiner Beschneidung in Istanbul. Dazu gehören weiße Uniformen, mit Federn geschmückte Kappen, goldene Schuhe und reich verzierte Umhänge. In der Türkei werden die meisten Jungen im Alter zwischen fünf und elf Jahren beschnitten. Das geschieht durch Kinderärzte, Urologen oder spezielle Beschneider. Das Ritual läuft im festlichen Rahmen ab und die Kinder bekommen zu ihrem Ehrentag viele Geschenke.

4. *Informiert euch, wie Beschneidungen in Deutschland durchgeführt werden, und fasst mit eigenen Worten zusammen, welche Bedeutung das Beschneidungsfest für einen muslimischen Jungen hat.*

16. Was ist der Koran?

Der Koran – ein arabisches, lebendiges, heiliges Buch

Der Religionswissenschaftler Hans Küng, einer der herausragenden Denker unserer Zeit, hat mit den Büchern „Das Judentum“, „Das Christentum“ und „Der Islam“ bahnbrechende Grundlagenwerke zum Verständnis der drei abrahamischen Religionen geschaffen. Sein zentrales Thema ist der Dialog zwischen den Religionen als einziger Weg zum Frieden unter den Religionen und unter den Nationen. Für ihn ist der Koran das Zentrum, die Mitte, das Spezifische des Islam. Im Laufe von 1400 Jahren Islam hat sich die Gesellschaftsordnung immer wieder grundlegend verändert, aber der Koran ist Ursprung, Quelle und Unterscheidungsnorm alles Islamischen geblieben. Dem Koran als Gottes Wort und Buch kommt höchste Autorität zu. Er schreibt dazu:

Er ist ein lebendiges, heiliges Buch in arabischer Sprache; jedes Wort in dieser Charakteristik ist wichtig:
(1) Es geht um ein **Buch**. Das hat den Vorteil, dass jeder Gläubige weiß, woran er ist. Hier steht alles, was Gott direkt geoffenbart hat. Hier ist unzweideutig festgehalten, was Gott will. Deshalb ist hier auch nichts mehr zu verändern. Im Gegenteil: Der Muslim soll sich möglichst schon als Schulkind alles ins Gedächtnis einprägen. Dieses Buch kündet den „Islam“: „sich Gott hingeben“; es regelt das Leben der Muslime und lehrt sie ihre Pflichten.
(2) Es geht um **ein** Buch. Der Koran ist nicht wie die Hebräische Bibel eine Sammlung höchst verschiedenartiger Schriften, die für den Außenstehenden zunächst keinen gemeinsamen Nenner zu haben scheinen. Er ist auch nicht wie das Neue Testament, das seine Botschaft in vier doch sehr unterschiedlichen, in vielen Details gar widersprüchlichen Evangelien wiedergibt und deshalb Anlass für manche Verwirrung bietet. Nein, der Koran ist ein einziges Buch, von ein- und demselben Propheten innerhalb von 22 Jahren überliefert, deshalb zusammenhängend und trotz aller Zeit- und Stilunterschiede einheitlich. Im Nachhinein geordnet (im Großen und Ganzen der Länge nach) in 114 Abschnitte, die mit dem arabischen Ausdruck *„Sure“* bezeichnet werden und die ihrerseits aus Versen, den kleinsten Texteinheiten bestehen.
(3) Es geht um ein **arabisches** Buch. Der Koran ist mit seinen 6666 Versen das älteste arabische Prosawerk überhaupt; die Verbreitung der arabischen Sprache und Schrift hat es wie kaum etwas anderes gefördert. Der Koran ist aber vor allem das den Arabern geschenkte Offenbarungsbuch, sodass nun endlich auch sie wie die Juden und Christen Schriftbesitzer, „Leute des Buches“, sind. [...] Selbst reformerisch gesinnte Muslime sind der Meinung, den Koran verstehe nur, wer das reine Arabisch verstehe, und deshalb habe sich jeder Muslim um Beherrschung des Arabischen zu mühen. [...]
(4) Es geht um ein **lebendiges** Buch. Der Koran ist nicht ein Buch, das wie eine nur selten benützte Hausbibel im Schrank liegt oder hauptsächlich schweigend zu lesen wäre. Er ist ein Buch, das immer wieder in aller Öffentlichkeit laut rezitiert wird. [...] Es ist ein Buch, das mit der Reimprosa seiner Suren und Verse zum Klingen gebracht, das rhythmisch rezitiert werden kann und soll. Seine Worte und Sätze begleiten den Muslim von der Stunde der Geburt an, wo ihm das koranische Glaubensbekenntnis ins Ohr gesagt wird, bis hin zur letzten Stunde, wo ihn die Worte des Koran in die Ewigkeit begleiten. Durch Hören, Memorieren und Rezitieren bekennt sich der Muslim zu Gottes Offenbarung und macht sie sich zugleich zu eigen. Manche Muslime, die mit dem Lernen schon im Kindesalter begonnen haben, können den ganzen Koran auswendig. [...]
(5) Es geht um ein **heiliges** Buch. Der Koran ist kein Buch wie jedes andere, das man auch mit schmutzigen Händen anrühren und in unlauterem Geist lesen dürfte. Nein, er ist ein Buch, vor dessen Lektüre man die Hände mit Wasser oder Sand reinigen und das Herz durch demütiges Gebet öffnen soll. Kein profanes, vielmehr ein durch und durch sakrales und gerade so allgegenwärtiges Buch, dessen Verse, kunstvoll in Stein gemeißelt, gestickt oder auf Fayencen* gemalt, islamische Gebäude zieren, aber auch Werke der Metall- und Holzschnitzkunst, der Keramik, der Miniaturmalerei und der Webkunst. In beeindruckender

Ästhetik, geschrieben in verschiedenartigen Schriften, ragen vor allem die Koranexemplare selbst hervor; oft kostbar gebunden sind sie und meist mit farbigen Arabesken* geschmückt. Das muslimische Gotteshaus, die Moschee, kennt keine Bilder – die Kalligrafie* des Koran allein genügt. Der muslimische Gottesdienst kennt weder Instrumentierung noch Chorgesang – die feierliche Rezitation des Koran ist der Musik genug.

(Hans Küng: Der Islam, Piper Verlag, München 2004, S. 95 ff.)

Die erste Sure des Koran – die Eröffnende

„Im Namen Allahs, des Allerbarmers, des Barmherzigen! (1)
Alles Lob gebührt Allah, dem Herrn der Welten (2),
dem Allerbarmer, dem Barmherzigen (3),
dem Herrscher am Tag des Gerichts! (4)
Dir (allein) dienen wir,
und Dich (allein) bitten wir um Hilfe. (5)
Führe uns den geraden Weg (6),
den Weg derer, denen Du Gnade erwiesen hast, nicht den Weg derer, die (Deinen) Zorn erregt haben, und nicht (den Weg) der Irregehenden. (7)“

(Alle Koranzitate nach: „Die ungefähre Bedeutung des Al-Qur'ān Al-Karīm in deutscher Sprache“, Übersetzer und Herausgeber: Abu-r-Riḍā Muḥammad Ibn Aḥmad Ibn Rassoul, Verlag Islamische Bibliothek, Köln 2000)

Information: Der Aufbau des Koran

Der Inhalt des Koran ist in 114 Abschnitte geordnet, die man Suren nennt. Jede Sure besteht aus nummerierten Versen. Ein Vers heißt *âya*, Zeichen, denn jeder Vers wird als göttliches Wunderzeichen betrachtet. Die Suren sind meist der Länge nach angeordnet. Am Anfang stehen die langen Suren und die kürzeren entsprechend weiter hinten. Jede Sure (außer der 9.) beginnt mit der Basmala, der feststehenden Einführungsformel *Im Namen Gottes, des Erbarmers, des Barmherzigen.*

Wer hat den Koran geschrieben?

Nach islamischer Überzeugung ist der Koran die wörtliche und in arabischer Sprache festgehaltene Offenbarung* Gottes, vom Propheten Mohammed verkündet und vollständig überliefert. Der Prophet selbst soll weder schreiben noch lesen gekonnt haben. Seine Begleiter haben wohl immer wieder Teile schriftlich auf Zetteln, Holzstücken, Palmblättern, Leder, Seidentüchern usw. festgehalten. Diese Teile wurden später gesammelt, geordnet und unter dem dritten Kalifen (Stellvertreter und Nachfolger Mohammeds) Osman (644 – 656) als erste gesamte Koranausgabe aufgeschrieben.

1. *Erarbeitet aus dem Text von Hans Küng eine stichwortartige Zusammenfassung der besonderen Kennzeichen des Koran.*

2. *Lasst euch von muslimischen Mitschülerinnen oder Mitschülern erklären, wie man den Koran liest und wie man ihn behandelt.*

3. *Formuliert mit eigenen Worten Glaubensgrundsätze des Islam, die in der 1. Sure enthalten sind, und haltet sie schriftlich fest.*

4. *Wie erklärt Hans Küng das Wort „Islam“? Ergänzt durch weitere Informationen (Internetrecherchen, aus Moscheeführungen usw.) zum Begriff Islam.*

5. *Lest Koranabschnitte in deutschen Übersetzungen und diskutiert über Sprache, Inhalt und Verständlichkeit.*

17. Gleichberechtigung der Frau im Islam?

Frag nicht, warum

Im Dokumentarfilm ,,Frag nicht, warum"(auszuleihen oder zu kaufen in Medienstellen, z.B. EZEF) ist die 17-jährige pakistanische Schülerin Anousheh auf der Suche nach der Verwirklichung ihrer persönlichen Freiheit. Sie versteht vieles nicht. Warum haben zum Beispiel ihre Brüder mehr Rechte als sie? Im Gespräch mit ihrem Vater, den sie sehr liebt, der aber auch an der Tradition festhält, kommt es daher oft zu Auseinandersetzungen, wie der folgende Filmtext zeigt:

„Papa, ich habe neulich im Koran die Sure ‚Die Frauen' gelesen. Da stand, dass ein Mann vierfach heiraten darf. Warum ist das so? Warum nicht eine Frau?"

„Der Grund liegt darin, dass ein Mann keine Kinder gebären kann. Als Gott den Menschen erschuf, da hat er Mann und Frau verschieden geschaffen – körperlich, geistig bis hin zu den Hormonen. Sie sind zwei grundverschiedene Identitäten. Die Verantwortlichkeiten sind auch verschieden und klar definiert. Es ist ganz genau festgelegt: Das ist die Rolle der Frau und das ist die Rolle des Mannes. Der Mann geht nicht in das Haus der Frau, sondern die Frau kommt zum Mann." „Ja, warum eigentlich?"

„Das ist unsere Kultur, das System. So ist es seit ... Ich weiß nicht, wie lange. [...] Auch wenn eine Frau von ihrem Mann geschieden ist, kann sie wieder heiraten."

„Aber dann zieht man über sie her."

„Ich weiß. Ich verstehe dich ja. Ein Mann kann vier Frauen zur selben Zeit haben." [...]

„Aber das ist nicht fair „

„Niemand redet von fair oder nicht fair."

„Aber es heißt, Männer und Frauen wären im Islam gleichgestellt. Inwiefern ...?"

„Ja, jetzt kommst du zum Punkt."

„Ich sehe nichts von Gleichstellung!"

„Genau da wird einiges durcheinandergebracht. Gleichstellung bedeutet: Du sitzt da, und ich hier. Du brauchst deinen Raum und ich meinen. Du bist frei und unabhängig in deinem definierten Bereich. Ich bin frei und unabhängig in meinem definierten Bereich."

„Aber ich bin nicht frei!"

„Du hast gleiches Recht."

„Nein!"

„Das denkst du aufgrund von Fehlinterpretation. Die Menschen verstehen das nicht und interpretieren es falsch. Das ist ganz klar definiert, wie ich vorhin schon sagte. Du kannst Gott nicht mit deinem Verstand begreifen. Wenn Gott sagt: ‚Das ist der Weg, so soll es sein', dann hat das seine Gründe."

„Warum?"

„Wenn beide gleich von Anfang an, wenn Mann und Frau beide losziehen auf die Suche nach Brot und Butter, Geld verdienen, was wird dann aus dem Haus? Darum gibt es festgelegte Verantwortlichkeiten. Die Frauen tragen eine andersartige Verantwortung, weil sie sich physisch und in jeder Hinsicht unterscheiden. Sie brauchen ein geschütztes Umfeld – und der Mann muss hinausgehen und für das tägliche Brot sorgen."

„Das gibt Männern nicht das Recht, Frauen zu misshandeln."

„Nein – da genau liegt das Problem: Es gibt klare Regeln, die sind festgelegt. Wenn du sie nicht befolgst, heißt das nicht, dass die Regeln schlecht sind oder Auslegungssache. Nein! Das Problem ist, dass jeder versucht, die Religion für seine Zwecke zu benutzen."

„Weil es viele Interpretationen gibt. Welche ist richtig?"

„Und darum kannst du nur eines tun und zwar den Koran lesen. Der Koran ist wie eine Verfassung. Dort ist alles niedergelegt. Um dir über Einzelfragen klar zu werden, komm damit ruhig zu mir, wie du es getan hast. Wir haben es diskutiert und ich habe es dir erklärt. So läuft das. So lernst du. Und so findest du raus, was richtig und falsch ist. Verstehst du?"

„Ich denke darüber nach."

(„Frag nicht, warum", Produktion: Trafik Film/ZDF-3sat Reihe Mädchengeschichten, 1999)

1. *Lest den Dialog mit verteilten Rollen und diskutiert über den Gesprächsverlauf.*

2. *Welche unterschiedlichen Vorstellungen über die Gleichberechtigung der Frau im Islam treffen beim Vater und bei der Tochter aufeinander? Bewertet die einzelnen Aussagen aus eurer Sicht.*

Soziale Reformen unter Mohammed

Im vorislamischen Arabien war die Frau praktisch rechtloser Besitz des Mannes, konnte keinerlei Ansprüche geltend machen und sogar wie eine Ware weitervererbt werden. Mohammed hat die Stellung der Frau in mehrfacher Hinsicht verbessert: Gleichstellung von Mann und Frau gegenüber Gott, Verständnis und Liebe zwischen den Ehepartnern, bei Scheidung hat die Frau Anspruch auf eine ausreichende Absicherung, Mädchen durften nicht mehr zwangsverheiratet werden, Verbot der Aussetzung oder Tötung neugeborener Mädchen, die Frau hat ein Recht auf Eigentum. Es ist seit 1400 Jahren geltendes Recht im Islam, dass kein Mann einer Frau, die über ein eigenes Vermögen verfügt, zwingen kann, ihm ihr Geld zu geben. Zu Lebzeiten Mohammeds gab es durch die ständigen Kriege viele Witwen und Waisen, die zu versorgen waren. Durch die Bedingungen und Einschränkungen der Vielehe (höchstens 4 Frauen, die aber alle gleich behandelt und versorgt werden müssen) trat Mohammed gewissermaßen als Anwalt dieser Menschen auf, um ihre Versorgungsgrundlage zu verbessern.

Der Koran und die Gleichberechtigung der Frau

Die Koranverse, die sich mit dem Rollenverständnis von Mann und Frau beschäftigen, lassen sich in zwei Gruppen einteilen. Es gibt patriarchalische Verse, die die Vormachtstellung des Mannes betonen, und emanzipatorische Verse, aus denen sich die Gleichberechtigung von Mann und Frau ableiten lässt:

„O ihr Menschen, wir haben euch als Mann und Frau erschaffen und euch zu Völkern und Stämmen gemacht, auf das ihr einander erkennen mögt. Wahrlich, vor Allāh ist von euch der Angesehendste, welcher der Gottesfürchtigste ist. Wahrlich, Allāh ist allwissend, allkundig"

(Sure 49, Vers 13)

„Und die gläubigen Männer und die gläubigen Frauen sind einer des anderen Beschützer: […]"

(Sure 9, Vers 71)

„Die Männer stehen den Frauen in Verantwortung vor, weil Allāh die einen vor den anderen ausgezeichnet hat und weil sie von ihrem Vermögen ausgeben. Darum sind tugendhafte Frauen die Gehorsamen und diejenigen, die (ihrer Gatten) Geheimnisse mit Allāhs Hilfe wahren. Und jene, deren Widerspenstigkeit ihr fürchtet: ermahnt sie, meidet sie im Ehebett und schlagt sie! Wenn sie euch dann gehorchen, so sucht gegen sie keine Ausrede. Wahrlich, Allāh ist erhaben und groß."

(Sure 4, Vers 34)

„Und ihnen (den Frauen) stehen die gleichen Rechte zu wie sie (die Männer) zur gütigen Ausübung über sie haben. Doch die Männer stehen eine Stufe über ihnen. Und Allāh ist allmächtig, allweise."

(Sure 2, Vers 228)

„Wahrlich, die muslimischen Männer und die muslimischen Frauen, die gläubigen Männer und die gläubigen Frauen, die gehorsamen Männer und die gehorsamen Frauen, die wahrhaftigen Männer und die wahrhaftigen Frauen, die geduldigen Männer und die geduldigen Frauen, die demütigen Männer und die demütigen Frauen, die Männer, die Almosen geben, und die Frauen, die Almosen geben, die Männer, die fasten, und die Frauen, die fasten, die Männer, die ihre Keuschheit wahren, und die Frauen, die ihre Keuschheit wahren, die Männer, die Allāhs häufig gedenken, und die Frauen, die (Allāhs häufig) gedenken – Allāh hat ihnen (allen) Vergebung und großen Lohn bereitet."

(Sure 33, Vers 35)

(Alle Koranzitate nach: „Die ungefähre Bedeutung des Al-Qur'ān Al-Karīm in deutscher Sprache", Übersetzer und Herausgeber: Abu-r-Riḍā Muḥammad Ibn Aḥmad Ibn Rassoul, Verlag Islamische Bibliothek, Köln 2000)

3. *Ordnet diese Koranstellen nach patriarchalischen und emanzipatorischen Aussagen.*

4. *Formuliert mit euren eigenen Worten Argumente, die nach diesen Koranstellen für oder gegen die Gleichberechtigung der Frau im Islam sprechen.*

5. *Diskutiert mit muslimischen Mitschülerinnen oder Mitschülern, wie sie diese Koranstellen auslegen und welches Verständnis von Gleichberechtigung sie vertreten. Vergleicht mit eurer eigenen Einstellung.*

18. ... so steht es im Koran?

„Scharia[1] in Deutschland?"

Der Tagesspiegel berichtet am 22.03.2007 über ein Gerichtsurteil, das große Empörung ausgelöst hat:

Eine Richterin in Frankfurt hat unter Verweis auf den Koran einer misshandelten Marokkanerin die schnelle Scheidung verweigert. Es war an einem Abend im Mai 2006, als die junge Frau wusste, dass ihr Leben in eine Sackgasse führte. Gerade hatte ihr Mann sie wieder brutal geschlagen. Die Polizei war da und plötzlich war da ein Entschluss: Erst muss ihr Mann hier raus. Sofort. Und dann kommt die Scheidung. Möglichst schnell. Ihr ganzes Leben hatte die 26-Jährige in Deutschland verbracht, ihre Eltern und ihr prügelnder Mann stammten jedoch aus Marokko. Für ihren Plan sollte das Folgen haben. Niemals hatte die junge Frau damit gerechnet, dass ein deutsches Gericht ihr die schnelle Scheidung verweigern würde [...].

Im Jahr 2001 hatte die Frau aus Hessen ihren Mann geheiratet – in Marokko, nicht in Deutschland, auch das spielt später noch eine Rolle. Das Paar bekommt zwei Kinder und immer mehr Probleme. Der westliche Lebensstil seiner Frau in Frankfurt missfällt dem Mann immer mehr. Es gibt erste Schläge. Am Ende Morddrohungen. Als die Frau nach unzähligen Demütigungen den Entschluss gefasst hat, dass ihr Mann aus ihrem Leben verschwinden muss, geht am Anfang alles ganz schnell. Am 20. Juni 2006 entscheidet eine Frankfurter Richterin nach dem Gewaltschutzgesetz, dass die Frau mit ihren Kindern die gemeinsame Wohnung bekommt. Der Mann muss zu seiner Frau und der Wohnung künftig 50 Meter Abstand halten. Die Frau geht zu einer Anwältin und reicht die Scheidung ein. Der Mutter ist wichtig: Es soll eine schnelle Scheidung werden, sie will kein Jahr warten. Das Gericht wird gebeten, eine Härtefallregelung zu treffen, die eine Scheidung auch ohne gesetzlich vorgesehenes Trennungsjahr möglich macht. Nun holt die Frau ihre Abstammung und ihre Vergangenheit ein. Dieselbe Richterin, die dem Mann verboten hat, seiner Frau näherzukommen, lehnt es ab, das Paar vor Ablauf des Trennungsjahrs zu scheiden. Die Begründung wird zum Skandal. Die Richterin beruft sich auf den Koran und schreibt in ihrer Begründung: „Die Ausübung des Züchtigungsrechts begründet keine unzumutbare Härte gemäß Paragraf 1565 BGB." Sie erinnert an die Heirat in Marokko und die Abstammung der Eheleute und erklärt: „Für diesen Kulturkreis ist es nicht unüblich, dass der Mann gegenüber der Frau ein Züchtigungsrecht ausübt. Hiermit musste die in Deutschland geborene Antragstellerin rechnen, als sie den in Marokko aufgewachsenen Antragsgegner geheiratet hat." Zusammen mit ihrer Anwältin stellt die Frau einen Befangenheitsantrag gegen die Richterin. Diese verweist daraufhin in einem Schreiben nochmals auf den Koran, wo die Ehre des Mannes an die Keuschheit der Frau gebunden sei. Daraus würde sich ergeben, dass es für einen islamisch erzogenen Mann schon eine Ehrverletzung sein könne, wenn die Frau nach westlichen Kulturregeln lebt. Es bleibt dabei: Keine schnelle Scheidung.

Als der Fall am Mittwoch die Runde macht und das Frankfurter Amtsgericht von den Medien bestürmt wird, geht alles ganz schnell. Das Gericht schrieb der Anwältin der Frau knapp und ohne weitere Begründung: „Der Befangenheitsantrag der Antragsstellerin ist begründet." Die Richterin, die nach Maßstäben des Korans über eine schnelle Scheidung befinden wollte, wird abgezogen. Eine Kollegin übernimmt sofort.

(Sebastian Kisters, Frankfurt, Steffen Hudemann, Andreas Oswald)

---

[1] Scharia: hier die begründete Rechtslehre des Islam

1. *Diskutiert über den Vorfall und nehmt kritisch Stellung dazu.*

Projektvorschlag: Familien- und Scheidungsrecht einiger islamischer Staaten

Sucht euch einige Staaten aus, z. B. Marokko, Iran, Türkei, und sammelt Informationen über das Internet. Mögliche Bereiche sind: Mindestheiratsalter, Scheidungsrecht, Versorgungsauflagen, Einehe und Mehrehe, Heiratsverträge, aktuelle Reformen. Verfasst Kurzreferate und berichtet darüber.

Koranzitate verstehen – das Problem der Auslegung

Text und Interpretation

Aus einem Vortrag in Lutherstadt – Wittenberg im Rahmen der Ausstellung „Dialoge eröffnen. Religionen begegnen sich“ am 13.09.2004 von Silvia Horsch:

„Es wird leider oft nicht unterschieden – und zwar bei Muslimen wie Nichtmuslimen – was wirklich im Koran steht und was in ihn hineininterpretiert wurde. Im Zusammenhang mit der Frage nach der Stellung der Frau hat sich diese fehlende Unterscheidung oft besonders fatal ausgewirkt. Ich möchte ihnen nun an einem Beispiel zeigen, was man so alles aus einem Koranvers machen kann. Der Vers lautet auf Arabisch: Ar-ridschâlu qauwamûna ‚ala-n-nisâ bimâ faddalal-lahu ba'adahum ‚ala ba'din. (4:34)
Und nun hören Sie verschiedene Übersetzungen. Achten Sie dabei auf die unterschiedlichen Implikationen, die sich für das Verhältnis der Geschlechter ergeben:
„Männer sind die Leiter (Manager) der Angelegenheiten der Frauen, weil Allah die einen den anderen überlegen gemacht hat.“ (Maududi, aus dem Englischen)
„Die Männer stehen den Frauen in Verantwortung vor, weil Allah die einen vor den anderen ausgezeichnet hat.“ (Rassoul)
„Die Ehemänner tragen Verantwortung den Ehefrauen gegenüber wegen dem, womit Allah die einen vor den anderen ausgezeichnet hat.“ (Zaidan)
Das Wort qauwamûna wird hier ganz unterschiedlich übersetzt:
„Männer sind die Manager von Frauen“, „Die Männer stehen den Frauen in Verantwortung vor“ – das hört sich schon ganz anders an, und schließlich: „Die Ehemänner tragen Verantwortung den Ehefrauen gegenüber.“ Während in den vorherigen Übersetzungen eine allgemeine Aussage über Frauen und Männer getroffen wird, geht es hier nur um die Beziehung zwischen Ehepartnern.
Die verschiedenen Übersetzungen zeigen zwei unterschiedliche Sichtweisen: In einem Fall wird den Männern eine Überlegenheit den Frauen gegenüber zugesprochen, im anderen Fall werden sie mit einer Verantwortung beladen. Zwei völlig unterschiedliche Aussagen. Der Vers geht weiter mit der Begründung, „weil Allah die einen vor den anderen ausgezeichnet hat“. Hieraus wurde zumeist abgeleitet, dass die Männer den Frauen überlegen sind. Was dabei nicht berücksichtigt wird, ist, dass der Koran an verschiedenen Stellen erwähnt, dass Menschen unterschiedliche Auszeichnungen erhalten. [...] Man kann z. B. annehmen, dass die Auszeichnung der Frau in der Fähigkeit liegt, Kinder zu bekommen, und die der Männer in ihrer größeren physischen Stärke. [...] Die älteren Interpretationen sind in einem kulturellen Kontext entstanden, in dem die Gesellschaft patriarchalisch organisiert ist, und in der eine Unterordnung der Frau unter den Mann als ganz normal angesehen wird. Die neueren Interpretationen entstehen in einem Kontext, in dem von partnerschaftlichen Beziehungen zwischen Mann und Frau ausgegangen wird. Dies zeigt, dass das Verständnis des Korantextes immer in Entwicklung begriffen ist und sich verändert. In unterschiedlichen kulturellen Zusammenhängen wird der Text unterschiedlich interpretiert, und wie man sehen kann, kann sich das Verständnis auch immer weiter vertiefen.

(Silvia Horsch: „Frauen im Islam“, www.al-sakina.de/inhalt/artikel/frauen_islam/frauen_islam.html vom 17.3.2007)

Ähnliche Unterschiede in der Interpretation gibt es auch für die umstrittenste Stelle der Sure 4, Vers 34:
„... ermahnt sie, meidet sie im Ehebett und schlagt sie.“
Wer diese Stelle wörtlich interpretiert, kann daraus ein Züchtigungsrecht des Mannes gegenüber seiner Ehefrau ableiten. Da es viele andere Koranstellen gibt, die gegen eine solche Gewaltanwendung sprechen, wird heute in der Regel das Wort „schlagen“ entweder symbolisch – z. B. „drohen mit einem Zahnstocher“ – oder völlig gewaltfrei interpretiert im Sinne von „ihr nahelegen, das Verhalten zu ändern“.

2. *Der muslimische Mann, der seine Frau schlägt, beruft sich ebenso auf den Koran, wie die muslimische Feministin, die für die vollständige Gleichberechtigung der Frau kämpft. Erörtert anhand des Textes von Silvia Horsch, warum das möglich ist und welche Probleme sich daraus ergeben.*

3. *Diskutiert mit muslimischen Mitschülern, welches Koranverständnis ihr Leben beeinflusst und wie sie selbst dazu stehen.*

19. Frauen im Islam – zwischen Unterdrückung und neuem Selbstverständnis

Im Konflikt mit Vorstellungen der modernen Gesellschaft

Innerhalb der islamischen Staaten gibt es große Unterschiede in der heute bestehenden Gesellschaftsordnung. Es gibt aber auch religiös begründete Grundhaltungen, die dazu führen, dass die Stellung der Frau im Islam – gemessen an heutigen Vorstellungen – keineswegs befriedigend ist:

- In wichtigen Lebensbereichen haben Frauen in weiten Teilen der islamischen Welt weniger Rechte als die Männer.
- Frauen haben zwar innerhalb der Familie eine starke und eigenverantwortliche Position, aber der öffentliche Raum ist den Männern vorbehalten.
- Staatliche Reformgesetze, die zum Beispiel Gewalt gegen Frauen, Zwangsverheiratung oder Verheiratung von Kindern verbieten, die Vielehe einschränken oder die Frauen mit neuen Rechten ausstatten, können jahrhundertealte Traditionen oft nur schwer beseitigen.
- Fundamentalistische Strömungen gewinnen in den letzten Jahren immer mehr an Einfluss. Sie fordern eine wörtliche Befolgung der Koranvorschriften, betonen damit die Vormachtstellung des Mannes und bekämpfen islamische Reformbestrebungen.

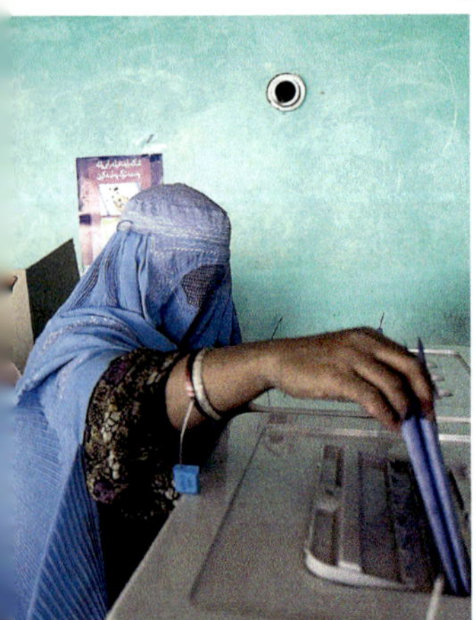

„Das ist kein Kleidungsstück, sondern ein Gefängnis. Aber wenn ich ausgehen will, muss ich mich darunter verstecken. [...] Im Moment fühle ich mich nicht in der Lage, die Burka anzulegen. Dieses winzige Gitterfenster kommt mir wie ein Vogelkäfig vor und der Kanarienvogel bin ich. Gedemütigt und wütend ziehe ich mir das Teil aus. [...] Die Taliban* wollen mir, allen Frauen, das Gesicht stehlen."

(Latifa: Das verbotene Gesicht, Marion von Schröder Verlag, München 2001, S. 63 f.)

Information: Traditionelle Verhüllungsformen für Muslimas in der Öffentlichkeit

Der Koran verlangt nur, dass sich Muslimas in der Öffentlichkeit zurückhaltend kleiden. In verschiedenen islamischen Ländern haben sich dazu unterschiedliche Traditionen entwickelt:

- Die **Burka** ist ein großes Stofftuch, oben in eine flache Kappe vernäht, nur im Bereich der Augen befindet sich eine Art Gitterfenster.
- Der **Tschador** ist ein großes, meist schwarzes Gewand, das als Umhang um Kopf und Körper gewunden wird.
- Der **Niqab** ist ein **Gesichtsschleier**.

1. *In Afghanistan wurde nach dem Sturz der Taliban-Regierung die Burka-Pflicht aufgehoben. Viele Frauen tragen aber weiterhin die Burka. Welche Motive vermutet ihr dahinter?*

Models präsentierten am 20.2.2004 auf der Modenschau „Walk of Islam – Erfüllung in der Verhüllung" in Berlin Ent-

würfe für islamische Mädchen und Frauen, die europäisch orientiert sind, ihre Religion leben, die dazugehörenden Kleidersitten beachten und beides in ihren sonst modernen Lebensstil integrieren möchten.
Immer mehr muslimische Frauen tragen das Kopftuch als Zeichen für ein neues und selbstbewusstes Frauenverständnis im Islam. Sie wollen sich damit auch bewusst abgrenzen gegen die Verfügbarkeit und allgegenwärtige Zurschaustellung des weiblichen Körpers in der Öffentlichkeit.

2. *Das Kopftuch als Symbol für ein neues muslimisches Selbstverständnis? Diskutiert darüber mit muslimischen Mitschülerinnen.*

Shirin Ebadi: „Der Islam rechtfertigt keine Unterdrückung"

Die iranische Juristin Shirin Ebadi erhielt am 10.12.2003 in Oslo den Friedensnobelpreis für ihren Einsatz für mehr Demokratie und für die Rechte von Frauen, Kindern und politischen Gefangenen im Iran. Ebadi erklärte, sie widme ihn allen um Gleichberechtigung kämpfenden Frauen im Islam. Bei ihrer ersten Pressekonferenz in Teheran nach ihrer Auszeichnung hält sie eine Waage in der Hand, Attribut von Justitia. Ihre Hauptanliegen seien weiter die Verteidigung des Rechts und die Freiheit im Iran. „Der Nobelpreis hat zwei Dimensionen. Eine ist die Anerkennung des Kampfes muslimischer Frauen im Orient und die andere ist die Rechtfertigung meiner Arbeit und die Notwendigkeit, diese weiterzuführen", sagte die 56-jährige Frauenrechtlerin. Sie werde weiterhin im Einklang mit den Gesetzen des Irans handeln. Den Islam bezeichnet sie als „Religion des Friedens und der Freundschaft" und nicht der Gewalt. Nach dem Nobelpreis arbeitet Shirin Ebadi weiterhin als Anwältin in Teheran, allerdings ist sie jetzt mehr auf der internationalen Bühne tätig, hält Vorträge oder fungiert als Berichterstatterin zur Situation im Iran.

Im Frühjahr 2006 erschien ihr Buch „Mein Iran". Eine Autobiografie über ein Leben zwischen Revolution und Hoffnung. Im Vorwort beschreibt sie, wie sie vor sechs Jahren beim Aktenstudium für einen Mandanten im Gerichtsgebäude in Teheran sich selbst auf einer Todesliste entdeckte:

Um die Mittagszeit ließ unsere Energie nach, und einer der Anwälte bat den jungen Soldaten im Gang, uns Tee zu bringen. Sobald uns das Teetablett gebracht worden war, beugten wir die Köpfe wieder über die Akten. Ich war bei einer Seite angelangt, auf der die Dinge detaillierter und flüssiger geschildert wurden als in anderen Passagen, und las deshalb langsamer und konzentrierter. Es war die Abschrift einer Unterhaltung zwischen einem Regierungsminister und einem Mitglied des Todeskommandos. Als mein Blick auf den Satz fiel, der mich viele Jahre lang verfolgen sollte, glaubte ich, mich verlesen zu haben. Ich blinzelte einmal, doch der Satz stand noch immer da: „Die nächste Person, die getötet werden soll, ist Shirin Ebadi." Ich. Mein Hals war plötzlich wie ausgetrocknet. Ich las diese Zeile immer und immer wieder. Die gedruckten Wörter verschwammen vor meinen Augen.

(Shirin Ebadi: Mein Leben, Prendo Verlag, München/Zürich 2006, S. 11)

3. *Welche Auswirkungen hat die Verleihung des Friedensnobelpreises an Shirin Ebadi für die Frauen im Iran und in anderen islamischen Staaten?*

20. Dschihad und Scharia – was steckt dahinter?

Was ist Dschihad?

Dschihad wird bei uns oft mit „Heiliger Krieg“ übersetzt und in Zusammenhang gebracht mit Terroranschlägen, Selbstmordattentaten und fanatischen islamistischen Gruppen, die zum „Heiligen Krieg“ gegen die Ungläubigen und gegen die westliche Welt aufrufen. Auf dem Bild fordern islamistische Studenten in Pakistan mit Parolen zum Kampf gegen die Amerikaner auf. Eine große Mehrheit in der islamischen Welt distanziert sich von diesem kriegerischen und gewaltbereiten Islam und wehrt sich auch gegen die Übersetzung „Heiliger Krieg“, weil ein Krieg nie „heilig“ sein kann. Was steckt nun wirklich hinter dem Begriff „Dschihad?“ Aus einem Interview des Focus mit Rudolph Peters, einem niederländischen Islamwissenschaftler:

Focus Viele Muslime bestehen auf einer friedlichen Sicht des Dschihad.

Peters Auch aus der ersten Zeit des Islam sind völlig friedliche Auslegungen überliefert. Es gibt ein Hadith des Propheten, das nicht unbedingt authentisch* sein muss, aber die Stimmung der Anfangszeit reflektiert. Mohammed kam von einer Schlacht zurück und erklärte, ich kehre vom kleinen zum großen Dschihad zurück. Und mit großem Dschihad meinte er den Kampf gegen die schlechten Neigungen, das Böse in sich. Diesen Spruch ziehen die Muslime oft heran, um zu zeigen, dass Dschihad mehr als Heiliger Krieg ist.

Focus Würden Sie Dschihad mit Heiliger Krieg übersetzen?

Peters Nein, es muss heiliger Kampf heißen, weil dieses Wort viel breiter interpretiert werden kann als Krieg.

Focus Wie entwickelt sich der Begriff im Koran?

Peters Die älteren Verse über die Ungläubigen besagen, dass man sie zum Islam einladen, mit ihnen diskutieren soll. Verse, die eher gegen Lebensende Mohammeds geoffenbart wurden, besagen, tötet sie, wo ihr sie findet. Die Aggressivität nimmt zu, weil sich die Beziehungen zu den Ungläubigen verschlechtern und weil sich die Erwartung Mohammeds enttäuscht, Christen und Juden für den Islam zu gewinnen. Die zuletzt geoffenbarten Suren, auch Schwert-Verse genannt, enthalten nach mittelalterlicher Interpretation den Befehl, Nichtmuslime bedingungslos zu bekämpfen. Moderne Muslime würden widersprechen, weil die vielen älteren Verse mit ihrer friedlicheren Aussage nicht von den jüngeren aufgehoben werden können. Wir müssen uns aber ganz klar sein: Islam ist, was Muslime sagen, und nicht, was in den alten Texten steht.

Focus Ist Dschihad eine Worthülse, die nach Belieben gefüllt werden kann?

Peters Es gibt nur zwei Elemente, die erfüllt sein müssen: die Idee eines Kampfes und ein Ziel, das im religiösen Sinn gut ist, dazu zählt auch der Aufruf, den Müll in Kairo wegzuräumen. [...]

(Hartmut Kistenfeger: Interview mit Rudolph Peters; in: Focus, 42/2001)

Information: Hadith

Hadith(e) (arab. Ausspruch, Nachricht) sind Überlieferungen (Worte, Handlungen, Eigenheiten) des Propheten Mohammed, die nicht im Koran stehen, aber für den Islam sehr wichtig sind.

1. *Fasst mit eigenen Worten zusammen, wie Rudolph Peters den Dschihad erklärt.*

2. *Warum fällt es vor allem Nichtmuslimen schwer, den friedlichen Aspekt des Dschihad zu sehen und anzuerkennen? Bezieht bei der Begründung eurer Antwort auch Medienberichte zu aktuellen Ereignissen mit ein.*

Was ist die Scharia?

Aus einer Veröffentlichung des Innenministeriums von Nordrhein-Westfalen im Internet:

Die Scharia* als Gesamtsystem ist weder Teil der Offenbarung* noch ein einheitlicher Rechtskodex. Vielmehr stellt sie eine Methode dar, gestützt auf Koran und Sunna*, das Handeln der Menschen zu gestalten. [...] Die Bereiche, in denen man die Methoden der Scharia anwendet, sind die Glaubenslehre, die Kultuslehre und die Rechtslehre. Im Bereich der Rechtslehre, die das Verhalten von Menschen untereinander bzw. zur Schöpfung regelt, steht die islamistische Auslegung der Scharia, aber auch die traditionell-konservative Lesart in etlichen Punkten im Widerspruch zur deutschen Verfassungsordnung. Wenn die Auslegung der Scharia als politisches Ordnungsmodell betrachtet und angestrebt wird, handelt es sich um politischen Extremismus islamischer Prägung, der kurz als Islamismus bezeichnet wird. [...]

Viele Staaten mit muslimischer Bevölkerungsmehrheit greifen in weiten Teilen der Rechtssprechung auf europäische Rechtstraditionen zurück. Schariatsrechtliche Bestimmungen finden vor allem in der Familiengesetzgebung noch Anwendung. Die grausamen Körperstrafen des islamischen Strafrechts werden in den meisten Staaten der islamischen Welt heute nicht mehr verhängt. Einige Länder aber – wie Saudi Arabien, Sudan, Iran oder Teile Nigerias – haben sich einer vollständigen Islamisierung der Gesellschaft verschrieben und die Scharia in allen Teilen der Gesetzgebung verbindlich gemacht. Die Folge sind grobe Menschenrechtsverstöße.

Dennoch wäre es irreführend, die Scharia als solche als verfassungsfeindlich zu charakterisieren. Entscheidend ist die Art der Auslegung und das Ausmaß des Anwendungsbereichs. Kein Widerspruch zu westlichen Menschenrechtsvorstellungen besteht in den Bereichen der religiösen Glaubenslehre und der Kultuslehre. Im Strafrecht dagegen ist eine Vereinbarkeit kaum denkbar. Auch ein Scharia gemäßes Familienrecht birgt zahlreiche Probleme, da es Männer und Frauen nicht gleichberechtigt behandelt. [...]

Konservative und erst recht islamistische Theologen sind weit davon entfernt, in Fragen der Scharia eine echte Übereinstimmung mit grundlegenden westlichen Werten zu erzielen. Im Gegenteil werden gerade die besonders umstrittenen Bereiche Gleichberechtigung der Frauen, Minderheitenrechte und Strafrecht von ihnen oft besonders verbissen gegen westliche Einflussnahme verteidigt und zu zentralen Kernpunkten des islamischen Rechts hochstilisiert. Nur eine Minderheit der Gelehrten sieht derzeit die Möglichkeit einer vollständigen Aussöhnung von Schariaverständnis und Menschenrechten. [...]

(www.im.nrw.de/sch/595.htm 03.04.2007)

Anmerkung: Kultuslehre meint hier die religiöse Praxis, vor allem die 5 Säulen des Islam.

Für fünf Straftaten sind nach der Scharia harte und unmenschliche Strafen festgelegt: Diebstahl, Unzucht, Verleumdung bei Unzucht, Alkoholgenuss und Straßenraub. Berichte über den beabsichtigten Vollzug solcher Strafen erregten weltweit empörte Proteste und mobilisierten die Menschenrechtsorganisationen.

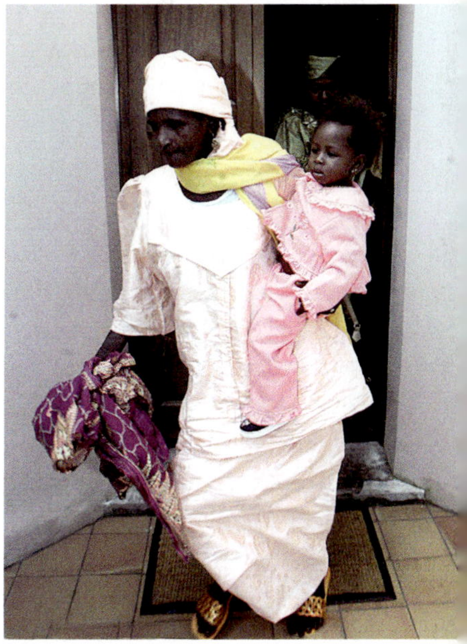

Dadurch entging zum Beispiel die Nigerianerin Hussaini 2002 dem Tod durch Steinigung, zu dem sie ein Scharia-Gericht wegen Ehebruchs verurteilt hatte, und wurde einige Monate später zur Ehrenbürgerin Roms ernannt. Auf dem Bild kommt sie mit ihrer Tochter von einem Treffen mit dem römischen Bürgermeister.

3. *Wie begründet der Bericht, dass die Scharia nicht generell verfassungsfeindlich ist?*

4. *Nennt die Bereiche, die als problematisch und nicht vereinbar mit den Menschenrechten beschrieben werden.*

5. *Erörtert mögliche Gründe, die Roms Bürgermeister dazu bewogen haben, die vor der Steinigung gerettete Nigerianerin zur Ehrenbürgerin Roms zu machen?*

21. Muslime in Deutschland

Nach seinem Besuch mehrerer Moscheen führt Bischof Franz-Josef Bode am 16.9.2006 erstmals selbst eine Delegation von Muslimen durch den Dom von Osnabrück.

Warum ein Leben in Frieden miteinander möglich ist

Alle hier lebenden Muslime geben kein einheitliches Bild ab. Sie sind Individuen, die aufgrund ihrer Erziehung, Bildung und Herkunftsländer unterschiedliche Anschauungen haben. Die junge Generation, die bewusst ihre Religion ausübt, macht sich Gedanken und nutzt die Chance, außerhalb der Grenzen der traditionellen Tendenzen eigene Wege zu finden. Für sie ist, entweder durch deutsche Staatsbürgerschaft, oder aufgrund des langjährigen Aufenthalts, Deutschland zum Heimatland geworden. Von den ca. 3 Millionen Muslimen, die zurzeit in Deutschland leben, werden in Zukunft mehr und mehr Staatsbürger dieses Landes sein, wobei schon heute ca. 250 000 deutschstämmige Muslime in Deutschland gezählt werden. Sie sind Bürger dieses Landes, und gemäß den Bestimmungen der Verfassung sind sie berechtigt, nach ihrem Glauben zu leben. [...]

Für viele Muslime, die in Deutschland leben, ist es eindeutig, dass sie ihre Religion unabhängig von Traditionen überdenken und neu entdecken müssen. Seit einigen Jahren ist das Interesse und die Bereitschaft, sich gegenseitig zu öffnen und mehr von einander zu wissen, auf allen Seiten größer geworden. Dies zeigt sich in den persönlichen Begegnungen und den verschiedenen Arbeitskreisen, aber auch in der Wahrnehmung der religiösen Praktiken, Rituale und Feste der anderen Religionen. Gemeinsame multireligiöse Gottesdienste und Gratulationen zu den verschiedenen Anlässen sind sehr wichtige Schritte zur Annäherung. Diese sind Schritte, die die Partizipation der Muslime in verschiedenen Bereichen der Gesellschaft ermöglichen. Dennoch ist ein reibungsloses und vorurteilsfreies Leben miteinander noch nicht zu einer Normalität geworden.

Die verheerenden Ereignisse am 11. September und deren Folgen brachten eine Änderung in diese Entwicklung, die sowohl negativ als auch positiv zu sehen ist:

Negativ an dieser Entwicklung ist, wie oft zu hören, dass sich die Situation der Muslime im Westen drastisch geändert hat. Die Berichte über die verächtlichen Äußerungen gegenüber den Muslimen und auch die Übergriffe sind bis heute zahlreich. Obwohl diese nachgelassen haben, spüren die Muslime, dass sie mit anderen Augen gesehen und beobachtet werden. [...] Für die Muslime bedeutet dies: sie müssen ständig beweisen, dass sie ja loyale Mitbürger dieses Landes sind. Auch diejenigen, die seit langer Zeit in Deutschland leben und ihre Loyalität mit ihrer Lebensweise längst praktisch gelebt haben, werden auf einmal als potenzielle „Verdächtige" gebrandmarkt. Dies führt zu Unsicherheiten und auch zu Empörungen und verhindert nicht selten ein konstruktives und vertrauensvolles Leben miteinander.

Die positive Seite ist, dass die Zahl der Veranstaltungen über den Islam sprunghaft gestiegen ist. Diese Veranstaltungen sind ein wichtiger Meilenstein zum gegenseitigen Kennenlernen und mehr von einander erfahren. Von dieser positiven Entwicklung erhoffen wir, dass damit ein Leben in Frieden miteinander erleichtert und gefordert wird, trotz bestehender Unterschiede. [...]

(Hamideh Mohagheghi: Der Islam in Deutschland, www.al-sakina.de/inhalt/artikel/amg/mohagh/mohagh.html; 15.4.2008)

1. *Was fördert und was erschwert in der heutigen Situation ein friedliches Zusammenleben zwischen Muslimen und Nichtmuslimen in Deutschland? Bezieht die im Text genannten Gründe in eure Antworten mit ein.*

2. *Welchen Beitrag erwartet Hamideh Mohaghegli von den Muslimen in Deutschland? Was lässt sie hoffen? Diskutiert darüber mit muslimischen Mitschülern.*

Warum Integration immer wieder scheitert – Beispiel: die arrangierte Ehe

Im Vorwort zur Taschenbuchausgabe ihres Buches „Die fremde Braut" schreibt Necla Kelek im März 2006:

Demonstration in Berlin unter dem Motto „Nein zu Gewalt an Frauen"

Einige Wochen nach Erscheinen meines Buches, am 7. Februar 2005, wurde die 23-jährige Kurdin Hatun Siirücü ermordet. Ihre drei Brüder wurden kurz darauf verhaftet und angeklagt, die Tat gemeinsam begangen zu haben. Der Verdacht der Polizei: Die Schwester musste sterben, weil die mutmaßlichen Täter meinten, sie habe durch ihre Lebensweise die „Ehre der Familie" beschmutzt. Der älteste Bruder soll die Waffe besorgt, der zweite Schmiere gestanden und der jüngste der Schwester in den Kopf geschossen haben. Es war der fünfte sogenannte „Ehrenmord" in Berlin in Jahresfrist. Hatun war in Berlin geboren und von ihren Eltern als 16-Jährige mit einem Cousin in Istanbul zwangsverheiratet worden. Sie bekam einen Sohn, konnte sich aber von ihrem gewalttätigen Mann lösen und nach Berlin zurückkehren. Sie kam zuerst in einem Wohnheim unter und begann eine Lehre. Später hatte sie ihre eigene Wohnung, vor der sie dann ermordet wurde.

Im Kapitel über die Tragödie der arrangierten Ehe schreibt Necla Kelek:

Im September 2003 hat das Bundesministerium für Familie in einer Studie zur Lebenssituation von Frauen in Deutschland auch 150 türkische Frauen befragt. Jede zweite Frau gab an, dass ihr Ehepartner von den Eltern ausgesucht wurde, jede vierte kannte den Partner vor der Ehe nicht, und zwölf von den 150 Frauen fühlten sich zur Ehe gezwungen. Drei von vier Frauen waren mit der Wahl ihrer Eltern einverstanden. [...] Für mich ist eine Ehe nur akzeptabel, wenn beide Partner aus freiem Willen und freier Entscheidung sich füreinander entscheiden. Das Argument, die Migranten* kämen aus einer anderen kulturellen Tradition, zu der eben arrangierte Ehen gehörten, die man zu respektieren habe, akzeptiere ich nicht. Warum sollte eine demokratische Gesellschaft, wie die bundesdeutsche, auf die Einhaltung ihrer eigenen Gesetze und Grundrechte verzichten? Warum sollten wir eine rückständige Tradition akzeptieren, die gegen das Selbstbestimmungsrecht der Menschen gerichtet ist? Hinzu kommt: Jede arrangierte Ehe entfremdet die Türken ein Stück weiter von der deutschen Gesellschaft.
Meine Gespräche mit den Importbräuten zeigen, dass Zwangsheirat und arrangierte Ehen in Deutschland tägliche Praxis und keine kriminellen Ausnahmen der türkisch-muslimischen Migrantengesellschaft sind. Die Zwangs- und arrangierten Ehen der türkisch-muslimischen Gemeinschaft in Deutschland sind ein großes Hindernis für die Integration der Türken und anderer muslimischen Gemeinschaften in Deutschland. [...]

(Necla Kelek: Die fremde Braut, Goldmann, München 2006, S. 9, 231 und 237)

3. *Für Necla Kelek ist auch eine arrangierte Ehe eine Zwangsheirat und ein klarer Verstoß gegen Artikel 2 des Grundgesetzes oder nach einer Formulierung der UNO von 2001 eine „moderne Form der Sklaverei". Diskutiert über ihre im Text aufgeführten Thesen, beschafft euch weitere Informationen und Stellungnahmen aus dem Internet oder über muslimische Gesprächspartner und formuliert dann dazu euer eigenes Urteil.*

4. *Eine 14-jährige muslimische Schülerin aus Äthiopien erklärt im Ethikunterricht, dass ihr künftiger Mann bereits von ihren Eltern ausgesucht ist und dass sie das auch akzeptiert und ihn heiraten will, obwohl sie ihn noch gar nicht kennt. Ihr Hauptargument: „Die Chancen, dass ich glücklich oder unglücklich werde, sind genauso groß wie bei freier Partnerwahl. Das zeigen die vielen unglücklichen Ehen und Scheidungen in Deutschland." Setzt euch mit ihrer Situation und ihrer Argumentation auseinander.*

22. Christentum und Islam im Dialog

Vom Nutzen eines Feindbildes

- Ein Feindbild schafft klare Fronten: „Wer nicht für uns ist, der ist gegen uns."
- Ein Feindbild stärkt den Zusammenhalt: „Wir sind zwar in vielem uneins, aber verschworen gegen den Feind." Man bildet einen „Block" und steht vereint zusammen gegen das „Böse".
- Ein Feindbild entlastet uns: „Nicht wir, die anderen tragen alle Schuld." Eigene Fehler, Minderwertigkeitsgefühle, Frustrationen und Aggressionen lassen sich problemlos auf den Feind als „Sündenbock" übertragen.
- Ein Feindbild aktiviert und beseitigt Hemmungen: „Wir müssen uns wehren und wenn es sein muss mit Gewalt in jeder Form."

1. *Beschreibt die Karikatur und vergleicht die Aussage mit den Thesen vom Nutzen eines Feindbildes.*

2. *Existiert ein „Feindbild Christentum" oder ein „Feindbild Islam"? Beantwortet die Frage und begründet eure Einschätzung durch Berichte über aktuelle Ereignisse und durch eigene Erfahrungen.*

3. *Formuliert zur Karikatur eine „Botschaft", die Gott an die beiden „Blöcke" richten könnte.*

4. *Ein Imam und ein Pfarrer kämpfen am 27.10.2006 in Dortmund um den Ball. Es war bereits das zweite Freundschaftsspiel zwischen einer Imam-Mannschaft und einer Pfarrer-Mannschaft. Beschreibt, was mit diesem Fußballspiel beabsichtigt ist und welche Signalwirkung davon ausgehen kann.*

5. *Der katholische Pfarrer Franz Meurer sammelt in seiner Kirche für den Bau einer Moschee. Hättet ihr gespendet?*

6. *Berichtet von anderen Aktionen, die ihr kennt oder von denen ihr gehört habt, die ebenfalls den Dialog zwischen Christentum und Islam angestoßen und erleichtert haben.*

Welche Voraussetzungen braucht ein Dialog der Religionen?

Ein Christ schreibt dazu:

Ein Erstes: Soll ein „Kampf der Kulturen“ um die Stellung des Islam in europäischen Ländern vermieden werden, so ist Dialog der einzige Weg, der zu konstruktiven Lösungen führen kann. Solcher Dialog setzt voraus: dass die ursprüngliche Mehrheitsbevölkerung christlicher oder laizistischer Ausrichtung den anderen religiösen Gruppen nicht nur „Gesetz und Ordnung“ als alleiniges Regelungsinstrument vorgibt, sondern zumindest Toleranz, wenn nicht gar Respekt, der idealerweise auf seriösen Kenntnissen beruht, entgegenbringt; dadurch kann Verständigungsbereitschaft mit dem Ziel eines friedvollen Zusammenlebens mit Muslimen geschaffen werden und können gleichzeitig alle Gegner der verfassungsrechtlichen Ordnung entschieden abgelehnt und effektiv abgewehrt werden; dass die religiösen Minderheiten, insbesondere die Muslime und ihre Organisationen, die das verfassungsmäßige Recht auf freie Religionsausübung haben, die freiheitlich-demokratische Grundordnung und insbesondere die von der Verfassung garantierte Gleichberechtigung von Mann und Frau und das Selbstbestimmungsrecht von Frauen und Mädchen vorbehaltlos bejahen. Ein Zweites: Dieser Dialog wird fruchtlos bleiben, wenn er sich nur auf gegenseitige Freundlichkeiten und Gefälligkeiten beschränkt und nicht auch Kritik an der anderen Religion vorbringt. Sie muss freilich, wenn sie überzeugen soll, immer Selbstkritik einschließen.

(Hans Küng: Der Islam, Piper Verlag, München 2004, S. 747)

Eine Muslimin schreibt dazu:

Es kann nicht im Interesse des Dialogs sein, die Unterschiede ausklammern oder Gleichmacherei betreiben zu wollen. Die Religiosität und Überzeugung im eigenen Glauben ist ein wichtiges Fundament im interreligiösen Dialog. Die Überzeugung, dass der eigene Weg der einzig richtige und die einzige Wahrheit ist, gepaart mit der fehlenden Bereitschaft, andersgläubige Menschen mit und in ihrer Religion zu akzeptieren, blockiert leider oft die Bereitschaft, den anderen zuzuhören und damit die Möglichkeit des gegenseitigen Verstehens. Momentan sind die Menschen neugierig und informationsdurstig, es ist zu wünschen und zu hoffen, dass die Gespräche auch sachlich und dienlich verlaufen! Die alltäglichen religiösen Praktiken der Muslime in Deutschland, die äußerlich und öffentlich zu sehen sind, bilden das Hauptthema der Diskussionen. Für viele Muslime ist es aber wichtig, auch über andere Themen zu diskutieren, die alle Menschen betreffen. Die Umweltproblematik, die ethischen Werte in der Wissenschaft und Forschung, die soziale Gerechtigkeit und Politik sind u. a. Themen, über die Muslime sich auch mit andersgläubigen Menschen, mit denen sie hier leben, austauschen möchten.

(Hamideh Mohagheghi: Der Islam in Deutschland, www.al-sakina.de/inhalt/artikel/amg/mohagh/mohagh/html; 15.4.2008)

Methode: Expertengespräch

- Ladet Experten zu einem Dialog ein (z. B. einen Imam, einen Pfarrer, einen Integrationsbeauftragten usw.).
- Einigt euch vorher auf bestimmte Themen, über die gesprochen werden soll, teilt sie den Experten mit, beschafft euch Informationen dazu und bereitet euch selbst darauf vor.
- Bestimmt einen Mitschüler als Moderator, der den Experten die Fragen stellt und das Gespräch leitet.
- Vereinbart nach Beendigung des Gesprächs noch eine Fragerunde, in der ihr selbst Fragen oder persönliche Einschätzungen an die Experten richten könnt.

7. *Beide Texte beschreiben Voraussetzungen für einen interreligiösen Dialog. Stellt diese in einer Tabelle stichwortartig gegenüber, vergleicht und bewertet sie.*

8. *Ergänzt durch eigene Überlegungen.*

9. *Organisiert mit Vertretern der Religionen und staatlicher Behörden einen Expertendialog.*

23. Ein Weltethos - Hoffnungsvision oder Utopie?

Am 3.12.2006 erhielt der Schweizer Theologe Hans Küng den Lew-Kopelew-Preis als Auszeichnung für seinen unermüdlichen Einsatz um ein besseres Verständnis zwischen den großen Religionen der Welt. Dieser Preis für Frieden und Menschenrechte ist nach dem russischen Schriftsteller Lew Kopelew (1912 – 1997) benannt und wird seit 2001 in Köln verliehen.
Nach jahrzehntelangem Studium der Weltreligionen wird Hans Küng 1990 zum Initiator des Projektes Weltethos. Jede Weltreligion hat ihr Ethos, das heißt einen Grundbestand an sittlichen und moralischen Vorstellungen, Werten und Normen. Der Ausgangspunkt vom Projekt Weltethos ist die Idee, dass es Gemeinsamkeiten in den Ethiken aller Weltreligionen gibt und dass es möglich ist, aus diesen Gemeinsamkeiten ethische Grundregeln aufzustellen, die von allen akzeptiert werden.

Hans Küng schreibt dazu:

Es gibt Leute, die glauben, ein Zusammenprall der Kulturen, etwa der muslimischen und der westlichen, sei unvermeidbar. Eine solche Sicht ist oberflächlich und übersieht das Gemeinsame zwischen den Kulturen. Allerdings muss die Menschheit eine große Anstrengung unternehmen, wenn sie einen solchen Zusammenprall vermeiden will. Seit den achtziger Jahren werbe ich für das Programm „Kein Weltfriede ohne Religionsfriede". Und 1992 (und wieder 1994 sowie 1999) durfte ich hier im Hauptquartier der Vereinten Nationen zu dieser Thematik sprechen und habe viel Zustimmung gefunden.
Denn gerade hier weiß man: Die Religionen haben ein immenses Konfliktpotenzial, das von manchen Religiösen und Unreligiösen ausgenutzt wird. Aber die Religionen haben auch ein nicht geringeres Friedenspotenzial, das sich ebenfalls ausgewirkt hat. [...]
Fazit: Ein Zusammenprall der Kulturen und Religionen muss vermieden werden. Er kann auch vermieden werden, wenn sich genügend Menschen, Männer und Frauen, und vor allem Politiker und Religionsführer, dafür einsetzen."

(Hans Küng: Spurensuche. Die Weltreligionen auf dem Weg, Piper Verlag, München 1999, S. 267)

In den letzten Sätzen seines Buches „Der Islam" fasst Hans Küng seine Hoffnungsvision zusammen:

KEIN FRIEDE ZWISCHEN DEN NATIONEN
OHNE FRIEDE ZWISCHEN DEN RELIGIONEN!

KEIN FRIEDE ZWISCHEN DEN RELIGIONEN
OHNE DIALOG ZWISCHEN DEN RELIGIONEN!

KEIN DIALOG ZWISCHEN DEN RELIGIONEN
OHNE GLOBALE ETHISCHE STANDARDS!

KEIN ÜBERLEBEN UNSERES GLOBUS OHNE
EIN GLOBALES ETHOS, EIN WELTETHOS,
GEMEINSAM GETRAGEN VON RELIGIÖSEN
UND NICHTRELIGIÖSEN MENSCHEN!

(Hans Küng: Der Islam, Piper Verlag, München 2004, S. 783)

1. *Das Prinzip der Goldenen Regel ist ein solcher globaler ethischer Standard, der in allen Religionen und Kulturen vorhanden ist. Unter dem Suchbegriff „Die goldene Regel in den Weltreligionen" findet ihr viele Formulierungen. Schreibt einige heraus und vergleicht sie.*

2. *Im Jahre 1993 einigten sich die Vertreter von 125 Religionen und religiösen Traditionen auf vier unverrückbare Leitsätze. Informiert euch darüber unter dem Stichwort „Erklärung zum Weltethos" und nehmt Stellung dazu.*

3. *Für Hans Küng selbst ist das Projekt Weltethos keine verstiegene Utopie, sondern eine realistische Hoffnungsvision. Begründet eure Ansicht dazu.*

Information: Das gemeinsame Grundethos

Der jüdisch-christliche Dekalog (Ex 20,1-21)	**Der islamische Pflichtenkodex** (Sure 17,22-38)
Ich bin der Herr, dein Gott.	Im Namen des barmherzigen und gnädigen Gottes.
Du sollst keine andern Götter neben mir haben.	Setz nicht (dem einen) Gott einen anderen Gott zur Seite.
Du sollst dir kein Gottesbild machen. Du sollst den Namen des Herrn, deines Gottes, nicht missbrauchen.	Und dein Herr hat bestimmt, dass ihr ihm allein dienen sollt.
Gedenke des Sabbattages, dass du ihn heilig haltest.	
Ehre deinen Vater und deine Mutter.	Und zu den Eltern (sollst du) gut sein. Und gib dem Verwandten, was ihm zusteht, ebenso dem Armen und dem, der unterwegs ist.
Du sollst nicht töten.	Und tötet nicht eure Kinder aus Furcht vor Verarmung! ... Und tötet niemand, den (zu töten) Gott verboten hat.
Du sollst nicht ehebrechen.	Und lasst euch nicht auf Unzucht ein!
Du sollst nicht stehlen.	Und tastet das Vermögen der Waise nicht an.
Du sollst nicht falsches Zeugnis reden wider deinen Nächsten.	Und erfüllt die Verpflichtung (die ihr eingeht).
Du sollst nicht begehren nach dem Hause deines Nächsten.	Und gebt, wenn ihr zumesst, volles Maß und wägt mit der richtigen Waage! Und geh nicht einer Sache nach, von der du kein Wissen hast!
Du sollst nicht begehren nach dem Weibe deines Nächsten, nach seinem Sklaven oder Sklavin, nach seinem Rinde oder seinem Esel, nach irgendetwas, was dein Nächster hat.	Und schreite nicht ausgelassen auf der Erde einher!
(Übersetzung Zürcher Bibel)	*(Übersetzung von Rudi Paret)*

(Hans Küng: Der Islam, a. a. O., S. 131)

4. *Fasst dieses gemeinsame Grundethos mit eigenen Worten zusammen nach dem Muster: Für beide Religionen gilt, dass ...*

5. *Vergleicht das Gebet mit dem christlichen „Vaterunser", formuliert Gemeinsamkeiten und Unterschiede.*

Dieses Gebet könnten Juden, Christen und Muslime gemeinsam beten:

Verborgener, ewiger, unermesslicher Gott, außer dem es keinen Gott gibt. Groß bist Du und allen Lobes würdig. Deine Kraft und Gnade erhält das All! Du Gott der Treue ohne Falsch, gerecht und wahrhaftig, hast den Abraham, Deinen Dir ergebenen Diener, zum Vater vieler Völker erwählt und hast gesprochen durch die Propheten. Dein Name sei geheiligt und gepriesen in aller Welt und Dein Wille geschehe, wo immer Menschen leben. Lebendiger und gütiger Gott, erhöre unser Gebet: groß geworden ist unsere Schuld. Vergib uns Kindern Abrahams unsere Kriege, unsere Feindschaften, unsere Missetaten gegeneinander. Erlöse uns aus aller Not und schenke uns den Frieden. Segne Du, Lenker unseres Geschicks, die Leiter und Führer der Staaten, dass sie nicht gieren nach Macht und Ehre, sondern handeln in Verantwortung für das Wohlergehen und den Frieden der Menschen. Führe Du unsere Religionsgemeinschaften und ihre Vorsteher, damit sie die Botschaft vom Frieden nicht nur verkünden, sondern auch selbst leben. Uns allen aber, und auch denen, die nicht zu uns gehören, schenke Deine Gnade, Barmherzigkeit und alles Gute und führe uns Du, Gott der Lebendigen, auf dem rechten Weg in Deine ewige Herrlichkeit.

(Hans Küng: Der Islam, a. a. O., S. 761 f.)

Überprüfe dein Wissen und Können

1. Vergleichend beschreiben, in welchen Erscheinungsformen uns Christentum und Islam begegnen:
- a) Beschreibe Bauelemente und Einrichtungen ausgewählter großer Kirchen (z.B. Kathedralen) oder berühmter Moscheen unter kunstgeschichtlichen Gesichtspunkten.
- b) Erkläre bei einem Moscheebesuch einem Begleiter, der nicht Bescheid weiß, was er sieht, welche Funktion die einzelnen Einrichtungen haben und wie wichtig die Moschee für Muslime ist.
- c) Informiere einen Muslim (bzw. Christen) über Ablauf und Bedeutung christlicher (bzw. muslimischer) Feste und Feiertage im jeweiligen Jahreskreis und über persönliche Feste. Führe Gründe und Beispiele an, warum religiöse Feiertage wichtig sind. Diese Aufgabe könnt ihr als Gruppenarbeit organisieren.

2. In groben Zügen Entstehung und Ausbreitung von Christentum und Islam aufzeigen:
- a) Erzähle über Leben und Wirken von Jesus und Mohammed.
- b) Erkläre die Begriffe Messias, Christus, Offenbarung, Prophet und Islam.
- c) Berichte, was sich nach dem Tod Jesu bzw. nach dem Tod Mohammeds ereignete.
- d) Beantworte die Frage „Wer ist Jesus?“ aus der Sicht des Judentums, des Christentums und des Islam.

3. Bibel und Koran vergleichen und ihre Bedeutung erklären:
- a) Fasse zusammen, was du über Entstehung, äußere Form, Aufbau und Bedeutung der beiden Bücher weißt.
- b) Zeige an Beispielen, warum unterschiedliche Koranauslegungen schwerwiegende Folgen für die Gläubigen haben können.

4. Die Jenseitsvorstellungen beider Religionen in Grundzügen vergleichen und Missbrauch aufzeigen:
- a) Begründe, warum Ostern das höchste Fest der Christen ist.
- b) Ergänze die Sätze: „Ohne den Glauben und die Überzeugung, dass ..., bin ich kein Christ.“ „Ohne den Glauben und die Überzeugung, dass ..., bin ich kein Muslim“.
- c) Was erwarten Christen (bzw. Muslime) nach dem Tod? Beschreibe die jeweiligen Hoffnungsbilder und hinterfrage sie vor deiner eigenen Überzeugung.
- d) Die Vorstellung, dass am Ende der Tage ein Gericht stattfindet, das die Guten in den Himmel und die Bösen in die Hölle schickt, gibt es bei beiden Religionen und ist auch innerhalb der jeweiligen Religion umstritten. Diese Kopplung von Lebensweise und ewiger Belohnung bzw. Bestrafung kann immer wieder missbraucht werden, um Menschen zu manipulieren. Selbstmordattentäter sind zum Beispiel überzeugt davon, dass sie nach ihrer verbrecherischen Aktion sofort belohnt werden und in den Himmel kommen. Sammle weitere Beispiele des Missbrauchs von Hoffnungsbildern und setze dich kritisch damit auseinander.

5. Die Grundforderungen christlicher und islamischer Ethik zusammenfassen:
- a) Interpretiere die Seligpreisungen der Bergpredigt mit eigenen Worten für unsere heutige Gesellschaft.
- b) Setze dich mit den kompromisslosen Forderungen der Bergpredigt wie zum Beispiel „Liebt eure Feinde“ auseinander und beziehe Stellung dazu.
- c) Erläutere die lange Tradition der Nächstenliebe im Christentum von den Ursprüngen her und veranschauliche an praktischen Beispielen.
- d) Erkläre die fünf Säulen des Islam.
- e) Lies den Text von Sure 17, 22-38 und vergleiche mit den 10 Geboten des Christentums.

6. Muslime in Deutschland: Über aktuelle Probleme Bescheid wissen und eine begründete eigene Meinung vertreten:

a) *Zum Beispiel zu den Konfliktfeldern: Neubau von Moscheen mit Minarett und Muezzin, Schächten, Kopftuchverbote, islamischer Religionsunterricht in Deutschland, die Scharia und das Grundgesetz,*
b) *muslimische Frauen und Mädchen in der Öffentlichkeit.*

7. *In der Diskussion um die Stellung der Frau im Islam unterschiedliche Standpunkte kennen und begründete Wertungen einbringen:*

a) *Diese am 20.1.2006 in einer Istanbuler Moschee fotografierte Gruppe von Menschen erregte Aufsehen in der islamischen Welt. Beschreibe mindestens zwei Gründe, warum man hier von einem Tabubruch sprechen kann.*
b) *Beschreibe das Dilemma, in dem der Imam dieser Moschee nach der spektakulären Aktion dieser Gruppe steckt, wenn er davon ausgeht, dass im Islam niemand vertrieben werden kann, wenn er zum Gebet in die Moschee kommt.*
c) *Vorrangstellung des Mannes oder Rechtsgleichheit mit unterschiedlichen Schwerpunkten? In Diskussionen über die Stellung der Frau im Islam kann die folgende Zusammenfassung helfen:*

- Im Koran gibt es patriarchalische und emanzipatorische Tendenzen. Das islamische Verhältnis zwischen Mann und Frau lässt sich nicht vollständig einer der beiden Tendenzen zuordnen.
- Die Vorrangstellung des Mannes als Familienoberhaupt wird heute modern interpretiert als andere Gewichtung der Verantwortung: Rechtsgleichheit mit unterschiedlichen Schwerpunkten.
- Als Familienoberhaupt vertritt der Vater die Familie nach außen, hat die Pflicht, seine Familie vollständig zu versorgen und zu beschützen, und hat das Recht, gegenüber allen anderen Familienmitgliedern, wenn es Streitigkeiten und Konflikte gibt, das letzte Wort zu haben und zu bestimmen.
- Die Frau ist verantwortlich für alle häuslichen Angelegenheiten und hat innerhalb der Familie eine sehr starke Position.
- Im Ehevertrag können Frauen ganz konkrete Abmachungen zur Familien- und Haushaltsführung machen.
- Diese Rollenverteilung ist pragmatischer Natur, das heißt sinnvoll für die alltägliche Lebenspraxis und bedeutet keinen Unterschied in der Würde von Frau und Mann.

8. *Notwendigkeit, Voraussetzungen und Grundlagen des Dialogs zwischen den Religionen in Ansätzen darlegen:*
a) *Diskutiert über die Aussage der Karikatur.*
b) *Fasse grundlegende Voraussetzungen für das Gelingen eins Dialogs zwischen den Religionen zusammen.*
c) *Begründe deinen Standpunkt in einer Diskussion um die Realisierbarkeit der ethischen Forderungen des Projektes Weltethos.*

Kurzbiografien

Arendt, Hannah (1906 – 1975)	Deutsch-amerikanische Soziologin und Philosophin. Sie beschäftigte sich vor allem mit philosophisch-politischen Grundsatzfragen und der Erforschung des Totalitarismus.	**101 f.**
Aristoteles (384 – 322 v. Chr.)	Griechischer Philosoph, Schüler Platons und Erzieher Alexanders des Großen. Seine für das Abendland einflussreiche Philosophie beruhte darin, die Erfahrung des Alltags auf ihre Strukturen und Prinzipien zu untersuchen. Aus der formalen Logik entwickelte er die Grundlagen der Wissenschaften. Seine Ethik gründet sich auf die Glückseligkeit als höchstes Gut des Menschen, die nur durch auf Gemeinschaft zielende Tugenden zu erreichen ist.	**39, 198**
Bacon, Francis (1561 – 1626)	Englischer Philosoph, von ihm stammt der Satz „Knowledge is power". Er entwickelte die Methode der Induktion für die Naturwissenschaften, bei der der Wissenschaftler von einzelnen Beobachtungen ausgeht und dann Schritt für Schritt zu allgemeinen Erkenntnissen und Gesetzmäßigkeiten kommt.	**153**
Bauer, Joachim (geb. 1951)	Professor Dr. med., Arzt für Psychosomatische Medizin, Psychiatrie, Psychotherapie und Facharzt für Innere Medizin; den Schwerpunkt seiner Arbeit bilden Depressionen, Angsterkrankungen, körperbezogene Störungen, beruflicher Burn-out; zu Letzterem befasst er sich vor allem mit Fragen der Gesundheit in pädagogischen Berufen.	**42 f., 78 f., 82 f.**
Biondi, Franco (geb. 1947)	Deutschsprachiger Schriftsteller italienischer Herkunft, gilt als einer der bedeutendsten Vertreter der Migrationsliteratur. Er wurde mit mehreren Preisen ausgezeichnet, so 1983 mit dem Förderpreis der Bayrischen Akademie der Schönen Künste und 1987 mit dem Adelbert-von-Chamisso-Preis.	**26**
Böhme, Gernot (geb. 1937)	Studierte Mathematik, Physik und Philosophie, ist heute Direktor des Instituts für Praxis der Philosophie e.V. (IPPh) in Darmstadt. Zu den Schwerpunkten seiner Arbeit gehören Natur- und Leibphilosophie.	**212 f.**
Böhme, Hartmut (geb. 1944)	Studierte Germanistik, Philosophie und Theologie und ist tätig an der Humboldt Universität Berlin; zu seinen Arbeitsschwerpunkten gehören Kulturgeschichte, Kulturtheorie, Natur- und Technikgeschichte in Überschneidungsfeldern beispielsweise von Kunst, Philosophie und Literatur.	**210 f.**
Born, Max (1882 – 1970)	Deutscher Mathematiker und Physiker, der 1954 für seine Forschung in der Quantenmechanik mit dem Nobelpreis für Physik ausgezeichnet wurde. Er hat sich neben seinen physikalischen Untersuchungen auch immer wieder zu gesellschaftspolitischen und philosophischen Fragen sowie zur Verantwortung des Wissenschaftlers geäußert.	**223**
Brecht, Bertolt (1898 – 1956)	Deutscher Schriftsteller, Dramatiker, Lyriker und Theaterregisseur, der in Theaterstücken Kritik an der herrschenden Gesellschaft übte und als die ideale und gerechte Gesellschaft die kommunistische anstrebte. Brecht lebte seit 1904 in Berlin. 1928 feierte Brecht mit der „Dreigroschenoper" einen der größten Theatererfolge der Weimarer Republik. Von den Nationalsozialisten verfolgt, flüchtete er 1933 ins Exil – zunächst für fünf Jahre nach Dänemark –, lebte dann als Emigrant in den USA und kehrte 1948 nach Berlin zurück. Bedeutende Werke: „Das Leben des Galilei" (1939), „Mutter Courage und ihre Kinder" (1941), „Der gute Mensch von Sezuan" (1943).	**95, 153, 192**
Butler, Judith (geb. 1956)	Amerikanische Philosophin und Theologin. Vor allem ihr 1990 erschienenes Buch „Gender Trouble", in dem sie männliche bzw. weibliche Geschlechtsidentität grundsätzlich infrage stellt, wurde zu einem der programmatischen Werke der feministischen Philosophie.	**71**

Chief Joseph (1840 – 1904)	Eigentlich Hinmaton-yalatkit (Donner-der-über-das-Land-rollt), wurde 1840 geboren und verstarb am 21. September 1904. Er war ein Häuptling der Nez Percé Indianer aus dem Wallowa-Flusstal im nordöstlichen Oregon. Er machte sich gegen Ende der Indianerkriege einen Namen als kluger Taktiker.	**215**
Descartes, René (1596 – 1650)	Französischer Philosoph und Naturwissenschaftler, gilt als Begründer des modernen Rationalismus. Zweifel und dessen Überwindung bilden die Grundlage seiner Lehre. Seine Lehre wirkt sich noch auf das moderne Zeitalter aus und gilt als Beginn der modernen Philosophie.	**153, 215**
Dörrie, Doris (geb. 1955)	Deutsche Regisseurin, Produzentin und Autorin, die zahlreiche Preise und Auszeichnungen für ihre Filme erhalten hat	**24, 54**
Dostojewski, Fjodor Michailowitsch (1821 – 1881)	Russischer Schriftsteller. Er schuf mit seinen Romanen („Schuld und Sühne“, „Der Idiot“, „Die Dämonen“, „Die Brüder Karamasow“) eine eigene Form des Erzählens, die durch kriminalistische Handlungsführung, psychologischen Tiefgang und revolutionäre politische und philosophische Ideen geprägt ist.	**196 f.**
Drewermann, Eugen (geb. 1940)	Deutscher Theologe, Psychoanalytiker und Schriftsteller. Durch seine Kritik an bestimmten Bereichen der katholischen Glaubenslehre kam es zum Streit mit der katholischen Kirche. Er vertrat zum Beispiel die Auffassung, dass das Pflichtzölibat* der psychischen Gesundheit der Priester schade, und zweifelte die Jungfrauengeburt (also die Jungfräulichkeit Mariens vor, während und nach der Geburt) als biologische Tatsache an. Das führte zum Entzug der Lehr- und Predigtbefugnis. Er ist seitdem als Schriftsteller und Psychotherapeut tätig. Aufgrund seines Engagements für Frieden und eine humane Zukunft der Menschheit, gegen Antisemitismus und Fremdenhass wurde ihm – gemeinsam mit dem Liedermacher Konstantin Wecker – der Erich-Fromm Preis 2007 verliehen.	**276 f.**
Ebadi, Shirin (geb. 1947)	Nach Abschluss ihres Studiums der Rechtswissenschaften an der Universität von Teheran wurde sie die erste Richterin in der Geschichte des Iran und bekleidete einen Senatsvorsitz im Teheraner Stadtgericht. Nach der Islamischen Revolution 1979 (Sturz des Schahs und Errichtung einer Islamischen Republik unter Khomeini, die den Anspruch erhebt, ein Gottesstaat zu sein, bei dem die Staatsgewalt ausschließlich religiös gerechtfertigt und ausgerichtet ist) verliert Shirin Ebadi ihr Amt und arbeitet seitdem als Anwältin und Dozentin und kämpft für eine gleichberechtigte Rolle der Frauen im öffentlichen Leben, für die Rechte von Kindern und gegen den Missbrauch der Religion in Form von Menschenrechtsverletzungen. Im Jahre 2003 erhielt sie den Friedensnobelpreis.	**297**
Fried, Erich (1921 – 1988)	Österreichischer Dichter, Übersetzer und Essayist; war ein Vertreter der politischen Lyrik und nahm deutlich Position zur Politik seiner Zeit	**60, 62**
Freud, Sigmund (1856 – 1939)	Mediziner und Begründer der Psychoanalyse. Freud gilt als einer der einflussreichsten Denker des 20. Jahrhunderts, dessen Theorien noch heute kontrovers diskutiert werden.	**16**
Fromm, Erich (1900 – 1980)	Deutscher Psychoanalytiker, Philosoph und Sozialpsychologe jüdischer Herkunft, emigrierte 1934 nach New York, seit 1940 amerikanischer Staatsbürger. Wichtige Werke: „Psychoanalyse und Ethik“ (1947), „Die Kunst des Liebens“ (1956), „Haben und Sein“ (1976)	**49, 52**
Gadamer, Hans-Georg (1900 – 2002)	Deutscher Philosoph, der seit 1949 in Heidelberg bis an sein Lebensende lebte und lehrte. Seine Philosophie drehte sich vor allem um die Probleme des Auslegens und Interpretierens von Texten. Ein Hauptinteresse galt dabei der antiken Philosophie, insbesondere den Werken von Platon.	**101, 145**
Galilei, Galileo (1564 – 1642)	Italienischer Naturforscher. Er begründete mit der Anwendung von Experimenten die moderne Physik. Neben der Beobachtung verschiedener Gesetzmäßigkeiten (z. B. Pendelschwingungen, der freie Fall) konstruierte er auch ein Fernrohr, mit dem er astronomische Entdeckungen machte. Da er sich zum heliozentrischen Weltsystem (= Weltbild, in dem die Sonne im Mittelpunkt steht) des Kopernikus bekannte, wurde er von der katholischen Kirche angegriffen, sodass er 1633 seine Thesen widerrief.	**152**

Gehlen, Arnold (1904 – 1976)	Bedeutender, aber auch sehr umstrittener deutscher Philosoph und Soziologe. Gehört neben Helmuth Plessner und Max Scheler zu den Hauptvertretern der Philosophischen Anthropologie.	**222**
Gide, André (1869 – 1951)	Französischer Schriftsteller, erhielt 1947 den Nobelpreis für Literatur.	**11**
Goethe, Johann Wolfgang von (1749 – 1832)	Einer der bekanntesten deutschen Dichter und Schriftsteller überhaupt, der neben seiner literarischen Tätigkeit auch Theaterleiter, Naturwissenschaftler, Kunsttheoretiker und Staatsmann war.	**44**
Gordon, Thomas (1918 – 2002)	Amerikanischer Psychologe, der sich als Vertreter der humanistischen Psychologie besonders mit der Bedeutung von Kommunikation für die gewaltfreie Konfliktlösung in zwischenmenschlichen Beziehungen auseinandersetzte	**33**
Handke, Peter (geb. 1942)	Österreichischer Schriftsteller und Übersetzer, der für seine Werke zahlreiche Auszeichnungen und Preise erhielt	**26**
Hesse, Hermann (1877–1962)	Deutsch-schweizerischer Schriftsteller und Dichter; erhielt 1946 den Nobelpreis für Literatur	**15, 17**
Huxley, Aldous (1894 – 1963)	Englisch-amerikanischer Schriftsteller, Verfasser satirisch-realistischer Romane, in denen der Fortschrittsglaube durch desillusionierende Bilder einer zukünftigen automatisierten Welt („Brave New World", 1932) infrage gestellt wird	**193 f.**
Indianerhäuptling Seattle (1786 – 1866)	Häuptling Noah Seattle, auch Seathl, wurde vermutlich 1786 auf Blake Island, Washington, USA geboren und starb am 7. Juni 1866 in der Suqamish-Reservation Washington, USA. Er wurde bekannt durch die Rede, die er im Januar 1854 bei einer Anhörung vor Isaac I. Stevens, dem Gouverneur der Washington Territories, gehalten hatte.	**214**
Jaspers, Karl (1883 – 1969)	Deutscher Philosoph und Psychiater, Professor in Heidelberg, ab 1933 Lehrverbot, ab 1948 Professor in Basel. Beeinflusst von dem dänischen Philosophen Kierkegaard entwarf er eine Philosophie der Existenz, aus deren ethischem Anspruch er eine wegweisende politische Kritik entwickelte („Die Atombombe und die Zukunft der Menschen", 1958).	**197**
Jonas, Hans (1903 – 1993)	Deutsch-amerikanischer Philosoph und Religionswissenschaftler. Im Zentrum seines Denkens und Forschens stand der Dualismus von Mensch und Natur in der von Technologie bestimmten Gesellschaft, den er in einer Ethik der Verantwortung des Menschen für die Natur („Das Prinzip Verantwortung", 1979) aufheben wollte.	**202, 223**
Kafka, Franz (1883 – 1924)	In Prag lebender deutsch-österreichischer Schriftsteller, der neben seiner Tätigkeit als Jurist und Versicherungsbeamter eine Vielzahl von Romanen und Erzählungen („Das Urteil", „Die Verwandlung", „Der Prozess", „Das Schloss") schrieb. Dabei entwickelte er eine eigene literarische Ausdrucksform, die geprägt ist von unheimlich-rätselhaften Motiven und existenziellen Grenzerfahrungen.	**10, 66**
Kant, Immanuel (1724 – 1804)	Deutscher Philosoph und einer der bedeutendsten Denker der Neuzeit. Als Vertreter der Aufklärung begründete er in seinem Hauptwerk „Kritik der reinen Vernunft" die neue Erkenntnistheorie, die sich mit den Möglichkeiten und Grenzen menschlicher Erkenntnis beschäftigt. Auch in seiner Ethik mit dem Grundlagenwerk „Kritik der praktischen Vernunft" kennzeichnete er den Beginn der modernen Philosophie.	**13, 93, 182, 221, 241**
Küng, Hans (geb. 1928)	Schweizer Theologe und bedeutender katholischer Religionsphilosoph. Seine Kritik an der kirchlichen Lehrmeinung zur Unfehlbarkeit des Papstes, zum Verbot der Empfängnisverhütung, zur Unmöglichkeit der Frauenordination (Frauen als katholische Priesterinnen) und zum Festhalten am Zölibat (Ehelosigkeit für katholische Priester) führte zu Konflikten mit der katholischen Amtskirche. Küng setzt sich für den interreligiösen Dialog ein und ist Stifter und Präsident des Projektes Weltethos (s.S. 304).	**304 f.**

Lessing, Gotthold Ephraim (1729 – 1781)	Deutscher Schriftsteller und Kritiker, herausragender Vertreter der Aufklärung und Verfasser bedeutender Theaterwerke („Minna von Barnhelm", „Nathan der Weise"). Mit seinen Tragödien („Miss Sarah Sampson" und „Emilia Galotti") begründete er das deutschsprachige bürgerliche Trauerspiel.	**102 f., 259**
Lorenz, Konrad (1903 – 1989)	Österreichischer Verhaltensforscher, 1973 Nobelpreis für Medizin. Er erforschte die stammesgeschichtliche Entwicklung des angeborenen Verhaltens von Tieren und erkannte den Zusammenhang der angeborenen und erworbenen Anteile im Verhalten höherer Tiere (ethologische Prägung). Damit war er Begründer der vergleichenden Verhaltensforschung.	**80 f. 192**
Meinhof, Ulrike (1934 – 1976)	Journalistin, baute zusammen mit Andreas Baader eine terroristische Organisation auf, die durch Überfälle und Attentate auf Führungspersonen aus Politik und Wirtschaft die Grundordnung der BRD umstoßen wollte	**194**
Mill, John Stuart (1806 – 1873)	Englischer liberaler Politiker, Philosoph und Nationalökonom. Auf der Grundlage des Positivismus entwickelte er eine induktive Wissenschaftsmethodik. In der Ethik vertiefte und erweiterte er den Utilitarismus, der den moralischen Wert einer Handlung an seinen Folgen für das Wohl des Einzelnen und der Gesellschaft misst.	**189**
Mitscherlich, Margarete (1917)	Deutsche Psychoanalytikerin, Medizinerin und Autorin	**14**
Neill, Alexander Sutherland (1883 – 1973)	Britischer Pädagoge, Vertreter der zwangfreien „Pädagogik vom Kinde aus", begründete die Internatsschule Summerhill, die für die antiautoritäre Erziehung ein wesentliches Modell darstellte	**188**
Newton, Isaac (1643 – 1727)	Englischer Physiker und Mathematiker. In seinem Hauptwerk „Mathematische Grundlagen der Naturwissenschaft" untersuchte er die Bewegungen der Himmelskörper und entdeckte die Gravitationskraft. Er fasste die Lehren seiner Vorgänger (z. B. Kopernikus oder Galilei) zusammen und entwickelte daraus ein allgemeines System der Mechanik. Seine Lehren wurden dann im 20. Jahrhundert von Albert Einstein weiterentwickelt.	**153**
Nietzsche, Friedrich (1844 – 1900)	Deutscher Philosoph, Schriftsteller und klassischer Philologe. Nietzsches Philosophie ist geprägt von einem kritischen Impetus.	**146, 211**
Pfeiffer, Christian (1944)	Deutscher Kriminologe und zurzeit Direktor des Kriminologischen Forschungsinstituts Niedersachsen (KFN); Schwerpunkt seiner Forschung bildet derzeit der Zusammenhang zwischen Medienkonsum und Gewalt bei Kindern und Jugendlichen.	**21**
Picasso, Pablo (1881 – 1973)	Spanischer Maler, Grafiker und Bildhauer, der zu den bedeutendsten Künstlern des 20. Jahrhunderts gehört	**30, 64**
Planck, Max (1858 – 1947)	Bedeutender deutscher Physiker und Begründer der Quantenphysik	**17**
Platon (427 – 347 v. Chr.)	Griechischer Philosoph, der seine Philosophie in zahlreichen Dialogen dargestellt hat. Die Hauptgestalt dieser Dialoge ist Sokrates. Er stammte aus einem der vornehmsten Geschlechter Athens und war auch jahrelang Schüler des Sokrates. Er starb der Sage nach bei einem Hochzeitsmahl.	**122, 147**
Protagoras (490 – 411 v. Chr.)	Protagoras war ein griechischer Sophist, der Name bezeichnet aber vor allem einen Dialog von Platon, der vermutlich um 388/7 v. Chr. entstanden ist und den Begriff der Tugend (altgriechisch aqetn arete) thematisiert.	**135, 214**
Pythagoras von Samos (geb. etwa 570 v. Chr. – nach 510 v. Chr.)	Antiker griechischer Philosoph und Gründer einer einflussreichen religiös-philosophischen Bewegung	**214**

Sartre, Jean-Paul (1905 – 1980)	Berühmter französischer Schriftsteller, Philosoph und Intellektueller, einer der Hauptvertreter des französischen Existenzialismus	**41**
Savater, Fernando (geb. 1947)	Spanischer Schriftsteller, Übersetzer und Professor für Philosophie	**23**
Schindler, Oskar (1908 – 1974)	Sudetendeutscher Industrieller; bewahrte während des Zweiten Weltkrieges etwa 1200 Juden, die für ihn arbeiteten, vor dem Abtransport und damit sicheren Tod in Konzentrationslagern	**22**
Scholl, Sophie (1921 – 1943)	Studentin, die in der Zeit des Nationalsozialismus aufgrund ihres Engagements in der Widerstandsgruppe „Weiße Rose" hingerichtet wurde	**22 f.**
Schulz von Thun, Friedemann (geb. 1944)	Deutscher Psychologe und Kommunikationswissenschaftler	**47**
Schwarzer, Alice (geb. 1942)	Deutsche Journalistin, die durch verschiedene Veröffentlichungen und Aktionen mit zu den wichtigsten Mitinitiatorinnen der deutschen Frauenbewegung Anfang der 70er-Jahre gehörte	**14**
Schweitzer, Albert (1875 – 1965)	Evangelischer Theologe, Philosoph, Arzt, Schriftsteller und Orgelkünstler, erhielt 1952 den Friedensnobelpreis	**214 f.**
Schwitters, Kurt (1887 – 1948)	Deutscher Maler, Dichter und Universalkünstler	**44**
Singer, Peter (geb. 1946)	Australischer Philosoph und Ethiker	**22, 25, 215, 221, 225**
Sophokles (496 – 406/5 v. Chr.)	Griechischer Tragödiendichter. Er hatte hohe politische Ämter inne, z. B. war er 441 Schatzmeister des attischen Seebundes und seit 411 Mitglied der Oligarchenregierung. Von seinen Dramen sind 130 dem Titel nach bekannt. Eines der berühmtesten und bis in unsere Gegenwart immer wieder neu aufgeführtes Theaterstück ist „Antigone".	**135**
Tabori, George (1914 – 2007)	Ungarisch-britischer Schriftsteller, Regisseur und Theaterleiter, setzte sich in seinen Theaterstücken („Kannibalen", „Mein Kampf", „Goldberg-Variationen") mit Prozessen der Entmenschlichung, vor allem mit dem Holocaust auseinander	**90 f.**
Weingart, Peter (geb. 1941)	Deutscher Soziologe	**218**
Wild, Oscar (1854 – 1900)	Irischer Schriftsteller, dessen Werke hauptsächlich das Verhältnis von Leben und Kunst thematisieren. Er bekannte sich öffentlich zu seiner Homosexualität, wurde deswegen 1895 zu zwei Jahren Zuchthaus verurteilt und floh nach seiner Entlassung vor der gesellschaftlichen Ächtung nach Paris.	**229**
Wilson, Edward Osborne (geb. 1929)	Amerikanischer Professor für Zoologie in Harvard, Evolutionsbiologe und bedeutender Vertreter der Soziobiologie, die das Sozialverhalten des Menschen aus seinen biologischen Grundlagen zu erklären versucht	**193**
Zagal, Hector	Mexikanischer Philosoph, der sich besonders mit Aristoteles beschäftigt	**23**
Zimmerli, Walter Ch. (geb. 1945)	Universitätsprofessor für Philosophie und Gründungsprofessor der Volkswagen Auto Uni an der technischen Universität Braunschweig	**221**
Zuckmayer, Carl (1896 – 1977)	Deutsch-schweizerischer Schriftsteller, der vor allem in seinen Theaterstücken mit drastischem Realismus den Untertangeist und das spießerische Verhalten zu Beginn des 20. Jh. aufzeigt. Daneben stellte er sich auch in seinen Gedichten und Romanen zeitkritischen Themen.	**67**

Glossar

Altruismus
(von lateinisch alter: der/die andere) Dem Egoismus entgegengesetzte sittliche Haltung des Denkens, Fühlens und Handelns für andere

Arabeske
Ein ursprünglich aus der islamischen Kunst stammendes dekoratives, sich wiederholendes Muster mit oft abstrakten Motiven, zum Beispiel streng stilisierte Pflanzenranken mit ineinander verschlungenen Linien

Argumentation
Eine Rede mit dem Ziel, die Richtigkeit einer Aussage oder Behauptung durch eine entsprechende Beweisführung überzeugend darzutun. Geht in einer Argumentation ein anderes Argument unmittelbar voraus und macht jedes Argument vom Ergebnis des ihm unmittelbar vorausgehenden Gebrauch, so liegt eine Argumentationskette vor. Beim ethischen Argumentieren wird versucht, ein Werturteil (z. B. „A hat nicht richtig gehandelt") mit möglichst guten und überzeugenden Gründen zu stützen.

Aufklärung
Eine geistige Bewegung des 18. Jahrhunderts, die im 17. Jahrhundert von England ausging und sich über Frankreich und Deutschland über ganz Europa ausbreitete. Der Mensch darf als vernunftbegabtes Wesen nur das zur Richtschnur seines Handelns machen, was in seinem logischen Denken und in seinen Sinneserfahrungen begründet ist. Aus der Bedeutung der Erziehung für die Ausbildung des Verstandes folgt auch die Verpflichtung zur Toleranz und die Erklärung der Gleichheit und natürlichen Rechte aller Menschen.

Autarkie
(aus dem Griechischen) Im philosophisch-ethischen Sinn Selbstgenügsamkeit und Selbstbeherrschung als Bedingungen persönlicher Freiheit und Unabhängigkeit

authentisch
echt, zuverlässig, verbürgt, glaubwürdig

Autonomie
(aus dem Griechischen) Selbstgesetzgebung, Selbstbestimmung. Im psychologisch-beschreibenden Sinn steht Autonomie für die Fähigkeit einer Person, zu überlegen und zu verstehen, selbstständig zu urteilen und zu wählen und das Leben nach eigenen Überzeugungen, Normen und Wertvorstellungen zu gestalten.

Babylonische Gefangenschaft
Bezeichnet eine Epoche der Geschichte Israels, in der die Israeliten mehrere Jahrzehnte in der Gefangenschaft der Könige der Stadt Babylon waren

Blasphemie
(griech.-lat.) Gotteslästerung, religiöse Gefühle verletzende Äußerung und Haltung

Blueprint
Blaupause, ein fotografisches Druckverfahren mit typisch cyanblauen Farbtönen

Coming-out
Öffentlichmachung der eigenen (von der heterosexuellen abweichenden) sexuellen Orientierung

Compassion
Ein Praktikum innerhalb des Projektes sozialverpflichteten Handelns und Lernens. Den Namen kann man mit „Mitleidenschaft" übersetzen, weil Anteil an den Leiden genommen wird.

Diakonie
Berufsmäßiger oder ehrenamtlicher Dienst an Armen und Hilfsbedürftigen in der evangelischen Kirche

Dialektik
(griech.: sich unterreden, disputieren) Die Kunst, vorgetragene Meinungen auf ihre Gründe hin im Gespräch kritisch zu prüfen. Es geht hier also nicht um ein schlaues Überreden, sondern um ein Überzeugen, das sich auf logisch einsehbare vernünftige (rationale) Gründe stützt. Platon grenzt sich in seinen Dialogen klar von den Sophisten ab, denen es in erster Linie darum geht, ihren Kunden für Geld die Tricks beizubringen, mit denen man seine Gesprächspartner überreden kann.

Dossier
Alle zu einer Sache oder zu einem Vorgang gehörenden Schriftstücke

Empathie
Einfühlungsvermögen, Mitgefühl, Mitempfinden. Empathie meint vor allem die Fähigkeit, von sich und seinen bestimmten Vorstellungen abzusehen und sich in andere Menschen, deren Empfindungen und Gedanken hineinzuversetzen.

Empirismus
Die philosophische Lehre, dass alle gültige Erkenntnis auf Erfahrung, besonders auf Beobachtung und Experiment gegründet ist. Einer der Hauptvertreter des Empirismus ist David Hume. Er empfiehlt seinen Lesern, bei der Lektüre eines Buches sich zu fragen: „Enthält es eine auf Erfahrung sich stützende Untersuchung über Tatsachen?" Falls dem nicht so ist, so werfe man es ins Feuer; denn es kann nur Spitzfindigkeiten und Blendwerk enthalten.

Epiphanias
Ein christliches Fest, das am 6. Januar gefeiert wird. Der ursprüngliche Name „Epiphanias" (Fest der Erscheinung Christi) ist auch heute noch gebräuchlich. Im Volksmund und in vielen Kalendern wird es als ,,Dreikönigsfest" bezeichnet.

exkommunizieren
Aus der katholischen Kirchengemeinschaft ausschließen

Fayence
Von der italienischen Stadt Faenza abgeleitete Bezeichnung für Keramik mit porösen Scherben, die mit Zinnglasur bemalt ist

Hedonist
Er vertritt die in der Antike begründete philosophische Lehre des Hedonismus, nach der das Streben nach Sinneslust und Genuss das höchste ethische Gut ist.

hellenistisch
Hellenismus bezeichnet eine Kulturepoche des Griechentums von Alexander dem Großen (336 v. Chr.) bis zum römischen Kaiser Augustus (ca. 30 v. Chr.) mit der Verschmelzung des griechischen Kulturguts mit der römischen Welt.

Identität
Die Summe aller Merkmale, die einen Menschen ausmachen und durch die er sich von anderen unterscheidet

Imperativ
Pflichtgebot (Philosophie)

Indoktrination
Beeinflussung im Sinne einer bestimmten Lehre, die als wahr angesehen wird und daher nicht kritisiert werden darf

Inquisition
Die Überprüfung des Glaubens durch kirchliche Behörden (seit 1231 von päpstlichen Inquisitoren) mit daraufhin verfügter staatlicher Verfolgung von Ketzern. Geständnisse wurden durch Folter erzwungen und die Urteilsvollstreckung bestand meist im Feuertod.

Integrität
Allgemein: Unbescholtenheit, Unbestechlichkeit; in der humanistischen Ethik die Forderung nach Übereinstimmung zwischen ethischen Idealvorstellungen und Lebenspraxis

Kaaba
Das zentrale Heiligtum des Islam, in der Mitte der Moscheeanlage in Mekka und wichtigstes Ziel der Pilgerfahrt. Die Kaaba ist ein steinernes, würfelförmiges Gebäude, in das der „Schwarze Stein", der einst als Meteorit vom Himmel gefallen sein soll, eingemauert ist.

Kalligrafie
Die Kunst des „Schönschreibens" mit Federkiel, Pinsel, Tinte oder anderem Schreibzubehör

karitativ
Karitas (lat. Caritas = hingebende Liebe, uneigennütziges Wohlwollen) bezeichnet die tätige Nächstenliebe mit konkreten Hilfsangeboten für alle Hilfsbedürftigen.

Kommunistisches Manifest
Die Grundsatzerklärung des modernen Kommunismus, 1848 von Marx und Engels in London verfasst

Kontraktualismus
Der Kontraktualismus erklärt die Entstehung von Normen bzw. Rechten und Pflichten aus einem von freien und vernünftigen Individuen abgeschlossenen Vertrag. Sie verpflichten sich darin, im wechselseitigen Interesse sich an bestimmte Normen und Regeln zu halten. Wird der Vertrag gebrochen, so werden von der dazu bestimmten Institution (Staat, Gerichte) Strafen verhängt. Ein früher Vertreter des Kontraktualismus ist Thomas Hobbes. Seine Staatsgründung („Leviathan") erfolgt per Vertrag, ist also kontraktualistisch.

Kultuslehre
Umfasst die Formen der Gottesdienstgestaltung einschließlich der Predigtform

Maieutik
Hebammenkunst. Sokrates bezeichnet damit bildhaft die Art seiner Gesprächsführung. Er gibt grundsätzlich keine fertigen Antworten, sondern hält sich zurück und stellt geschickt Fragen, die seine Gesprächspartner zum eigenständigen Nachdenken bringen sollen. Er sieht sich also in der Rolle eines Geburtshelfers, der zur „Geburt" eigener Gedanken und Einsichten verhelfen will; Einsichten, die allerdings gut begründet und widerspruchsfrei sein sollen.

Mausoleum
Prächtiges, denkmalartiges Grabmal in Gebäudeform

Menschenwürde
„Die Würde des Menschen ist unantastbar" (Grundgesetz, Artikel 1, Satz 1). Dem Menschen kommt von Geburt an ein Eigenwert zu, den es grundsätzlich und ausnahmslos zu achten gilt. Jeder Staat, jeder Wissenschaftler, überhaupt jedes Individuum muss diese vorgegebene Würde respektieren. Daraus folgt z. B., dass kein Mensch ohne seine ausdrückliche Zustimmung für wissenschaftliche Experimente benutzt werden darf. Daraus folgt auch, dass selbst jene, die gegen bestehende Gesetze und Normen verstoßen, doch noch jenen Grundwert, der ihnen als Menschenwesen zukommt, eben diese Würde behalten.

Messias
Ein von Gott erwählter und bevollmächtigter Mensch (hebr. = der Gesalbte), der zunächst das Schicksal des Volkes Israel endgültig zum Guten wenden wird

Migrantin/Migrant
Vom lateinischen „migrare" abgeleitet, was „wandern, an einen anderen Ort ziehen" bedeutet. Eine Migrantin ist also eine Frau, die an einem anderen Ort als ihrer Heimat lebt.

Monogamie
Lebenslange Fortpflanzungsgemeinschaft zwischen zwei Individuen einer Art, auf Menschen bezogen Einehe

Musselin
Feiner, locker gewebter Baumwollstoff, nach den anfänglich verwendeten orientalischen Mustern aus der Stadt Mossul benannt

Natur
Der nicht vom Menschen geschaffene Teil der Welt, dessen Zustandekommen und Erscheinungsform vom Menschen unabhängig ist

Naturalistischer Fehlschluss
Ein nat. Fehlschluss liegt immer dann vor, wenn von einer deskriptiven Aussage – einer Aussage, in der lediglich etwas wertfrei beschrieben wird – auf normative Sätze (Werturteile) geschlossen wird: Aus bloßen Tatsachen („So ist es!") können also keine Normen („So soll es sein!") gewonnen, abgeleitet werden.

Naturzustand
Ein bloß ausgedachter (fiktiver) Zustand, in dem sich die Menschen vor der Gründung eines Staates befinden. Er zeichnet sich durch Rechtlosigkeit, Willkür und Ungerechtigkeit aus, sodass alle ein starkes Interesse daran haben, diesen unsicheren und lebensgefährlichen Zustand zu verlassen, um durch die Gründung eines Staates Ordnung, Sicherheit und Gerechtigkeit zu bekommen. Diese Schilderung des Naturzustands – so vor allem bei Thomas Hobbes – hat also die Aufgabe (Funktion), die Gründung eines Staates zu rechtfertigen, zu legitimieren.

Neues Testament
Ein ursprünglich in griechischer Sprache geschriebener Teil der Bibel mit den vier Evangelien (Matthäus, Markus, Lukas und Johannes), der Apostelgeschichte und den Briefen des Apostels Paulus

Ödipus
Gestalt der griechischen Mythologie; Sohn des Königs Laios und sein Nachfolger, heiratete, ohne es zu wissen, seine eigene Mutter.

Offenbarung
Bei einer Offenbarung im religiösen Sinne werden göttliche Wahrheiten oder der göttliche Wille mitgeteilt, auf einem Weg, der außerhalb der Grenzen menschlicher Erfahrung liegt.

Omen
Vorzeichen eines künftigen Ereignisses

Osmanen
Das Osmanische Reich ist die Bezeichnung für das Reich des Herrschergeschlechts der Osmanen (ca. 1299 – 1923); in Europa als „Türkei" bzw. „Türkisches Reich" bezeichnet.

Paradigma
(griech.: Beispiel, Muster) Wissenschaftstheoretisch: Gesamtheit der Grundaussagen, die eine wissenschaftliche Disziplin in einem bestimmten Zeitraum bestimmen

Pessachfest
Es erinnert an den Auszug aus Ägypten, also an die Befreiung der Israeliten aus der Sklaverei, und gehört zu den wichtigsten jüdischen Festen.

Polytheismus
Die Verehrung mehrerer Gottheiten zum Beispiel in den Religionen der alten Ägypter und Griechen

posttraumatisch
infolge eines →Traumas auftretend

pragmatisch
handlungs- und sachbezogen

Protestantismus
Aus der kirchlichen Reformation hervorgegangene Glaubensbewegung, die verschiedene evangelische Kirchengemeinschaften zusammenfasst

Rabbi
Zur Zeit Jesu ein Ehrentitel jüdischer Schriftgelehrten

Rationalismus
Die philosophische Lehre, nach der die Welt weitgehend unabhängig von der Sinneserfahrung allein mit Vernunft erkannt werden kann. Die Vernunfterkenntnisse sind für den Rationalisten sicherer und wertvoller als die durch die Sinne gewonnenen Erkenntnisse. Als Vorbild reiner Vernunfterkenntnis gilt die Mathematik. Wie sich die Sätze der Mathematik logisch aus ersten Sätzen (Axiomen) ergeben, so muss auch die Philosophie von obersten Ideen und Prinzipien ausgehen und alles weitere logisch-rational aus diesen ableiten.

Recht
Die Gesamtheit der Vorschriften, die in verbindlicher Weise das menschliche Zusammenleben regeln. Das Recht informiert die Menschen nicht über etwas, was der Fall ist, also etwa darüber, wie häufig gestohlen wird, sondern sagt ihnen, was der Fall sein soll, also etwa, dass nicht gestohlen werden soll. Wir unterscheiden zwischen Normen des Rechts (Rechtsnormen) und Normen der Moral (Moralnormen). „Man soll bei Rot nicht die Straße überqueren" (Rechtsnorm). „Man soll gegebene Versprechen halten" (Moralnorm). Das Recht regelt also das äußere Verhalten der Menschen, die Moral hat es mit den inneren (Gewissens)Entscheidungen zu tun, die nicht immer durch Recht und Gerichte einklagbar sind. Weiter ist zu unterscheiden zwischen dem „positiven Recht" und dem „Naturrecht". Ersteres ist von einem dazu bestimmten Gremium, einem Parlament, gesetzt, erlassen worden. Ihm ist das „Naturrecht" (Menschenrechte) übergeordnet. Kein positives Recht darf gegen das Naturrecht verstoßen.

Ritus
Ein festgelegter religiöser Brauch, der nach einer vorgegebenen Ordnung abläuft

Säkularisierung
Allgemein jede Form von Verweltlichung oder bezogen auf die westliche Welt eine „Entchristlichung“. Sie kennzeichnet einen Lebenswandel, der sich von religiösen Bindungen löst und sich zunehmend auf die Basis der menschlichen Vernunft stellt.

Satyagraha
Von Mahatma Gandhi entwickelte Methode des zivilen Ungehorsams: Sie besteht im unbeirrten Festhalten an dem, was aufgrund einer Gewissensentscheidung als gut und richtig erkannt wurde, auch wenn dies zum Bruch herrschender Gesetze und zu persönlichen Nachteilen führt.

Scharia
Das religiös begründete unabänderliche Gesetz des Islam mit umfassender Bedeutung für alle Menschen und gültig für alle Bereiche des religiösen, staatlichen und bürgerlichen Lebens

Schlüsse
Man unterscheidet zwischen induktiven und deduktiven Schlüssen. Bei einem deduktiven Schluss wird von einem allgemeinen Satz (Prämisse) streng logisch auf etwas Einzelnes geschlossen.
a) Alle Kater sind schwarz.
b) Felix ist ein Kater.
c) Also: Felix ist schwarz.
Aus a) und b) folgt zwingend der Schluss (Conclusio) c).
Beim induktiven Schluss wird umgekehrt von einem Einzelnen auf etwas Allgemeines geschlossen.
a) Felix ist schwarz.
b) Felix ist ein Kater.
c) Also: Alle Kater sind schwarz.
Nach (A) und (B) ist der Schluss (C) zwar durchaus möglich, aber keinesfalls zwingend wahr. Es handelt sich um eine voreilige, ungesicherte Verallgemeinerung, man könnte auch sagen um ein Vorurteil.

Schöffe
Ehrenamtlicher Richter in der Strafgerichtsbarkeit. Sie werden aufgrund von Vorschlagslisten der Gemeinden auf vier Jahre vom Schöffenwahlausschuss der Amtsgerichte gewählt.

Sozialisation
Prozess sowie Ergebnis des Hineinwachsens einer Person in gesellschaftliche Gruppen und Schichten unter Erlernen der dazu notwendigen Normen und Verhaltensmuster

Sozialutopie
Eine Sozialutopie umschreibt ein soziales Wunschbild menschlichen Zusammenlebens, das in der Regel keinen Anspruch auf unmittelbare Verwirklichung stellt und oft in ferne Zeiten oder Räume verlagert ist.

Sphinx
Figur der griechischen Mythologie; hielt sich außerhalb Thebens auf und gab Vorbeireisenden Rätsel auf. Wer diese nicht lösen konnte, wurde von ihr erwürgt und gefressen.

spirituell
geistig, übersinnlich

Statthalter
Verwalter für ein bestimmtes Gebiet, der stellvertretend z. B. für einen König oder Kaiser die täglichen Geschäfte erledigt.

Sunna
Bedeutet Brauch, überlieferte Norm und bezieht sich auf alles, was der Prophet Mohammed durch seine Lehre, sein Handeln und sein Verhalten weitergegeben hat

Taliban
Eine Gruppe islamistischer Fundamentalisten, die sich ab 1995 zur beherrschenden Macht in Afghanistan entwickelten. Das islamische Recht wurde von den Taliban äußerst streng ausgelegt: Verbot von Kameras, Kino, Fernsehen, Videorekorder, weltlicher Musik. Frauen mussten die Burka tragen und außerhalb des eigenen Hauses war ihnen jede Arbeit verboten. Sie durften das Haus nur in Begleitung männlicher Verwandten verlassen und es war ihnen verboten, irgendeine Art von Bildungseinrichtung (Schule, Hochschule) zu besuchen. Der Afghanistankrieg der USA und ihrer Verbündeten beendete Ende 2001 die Herrschaft des Taliban-Regimes. Unter der Schirmherrschaft der Vereinten Nationen wurde eine von ausländischen Truppen unterstützte Über-

gangsregierung gebildet. Seit 2006 versuchen die Taliban wieder verstärkt, ihren Einfluss zu erhöhen und immer mehr Dörfer und ländliche Gebiete unter ihre Kontrolle zu bringen.

Trauma
(griech.: Wunde, Verletzung) In der Psychologie eine durch ein Schockerlebnis hervorgerufene tief greifende, zum Teil unbewusste psychische Schädigung

Trinitatis
Das christliche Fest der „Dreifaltigkeit": Gott Vater, Gott Sohn und Gott Heiliger Geist. Das Fest wird am ersten Sonntag nach Pfingsten gefeiert.

Tugend
(griech.: arete; lat.: virtus) Tüchtigkeit, Tauglichkeit. Eine durch fortgesetzte Übung erworbene Lebenshaltung, die sich vor allem durch ein charakterliches Können auszeichnet: die Fähigkeit einer Person nämlich, das moralisch Gute zu verfolgen und zu praktizieren. Platon unterscheidet vier Kardinaltugenden: die Weisheit, die Besonnenheit, die Tapferkeit und die Gerechtigkeit.

Verbotsirrtum
Eine Person befindet sich dann in einem – die Schuld für die jeweilige Tat ausschließenden – Verbotsirrtum, wenn die Person berechtigterweise annehmen kann, dass das fragliche Tun und Handeln nicht verboten ist.

Weiße Rose
Name einer Widerstandsgruppe zur Zeit des Nationalsozialismus. Die Gruppe bestand zwischen 1942 und 1943 in München, ihre Mitglieder, zu denen die Geschwister Scholl gehörten, verfassten und verteilten Flugblätter, in denen sie zum Widerstand gegen den Nationalsozialismus aufriefen. Im Februar 1943 wurden Hans und Sophie Scholl beim Verteilen von Flugblättern auf dem Münchener Universitätsgelände gefasst. In der Folge wurden fast alle Mitglieder entdeckt, zum Tode verurteilt und hingerichtet.

Zen-Stil
Eine Kunstform, deren Wurzeln im Buddhismus liegen und die ihre Ausdrucksstärke meist durch schlichte klare Linien erreicht

Zivilcourage
Unter Zivilcourage versteht man das überzeugte Eintreten für soziale Werte oder Werte der Allgemeinheit ohne Rücksicht auf sich selbst. Zivilcourage äußert sich oft als mutiger, da sichtbarer Widerstand in Wort und Tat.

Zölibat
Pflichtmäßige Ehelosigkeit aus religiösen Gründen, besonders bei den katholischen Geistlichen

Register

Bildquellenverzeichnis

© AKG, Berlin: S. 153 li.; akg-images: S. 116, S. 132, S. 150, S. 152 li.; akg-images/Bildarchiv Steffens / © VG Bild-Kunst, Bonn 2008: S. 151; © akg-images/Erich Lessing: S. 153 re., S. 200, S. 264; akg-images / © The Estate of Keith Haring, New York 2005: S. 49 o. li.; akg-images / © Succession Picasso/VG: S. 30 re., S. 101; Archiv für Kunst und Geschichte, Berlin: S. 147 u., S. 152 re., S. 198; Foto: Archiv Galerie Brusberg Berlin © VG Bild-Kunst, Bonn 2008: S. 92; © manfred bail/alimdi.net: S. 226; © Christian Bauer/Keystone: S. 118; © Vera Berger/zefa/Corbis: Umschlag; © Klaus Biehler: S. 81 re., S. 199; © Bildagentur-online/Bergsteiger: S. 228; © bildstelle / LEHTIKUVA OY: S. 53; Bischöfliches Hilfswerk MISEREOR e. V.: S. 269 u. li.; Bert Bostelmann / argum: S. 218 li.; bpk, Berlin: S. 159, S. 166; bpk/RMN/Adélaide Beaudouin / © VG Bild-Kunst, Bonn 2008: S. 202; Giacomo Bretzel: S. 10 u.; Bridgeman Art Library: S. 170; Tobias Brocher: Wenn Kinder trauern © Kreuz Verlag: S. 227 li und re.; © Bulls Press: S. 145; © Caritas: S. 269 u. re.; Kursbuch 1, Calwer Verlag, Stuttgart 2005/Foto: Alfred Drossel, Bietigheim-Bissingen: S. 283; aus: Malek Chebel/Laziz Hamani: Symbole des Islam, Wien 1997, S. 34: S. 284 li.; Cinetext Bildarchiv: S. 27, S. 46, S. 80, S. 85; © cips/vidaluz: S. 284 o. re.; DAI, Athen: S. 147 o.; aus: Deutschlandbilder, Verlag DuMont, Berlin 1997, S. 226/Jörg Immendorf, A. R. Penck: S. 161; © Diakonisches Werk der EKD: S. 269 Mi.; © dpa: S. 279 o. re.; Foto: dpa: S. 285 o.; © dpa-Bildarchiv/Claus Felix: S. 20 li., S. 208 u.; dpa, Frankfurt/Jansen: S. 20 re.; EL PAÍS Semanal, 23.5.2004, S. 34: S. 209 o. re.; M.C. Escher's „Drawing Hands" © 2008 The M.C. Escher Company-Holland. All rights reserved. www.mcescher.com: S. 181 re.; M.C. Escher's „Sky and Water I": S. 123 li.; Ethik und Unterricht, Heft 1/02, Grafikerin: Michaela Gehrke: S. 134; © 2008 The M.C. Escher Company-Holland. All rights reserved. www.mcescher.com© F1 Online: S. 13; © Globus: S. 56 u. li., S. 125; Glyptothek, München: S. 147 Mi.; Pepsch Gottscheber/CCC,www.c5.net: S. 175 © Haag & Kropp GbR/artpartner-images.de: S. 42; Ulrike Hanraths, Kehl: S. 14 o. und u. li., S. 208 o. li., S. 212; Ulrike Hanraths/Franz-Josef Domke: S. 16, S. 28 li.; © I Love Images/F1 Online: S. 50; © Juniors Bildarchiv: S. 209 u. re.; Jens Keulenkampff: David Hume, Beck´sche Reihe, Beck Verlag, München 1989, S. 13: S. 168 re.; Keystone: S. 218 Mi.; Keystone Pressedienst, Hamburg: S. 139; kipkakomiks: S. 11; © Carsten Koall/VISUM: S. 256 o. re.; Kodansha International USA Ltd.: S. 136; A. Rodin, Skulptur „Der Kuss"/Gebr. König Postkartenverlag: S. 48; Ethik 10; Konkordia Verlag, 1999, S. 178/Design-Studio Fleischer, München: S. 258; Mohamed Kurmoo, Kehl: S. 220; laenderpress/W. Otto: S. 133; Stephen Law: Philosophie. Abenteuer Denken, Arena Verlag, 2. Aufl, Würzburg 2004/Illustrationen: Daniel Postgate: S. 160 (alle), S. 181 o. und u. li.; © Liebermann/CCC, www.c5.net: S. 176; © Löffler/CCC, www.c5.net: S. 108 re.; Loriots Dramatische Werke, Copyright © 1981, 1983 Diogenes Verlag AG Zürich: S. 24; © Mandzel/CCC,www.c5.net: S. 97; Media-Saturn-Holding GmbH: S. 230 re.; © Mester/CCC, www.c5.net: S. 302 li.; © Til Mette/CCC, www.c5.net: S. 109; © Anke Meurer: S. 8; Thomas Meyer/Das Fotoarchiv: S. 221; Mohr/CCC,www.c5.net: S. 56 o. li., S. 307 re.; © Mussil/CCC, www.c5.net: S. 121 re.; aus: Konrad Ott: Ethik in der Informatik, Attempto, Tübingen 1999, S. 52/Illustration: Martin Armbruster; Derek Roczen: S. 156; Copyright © 1996 by Pendo Verlag, München und Zürich, Umschlaggestaltung: Hilden Design, München: S. 297 re.; © picture-alliance/akg-images: S. 14 re., S. 29, S. 104, S. 210 re., S. 231, S. 238, S. 251, S. 263, S. 268, S. 280, S. 291; © picture-alliance/akg-images/Rainer Hackenberg: S. 265; © picture-alliance/akg-images/Erich Lessing: S. 10 o., S. 30 o., S. 270; © picture-alliance/akg-images/Jürgen Sorges: S. 112; © picture-alliance/chromorange: S. 197; © picture-alliance/dpa: S. 12, S. 18, S. 22 re., S. 28 o. re., S. 44, S. 51, S. 54, S. 60 (2), S. 68, S. 69, S. 72, S. 76, S. 81 li., S. 84, S. 86, S. 87, S. 89, S. 91, S. 93, S. 100, S. 102, S. 105, S. 107, S. 128, S. 188 re., S. 189 li., S. 191, S. 193 re., S. 203, S. 204 li., S. 206, S. 208 o. re., S. 217, S. 234 li., S. 236 re., S. 239, S. 242, S. 244, S. 248, S. 249 li. und re., S. 252, S. 254, S. 257 re., S. 261 li. und re., S. 273 li. und re., S. 274 o. li., S. 276, S. 277, S. 279 o. li., S. 282, S. 284 u. re., S. 285 u., S. 286, S. 287, S. 288 re., S. 294, S. 296 li. und re., S. 297 li., S. 298, S. 299, S. 300, S. 301, S. 302 o. re. und u. re., S. 304, S. 307 li.; © picture-alliance/epd: S. 260 u. re, S. 274 o. re.; © picture-alliance/Godong: S. 103, S. 253, S. 256 o. li., S. 256 u. li., S. 257 re., S. 279u. li., S. 289; © picture-alliance/IMAGNO: S. 99, S. 196; © picture-alliance/KNA: S. 274 u. li.; © picture-alliance/KNA-Bild: S. 260 u. li und u. Mi.; © picture-alliance/KPA: S. 62; © picture-alliance/KPA/HIP/ann Ronan Picture Library: S. 172; © picture-alliance / KPA/TopFoto: S. 215; © picture-alliance/maxppp: S. 78, S. 195, S. 201, S. 271 re., S. 272; © picture-alliance/OKAPIA: S. 95, S. 188 li., S. 193 li., S. 210 li., S. 211; © picture-alliance/photoshot: S. 96; © picture-alliance/Picture Press/Frank P. Wartenberg: S. 229; © picture-alliance/Kurt Schroewig: S. 275; © picture-alliance/SCHROEWIG/Eva Oertwig: S. 70; © picture-alliance/Sven Simon: S. 216 li.; © picture-alliance/ZB: S. 28 u. re., S. 52, S. 108 (l.), S. 186 u., S. 192, S. 230 li., S. 237, S. 260 o. li., S. 269 o. re.; Pinacoteca Di Brera, Mailand: S. 141; © plainpicture/K. Hilse: S. 43 u.; e.o.plauen „Vater und Sohn" in Gesamtausgabe Erich Ohser © Südverlag GmbH, Konstanz, 2000: S. 31; Foto: Presseamt Münster/Joachim Busch: S. 216 re.; PRO ASYL: S. 204 re.; nach: Projekt Leben. Ethik für die Oberstufe, Ernst Klett, Leipzig 2001, S. 211: S. 123 re.; © Rabenau/CCC, www.c5.net: S. 121 li.; © Kim Rahir/SPIEGEL ONLINE: S. 36; Foto: Jane Reed/Harvard University News Office: S. 124; © Reinhard Tierfoto: S. 209 o. li.; Reuters/Christian Charisius: S. 163; © Stephan Rürup: S. 33; Scala, Florenz: S. 144; © Schapowalow/Novak: S. 234 re.; www.scheidungskind.ch: S. 56 o. re.; © Erich Schmidt Verlag: S. 126; © Roger Schmidt: S. 38; Brigitte Schneider/CCC, www.c5.net: S. 131; © Mike Schroeder/argus: S. 119; © Stefanie Sudek: S. 190; © Suhrkamp Verlag: S. 17; © Bernd Schuller/ddp: S. 115 u.; Friedemann Schulz von Thun, „Miteinander reden 1. Störungen und Klärungen. Allgemeine Psychologie der Kommunikation" Copyright © 1981 by Rowohlt Taschenbuch Verlag GmbH, Reinbek bei Hamburg: S. 47; © Succession H. Matisse/VG Bild-Kunst, Bonn 2008: S. 186 o.; © Succession Picasso/VG Bild-Kunst, Bonn 2008: S. 64; SV / mediacolor´s: S. 271 li.; © syltpicture: S. 246; © Jochen Tack: S. 196 re.; © Thoelen/teamwork: S. 245; © ullstein bild: S. 168 li.; © Universum Film/Cinetext: S. 38;

Verlagsarchiv Schöningh/Franz-Josef Domke: S. 34, S. 59; Verlagsarchiv Schöningh/Günter Schlottmann: S. 39, S. 49 u. li. und o. re., S. 82; © VG Bild-Kunst, Bonn 2008: S. 138; © Peter Widmann: S. 28 o. li., S. 43 o.; © Wiedenroth/CCC,www.c5.net: S. 74; Whitney Museum of American Art, New York/Vermächtnis Josephine N. Hopper: S. 66; ©1992 WRITERS AND READERS PUBLISHING, INC., New York. Illustrations: Ralph Edney: S. 154, S. 169, S. 179; © DIE ZEIT, 17/1997/Poly-press: S. 111; © DIE ZEIT, Nr. 26, 21.06.2007, Magazin Leben, S. 30: S. 88 (alle); Die Zugvögel – Agentur für Abenteuer- und Erlebnisreisen: S. 40; weitere: Verlagsarchiv Schöningh

Sollte trotz aller Bemühungen um korrekte Urheberangaben ein Irrtum unterlaufen sein, bitten wir darum, sich mit dem Verlag in Verbindung zu setzen, damit wir eventuell notwendige Korrekturen vornehmen können.